Preußisches Ausführungsgesetz

zum

Bürgerlichen Gesetzbuche.

Vom 20. September 1899.

Mit Erläuterungen von

Adolf Hodler,

Amtsrichter, Mitglied des Hauses der Abgeordneten.

1900. gr. 8°. 430 Seiten. Gut kartonnirt Mk. 8.

Als Mitglied der Kommission des Abgeordnetenhauses für die Vorberathung des Entwurfs zu diesem Gesetze hat sich der Verfasser mit dessen Vorschriften eingehend zu beschäftigen gehabt. Das Ergebniß dieser Thätigkeit ist dann zu den Erläuterungen des vorstehenden Kommentars erweitert worden.

Das Werk hat nachstehende Beurtheilungen erfahren:

„Im Gegensatz zu den vorgedachten Ausgaben des preuß. Ausführungsgesetzes vom 20. September 1899 stellt sich dieses Buch als ein großer Kommentar von wissenschaftlicher Bedeutung dar, dessen Umfang schon erkennen läßt, mit welcher Gründlichkeit hier die Motive und sonstigen Materialien des Gesetzes bearbeitet sind. Dadurch, daß bei den einzelnen Vorschriften ihr Zusammenhang mit dem neuen Reichsrecht einerseits und dem geltenden Landesrecht andererseits nachgewiesen werden sollte, wurde es nöthig, vielfach die Bestimmungen des BGB. und anderer in Bezug genommener Gesetze mitabzudrucken, was allerdings ein mühsames Nachschlagen in anderen Gesetzen entbehrlich macht, aber auch den Umfang des Buches hat anschwellen lassen. Da jedoch das Zuviel bei einem solchen Werke eigentlich kein Fehler ist und z. B. für die Art. 44 ff. die Reichhaltigkeit der Anmerkungen gerade als ein Vorzug des Buchs gelten muß, so können wir **diese sehr gediegene Arbeit** jedem Juristen warm empfehlen."

Eichhorn, Kammergerichtsrath (im Jurist. Litteraturblatt).

„Die gesetzgeberischen Materialien, insbesondere die dem preußischen Landtage zugegangene Begründung des Gesetzentwurfs, sowie der bezügliche Kommissionsbericht des Abgeordnetenhauses, sind mit großer Ausführlichkeit in dem Buche berücksichtigt worden. Die bis gegen Ende 1899 erschienenen einschlägigen Verordnungen und ministeriellen Erlasse, so namentlich die Verordnung zur Ausführung des Bürgerlichen Gesetzbuchs vom 16. November 1899 sowie die Ministerialverfügungen v. 15., 17., 18. u. 19. Dezbr. 1899 zur Ausführung der Art. 18 und 85 des Ausführungsgesetzes z. BGB. sind mit abgedruckt. **Das Buch ist zur richtigen Erkennung der Tragweite der einzelnen Vorschriften des Ausführungsgesetzes ein kaum entbehrliches Hilfsmittel.**"

(Deutscher Reichsanzeiger.)

Deutsches Vormundschaftsrecht.

Deutsches
Vormundschaftsrecht

unter besonderer Berücksichtigung

der in den bedeutenderen Bundesstaaten ergangenen
Ausführungsbestimmungen

erläutert

von

A. Hesse,
Reichsgerichtsrath.

Berlin 1900.
Verlag von H. W. Müller.
(SW.) Luckenwalderstr. 2.

Vorwort.

Das vorliegende Buch verdankt seine Entstehung einem Wunsche des Verlegers. Es erscheint als Nachfolger zu dem Kommentar der Preußischen Vormundschaftsordnung des Verfassers. Sein Zweck ist, das Verständniß der neuen vormundschaftsrechtlichen Normen in ihrem Zusammenhang zu erleichtern und dem Praktiker ein zuverlässiger Rathgeber zu sein. Zu diesem Behufe sind unter Benutzung der Materialien die Abweichungen von dem bisherigen, insbesondere dem Preußischen Rechte so viel als möglich hervorgehoben, außerdem aber auch die Ausführungsbestimmungen der bedeutenderen Deutschen Bundesstaaten nicht bloß in einem besonderen Anhange auszugsweise abgedruckt, sondern auch in den Erläuterungen selbst bei den einschlagenden wichtigeren Punkten unmittelbar berücksichtigt.

Auch die außerhalb des dritten Abschnittes des vierten Buches in dem BGB. enthaltenen für die Vormundschaftsgerichte in Betracht kommenden Vorschriften und das Reichsgesetz über die Angelegenheiten der freiwilligen Gerichtsbarkeit sind in den Anhang aufgenommen worden sowie von den Preußischen Gesetzen die Hinterlegungsordnung und das Gesetz, betreffend die Unterbringung verwahrloster Kinder in ihrer jetzt geltenden Gestalt.

Leipzig, im April 1900.

Hesse.

Inhaltsverzeichniß.

Erläuterungen zum Vormundschaftsrecht.

Anhang.

Bürgerliches Gesetzbuch. IV. Buch. Familienrecht.

3. Abschnitt. Vormundschaft.

1. Titel. Vormundschaft über Minderjährige.

I. Anordnung der Vormundschaft.

§ 1773.

Ein Minderjähriger erhält einen Vormund, wenn er nicht unter elterlicher Gewalt steht oder wenn die Eltern weder in den die Person noch in den das Vermögen betreffenden Angelegenheiten zur Vertretung des Minderjährigen berechtigt sind.

Ein Minderjähriger erhält einen Vormund auch dann, wenn sein Familienstand nicht zu ermitteln ist.

Entw. I § 1633; Entw. II § 1655; Reichst.-Vorl. § 1749; Mot. IV zu § 1633 S. 1046, 1047; Komm. Prot. S. 6322, 6323.

---

1. Der dem § 1773 zu Grunde liegende Gedanke ist in den Motiven des Gesetzes dahin ausgesprochen, daß eine Vormundschaft, im Gegensatz zu der einen besonderen Schutz für gewisse Angelegenheiten bezweckenden Pflegschaft (§ 1909 Abs. 1), dann eintritt, wenn das Bedürfniß einer allgemeinen Fürsorge für die Person und das Vermögen eines Minderjährigen vorhanden ist. Die für die Vormundschaft über Minderjährige gegebenen Regeln gelten nach § 1897 auch für die Vormundschaft über einen Volljährigen, soweit sich nicht aus den §§ 1898 bis 1908 ein Anderes ergibt. Eine besondere Abart der Vormundschaft über Großjährige ist die vorläufige Vormundschaft (§§ 1906 bis 1908). Dem gegenüber hat die in den §§ 1909 bis 1921 geordnete Pflegschaft nur einen „besonderen Schutz für gewisse Angelegenheiten", sowohl der Volljährigen als der Minderjährigen, im Auge. Auch auf sie finden die für die Vormundschaft geltenden Vorschriften, soweit das Gesetz nicht Ausnahmen macht, entsprechende Anwendung (§ 1915).

2. Ein Minderjähriger — Minderjährig ist jeder Deutsche, der noch nicht 21 Jahre alt und nicht für volljährig erklärt ist (§§ 2, 3). Eine Ausnahme gilt nur für die Landesherren und die Mitglieder der landesherrlichen Familien sowie der Fürstlichen Familie Hohenzollern, des vormaligen Hannoverschen Königshauses, des vormaligen Kurhessischen und des vormaligen Herzoglich Nassauischen

Fürstenhauses, sofern besondere Vorschriften der Hausverfassungen oder der Landesgesetze abweichende Bestimmungen enthalten (Art. 57 des EG.). Volljährige oder in der rechtlichen Stellung eines Volljährigen befindliche Ausländer behalten diese Stellung nach Erwerbung der Reichsangehörigkeit, auch wenn sie nach den Deutschen Gesetzen noch nicht volljährig sind (Art. 7 Abs. 2 des EG.).

3. — erhält einen Vormund — d. h. es muß ihm ein Vormund von Amtswegen bestellt werden.

4. — wenn er nicht unter elterlicher Gewalt steht — Von der elterlichen Gewalt, welche das Recht und die Pflicht umfaßt, für die Person und das Vermögen des Kindes zu sorgen und das Kind zu vertreten, handeln die §§ 1626 bis 1698. Die elterliche Gewalt im Sinne des BGB. bedeutet ein wesentlich neues Rechtsinstitut, welches sich grundsätzlich mehr an die vormundschaftliche Schutzgewalt des Deutschen Rechtes als an das einseitige Herrschaftsverhältniß des Vaters, welches die römische patria potestas bezeichnet, anlehnt. Dabei steht jedoch der Inhaber der elterlichen Gewalt, welche bei Lebzeiten des Vaters regelmäßig diesem gebührt, entsprechend seiner Familienstellung wesentlich freier als der Vormund nach den bisherigen Deutschen Partikularrechten. In Folge dessen äußert sich die Einwirkung der vormundschaftlichen Behörde auf die Ausübung der ihm verliehenen Gewalt nur in einzelnen besonders wichtigen Verhältnissen. Den Ursprung der elterlichen Gewalt bildet grundsätzlich die eheliche Geburt. Uneheliche Kinder treten weder in die elterliche Gewalt der Mutter (§ 1707), noch in diejenige des Vaters, zu welchem sie rechtlich überhaupt in keinem Verwandtschaftsverhältniß stehen (§ 1589 Abs. 2). Wohl aber können sie durch Legitimation (§§ 1719, 1723, 1736, 1738) oder Adoption (§§ 1757, 1749) in elterliche Gewalt gelangen.

Zu bemerken ist, daß die elterliche Gewalt nur einem einzigen Elternpaare zustehen kann, also nicht etwa gleichzeitig den natürlichen Eltern und den durch Annahme an Kindesstatt an deren Stelle getretenen Adoptiveltern.

Da auch die Mutter zur Ausübung der elterlichen Gewalt berufen ist und von dem 1. Januar 1900 die Vertretungsmacht des Vormundes für vaterlose Minderjährige auf die Mutter übergeht, so wird sich von diesem Zeitpunkte ab gegenüber dem bisherigen Rechtszustand die Zahl der Bevormundungsfälle für Minderjährige wesentlich verringern.

Ueber die Frage, in welchen Fällen der Mutter zur Unterstützung und Ueberwachung bei Ausübung der elterlichen Gewalt von dem Vormundschaftsgerichte ein Beistand zu bestellen, und in welcher Weise derselbe zur Mitwirkung berufen ist, sind die §§ 1687 ff. zu vergleichen. Anstatt der Vormundschaftsakten werden in diesem Falle Beistandschaftsakten zu führen sein.

Nach dem BGB. stehen unter elterlicher Gewalt:

a) minderjährige eheliche oder durch nachfolgende Ehe legitimirte Kinder, so lange einer der Eltern lebt (§§ 1626, 1719);

b) minderjährige an Kindesstatt angenommene Kinder, so lange der Annehmer oder im Falle der gemeinschaftlichen Annahme durch ein Elternpaar einer der Annehmer noch am Leben ist (§§ 1757 ff.);

c) minderjährige unehelich geborene Kinder, welche durch staatliche Verfügung für ehelich erklärt worden sind, so lange der Vater lebt (§§ 1723 ff.). In die elterliche Gewalt der Mutter treten diese Kinder nicht (§§ 1736, 1738).

Die elterliche Gewalt endigt, abgesehen von dem Eintritt der Volljährigkeit der Kinder:

a) wenn der Inhaber der elterlichen Gewalt (der Vater oder die an seine Stelle getretene Mutter oder im Falle einer Annahme an Kindesstatt der Annehmer oder der Letztlebende des annehmenden Ehepaares) stirbt oder für todt erklärt wird (§§ 1679, 1686);

b) wenn die erfolgte Annahme an Kindesstatt durch Vertrag wieder aufgehoben wird (§ 1768);

Mit der Annahme an Kindesstatt verlieren die leiblichen Eltern die elterliche Gewalt über das Kind, und zwar dauernd (§ 1765).

c) wenn der Inhaber die elterliche Gewalt verwirkt (§§ 1680, 1686);

War der Inhaber in diesem Falle der Vater, so steht die elterliche Gewalt fortan der Mutter zu, wenn die Ehe aufgelöst ist (§ 1684 Nr. 2).

d) wenn eine Mutter, welcher die elterliche Gewalt zusteht, eine neue Ehe eingeht (§ 1697).

Durch Verheirathung, durch getrennte Haushaltung oder durch Entlassung des Kindes hört die elterliche Gewalt nicht auf. Eine gesetzliche Vormundschaft, welche nach § 12 Abs. 1 der Pr. VO. für diese Fälle eintrat, kennt das BGB. nicht.

Die elterliche Gewalt ruht:

a) wenn ihr Inhaber geschäftsunfähig ist (§ 1676 Abs. 1);

Diese Voraussetzung liegt vor, wenn sich derselbe in einem die freie Willensbestimmung ausschließenden Zustande krankhafter Störung der Geistesthätigkeit befindet, sofern nicht der Zustand seiner Natur nach ein vorübergehender ist, oder wenn er wegen Geisteskrankheit entmündigt ist (§ 104 Nr. 2 und 3);

b) wenn ihr Inhaber in der Geschäftsfähigkeit beschränkt ist (§§ 1676 Abs. 2, 114, 106);

c) wenn er nach § 1910 Abs. 1 einen Pfleger für seine Person und sein Vermögen erhalten hat (§ 1676 Abs. 2);

d) wenn durch Beschluß des Vormundschaftsgerichts festgestellt wird, daß der Inhaber auf längere Zeit an der Ausübung der elterlichen Gewalt thatsächlich verhindert ist, so lange dieser Beschluß nicht zurückgenommen wird (§ 1677).

Minderjährige stehen daher nicht in der elterlichen Gewalt:

a) wenn sie unehelich geboren und in diesem Falle auch nicht durch nachfolgende Ehe legitimirt oder an Kindesstatt angenommen sind;

b) wenn die Ehe der Eltern nichtig oder mit Erfolg angefochten ist, sofern beide Eltern den Mangel kannten (§§ 1699 ff.);

c) wenn die Eltern oder bzw. der Annehmer an Kindesstatt todt oder für todt erklärt sind;

d) wenn der Vertrag über die Annahme an Kindesstatt wieder aufgehoben worden ist (gleichviel ob die leiblichen Eltern alsdann noch leben);

e) wenn der Vater die elterliche Gewalt verwirkt hat und die Ehe mit der Mutter nicht aufgelöst ist (§§ 1680, 1684 Nr. 2);

f) wenn die Mutter die ihr zustehende elterliche Gewalt verwirkt hat oder, während sie ihr zusteht, zu einer neuen Ehe schreitet (§§ 1686, 1697).

5. — wenn die Eltern weder in den die Person noch in den das Vermögen betreffenden Angelegenheiten zur Vertretung des Minderjährigen berechtigt sind. Gemeint sind die Fälle, in denen die Bedingungen für das Bestehen der elterlichen Gewalt an sich zwar vorliegen, in-

dessen diese selbst, sei es wegen einer nach § 1666 angeordneten Maßregel des Vormundschaftsgerichts, sei es in Folge ihres durch Gesetz eingetretenen Ruhens derartig beschränkt ist, daß eine Vertretung des Kindes rücksichtlich seiner Person und seines Vermögens von ihrem Inhaber rechtlich nicht ausgeübt werden kann.

Wenn dagegen der Inhaber der elterlichen Gewalt lediglich entweder rücksichtlich der Person oder rücksichtlich des Vermögens des Kindes in der Vertretungsmacht beschränkt ist, so liegt ein Bevormundungsfall nicht vor, sondern unter Umständen gemäß § 1909 nur der Fall einer Pflegschaft.

Abs. 2.

6. — auch dann, wenn sein Familienstand nicht zu ermitteln ist. Wenn keine sicheren Nachrichten über den Familienstand des Minderjährigen zu erlangen sind, so ist eine Feststellung darüber ausgeschlossen, ob die in Abs. 1 aufgestellte Vorbedingung für die Einleitung der Vormundschaft gegeben ist. Dessen ungeachtet schreibt das Gesetz in Anerkennung der in solchen Fällen vorliegenden Schutzbedürftigkeit auch hier die Anordnung einer Vormundschaft vor, vorausgesetzt, daß die Minderjährigkeit der fraglichen Person, sei es durch den Augenschein (wie regelmäßig bei Findelkindern) oder sonst wie, feststeht.

7. Wegen der Anordnung einer Vormundschaft über Ausländer sind Art. 23 des EG., sowie die Anm. 3 zu § 1774 zu vergleichen.

§ 1774.

Das Vormundschaftsgericht hat die Vormundschaft von Amtswegen anzuordnen.

Entw. I § 1634; Entw. II § 1656, Reichst.-Vorl. § 1750; Mot. IV zu § 1634 S. 1047; Komm. Prot. S. 6325.

---

1. Durch die Vorschrift des § 1774 bekennt sich das BGB., der Entwicklung der neueren Deutschen Gesetzgebung folgend, zu dem sog. Bestellungsprinzip.

2. Das Vormundschaftsgericht — Als solches ist nach §§ 35, 36 des G. fr. G. regelmäßig das Amtsgericht zuständig, in dessen Bezirk der Mündel zu der Zeit, zu welcher die Anordnung erforderlich wird, seinen Wohnsitz oder in Ermangelung eines inländischen Wohnsitzes seinen Aufenthalt hat. Für die Vormundschaft über einen Minderjährigen, dessen Familienstand nicht ermittelt werden kann, ist dasjenige Amtsgericht zuständig, in dessen Bezirke der Minderjährige aufgefunden wurde. Unberührt bleiben jedoch zufolge Art. 147 des EG. die landesgesetzlichen Vorschriften, nach welchen für die dem Vormundschaftsgericht obliegenden Verrichtungen andere als gerichtliche Behörden zuständig sind. Gemäß Art. 3 a. a. O. bleiben in dieser Beziehung nicht bloß die bestehenden landesgesetzlichen Vorschriften in Kraft, sondern es können auch neue landesgesetzliche Vorschriften erlassen werden. Hiernach können in dem einen oder anderen Deutschen Bundesstaate auch kollegialisch eingerichtete Behörden als Vormundschaftsgerichte fungiren. In Betracht kommen in dieser Beziehung namentlich Württemberg, Mecklenburg-Schwerin und Mecklenburg-Strelitz.

Für Württemberg finden sich die einschlagenden Bestimmungen in Art. 41 bis 55 des AG. zum BGB. und zu dessen Nebengesetzen vom 28. Juli 1899 (Regierungsblatt S. 423). Es wird danach für jede Gemeinde ein Vormundschaftsgericht (ordentliches Vormundschaftsgericht) bestellt, welches die

Eigenschaft einer staatlichen Behörde hat. Dasselbe besteht aus dem Bezirksnotar als Vorsitzenden und aus vier mit gleichem Stimmrecht ausgestatteten Waisenrichtern, zu denen regelmäßig auch der Ortsvorsteher gehört. Die Dienstaufsicht über diese ordentlichen Vormundschaftsgerichte üben die Amtsgerichte, die Landgerichte, das Oberlandesgericht und an oberster Stelle das Justizministerium aus. Ein Theil besonders wichtiger Geschäfte ist durch Art. 52 dem örtlich zuständigen Amtsgerichte vorbehalten, welches ausschließlich nach einer näheren Maßgabe auch die Funktionen als Vormundschaftsgericht über die Mitglieder der standesherrlichen und ritterschaftlichen Familien versieht. Verfügungen, welche das Amtsgericht in Vormundschaftssachen trifft, ohne hierzu nach Art. 52 befugt zu sein, sind nicht aus dem Grund unwirksam, weil das ordentliche Gericht zuständig gewesen wäre.

In Mecklenburg-Schwerin konkurriren nach §§ 22 bis 47 der Verordnung vom 9. April 1899 zur Ausführung des Gesetzes über die Angelegenheiten der freiw. Gerichtsb. (Regierungsblatt S. 227) als nicht gerichtliche Vormundschafts- (und Nachlaß-) Behörden neben den Amtsgerichten

1. für die Städte und deren Gebiet, mit Einschluß der Kämmereigüter, in Wismar der Hebungsgüter und Dörfer sowie in Rostock der Hospitalgüter und des Hafenorts Warnemünde, die Magistrate sowie die aus den Magistraten verordneten Waisengerichte und sonstigen Deputationen;
2. für das Gebiet der drei Landesklöster die Klosteramtsgerichte;
   Ausgenommen von der Gerichtsbarkeit der Magistrate und der Klosteramtsgerichte sind die nach § 23 eximirten Personen;
3. in Ansehung der Hof- und Marstalldiener und deren Angehöriger das Großherzogliche Hofmarschallsgericht und das Großherzogliche Marstallamtsgericht (Hofstaatsgerichte) insoweit, als die Hofstaatsgerichte nach den bisherigen Gerichten für die Führung der Obervormundschaft (oder die Ordnung des Nachlasses und die Ausstellung des Erbenzeugnisses) zuständig gewesen sein würden;
4. für das Gebiet der Ritterschaft, abgesehen von den in § 33 Abs. 2 bestimmten Ausnahmen, die Eigenthümer und Nutzeigenthümer der ritterschaftlichen Landgüter (Gutsherren).

In Ansehung der Städte Rostock und Wismar bewendet es bei den einschlagenden Bestimmungen des Rostocker Erbvertrages vom 13. Mai 1788 und des Wismarschen Huldigungsrezesses vom 14. Juni 1653.

Gerichtliche Handlungen sind nicht aus dem Grunde unwirksam, weil sie von einer nach den vorgedachten Bestimmungen sachlich unzuständigen gerichtlichen oder nicht gerichtlichen Vormundschafts- (oder Nachlaß-) Behörde vorgenommen sind.

In Ansehung der Dienstaufsicht über die nicht gerichtlichen Vormundschafts- (und Nachlaß-) Behörden verbleibt es bei den Vorschriften des öffentlichen Rechts. Die Aufsichtsbehörde ist auch für die im Aufsichtswege zu erledigenden Beschwerden zuständig, die den Geschäftsbetrieb dieser Behörden betreffen.

Ganz ähnliche Bestimmungen enthalten die §§ 22 bis 45 der Verordnung zur Ausführung des Gesetzes über die Angelegenheiten der freiwilligen Gerichtsbarkeit für Mecklenburg-Strelitz. Die dem Vormundschafts- (und dem Nachlaß-) gericht obliegenden Verrichtungen stehen für die Landstädte des Herzogthums und deren Gebiet, mit Ausschluß von Schwanebeck, Schwichtenberg und Sandhagen, den Magistraten sowie den aus den Magistraten verordneten Waisengerichten und sonstigen Deputationen insoweit zu, als sich nicht aus den §§ 23 bis 29 ein Anderes ergibt. Das Hofmarschallamt nimmt diese Verrichtungen wahr, soweit es nach den bisherigen Gesetzen für die Führung der Obervormundschaft (oder die Ordnung des Nachlasses oder die Ausstellung des Erbenzeugnisses) zuständig gewesen sein würde. Für das Gebiet der Ritterschaft, einschließlich der zu dem Fürstenthum Ratzeburg gehörigen ritterschaftlichen Landgüter, treten als Vormundschaftsbehörden, abgesehen von den in § 31 Abs. 3 bezeichneten Ausnahmen, die Eigenthümer und Nutzeigenthümer der ritterschaftlichen Landgüter (Gutsherren) ein.

Hinsichtlich der Wirksamkeit gerichtlicher Handlungen einer sachlich nicht zuständigen Vormundschaftsbehörde sowie in Betreff der Dienstaufsicht gilt ganz das Nämliche wie für Mecklenburg-Schwerin (vgl. oben).

3. — hat ... anzuordnen. Also ohne Anordnung des Vormundschaftsgerichtes besteht grundsätzlich keine Vormundschaft. Eine gesetzliche Vormundschaft kennt das BGB. nicht. Als eine Ausnahme bestimmt jedoch der Art. 136 Nr. 1 EG., daß die landesgesetzlichen Vorschriften unberührt bleiben, nach welchen der Vorstand einer unter staatlicher Verwaltung oder Aufsicht stehenden Erziehungs- oder Verpflegungsanstalt oder ein Beamter alle oder einzelne Rechte und Pflichten eines Vormundes für diejenigen Minderjährigen hat, welche in der Anstalt oder unter der Aufsicht des Vorstandes oder Beamten in einer von ihm ausgewählten Familie oder Anstalt erzogen oder verpflegt werden, und der Vorstand der Anstalt oder der Beamte auch nach der Beendigung der Erziehung oder der Verpflegung bis zur Volljährigkeit des Mündels diese Rechte und Pflichten behält, unbeschadet der Befugniß des Vormundschaftsgerichts, einen andern Vormund zu bestellen.

Rücksichtlich der bisherigen gesetzlichen Vormundschaften aus § 12 Abs. 2 Satz 1 der Pr. VO. ist zu beachten, daß auch auf sie der Art. 210 Abs. 2 Satz 1 des EG., wonach die bisherigen Vormünder im Amte bleiben, Anwendung leidet. Hiernach führen insbesondere auch diese gesetzlichen Vormünder nach wie vor ihr Amt fort. Für eine neue Verpflichtung derselben gemäß § 1789 ist gesetzlich kein Raum. Nur erscheint es erforderlich, ihnen nachträglich zum Zweck ihrer Legitimation eine den Vorschriften des § 1791 entsprechende, vom 1. Januar 1900 zu datirende Bestallung zu ertheilen (vgl. Verf. des Preuß. Justizministers vom 24. November 1898, JMBl. S. 281).

Ohne einen in dem BGB. anerkannten Grund dürfen fortan nach dem 1. Januar 1900 auch diese Vormünder von dem Vormundschaftsgericht nicht entlassen werden.

Die in Art. 136 Nr. 1 des EG. enthaltenen Vorschriften gelten bei unehelichen Minderjährigen nach Art. 136 Nr. 2 a. a. O. auch dann, wenn diese unter der Aufsicht des Vorstandes oder des Beamten in der mütterlichen Familie erzogen oder verpflegt werden. Daß zufolge dieser Bestimmungen nicht nur der Vorstand der fraglichen Erziehungs- oder Verpflegungsanstalt, sondern auch ein diesen Vorstand nicht bildender Beamter als gesetzlicher Vormund auf Grund der fortbestehenden landesgesetzlichen Normen zugelassen worden ist, beruht auf der Rücksicht, die der Gesetzgeber einzelnen örtlichen Einrichtungen, wie solche z. B. in Leipzig für die Bevormundung unehelicher Kinder mit gutem Erfolge bestehen, hat zu Theil werden lassen.

Der Art. 78 des Preußischen Ausführungsgesetzes z. BGB. v. 20. Septbr. 1899 bestimmt:

§ 1. Der Vorstand einer unter der Verwaltung des Staates oder einer Gemeindebehörde stehenden Erziehungs- oder Verpflegungsanstalt hat für die in der Anstalt untergebrachten Minderjährigen die Rechte und Pflichten eines Vormundes.

Die Rechte und Pflichten des Anstaltsvorstandes bestehen nur, solange das Vormundschaftsgericht nicht einen anderen Vormund bestellt hat. Der Vorstand behält die Rechte und Pflichten des Vormundes auch nach der Beendigung der Erziehung oder Verpflegung bis zur Volljährigkeit des Mündels.

§ 2. Die Aufnahme des Minderjährigen in die Anstalt ist von dem Vorstande dem Vormundschaftsgericht und dem Gemeindewaisenrathe des Bezirkes, in dem die Anstalt liegt, anzuzeigen.

Mit der Aufnahme in die Anstalt endigt das Amt des bisherigen Vormundes.

§ 3. Neben dem Vorstand ist ein Gegenvormund nicht zu bestellen.

Dem Vorstande stehen die nach § 1852 Abs. 2 des BGB. zulässigen Befreiungen zu.

§ 4. Auf Grund ortsstatutarischer Bestimmung können Beamten der Gemeindearmenverwaltung alle oder einzelne Rechte und Pflichten eines Vormundes für diejenigen Minderjährigen übertragen werden, welche im Wege der öffentlichen Armenpflege unterstützt und unter Aufsicht der Beamten entweder in einer von diesen ausgewählten Familie oder Anstalt oder, sofern es sich um uneheliche Minderjährige handelt, in der mütterlichen Familie erzogen oder verpflegt werden.

Wird von dieser Befugniß Gebrauch gemacht, so finden die Vorschriften des § 1 Abs. 2, des § 2 Abs. 1 und, wenn dem Beamten alle Rechte und Pflichten eines Vormundes übertragen werden, auch die Vorschriften des § 2 Abs. 2 und des § 3 entsprechende Anwendung.

Aehnliche Vorschriften zur Ausführung des Art. 136 Nr. 1 des EG. enthalten für Bayern der Art. 100 des AG. vom 9. Juni 1899, für Kgr. Sachsen der § 37 des AG. vom 18. Juni 1898, für Oldenburg die §§ 27 bis 34 des AG. vom 15. Mai 1899, für Braunschweig die §§ 94 bis 98 des AG. vom 12. Juni 1899 und für Elsaß-Lothringen die §§ 136 bis 140 des AG. vom 17. April 1899.

4. — von Amtswegen — also unabhängig von jedem Antrag. Damit die Vormundschaftsgerichte in die Lage kommen, die hierdurch ihnen auferlegte Pflicht gehörig zu üben, ist durch die §§ 48 bis 50 des G. fr. G. vom 17. Mai 1898 dafür gesorgt worden, daß sie von den Bevormundungsfällen innerhalb ihres Bezirkes von den Standesbeamten, den Gemeindewaisenräthen und den Gerichten nach Maßgabe jener Bestimmungen rechtzeitig in Kenntniß gesetzt werden. Im Uebrigen setzt die von Amtswegen erfolgende Anordnung der Vormundschaft voraus, daß es sich um die Bevormundung Deutscher handelt. Nicht erforderlich ist, daß der zu bevormundende Deutsche im Inlande seinen Wohnsitz oder Aufenthalt hat. Vormundschaftsbehörde für die im Auslande befindlichen Deutschen sind die Konsuln (§ 12 Abs. 2 des Gesetzes über die Konsulargerichtsbarkeit vom 10. Juli 1879, RGBl. S. 197). Die besonderen Bestimmungen hierüber sind in den bestehenden Konsular- und Handelsverträgen, sowie in dem Reichsgesetze vom 3. November 1867 (BGBl. S. 137) enthalten. Für die deutschen Schutzgebiete vertritt die Stelle des Vormundschaftsgerichts der von dem Reichskanzler zur Ausübung der Gerichtsbarkeit ermächtigte Beamte (§ 2 des RGes., betreffend die Rechtsverhältnisse der Deutschen Schutzgebiete, vom 17. April 1886 (RGBl. S. 75).

Anlangend die Vormundschaft (oder Pflegschaft) über Ausländer, denen auch die Angehörigen der Deutschen Schutzgebiete beizuzählen sind, so kann auf Grund des Art. 23 des EG. eine solche nach dem Ermessen des Vormundschaftsgerichts auch im Inlande, d. i. innerhalb des Deutschen Reiches, angeordnet und bzw., nachdem der Mündel die Eigenschaft als Inländer verloren, fortgeführt werden, sofern der Staat, dem er angehört, die Fürsorge nicht übernimmt und der Ausländer nach den Gesetzen seines Heimatsstaates der Fürsorge bedarf oder im Inlande entmündigt ist. Auch die Ergreifung vorläufiger Maßregeln zum Behufe der Sicherung der Person oder des Vermögens des Ausländers ist inzwischen zulässig (Art. 23 Abs. 2 des EG.). Bestehen zwischen dem Deutschen Reiche und dem betreffenden auswärtigen Staate besondere Staatsverträge, in denen das einschlagende Verhältniß geregelt ist, so gehen selbstverständlich deren Bestimmungen vor.

5. Der § 1774 leidet gemäß §§ 1897, 1915 auch auf Vormundschaften (einschließlich der vorläufigen Vormundschaften) über Großjährige und auf Pflegschaften entsprechende Anwendung.

6. Leitet das Vormundschaftsgericht ungeachtet der nach § 1773 vorliegenden gesetzlichen Voraussetzungen die Vormundschaft von Amtswegen nicht ein und gibt demnächst auch einem hierauf gerichteten Antrage keine Folge, so gewährt der § 57 Nr. 1 des G. fr. G. gegen die ablehnende Verfügung Jedem der ein rechtliches Interesse an der Aenderung der Verfügung hat (also nicht bloß gemäß § 20 a. a. O. Jedem, dessen Recht durch die Verfügung beeinträchtigt wird), sowie dem Ehegatten, den Verwandten und Verschwägerten des Mündels (abgesehen von dem hier nicht in Betracht kommenden Falle der vorläufigen Vormundschaft) das Rechtsmittel der Beschwerde. Der zu bevormundende Minderjährige selbst hat, auch wenn er über 14 Jahre alt und nicht geschäftsunfähig ist, die Beschwerde nicht, da er zu dieser Zeit, wie nach Abs. 1 § 59 a. a. O. erfordert wird, noch nicht unter Vormundschaft steht.

7. Ueber die Frage, ob die gesetzlichen Voraussetzungen für die Anordnung einer Vormundschaft (oder Pflegschaft) vorliegen, entscheiden endgültig und mit Ausschluß des Prozeßgerichts die vormundschaftlichen Instanzen (vgl. Entsch. des RG. in Civils. Bd. 33 S. 414).

§ 1775.

Das Vormundschaftsgericht soll, sofern nicht besondere Gründe für die Bestellung mehrerer Vormünder vorliegen, für den Mündel und, wenn mehrere Geschwister zu bevormunden sind, für alle Mündel nur einen Vormund bestellen.

Entw. I § 1638 Abs. 2; Entw. II § 1660 Abs. 2; Reichst.-Vorl. § 1751; Mot. IV zu § 1638 S. 1061, 1062; Komm. Prot. S. 6335, 6337.

---

1. Eine dem § 1775 entsprechende Bestimmung enthielt auch die Pr. VO. in § 19 Abs. 3.

2. — soll ... bestellen. Diese Fassung ergibt die bloß instruktionelle Natur der Vorschrift. Die Bestellung eines einzigen Vormundes für jede Vormundschaft soll hiernach die Regel bilden, von welcher das Vormundschaftsgericht geeignetenfalls auch abweichen darf. Die Zahl der zulässigen Vormünder nach oben hin zu begrenzen, ist nicht für erforderlich erachtet.

3. — sofern nicht besondere Gründe für die Bestellung mehrerer Vormünder vorliegen — Dergleichen „besondere Gründe" können namentlich sein, daß der Mündel Grundstücke in verschiedenen Gerichtssprengeln besitzt; daß die Verwaltung des Mündelvermögens aus anderen Ursachen besonders schwierig oder ungewöhnlich umfangreich ist; daß zu ihrer ordnungsmäßigen Führung in mehrfacher Richtung bestimmte Fachkenntnisse und Fähigkeiten erfordert werden, welche in einem einzigen Vormund sich selten vereinigt finden.

4. — wenn mehrere Geschwister zu bevormunden sind — Ob die Geschwister vollbürtige oder halbbürtige sind, macht hierbei keinen Unterschied. Auch uneheliche Kinder derselben Mutter stellen, gleichviel ob sie denselben Erzeuger haben oder nicht, sowohl unter sich, als in dem wechselseitigen Verhältniß zu den von ihrer Mutter ehelich geborenen Kindern im Rechtssinne Geschwister dar (§ 1705). Dahingegen können uneheliche Kinder desselben Vaters weder unter einander, sofern sie nicht zugleich von derselben Mutter abstammen, noch auch gegenüber den ehelichen Kindern ihres natürlichen Vaters als Geschwister gelten, weil durch die uneheliche Abstammung von einem und demselben Erzeuger eine Verwandtschaft im gesetzlichen Sinne nicht begründet wird (§ 1589 Abs. 2).

5. Ist gemäß § 1776 ein Vormund berufen, so darf nach § 1778 Abs. 4 neben ihm ein Mitvormund nur mit seiner Zustimmung bestellt werden. Die Uebernahme einer Mitvormundschaft kann nach § 1786 Nr. 7 abgelehnt werden.

§ 1776.

Als Vormünder sind in nachstehender Reihenfolge berufen:
1. wer von dem Vater des Mündels als Vormund benannt ist;
2. wer von der ehelichen Mutter des Mündels als Vormund benannt ist;
3. der Großvater des Mündels von väterlicher Seite;
4. der Großvater des Mündels von mütterlicher Seite.

Die Großväter sind nicht berufen, wenn der Mündel von einem Anderen als dem Ehegatten seines Vaters oder seiner Mutter an Kindesstatt angenommen ist. Das Gleiche gilt, wenn derjenige, von welchem der Mündel abstammt, von einem Anderen als dem Ehegatten seines Vaters oder seiner Mutter an Kindesstatt angenommen ist und die Wirkungen der Annahme sich auf den Mündel erstrecken.

Entw. I § 1635; Entw. II § 1657; Reichst.-Vorl. § 1752; Mot. IV zu § 1635 S. 1047 bis 1053; Komm. Prot. S. 6329 bis 6332.

Abs. 1.

1. Als Vormünder sind ... berufen — Von den hier angegebenen Delationsfällen enthalten Nr. 1 und 2 diejenigen der delatio testamentaria s. chirographoria, die Nr. 3 und 4 diejenigen der delatio legitima. Die Berufung behauptet ihre Wirkung nicht bloß bei der ersten Bestellung des Vormundes, sondern auch alsdann, wenn während der bereits bestehenden Vormundschaft das Amt des

Vormundes durch den Wegfall des bisherigen Vormundes erledigt wird. Sie begründet als solche jedoch nur ein Recht und nicht auch eine Pflicht zur Uebernahme. Eine Beschränkung dieses Rechts bestimmen § 1900 Abs. 3 und der Art. 136 Nr. 3 des EG. Ist die Bestellung des Berufenen nach §§ 1780 bis 1784 verboten, so darf er ohne seine Zustimmung von dem Vormundschaftsgericht übergangen werden (§ 1778 Abs. 1). Verweigert er, der Berufung Folge zu leisten, und wird er dessen ungeachtet, in Ermangelung anderer Berufener, vom Vormundschaftsgericht gemäß § 1779 ausgewählt, so muß er die Vormundschaft übernehmen, wenn ihm nicht einer der in § 1786 aufgeführten Ablehnungsgründe zur Seite steht.

2. — in nachstehender Reihenfolge — Die Berufung bedingt eine bestimmte gesetzliche Reihenfolge, und zwar dergestalt, daß eine successio graduum stattfindet und mithin jede vorstehende Klasse als näher berechtigt jede nachfolgende ausschließt. Wird ein früher Berufener ohne gesetzlichen Grund übergangen und an seiner Statt einem später oder einem gar nicht Berufenen die Vormundschaft angetragen, so hat der Uebergangene nach § 60 Nr. 1 des G. fr. G. das Recht der sofortigen Beschwerde. Die Frist zu ihrer Einlegung beginnt in diesem Falle mit dem Zeitpunkt, in welchem der Beschwerdeführer von seiner Uebergehung Kenntniß erlangt. Für die übrigen Betheiligten regelt sich das Beschwerderecht aus §§ 19, 20 Abs. 1 a. a. O.

3. Zu Nr. 1. — wer von dem Vater des Mündels als Vormund benannt ist — Das Ernennungsrecht des Vaters erscheint hier, wie sich aus § 1777 Abs. 1 ergibt, als ein unmittelbarer Ausfluß der elterlichen Gewalt. Es gebührt unter dieser Voraussetzung auch dem Vater eines für ehelich erklärten oder durch nachfolgende Ehe legitimirten Kindes und ebenso dem Adoptivvater (§§ 1719, 1736, 1757). Dem Erzeuger eines unehelichen Kindes, welchem als solchem eine elterliche Gewalt über dasselbe nicht gebührt, steht das Ernennungsrecht nicht zu, wiewohl auch auf ihn das Gesetz (§ 1589 Abs. 2) den Ausdruck Vater anwendet.

Bei dem Fehlen der in § 1777 bestimmten materiellen und formellen Voraussetzungen bleibt die Ernennung aus § 1776 wirkungslos. Auch eine Uebertragung des Ernennungsrechts Seitens des Inhabers der elterlichen Gewalt auf eine dritte Person oder deren Ermächtigung zur Ernennung ist, auch wenn sie durch letztwillige Verfügung ausgesprochen werden würde, gesetzlich unzulässig (vgl. für das frühere Pr. Recht auch Joh. Bd. 1 S. 33).

4. Zu Nr. 2. — wer von der ehelichen Mutter des Mündels als Vormund benannt ist — Nur die eheliche Mutter hat das Ernennungsrecht. Es folgt dies schon aus § 1777 Abs. 1 Satz 2 (wonach von der Mutter das Gleiche gilt, was Abs. 1 Satz 1 a. a. O. bezüglich des Vaters vorschreibt), da der unehelichen Mutter die elterliche Gewalt über ihr Kind gesetzlich nicht eingeräumt ist (§ 1707 Satz 1).

5. Auch zur Ernennung mehrerer Vormünder behufs gemeinsamer Führung der Vormundschaft erscheinen die Mündeleltern auf Grund der §§ 1776, 1777, jedoch unbeschadet der Vorschriften in § 1778 Abs. 4 und § 1786 Nr. 7, befugt.

6. Zu Nr. 3. — der Großvater des Mündels von väterlicher Seite — Das BGB. stimmt hier mit dem gem. Recht und der Mehrzahl der bisherigen Einzelgesetzgebungen überein. Die Großvaterschaft von väterlicher Seite

setzt rechtlich voraus, daß sowohl der Vater des Mündels wie dieser selbst ehelich geboren ist. Der ehelichen Geburt gleich steht in dieser Hinsicht die Legitimation durch nachfolgende Ehe (§ 1719); dagegen nicht auch die Ehelichkeitserklärung (§ 1737 Abs. 1 Satz 1) und die Annahme an Kindesstatt (§ 1763 Satz 1). Der Vater des Mündelvaters im Falle der Ehelichkeitserklärung des Mündels und der Vater des Annehmers des Mündels gelten also nicht als Großväter des letzteren (vgl. auch Anm. 7).

7. Zu Nr. 4. — der Großvater des Mündels von mütterlicher Seite — also bei unehelichen Kindern der eheliche Vater der Mündelmutter (§§ 1705, 1589), welchem jedoch nach § 1778 Abs. 3 in diesem Falle die Mutter selbst, ohne ein Vorzugsrecht zu haben, vorgezogen werden darf. Der Vater der Mündelmutter hat dieses Recht aus der gesetzlichen Berufung auch dann, wenn das uneheliche Kind durch Ehelichkeitserklärung (§§ 1723 ff.) legitimirt oder von einem Dritten an Kindesstatt angenommen ist (§§ 1741 ff.) und hierauf der Vater oder bzw. der Annehmer verstirbt. Nur wenn der uneheliche Mündel durch nachfolgende Ehe legitimirt ist (§§ 1719 ff.), geht dem mütterlichen Großvater der Großvater väterlicherseits vor. In dem letzteren Falle erlangt das Kind mit der Eheschließung der Eltern auf den Verwandten des Vaters gegenüber die Stellung eines ehelichen Kindes, wohingegen sich die Wirkungen der Ehelichkeitserklärung und der Annahme an Kindesstatt auf die Verwandten des Vaters und bzw. des Annehmers nicht erstrecken (§ 1737 Abs. 1 Satz 1, § 1763 Satz 1; vgl. auch § 1779 Anm. 7).

8. Wenn die Landesgesetze bestimmen, daß der Vorstand einer unter staatlicher Verwaltung oder Aufsicht stehenden Erziehungs- oder Verpflegungsanstalt oder ein von ihm bezeichneter Angestellter der Anstalt oder ein Beamter vor den nach § 1776 berufenen Personen zum Vormunde der in Art. 136 Nr. 1 und 2 des EG. bezeichneten Minderjährigen bestellt werden kann, so ist diese Bestimmung gemäß Art. 3 und Art. 136 Nr. 3 a. a. O. zu beachten.

Abs. 2.

9. Die Großväter sind nicht berufen, wenn der Mündel von einem Andern als dem Ehegatten seines Vaters oder seiner Mutter an Kindesstatt angenommen ist. Da durch die Annahme an Kindesstatt eine Verwandtschaft zwischen dem Angenommenen und den Verwandten des Annehmers gesetzlich nicht begründet wird (§ 1763 Satz 1), so wird durch dieselbe grundsätzlich auch das Berufungsrecht des väterlichen und mütterlichen Großvaters aus § 1776 Abs. 1 gar nicht berührt (vgl. Anm. 6 u. 7). Indem der Gesetzgeber nun aber erwägt, daß in Folge dieses Rechtsaktes das von einem Dritten angenommene Kind aus der elterlichen Gewalt der leiblichen Eltern ausscheidet und regelmäßig in eine ganz andere soziale Stellung gelangt, welche die bisherigen Beziehungen zu seiner natürlichen Familie mehr und mehr lockert und löst, so bestimmt er durch den ersten Satz des Abs. 1, daß der Regel nach die Großväter eines angenommenen Kindes zur Vormundschaft über das Kind nicht mehr berufen sein sollen. Ein Ausnahme soll jedoch stattfinden, wenn der Annehmer der Ehegatte des Mündelvaters (also die Stiefmutter des Mündels) oder der Ehegatte der Mündelmutter (also der Stiefvater des Mündels) ist. Hierbei wird davon ausgegangen, daß in einem solchen Falle, ungeachtet der nach §§ 1757, 1762 für das Kind und dessen Abkömmlinge eintretenden Rechtsfolgen, dessen bisherige Lebens- und Familienstellung thatsächlich meist wenig geändert werden und daher auch

der Zusammenhang mit dem väterlichen und mütterlichen Großvater nach wie vor erhalten bleiben wird. Hat jedoch ein anderer Verschwägerter (außer dem Stiefvater oder der Stiefmutter) oder ein Verwandter des Mündels (z. B. dessen leiblicher Großvater) denselben an Kindesstatt angenommen, so kommt hierdurch das großväterliche Berufungsrecht in Wegfall, auch wenn später der Annehmer die durch die Annahme erworbene elterliche Gewalt wieder verliert. Noch eine zweite Ausnahme bestimmt sodann Abs. 2 Satz 2 (vgl. Anm. 10).

10. Das Gleiche gilt, wenn derjenige, von welchem der Mündel abstammt, von einem Andern als dem Ehegatten seines Vaters oder seiner Mutter an Kindesstatt angenommen ist und die Wirkungen der Annahme sich auf den Mündel erstrecken. Dieser Satz 2 ist nur die weitere Folge von dem in Satz 1 aufgestellten Grundsatz. Er spricht aus, daß auch alsdann die Großväter nicht berufen sein sollen, wenn a) derjenige, von welchem der Mündel abstammt, also sein leiblicher Vater oder seine leibliche Mutter, von einem Dritten, welcher weder der Stiefvater noch die Stiefmutter des Mündelvaters oder der Mündelmutter ist, an Kindesstatt angenommen worden und zugleich b) die Wirkungen dieser Annahme sich auf den Mündel selbst, als Abkömmling des angenommenen Elterntheils, miterstrecken. Dieses Letztere ist nach § 1762 nur der Fall, wenn der Mündel zur Zeit der Schließung (nicht erst der nach § 1741 Satz 2 erforderlichen Bestätigung) des Annahmevertrages entweder noch gar nicht vorhanden, also noch ungeboren war, oder wenn er selber an der Schließung des Vertrages (bzw. gemäß § 1750 Abs. 1 durch seinen gesetzlichen Vertreter) Theil genommen hat.

§ 1777.

Der Vater kann einen Vormund nur benennen, wenn ihm zur Zeit seines Todes die elterliche Gewalt über das Kind zusteht; er hat dieses Recht nicht, wenn er in den die Person oder in den das Vermögen betreffenden Angelegenheiten nicht zur Vertretung des Kindes berechtigt ist. Das Gleiche gilt für die Mutter.

Der Vater kann für ein Kind, das erst nach seinem Tode geboren wird, einen Vormund benennen, wenn er dazu berechtigt sein würde, falls das Kind vor seinem Tode geboren wäre.

Die Benennung des Vormundes erfolgt durch letztwillige Verfügung.

Entw. I § 1636; Entw. II § 1658; Reichst.-Vorl. § 1753; Mot. IV zu § 1636 S. 1053 bis 1056; Komm. Prot. S. 6332 bis 6334.

---

1. Der § 1777 ordnet diejenigen materiellen und formellen Bedingungen, von denen die Gültigkeit der in § 1776 Nr. 1 und 2 erwähnten Benennung abhängt.

Abs. 1.

2. Der Vater — Da die Benennung des Vormundes sich als eine Nachwirkung der elterlichen Gewalt darstellt, so ist rücksichtlich der Befugniß zur Benennung dem Vater nach Satz 2 die Mutter gleichgestellt. Die Benennung des Vaters geht jedoch nach § 1776 Abs. 1 der Benennung der Mutter vor.

3. — wenn ihm zur Zeit seines Todes die elterliche Gewalt über das Kind zusteht — Maßgebend ist hiernach nicht der Zeitpunkt, wo die Benennung erfolgt, so daß erst im Augenblicke des Todes des Vaters oder bezw.

der Mutter sich entscheidet, ob die von ihnen ausgegangene Benennung gültig ist. Ob dem benennenden Elterntheil schon zur Zeit der Benennung die elterliche Gewalt zustand, erscheint bei der Fassung des Gesetzes gleichgültig. Es ist daher zulässig, daß auch für ein noch zu erwartendes Kind der Vormund benannt wird. In welchen Fällen einem Elterntheil die elterliche Gewalt über ein Kind nicht zusteht, ergeben die einschlagenden gesetzlichen Bestimmungen, wegen deren auf §§ 1773 Anm. 4 verwiesen werden kann.

4. — wenn er in den die Person oder in den das Vermögen betreffenden Angelegenheiten nicht zur Vertretung des Kindes berechtigt ist. Der Mangel der Berechtigung zur Vertretung nach der einen oder anderen Seite hin ist hier (anders wie bei dem Erforderniß zur Einleitung der Vormundschaft nach § 1773) genügend.

Nicht berechtigt zur Vertretung ist der Inhaber der elterlichen Gewalt:

a) in den persönlichen Angelegenheiten des Kindes, wenn ihm das Vormundschaftsgericht auf Grund des § 1666 bzw. § 1686 dieselbe entzogen hat;
b) in den das Vermögen des Kindes betreffenden Angelegenheiten, wenn sich das Kind mit seiner Einwilligung verheirathet hat (§§ 1633, 1634, 1685 Abs. 1, 1686);
c) wenn über das Vermögen des Inhabers der elterlichen Gewalt Konkurs eröffnet worden ist (§§ 1647, 1686);
d) wenn ihm die Vermögensverwaltung gemäß §§ 1667, 1670 von dem Vormundschaftsgericht entzogen ist.

Durch die Ehescheidung wird nach den Grundsätzen des BGB., abgesehen von der in §§ 1631 bis 1634 geordneten Sorge für die Person des Kindes, welche nach § 1635 Abs. 1 regelmäßig dem unschuldigen Theile zusteht, die elterliche Gewalt nicht berührt; das mit der elterlichen Gewalt verbundene Recht, die Kinder zu vertreten, bleibt auch nach der Scheidung bestehen (§ 1635 Abs. 2). Der geschiedene Inhaber der elterlichen Gewalt hat demnach das Ernennungsrecht aus § 1777 in demselben Umfange wie der nicht geschiedene.

5. Das Gleiche gilt für die Mutter. — Da mithin auch sie, wenn die Ernennung materiell rechtswirksam sein soll, zur Zeit ihres Todes die elterliche Gewalt über das Kind gehabt haben muß, so hat sie das Ernennungsrecht regelmäßig nur: wenn sie der überlebende Elterntheil ist; wenn der Vater die elterliche Gewalt verwirkt hat und die Ehe aufgelöst ist (§ 1684); oder wenn ihr bei dem Vorliegen der im § 1685 Abs. 2 bezeichneten Bedingungen nach Auflösung der Ehe das Vormundschaftsgericht die Ausübung der elterlichen Gewalt übertragen hat. Gegenüber dem unehelichen Kinde ist sie nicht ernennungsberechtigt, weil ihr über ein solches die elterliche Gewalt niemals gebührt. Auch im Verhältniß zu ihren ehelichen Kindern kann ihr gemäß § 1696 das Vertretungs- und mithin auch das Benennungsrecht nur zukommen unter der Voraussetzung, daß sie nicht mehr minderjährig ist.

Abs. 2.

6. — wenn er dazu berechtigt sein würde, falls das Kind vor seinem Tode geboren wäre. — Der entscheidende Zeitpunkt ist auch hier der Augenblick seines Ablebens, so daß es nicht darauf ankommt, ob die elterliche Gewalt zu einem früheren Zeitpunkt vorübergehend geruht hatte oder vorübergehend ihm entzogen war.

Abs. 3.

7. — durch letztwillige Verfügung. Der Abs. 3 enthält die noth-

wendige formelle Voraussetzung für das elterliche Ernennungsrecht. Die letztwillige Verfügung muß natürlich als solche der dafür geordneten gesetzlichen Form entsprechen, was zuvörderst das Vormundschaftsgericht zu beurtheilen hat. Erkennt dasselbe die Gültigkeit der Benennung nicht an und bestellt einen anderen Vormund, so wird auf die sofortige Beschwerde des Berufenen oder eines nach § 20 Abs. 1 des G. fr. G. Betheiligten in dem Instanzenzuge hierüber entschieden (§ 60 Nr. 1 a. a. O.). Einer endgültigen Entscheidung des Prozeßrichters über die formelle Gültigkeit der letztwilligen Verfügung wird jedoch hierdurch nicht vorgegriffen. Hat der Benennende seiner Benennung eine aufschiebende Bedingung oder Zeitbestimmung beigefügt, so fragt es sich, ob zu dem Zeitpunkt, wo die Vormundschaft angeordnet wird, diese Bedingung bereits erfüllt oder der Termin eingetreten ist. Für den Verneinungsfall darf der Berufene, sofern ihm nicht aus einem anderen Grunde die Vormundschaft vorzugsweise zu übertragen ist, übergangen und ein Dritter an seiner Statt als Vormund bestellt werden. Ist seine Verhinderung an Uebernahme der Vormundschaft jedoch nur als eine vorübergehende anzusehen, so kann er nach Wegfall des Hindernisses gemäß § 1778 Abs. 2 seine nachträgliche Bestellung verlangen. Ist die Bedingung oder die Zeitbestimmung dagegen eine auflösende, so wird zwar auch diese Bestimmung im Hinblick auf § 1782, da sie nach Eintritt der Bedingung oder des Zeitpunktes als Ausschließung von der Vormundschaft aufzufassen ist, ihre Wirkung äußern müssen (vgl. auch § 1880, der eine entsprechende Vorschrift über die Aufhebung des Familienraths enthält). Das vormundschaftliche Amt des Berufenen endigt jedoch in diesem Falle Mangels einer diese Folge aussprechenden Gesetzesvorschrift nicht von Rechtswegen. Wohl aber ist es dem Vormundschaftsgericht unbenommen, unter Anwendung des § 1790 schon bei der Bestellung eines solchen Vormundes die Entlassung für den Fall vorzubehalten, daß die in der letztwilligen Verfügung erklärte Bedingung oder der dort gesetzte Endtermin eintritt. Das Vormundschaftsgericht wird von diesem Mittel, dessen auch die Motive (S. 1054) gedenken, Gebrauch machen müssen, da eine analoge Anwendung des § 1888 unzulässig erscheint. Wird dieser Vorbehalt versäumt, so werden auch hier nur die gewöhnlichen gesetzlichen Entlassungsgründe Platz greifen können. Was die Art der letztwilligen Verfügung betrifft, so kann dieselbe erfolgen entweder durch Testament (§ 1937, §§ 2064 ff.) oder durch einseitige (also jederzeit widerrufliche) Bestimmung in einem Erbvertrag (§ 1941, § 2299, §§ 2274 ff., § 2278). Die Benennung eines Vormundes durch vertragsmäßige Anordnung in einem Erbvertrag ist nach § 2278 Abs. 1 unstatthaft.

Weiterer letztwilliger Anordnungen der Eltern in Bezug auf die über ihre Kinder zu führende Vormundschaft gedenkt das Gesetz noch in § 1782, 1797, 1856, 1868, 1880.

Kodizille im Sinne des früheren Rechts, in denen die Benennung des Vormundes enthalten sein konnte, kennt das BGB. nicht.

Zu beachten ist übrigens, daß das vormundschaftliche Gericht nicht gehindert ist, bei der nach § 1779 in seine Hände gelegten Auswahl des Vormundes auch einer von den Eltern ausgegangenen Benennung, bei welcher die Form des § 1777 Abs. 3 nicht beobachtet worden ist, geeigneten Falls einen Einfluß auf seine Entschließung einzuräumen, wenngleich eine elterliche Berufung im Sinne des § 1776 Abs. 1 Nr. 1 alsdann selbstverständlich nicht vorliegt.

Ueber die persönlichen Eigenschaften, welche auf Seiten des Testators und bzw.

des Vertragsschließenden für die Errichtung des Testaments oder des Erbvertrages erfordert werden, sowie über die Form dieser Rechtsgeschäfte sind die §§ 2229 ff., 2274 ff. zu vergleichen. Wiewohl hiernach ein Testament auch eine minderjährige über 16 Jahre alte Person errichten kann, so ist doch auch zu einer Benennung in dieser Form, welche gemäß § 1777 als Folge der elterlichen Gewalt sich darstellt, nur ein Großjähriger oder für großjährig Erklärter (§ 3 Abs. 2) befugt, weil minderjährige Personen die elterliche Gewalt nicht auszuüben vermögen (§§ 1676 Abs. 1, § 1686, § 106).

§ 1778.

Wer nach § 1776 als Vormund berufen ist, darf ohne seine Zustimmung nur übergangen werden, wenn er nach den §§ 1780 bis 1784 nicht zum Vormunde bestellt werden kann oder soll oder wenn er an der Uebernahme der Vormundschaft verhindert ist oder die Uebernahme verzögert oder wenn seine Bestellung das Interesse des Mündels gefährden würde.

Ist der Berufene nur vorübergehend verhindert, so hat ihn das Vormundschaftsgericht nach dem Wegfalle des Hindernisses auf seinen Antrag an Stelle des bisherigen Vormundes zum Vormunde zu bestellen.

Für eine Ehefrau darf der Mann vor den nach § 1776 Berufenen, für ein uneheliches Kind darf die Mutter vor dem Großvater zum Vormunde bestellt werden.

Neben dem Berufenen darf nur mit dessen Zustimmung ein Mitvormund bestellt werden.

Entw. I § 1637; Entw. II § 1659; Reichst.-Vorl. § 1754; Mot. IV zu § 1637 S. 1056 bis 1060; Komm. Prot. S. 6334, 6335.

Abs. 1.

1. — darf ohne seine Zustimmung nur übergangen werden — Hieraus folgt:

a) daß das Vormundschaftsgericht, sofern ihm § 1778 nicht ein besonderes Recht zur Uebergehung gibt, an die Berufung eines an sich fähigen Benannten gebunden ist, und

b) daß die Berufung aus § 1776 Abs. 1 als solche für den Berufenen grundsätzlich nur ein Recht auf die Uebertragung der Vormundschaft, dagegen nicht zugleich eine Verbindlichkeit zur Uebernahme erzeugt (vgl. § 1785 Anm. 2).

Eine besondere Form für die Zustimmung des zu Uebergehenden ist nicht vorgeschrieben. Es genügt daher eine bloß mündliche und selbst eine nur stillschweigend (durch konkludentes Verhalten) abgegebene Erklärung. Immerhin aber empfiehlt es sich, in jedem Falle, wo die Erklärung nur in solcher Weise erfolgt, die Thatsache ihrer Abgabe aktenkundig zu machen, damit das Vormundschaftsgericht in der Lage ist, etwaigen späteren Beschwerden wirksam begegnen zu können. Ist die Uebergehung fehlerhaft erfolgt, so darf die zu Unrecht geschehene Bestellung des anderen Vormundes von Amtswegen rückgängig gemacht werden (vgl. auch Joh. Bd. 3 S. 44). Ein Ablehnungsrecht kann jedoch dieser letztere, unbeschadet des ihm zustehenden Beschwerderechts, aus der Uebergehung nicht herleiten.

2. — wenn er nach §§ 1780 bis 1784 nicht zum Vormunde

bestellt werden kann oder soll — Diese Bestimmung, die zum Mindesten im Falle des § 1780 selbstverständlich erscheint (vgl. auch § 1886), hat nur den Zweck, jeden hierüber etwa möglichen Zweifel ausdrücklich auszuschließen.

3. — oder wenn er an der Uebernahme der Vormundschaft verhindert ist — Diese Verhinderung welche im Gegensatze zu den in §§ 1780 bis 1784 bezeichneten absoluten und relativen Unfähigkeitsgründen regelmäßig nur eine thatsächliche sein wird, kann sich als dauernde oder vorübergehende darstellen. Für die bloß vorübergehende Verhinderung enthält der Abs. 2 eine besondere Vorschrift.

Die Verhinderung muß vorhanden sein in demjenigen Zeitpunkt, wo die Anordnung der Vormundschaft und mithin deren Uebernahme durch den Berufenen gesetzlich erforderlich wird. Ob eine Verhinderung vorliegt, ermißt das Vormundschaftsgericht.

4. — oder die Uebernahme verzögert — Diese Verzögerung muß eine schuldhafte, auf einem Mangel an Bereitwilligkeit zur Uebernahme beruhende sein (vgl. wegen eines analogen Falles § 319 Abs. 1 Satz 2). Ist die Verzögerung auf Seiten des Berufenen eine unfreiwillige, so wird zu erwägen sein, ob nicht inzwischen gemäß § 1909 Abs. 3 ein Pfleger zu bestellen ist.

5. — oder wenn seine Bestellung das Interesse des Mündels gefährden würde — Der Entwurf I des Gesetzes erforderte nach § 1637 Abs. 1 eine „erhebliche" Gefährdung des Mündelinterresses. Aus der Aenderung dieser Fassung folgt jedoch nicht, daß nunmehr jede, auch eine ganz unerhebliche Gefährdung genügen soll, um die Vorschrift des Abs. 1 in § 1778 anwendbar erscheinen zu lassen. Das Ermessen der Vormundschaftsbehörde ist nur freier gestellt. In jedem Falle aber müssen positive Umstände vorliegen, in denen die Gefährdung gefunden wird, so daß die Bestellung eines Anderen an Stelle des Berufenen bloß deshalb, weil die Bestellung des Letzteren dem Mündel weniger vortheilhaft erscheint, unstatthaft ist. Im Uebrigen schließt sich die Vorschrift den Bestimmungen in §§ 1666, 1667 an, welche das Vormundschaftsgericht auch dem Inhaber der elterlichen Gewalt gegenüber zur Ergreifung vorbeugender Maßregeln im Interesse der Kinder für den Fall der Gefährdung verpflichten. Eine weitere Konsequenz des hier ausgesprochenen Grundsatzes enthält der § 1886.

6. Dem ohne seine Zustimmung zu Unrecht Uebergangenen steht nach § 60 Nr. 1 des G. fr. G. das Recht der sofortigen Beschwerde zu. Ob dem Benennenden der Grund, aus welchem die Bestellung des Berufenen zum Vormunde eine Gefährdung des Mündelinteresses herbeizuführen droht, bekannt war oder nicht, macht, wie die Motive hervorheben, keinen Unterschied. In dem früheren Preußischen Rechte war dies streitig.

Abs. 2.

7. Ist der Berufene nur vorübergehend verhindert — sei es rechtlich, (wie z. B., wenn der berufene Minderjährige der Volljährigkeit nahe ist, oder wenn das über das Vermögen des Berufenen anhängige Konkursverfahren bald beendigt sein wird), sei es thatsächlich (z. B. durch Krankheit oder kürzere Abwesenheit).

8. — nach dem Wegfall des Hindernisses auf seinen Antrag an Stelle des bisherigen Vormundes zum Vormund zu bestellen. Daß das Hinderniß weggefallen ist, wird der Antragsteller erforderlichen Falles nachweisen müssen. Das zu diesem Behufe dargebotene Material hat das Vormundschaftsgericht frei zu würdigen. Wird ein Antrag von dem Uebergangenen nicht

gestellt, so bleibt der bisherige Vormund im Amte. Ist wegen unfreiwilliger Verzögerung der Vormundschaftsübernahme anstatt eines Vormundes nur einstweilen ein Pfleger bestellt (vgl. Anm. 4 Satz 2), so ist dieser nach Behebung des Hindernisses gemäß § 1919 von Amtswegen zu entlassen und an seiner Statt der Berufene zu bestellen.

Abs. 3.

9. für eine Ehefrau .. der Mann vor den nach § 1776 Berufenen — Durch den Satz, daß für eine Ehefrau der Ehemann vor den nach § 1776 Berufenen zum Vormund bestellt werden darf, trägt das Gesetz einer deutschrechtlichen Anschauung Rechnung. Da der Mann den gesetzlich Berufenen als Vormund nur vorgezogen werden darf, aber nicht muß, so können Gefahren für den Mündel hieraus nicht entspringen.

10. — für ein uneheliches Kind .... die Mutter vor dem Großvater — Auch der unehelichen Mutter gewährt das Gesetz ebenso wenig wie dem Ehemann ein unbedingtes Vorrecht bei Uebertragung der Vormundschaft. Auch in diesem Falle entscheidet daher über die Frage, ob sie vor dem Großvater zu bestellen ist, ausschließlich das gerichtliche Ermessen, also die Rücksicht auf das Interesse des Mündels. Als Großvater kommt im Hinblick auf §§ 1705, 1589 Abs. 2 regelmäßig nur der eheliche Vater der Mündelmutter (§ 1776 Abs. 1 No. 3) in Betracht. Ein Großvater väterlicher Seits ist als solcher für den unehelichen Mündel rechtlich nur in dem Falle vorhanden, wenn dieser durch nachfolgende Ehe legitimirt worden ist, also fortan die Rechte eines ehelichen Kindes erlangt hat (vgl. 1776 Anm. 8 a. E.).

Eine analoge Bestimmung findet sich in § 1900 Abs. 3.

Abs. 4.

11. Neben dem Berufenen darf nur mit dessen Zustimmung ein Mitvormund bestellt werden. Dieses Verbot schließt an sich nicht aus, daß nach Maßgabe der §§ 1776, 1777 von dem Inhaber der elterlichen Gewalt mehrere Personen als Mitvormünder berufen werden können (§ 1776 Anm. 5). Sind alsdann alle einverstanden, so dürfen sie auch alle bestellt werden.

Wenn auch der § 1777 Abs. 1 nur von der Benennung „eines“ Vormundes spricht, so ist doch nirgends bestimmt, daß die Benennung mehrerer Personen als gemeinschaftliche Vormünder unzulässig sein soll. An sich muß demnach die Benennung mehrerer Vormünder für zulässig erachtet werden. Die Frage ist aber, welche Wirkung dies hat, wenn nicht alle Berufenen zur Uebernahme bereit sind (§ 1786 Nr. 7), wenn z. B. A., B. und C. benannt sind und nun C. erklärt, er wolle wohl neben A., aber nicht auch neben B. Mitvormund sein. Es ist anzunehmen, daß in diesem Falle der Benennung überhaupt keine Rechnung getragen werden kann, weil der Wille des Testators ausschließlich dahin geht, daß A., B. und C., nicht aber dahin, daß A. und C. Mitvormünder seien sollen. Sein Wille kann also nicht erfüllt werden. Es tritt vielmehr die Wahl des Vormundschaftsgerichts ein, dem natürlich geeignetenfalls unbenommen bleibt, A. und C. auszuwählen und als Mitvormünder zu bestellen (§§ 1775, 1779).

Die Bestimmung des Abs. 4 soll verhüten, daß einem nach § 1776 berufenen Vormund sein Recht auf Führung der Vormundschaft durch die Bestellung von Mitvormündern verkümmert werde.

Ausgewählte Vormünder (§ 1779), die mit einem Anderen zur gemeinschaftlichen Führung der Vormundschaft bestellt werden sollen, haben nach § 1786

Nr. 7 im Ablehnungsrecht. Die berufenen Vormünder, welche auf Grund der Berufung nur ein Uebernahmerecht, nicht aber eine Uebernahmepflicht haben, bedürfen dieses weiteren Schutzes nicht.

§ 1779.

Ist die Vormundschaft nicht einem nach § 1776 Berufenen zu übertragen, so hat das Vormundschaftsgericht nach Anhörung des Gemeindewaisenraths den Vormund auszuwählen.

Das Vormundschaftsgericht soll eine Person auswählen, die nach ihren persönlichen Verhältnissen und ihrer Vermögenslage sowie nach den sonstigen Umständen zur Führung der Vormundschaft geeignet ist. Bei der Auswahl ist auf das religiöse Bekenntniß des Mündels Rücksicht zu nehmen. Verwandte und Verschwägerte des Mündels sind zunächst zu berücksichtigen.

Entw. I § 1638 Abs. 1; Entw. II § 1660 Abs. 1; Reichst.-Vorl. § 1755; Mot. IV zu § 1638 S. 1061, 1062; Komm. Prot. S. 6335 bis 6337. Reichst.-Komm.-Ber. S. 168.

Abs. 1.

1. Ist die Vormundschaft nicht einem nach § 1776 Berufenen zu übertragen — d. h. ist kein nach § 1776 Berufener vorhanden, dem die Vormundschaft nach § 1778 übertragen werden kann. Die hier gedachte Voraussetzung liegt namentlich vor, wenn einer der in § 1778 Abs. 1 bezeichneten Uebergehungsgründe besteht; wenn der Berufene als solcher die Uebernahme ablehnt; wenn Mangels wechselseitiger Zustimmung von mehreren als Mitvormünder berufenen Personen keine als Vormund bestellt werden kann; wenn gegen den nicht übernahmebereiten Berufenen die Ordnungsstrafen aus § 1788 erschöpft sind; endlich auch, wenn eine Berufung aus § 1776 überhaupt nicht vorliegt.

Zu berücksichtigen ist übrigens, daß auf Grund des § 1776 Abs. 1 mehrere Personen nach einander berufen sein können, und daß in diesem Falle, wenn der vor einem Anderen Berufene ablehnt, zuvörderst der nach ihm Berufene als Vormund bestellt werden muß. Erst wenn auch der Letztberufene die Vormundschaft nicht übernehmen kann oder will, greift gemäß § 1779 das Recht der richterlichen Auswahl Platz (vgl. Anm. 2 zu § 1785).

2. — so hat das Vormundschaftsgericht nach Anhörung des Gemeindewaisenraths den Vormund auszuwählen. Die Anhörung des Gemeindewaisenraths, welcher nach § 1849 als Hülfsorgan des Vormundschaftsgerichtes die Pflicht hat, die zu Vormündern geeigneten Personen vorzuschlagen und bzw. über die Fähigkeit der in Aussicht genommenen sich zu äußern, hat eine wesentlich nur instruktionelle Bedeutung. Das Gericht soll ihn der Regel nach hören, und zwar vor der Bestellung des Vormundes. Dasselbe gilt natürlich, wenn es sich nicht um die erste Bestellung, sondern um einen bloßen Wechsel in der Person des Vormundes handelt. Ueber die Qualifikation eines nach § 1776 Berufenen den Gemeindewaisenrath zu hören, schreibt das Gesetz nichts vor.

Der Gemeindewaisenrath soll durch seine Auskunft das Vormundschaftsgericht zu einer geeigneten Auswahl in Stand setzen. Diese „Auswahl" setzt, wie schon das Wort besagt, eine Prüfung voraus. Der Gemeindewaisenrath soll sich daher nicht begnügen, in Erfüllung der auch durch § 49 des G. fr. G. ihm auferlegten Pflicht, eine nach seinem Dafürhalten geeignete Person namhaft zu machen, sondern auch über ihre persönlichen Verhältnisse, die Vermögenslage und die für die Vormundschaftsführung etwa sonst noch in Betracht kommenden Umstände (§ 1779 Abs. 2) sich äußern. Zu diesem Behufe wird sich häufig auch empfehlen, nicht nur eine einzige Person, sondern mehrere Personen zu benennen und über ihre Befähigung in der angegebenen Richtung sich auszusprechen.

Ueber die Auswahl selbst entscheidet lediglich das pflichtmäßige Ermessen des Vormundschaftsgerichts. Eine Beschwerde kann dem Gemeidewaisenrathe, dessen Vorschlägen keine Folge gegeben wird, auf Grund des § 57 Nr. 9 des G. fr. G. nur alsdann zustehen, wenn er nachzuweisen vermag, daß dem Interesse des Mündels durch die gerichtsseitig getroffene Auswahl des Vormundes Abbruch geschieht.

Der von dem Richter anzuhörende Gemeindewaisenrath ist regelmäßig derjenige, in dessen Bezirk sich der Mündel befindet. Da jedoch das Vormundschaftsgericht, zumal in größeren Städten, von dem Aufenthalt des Mündels nicht immer Kunde hat, und da von mehreren Mündeln, für welche gemäß § 1775 nur Ein Vormund zu bestellen ist, der eine an diesem, der andere an jenem Orte sich befinden kann, so wird es zuweilen sich mehr empfehlen, den Waisenrath zu hören, in dessen Bezirk der letztverstorbene Elterntheil des Mündels gewohnt hat, oder sofern nur ein Wechsel des Vormundes in Frage steht, den Waisenrath desjenigen Bezirks, in welchem die Mehrzahl der Mündel sich aufhält oder aus welchem aus sonstigen Gründen der Vormund am passendsten gewählt wird.

Abs. 2.

3. Das Vormundschaftsgericht soll eine Person auswählen — Schon diese instruktionelle Fassung zeigt, daß dem verständigen Ermessen des Gerichtes ein weiter Spielraum gelassen ist.

4. — nach ihren persönlichen Verhältnissen und ihrer Vermögenslage — In ersterer Beziehung kommen namentlich die Beziehungen des Auszuwählenden zur Familie des Mündels, Alter und Lebensstellung, Bildungsgrad u. s. w. in Betracht. Auf die Vermögenslage aber kommt es namentlich alsdann an, wenn mit der Vormundschaftsführung selbst eine Vermögensverwaltung verknüpft ist, welche Kenntnisse und Erfahrungen auf diesem Gebiete voraussetzt, und die es erforderlich macht, daß der Vormund zeitweise über Vermögensstücke des Mündels eine freie thatsächliche Verfügungsgewalt ausübt.

5. — nach den sonstigen Umständen. — Was dazu zu rechnen ist, entscheidet der individuelle Fall. Es soll aber keine Beziehung ausgeschlossen sein, die für die Frage, ob ein Vormund geeignet ist, irgendwie in Betracht kommen kann.

6. — ist auf das religiöse Bekenntniß des Mündels Rücksicht zu nehmen. Diese Rücksichtnahme bedeutet jedoch nicht, daß der Vormund unter allen Umständen dem Religionsbekenntniß des Mündels angehören muß. Insbesondere darf dieselbe auch nicht dahin führen, um ihretwillen die anderen Beziehungen, welche ebenfalls ins Auge gefaßt werden sollen, völlig hintan zu setzen. Noch mehr aber wird sie zurücktreten müssen, wenn der Vormund, wie nicht selten bei Mündeln aus gemischten Ehen, für mehrere Geschwister verschiedener Konfessionen zu bestellen ist.

7. Verwandte und Verschwägerte des Mündels sind zunächst zu berücksichtigen. Die Verwandten (§ 1589) und die Verschwägerten (§ 1590) sind in dieser Hinsicht einander gleichgestellt, so daß also die einen den anderen nicht vorgehen. Auch auf die Gradesreihe kommt es nicht in entscheidender Weise an, wiewohl es dem Vormundschaftsgericht selbstverständlich unbenommen bleibt, auch diese

geeignetenfalls in Betracht zu ziehen. Das uneheliche Kind tritt nur in eine Verwandtschaft zu seiner Mutter und deren Familie, nicht aber auch gegenüber dem Vater und dessen Verwandten. Dahingegen rückt ein durch nachfolgende Ehe legitimirtes Kind in allen Beziehungen, also auch rücksichtlich seines Verhältnisses zu den Verwandten beider Eltern, in die Stellung eines ehelichen ein (§§ 1719 ff.). Wird die Legitimation durch Ehelichkeitserklärung bewirkt, so ist das für ehelich erklärte Kind und dessen Abkömmling zwar mit den Verwandten der Mutter, nicht aber auch mit den Verwandten des Vaters verwandt. Auch eine Schwägerschaft zwischen dem Kinde und der Frau des Vaters einerseits und zwischen dem Annehmer und dem Ehegatten des Kindes andererseits entsteht durch die Ehelichkeitserklärung nicht (§ 1737). Im Falle der Annahme an Kindesstatt erlangt zwar das angenommene Kind und bezw. auch dessen Abkömmling die rechtliche Stellung eines ehelichen Kindes des Annehmenden (§§ 1757, 1762). Die Wirkungen der Annahme erstrecken sich jedoch nicht auf die Verwandten des Letzteren. Das angenommene Kind ist daher mit den Verwandten des Annehmers nicht verwandt. Auch verschwägert mit einander werden weder das Kind und der Ehegatte des Annehmers, noch auch der Annehmer und der Ehegatte des Kindes (§ 1763).

Der Begriff der Schwägerschaft umfaßt auch die Stiefverbindungen. Die Schwägerschaft dauert fort, auch wenn die Ehe, durch die sie begründet wurde, aufgelöst ist (§ 1590 Abs. 2).

Zu den nach § 1779 Abs. 2 zunächst, also vorzugsweise zu berücksichtigenden Personen gehört, unbeschadet der Bestimmung in § 1778 Abs. 3, der Ehemann einer zu bevormundenden minderjährigen Frau nicht. Das Gesetz hat eine dahin gehende Vorschrift vermieden, weil wegen des ehelichen Güterrechts die Interessen der Ehegatten leicht kollidiren können. Ist eine solche Kollision nach dem Ermessen des Vormundschaftsgerichts nicht zu befürchten und liegen auch keine Bedenken anderer Art vor, so steht nichts entgegen, bei der Auswahl des Vormundes dem Ehemann, und zwar auch vor den Verwandten und Verschwägerten des Mündels, den Vorzug zu geben. Ein Recht, unter allen Umständen vor dem Ehemann ausgewählt zu werden, haben diese nicht. Das Gesetz legt dem Vormundschaftsgericht durch Abs. 2 Satz 2 nur die Pflicht auf, auf die Verwandten und Verschwägerten zunächst sein Augenmerk zu richten und zu prüfen, ob der eine oder andere von ihnen nicht an erster Stelle als Vormund geeignet ist.

Die uneheliche Mutter zum Vormund ihres Kindes zu bestellen, wird sich der Regel nach nicht empfehlen, wiewohl sie die nächste Verwandte des Mündels ist. Die Abhängigkeit ihrer Lebensstellung und ihr oft zweifelhafter sittlicher Charakter werden in den meisten Fällen Bedenken erwecken.

§ 1780.

Zum Vormunde kann nicht bestellt werden, wer geschäftsunfähig oder wegen Geistesschwäche, Verschwendung oder Trunksucht entmündigt ist.

Entw. I § 1640 Nr. 1, § 1646 Abs. 1; Entw. II § 1661; Reichst.-Vorl. § 1756; Mot. IV zu § 1640 S. 1065 bis 1066 zu § 1646 S. 1081; Komm. Prot. S. 6338, 6339, 6342 bis 6345, 6478, 6482, 6483.

---

1. Der § 1780 zählt die einzigen völlig unbedingten, absolut zwingenden Unfähigkeitsgründe für die Bestellung eines Vormundes auf. Im Gegensatze hierzu sind die in den §§ 1781 bis 1784 behandelten Hinderungsgründe auf die Rechtswirksamkeit der trotzdem erfolgten Bestellung zunächst ohne Einfluß; sie sind bloße Untauglichkeitsgründe im gemeinrechtlichen Sinne, welche das vormundschaftliche Gericht unter Umständen nur zur Wiederentlassung des Vormundes verpflichten.

2. — kann nicht bestellt werden — Die erfolgte Bestellung ist also ohne Weiteres nichtig, und der Vormund erlangt als solcher aus ihr weder Rechte noch Pflichten.

3. — geschäftsunfähig — Geschäftsunfähig ist nach § 104:

a) wer nicht das siebente Lebensjahr vollendet hat;

b) wer sich in einem die freie Willensbestimmung ausschließenden Zustande krankhafter Störung der Geistesthätigkeit befindet, sofern nicht der Zustand seiner Natur nach ein vorübergehender ist;

c) wer wegen Geisteskrankheit entmündigt ist.

Da der Fall zu a) für die Anwendung des § 1780 praktisch kaum in Betracht kommt, in dem Falle zu c) aber durch den Entmündigungsbeschluß (§ 645 CPO.) des Amtsgerichts das Vormundschaftsgericht einer eigenen sachlichen Prüfung überhoben ist, so handelt es sich für das letztere wesentlich nur um die Feststellung der Geschäftsunfähigkeit im Sinne des § 104 Nr. 2. Zu den Geschäftsunfähigen der dort (vorstehend unter b) gekennzeichneten Art werden in erster Linie solche Geisteskranke gehören, welche aus irgend welchen Gründen nicht entmündigt sind; sodann aber auch andere Personen, welche, ohne entmündigt zu sein (wie unter Umständen Gewohnheitstrinker, Epileptiker, Kretins), sich in einem geistigen oder körperlichen Zustand befinden, der vermöge seiner Natur ihre freie Willensbestimmung dauernd aufhebt. Eine dahin gehende Feststellung wird jedoch das Vormundschaftsgericht regelmäßig erst nach Anhörung eines medizinischen Sachverständigen treffen können.

Die Geschäftsunfähigkeit als Folge der Entmündigung wegen Geisteskrankheit beginnt nach § 661 Abs. 1, wenn der Entmündigte unter elterlicher Gewalt oder unter Vormundschaft steht, erst mit der Zustellung des Beschlusses an denjenigen gesetzlichen Vertreter, welchem die Sorge für die Person zusteht, andernfalls mit der Bestellung des Vormundes. Wird die Entmündigung später wieder aufgehoben, so erlangt der entmündigt Gewesene erst mit der Rechtskraft des fraglichen Beschlusses oder des auf die Anfechtung ergangenen Urtheils die Geschäftsfähigkeit und hiermit auch, soweit nicht noch andere Gründe entgegenstehen, die Fähigkeit, als Vormund bestellt zu werden, zurück.

4. — wegen Geistesschwäche, Verschwendung oder Trunksucht entmündigt — Auch in diesem Falle der Entmündigung bedarf es keiner weiteren vormundschaftsgerichtlichen Prüfung des geistigen Zustandes, sondern lediglich der Feststellung, daß die Entmündigung rechtskräftig durch Beschluß des Amtsgerichts (§§ 645, 680 CPO.) erfolgt ist. Entmündigte Personen dieser Art sind nicht, wie der wegen Geisteskrankheit Entmündigte, geschäftsunfähig, sondern gemäß § 114 in Ansehung ihrer Geschäftsfähigkeit nur beschränkt, indem sie hiernach einem Minderjährigen gleichstehen. Während jedoch nach § 1781 Nr. 1 der Minderjährige zum Vormunde nur nicht bestellt werden soll, ist die Bestellung des wegen Geistesschwäche, Verschwendung oder Trunksucht Entmündigten ganz unbedingt rechtlich unzulässig und daher nichtig.

Die Entmündigung tritt in allen diesen drei Fällen schon mit der Zustellung des Beschlusses an den Entmündigten selbst (§ 661 Abs. 2, § 683 Abs. 2), ihre Aufhebung aber, wie bei der Entmündigung wegen Geisteskrankheit, mit der Rechtskraft des Beschlusses oder des Urtheils in Wirksamkeit.

5. Auch wenn einer der in § 1780 bestimmten Unfähigkeitsgründe erst nach bereits erfolgter Bestellung des Vormundes eintritt, macht er sich als Hinderniß geltend. Ein aus einer der vier möglichen Ursachen entmündigter Vormund hört mit dem Beginn der Rechtswirksamkeit der Entmündigung ohne Weiteres auf, Vormund zu sein (§ 1885 Abs. 1). Ob es für die Zwischenzeit nöthig wird, an seiner Statt für den Mündel auf Grund des § 1909 einen Pfleger zu bestellen, bleibt der Erwägung des Vormundschaftsgerichts überlassen. Wird der bestellte Vormund nach § 1780 geschäftsunfähig, ohne zugleich auch entmündigt zu werden, so hat ihn das Vormundschaftsgericht, da seine Beibehaltung das Interesse des Mündels offenbar gefährden würde, gemäß § 1886 unverzüglich zu entlassen und für Bestellung eines neuen Vormundes zu sorgen. Ein Erlöschen des vormundschaftlichen Amtes von Rechts wegen, wie noch der Entw. I bestimmte (vgl. § 1640 Nr. 1, § 1646 Abs. 1, § 1704 Nr. 2 daselbst), bestimmt für dergleichen Fälle das Gesetz nicht.

6. Durch die Ablegung des Klostergelübdes tritt nach dem BGB. keine Geschäftsunfähigkeit mehr ein und mithin auch kein unbedingtes Hinderniß für die Uebernahme des vormundschaftlichen Amtes. Auch die Ausländer erklärt das Gesetz zu der Uebernahme einer Vormundschaft nicht für unfähig.

7. Was nach § 1780 von dem Vormunde gilt, trifft zufolge der Bestimmung in § 1792 Abs. 4 auch auf den Gegenvormund zu. Eine völlig entsprechende Vorschrift enthält der § 1865 für die Mitglieder des Familienrathes.

8. Ueber den Einfluß, welchen auf die Bestellung eines Vormundes dessen Eigenschaft als Ausländer (Nichtdeutscher) ausübt, ist Anm. 1 Abs. 2 zu § 1785 zu vergleichen.

§ 1781.

Zum Vormunde soll nicht bestellt werden:
1. wer minderjährig oder nach § 1906 unter vorläufige Vormundschaft gestellt ist;
2. wer nach § 1910 zur Besorgung seiner Vermögensangelegenheiten einen Pfleger erhalten hat;
3. wer in Konkurs gerathen ist, während der Dauer des Konkurses;
4. wer der bürgerlichen Ehrenrechte für verlustig erklärt ist, soweit sich nicht aus den Vorschriften des Strafgesetzbuchs ein Anderes ergiebt.

Entw. I § 1640 Nr. 1 bis 3; § 1646 Abs. 2; Entw. II § 1662; Reichst.-Vorl. § 1757; Mot. IV zu § 1640 S. 1066, 1067, 1069 bis 1071, zu § 1646 S. 1081; Komm. Prot. S. 6338, 6339, 6345.

---

1. — soll nicht bestellt werden — Die Fassung „soll" bringt zum Ausdruck, daß die in diesem Paragraphen behandelten Unfähigkeitsgründe (ebenso wie die in §§ 1782 bis 1784 genannten) nur bedingte und relative sind. Auch wenn eine Person der hier bezeichneten Art gemäß § 1776 als Vormund berufen ist, untersagt das Gesetz die Bestellung. Die von dem Vormundschaftsgericht trotz des Verbotes vorgenommene Bestellung hat jedoch hier (im Gegensatze zu § 1780) in keinem Falle ihre Nichtigkeit zur Folge. Der in dieser Weise fehlerhaft bestellte Vormund führt daher sein Amt fort, bis er wieder entlassen ist. Diese Wiederentlassung muß aber nach § 1886 geschehen, sobald das Vormundschaftsgericht von einem Unfähigkeitsgrunde des § 1781 Kunde erhält. Auch ist selbstverständlich den Betheiligten gegen eine derartige Bestellung die Beschwerde gegeben (§§ 19, 20 Abs. 1, 57 Abs. 1 Nr. 9 des G. fr. G.).

Nr. 1.

2. — minderjährig oder nach § 1906 unter vorläufige Vormundschaft gestellt — Ein Minderjähriger, der das siebente Lebensjahr vollendet hat, ist nach Maßgabe der §§ 107 bis 113 in der Geschäftsfähigkeit beschränkt (§ 106). Auch durch seine Bestellung als Vormund würde hieran nichts geändert werden, so daß er auch für seinen Mündel mit keiner größeren Selbständigkeit wie für sich selbst Rechtshandlungen vornehmen könnte. Von der vorläufigen Vormundschaft handeln die §§ 1906 bis 1908. Der unter vorläufiger Vormundschaft Stehende ist nicht geschäftsunfähig, sondern in seiner Geschäftsfähigkeit, wie die wegen Geistesschwäche, Verschwendung, Trunksucht entmündigten Personen, nach § 114 nur beschränkt und den über sieben Jahre alten Minderjährigen gleichgestellt.

Nr. 2.

3. — wer nach § 1910 zur Besorgung seiner Vermögensangelegenheiten einen Pfleger erhalten hat — Einen solchen Pfleger kann nach § 1910 erhalten

a) für seine Person und sein Vermögen, wer in Folge körperlicher Gebrechen, insbesondere weil er taub, blind oder stumm ist, seine d. i. alle seine Angelegenheiten nicht zu besorgen vermag, und

b) für einzelne seiner Angelegenheiten oder für einen bestimmten Kreis seiner Angelegenheiten, wer diese, insbesondere seine Vermögensangelegenheiten, in Folge geistiger oder körperlicher Gebrechen nicht zu besorgen vermag,

vorausgesetzt zu a und b, daß er in die Anordnung der Pflegschaft einwilligt, es sei denn, daß eine Verständigung mit ihm nicht möglich ist (vgl. § 1910 Anm. 6).

Der § 1781 Nr. 2 unterscheidet nicht, ob der Pfleger in dem Falle zu a oder zu b bestellt ist.

Das BGB. berücksichtigt hiernach drei Formen eines geistig fehlerhaften Zustandes, in Folge dessen Jemand als Vormund entweder für ganz unfähig (§ 1780) oder doch für ungeeignet (§ 1781 Nr. 2) erachtet wird, nämlich

a) die mit Entmündigung verbundene Geisteskrankheit,

b) die mit Entmündigung verbundene Geistesschwäche und

c) alle solche geistigen Gebrechen, welche nach § 1910 zur Einleitung einer Pflegschaft geführt haben.

Nr. 3.

4. — wer in Konkurs gerathen ist, während der Dauer des Konkurses — Der Konkurs beginnt mit dem Eröffnungsbeschluß des für das Verfahren zuständigen Amtsgerichts, welcher zugleich die Stunde der Eröffnung anzugeben hat. Ist dies versäumt worden, so gilt als Zeitpunkt der Eröffnung die Mittagstunde des Tages, an welchem der Beschluß erlassen ist (§ 108 K.O.). Die Beendigung des Konkurses erfolgt durch den Aufhebungs- oder bzw. den Einstellungsbeschluß des Konkursgerichts (§§ 163, 205). Wird der Gemeinschuldner wegen Konkursdeliktes bestraft und dabei auf Verlust der bürgerlichen Ehrenrechte

wider ihn erkannt, so ist der hieraus für ihn noch besonders erwachsende Unfähigkeitsgrund nach § 1781 Nr. 4 zu beurtheilen. Das Vormundschaftsgericht kann bei der Bestellung des Vormundes, dem es die Vormundschaft überträgt, weil der Berufene oder Ausgewählte sich zur Zeit der Anordnung der Vormundschaft bereits im Konkurse befindet oder weil der in Konkurs gerathene bisherige Vormund auf Grund des § 1886 entlassen werden mußte, gemäß § 1790 für den Zeitpunkt der Beendigung des Konkurses die Entlassung vorbehalten und mit Eintritt dieses Termins dieselbe aussprechen und den ursprünglich Berufenen oder Ausgewählten, oder bzw. von Neuem den bereits bestellt gewesenen Vormund bestellen. Ein Recht, unter Berufung auf § 1778 Abs. 2 diese Bestellung zu verlangen, gibt das Gesetz den nachträglich wieder fähig gewordenen Personen nicht, und das Vormundschaftsgericht erscheint außer dem Falle des § 1790 auch gar nicht befugt, eine solche Bestellung, wenn im Uebrigen gegen die Person des gegenwärtigen Vormundes kein gesetzlicher Entlassungsgrund vorliegt, überhaupt vorzunehmen.

Nr. 4.

5. — wer der bürgerlichen Ehrenrechte für verlustig erklärt ist, soweit sich nicht aus den Vorschriften des Strafgesetzbuchs ein Anderes ergiebt. In dieser Beziehung bestimmt der § 34 Nr. 6 des StGB. in seiner durch Art. 34 I des EG. abgeänderten Fassung, daß die Aberkennung der bürgerlichen Ehrenrechte die Unfähigkeit des Verurtheilten bewirkt, während der in dem Urtheil bestimmten Zeit Vormund, Gegenvormund, Pfleger, Beistand der Mutter, Mitglied eines Familienraths oder Kurator zu sein, ausgenommen den Fall, daß der Mündel im Verhältniß zum Vormund, Gegenvormund u. s. w. zu dessen Verwandten absteigender Linie gehört und die obervormundschaftliche Behörde oder der an ihre Stelle getretene Familienrath die Genehmigung zur Amtsübernahme ertheilt. Im Uebrigen ergibt sich aus den Vorschriften des Strafgesetzbuches (§ 36) noch weiter,

a) daß diese Unfähigkeit als Wirkung der Aberkennung der bürgerlichen Ehrenrechte vom Tage der Rechtskraft des Urtheils beginnt,
b) daß die Dauer der im Urtheil bestimmten Zeit erst von demjenigen Tage berechnet wird, wo die Freiheitsstrafe, neben der jene Aberkennung ausgesprochen wurde, verbüßt, verjährt oder erlassen ist.

6. Wer nach § 1781 nicht zum Vormund bestellt werden soll, soll nach § 1866 Nr. 2 auch nicht zum Mitglied eines Familienrathes bestellt werden.

§ 1782.

Zum Vormunde soll nicht bestellt werden, wer durch Anordnung des Vaters oder der ehelichen Mutter des Mündels von der Vormundschaft ausgeschlossen ist. Die Mutter kann den von dem Vater als Vormund Benannten nicht ausschließen.

Auf die Ausschließung finden die Vorschriften des § 1777 Anwendung.

Entw. I § 1640 Nr. 5, § 1646 Abs. 2; Entw. II § 1663; Reichst.-Vorl. § 1758; Mot. IV zu § 1640 S. 1068, 1069, zu § 1646 S. 1081; Komm. Prot. S. 6338, 6339, 6345.

---

1. Der in § 1782 geordnete Fall gehört nicht zu denjenigen, welche auch nach einer bereits geschehenen Bestellung des Vormundes gemäß § 1886 ihre Wirkung äußern.

Abs. 1.

2. — wer durch Anordnung des Vaters oder der ehelichen Mutter des Mündels von der Vormundschaft ausgeschlossen ist. Der Ausgeschlossene muß individuell bezeichnet sein; eine Ausschließung bestimmter Personenklassen findet nicht statt. Nur dem Vater und der ehelichen Mutter, als den Inhabern der elterlichen Gewalt, nicht auch anderen Personen steht das Ausschließungsrecht zu; insbesondere also auch nicht den Großvätern und dem Stifter einer letztwilligen Verfügung in Betreff des dem Mündel dadurch zugewendeten Vermögens, welche nach einigen Partikularrechten bisher ebenfalls ausschließungsberechtigt waren.

Hat der Vater vor dem Inkrafttreten des BGB. auf Grund der bisherigen Gesetze die Mutter von der Vormundschaft über das Kind ausgeschlossen oder der Mutter einen Beistand zugeordnet, so gilt die Anordnung des Vaters von dem Inkrafttreten des BGB. an als Anordnung der Bestellung eines Beistandes für die Mutter im Sinne des BGB. (Art. 205 des EG.).

Nach dem Inkrafttreten des BGB. steht dem Vater, als elterlichen Gewalthaber, die Ausschließung der Mutter von der Vormundschaft mit voller Wirkung frei.

3. Die Mutter kann den von dem Vater als Vormund Benannten nicht ausschließen. Auch hierin zeigt sich das Uebergewicht des Vaters, als des zunächst und hauptsächlich berufenen Inhabers der elterlichen Gewalt. Aus dieser Bestimmung, in Verbindung mit Satz 1 § 1782, folgt umgekehrt auch, daß der Vater eine von der Mutter als Vormund benannte Person durch seine Anordnung auszuschließen befugt ist.

Abs. 2.

4. Auf die Ausschließung finden die Vorschriften des § 1777 Anwendung. Das elterliche Ausschließungsrecht geht also ganz parallel dem elterlichen Benennungsrecht. Diese Vorschrift ergibt:

a) daß auch die Ausschließung nur durch letztwillige Verfügung, d. i. durch Testament oder durch einseitige (nicht vertragsmäßige) Anordnung in einem Erbvertrag (§ 2299), erfolgen kann (Anm. 7 zu § 1777);
b) daß in der Person des Vaters oder der ehelichen Mutter diejenigen rechtlichen Bedingungen gegeben sein müssen, von denen in dem § 1777 Abs. 1 und Abs. 2 die Benennung eines Vormundes abhängig gemacht ist (Anm. 2 bis 6 zu § 1777).

§ 1783.

Eine Frau, die mit einem Anderen als dem Vater des Mündels verheirathet ist, soll nur mit Zustimmung ihres Mannes zum Vormunde bestellt werden.

Entw. I §§ 1640 Nr. 4, 1641, 1646 Abs. 2; Entw. II § 1664; Reichst.-Vorl. § 1759; Mot. IV zu § 1640 S. 1067, 1068, zu § 1641 S. 1071, zu § 1646 S. 1081; Komm. Prot. S. 6338, 6339, 6345; Reichst.-Komm.-Ber. S. 167, 168; Reichst.-Sitz. Prot. S. 3005, 3095.

---

1. Auch der Hinderungsgrund aus § 1783 gehört nicht zu denjenigen, welche nach § 1886 auch nachträglich noch unbedingt zur Entlassung führen. Der § 1887 Abs. 2 bestimmt jedoch, daß der Ehemann seine Zustimmung zur Ueber-

nahme oder zur Fortführung der Vormundschaft auch noch hinterher versagen oder die Zustimmung widerrufen kann, und daß alsdann die als Vormund bestellte Frau, wenn nicht der Mann der Vater des Mündels ist, wieder entlassen werden muß.

2. Grundsätzlich erklärt das BGB. (anders wie der § 21 Nr. 7 der Pr. VO.) auch weibliche Personen (Frauen) zur Uebernahme des vormundschaftlichen Amtes für befähigt. Dieselben haben nach § 1786 Nr. 1 nur ein Ablehnungsrecht. Eine Beschränkung findet jedoch, abgesehen von den allgemeinen Unfähigkeits- und Untauglichkeitsgründen, insofern statt, als eine Ehefrau, die mit einem Andern als dem Vater des Mündels verheirathet ist (Anm. 3), stets nur mit Zustimmung ihres Mannes zum Vormund bestellt werden soll. Ist sie einmal bestellt, so ist ihre Bestellung gültig, bis sie gemäß § 1887 Abs. 2 oder auf Beschwerde eines Betheiligten (§ 57 Abs. 1 Nr. 9 des G. fr. G.) wieder entlassen ist. Wenn eine Frau sich erst nach der Vormundschaftsübernahme verheirathet, so greift der § 1887 Abs. 1 Platz.

3. — die mit einem Andern als dem Vater des Mündels verheirathet ist — Da ein Minderjähriger nach § 1773 einen Vormund regelmäßig nur erhält, wenn er nicht unter elterlicher Gewalt steht oder wenn die Eltern weder in den die Person noch in den das Vermögen betreffenden Angelegenheiten zu seiner Vertretung berechtigt sind, so kann eine Frau, die mit dem Vater des Mündels verheirathet ist, Vormund des letzteren nur dann werden, wenn ihrem Ehemann die elterliche Gewalt über sein Kind entweder überhaupt nicht zusteht (Anm. 4 zu § 1773), oder wenn er nicht berechtigt ist, für dessen Person und Vermögen die Vertretungsmacht auszuüben (Anm. 5 zu § 1773). Die hier in § 1783 ausgesprochene Beschränkung stimmt überein mit § 21 Abs. 3 der Pr. VO. und ist nach den Motiven (S. 1071) getroffen worden, weil, wenn der Ehemann der Vater des Mündels ist, „die Führung der Vormundschaft durch die Ehefrau mit den ihr auf Grund der ehelichen Lebensgemeinschaft obliegenden Pflichten gegenüber dem Ehemann niemals als unvereinbar betrachtet werden kann".

4. — nur mit Zustimmung ihres Mannes — Die Bestimmung entspricht auch hier der vorerwähnten Norm in § 21 Abs. 3 der Pr. VO. Die in § 32 Abs. 3 daselbst enthaltene Vorschrift, wonach der Ehemann einer zum Vormund bestellten Frau, wenn er nicht der Vater des Mündels ist, für die vormundschaftliche Verwaltung als Bürge haftet, ist von dem BGB. nicht aufgenommen worden. Aber auch abgesehen von einer solchen Haftung hat der Mann ein wesentliches Interesse daran, daß seine Ehefrau, welche in erster Linie die für die eheliche Gemeinschaft ihr obliegenden Pflichten zu erfüllen hat, diesen Pflichten nicht lediglich zum Besten von Kindern, welche nicht die seinen sind, durch die Führung eines vormundschaftlichen Amtes entzogen wird. Es erscheint daher in diesem Falle nur billig, daß sie eine solche Vormundschaft ohne seine Zustimmung nicht übernehmen darf.

Die aus § 21 Abs. 2 der Pr. VO. folgende Bestimmung, daß die Mutter und Großmutter (auf welche sonst der in Abs. 1 Nr. 7 aufgestellte Grundsatz nicht Anwendung findet) zur Führung der Vormundschaft unfähig sein sollen, wenn sie bei einer etwaigen Trennung der Ehe für den schuldigen Theil erklärt sind, ist nach dem BGB. als entbehrlich fortgefallen.

Ihrem eigenen volljährigen Manne darf die Ehefrau auch ohne dessen Zustimmung als Vormund bestellt werden (§ 1900 Abs. 1).

5. Der Ehemann hat die nach § 1783 erforderliche Zustimmung der Frau gegenüber zu erklären. Eine Form ist nicht vorgeschrieben. Die Ehefrau wird jedoch von dem Vormundschaftsgericht anzuhalten sein, diese Zustimmung, sei es durch schriftliche Beurkundung des Mannes, sei es durch Gestellung desselben zur protokollarischen Abgabe seiner Erklärung, rechtzeitig als erfolgt nachzuweisen, damit eine ordnungswidrige Bestellung vermieden wird.

§ 1784.

Ein Beamter oder Religionsdiener, der nach den Landesgesetzen einer besonderen Erlaubniß zur Uebernahme einer Vormundschaft bedarf, soll nicht ohne die vorgeschriebene Erlaubniß zum Vormunde bestellt werden.

Entw. I § 1642, 1646 Abs. 2; Entw. II § 1665; Reichst.-Vorl. § 1760; Mot. IV zu § 1642 S. 1071, 1073, zu § 1646 S. 1081; Komm. Prot. S. 6338, 6339.

1. Die hier angeordnete Ausnahme von der allgemeinen Staatsbürgerpflicht zur Uebernahme der Vormundschaft beruht auf der Rücksicht für das öffentliche Interesse. Die Entscheidung über die nicht dem bürgerlichen, sondern dem öffentlichen Recht angehörige Frage, ob und in wie weit eine Befreiung von dieser Pflicht für die hier bestimmten Kategorien von Staatsbürgern einzutreten hat, ist jedoch folgerichtig in die Landesgesetzgebung verlegt worden. Der § 1784 bezeichnet daher nur die Grenzen, innerhalb deren diese landesgesetzliche Entscheidung zu treffen ist.

2. Ein Beamter — Eine Unterscheidung zwischen Reichs- und Staats-, Staats- und Gemeinde-, unmittelbaren und mittelbaren, besoldeten und unbesoldeten Beamten erschien an dieser Stelle nicht geboten, weil die Bestimmung hierüber ebenfalls der Landesgesetzgebung anheimfällt. Dieselbe wird daher in den einzelnen Bundesstaaten nicht gehindert sein, den Begriff der „Beamten" enger oder weiter und selbst in seiner weitesten Ausdehnung zu fassen. Nur die s. g. Privatbeamten, an deren Bestellung oder Nichtbestellung zu Vormündern der Staat überhaupt kein Interesse hat, können selbstverständlich niemals darunter gerechnet werden.

Bezüglich der Reichsbeamten, für welche die Landesgesetze verbindliche Normen nicht aufstellen können, hat das BGB. eine Regelung hierbei nicht getroffen, so daß es in dieser Hinsicht eines nachträglichen Eingreifens der Reichsgesetzgebung vielleicht noch bedürfen wird. Inzwischen aber ist im Hinblick auf § 19 des Gesetzes, betreffend die Verhältnisse der Reichsbeamten, vom 31. März 1873 (RGBl. S. 61) anzunehmen, daß auch rücksichtlich der Erlaubniß zur Uebernahme einer Vormundschaft für die Reichscivilbeamten diejenigen Bestimmungen Anwendung leiden, welche an ihren Wohnorten für die bundesstaatlichen Beamten gelten, wenn sie aber außerhalb der Bundesstaaten ihren Wohnort haben, die gesetzlichen Bestimmungen ihres Heimatsstaates und, in Ermangelung eines solchen, die Vorschriften des Preußischen Rechts. Für die Reichscivilbeamten gilt daher im Kgr. Preußen nach wie vor die Bestimmung des § 22 der Pr. VO., welche zur Führung einer von dem Vormundschaftsgericht eingeleiteten Vormundschaft die Genehmigung der zunächst vorgesetzten Behörde des Beamten fordert.

Aus dem Dienste ausgeschiedene Beamte können nicht mehr als Beamte im Sinne des § 1784 gelten; wohl aber gehören dazu Beamte, welche nur auf Wartegeld stehen.

Was die Reichsmilitärbeamten und die aktiven Militärpersonen betrifft, so ist für diese in dem § 41 des Reichsmilitärgesetzes vom 2. Mai 1874 bestimmt worden:

„Die Militärpersonen des Friedensstandes und die Civilbeamten der Militärverwaltung können die Uebernahme von Vormundschaften ablehnen und sind zu deren Uebernahme nur mit Genehmigung ihrer Vorgesetzten berechtigt."

Bezüglich der Civilbeamten der Militärverwaltung und der Militärpersonen des Friedensstandes besteht also ein wirkliches Recht auf Ablehnung der Uebernahme, während die übrigen Reichsbeamten auf Grund des § 1784 ein solches Recht nicht haben, vielmehr von dem Vormundschaftsgericht angehalten werden können, die vorgeschriebene Erlaubniß zum Zwecke ihrer Bestellung als Vormünder zu erbringen oder eventuell die Verweigerung dieser Erlaubniß nachzuweisen.

Nach § 4 des Militärstrafgesetzb. f. d. Deutsche Reich vom 20. Juni 1872 sind unter „Militärpersonen" neben den Personen des Soldatenstandes auch die Militärbeamten zu verstehen, welche zum Heer und zur Marine gehören, und nach der Anlage B dieses Gesetzes sind Militärbeamte alle im Heer und in der Marine für das Bedürfniß des Heeres oder der Marine dauernd oder auf Zeit angestellten, nicht zum Soldatenstande gehörenden und unter dem Kriegsminister oder Chef der Admiralität als Verwaltungschef stehenden Beamten, welche einen Militärrang haben. Die Civilbeamten der Militärverwaltung haben einen Militärrang nicht, wiewohl sie nach § 38 C des Reichsmilitärgesetzes von dem Tage ihrer Anstellung bis zum Zeitpunkte ihrer Entlassung aus dem Dienste ebenfalls zum aktiven Heere gehören. Die Klasseneintheilung der zum Reichsheere oder zur Marine gehörigen Militärbeamten ergibt die Kaiserliche Verordnung vom 29. Juni 1880 (RGBl. S. 169).

Durch die Allerh. Kabinetsordre vom 8. August 1876 ist mit Bezug auf den oben mitgetheilten § 41 des Reichsmilitärgesetzes bestimmt worden, daß die zur Uebernahme von Vormundschaften erforderliche Genehmigung Seitens derjenigen Generale und Stabsoffiziere, welche sich in einer Immediatstellung befinden, bei dem Kaiser selbst nachzusuchen, dagegen Seitens der übrigen Generale und Stabsoffiziere, ebenso wie von allen anderen Militärpersonen, bei der zunächst vorgesetzten Militärbehörde zu beantragen und geeignetenfalls zu ertheilen ist.

Von der vorhergegangenen Ableistung eines Diensteides ist die Eigenschaft eines Beamten im Sinne des § 1784 nicht abhängig, indem dieser Eid regelmäßig nur die Bedeutung hat, die Erfüllung der durch die Anstellung übernommenen Pflichten durch eine feierliche Bekräftigung noch mehr zu sichern. Daher macht aber auch umgekehrt die Leistung eines solchen Eides (z. B. Seitens eines privaten Forstschutzbeamten) den Eidesleister noch nicht zum Beamten im Sinne des § 1784. Der § 3 des Reichsbeamtengesetzes steht nicht entgegen. Sofern also nicht sonstige Bestimmungen der Reichs- oder Landesgesetze für eine bestimmte Kategorie von Beamten die Beeidigung als eine wesentliche Förmlichkeit fordern, von welcher der Eintritt in ihre öffentlich rechtlichen Funktionen ausdrücklich abhängig gemacht wird, bedarf es eines Nachweises der stattgefundenen Beeidigung für die Begründung der Beamteneigenschaft nicht (vgl. auch § 359 des Reichsstrafgesetzbuches und Abs. 1 Satz 2 in Anl. 13 zum Militärstrafgesetzbuch vom 20. Juni 1872; Strieth. Arch. Bd. 71 S. 31; Entsch. des RG. in Strafs. Bd. 15 S. 244 und Entsch. des RG. in Civils. Bd. 1

S. 306, 309; Bd. 2 S. 101, 103; Bd. 16 S. 263, 266; Bd. 18 S. 173, 174; Bd. 23 S. 296, 299; Bd. 26 S. 27, 29 ff.; Bd. 28 S. 80, 86; Bd. 37 S. 161).

3. — oder Religionsdiener — Der Begriff des Religionsdieners (ministre d'un culte) ist, wie unter anderem auch die Fassung des § 130a des Reichsstrafgesetzbuchs ergibt, ein weitergehender als der des Geistlichen. Die Motive des BGB. erklären nicht näher, was der Gesetzgeber darunter verstanden wissen will. Bei der Weite der dem Wortsinn anhaftenden Bedeutung steht auch hier nichts entgegen, daß die Landesgesetzgebung, auf welche der § 1784 verweist, der Bestimmung eine entsprechend ausgedehnte Anwendung gibt. Im Allgemeinen und nach der Ueblichkeit des Sprachgebrauchs bezeichnet das Wort Religionsdiener solche Angestellte einer staatlich anerkannten Religionsgesellschaft, denen berufsmäßig gottesdienstliche Funktionen obliegen, also nicht nur Handlungen der äußeren oder inneren Verwaltung oder Dienstleistungen mechanischer Art. Zu den Angestellten der letzteren Kategorien, welche nicht als Religionsdiener anzusehen sind, gehören z. B. Kirchenkassenrendanten, ferner Thürsteher, Bälgentreter. Auf die Angestellten einer staatlich bloß geduldeten Sekte (z. B. einer Baptisten-, Methodisten-, Irvingianer-Gemeinde) dürfte der Begriff, wie er gewöhnlich gefaßt wird, kaum zu beziehen sein. Jedenfalls muß es sich immer um Angestellte einer mit Korporationsrechten versehenen Religionsgesellschaft (anders wie im Falle des § 167 StGB., der den Schutz aller im Staate bestehenden Religionsgesellschaften im Auge hat,) handeln. Im Uebrigen aber folgt aus der Unterscheidung, welche der § 1784 zwischen „Beamten" und „Religionsdienern" macht, daß er nicht bloß solche Religionsdiener im Auge hat, auf welche der Begriff des öffentlichen Beamten paßt (vgl. auch § 1888 Anm. 3).

4. — nach den Landesgesetzen — Die Landesgesetze sind mithin die eigentliche Rechtsquelle für die Anwendung der ganzen in § 1784 enthaltenen Vorschrift. Für das Kgr. Preußen bestimmte vor Erlassung des Pr. AG. vom 20. September 1899 der § 22 der Pr. VO.:

„Wer ein Staatsamt oder ein besoldetes Amt in der Kommunal- oder Kirchenverwaltung bekleidet, bedarf zur Führung einer von dem Vormundschaftsgerichte eingeleiteten Vormundschaft der Genehmigung der zunächst vorgesetzten Behörde."

Der Begriff des „Staatsamtes" findet sich in den Preußischen Gesetzen nicht erklärt. Man vergleiche darüber die §§ 1 bis 3 Tit. 10 Th. II des Allg. Pr. Landr., die Allerh. KO. v. 11. August 1832, vom 5. November 1833 und vom 10. Februar 1835, Art. 23 u. 97 der Preuß. Verfassungsurkunde vom 31. Januar 1850, die Gesetze vom 7. Mai 1851 und vom 21. Juli 1852. Stets aber handelt es sich dabei um die Uebertragung und Annahme eines Dienstes, welcher die Erfüllung öffentlich rechtlicher Aufgaben zum Zweck hat. Auch öffentliche Lehrer bedürfen nach § 22 der Pr. VO. im Hinblick auf Art. 23 der Verfassungsurkunde der Genehmigung zur Führung einer Vormundschaft.

Von dem 1. Januar 1900 ab bestimmt für Preußen der Art. 72 des AG. vom 20. September 1899:

„Wer ein Staatsamt oder ein besoldetes Amt in der Kommunal- oder Kirchenverwaltung bekleidet, bedarf zur Uebernahme einer Vormundschaft oder zur Fortführung einer vor dem Eintritt in das Amt übernommenen Vormundschaft der Erlaubniß der zunächst vorgesetzten Behörde. Das Gleiche gilt für die Uebernahme oder die Fortführung des Amtes eines Gegenvormundes, Pflegers oder Beistandes.

Die Erlaubniß kann zurückgenommen werden.

Notare bedürfen der Erlaubniß nicht."

In Ansehung der übrigen Bundesstaaten kommen in Betracht: für das Kgr. Sachsen § 40 des AG. vom 18. Juni 1899, für Württemberg Art. 67 des AG. vom 28. Juli 1899, für Oldenburg § 20 des AG. vom 15. Mai 1899, für Baden der Art. 34 des AG. vom 17. Juni 1899, für Braunschweig § 99 des AG. vom 12. Juni 1899, für Anhalt Art. 64 des AG. vom 18. April 1899 und für Mecklenburg-Schwerin § 225 der Ausführungsverordnung vom 9. April 1899.

5. — zur Uebernahme einer Vormundschaft — Ist die Erlaubniß der vorgesetzten Instanz nicht auch besonders zur Fortführung einer bereits übernommenen Vormundschaft vorgeschrieben, so bedarf es in solchen Fällen, wo ein schon früher bestellter Vormund erst nachträglich die Beamteneigenschaft erlangt, der Beibringung einer Erlaubniß nicht (vgl. § 1888 und Anm. 5. daselbst).

6. — soll nicht ohne die vorgeschriebene Erlaubniß zum Vormunde bestellt werden. Es liegt nur Ordnungsvorschrift vor („soll ... nicht bestellt werden"), und eine gegen diese Vorschrift erfolgte Bestellung ist darum nicht ohne Weiteres rechtsunwirksam. Die Betheiligten haben jedoch ein Beschwerderecht (§ 20, § 57 Nr. 9 des G. fr. G.). Welche Instanz für die Ertheilung der Erlaubniß zuständig ist, wird in jedem einzelnen Falle von dem Vormundschaftsgericht nach Maßgabe des besonderen Landesgesetzes zu beurtheilen sein.

Aus dem Verbot, daß der Vormund ohne die vorgeschriebene Erlaubniß nicht bestellt werden darf, folgt, daß die Erlaubniß vor der Bestellung zu beschaffen ist. Sofern der zu Bestellende, was als das Angemessenste erscheint, diese Beschaffung in authentischer Form nicht selbst bewirkt, bleibt dem Vormundschaftsgerichte unbenommen, mit der zuständigen Instanz zu diesem Behufe unmittelbar in Verbindung zu treten.

Wird die Erlaubniß in Fällen, wo der Vormund schon vor ihrer Ertheilung bestellt ist, versagt, wird sie nachträglich zurückgenommen oder in Bundesstaaten, wo solches (wie seit 1868 in Bayern) geschehen darf, die Fortführung der zulässiger Weise übernommenen Vormundschaft untersagt, so muß nach § 1888 die Entlassung des Vormundes verfügt werden.

§ 1785.

Jeder Deutsche hat die Vormundschaft, für die er von dem Vormundschaftsgericht ausgewählt wird, zu übernehmen, sofern nicht seiner Bestellung zum Vormund einer der in den §§ 1780 bis 1784 bestimmten Gründe entgegensteht.

Entw. I § 1639 Satz 1; Entw. II § 1667 Abs. 1; Reichst.-Vorl. § 1761; Mot IV zu § 1639 S. 1062 bis 1065; Komm. Prot. S. 6337, 6338.

---

1. Jeder Deutsche — Der § 1785 stellt ausdrücklich den Grundsatz auf, daß die Uebernahme der Vormundschaft eine allgemeine, dem öffentlichen Rechte entspringende Pflicht ist, welche an die Reichsangehörigkeit, nicht an die Staatsangehörigkeit in den einzelnen Bundesstaaten anknüpft. Ihr zufolge ist jeder Reichsangehörige (Deutsche) gehalten, eine von dem Vormundschaftsgerichte ihm angetragene Vormundschaft, sofern ihm kein gesetzlich anerkannter Ablehnungsgrund zur Seite steht, in jedem deutschen Bundesstaat und unabhängig von seiner eigenen Staatsangehörigkeit zu übernehmen. Nach Art. 3 der Verfassungsurk. des Deutschen

Reiches gilt jeder Angehörige (Unterthan, Staatsbürger) eines jeden Bundesstaates in jedem andern Deutschen Bundesstaat dergestalt als Inländer, daß er zum Genusse aller bürgerlichen Rechte unter denselben Voraussetzungen wie der Einheimische zuzulassen ist, und daß weder die Obrigkeit seiner Heimath, noch die Obrigkeit eines andern Bundesstaates ihn in deren Ausübung beschränken darf. Die Reichsangehörigkeit hat demnach zu ihrer Voraussetzung die Angehörigkeit in irgend einem Deutschen Bundesstaate. Die Bedingungen, unter denen der Erwerb und Verlust der Reichs- und Staatsangehörigkeit stattfindet, und die Rechtsfolgen, welche ihr Verlust herbeiführt, regelt das Reichsgesetz vom 1. Juni 1870 (BGBl. S. 355). Der Wohnsitz innerhalb eines Bundesstaates begründet für sich allein die Staatsangehörigkeit nicht.

Ausländer (Nichtdeutsche), welche in dem Deutschen Reiche ihren Wohnsitz haben, sind zur Vormundschaftsführung, da das BGB. für sie in dieser Hinsicht keine Ausnahmen macht (§§ 1780 bis 1784), an sich nicht für unfähig zu erachten. Sie sind aber in Hinblick auf die durch § 1785 begründete positive Voraussetzung ohne Weiteres ablehnungsberechtigt. Haben sie die Vormundschaft, ohne von diesem Rechte Gebrauch zu machen, übernommen, so dürfte in Ermangelung einer entgegenstehenden Vorschrift anzunehmen sein, daß sie ihre Wiederentlassung nur aus denselben Gründen wie ein zum Vormund bestellter Inländer verlangen können (vgl. auch Jahrb. Bd. 4 S. 73). Trotzdem wird es sich aus Rücksichten anderer Art regelmäßig nicht empfehlen, Ausländer als Vormünder für inländische Mündel zu bestellen.

2. — für die er von dem Vormundschaftsgericht ausgewählt wird — Also nur eine gemäß § 1779 Abs. 1 von dem Gerichte ausgewählte und nicht auch eine nach § 1776 Abs. 1 berufene Person ist regelmäßig zur Uebernahme verpflichtet. Insbesondere kann auch durch letztwillige Verfügung einem Dritten die Uebernahmepflicht grundsätzlich nicht auferlegt werden. Die Berufung aus § 1776 erscheint demnach wesentlich nur als Recht zur Uebernahme. Dieser Standpunkt des Entwurfs hat, wie die Motive hervorheben, auch praktische Bedeutung für solche Fälle, in welchen mehrere auf Grund des § 1776 Abs. 1 nach einander berufene Personen vorhanden sind und der zunächst Berufene die Vormundschaft nicht übernehmen will, da in diesem Falle das Vormundschaftsgericht den letzteren wegen das nach ihm Berufenen nicht auf Grund des § 1779 Abs. 1 (der voraussetzt, daß überhaupt keinem nach § 1776 Berufenen die Vormundschaft zu übertragen ist) zum Vormund bestellen und dadurch das Recht desselben, die Uebernahme der Vormundschaft auf Grund der nach § 1776 Abs. 1 erfolgten Berufung zu verweigern, illusorisch machen kann (vgl. § 1779 Anm. 1).

Ist kein zur Vormundschaftsübernahme williger Berufener vorhanden, so tritt gemäß § 1779 das Recht und die Pflicht des Vormundschaftsgerichtes zur Auswahl ein, und es steht alsdann auch nichts entgegen, daß unter Berücksichtigung der in § 1779 aufgestellten Grundsätze diese Wahl auf den Berufenen oder auf einen der mehreren Berufenen fällt. Der Ausgewählte muß in diesem Falle die Vormundschaft auf Grund dieser Auswahl übernehmen, vorausgesetzt, daß er nicht ein gesetzliches Ablehnungsrecht geltend machen kann. Geschieht diese Geltendmachung ohne Erfolg oder stehen Hinderungsgründe anderer Art seiner Weigerung zur Seite, so hat er selbstverständlich, wenn dieser die Berücksichtigung versagt wird, gemäß § 60 Nr. 2 des G. fr. G. das Recht der sofortigen Beschwerde.

3. — sofern nicht seiner Bestellung zum Vormund einer der in den §§ 1780 bis 1784 bestimmten Gründe entgegensteht. Ueber das Besondere dieser Gründe sind die einzelnen §§ und die dazu ergangenen Anmerkungen zu vergleichen. Das Bestehen eines einzigen solchen Hinderungsgrundes genügt, um die allgemeine staatsbürgerliche Pflicht zur Vormundschaftsübernahme in dem konkreten Falle aufzuheben, auch wenn im Uebrigen ein Ablehnungsgrund aus § 1786 nicht geltend gemacht werden kann.

4. Zur Durchführung des in § 1785 aufgestellten Grundsatzes sind dem Vormundschaftsgericht durch § 1788 die erforderlichen Zwangsmittel gewährt. Wendet es diese Mittel zu Unrecht an, so steht dem davon Betroffenen hiergegen mit aufschiebender Wirkung das Rechtsmittel der Beschwerde zu (§§ 19, 20 Abs. 1, 24 Abs. 1 des G. fr. G.). Hat der Beschwerdeführer die Vormundschaft bereits übernommen, so hindert dieser Umstand an sich die Einlegung der Beschwerde zwar nicht; indessen ist der Bestellte auf Grund der Bestellung inzwischen verpflichtet, bis zur wirklichen Erlangung der von ihm nachgesuchten Entlassung sein Amt pflichtmäßig zu führen. Lehnt er auch eine vorläufige Bestellung ab, so haftet er für eine grundlose und schuldhafte Ablehnung gemäß § 1787 dem Mündel privatrechtlich für allen aus der Verzögerung der Bestellung etwa entspringenden Schaden.

§ 1786.

Die Uebernahme der Vormundschaft kann ablehnen:

1. eine Frau;
2. wer das sechzigste Lebensjahr vollendet hat;
3. wer mehr als vier minderjährige eheliche Kinder hat; ein von einem Anderen an Kindesstatt angenommenes Kind wird nicht gerechnet;
4. wer durch Krankheit oder durch Gebrechen verhindert ist, die Vormundschaft ordnungsmäßig zu führen;
5. wer wegen Entfernung seines Wohnsitzes von dem Sitze des Vormundschaftsgerichts die Vormundschaft nicht ohne besondere Belästigung führen kann;
6. wer nach § 1844 zur Sicherheitsleistung angehalten wird;
7. wer mit einem Anderen zur gemeinschaftlichen Führung der Vormundschaft bestellt werden soll;
8. wer mehr als eine Vormundschaft oder Pflegschaft führt; die Vormundschaft oder Pflegschaft über mehrere Geschwister gilt nur als eine; die Führung von zwei Gegenvormundschaften steht der Führung einer Vormundschaft gleich.

Das Ablehnungsrecht erlischt, wenn es nicht vor der Bestellung bei dem Vormundschaftsgerichte geltend gemacht wird.

Entw. I §§ 1643, 1644 Abs. 1; Entw. II §§ 1666, 1668 Abs. 1; Reichst.-Vorl. § 1762; Mot. IV zu § 1643 S. 1073 bis 1077, zu § 1644 S. 1077; Komm. Prot. S. 6339 bis 6341, 8679.

---

1. Der § 1786 zählt eine Reihe bestimmter Gründe auf, welche eine als Vormund ausgewählte Person unbedingt berechtigen, die Uebernahme der Vormundschaft abzulehnen. „Da nach dem BGB.", bemerken die Motive, „eine Verpflichtung, die Vormundschaft zu übernehmen, nur für denjenigen begründet ist,

welchen das Vormundschaftsgericht in Gemäßheit des § 1779 als Vormund auswählt (§ 1785), dem Vormundschaftsgerichte aber bei der Auswahl keinerlei beengende Schranken gezogen sind, so ist ein Bedürfniß nicht vorhanden, besonders auszusprechen, daß der Richter auch dann, wenn einer der gesetzlichen Befreiungsgründe nicht vorliegt, berechtigt sein soll, eine Person aus erheblichen Gründen von der Uebernahme der Vormundschaft zu entbinden, wie dies z. B. in den hanseatischen Vormundschaftsordnungen und in dem Bayerischen Entwurf Art. 40 geschehen ist. Das gemeine Recht, das französische Recht und die preußische Vormundschaftsordnung § 23 beschränken sich auf die Aufstellung bestimmter Gründe im Gesetze. Ein Bedürfniß, im Anschluß an das sächsische Gesetzb. § 1897 die Bestimmung aufzunehmen, daß der Richter unter besonderen Umständen, namentlich in Ermangelung anderer geeigneter Personen, auch solche Personen, welchen ein Ablehnungsgrund zur Seite steht, zur Uebernahme der Vormundschaft anzuhalten befugt sein soll, liegt nicht vor".

Abs. 1.

2. Die Uebernahme der Vormundschaft — Nur die Uebernahme, nicht die Führung der Vormundschaft, nachdem die Uebernahme einmal erfolgt ist, kann abgelehnt werden. In der letzteren Beziehung bestimmt jedoch der § 1889, daß die Entlassung des Vormundes auf seinen Antrag auch dann zu erfolgen hat, wenn ein wichtiger Grund, insbesondere auch durch Eintritt eines solchen Umstandes vorliegt, der den Vormund nach § 1786 Abs. 1 Nr. 2 bis 7 berechtigen würde, die Uebernahme der Vormundschaft abzulehnen. Eine Frau (Nr. 1) und eine als Vormund in Aussicht genommene Person, auf welche die Voraussetzungen der Nr. 8 zutreffen, sind ohne Hinzutritt eines anderen Grundes zur Stellung eines solchen Entlassungsantrages nicht befugt.

3. Zu Nr. 1: — eine Frau. Der Ausdruck Frau bedeutet hier nicht bloß eine Ehefrau; er umfaßt vielmehr, wie auch der § 1887 Abs. 1 ergibt, alle weiblichen Personen, so daß ein Unterschied gegenüber dem § 23 Nr. 1 der Pr. VO. dadurch nicht begründet werden soll. Wenn einzelne Landesgesetze bisher der Mutter des Mündels dieses Ablehnungsrecht versagten, so erscheint von dem Standpunkte des BGB. eine solche Ausnahme durch ein Bedürfniß nicht mehr geboten, da der Mutter über ihre ehelichen Kinder regelmäßig die elterliche Gewalt zusteht, auf welche sie nicht verzichten kann, eine Mutter aber, welche diese elterliche Gewalt nicht hat, ebenso wie jede andere „Frau", nach § 1786 Nr. 1 ablehnungsberechtigt ist.

4. Zu Nr. 2: — wer das sechzigste Lebensjahr vollendet hat. — Uebereinstimmend mit dem bisherigen preußischen Recht. Erreicht ein schon früher bestellter Vormund das 60. Lebensjahr während seiner Amtsführung, so kann er nach § 1889 auf seine Entlassung antragen.

5. Zu Nr. 3: — wer mehr als vier minderjährige eheliche Kinder hat. — Gemeint sind nur Kinder im engeren und eigentlichen Sinne, also nur Abkömmlinge ersten Grades. Kinder, die noch im Mutterleibe befindlich oder nicht mehr am Leben oder bereits für volljährig erklärt worden sind, zählen nicht mit, ebensowenig uneheliche Kinder; wohl aber Kinder, welche rechtlich den ehelichen der betreffenden Person im Verhältniß zu dieser gleichstehen, also die von ihr legitimirten und die an Kindesstatt von ihr angenommenen Kinder. Gleichgültig ist übrigens, ob diese minderjährigen Kinder noch unter väterlicher Gewalt stehen oder nicht. Auch die Verheirathung minderjähriger Töchter ändert an diesem Verhältniß nichts.

6. — ein von einem Andern an Kindesstatt angenommenes Kind wird nicht gerechnet. Die Bestimmung erscheint gerechtfertigt, da in einem solchen Falle der leibliche Vater die elterliche Gewalt und jede Fürsorge für die Person und das Vermögen des Kindes zu Gunsten des Annehmers verliert.

7. Zu Nr. 4: — wer durch Krankheit oder Gebrechen verhindert ist, die Vormundschaft ordnungsmäßig zu führen. Die Krankheit oder das Gebrechen kann ebensowohl geistiger wie körperlicher Art sein. Was die geistigen Mängel betrifft, so scheiden die wegen Geisteskrankheit oder Geistesschwäche Entmündigten hier aus, da beide Kategorien, die erstere schon wegen der aus der Entmündigung folgenden Geschäftsunfähigkeit (§ 104 Nr. 3), nach § 1780 zur Uebernahme einer Vormundschaft unbedingt unfähig sind. Nicht bestellt werden sollen außerdem solche Personen, die wegen geistiger oder körperlicher Gebrechen gemäß § 1910 zur Besorgung ihrer Angelegenheiten einen Pfleger erhalten haben (§ 1781 Nr. 2). Ist diesen letzteren Personen dessen ungeachtet eine Vormundschaft bereits übertragen worden, so können sie auf Grund des § 1889 ihre Wiederentlassung verlangen; soll sie ihnen erst übertragen werden, so steht ihnen frei, gemäß § 1786 Nr. 4 ihr Ablehnungsrecht auszuüben.

Der Ausdruck „Krankheit" scheint im Allgemeinen mehr auf einen vorübergehenden, der Ausdruck „Gebrechen" auf einen dauernden Zustand hinzudeuten. Indessen wird eine Krankheit von muthmaßlich nur ganz vorübergehender Dauer ein Ablehnungsrecht kaum begründen können. Dem verständigen Ermessen des Vormundschaftsgerichts wird in einem solchen Falle zu überlassen sein, ob es die Anordnung der Vormundschaft nicht etwa inzwischen aussetzen oder nach Maßgabe des § 1790 einen Interimsvormund bestellen will.

Indem das Gesetz hervorhebt, daß die durch Krankheit oder Gebrechen verursachte Verhinderung an der „ordnungsmäßigen" Führung der Vormundschaft das Ablehnungsrecht erzeugt, gibt es zu erkennen, daß die Beurtheilung der Fähigkeit zur Führung der Vormundschaft Seitens des Vormundschaftsgerichts keine zu strenge sein soll, und daß nicht zu verlangen ist, die Krankheit oder das Gebrechen bestehe in einem solchen Grade, daß der Betreffende außer Stande sei, vormundschaftliche Geschäfte überhaupt zu führen.

8. Zu Nr. 5: — nicht ohne besondere Belästigung — Die Ursache dieser „besonderen" Belästigung, d. h. einer Belästigung, wie sie die Vormundschaftsführung nicht regelmäßig und für alle Vormünder mit sich bringt, wird meistens die ungewöhnlich weite Entfernung des Wohnsitzes des zu Bestellenden von dem Sitze des Vormundschaftsgerichtes sein. Es trifft diese Rücksicht namentlich bei Denjenigen zu, deren Wohnsitz außerhalb des Gerichtssprengels belegen ist. Indessen kann auch schon eine mäßige Entfernung noch innerhalb des Bezirkes des Vormundschaftsgerichts genügen, wenn andere Umstände, wie z. B. die mangelnde Rüstigkeit des Auszuwählenden (welche darum noch nicht Krankheit oder Gebrechen im Sinne der Nr. 4 zu sein braucht) oder eine ganz besonders erschwerte Verkehrsverbindung (z. B. Wohnen auf einer Insel) hinzukommen, um die Entfernung beachtenswerth erscheinen zu lassen.

9. Zu Nr. 6: — wer nach § 1844 zur Sicherheit angehalten wird. Die Fassung „nach § 1844" ist nicht ganz einwandsfrei; denn § 1844 trifft nur für den Fall Bestimmung, daß ein bereits bestellter Vormund vom Vormundschaftsgericht angehalten wird, Sicherheit zu leisten, und keine Sicherheit leisten will. In einem solchen Falle kann er nach § 1889 seine Entlassung ver-

langen. Im vorliegenden Falle ist nun das Recht des Vormundschaftsgerichts aus § 1844 dahin erweitert, daß schon vor der Bestellung das Ansinnen an den zu bestellenden Vormund gestellt werden kann, Sicherheit zu leisten. Ist der als Vormund zu Bestellende mit diesem Ansinnen einverstanden, also bereit, die Bestellung zum Vormund mit dieser Verpflichtung zur Sicherheitsbestellung anzunehmen, so kann er nach erfolgter Bestellung nicht mehr aus dem Grunde von dem Rechte aus § 1889 Gebrauch machen, weil man ihn zur Sicherheitsleistung zwingen wolle. Er hat dieses Recht vielmehr nur alsdann, wenn vor seiner Bestellung das Vormundschaftsgericht kein solches Ansinnen an ihn gestellt hat.

10. Zu Nr. 7: — wer mit einem Andern zur gemeinschaftlichen Führung der Vormundschaft bestellt werden soll. Das bisherige preußische Recht kennt diesen Ablehnungsgrund nicht. Zur Rechtfertigung der Bestimmung bemerken die Motive, daß es zu großen Härten führen könnte, wenn Jemand sich gefallen lassen müßte, mit einem Andern zur gemeinschaftlichen Führung der Vormundschaft bestellt zu werden (§ 1797), sowohl mit Rücksicht auf die eigene Verantwortlichkeit (§ 1833) als auf die Nothwendigkeit, in seiner Amtsführung an einen ihm vielleicht persönlich unangenehmen und unbequemen Mitvormund gebunden zu sein (§ 1797).

Sind in dem Falle des § 1776 Nr. 1 und Nr. 2 mehrere Personen als Mitvormünder berufen, so sind sie zunächst, wie bereits oben Anm. 1 zu § 1776 erörtert worden ist, schon an sich zur Uebernahme der Vormundschaft auf Grund der privaten Berufung gar nicht verpflichtet. Uebernehmen sie aber, der Berufung folgend, dennoch die Vormundschaft, so darf neben ihnen ohne ihre Zustimmung ein Mitvormund überhaupt nicht bestellt werden (Anm. 11 zu § 1778).

11. Zu Nr. 8: Die Vormundschaft und Pflegschaft sind hier einander gleichgestellt, nicht aber auch die Vormundschaft und Gegenvormundschaft. Daß der Betreffende schon eine Vormundschaft oder Pflegschaft führt, reicht zur Ablehnung nicht aus; es müssen „mehr als eine", also mindestens zwei sein. Die Führung einer Vormundschaft oder Pflegschaft und einer Gegenvormundschaft genügt mithin nicht; wohl aber die Führung einer Vormundschaft oder Pflegschaft und zweier Gegenvormundschaften, da nach dem Schlußsatz der Nr. 8 die Führung von zwei Gegenvormundschaften der Führung einer Vormundschaft gleichsteht. Kommen daher ausschließlich Gegenvormundschaften in Betracht, so begründen erst vier Gegenvormundschaften das Recht auf Ablehnung einer neuen Vormundschaftsübernahme. Wer hiernach berechtigt ist, eine Vormundschaft abzulehnen, darf ebenso die Uebernahme einer Pflegschaft oder Gegenvormundschaft ablehnen. Ingleichen erscheint die Bestimmung, daß die Vormundschaft oder Pflegschaft über mehrere Geschwister nur als eine gilt, auch auf die Gegenvormundschaft anwendbar (§ 1792 Abs. 4). Von den Geschwistern gilt das in Anm. 4 zu § 1775 Gesagte.

Gleichgültig ist übrigens, ob die bereits geführte Vormundschaft, Gegenvormundschaft oder Pflegschaft mehr oder weniger umfangreich ist, und ob sie mit oder ohne Vermögensverwaltung stattfindet.

Abs. 2.

12. Eine Belehrung des Ablehnungsberechtigten ist nicht vorgeschrieben. Die Ablehnung selbst muß vor der Bestellung bei dem zuständigen Vormundschaftsgerichte geltend gemacht werden, widrigenfalls das Recht aus § 1786 erlischt. Tritt einer der in Abs. 1 Nr. 2 bis 7 bezeichneten Umstände erst später nach bereits erfolgter Vormundschaftsübernahme ein, so erlangt nach § 1889 der Vormund dadurch einen selbständigen Anspruch auf Entlassung.

Erklärungen des als Vormund Ausgewählten, wodurch er die Uebernahme der Vormundschaft gegenüber den Angehörigen, insbesondere dem Vater des Mündels, versprochen hat (vgl. l. 15 § 1 D. de excus. 27, $_1$; § 9 J. de excus. 1, $_{25}$), haben, wie die Motive anerkennen, den Verlust des Ablehnungsrechts nicht zur Folge und sind daher ebenso wie sonstige vertragsmäßige Verzichtleistungen auf das Ablehnungsrecht, lediglich von moralischer Bedeutung, da bei der Uebernahme der Vormundschaft die Erfüllung einer öffentlich-rechtlichen Verpflichtung gegenüber der Staatsgewalt in Frage steht.

Die Anzeige des Ablehnungsgrundes bei einer andern Instanz als dem zuständigen Vormundschaftsgerichte genügt nicht, sofern nicht diese andere Instanz die Anzeige noch rechtzeitig, also vor der Bestellung, an das Vormundschaftsgericht abgibt. Dagegen ist selbstverständlich auch eine bloß mündlich noch vor der Bestellung erfolgende Erklärung bei dem letzteren wirksam.

13. Ueber das allgemein bestehende Ablehnungsrecht der Militärpersonen des Friedensstandes und der Civilbeamten der Militärverwaltung ist Anm. 2 zu § 1784 und über die durchgängige Berechtigung der Ausländer, eine ihnen angetragene Vormundschaft abzulehnen, Anm. 1 zu § 1785 zu vergleichen.

§ 1787.

Wer die Uebernahme der Vormundschaft ohne Grund ablehnt, ist, wenn ihm ein Verschulden zur Last fällt, für den Schaden verantwortlich, der dem Mündel dadurch entsteht, daß sich die Bestellung des Vormundes verzögert.

Erklärt das Vormundschaftsgericht die Ablehnung für unbegründet, so hat der Ablehnende, unbeschadet der ihm zustehenden Rechtsmittel, die Vormundschaft auf Erfordern des Vormundschaftsgerichts vorläufig zu übernehmen.

Entw. I §§ 1639 Satz 2, 1644 Abs. 2; Entw. II §§ 1667 Abs. 2, 1668 Abs. 2; Reichst.-Vorl. § 1763, Mot. IV zu § 1639 S. 1063, 1065, zu § 1644 S. 1077; Komm. Prot. S. 6337, 6338, 6341, 8680.

---

1. Wenngleich die Verpflichtung zur Uebernahme der Vormundschaft zunächst nur in dem öffentlichen Rechte begründet ist, so erzeugt sie doch andererseits für den Verpflichteten in seinem Verhältniß zum Mündel auch eine Verantwortlichkeit privatrechtlicher Art. Hiernach kann nicht nur ein bereits bestellter Vormund, sondern auch ein vorerst nur zur Vormundschaftsübernahme gerichtlich Ausgewählter (§ 1779) auf Grund eines ihn treffenden Verschuldens dem Mündel haftbar werden. Die Konsequenz hieraus zieht der § 1787, dessen Bestimmungen im Allgemeinen dazu beitragen werden, die Zahl der grundlosen Ablehnungen zu vermindern.

Für diejenigen bisherigen Rechte, zufolge deren (wie in dem Gebiete des französischen und gemeinen Rechts) der Berufene auch ohne vorgängige Bestellung zur Vormundschaftsführung verpflichtet ward, verstand sich eine solche Folge schon von selbst. Aber auch manche andere Rechte der Bundesstaaten, nach denen das Bestellungsprinzip galt, gaben durch positive Vorschrift dem Mündel einen Anspruch auf Ersatz des Schadens, der ihm aus grundloser Weigerung des als Vormund

Berufenen entsprang (§ 204 Tit. 18 Th. II des Preuß. Allg. Landrechts; § 1899 des Sächs. GB.; § 21 der Lübeck. Vorm.O.; § 26 der Brem. Vorm.O.; Art. 17 der Hamb. Vorm.O.).

Abs. 1.

2. — ohne Grund — Ob ein gesetzlicher Weigerungsgrund vorliegt, entscheidet im Instanzenzuge endgültig das Vormundschaftsgericht (vgl. § 1787 Abs. 2).

3. — wenn ihm ein Verschulden zur Last fällt — Ueber das Bestehen dieser Voraussetzung gebührt die Entscheidung im Streitfall dem zuständigen Prozeßgericht. Das Gesetz definirt den Begriff des „Verschuldens" nicht. Indessen ist nach den allgemeinen Grundsätzen anzunehmen, daß neben der Ursächlichkeit zwischen dem schädlichen für den Mündel entstandenen Erfolg und der grundlosen Ablehnung der Vormundschaftsübernahme ein solcher Schade vorliegen muß, welchen der Ablehnende bei Anwendung der gehörigen Aufmerksamkeit hätte voraussehen und daher auch vermeiden können.

4. — für den Schaden verantwortlich — Wegen der Art und des Umfanges, wie dieser Schadensersatz vorkommenden Falls zu leisten ist, ist auf die allgemeinen Vorschriften in §§ 249 ff. zurückzugehen. Neben dem Ersatze dieses Schadens treffen den Widerstrebenden eventuell auch noch die Ordnungsstrafen aus § 1788, falls das Vormundschaftsgericht von dem dort ihm verliehenen Zwangsrecht Gebrauch macht.

5. — dadurch .., daß sich die Bestellung des Vormundes verzögert. Die Ursache der Verzögerung muß, um den Ablehnenden verantwortlich zu machen, die ohne Grund geschehene Ablehnung sein, nicht etwa andere Umstände, durch welche hiervon abgesehen und außerhalb der hieran sich anschließenden Kausalitätsfolge die Verzögerung herbeigeführt wird. Zu den Umständen dieser Art wird es aber regelmäßig nicht zu rechnen sein, wenn die Verzögerung noch dadurch vermehrt wird, daß das Vormundschaftsgericht, anstatt sofort für eine andere, wenigstens vorläufige Vertretung des Mündels zu sorgen, zunächst, entsprechend der Vorschrift des § 1788, von den dort ihm verliehenen Exekutivmitteln Gebrauch macht. Dahingegen sind Nachtheile, welche als selbständige Folge der Untauglichkeit des an die Stelle des Ablehnenden bestellten Vormundes oder Pflegers (§ 1909 Abs. 3) für den Mündel eintreten, von dem Ablehnenden nicht zu vertreten.

Abs. 2.

6. Erklärt das Vormundschaftsgericht die Ablehnung für unbegründet — Das Vormundschaftsgericht entscheidet über diese Frage, wegen deren ein Prozeßweg nicht stattfindet, nach seinem freien pflichtmäßigen Ermessen. Die Form ist die des Beschlusses, gegen welchen gemäß § 60 Abs. 1 Nr. 2 des G. fr. G. die sofortige Beschwerde stattfindet. Wird die Ablehnung von dem Gerichte für begründet befunden, so bedarf es der Zustellung eines besonderen Beschlusses (§ 16 a. a. O.) an den Ablehnenden nicht und das Vormundschaftsgericht kann sofort zur Auswahl und Bestellung eines andern Vormundes schreiten.

7. — auf Erfordern des Vormundschaftsgerichts vorläufig zu übernehmen. Auch diese vorläufige Uebernahme ist nach Maßgabe des § 1788 erzwingbar. Zu der Ausübung eines solchen Zwanges ist jedoch das Vormundschaftsgericht, nachdem es den Ablehnungsgrund verworfen hat, nur berechtigt, aber nicht verpflichtet. Das Erfordern kann daher unterbleiben, wenn es dem Interesse des Mündels nicht dienlich erscheint. Das Verzögerungsverschulden

und die daraus abzuleitenden Rechtsfolgen (Abs. 1) sind von der Anordnung oder Nichtanordnung der nach Abs. 2 zulässigen Maßregel unabhängig.

§ 1788.

Das Vormundschaftsgericht kann den zum Vormund Ausgewählten durch Ordnungsstrafen zur Uebernahme der Vormundschaft anhalten.

Die einzelne Strafe darf den Betrag von dreihundert Mark nicht übersteigen. Die Strafen dürfen nur in Zwischenräumen von mindestens einer Woche verhängt werden. Mehr als drei Strafen dürfen nicht verhängt werden.

Entw. I § 1639 Satz 3, 4; Entw. II § 1669; Reichst.-Vorl. § 1764; Mot. IV zu § 1639 S. 1064, 1065; Komm. Prot. S. 6337, 6338.

---

1. Der § 1788 entspricht im Wesentlichen dem § 20 Abs. 2 und 3 der bisherigen Pr. VO. Gegenüber der generellen Bestimmung des § 1837 verhält er sich als Spezialvorschrift.

Abs. 1.

2. Das Vormundschaftsgericht kann ... anhalten — Es kann anhalten, muß es also nicht. Das Vormundschaftsgericht ist hiernach nicht verpflichtet, in allen Fällen diesen Zwang mittels Ordnungsstrafen eintreten zu lassen. Das Interesse ebensowohl der Gerechtigkeit als des Ansehens der Rechtspflege aber erheischt es, daß der Richter, abgesehen von ganz besonders gearteten Fällen, als allgemeine Regel festhält, jeden ungerechtfertigten Widerstand bei der Uebernahme einer Vormundschaft mit allen gesetzlich erlaubten Mitteln zu brechen, und daß er zur Bestellung eines anderen Vormundes erst dann schreitet, wenn auch die nach Abs. 2 wiederholt verhängten Strafen sich nutzlos erweisen.

3. — den zum Vormund Ausgewählten — also nicht auch den bloß Berufenen, dem die Berufung grundsätzlich nur ein Recht auf die Uebernahme der Vormundschaft gibt. Lehnt er die Berufung ab, wird aber demnächst gemäß § 1779 von dem Vormundschaftsgericht ausgewählt, so unterliegt auch er dem Zwange durch die nach § 1788 zulässigen Exekutivstrafen (Anm. 1 zu § 1776).

Abs. 2.

4. Die einzelne Strafe darf ... nicht übersteigen — Da die Verhängung der Strafe nach Satz 2 dreimal erfolgen kann, so steht nichts entgegen, daß schon die zweite Strafe, mit der ersten zusammengerechnet, mehr als 300 M. beträgt.

5. — nur in Zwischenräumen von mindestens einer Woche — Es empfiehlt sich aus praktischen Gründen, diese Mindestzwischenräume der Regel nach nicht zu überschreiten, und zwar einmal deshalb, weil die Zwangsprozedur je rascher desto wirksamer ist, sodann und ganz besonders auch deshalb, damit die Einleitung der Vormundschaft, deren thunlichste Beschleunigung im Interesse des Mündels liegt, sich nicht Monate lang verzögert.

6. Mehr als drei Strafen dürfen nicht verhängt werden. Der Verhängung muß nach § 33 des G. fr. G. eine Androhung vorausgehen, da die Strafe, welche den Ausgewählten nach Abs. 1 zur Uebernahme der Vormundschaft „anhalten" soll, den Charakter einer Exekutivstrafe hat. Läßt der von der Zwangsmaßregel Betroffene die ihm gesetzte Frist fruchtlos verstreichen, so findet die Festsetzung der Strafe statt, gegen welche das Rechtsmittel der Be=

schwerde mit aufschiebender Wirkung (§ 24 Abs. 1 a. a. O.) gegeben ist. Bleibt die Beitreibung der Strafe, welche im Kgr. Preußen nach Maßgabe der Verordnung vom 7. September 1879 (GS. S. 591) im Verwaltungszwangsverfahren geschieht, wegen Unvermögens des Schuldners ohne Erfolg, so ist eine Umwandlung der Ordnungsstrafe in Freiheitsstrafe ausgeschlossen. Auch dem gerichtskundig Zahlungsunfähigen gegenüber kann das Vormundschaftsgericht kein anderes Zwangsmittel als die Androhung einer Geldstrafe in Anwendung bringen.

Sind die hiernach zulässigen Zwangsmittel erschöpft, so darf ein weiterer Zwang gegen den zu Bestellenden nicht geübt werden, und es bleibt mithin nichts anderes übrig, als was die Pr. VO. in § 20 Abs. 3 ausdrücklich bestimmt, einen anderen Vormund auszuwählen und zu bestellen. Hieraus folgt aber nicht, daß der von der Uebernahme dadurch frei Gewordene nun auch seiner aus § 1787 Abs. 1 herfließenden eventuellen Verpflichtung zum Schadensersatz wegen der stattgehabten Verzögerung ledig wird.

§ 1789.

Der Vormund wird von dem Vormundschaftsgerichte durch Verpflichtung zu treuer und gewissenhafter Führung der Vormundschaft bestellt. Die Verpflichtung soll mittelst Handschlags an Eidesstatt erfolgen.

Entw. I § 1645 Abs. 1; Entw. II § 1670; Reichst.-Vorl. § 1765; Mot. IV Allg. Begründung S. 1010, 1034, zu § 1645 S. 1078, 1079; Komm. Prot. S. 6341, 6342, 6481 bis 6483.

---

1. Der Vormund wird von dem Vormundschaftsgericht durch Verpflichtung ..... bestellt. Das hierdurch ausgesprochene Bestellungsprinzip war bereits der Mehrzahl der bisherigen Partikularrechte nicht fremd. Auch die Pr. VO. hatte dasselbe in § 24 Abs. 1 anerkannt. Erst durch den Bestellungsakt gelangen hiernach die vormundschaftlichen Rechte und Pflichten unbeschadet der durch schuldbare Verzögerung unter Umständen auch schon vorher begründeten Ersatzverbindlichkeit, für den Bestellten zur Entstehung. Die Bestellung selbst geschieht „durch Verpflichtung“, welche ihrerseits in der Form eines Gelöbnisses gegenüber dem Vormundschaftsgerichte erscheint.

Das bestellende Vormundschaftsgericht muß das nach §§ 35 ff. des G. fr. G. zuständige sein. Die Verpflichtung selbst, durch welche die Bestellung sich vollzieht, braucht jedoch nicht nothwendig vor dem zuständigen Richter zu erfolgen; vielmehr kann sie ebensowohl auf dessen Ersuchen durch einen anderen Richter (so namentlich, wenn der zu Bestellende in einem fremden Gerichtsbezirk wohnhaft ist) bewirkt werden. Sie erstreckt sich der Regel nach auf den ganzen Zeitraum, während dessen die Vormundschaftsführung rechtlich nothwendig ist. Eine Ausnahme bestimmt jedoch der § 1790 und bezüglich der Pflegschaft der § 1909 Abs. 3. Von einer vorläufigen Vormundschaft über Großjährige handeln ferner die §§ 1906 bis 1908.

Durch Verpflichtung bestellt werden gemäß §§ 1792, 1915 auch der Gegenvormund und der Pfleger, und ebenso nach § 1870 die Mitglieder des Familienrathes.

Nur soweit durch Art. 136 des EG. das Institut der gesetzlichen Vormundschaft aufrecht erhalten ist, findet eine besondere Bestellung der Vormünder nicht statt. Zu vergleichen ist in dieser Hinsicht Anm. 3 zu § 1774.

2. — zu treuer und gewissenhafter Führung der Vormundschaft — Der Vormund gelobt hiernach feierlich eine treue und gewissenhafte Amtsführung. Dem entsprechend treffen ihn harte Strafen, wenn er trotzdem sich dem Mündel gegenüber untreu und gewissenlos erweist (§ 266 Nr. 1, § 174 Nr. 2, § 181 Nr. 2 des Reichstrafgesetzbuchs).

3. Die Verpflichtung soll mittels Handschlages an Eidesstatt erfolgen. Wie die Fassung „soll . . . erfolgen" zeigt, bildet der zu leistende Handschlag keine nothwendige Voraussetzung für die Gültigkeit der Verpflichtung. Sie stellt sich nur als eine Form dar, die das Vormundschaftsgericht, um einer vielfach bisher schon verbreiteten Rechtssitte gemäß der Bestellung eine gewisse Würde und Feierlichkeit zu verleihen, nicht verabsäumen soll. Wird diese Form versehentlich unterlassen, so äußert die Bestellung selbst, welche wesentlich nur in dem Gelöbniß des Vormundes zur Pflichterfüllung besteht, dessen ungeachtet volle Rechtswirksamkeit. Nur das Gelöbniß selbst, von welchem ab alle vormundschaftlichen Rechte und Pflichten des Bestellten ihren Anfang nehmen, darf nicht fehlen. Auch die Verletzung der durch den Handschlag „an Eidesstatt" für den Vormund begründeten Eidespflicht wird als solche strafrechtlich nicht geahndet. Soweit mit dieser Verletzung Hand in Hand zugleich eine materiellrechtliche Schädigung des Mündels geht, greifen dem Vormund gegenüber die in § 1833 vorgesehenen civilrechtlichen Folgen Platz.

Eine Stellvertretung, wie sie durch § 13 des G. fr. G. für die Handlungen der freiwilligen Gerichtsbarkeit regelmäßig sonst zugelassen ist, muß bei der vormundschaftlichen Bestellung als ausgeschlossen gelten. Eine Vollmacht des Vormundes, durch welche ein Anderer schlechthin als Vertreter bestellt oder nur allgemein zur Vornahme gewisser Handlungen, z. B. zur Auflassung von Grundstücken, Erwerb von Sachen, Ausstellung von Wechseln, Hingabe oder Empfangnahme von Darlehen an Stelle des Vormundes für den Mündel ermächtigt wird, genügt daher nicht. Eine solche Vollmacht würde nur dann Berücksichtigung finden dürfen, wenn der Wille des Vormundes für den besonderen Fall darin vollständig ausgedrückt, bei einer Auflassung also das Grundstück und der Erwerber vollständig und genau angegeben wäre.

Eine ohne Beschränkung ihres gesetzlichen Umfanges von dem Vormunde ertheilte Prozeßvollmacht gilt zwar in dem Verhältniß zwischen dem Vormund und dem Prozeßbevollmächtigten, sowie auch dem Gegner gegenüber als rechtswirksam, so daß der Prozeßbevollmächtigte innerhalb des Prozesses gültiger Weise auch Vergleiche, Verzichtleistungen und Anerkenntnisse erklären kann. Soweit aber der Vormund zu diesen letzteren Geschäften der Genehmigung des Gegenvormundes oder des vormundschaftlichen Gerichtes bedarf, greifen wegen ihrer Gültigkeit die Regeln des materiellen Vormundschaftsrechtes Platz und der Vormund ist für die Nichteinholung dieser Genehmigung dem Mündel verantwortlich (vgl. auch Wach „Civilprozeß" Bd. 1 S. 592 Nr. III 7 und Anm. 17 zu § 1822).

§ 1790.

Bei der Bestellung des Vormundes kann die Entlassung für den Fall vorbehalten werden, daß ein bestimmtes Ereigniß eintritt oder nicht eintritt.

Entw. I § 1638 Abs. 3; Entw. II § 1660 Abs. 3; Reichst.-Vorl. § 1766; Mot. IV zu § 1638 S. 1062; Komm. Prot. S. 6335, 6337.

---

1. Bei der Bestellung der Vormundes — Nicht auch bei der elterlichen Berufung (§ 1777).

2. — kann die Entlassung ... vorbehalten werden — Ob von dieser rechtlichen Möglichkeit aus irgend einem Grunde Gebrauch gemacht werden soll, hängt von dem diskretionellen Ermessen des Vormundschaftsgerichtes ab. Eine Beschränkung in dieser Hinsicht stellt das Gesetz nicht auf. Der Vorbehalt muß selbstverständlich bei der Bestellung beurkundet werden.

3. — für den Fall ..., daß ein bestimmtes Ereigniß eintritt oder nicht eintritt. Von Rechts wegen endet in diesem Falle das Amt des bestellten Vormundes nicht; das Vormundschaftsgericht hat, nachdem der Eintritt oder Nichteintritt des Ereignisses von ihm konstatirt worden ist, ausdrücklich die Entlassung zu beschließen und den Beschluß dem Vormund bekannt zu machen.

Die Abhängigmachung der Entlassung von einer bloßen Zeitbestimmung hat das Gesetz nicht vorgesehen; es ist, wie die Motive bemerken, eine Berücksichtigung in dieser Hinsicht nicht für erforderlich erachtet, weil hier eine bestimmte Zeit praktisch immer nur im Zusammenhange mit einem bestimmten Ereigniß in Frage kommen wird und es bedenklich ist, ohne einen solchen Zusammenhang dem Vormundschaftsgerichte die Befugniß zu geben, die Entlassung nach Ablauf einer bestimmten Zeit bei der Bestellung vorzubehalten.

Die Anwendung der hiernach statthaften Klausel kann insbesondere auch im Falle des § 1787 Abs. 2 in Frage kommen, indem die Wiederentlassung des vorläufig bestellten Vormundes davon abhängig gemacht wird, daß die Beschwerde Erfolg hat.

4. Eine dem § 1790 entsprechende Vorschrift findet sich für die Bestellung der Mitglieder des Familienrathes in § 1871.

§ 1791.

Der Vormund erhält eine Bestallung.

Die Bestallung soll enthalten den Namen und die Zeit der Geburt des Mündels, die Namen des Vormundes, des Gegenvormundes und der Mitvormünder sowie im Falle der Theilung der Vormundschaft die Art der Theilung. Ist ein Familienrath eingesetzt, so ist auch dies anzugeben.

Entw. I § 1645 Abs. 2; Entw. II § 1673; Reichst.-Vorl. § 1767; Mot. IV zu § 1645 S. 1079 bis 1081; Komm. Prot. S. 6341, 6342.

Abs. 1.

1. Der Vormund erhält eine Bestallung. Die Vorschrift schließt sich an § 24 Abs. 2 der Pr. VO. an und befindet sich in Uebereinstimmung mit dem gemeinen Rechte, sowie auch mit den neueren Landesgesetzen.

„Die dem Vormund ausgehändigte Bestallung", erklären die Motive, „hat nach allgemeinen Grundsätzen an sich nur die Bedeutung eines gerichtlichen Zeugnisses, daß die darin bezeichnete Person nach Maßgabe des Inhaltes der Bestallung als Vormund bestellt worden ist, nicht aber den Charakter einer selbständigen Ermächtigung zum Abschlusse von Rechtsgeschäften, eines Legitimationspapieres in dem Sinne, daß der gutgläubige Dritte, welcher auf Grund der ihm vorgelegten Bestallung mit dem Vormunde auf Rechtsgeschäfte sich einläßt, gegen inzwischen eingetretene, aus der Bestallung sich nicht ergebende Aenderungen der Vertretungsmacht des in der Bestallung bezeichneten Vormundes geschätzt wird, der Mündel mithin die damit verbundenen nachtheiligen Folgen zu tragen hat. Die Bestallung ganz allgemein, wie eine Vollmacht zu behandeln und die Vorschriften der §§ 167 ff. (früher § 121) auf die Bestallung für entsprechend anwendbar zu erklären, würde jedenfalls zu weit gehen. Die Analogie führt an sich nicht zu einer solchen Ausdehnung. Die Sachlage ist bei der Vollmacht und der Aushändigung der Bestallung nicht die gleiche. Die Bestellung eines Bevollmächtigten und die Aushändigung einer Vollmachtsurkunde beruht auf dem eigenen Willen des Vollmachtgebers. Ihm wird daher nicht zu nahe getreten, wenn er die mit der Ausstellung einer solchen Urkunde verbundenen Gefahren für die Verkehrssicherheit zu tragen hat, zumal die direkte Stellvertretung sich als ein positives, vorzugsweise dem Interesse des Vollmachtgebers dienendes Institut darstellt. Bei der Wahl des Vormundes und der Aushändigung der Bestallung ist dagegen der Mündel selbst aktiv nicht betheiligt, und bei der Gestaltung des Vormundschaftsrechts muß in erster Linie das Interesse des Mündels maßgebend sein. Dazu kommt, daß dem bisherigen Rechte die Behandlung der Bestallung nach den Grundsätzen der Vollmacht unbekannt ist.... Ein Bedürfniß, zum Zwecke der Legitimation des Vormundes ein besonderes Legitimationspapier zu schaffen, ist um so weniger anzuerkennen, als auch die Legitimation des Inhabers der elterlichen Gewalt, des gesetzlichen Vertreters der juristischen Personen und des Konkursverwalters sich lediglich nach den allgemeinen Grundsätzen richtet. Zu beachten ist ferner, daß, abgesehen von einer gewissen Gefährdung des Mündels, eine bestimmte Abgrenzung der Fälle, in welchen das Vormundschaftsgericht eine solche Urkunde auszustellen hat, unthunlich ist, und daß, wenn man dem Vormundschaftsgericht die allgemeine Befugniß beilegt, dem Vormunde zum Zwecke seiner Legitimation für einzelne oder mehrere bestimmte Rechtsgeschäfte eine besondere Urkunde auszustellen, die Gefahr nahe liegt, daß im Verkehr mit Vormündern sich die Praxis bildet, behufs größerer Sicherheit allgemein auf Vorlegung einer solchen Urkunde zu bestehen, was zu einer großen Belästigung der Vormundschaftsgerichte und einer erheblichen Vermehrung ihrer Verantwortlichkeit zu führen droht".

2. Ueber das Erforderniß einer besonderen Legitimationsführung der Vormünder und Pfleger durch Bescheinigung des Vormundschaftsgerichts im Verkehr mit öffentlichen Instituten sind in den einzelnen Staaten zuweilen besondere Vorschriften erlassen, so z. B. im Kgr. Preußen durch die Vorschriften der Oberrechnungskammer, betr. die Bescheinigung der Quittungen über die aus Staatsfonds zu beziehenden Pensionen, Wartegelder, Wittwen- und Waisengelder, sowie Unterstützungen und Erziehungsbeihülfen vom 29. Oktober 1885 (JMBl. 1886 S. 47, 48) und durch Allg. Verf. des Justizministers vom 12. November 1886 (JMBl. 1886 S. 292).

3. Wie dem Vormund, so ist auch dem Gegenvormund (§ 1792 Abs. 4) eine Bestallung zur ertheilen, und was hier von dem Vormund und Gegenvormund eines Minderjährigen gilt, das hat auch Geltung für den Vormund und Gegenvormund eines Volljährigen (§ 1897) und ebenso für den Pfleger (§ 1915). Nur wenn etwa der Pfleger, wie nicht selten, zu einem ganz vorübergehenden Zwecke bestellt wird, z. B. zur Abgabe einer einzigen Willenserklärung wegen Verhinderung des väterlichen Gewalthabers oder Pflegers (§ 1909 Abs. 1 Satz 1), wird von Behändigung einer Bestallung, welche unmittelbar darauf schon wieder zurückgereicht werden müßte (§§ 1893 Abs. 2, 1915 Abs. 1, 1919), abgesehen werden dürfen.

Abs. 2.

4. — soll enthalten — Die Fassung zeigt, daß nur eine Ordnungsvorschrift in Frage steht. Daß die Gültigkeit der Bestellung des Vormundes überhaupt nicht abhängig ist von der Bestallungsertheilung, folgt schon aus § 1789 (Anm. 1 und 3 daselbst). Noch weniger vermögen daher bloße Mängel der Bestallungsurkunde die Rechtswirksamkeit der ordnungsmäßig erfolgten Bestellung in Frage zu stellen.

Dessen ungeachtet ist Seitens der Vormundschaftsgerichte, wie sich von selbst versteht, pflichtmäßig darauf zu halten, daß der Vorschrift des Abs. 2 in vollem Umfange entsprochen werde. Es empfiehlt sich dies namentlich deshalb, weil aus einer Unvollständigkeit des Inhaltes der Bestallung dem Vormunde in dem Verkehre mit Dritten bei seiner Geschäftsführung leicht Schwierigkeiten und Weiterungen erwachsen können.

5. — den Namen und die Zeit der Geburt des Mündels — Die zur Feststellung der Identität dienenden Namen müssen vollständig in die Bestallung gesetzt werden. Eine Angabe der Geburtstage ist deshalb nicht ohne Bedeutung, weil der Dritte hiernach beurtheilen kann, ob die Vormundschaft wegen Minderjährigkeit fortdauert.

6. — die Namen . . . des Gegenvormundes und der Mitvormünder, sowie im Falle der Theilung der Vormundschaft die Art der Theilung. Wird der Gegenvormund, wie nicht selten, erst bestellt, nachdem der Vormund bereits verpflichtet und mit Bestallung versehen ist, so ist die Bestallung dem Vormunde wieder abzufordern und statt ihrer eine neue zu ertheilen, welche auch den Namen des Gegenvormundes aufführt. In gleicher Weise ist zu verfahren, wenn erst später ein Mitvormund bestellt wird oder wenn in der Person des Gegenvormundes oder eines Mitvormundes ein Wechsel vorgeht. Ist ein Mitvormund, wenn die Vormundschaft von mehreren Vormündern nicht gemeinschaftlich geführt wird, zugleich Gegenvormund eines anderen Mitvormundes (§ 1792 Abs. 3), so muß auch dies aus der Bestallung erhellen. Verwalten die Mitvormünder gemeinschaftlich, so bedarf es einer Erwähnung dieser Thatsache, für welche nach § 1797 Abs. 1 die gesetzliche Vermuthung spricht, in dem Texte der Bestallungsurkunde nicht. Findet dagegen eine Theilung der Vormundschaft und demgemäß auch eine alleinige Haftung der einzelnen Vormünder bezüglich der von ihnen geführten Verwaltung statt, so soll diese Theilung und die Art derselben angegeben werden, weil es für dritte Personen bei ihren geschäftlichen Verhandlungen mit den Vormündern wichtig ist, das für die Verwaltung hierdurch begründete Verhältniß zu kennen und danach den Umfang und die Tragweite der Verantwortlichkeit des einzelnen Vormundes zu ermessen.

7. Ist ein Familienrath eingesetzt, so ist auch dies anzugeben. Die veränderte Fassung „ist . . anzugeben" anstatt wie in Satz 1 „soll enthalten", deutet darauf hin, daß der Gesetzgeber die Befolgung dieser Vorschrift nachdrücklicher hervorheben will. Es erscheint dies erklärlich, weil der Familienrath als Aufsichtsbehörde nach § 1872 Abs. 1 grundsätzlich an die Stelle des Vormundschaftsgerichtes tritt und demnach die Kenntniß dieses Umstandes für jeden Dritten, der mit dem Vormund geschäftlich in Verbindung tritt, von noch größerer Wichtig-

keit ist als die Mittheilung der in Abs. 2 Satz 1 enthaltenen Daten. Im Uebrigen aber liegt auch hier, wie aus den Ausführungen in Anm. 4 folgt, nur eine Ordnungsvorschrift vor.

8. Wiewohl das Gesetz nicht vorschreibt, daß auch Befreiungen des Vormundes (§§ 1852 ff.) in die Bestallung aufzunehmen sind, so wird es dem Vormundschaftsgericht unbenommen sein, unter Umständen nach seinem verständigen Ermessen im Interesse der vormundschaftlichen Verwaltung auch hierüber in der Bestallungsurkunde das ihm erforderlich Scheinende ersichtlich zu machen. Eben dasselbe gilt von dem Vorhandensein solcher Anordnungen, welche die Verwaltung des Vormundes nach Bestimmung des Erblassers oder eines Dritten einschränken (§ 1803).

§ 1792.

Neben dem Vormunde kann ein Gegenvormund bestellt werden.

Ein Gegenvormund soll bestellt werden, wenn mit der Vormundschaft eine Vermögensverwaltung verbunden ist, es sei denn, daß die Verwaltung nicht erheblich oder daß die Vormundschaft von mehreren Vormündern gemeinschaftlich zu führen ist.

Ist die Vormundschaft von mehreren Vormündern nicht gemeinschaftlich zu führen, so kann der eine Vormund zum Gegenvormunde des anderen bestellt werden.

Auf die Berufung und Bestellung des Gegenvormundes finden die für die Berufung und Bestellung des Vormundes geltenden Vorschriften Anwendung.

Entw. I § 1647; Entw. II § 1672; Reichst.-Vorl. § 1768; Mot. IV zu § 1647 S. 1029, 1032, 1082; Komm. Prot. S. 6345 bis 6347.

Abs. 1.

1. — kann ein Gegenvormund bestellt werden. Die Befugniß des Vormundschaftsgerichts, neben dem Vormund einen Gegenvormund zu bestellen, besteht demnach rücksichtlich aller Vormundschaften, gleichviel, ob sie mit einer Vermögensverwaltung verknüpft sind oder nicht. Nur wenn der Vater oder die Mutter nach Maßgabe der §§ 1852, 1855, 1856 die Bestellung eines Gegenvormundes ausgeschlossen haben, hat das Vormundschaftsgericht unbeschadet des aus § 1857 folgenden Rechts, diese Anordnung zu beachten. Auf der anderen Seite aber wird von dem Gesetzgeber kein Bedürfniß anerkannt, nach dem Vorgange des französischen Rechts die Bestellung eines Gegenvormundes für jede Vormundschaft obligatorisch zu machen.

Auch die Bestellung mehrerer Gegenvormünder kann im Hinblick auf §§ 1775, 1792 Abs. 4 grundsätzlich nicht für unzulässig erachtet werden. Da aber ein besonderer Grund, wie ihn der § 1775 voraussetzt, hierfür noch seltener als für die Bestellung mehrerer Vormünder vorliegen wird, so wird eine solche die Verwaltung des Vormundes immerhin erschwerende Maßregel nicht allzuhäufig in Anwendung kommen.

Abs. 2.

2. — soll bestellt werden, wenn mit der Vormundschaft eine Vermögensverwaltung verbunden ist — Nach dem Vorgange der Pr. VO. (§ 26 Abs. 2 daselbst) erkennt das BGB. in diesem Falle ein regelmäßiges

Bedürfniß zur Bestellung eines Gegenvormundes an. Während die Pr. VO. aber — wenigstens ihrem Wortlaute nach — bei dem Vorhandensein einer Vermögensverwaltung die Bestellung eines Vormundes unbedingt vorschreibt, sofern nicht mehrere Vormünder zu ungetrennter Verwaltung bestellt sind, wird nach dem BGB., wie aus dem weiteren Inhalt des Abs. 2 ersichtlich ist, diese Bestellung überhaupt für nicht erforderlich erklärt, wenn die Verwaltung nicht erheblich ist.

Die bei dem Inkrafttreten des BGB.s im Amte befindlichen Vormünder sind, soweit alsdann die Vormundschaft selbst gesetzlich bestehen bleibt (vgl. § 1773 Anm. 4, § 1774 Anm. 3), grundsätzlich beizubehalten; die Gegenvormünder müssen jedoch entlassen werden, wenn nach den Vorschriften des BGB. ein Gegenvormund nicht zu bestellen sein würde (Art. 210 Abs. 2 EG.). Die letztere Bestimmung äußert namentlich ihre Wirksamkeit in dem vormaligen Gebiete des französischen Rechts, wo die Bestellung einer Gegenvormundschaft stets erforderlich war, auch wenn eine vormundschaftliche Vermögensverwaltung nicht bestand.

3. — wenn mit der Vormundschaft eine Vermögensverwaltung verbunden ist — Ob eine solche Verwaltung geführt wird, ist eine thatsächliche Frage, über welche das Vormundschaftsgericht befindet. Eine vormundschaftliche Verwaltung wird stets anzunehmen sein, wenn der Vormund für Rechnung des Mündels fortlaufend Einnahmen und Ausgaben besorgt, aber der Regel nach auch schon dann, wenn fortlaufend entweder das Eine oder das Andere stattfindet. Eine bloße, wenn auch fortdauernde Verwahrung dagegen, sowie ganz vereinzelte, nur einmalige Verwaltungsakte, wie z. B. Ertheilung einer Quittung über eine schon zu Lebzeiten des Mündelvaters von diesem bezahlte Post, Abtretung einer schon früher getilgten Hypothek u. dgl., werden als eine Vermögensverwaltung im Sinne des § 1792 Abs. 2 nicht zu erachten sein.

Auch wenn das Mündelvermögen zufolge Bestimmung des Erblassers oder sonstigen Zuwenders von anderen Personen als dem Vormunde verwaltet wird, liegt die Voraussetzung einer mit der Vormundschaft verbundenen Vermögensverwaltung nicht vor.

4. — es sei denn, daß die Verwaltung nicht erheblich — Ueber das Merkmal der Erheblichkeit der Verwaltung entscheidet ebenfalls das vormundschaftsgerichtliche Ermessen. Im Uebrigen wird dieser Begriff absolut zu fassen sein, so daß nichts darauf ankommt, ob von dem Standpunkte des ärmeren oder reicheren Mündels aus ein Vermögen und dessen Verwaltung erheblich oder unerheblich ist.

5. — von mehreren Vormündern gemeinschaftlich zu führen — Gemeint ist der Fall des § 1797 Abs. 1, weshalb die dazu ergangene Anmerkung 1 zu vergleichen ist. Da die mehreren Vormünder grundsätzlich auch das Mündelvermögen „gemeinschaftlich" verwalten, wobei einer den anderen kontrolirt, so wird von dem Gesetzgeber die Bestellung eines Gegenvormundes in diesem Falle für entbehrlich und gemäß Abs. 1 nur für zulässig erachtet (vgl. auch § 1810 a. E. und § 1812 Abs. 3 a. E.).

Abs. 3.

6. — von mehreren Vormündern nicht gemeinschaftlich — Die Voraussetzung enthält der § 1797 Abs. 2 (vgl. Anm. 4 daselbst).

7. — der eine Vormund zum Gegenvormunde des andern — Eine solche Bestellung erscheint unbedenklich, da, wenn das Vormundschaftsgericht die Vormundschaftsführung gemäß § 1797 Abs. 2 getheilt hat, jeder einzelne Vormund innerhalb des ihm überwiesenen Wirkungskreises die Vormundschaft selbständig führt.

8. Die zu Abs. 1 in Anm. 1 erwähnte Untersagung der Bestellung eines Gegenvormundes Seitens des Vaters oder der Mutter des Mündels neben dem von ihnen benannten Vormund äußert selbstverständlich ihre Wirkung auch für die Fälle des Abs. 2 und 3.

Unberührt bleiben ferner nach Art. 136 Nr. 4 des EG. die landesgesetzlichen Vorschriften, nach welchen im Falle einer nach den Vorschriften der Nr. 1 bis 3 daselbst stattfindenden Bevormundung ein Gegenvormund nicht zu bestellen ist.

Abs. 4.

9. — die für die Berufung und Bestellung des Vormundes geltenden Vorschriften — Dieselben sind enthalten in den §§ 1773 bis 1791. Rücksichtlich aller dieser Bestimmungen wird also der Begriff des Vormundes von demjenigen des Gegenvormundes mitumfaßt. Insbesondere darf hiernach auch der Gegenvormund aus denselben Gründen wie der Vormund seine Bestellung ablehnen, und er haftet, wenn er dies ohne Grund thut, für schuldbare Verzögerung.

II. Führung der Vormundschaft.

§ 1793.

Der Vormund hat das Recht und die Pflicht, für die Person und das Vermögen des Mündels zu sorgen, insbesondere den Mündel zu vertreten.

Entw. I §§ 1648, 1649; Entw. II § 1673; Reichst.-Vorl. § 1769; Mot. IV Allgem. Begründung S. 1010, 1022, zu § 1648 S. 1082, 1083, zu § 1649 S. 1083 bis 1087; Komm. Prot. S. 6347, 8680.

---

1. Der § 1793 stellt den allgemeinen Umfang der Rechte und Pflichten des Vormundes fest. Wie die Motive bemerken, stimmt seinem Inhalte nach der vormundschaftliche Schutz ganz mit demjenigen überein, welcher dem Minderjährigen regelmäßig durch die elterliche Gewalt zu Theil wird (§ 1630); er begreift sowohl die Sorge für die Person als für das Vermögen des Mündels. In dieser Beziehung weicht also das neue Recht im Wesentlichen nicht von den bisherigen Rechten ab.

2. — das Recht und die Pflicht, für die Person und das Vermögen des Mündels zu sorgen — Nach § 1800 bestimmt sich das Recht und die Pflicht des Vormundes, für die Person des Mündels zu sorgen, nach den für die elterliche Gewalt geltenden Vorschriften der §§ 1631 bis 1633 (Anm. 3 zu § 1800). Hieraus folgt, daß sich die Sorge für die Person der bevormundeten Ehefrau auf die Vertretung in den ihre Person betreffenden Vermögensangelegenheiten beschränkt, während das weiter gehende Recht des § 1631 (Erziehung, Beaufsichtigung, Bestimmung des Aufenthalts) in diesem Falle fortfällt (vgl. Anm. 3 zu § 1800).

Vermöge des Gesetzes erstreckt sich die Fürsorge des Vormundes nicht auf Angelegenheiten des Mündels, für die ein Pfleger bestellt ist (§ 1794). Eine solche Bestellung tritt, abgesehen von den gewöhnlichen Verhinderungs- und Kollisionsfällen, namentlich dann ein, wenn durch letztwillige Verfügung des Erblassers oder durch Bestimmung eines Dritten bei der Zuwendung angeordnet ist, daß dem Vormund die Verwaltung über das auf den Mündel vererbte oder bzw. unter Lebenden ihm zugewendete Vermögen nicht zustehen soll (§ 1909 Abs. 1 Satz 2).

Nach § 1804 entfällt ferner für den Vormund die Möglichkeit, in Vertretung des Mündels Schenkungen zu machen, die nicht einer sittlichen oder Anstandspflicht entsprechen.

Auch das Vormundschaftsgericht kann in die Fürsorgepflicht des Vormundes eingreifen, indem es ihm für einzelne Angelegenheiten oder für einen bestimmten Kreis von Angelegenheiten bei dem Vorhandensein einer erheblichen Interessenkollision (§ 1796 Abs. 1 u. 2) die Vertretung des Mündels und, wenn der Vormund nicht dem Bekenntniß des Mündels angehört, auch die Sorge für dessen religiöse Erziehung (§ 1801) entziehen darf.

Soweit der Mutter eines ehelichen Kindes, deren elterliche Gewalt ruht, oder der Mutter eines unehelichen Kindes die Sorge für dessen Person zusteht, hat der Vormund, der auch in diesem Falle die alleinige Vertretungsmacht hat, die rechtliche Stellung eines Beistandes (§§ 1689, 1696, 1707).

Anlangend das Recht des Vormundes, ohne vorgängige Genehmigung des Vormundschaftsgerichts und des Gegenvormundes zu den Erziehungs- und Unterhaltszwecken nöthigenfalls auch das Stammvermögen des Mündels anzugreifen, so enthält das Gesetz hierüber keine ausdrückliche Bestimmung. Es ist anzunehmen, daß in Ermangelung eines entgegenstehenden Verbotes ihm ein solcher Angriff, wenn die Einkünfte nicht ausreichen (wie nach § 37 Abs. 2 der Pr. VO., der dies ausdrücklich zuläßt), gestattet ist. Hieraus folgt weiter, daß zum Behufe der Kostenbestreitung für die Erziehung und Unterhaltung äußersten Falls sogar der völlige Verbrauch des Stammvermögens durch den Vormund erfolgen darf. Daß jedoch in Fällen dieser Art die Berechnung mit der peinlichsten Vorsicht angelegt und die Gefahr einer solchen Maßregel mit allen ihren Eventualitäten reiflich erwogen werden muß, versteht sich von selbst.

3. — insbesondere den Mündel zu vertreten. Das Recht und die Pflicht zur Vertretung des Mündels bildet einen Theil des Rechtes und der Pflicht, für die Person und das Vermögen des Mündels zu sorgen. Es erstreckt sich, soweit das Gesetz nicht Ausnahmen bestimmt, auf alle Rechtshandlungen, in Ansehung deren eine Vertretung durch Dritte überhaupt zugelassen ist. Die Bestimmung steht im Einklang mit den Grundsätzen des gemeinen Rechts und der neueren Gesetzgebung (Entsch. des RG. in Civils. Bd. 15 S. 192 ff., S. 197 ff., §§ 27, 29 der Preuß. VO.; Code civ. art. 450; Sächs. GB. § 1910; Weimar. Ges. vom 27. April 1872 § 51; Hess. Entw. IV Art. 45, 54 bis 83; Bayr. Entw. 54, 58, 59, 62 bis 79).

Kraft dieser Vertretungsmacht ist der Vormund befugt, sowohl in den persönlichen als in den Vermögensangelegenheiten des Mündels in dessen Namen Rechtsgeschäfte zu schließen und in Fällen, in denen das Gesetz die Wirksamkeit eines Rechtsgeschäfts von der Einwilligung oder Genehmigung des gesetzlichen Vertreters abhängig macht, diese Einwilligung oder Genehmigung zu ertheilen oder zu versagen (§§ 106 ff.).

Die Vertretung für Schaden, welcher aus widerrechtlichen Handlungen entsteht, die der Vormund in Ausübung seiner Vertretungsmacht begeht, liegt, vorbehaltlich der für Schuldverhältnisse gegebenen Bestimmung des § 278, nicht dem Mündel, sondern dem Vormunde selbst ob. Eine solche Haftung des Mündels für die Delikte des Vormundes, erklären die Motive, läßt sich aus dem Begriffe der unmittelbaren Stellvertretung und daraus, daß die Vertretung geschäftsunfähiger oder in der Geschäftsfähigkeit beschränkter Personen eine nothwendige ist, als ein Gebot der Rechtskonsequenz nicht ableiten. Auch die Analogie des § 31 kann nicht als zutreffend erachtet werden. Die Bestimmung, daß die juristische Person im Interesse der Verkehrssicherheit nach Maßgabe der §§ 31, 86 auch für die Delikte des gesetzlichen Vertreters haften soll, beruht wesentlich auf der Erwägung, daß die juristische Person ein künstlich geschaffenes Rechtssubjekt ist und von diesem Gesichtspunkte aus derselben nicht zu nahe getreten wird, wenn ihr auch auf dem nicht rechtsgeschäftlichen Gebiete die Handlungen ihres gesetzlichen Vertreters zugerechnet werden, sie insoweit mit dem letzteren identifizirt und vollständig wie eine physische Person behandelt wird. Diese Erwägung trifft aber bei der Vormundschaft nicht zu, da diese den Schutz physischer Personen bezweckt, die Gewährung dieses Schutzes aber in der Natur der Dinge liegt und deshalb bei der Gestaltung des Vormundschaftsrechtes in erster Linie das Interesse des Mündels maßgebend sein muß. Auch in anderen Beziehungen liegen die Verhältnisse bei den juristischen Personen und bei der Vormundschaft nicht gleich. Während der Vertretungsmacht des gesetzlichen Vertreters der juristischen Person durch die Verfassung in der Regel näher bestimmt und eingeschränkt werden kann (§ 26), ist die Vertretungsmacht des Vormundes auf dem hier vorzugsweise in Betracht kommenden Gebiete faktischer Handlungen eine unbeschränkte, mithin die dem Mündel drohende Gefahr bei entsprechender Anwendung des § 31 auf denselben eine größere als bei den juristischen Personen. Auch die für eine weitergehende Haftung der letzteren aus der Komplizirtheit ihrer Verhältnisse im Interesse der Verkehrssicherheit zu entnehmenden Gründe treffen bei den Mündeln nicht zu. Ein Bedürfniß, die Haftung der Mündel für die Handlungen der Vormünder in Abweichung von dem bisherigen Rechte nach Maßgabe des § 31 zu erweitern, ist zudem, soviel bekannt, im Verkehre nicht hervorgetreten. In vielen der hier in Betracht kommenden Fälle handelt es sich um die Erfüllung gesetzlicher Obligationen. Auf diese Fälle findet der § 278 Anwendung. In manchen Fällen haftet außerdem der Vormund, wenn er durch die Nichtbeachtung eines Verbots- oder Gebotsgesetzes in Ausübung seines vormundschaftlichen Amtes einem Dritten Schaden zugefügt, sei es auf Grund allgemeiner Bestimmungen (vgl. § 832), sei es im Sinne des speziellen Gesetzes, persönlich. Ob und in wie weit der Mündel nach allgemeinen Grundsätzen wegen eines bei Abschluß eines Rechtsgeschäftes begangenen Verschuldens des Vormundes, insbesondere wegen eines von demselben bei Abschluß eines Rechtsgeschäftes begangenen Betruges oder Zwanges für Schadensersatz haftet, hängt von der Beantwortung der von dem BGB. absichtlich unentschieden gelassenen Frage ab, ob die Haftung wegen s. g. culpa in contrahendo als eine rechtsgeschäftliche oder als eine Haftung aus einem Delikte aufzufassen ist.

Vermöge der besonderen Befugnisse, welche die gesetzliche Vertretungsmacht dem Vormunde verleiht, ist derselbe namentlich auch berechtigt, den Mündel aktiv und passiv bei der Führung von Civilprozessen (§§ 50 ff. der CPO.), sowie auch in einem Konkurs- oder sonstigen Zwangsvollstreckungsverfahren zu vertreten, es müßte denn sein, daß der Streit ein Rechtsverhältniß betrifft, bezüglich dessen dem Mündel ausnahmsweise volle Geschäftsfähigkeit beigelegt ist (vgl. §§ 112, 113 BGB.), oder daß in dem Vollstreckungsverfahren Maßregeln zu ergreifen sind, welche der Natur der Sache nach oder auf Grund besonderer gesetzlicher Bestimmung nur gegen die Person des Mündels selbst wirksam verfügt werden können; Namens des Mündels Strafanträge zu stellen (§ 61 des R.-Strafgesetzbuchs); in dem wider den Mündel anhängigen Strafverfahren als sein Beistand in der Hauptverhandlung aufzutreten (§ 149 Abs. 2 der

StPO. in der durch Art. 35 des EG. abgeänderten Form); die Privatklage für ihn zu erheben (§ 414 der StPO.); ihm, als Beschuldigten, einen Vertheidiger auszuwählen (§ 137 Abs. 2 a. a. O.); den Antrag auf Entmündigung des Mündels zu stellen (§§ 646 Abs. 1, 680 Abs. 3 der CPO.); den die Entmündigung ablehnenden Beschluß durch sofortige Beschwerde (§ 663 Abs. 1 a. a. O.), den die Entmündigung aussprechenden Beschluß durch Klage (§ 664 Abs. 2 a. a. O.) anzufechten, sowie auch die Wiederaufhebung der Entmündigung zu beantragen (§§ 675, 685 a. a. O.); seine Einwilligung in die Eheschließung des Mündels zu ertheilen (§ 1304 Abs. 1); den Mündel als Ehemann in den aus der Verwaltung und Nutznießung des eingebrachten Frauengutes bezw. der Verwaltung des Gesammtgutes sich ergebenden Rechten und Pflichten zu vertreten (§§ 1409, 1457, 1516 Abs. 2); angemessene Zuchtmittel gegen den Mündel in Anwendung zu bringen (§§ 1800, 1631 Abs. 2).

4. Willenserklärungen, die von einem Dritten dem Mündel gegenüber abzugeben sind (wie Annahme eines Antrages, Kündigung, Mahnung u. s. w.), gelangen regelmäßig erst dadurch zur Wirksamkeit, daß sie dem Vormund als gesetzlichen Vertreter zugehen. Nur wenn der Mündel nicht geschäftsunfähig (§ 104), sondern in der Geschäftsfähigkeit nur beschränkt (§§ 106, 114) ist und die Erklärung ihm zugleich lediglich einen rechtlichen Vortheil bringt, oder wenn der Vormund in diesem Falle seine Einwilligung ertheilt hat, ist es hinreichend, daß die Erklärung dem Mündel selbst zugeht.

5. Von der Regel, daß die Vertretungsmacht des Vormundes eine unbeschränkte ist, kennt das BGB. mehrfache Ausnahmen.

Abgesehen von den Vorschriften in §§ 1794, 1795, 181 und in § 1804 (vgl. oben Anm. 2) gehört hierher namentlich eine Reihe höchst persönlicher und zugleich wichtiger Angelegenheiten des Mündels, welche nur durch diesen selbst, sei es mit oder ohne Einwilligung bezw. Genehmigung des Vormundes, vorgenommen werden können.

Im Einzelnen kommen in dieser Beziehung in Betracht:

1. die Eheschließung des Mündels (§§ 1304 Abs. 1, 1317);
2. die Einwilligung des Mündels, als Vaters oder als Mutter, in die Eheschließung eines Mündelkindes (§ 1307);
3. die Anfechtung der Ehe, wenn der Mündel als anfechtungsberechtigter Ehegatte in der Geschäftsfähigkeit beschränkt (also nicht geschäftsunfähig) ist (§ 1336 Abs. 1), ausgenommen die Fälle des § 1331, in denen, so lange der anfechtungsberechtigte Ehegatte in der Geschäftsfähigkeit beschränkt ist, nur sein gesetzlicher Vertreter die Ehe anfechten kann (§ 1336 Abs. 2 Satz 2);
4. die Bestätigung der nach §§ 1332 bis 1335 anfechtbaren Ehe, wenn der Mündel als anfechtungsberechtigter Ehegatte in der Geschäftsfähigkeit nur beschränkt ist (§ 1337 Abs. 3);
5. die Kündigung eines Rechtsverhältnisses, bei welchem die Ehefrau des Mündels einem Dritten gegenüber sich zu einer von ihr in Person zu bewirkenden Leistung verpflichtet hat und seine Zustimmung zu einer solchen Verpflichtung (§ 1358 Abs. 1 und 3);
6. die Anfechtung der Ehelichkeit, die Anerkennung der Ehelichkeit und die Anfechtung der Anerkennung der Ehelichkeit eines Kindes Seitens des in der Ge-

schäftsfähigkeit beschränkten Mündels als Vaters (§§ 1595, 1598, 1599);
7. der Antrag des Mündels als Vaters auf Ehelichkeitserklärung seines unehelichen Kindes (§ 1728 Abs. 1);
8. die Einwilligung des unehelichen über 14 Jahre alten, nicht geschäftsunfähigen Mündels als Kindes in seine Ehelichkeitserklärung (§§ 1726 Abs. 1, 1728 Abs. 2);
9. die Einwilligung des Mündels als Mutter des Kindes oder als Frau des Vaters in die Ehelichkeitserklärung (§ 1729 Abs. 3);
10. die Anfechtung des Antrages auf Ehelichkeitserklärung oder der dazu erforderlichen Einwilligung und die Bestätigung der anfechtbaren Erklärung durch den Mündel im Falle des § 1731;
11. die Schließung eines Ehevertrages, durch den die allgemeine Gütergemeinschaft vereinbart oder aufgehoben wird (§ 1437 Abs. 1);
12. die Zustimmung des in fortgesetzter Gütergemeinschaft lebenden Mündels als Ehegatten zu den in den §§ 1511 bis 1515 bezeichneten Verfügungen des anderen Ehegatten (§ 1516 Abs. 2);
13. die Einwilligung des verheiratheten Mündels, wenn sein Ehegatte an Kindesstatt annehmen will oder angenommen werden soll, sowie die nach Maßgabe des § 1747 erforderliche Einwilligung des Mündels, wenn sein eheliches oder uneheliches Kind an Kindesstatt angenommen werden soll (§§ 1746 Abs. 1, 1748 Abs. 2);
14. die Schließung des Annahmevertrages sowohl Seitens des Mündels als Annehmers als Seitens des Mündels als Anzunehmenden, ausgenommen in dem letztern Fall, daß das Kind noch nicht 14 Jahre alt ist (§§ 1750, 1751);
15. die Anfechtung des Annahmevertrages oder der dazu erforderlichen Einwilligung und die Bestätigung der anfechtbaren Erklärung durch den Mündel im Falle des § 1755;
16. die Aufhebung des Annahmevertrages wie in dem Falle unter 14 (§ 1770);
17. die Errichtung eines Testamentes (§§ 2064, 2229);
18. die Schließung eines Erbvertrages durch den Mündel als Erblasser (§§ 2274, 2275);
19. der Widerruf der in einem gemeinschaftlichen Testamente von dem Mündel getroffenen korrespektiven letztwilligen Verfügung (§§ 2270, 2271);
20. die Anfechtung eines von dem Mündel als Erblasser geschlossenen Erbvertrages durch den Mündel (§ 2282);
21. die Bestätigung eines anfechtbaren, von dem Mündel als Erblasser geschlossenen Erbvertrages (§ 2284);
22. die Schließung eines Vertrages, durch welchen ein Erbvertrag des Mündels oder eine einzelne von dem Mündel als Erblasser darin getroffene vertragsmäßige Verfügung aufgehoben wird (§ 2290 Abs. 2 und 3, § 2291 Abs. 1 Satz 2);
23. der Rücktritt des Mündels von einer von ihm als Erblasser in einem Erbvertrage getroffenen Verfügung (§ 2296);
24. die Schließung eines von dem in der Geschäftsfähigkeit beschränkten Mündel als Erblasser geschlossenen Erbverzichtsvertrages (§ 2347 Abs. 2);
25. die Schließung eines Vertrages, durch den ein von dem in der Geschäftsfähigkeit beschränkten Mündel als Erblasser geschlossener Erbverzichtsvertrag aufgehoben wird (§ 2351);

26. die Schließung eines Vertrages Seitens des in der Geschäftsfähigkeit beschränkten Mündels mit einem Dritten, durch welchen dieser auf eine durch Testament oder Erbvertrag des Mündels ihm als Erben oder Vermächtnißnehmer gemachte Zuwendung verzichtet (§§ 2352, 2347 Abs. 2);

In einer Reihe anderer, vornehmlich dem Gebiete der Sorge für das Vermögen angehöriger Fälle erfährt die Vertretungsmacht des Vormundes nach außen hin eine Beschränkung dadurch, daß er an die Genehmigung des Gegenvormundes bezw. des vormundschaftlichen Gerichts oder auch beider Instanzen gebunden ist (vgl. §§ 1437 Abs. 2, 1484, 1492 Abs. 3, 1549, 1595 Abs. 2 Satz 1, 1714, 1728 Abs. 2, 1729 Abs. 1 und 2, 1731, 1750 Abs. 1 Satz 2, 1755, 1770, 1803 Abs. 2, 1809, 1810, 1812, 1814 bis 1816, 1819 bis 1824, 1902, 2275 Abs. 2, 2282 Abs. 2; Art. 41 II des EG.).

6. Selbstverständlich ist, daß sich das Recht und die Pflicht des Vormundes, für die Person und das Vermögen des Mündels zu sorgen, auch abgesehen von der Bestimmung in § 1794, nicht weiter erstreckt, als unbeschadet der Rechte Dritter diese Fürsorge eintreten kann. So erlangt an dem eingebrachten Gute der bevormundeten Frau der Ehemann durch die Schließung der Ehe das Recht der Verwaltung und Nutznießung, ausgenommen, wenn er die Ehe mit einer in der Geschäftsfähigkeit beschränkten Frau ohne Einwilligung des Vormundes eingeht (§§ 1363, 1364). Soll aber die Ehefrau durch Rechtsgeschäfte verpflichtet oder soll über ihr eingebrachtes Gut außerhalb der Fälle des § 1376 oder über ihr Vorbehaltsgut (§§ 1365 ff.) Verfügung getroffen werden, so tritt wiederum die gesetzliche Vertretung des Vormundes ein, und ebenso in allen solchen Fällen, wo der Mann bei Vornahme einer Maßregel an die Zustimmung der Ehefrau gebunden ist.

Steht der Ehemann unter Vormundschaft, so vertritt ihn der Vormund in den Rechten und Pflichten, die sich aus der Verwaltung und Nutznießung des eingebrachten Gutes oder bei allgemeiner Gütergemeinschaft der Eheleute aus der Verwaltung des Gesammtgutes ergeben, und zwar auch dann, wenn die Frau sein Vormund ist (§§ 1409, 1457). Für die Errungenschafts- und die Fahrnißgemeinschaft finden die Vorschriften in den §§ 1519, 1525 bezw. 1549, 1550 in Verbindung mit §§ 1409, 1457 Anwendung.

7. Ob sich der Vormund für einen ganzen Kreis von Angelegenheiten generell einen Bevollmächtigten bestellen kann, ist bestritten. Für die Beantwortung dieser Frage kommt zunächst in Betracht, daß das BGB. stillschweigend (entsprechend der früheren ausdrücklichen Bestimmung in § 115 des Entwurfes I) die rechtliche Zulässigkeit einer Stellvertretung überall anerkennt, sofern nicht das Gesetz oder die Natur des Rechtsgeschäftes entgegensteht.

Daß der Vormund nicht die Besorgung seines vormundschaftlichen Amtes im Ganzen — etwa wegen eigener zeitweiliger Verhinderung — auf einen Andern übertragen kann, bedarf keiner Ausführung. Auszuscheiden von einer Uebertragung durch Vollmacht sind ferner alle solche Angelegenheiten, für welche dem Vormund die Macht, den Mündel zu vertreten, nach dem Gesetze selber nicht zusteht. Hierher gehören, abgesehen von den schon in Anm. 5 gedachten, die in § 1795 aufgezählten Fälle. Es versteht sich von selbst, daß der Vormund zu Handlungen dieser Art, deren rechtswirksame Vornahme ihm selber gesetzlich unmöglich ist, auch keinen Dritten für sich ermächtigen kann. Was aber den großen Kreis aller übrigen Geschäfte betrifft, die er ebensowohl Namens des Mündels wie einfach als Kontrahent in eigenem Namen für den Mündel besorgen kann, so ist ihm von dem Gesetze (anders wie im Falle des § 1872 Abs. 2 Satz 1 den Mitgliedern des Familienraths) die Bevollmächtigung eines Dritten durch keine ausdrückliche Vorschrift untersagt. Indessen folgt hieraus nicht, daß einzelne Geschäfte ihrer Natur nach nicht zwingend die persönliche Erledigung des Vormundes verlangen. Es wird daher von Fall zu Fall zu entscheiden sein, ob die Art der von ihm zu entwickelnden Thätigkeit eine Stellvertretung zuläßt oder nicht. Wo es sich um bloße Angelegenheiten der Vermögensverwaltung handelt, die jeder verständige Dritte ebenso gut wie der Vormund selbst (der für alle Handlungen seines Vertreters gemäß § 1833 persönlich dem Mündel verantwortlich bleibt) zu besorgen vermag, wird die Bejahung dieser Frage nicht bedenklich sein. Ganz anders aber verhält es sich, wo Rechtshandlungen des Vormundes zu erledigen sind, bei denen eine Vertretung im Willen — denn nur eine solche kommt für die Bevollmächtigung in Betracht — nach der Eigenthümlichkeit des Verhältnisses zwischen Vormund und Mündel durch eine dritte Person ausgeschlossen erscheint. In dieser Hinsicht ist davon auszugehen, daß der Vormund zur Führung seines Amtes entweder vermöge eines besonderen Vertrauens der Mündeleltern oder wegen seiner nahen Familienstellung berufen (§ 1776) oder im Hinblick auf individuelle Eigenschaften (Verwandtschaft, Schwägerschaft, religiöses Bekenntniß und sonstige Beziehungen zum Mündel), die ihn zur Uebernahme vorzugsweise geeignet machen, ausgewählt (§ 1779) wird, und daß demzufolge vorausgesetzt werden muß, er werde diesen Rücksichten entsprechend überall da in Person handeln, wo die Erledigung einer Mündelangelegenheit gerade seine Einsicht, sein Ermessen, seine Willensentschließung als besonders maßgebende Faktoren der Natur der Sache nach erheischt. Dieser Gesichtspunkt aber wird namentlich hervortreten, wenn ideale Interessen des Mündels in Frage stehen, so z. B. die Erziehung, die Wahl eines Berufes, die Einwilligung in die Eheschließung, die Anfechtung der Ehe Namens des geschäftsunfähigen Mündels. In allen solchen Fällen wird dem Vormunde nicht die Befugniß zugestanden werden können, durch Bestellung eines Bevollmächtigten anstatt seines eigenen Willens einen fremden Willen in Thätigkeit zu setzen und von dessen Entschließung die Mündelangelegenheit abhängig zu machen. Daß er im Uebrigen auch hier eine dritte Person ermächtigen kann, eine bestimmte, seiner eigenen Entschließung entsprungene Willenserklärung Namens seiner abzugeben (wobei der Dritte nur als Bote erscheint), versteht sich von selbst.

Anlangend den Umfang der Vollmacht, so ist die Unterscheidung zwischen General- und Spezialvollmacht dem BGB. fremd, und in wie weit die von dem Vormunde ertheilte Vollmacht, wenn eine ganze Gattung geschäftlicher Angelegenheiten in Frage steht, gültiger Weise reicht, ist in jedem Einzelfalle Sache der Auslegung.

8. Daß der Vormund persönlich auch zur Abgabe der eidesstattlichen Versicherung zur Erlangung eines Erbscheins (§ 2356 Abs. 2) für den Mündel befugt ist, folgt aus seiner ganzen Rechtsstellung. Ist der Mündel bereits eidesfähig, so steht jedoch dem Nachlaßgericht frei, diese Versicherung von dem Mündel selbst zu erfordern (vgl. Joh. Bd. 11 S. 49).

9. Ob der Vormund die ihm obliegenden Geschäfte des Mündels in eigenem Namen und nur für den Mündel besorgen, oder ob er dabei ausdrücklich oder stillschweigend als dessen Vertreter handeln will, bleibt grundsätzlich seinem eigenen Ermessen überlassen. Sofern er in seinem eigenen Namen, wenn auch für Rechnung des Mündels, Handelsgeschäfte betreibt, so daß er aus diesen selbständig berechtigt und verpflichtet wird, gilt er persönlich als Kaufmann; ist jedoch der Mündel selbst derjenige, in dessen Namen das Handelsgewerbe betrieben wird, so kommt auch nur ihm diese Stellung zu (vgl. Entsch. des Preuß. Oberverwaltungsgerichts Bd. 27 S. 335).

10. Eine Wiedereinsetzung in den vorigen Stand wegen Minderjährigkeit des Mündels findet gegen die Rechtsgeschäfte des Vormundes nicht statt.

§ 1794.

Das Recht und die Pflicht des Vormundes, für die Person und das Vermögen des Mündels zu sorgen, erstreckt sich nicht auf Angelegenheiten des Mündels, für die ein Pfleger bestellt ist.

Entw. I § 1650; Entw. II § 1674; Reichst.-Vorl. § 1770; Mot. IV zu § 1650 S. 1087, 1088; Komm. Prot. S. 6347.

Der § 1794 verhält sich zu der Regel des § 1793 als Beschränkung und verfolgt, obwohl an sich selbstverständlich, den Zweck, über die Rechtsstellung des Vormundes in dem Verhältniß zu einem neben ihn für den Mündel bestellten Pfleger eine jeden Zweifel ausschließende Klarheit zu schaffen. Eine ausdrückliche Bestimmung in dieser Richtung enthielt auch schon der § 27 der Pr. VO. Bis zur wirklichen Bestellung des Pflegers, welche für Verhinderungs- und Kollisionsfälle (§§ 1795, 1909) von dem Gesetze vorgesehen ist, greift das Fürsorgerecht und die Fürsorgepflicht des Vormundes, soweit dies ohne unzulässige Ausdehnung seiner gesetzlichen Vertretungsmacht geschehen kann, in vollem Umfange Platz. In dieser Beziehung geht also das Recht des Vormundes weiter als dasjenige des elterlichen Gewalthabers im Falle des § 1638. Durch den § 1909 Abs. 2 ist, wie die Motive bemerken, Fürsorge getroffen, daß, wenn der Fall des § 1638 eintritt, das Vormundschaftsgericht unverzüglich Kenntniß davon erlangt, um die nach § 1909 Abs. 1 nothwendig werdende Pflegschaft in Ansehung des nach § 1638 zugewendeten Vermögens sofort einleiten zu können.

§ 1795.

Der Vormund kann den Mündel nicht vertreten:

1. bei einem Rechtsgeschäfte zwischen seinem Ehegatten oder einem seiner Verwandten in gerader Linie einerseits und dem Mündel andererseits, es sei denn, daß das Rechtsgeschäft ausschließlich in der Erfüllung einer Verbindlichkeit besteht;
2. bei einem Rechtsgeschäfte, das die Uebertragung oder Belastung einer durch Pfandrecht, Hypothek oder Bürgschaft gesicherten Forderung des Mündels gegen den Vormund oder die Aufhebung oder Minderung dieser Sicherheit zum Gegenstande hat oder die Verpflichtung des Mündels zu einer solchen Uebertragung, Belastung, Aufhebung oder Minderung begründet;
3. bei einem Rechtsstreite zwischen den in Nr. 1 bezeichneten Per-

sonen sowie bei einem Rechtsstreit über eine Angelegenheit der in Nr. 2 bezeichneten Art.

Die Vorschrift des § 181 bleibt unberührt.

Entw. I § 1651 Nr. 1 bis 3; Entw. II § 1675; Reichst.-Vorl. § 1771; Mot. IV zu § 1651 S. 1088 bis 1093; Komm. Prot. S. 6347, 6348.

Abs. 1.

1. — kann den Mündel nicht vertreten — Für die Vertretung des Mündels durch den Vormund gilt zunächst der allgemeine Grundsatz des § 181, wonach ein Vertreter, sofern nicht ein Anderes ihm gestattet ist, im Namen des Vertretenen mit sich im eigenen Namen oder als Vertreter eines Dritten ein Rechtsgeschäft „nicht vornehmen kann", es sei denn, daß es ausschließlich in der Erfüllung einer Verbindlichkeit besteht. Aus der Fassung „nicht vornehmen kann" folgt, daß im Zuwiderhandlungsfalle das Rechtsgeschäft nichtig ist. Im Gegensatze hierzu ergibt die Fassung im Eingange des § 1795 „kann den Mündel nicht vertreten", daß, wie auch die Motive hervorheben, die von dem Vormunde in den Fällen des § 1795 abgegebenen Willenserklärungen nicht ohne Weiteres nichtig, sondern lediglich als solche anzusehen sind, welche von einem nicht mit Vertretungsmacht ausgestatteten Vertreter ausgegangen sind (§§ 177 bis 180). Die praktische Bedeutung dieses Unterschiedes zeigt sich namentlich in dem in § 180 Satz 2 und 3 behandelten Falle. Die nach § 177 erforderliche Genehmigung hat eventuell der inzwischen etwa großjährig gewordene Mündel oder für den minderjährigen Mündel der diesem zu bestellende Pfleger zu erklären.

Zu Nr. 1.

2. — zwischen seinem Ehegatten oder einem seiner Verwandten in gerader Linie einerseits und dem Mündel andererseits — Eine weitere Einschränkung der Vertretungsmacht des Vormundes bei einem Rechtsgeschäfte zwischen dem Mündel und einer anderen, mit dem Vormunde verwandten Person, insbesondere mit einem bloßen Seitenverwandten oder einem Verschwägerten des Vormundes (also z. B. auch mit den Geschwistern, Stiefeltern, Stiefkindern des letzteren), schreibt das Gesetz nicht vor. Würde hierbei auch das eigene Interesse des Vormundes mit demjenigen seines Mündels in einen erheblichen Widerstreit treten, so würde einerseits der Vormund selbst sich als verhindert bezeichnen und, unter Berufung auf § 1909, die Bestellung eines Pflegers beantragen, andererseits aber auch das Vormundschaftsgericht von Amtswegen gemäß § 1796 ihm die Vertretung für diesen besonderen Fall entziehen und einen Pfleger an seiner Statt bestellen können. Auch eine Interessenkollision, welche zwischen mehreren Mündeln desselben Vormundes entsteht, hat das Gesetz, abweichend von früheren Partikularrechten (vgl. § 1920 des Sächs. GB. und § 86 Abs. 2 der Pr. VO.) nicht besonders berücksichtigt. Handelt es sich jedoch um die Führung eines Prozesses zwischen dem Mündel und einer anderen von dem Vormund vertretenen Person, also auch zwischen mehreren Mündeln desselben Vormundes, so folgt aus der besonderen Natur des Prozeßverfahrens (dem Begriffe des Rechtsstreits und dem Erforderniß des von der richterlichen Entscheidung beiden Theilen zu gewährenden Gehörs), daß nicht nur die Parteien, sondern auch die für die Parteien handelnden Vertreter verschiedene Personen sein müssen, gleichviel, ob es sich um Prozeßbevollmächtigte oder sonstige gesetzliche oder freiwillig bestellte Vertreter handelt. Es kann niemals eine und dieselbe Person als Vertreterin beider Parteien und ebenso wenig eine Person zugleich als Partei und als Vertreterin der Gegenpartei im Rechtsstreit auftreten. Auch für diejenigen außergerichtlichen Handlungen, welche, wie z. B. die Zustellung der Klage, als nothwendige Vorbereitung der gerichtlichen Verhandlung einen Bestandtheil des Prozesses bilden, gilt der nämliche Grundsatz (vgl. Entsch. des RG. in Civils. Bd. 7 S. 404).

3. — es sei denn, daß das Geschäft ausschließlich in der Erfüllung einer Verbindlichkeit besteht. Diese Ausnahmevorschrift ist bestimmt, um den praktischen Bedürfnissen des Verkehrs gerecht zu werden. Es versteht sich von selbst, daß hierdurch das allgemeine Erforderniß der Genehmigung des Gegenvormundes bezw. des vormundschaftlichen Gerichts, wo das Gesetz eine solche vorschreibt, nicht in Wegfall kommt.

Der Vormund kann also ebensowohl als Gläubiger des Mündels zum Zwecke der Tilgung einer Verbindlichkeit Zahlungen, die er selbst aus dem Mündelvermögen leistet, in Empfang nehmen, wie als Schuldner des Mündels Zahlungen, zu denen er die Mittel aus seinem eigenen Vermögen entnimmt, an sich als Vormund leisten. Die Zulässigkeit dieses Verfahrens, welche schon das gemeine Recht anerkennt (l. 9 § 5 D. de administr. 26, 7, Entsch. des RG. in Civils. Bd. 6 S. 14 und in Strafs. Bd. 9 S. 250), erleichtert insbesondere auch während des Bestehens der Vormundschaft die Abwickelung derjenigen Schuldverhältnisse, welche als Folge der Vormundschaftsführung selbst zwischen dem Vormunde und dem Mündel entstehen (§§ 1833 bis 1836). Erforderlich ist, daß das Rechtsgeschäft, zu dessen Besorgung der Vormund nach Maßgabe dieser Ausnahmevorschrift als Vertreter befugt ist, ausschließlich als ein Erfüllungsgeschäft sich darstellt. Wenn also der Vormund an seine Ehefrau zur Tilgung einer Dahrlehnsschuld des Mündels eine Forderung des Mündels abtreten will, so kann er diese Abtretung, da das Geschäft insoweit nicht mehr reines Erfüllungsgeschäft ist, als Vertreter des Mündels nicht selbst, sondern nur durch Vermittlung eines Pflegers vornehmen, der von dem Vormundschaftsgericht auf Antrag des Vormundes zu diesem Behufe gemäß § 1909 zu bestellen ist.

Zu Nr. 2.

4. Die praktische Bedeutung der unter Nr. 2 gegebenen Vorschrift tritt unter anderen für solche Fälle hervor, in welchen der Vormund auf Grund einer zwischen ihm und dem Mündel, z. B. in Folge der Wiederverheirathung (vgl. §§ 1669, 1845), erfolgten Vermögensauseinandersetzung Schuldner des Mündels geworden ist und wegen dieser Schuld dem Mündel Sicherheit bestellt hat. Das Vormundschaftsgericht und bzw. der Gegenvormund soll bei dergleichen Anlässen in den Stand kommen, die Angemessenheit des Rechtsgeschäftes auf Grund der Ermittlungen des für den Vormund eintretenden Pflegers besser, als es der Regel nach sonst geschehen könnte, zu prüfen.

5. Die Vorschrift des § 40 Abs. 2 der Pr. VO., wonach der Vormund eine auf seinem Grundstück haftende Hypothek oder Grundschuld für den Mündel nicht erwerben durfte, hat das BGB. nicht aufgenommen. Sofern in diesem oder einem ähnlichen Falle die Besorgniß begründet ist, daß durch den Widerstreit der Interessen der Mündel zu Schaden kommt, bleibt auch hier der Ausweg, daß, wenn nicht der Vormund selbst gemäß § 1909 die Bestellung eines Pflegers nachsucht, Seitens des Vormundschaftsgerichtes von Amtswegen unter Anwendung des § 1796 die Regelung durch Zuziehung eines Pflegers erfolgt. Allerdings setzt diese

Maßregel überall voraus, daß das Gericht von dem vorzunehmenden Geschäfte rechtzeitig Kenntniß erhält.

6. Rechte und Forderungen Dritter gegen den Mündel für sich zu erwerben, ist der Vormund rechtlich nicht gehindert. Gegenüber einem ungetreuen Vormund, der hierbei vorsätzlich zum Nachtheil des Mündels handelt, gewährt strafrechtlich der § 266 Nr. 1 des StGB. und civilrechtlich der § 1833, außerdem aber die gemäß §§ 1840 ff. von dem Vormundschaftsgericht periodisch zu übende Verwaltungskontrole der Regel nach ausreichenden Schutz. Hierbei kommt in Betracht, daß unter Umständen der Erwerb von Ansprüchen Dritter gegen den Mündel durch den Vormund sogar im Interesse des Mündels liegen kann, z. B. wenn der Mündel von einem Gläubiger gedrängt wird und der Vormund die Forderung an sich bringt, um die sonst vielleicht nicht vermeidliche nachtheilige Subhastation eines Mündelgrundstücks zu verhüten.

Zu Nr. 3.

7. — bei einem Rechtsstreite — Ueber die Stellung des Vormundes in Rechtsstreitigkeiten dieser Art sind die Ausführungen in Anm. 2 zu vergleichen.

Abs. 2.

8. Zufolge der nach Abs. 2 unberührt bleibenden Vorschrift des § 181 ist ein Geschäft, das der Vormund Namens des Mündels mit sich, sei es im eigenen Namen, sei es als Vertreter eines Dritten mit sich vornimmt, regelmäßig rechtsunwirksam, es sei denn, daß das Rechtsgeschäft ausschließlich in der Erfüllung einer Verbindlichkeit besteht. Das Nähere hierzu ist bereits unter Anm. 1 ausgeführt worden.

9. Die Vorschrift in Abs. 1 und Abs. 2 des § 1 findet nach § 1630 Abs. 2 und § 1680 auch auf den Inhaber der elterlichen Gewalt entsprechende Anwendung.

§ 1796.

Das Vormundschaftsgericht kann dem Vormunde die Vertretung für einzelne Angelegenheiten oder für einen bestimmten Kreis von Angelegenheiten entziehen.

Die Entziehung soll nur erfolgen, wenn das Interesse des Mündels zu dem Interesse des Vormundes oder eines von diesem vertretenen Dritten oder einer der im § 1795 Nr. 1 bezeichneten Personen in erheblichem Gegensatze steht.

Entw. I § 1651 Nr. 4; Entw. II § 1676; Reichst.-Vorl. § 1772; Mot. IV zu § 1651 S. 1092; Komm. Prot. S. 6348.

Abs. 1.

1. Während die §§ 1886 bis 1888 die Voraussetzungen für die gänzliche Entlassung des Vormundes, also diejenigen Bedingungen regeln, unter denen das Vormundschaftsgericht befugt ist, die Vertretungsmacht des Vormundes von Grund aus und in allen Beziehungen aufzuheben, wird in § 1796 derjenige Fall behandelt, wo nur eine Entziehung der vormundschaftlichen Vertretungsmacht für einzelne Angelegenheiten oder für einen bestimmten Kreis von Angelegenheiten, eine Art von partieller Ausschaltung vormundschaftlicher Funktionen, im Interesse des Mündels in Frage kommt. Als Grund dieser Bestimmung, welche sich denjenigen Gesetzgebungen nähert, die für den Fall kollidirender Interessen des Vormundes und

des Mündels die Bestellung eines Pflegers vorschreiben, tritt nach den Motiven insbesondere die Rücksicht auf eilige Fälle und auf solche Fälle hervor, in denen der Vormund an der Vornahme von Rechtshandlungen für den Mündel in gewissen Angelegenheiten des letzteren für die Zukunft verhindert werden soll, ohne daß es der Anordnung einer Pflegschaft zur Zeit bedarf.

2. Das Vormundschaftsgericht kann .... entziehen — Ob und in welchem Umfange die Entziehung geschehen soll, hängt lediglich von dem pflichtmäßigen Ermessen des Vormundschaftsgerichts ab. In gleicher Weise ist von demselben zu beurtheilen, ob und in wie weit in derartigen Fällen dem Mündel zu seiner besonderen Vertretung ein Pfleger zu bestellen ist. Eine solche Vertretung erübrigt sich niemals dadurch, daß ein Gegenvormund vorhanden ist, weil dieser weder den Mündel selbst noch den Vormund vertritt.

3. — die Vertretung für einzelne Angelegenheiten oder für einen bestimmten Kreis von Angelegenheiten — Die Beschränkung kann demnach stattfinden für die Vertretung in Angelegenheiten, welche lediglich die Person oder lediglich das Vermögen des Mündels oder auch beide Verhältnisse zugleich betreffen. Das Vormundschaftsgericht kann hiernach z. B. bestimmen, der Vormund habe sich jeder Vertretung des Mündels in Bezug auf die Abschließung eines bestimmten Kaufgeschäfts, oder auch allgemein in Bezug auf die Verpachtung von Grundstücken, die Veräußerung von Mobilien, die Eingehung eines Lehrvertrages, zu enthalten. Sofern diese gerichtliche Maßregel ihrem Umfange nach auf eine längere Zukunft hinaus wirkt, empfiehlt es sich, sie aus dem Inhalte der dem Vormund ertheilten Bestallung ersichtlich zu machen und zu diesem Behufe die Bestallungsurkunde einzufordern. Zu beachten ist, daß es sich hierbei überall nur um eine Entziehung der Vertretung des Vormundes handelt, so daß derselbe im Uebrigen und soweit eine Vertretung nicht in Frage steht, auch bezüglich der für seine Vertretungsmacht ausgeschiedenen Angelegenheiten das Recht und die Pflicht zur vormundschaftlichen Fürsorge behält.

Abs. 2.

4. Die Entziehung sol nur erfolgen — Die Fassung deutet auf eine nur instruktionelle Bedeutung der Vorschrift hin. Erfolgt die Maßregel ohne die in Abs. 2 bestimmte Voraussetzung, so ist sie dennoch für alle Betheiligte wirksam, so lange sie nicht von dem Vormundschaftsgericht oder einer Beschwerdeinstanz aufgehoben oder sofern nicht die Aussetzung ihrer Vollziehung beschlossen wird (§ 24 des G. fr. G.).

5. — in erheblichem Gegensatze — Auch in dieser Beziehung entscheidet das vormundschaftsgerichtliche Ermessen, und zwar nöthigenfalls nach summarischer Sachuntersuchung unter Anhörung der Betheiligten, nachdem für den Mündel ein Pfleger bestellt ist. Eine ähnliche Bestimmung enthält der § 1874 Abs. 3 für die Mitglieder des Familienraths. Ein Gegensatz der Interessen liegt, abgesehen von dessen Erheblichkeit, nicht schon alsdann vor, wenn das Interesse jeder Partei ein verschiedenes und gesondertes ist (Entsch. des RG. in Civils. Bd. 21 S. 325). Es muß hinzukommen, daß das konkurrirende Interesse dem anderen Interesse entgegensteht, so daß die Beförderung des einen nur auf Kosten des andern geschehen kann.

§ 1797.

Mehrere Vormünder führen die Vormundschaft gemeinschaftlich. Bei einer Meinungsverschiedenheit entscheidet das Vormundschaftsgericht, sofern nicht bei der Bestellung ein Anderes bestimmt wird.

Das Vormundschaftsgericht kann die Führung der Vormundschaft unter mehrere Vormünder nach bestimmten Wirkungskreisen vertheilen. Innerhalb des ihm überwiesenen Wirkungskreises führt jeder Vormund die Vormundschaft selbständig.

Bestimmungen, die der Vater oder die Mutter für die Entscheidung von Meinungsverschiedenheiten zwischen den von ihnen benannten Vormündern und für die Vertheilung der Geschäfte unter diese nach Maßgabe des § 1777 getroffen hat, sind von dem Vormundschaftsgerichte zu befolgen, sofern nicht ihre Befolgung das Interesse des Mündels gefährden würde.

Entw. I § 1652; Entw. II § 1677; Reichst.-Vorl. § 1773; Mot. IV Allgem. Begründung S. 1031, zu § 1652 S. 1093 bis 1095; Komm. Prot. S. 6349.

Abs. 1.

1. Mehrere Vormünder führen die Vormundschaft gemeinschaftlich. Die Bestellung mehrerer Vormünder bildet gegenüber der Vorschrift des § 1775 die Ausnahme. Zu beachten sind dabei von dem Vormundschaftsgericht § 1778 Abs. 4 und § 1786 Nr. 7. Im Uebrigen lehnt sich der Satz 1 des § 1797 an das bisherige Preußische und Sächsische Recht an (§ 30 der Pr. VO.; § 1097 des Sächs. GB.). Für die gemeinschaftliche Verwaltung spricht also die gesetzliche Vermuthung. Da die „Führung der Vormundschaft" die Sorge für die Person und das Vermögen des Mündels, insbesondere auch dessen Vertretung, umfaßt (§ 1793), so können die „mehreren" Vormünder in allen diesen Beziehungen nur in ihrer Gesammtheit handeln. Sie bilden unter sich insofern ein Kollegium. Der Bestellung eines Gegenvormundes bedarf es in diesem Falle nicht (§ 1792 Abs. 2). Auch nach außen hin erfordert der Grundsatz der ungetrennten Verwaltung für die Gültigkeit der Rechtsakte eine gemeinsame Vertretung des Mündels. Wird der betreffende Rechtsakt nur von einem oder einzelnen Vormündern vorgenommen, so kommen für die Frage, ob er durch nachträgliche Genehmigung der fehlenden Vormünder wirksam werden kann, die §§ 177 ff. und § 184 in Betracht. Das Beschwerderecht für den Mündel kann jedoch auch bei gemeinschaftlich geführter Verwaltung jeder einzelne Vormund selbständig ausüben. In Prozessen des Mündels genügt ferner nach § 171 Abs. 3 der CPO. die Zustellung an einen derselben.

Fällt ein Mitvormund weg, so haben die übrig bleibenden Vormünder bis zur etwaigen Bestellung eines neuen Mitvormundes die Vormundschaft allein fortzuführen (vgl. § 65 Abs. 2 der Pr. VO.)

Ueber die Haftung der Mitvormünder für den aus einer Pflichtverletzung dem Mündel entstehenden Schaden sind § 1833 Abs. 2 und die dazu ergangenen Anmerkungen zu vergleichen.

2. Bei einer Meinungsverschiedenheit entscheidet das Vormundschaftsgericht — Der erste Halbsatz des § 30 Abs. 2 der Pr. VO. ist also nicht aufgenommen, und der zweite Halbsatz dahin erweitert, daß in allen Fällen, wo eine Meinungsverschiedenheit unter den Mitvormündern auftritt, nicht zunächst die Mehrheit der Vormünder, sondern regelmäßig sogleich das Vormundschaftsgericht entscheidet. Dasselbe ist jedoch nur befugt, dem einen oder andern Theile der in ihrer Meinung auseinandergehenden Vormünder beizutreten, nicht aber eine neue, für die Vormünder maßgebende Ansicht aufzustellen und deren Befolgung durch Ordnungsstrafen zu erzwingen, ausgenommen, wenn in einem konkreten Falle ein solches Eingreifen sich als Folge des Aufsichtsrechts (§ 1837) rechtfertigt. Eine Meinungsverschiedenheit der Vormünder liegt im Sinne des Gesetzes schon vor, wenn auch nur einer der mehreren Vormünder abweicht.

3. — sofern nicht bei der Bestellung ein Anderes bestimmt wird. Diese Schlußworte des Abs. 1 sollen dem Vormundschaftsgerichte die Möglichkeit gewähren, über die Ausgleichung von Meinungsverschiedenheiten im Voraus eine andere Bestimmung zu treffen, so weit dies für die vorliegende Vormundschaft zweckmäßig erscheint. Das Gesetz schreibt vor, daß dieses bei der Bestellung der Vormünder zu geschehen hat; das Gericht erscheint also später zu einer Aenderung des gesetzlichen Modus nicht mehr befugt. Im Uebrigen gestattet ihm das Gesetz, zu bestimmen; es ist also nicht darauf angewiesen, über die einzuführende Bestimmung zunächst eine Einigung unter den Vormündern herbeizuführen. Erscheint den Vormündern die Bestimmung nicht annehmbar, so hat jeder von ihnen das unter Anm. 1 erwähnte Beschwerderecht.

Abs. 2.

4. — das Vormundschaftsgericht kann . . . nach bestimmten Wirkungskreisen vertheilen. Die Vertheilung ist hiernach für das Vormundschaftsgericht stets zulässig, aber, abgesehen von der Maßgabe in Abs. 3, niemals nothwendig. Sie wird meistens nur angeordnet werden, wo das Mündelvermögen ungewöhnlich groß oder seine Verwaltung ungewöhnlich verwickelt ist. Die Vertheilung kann nur von dem Vormundschaftsgerichte selbst und nicht von den Vormündern ausgehen, wiewohl diese auch ihrerseits mit hierauf gerichteten Anträgen und Vorschlägen hervortreten können. Sie muß, wenn sie erfolgt, nach bestimmten Wirkungskreisen geschehen. Ueber die Modalitäten im Einzelnen bestimmt ebenfalls das Vormundschaftsgericht, und es ist hierbei nicht nothwendig, jedoch auch nicht unzulässig, daß einer der Mitvormünder die Stellung als Hauptvormund erhält. Soweit eine Angelegenheit nach der festgestellten Vertheilung nicht ausschließlich in den Wirkungskreis eines oder mehrerer einzelner Vormünder fällt, tritt für die Verwaltung wiederum der Grundsatz der Gemeinsamkeit gemäß Abs. 1 Satz 1 ein. Es kann beispielsweise getheilt werden zwischen den die Person und den das Vermögen des Mündels betreffenden Angelegenheiten, so daß die einen Vormünder nur mit dem einen, die andern Vormünder nur mit dem andern dieser beiden Gebiete zu thun haben; es können aber auch bestimmte Kategorien von Angelegenheiten, welche als Theile sowohl dem einen als auch dem anderen Kreise angehören, zu diesem Behufe ausgesondert werden.

Wird eine Theilung angeordnet, so ist dieser Umstand und die Art der Theilung gemäß § 1791 Abs. 2 aus der Bestallung der einzelnen Vormünder ersichtlich zu machen.

5. Innerhalb des ihm überwiesenen Wirkungskreises führt jeder Vormund die Vormundschaft selbständig. Jeder Mitvormund handelt innerhalb seines Wirkungskreises gleich einem Alleinvormund, er bedarf aber auch insoweit selbstverständlich überall der Betheiligung und bezw. Genehmigung des Gegenvormundes, wo das Gesetz eine solche vorschreibt.

Soweit die Handlungen eines Mitvormundes über den ihm zugetheilten Wirkungskreis hinaus in das Gebiet eines andern Mitvormundes hinübergreifen, hört seine Selbständigkeit auf. Eine Folge hiervon ist die Bestimmung des § 1798.

Abs. 3.

6. Bestimmungen, die der Vater oder die Mutter ... nach Maßgabe des § 1777 getroffen hat — Von diesen Bestimmungen gilt also sowohl formell als materiell Alles, was § 1777 über die Benennung des Vormundes durch die Mündeleltern anordnet (vgl. Anm. 2 bis 7 daselbst).

7. — sind von dem Vormundschaftsgericht zu befolgen, sofern nicht ihre Befolgung das Interesse des Mündels gefährden würde. Auch hier, wie in dem Falle des § 1778 Abs. 1, ist dem Interesse des Mündels die ausschlaggebende Bedeutung beigelegt. Verstößt die Befolgung der elterlichen Bestimmung hiergegen nicht, was das Vormundschaftsgericht pflichtmäßig zu beurtheilen hat, so muß dieses nach Maßgabe derselben verfahren. Die hier dem Vater und der Mutter beigelegte Befugniß bildet einen Theil des nach § 1776 ihnen zukommenden Berufungsrechts, das inhaltlich nur näher dadurch erläutert wird. Dem Bestellungsprinzipe entspricht es aber, daß die elterliche Anordnung niemals kraft des Gesetzes die Theilung herbeiführt, sondern nur eine Nöthigung für das Vormundschaftsgericht enthält, die Vormünder zu getheilter Verwaltung zu bestellen.

Wenn das Mündelinteresse gefährdet erscheint, so kann das Vormundschaftsgericht sowohl von den die Entscheidung von Meinungsverschiedenheiten der Vormünder als von den die Geschäftsvertheilung regelnden elterlichen Bestimmungen abweichen. Eine erhebliche Gefährdung, welche der § 1652 Abs. 4 des Entwurfes I erforderte, verlangt das Gesetz nicht.

§ 1798.

Steht die Sorge für die Person und die Sorge für das Vermögen des Mündels verschiedenen Vormündern zu, so entscheidet bei einer Meinungsverschiedenheit über die Vornahme einer sowohl die Person als das Vermögen des Mündels betreffenden Handlung das Vormundschaftsgericht.

Entw. I § 1653; Entw. II § 1678; Reichst.-Vorl. § 1774; Mot. IV zu § 1653 S. 1095; Komm. Prot. S. 6349.

---

1. Die in § 1798 enthaltene Vorschrift ist neu und befindet sich in keinem bisherigen Partikularrecht. Die Motive bemerken, daß sie im Hinblick auf das Prinzip der Selbständigkeit des Vormundes als selbstverständlich nicht erachtet werden könne, und daß sie insbesondere auch nicht etwa wegen des dem Vormundschaftsgerichte nach § 1837 zustehenden Aufsichtsrechtes entbehrlich sei, da das letztere für solche Fälle nicht ausreiche, in welchen das Verhalten des einen oder des andern Vormundes sich nicht als eine Pflichtwidrigkeit darstellt, sondern die Meinungen derselben wegen Zweckmäßigkeitsfragen auseinandergehen. Wie in dem Falle des § 1797 Abs. 1 sei aber auch in dem hier in Rede stehenden Falle das Vormundschaftsgericht nur befugt, der einen oder andern Meinung beizutreten.

2. Die Bestimmung betrifft den Fall, daß die Vormundschaft unter mehreren Mitvormündern getheilt ist (§ 1797 Abs. 2 Satz 1), und daß dem einen Vormunde hierbei als Wirkungskreis die Sorge für die Person, dem andern die

Sorge für das Vermögen überwiesen ist. Soweit jeder Vormund hierbei ausschließlich innerhalb seines Gebietes thätig wird, führt er die Vormundschaft selbständig (§ 1797 Abs. 2 Satz 2). Der § 1798 faßt nun die Möglichkeit ins Auge, daß die von dem Vormund zu übende Sorge ein Handeln erfordert, welches weder ausschließlich auf die Person, noch ausschließlich auf das Vermögen des Mündels, sondern auf die Person und das Vermögen zugleich sich erstreckt. Es würde mithin eine Grenzüberschreitung in Frage kommen, wenn der Vormund nach der Geschäftsvertheilung nur für das eine oder andere diese beiden Gebiete mit der Vormundschaftsführung betraut ist. Will z. B. der eine Vormund, welchem die Erziehungsangelegenheiten des Mündels unterstellt sind, daß der Mündel eine bestimmte Schule oder Universität besucht oder zu seiner Ausbildung gewisse größere Reisen unternimmt, und der andere Vormund, welchem die Geldverwaltung obliegt, verweigert wegen der Kostspieligkeit der Maßregel die Hergabe der Mittel, so liegt ein Konfliktsfall vor, den zu beseitigen, der Zweck der hier aufgestellten Norm ist. Es wird durch dieselbe verhindert, daß eine im Interesse des Mündels vielleicht wünschenswerthe Maßregel, deren Verwirklichung eine Uebereinstimmung der betheiligten Vormünder voraussetzt, nicht an einem unbegründeten Widerspruch scheitert. Auch nur über die Modalitäten der Ausführung können die Vormünder uneins sein, und auch in diesem Falle entscheidet das Vormundschaftsgericht darüber, welcher Modalität der Vorzug zu geben ist. Eine von keinem der Vormünder gewollte Maßregel oder eine andere Art ihrer Ausführung zu erzwingen, ist das Vormundschaftsgericht, unbeschadet seiner Aufsichtsrechte aus § 1837, nicht befugt.

3. Von den dissentirenden Vormündern steht einem jeden auch für sich allein Namens des Mündels das Beschwerderecht zu (§ 58 Abs. 2 des G. fr. G.).

§ 1799.

Der Gegenvormund hat darauf zu achten, daß der Vormund die Vormundschaft pflichtmäßig führt. Er hat dem Vormundschaftsgerichte Pflichtwidrigkeiten des Vormundes sowie jeden Fall unverzüglich anzuzeigen, in welchem das Vormundschaftsgericht zum Einschreiten berufen ist, insbesondere den Tod des Vormundes oder den Eintritt eines anderen Umstandes, in Folge dessen das Amt des Vormundes endigt oder die Entlassung des Vormundes erforderlich wird.

Der Vormund hat dem Gegenvormund auf Verlangen über die Führung der Vormundschaft Auskunft zu ertheilen und die Einsicht der sich auf die Vormundschaft beziehenden Papiere zu gestatten.

Entw. I § 1654 Abs. 1; Entw. II § 1679; Reichst.-Vorl. § 1765; Mot. IV Allgem. Begründung S. 1034, zu § 1654 S. 1095; Komm. Prot. S. 6349, 6350, 6353, 6354.

Abs. 1.

1. Der § 1799 Abs. 1, in Verbindung mit §§ 1802 Abs. 1 Satz 2, 1891 Abs. 1 u. Abs. 2, regelt die allgemeinen Pflichten des Gegenvormundes. Einer Mitwirkung des Gegenvormundes bei der Führung der Vormundschaft aus besonderen Anlässen gedenken außerdem die §§ 1802 Abs. 2, 1809, 1810, 1812 Abs. 1, 1813, 1824, 1826, 1839, 1842 Satz 2, 1847 Abs. 1 Satz 1, 1854 Abs. 3 Satz 2, 1859 Abs. 1, 1891 Abs. 1 Satz 2 und Abs. 2, 1892, 1893 bis 1895. Abweichend von § 31 Abs. 1 Satz 1 der Pr. VO. fehlt in § 1799 Abs. 1 die Bestimmung, daß der Gegenvormund auch die Amtsführung des an Stelle des verhinderten Vormundes eintretenden Pflegers mit zu beaufsichtigen hat. Da der Gegenvormund nach § 1792 nur neben dem Vormund, d. i. zur Mitwirkung bei der Vormundschaft, bestellt wird, so bedarf es, wenn er in einem solchen Falle auch bei der Pflegschaft mitwirken soll, einer selbständigen neuen Bestallung.

2. — darauf zu achten, daß der Vormund die Vormundschaft pflichtmäßig führt. Die Bestellung des Gegenvormundes geschieht zur Beaufsichtigung der gesammten, die Person und das Vermögen des Mündels betreffenden Vormundschaftsführung. Das BGB. geht insofern weiter als Abs. 1 in § 31 der Pr. VO. Aus der dem Gegenvormund hiernach obliegenden Aufsichtspflicht folgt jedoch nicht, daß seine Stellung eine dem Vormunde übergeordnete ist. Vormund und Gegenvormund sind grundsätzlich einander koordinirt. Der letztere ist wesentlich nur Kontrolorgan des vormundschaftlichen Gerichtes. Er kann daher weder den Mündel an Stelle des verhinderten Vormundes vertreten, noch hat er das Recht zu einer selbständigen Einmischung in die Vormundschaftsführung. Es ist daher auch hier nicht, wie bei der Vormundschaftsführung durch mehrere Mitvormünder, der Fall vorgesehen, daß Vormund und Gegenvormund in Meinungsverschiedenheiten gerathen und in Folge dessen die Entscheidung des Gerichts angerufen werden muß. In einem Konfliktsfalle steht daher Jedem von ihnen nur das Beschwerderecht zu.

Der Gegenvormund hat nur darauf zu achten, daß der Vormund sein Amt pflichtmäßig führt. Zu einer pflichtmäßigen Führung gehört ebensowohl, daß die vormundschaftliche Verwaltung redlich, als daß sie bestmöglichst im Mündelinteresse geschieht.

3. — Pflichtwidrigkeiten des Vormundes sowie jeden Fall unverzüglich anzuzeigen, in welchem das Vormundschaftsgericht zum Einschreiten berufen ist — Die Pflichtwidrigkeiten des Vormundes können Handlungen oder Unterlassungen, sie können vorsätzlicher oder fahrlässiger Art sein. Ob auch Maßregeln, welche objektiv betrachtet, nur zweckwidrig sind, dahin gehören, wird in jedem Einzelfalle davon abhängen, ob und in welchem Maße sie nach dem verständigen Ermessen des Vormundschaftsgerichtes dem Mündel nachtheilig sind.

Die Ausübung der dem Gegenvormund auferlegten Anzeigepflicht setzt im Uebrigen voraus, daß sich derselbe über die Amtsführung des Vormundes fortdauernd auf dem Laufenden erhält und auf diese Weise in die Lage bringt, etwaige Pflichtwidrigkeiten des Vormundes und Vorgänge, welche ein Einschreiten das Vormundschaftsgericht angezeigt erscheinen lassen, rechtzeitig zu erfahren. Für die schuldbare Versäumung dieser Pflicht ist er dem Mündel nach § 1833 Abs. 1 Satz 2 und Abs. 2 Satz 2 verantwortlich. In welchen Fällen das Vormundschaftsgericht „zum Einschreiten berufen" ist, ergeben die gesetzlichen Bestimmungen (vgl. §§ 1818, 1844, 1846, 1857, 1876, in Verbindung mit der allgemeinen Vorschrift des § 1837).

Auf der anderen Seite muß aber auch der Vormund für verpflichtet erachtet werden, dem Gegenvormunde in seine Amtsführung insoweit Einblick zu gewähren, als es zur Erfüllung der Obliegenheiten des letzteren erforderlich ist. Ausdrücklich anerkannt wird dieser Grundsatz in den §§ 1799 Abs. 2, 1842 Satz 2, 1854 Abs. 3 Satz 1, 1891 Abs. 1 Satz 1.

4. — insbesondere den Tod des Vormundes oder den Eintritt eines andern Umstandes, in Folge dessen das Amt des Vormundes

endigt oder die Entlassung des Vormundes erforderlich wird. Die hier hervorgehobenen Fälle bezeichnen nur besonders wichtige Beispiele. Rücksichtlich des Todes des Vormundes liegt die Pflicht der sofortigen Anzeige nach § 1894 auch dem Erben ob.

Zu den hier genannten „anderen Umständen" gehört unter anderen auch die Wiederaufhebung der Entmündigung des Mündels und der Eintritt der Großjährigkeit der Mündelmutter, wodurch diese die elterliche Gewalt über den Mündel erlangt.

Abs. 2.

5. — auf Verlangen über die Führung der Vormundschaft Auskunft zu ertheilen und die Einsicht der sich auf die Vormundschaft beziehenden Papiere zu gestatten. Die Vorschrift stellt sich als einfache Konsequenz der in Abs. 1 enthaltenen Bestimmungen dar. Die Auskunftertheilung und die Gewährung der Einsicht hat jedoch nur „auf Verlangen" des Gegenvormundes statt zu finden. Der Vormund darf sie daher unterlassen, wenn der Gegenvormund (etwa weil er ihrer nicht zu bedürfen glaubt) sie nicht verlangt. Zu den „Papieren", welche sich auf die Vormundschaft beziehen, gehören alle die Vormundschaft betreffenden urkundlichen Nachweise, insbesondere also Korrespondenzen, Verträge, Verfügungen und Urtheile der Behörden u. s. w.

§ 1800.

Das Recht und die Pflicht des Vormundes, für die Person des Mündels zu sorgen, bestimmt sich nach den für die elterliche Gewalt geltenden Vorschriften der §§ 1631 bis 1633.

Entw. I § 1655; Entw. II § 1680; Reichst.-Vorl. § 1776; Mot. IV zu § 1655 S. 1096 bis 1098; Komm. Prot. S. 6350.

---

1. Die Bestimmung des § 1800 ist eine Folge einerseits der Analogie zwischen der elterlichen Gewalt, wie sie in dem BGB. gestaltet ist, und der Vormundschaft, andererseits der Selbständigkeit des Vormundes.

2. — für die Person des Mündels zu sorgen — Nach § 1793 steht dem Vormund die Fürsorge für die Person und das Vermögen des Mündels zu; die dem elterlichen Gewalthaber zustehenden Rechte und Pflichten übt er jedoch nach § 1800 nur in Ansehung der Person des Mündels aus.

3. — nach den für die elterliche Gewalt geltenden Vorschriften der §§ 1631 bis 1633. Hiernach hat der Vormund gleich dem Inhaber der elterlichen Gewalt das Recht und die Pflicht:

a) den Mündel zu erziehen, zu beaufsichtigen und seinen Aufenthalt zu bestimmen (§ 1631 Abs. 1);
b) angemessene Zuchtmittel gegen den Mündel anzuwenden und hierbei nöthigenfalls auch die Unterstützung des Vormundschaftsgerichts in Anspruch zu nehmen (§ 1631 Abs. 2);
c) die Herausgabe des Mündels von Jedem zu verlangen, der ihm denselben widerrechtlich vorenthält (§ 1632).

Rücksichtlich eines verheiratheten weiblichen Mündels beschränken sich die vorstehend angeführten Befugnisse auf die Vertretung der ihre Person betreffenden Angelegenheiten (§ 1633).

Hieraus folgt, daß abgesehen von einer verheiratheten minderjährigen Frau der Mündel auch nicht selbständig und ohne Mitwirkung des Vormundes einen Wohnsitz in gesetzlichem Sinne für sich begründen kann.

Eine Ausnahme von dem Grundsatze der Selbständigkeit des Vormundes auf dem Gebiete der Fürsorge für die Person des Mündels bestimmen jedoch der § 1304 Abs. 2 (Ersetzung der Einwilligung des Vormundes in die Eheschließung des Mündels durch das vormundschaftliche Gericht) und der § 1838 Satz 1 (Unterbringung des Mündels zum Zwecke der Erziehung in einer geeigneten Familie oder in einer Erziehungs- oder Besserungsanstalt auf vormundschaftsgerichtliche Anordnung). Einschränkungen der Vertretungsmacht des Vormundes durch das Erforderniß der Genehmigung des Vormundschaftsgerichts bei Besorgung einzelner wichtiger, die Person des Mündels angehender Angelegenheiten normiren ferner zahlreiche andere Vorschriften (vgl. § 1793 Anm. 5 a. E.).

4. An der gesetzlichen Unterhaltungspflicht (der Ehegatten und der in gerader Linie mit einander Verwandten) wird durch die Vorschrift des § 1800 natürlich nichts geändert. In Ermangelung unterhaltungspflichtiger Personen tritt nach Maßgabe des Reichsgesetzes vom 6. Juni 1870 und bzw. der dazu ergangenen Ausführungsgesetze (für das Kgr. Preußen vom 8. März 1871) der Orts- und bzw. Landarmenverband ein.

§ 1801.

Die Sorge für die religiöse Erziehung des Mündels kann dem Vormunde von dem Vormundschaftsgericht entzogen werden, wenn der Vormund nicht dem Bekenntniß angehört, in dem der Mündel zu erziehen ist.

Entw. I § 1658; Entw. II § 1681; Reichst.-Vorl. § 1777; Mot. IV zu § 1658 S. 1099; Komm. Prot. S. 6569.

---

1. Der Regel nach übt auch der einer anderen Konfession angehörige Vormund die Befugniß aus, die religiöse Erziehung des Mündels zu leiten. Da es aber nicht selten vorkommt, daß ein im Uebrigen durchaus geeigneter Vormund in einem solchen Falle des nöthigen Interesses oder Verständnisses ermangelt, so soll durch den § 1801 zum Besten des Mündels hiergegen Abhülfe gewährt werden. Den Landesgesetzen den Erlaß der bezüglichen Vorschrift zu überlassen, ging nicht an, da es sich um eine Frage des Vormundschaftsrechts und demnach um einen Gegenstand des BGB. handelt.

2. Die Sorge für die religiöse Erziehung des Mündels — In dieser Beziehung ist durch Art. 134 des EG. bestimmt, daß die landesgesetzlichen Vorschriften über die religiöse Erziehung der Kinder unberührt bleiben. Hieraus folgt gemäß Art. 2 und 3 a. a. O., daß nicht nur die hierüber in den einzelnen Theilen des Bundesgebietes zur Zeit geltenden Rechtsnormen in Kraft bleiben, sondern daß auch neue landesgesetzliche Vorschriften in dieser Richtung erlassen werden können.

Für das Kgr. Preußen kommen als die hiernach in Bezug genommen und ausdrücklich aufrecht erhaltenen Normen, mit denen im Wesentlichen auch das gemeine Recht übereinstimmt, folgende in Betracht: die §§ 74 bis 85, 642, Anh. § 104 zu § 754 Tit. 2 Th. II ALR.; die AKO. v. 23. Februar 1802 nebst Verordnung von demselben Tage (Stengel Bd. XV S. 272); Deklaration v. 21. November 1803 (N. C. C. XI S. 1931); AKO. v. 17. August 1825 (GS. S. 221), ausgedehnt auf Rheinland und Westfalen; § 28 Abs. 2 der Pr. VO. (Vgl. auch Johow, Jahrb. Bd. 4 S. 78, 79).

Da nach diesen bestehenden Vorschriften die Mündel in einer bestimmten Konfession erzogen werden sollen, so liegt dem Vormunde auch ob, dieselben taufen zu lassen (Anh. § 131 zu § 446, Tit. 11, Th. II ALR.). Daß der Taufzwang, als allgemeine bürgerliche Pflicht gedacht, durch den § 56 des Ges. v. 9. März 1874 bzw. das Reichsgesetz v. 6. Februar 1875 beseitigt worden ist, ändert hieran nichts, da die kirchlichen Verpflichtungen in Beziehung auf die Taufe nach § 82 des letzterwähnten Gesetzes dadurch nicht berührt werden und der Anh. § 131 zu § 446 a. a. O. durch die Verf. des evangelischen Oberkirchenraths v. 21. September 1874 als blos kirchliches Gebot ausdrücklich aufrecht erhalten ist (Aktenst. des ev. ObKR. Bd. 7 S. 131).

Nach dem vollendeten vierzehnten Lebensjahre kann der Mündel sein religiöses Bekenntniß selbständig wählen (§ 84, Tit. 2, Th. II ALR.). Dasselbe gilt gemeinrechtlich. Bis dahin werden eheliche Kinder in der Religion ihres Vaters, uneheliche Kinder dagegen in dem Glaubensbekenntnisse der Mutter erzogen (§ 76 a. a. O.; Deklar. v. 21. November 1803, Rabe, Bd. 7 S. 524; KO. v. 17. August 1825, Ges.Samml. 1825 S. 221 und § 642 a. a. O.).

Innerhalb des vormaligen Königreichs Hannover gilt die Verordnung v. 31. Juli 1826. Dieselbe legt dem Ehemann als Haupt der ehelichen Gemeinschaft die Befugniß bei, nach eigener Ueberzeugung zu bestimmen, in welchem Glaubensbekenntnisse seine ehelichen und legitimirten Kinder zu erziehen sind. Auch nach seinem Tode muß die religiöse Erziehung der Kinder so begonnen, fortgesetzt und vollendet werden, wie es seinem ernstlich und beständig geäußerten Willen gemäß ist. Hierbei wird gesetzlich vermuthet, daß der Vater seine sämmtlichen Kinder in der eigenen Religion habe wollen erziehen lassen. Ein erst in der letzten Krankheit von ihm vollzogener Glaubenswechsel bleibt außer Betracht. Diese gesetzliche Vermuthung cessirt nur, wenn der Vater dem bereits schulpflichtigen Kinde bis an seinen Tod den Hauptunterricht in der Religion, mit Inbegriff der entscheidenden Glaubenslehren, immer nur durch Geistliche der andern Kirche hat ertheilen lassen, sowie wenn der Vater bei seinem zuständigen persönlichen Gerichte zu Protokoll erklärt hat, daß er seine Kinder in der Religion ihrer Mutter erzogen wissen wolle.

Von unehelichen Kindern, die deren Vater anerkannt hat und in seinem eigenen Hause oder auf seine alleinigen Kosten erziehen läßt, gilt dasselbe. Andere uneheliche Kinder aber sind in dem Bekenntniß der Mutter zu erziehen (König).

3. — kann dem Vormunde von dem Vormundschaftsgericht entzogen werden — Das dem Vormundschaftsgericht hier verliehene Recht besteht also jedem andersgläubigen Vormund gegenüber, mag derselbe gemäß §§ 1776 1777 berufen oder nach § 1779 gerichtlich ausgewählt sein.

Durch den § 1796 war die besondere Bestimmung des § 1801 nicht entbehrlich geworden. Sie ist keineswegs bereits darin enthalten, weil hier nicht wie dort eine Vertretung für einzelne Angelegenheiten oder für einen bestimmten Kreis von Angelegenheiten des Mündels, sondern ein Stück unmittelbar zu übender persönlicher Fürsorge, eine Ausübung der Erziehung (§ 1800) in Frage steht. Hierzu kommt, daß die Anwendung des § 1796 Abs. 1 zufolge der weiteren Vorschrift in

Abs. 2 daselbst eine erhebliche Interessenkollision zwischen dem Mündel und dem Vormund oder bzw. einem von diesem vertretenen Dritten voraussetzt, an welcher es in dem Falle des § 1801 fehlt.

Erfolgt die Entziehung ohne zureichenden Grund, so steht selbstverständlich hiergegen dem Vormund Beschwerde zu; ebenso dem über 14 Jahre alten, nicht geschäftsunfähigen Mündel (§§ 20, 59 des G. fr. G.). Bis zur endgültigen Entscheidung über die Beschwerde bleibt jedoch die Anordnung des Vormundschaftsgerichts, soweit dasselbe oder das Beschwerdegericht nicht dessen Aussetzung beschließt, in Kraft (§ 24 a. a. O.).

§ 1802.

Der Vormund hat das Vermögen, das bei der Anordnung der Vormundschaft vorhanden ist oder später dem Mündel zufällt, zu verzeichnen und das Verzeichniß, nachdem er es mit der Versicherung der Richtigkeit und Vollständigkeit versehen hat, dem Vormundschaftsgericht einzureichen. Ist ein Gegenvormund vorhanden, so hat ihn der Vormund bei der Aufnahme des Verzeichnisses zuzuziehen; das Verzeichniß ist auch von dem Gegenvormunde mit der Versicherung der Richtigkeit und Vollständigkeit zu versehen.

Der Vormund kann sich bei der Aufnahme des Verzeichnisses der Hülfe eines Beamten, eines Notars oder eines anderen Sachverständigen bedienen.

Ist das eingereichte Verzeichniß ungenügend, so kann das Vormundschaftsgericht anordnen, daß das Verzeichniß durch eine zuständige Behörde oder durch einen zuständigen Beamten oder Notar aufgenommen wird.

Entw. I § 1659; Entw. II § 1682; Reichst.-Vorl. § 1778; Mot. IV zu § 1659 S. 1099 bis 1102; Komm. Prot. S. 6352, 6353.

---

1. Der § 1802 enthält eine außerordentlich wichtige Vorschrift für das Gebiet der vormundschaftlichen Vermögensverwaltung. Seine Bestimmungen sind hierbei wesentlich denjenigen des § 35 der Pr. VO. nachgebildet worden.

Das BGB. faßt zufolge der Motive (S. 1099) die in § 1802 bestimmte Pflicht des Vormundes lediglich als eine publizistische Pflicht, nicht zugleich als eine privatrechtliche Pflicht gegenüber dem Mündel auf. Der Vormund kann daher nach Aufnahme des Inventars nicht etwa auf Grund des § 260 zur Ableistung des Offenbarungseides angehalten werden. Dagegen ist er nach Beendigung seines vormundschaftlichen Amtes in Verbindung mit der Verpflichtung, dem Mündel das von ihm verwaltete Vermögen herauszugeben und über die Verwaltung Rechnung zu legen (§ 1890), auf Verlangen des Mündels bzw. dessen gesetzlichen Vertreters den Offenbarungseid nach Maßgabe des § 260 abzuleisten verpflichtet.

Abs. 1.

2. — das Vermögen, das bei der Anordnung der Vormundschaft vorhanden ist oder später dem Mündel zufällt — Das nach § 1802 aufzunehmende Vermögensverzeichniß ist bestimmt, die Grundlage zu bilden für die Verwaltung und Rechnungslegung des Vormundes. Zu dem hiernach zu berücksichtigenden „Vermögen", dessen Begriff das Gesetz nicht besonders erklärt, gehören demnach alle geldwerthen Sachen und Rechte, welche der Mündel von Todeswegen oder unter Lebenden erwirbt. Nicht bloß die dem Mündel bereits ausschließlich gehörenden Gegenstände, sondern auch sein Anrecht an einem noch ungetheilten Vermögen, insbesondere einem noch ungetheilten Nachlaß, kommt hierbei in Betracht. Neben einem Verzeichniß des Sondervermögens des Mündels ist in solchen Fällen, soweit nicht bei einem Nachlaß der Anspruch nicht bloß ein bestimmtes Vermächtniß, sondern eine wirkliche Erbquote betrifft, ein Verzeichniß der gesammten Vermögensmasse bzw. Verlassenschaft mit einzureichen.

Da die Aufnahme des Verzeichnisses zu den Amtspflichten des Vormundes gehört, so ist er für eine möglichst richtige und vollständige Ermittlung und Feststellung des von ihm zu verzeichnenden Mündelvermögens verantwortlich. Hieraus aber folgt weiter, daß das Gesetz ihm auch die Mittel gewähren muß, um diese Ermittlung und Feststellung vorzunehmen. Der Vormund kann daher unter Umständen von dem bisherigen Inhaber des Vermögens bzw. dem Erben die Leistung des Offenbarungseides fordern (§§ 259 bis 261, 2006, 2028, 2057). Auch die Bestimmung in Abs. 2 bietet ihm ein Hülfsmittel dar.

Zu beachten ist jedoch, daß der Vormund von dem Vormundschaftsgericht auf Grund des § 1837 Abs. 2 nicht genöthigt werden kann, ein Verzeichniß über dasjenige Vermögen einzureichen, welches er in anderer Eigenschaft besitzt und verwaltet, wiewohl dem Mündel daran gewisse Rechte zustehen. So lange die Mutter ihren minderjährigen Kindern nach dem bisherigen Recht als Vormund bestellt werden konnte, war dieser Fall nicht eben selten, indem sie auf Grund letztwilliger Verordnung des Mündelvaters häufig den Nachlaß desselben als Miterbin oder auch als Vorerbin in Besitz und Verwaltung hatte. Soweit in einem solchen Falle die Inventur auch bezüglich eines solchen Vermögens im Interesse des Mündels, z. B. bei einem ungetheilten Nachlasse, erzwungen werden muß, wird zu diesem Behufe gemäß § 1909 ein Pfleger zu bestellen sein, welcher nöthigenfalls gegen den Vormund Klage zu erheben hat (Vgl. Joh. Bd. 10 S. 63, Bd. 15 S. 73).

Gleichgültig ist, ob das Vermögen des Mündels ausländisches oder inländisches oder die Vermögensstücke innerhalb oder außerhalb des Bezirkes des vormundschaftlichen Gerichtes befindlich sind.

3. — mit der Versicherung der Richtigkeit und Vollständigkeit versehen — Eine Versicherung an Eidesstatt wird nicht erfordert. Das Verzeichniß soll mit dieser Versicherung versehen sein. Die Versicherung soll also schriftlich unter das Verzeichniß selbst gesetzt werden. Eine Beglaubigung derselben verlangt das Gesetz nicht. Dieser Umstand schließt aber nicht aus, daß das Gericht, sofern Zweifel an der Echtheit bestehen, zur Feststellung der letzteren geeignete Ermittlungen vornimmt.

4. Ist ein Gegenvormund vorhanden — Der besonderen Bestellung zum Zwecke seiner Zuziehung bedarf es also nicht, und ebensowenig kommt es darauf an, ob seine Bestellung nach § 1792 Abs. 2 geboten ist. Der Vormund ist lediglich verpflichtet, den Gegenvormund bei der Aufnahme des Verzeichnisses zuzuziehen, wenn ein solcher zur Zeit dieser Aufnahme bereits bestellt ist. In dem letzteren Falle hat nach Abs. 1 Satz 2 auch der Gegenvormund die für den Vormund vorgeschriebene Versicherung dem Verzeichniß beizufügen. Letzteres setzt voraus, daß auch er die Richtigkeit und Vollständigkeit des Verzeichnisses zuvor pflichtmäßig prüft.

Abs. 2.

5. — kann sich der Hülfe eines Beamten, eines Notars oder eines Sachverständigen bedienen. Es genügt also regelmäßig ein Privatverzeichniß. Die Beifügung einer Taxe wird nicht erfordert, wenngleich sie für zweckmäßig erachtet werden muß. Auch die von dem Mündel zu vertretenden Schulden wird der Vormund in das Verzeichniß aufzunehmen haben, da hierdurch erst das Reinvermögen des Mündels hervortritt. Aus der Vorschrift in Abs. 2 folgt, daß die Kosten der Aufnahme, welche durch die Zuziehung der fremden Hülfe erwachsen, das Mündelvermögen zu tragen hat. Indessen versteht sich von selbst, daß diese Zuziehung nach verständigem Ermessen objektiv erforderlich gewesen sein muß, da andernfalls der Vormund zum Nachtheil des Mündels, also pflichtwidrig, handeln würde.

Abs. 3.

6. Ist das eingereichte Verzeichniß ungenügend — d. h. ist es nicht dergestalt richtig und vollständig, daß sein Zweck, eine sichere Kenntniß von dem gesammten von dem Vormund verwahrten und verwalteten Mündelvermögen zu geben, dadurch nicht erreicht wird. Ob diese Frage zu bejahen oder zu verneinen ist, entscheidet das Vormundschaftsgericht.

7. — so kann das Vormundschaftsgericht anordnen, daß das Verzeichniß durch eine zuständige Behörde oder durch einen zuständigen Beamten oder Notar aufgenommen wird. Ueber das Verfahren bei dieser Aufnahme kann für das Kgr. Preußen zufolge Art. 128 des Pr. Ges. über die freiw. Gerichtsbarkeit vom 21. September 1899 (Preuß. GS. S. 249) der Justizminister allgemeine Bestimmungen treffen. Von dem nach Abs. 3 ihm verliehenen Recht wird das Vormundschaftsgericht selbstverständlich nur Gebrauch machen, wenn die Berichtigung und bzw. Vervollständigung des Verzeichnisses auf andere Weise (etwa durch Rückgabe an den Vormund und Belehrung desselben) nicht zuverlässig herbeigeführt werden kann, also namentlich dann, wenn die Vermögensinventur besonders umfangreich oder aus äußeren oder inneren Gründen dergestalt schwierig ist, daß ihre private Aufnahme dem Vormunde nicht wohl angesonnen werden kann. Eine Anweisung für die Aufnahme von Vermögensverzeichnissen durch die Dorfgerichte enthalten die §§ 26 ff. der Preuß. Min.-Verf. vom 20. Dezember 1899 (JMBl. S. 806).

8. Eine Frist für die Einreichung des Inventars bestimmt das Gesetz nicht. Es ist Sache des Vormundschaftsgerichts, den Eingang zu überwachen und, nöthigenfalls unter Anwendung der ihm zustehenden Zwangsmittel (§§ 1837, 1886), dafür zu sorgen, daß eine dem Mündel nachtheilige Verzögerung dabei vermieden wird.

9. Auch für solche Fälle, in denen das Vermögen des Mündels in einem Handelsgeschäfte oder in einem anderen größeren gewerblichen Unternehmen sich befindet, hat das BGB., abweichend von einigen Partikularrechten, besondere Vorschriften für die Aufnahme des Verzeichnisses nicht für nöthig erachtet. Im Uebrigen hat es weder den Eltern des Mündels, noch solchen dritten Personen, welche dem Mündel Vermögen zuwenden, das Recht eingeräumt, den Vormund von der Pflicht zur Aufstellung und Einreichung zu entbinden (§§ 1803, 1853 bis 1855).

§ 1803.

Was der Mündel von Todeswegen erwirbt oder was ihm unter Lebenden von einem Dritten unentgeltlich zugewendet wird, hat der

Vormund nach den Anordnungen des Erblassers oder des Dritten zu verwalten, wenn die Anordnungen von dem Erblasser durch letztwillige Verfügung, von dem Dritten bei der Zuwendung getroffen worden sind.

Der Vormund darf mit Genehmigung des Vormundschaftsgerichts von den Anordnungen abweichen, wenn ihre Befolgung das Interesse des Mündels gefährden würde.

Zu einer Abweichung von den Anordnungen, die ein Dritter bei einer Zuwendung unter Lebenden getroffen hat, ist, solange er lebt, seine Zustimmung erforderlich und genügend. Die Zustimmung des Dritten kann durch das Vormundschaftsgericht ersetzt werden, wenn der Dritte zur Abgabe einer Erklärung dauernd außer Stande oder sein Aufenthalt dauernd unbekannt ist.

Entw. I § 1660; Entw. II § 1683; Reichst.-Vorl. § 1779; Mot. IV zu § 1660 S. 1102 bis 1106; Komm. Prot. S. 6355.

---

1. In den hier in Rede stehenden Fällen handelt es sich, wie die Motive hervorheben, um Anordnungen, welche nicht den Bedachten, den Mündel, belasten, sondern für den Vormund bei Führung der Vormundschaft in Ansehung der dem Mündel hinterlassenen oder zugewendeten Vermögensgegenstände eine Pflicht gegenüber dem Mündel begründen sollen. Die Zulassung dieser Anordnungen, welche also hier nicht den Charakter einer der Vermögenszuwendung beigefügten Bedingung, Voraussetzung oder Auflage haben, mithin auch nicht als den Pflichttheilsanspruch des Mündels beschwerend (§ 2306) angesehen werden können, ist durch die Rücksicht auf das eigene Interesse des Mündels von dem Gesetzgeber für geboten und eine dahin gehende Vorschrift für nothwendig erachtet, weil sie ohne eine solche als Eingriff in die öffentlichrechtlichen Bestimmungen des Vormundschaftsrechts ohne Wirkung bleiben müßten.

Abs. 1.

2. Was der Mündel von Todeswegen erwirbt — Dazu gehört Alles, was er durch Erbfolge, durch Vermächtniß oder als Pflichttheil erwirbt (§ 1369).

3. — oder was ihm unter Lebenden von einem Dritten unentgeltlich zugewendet wird — Hierunter begriffen sind alle körperlichen Sachen, sowie alle Rechte, welche durch den freien Willensakt eines Dritten unter Lebenden ohne irgend welche Gegenleistung in das Vermögen des Mündels übergehen.

4. — nach den Anordnungen des Erblassers oder des Dritten zu verwalten — Das Wort „Anordnungen" läßt erkennen, daß es sich hierbei nicht bloß um mehr oder weniger ausgesprochene Wünsche des Erblassers oder des Dritten handelt (Beitr. zur Erläuterung des Deutschen Rechts Bd. 30 S. 1047). Der Vater oder die Mutter des Mündels sind nicht als solche, sondern ebenfalls nur insoweit zu Anordnungen der hier bezeichneten Art befugt, wie sie als Erblasser bzw. Zuwender des Mündels rücksichtlich des zu verwaltenden Vermögens desselben in Betracht kommen. Da das Vorhandensein solcher Anordnungen aus der Bestallung des Vormundes regelmäßig nicht zu entnehmen sein wird (§ 1791 Anm. 8) und die letztere überhaupt nicht als Vollmacht wirkt, so stehen die den Vormündern nach Maßgabe des § 1803 auferlegten Verwaltungsbeschränkungen einem gutgläubigen Dritten bei dem mit dem Vormunde geschlossenen Rechtsgeschäft nicht entgegen. Andererseits hat der bösgläubige Dritte keinen Anspruch auf Schadensersatz an den Vormund (§ 179 Abs. 3 Satz 1) und dem Mündel gegenüber nur die Bereicherungsklage aus § 812.

Die nach § 1803 zulässigen Anordnungen brauchen übrigens nicht nothwendig Beschränkungen der vormundschaftlichen Verwaltung zu sein, sie können auch einfach nur bestimmte Direktiven für die letztere enthalten.

Der Ausdruck „verwalten" umfaßt, wie die Motive besonders anerkennen, auch die Veräußerung, und unter den in § 1803 bezeichneten Vermögensgegenständen sind ebenso deren Surrogate zu verstehen.

5. — von dem Erblasser durch letztwillige Verfügung — d. i. entweder durch Testament oder durch einseitige Bestimmung in einem Erbvertrag (vgl. Anm. 7 zu § 1777).

6. — von dem Dritten bei der Zuwendung — Als Form der Anordnung, für welche das Gesetz nichts Besonderes vorschreibt, genügt diejenige des Hauptgeschäftes. Ist die Zuwendung einmal rechtswirksam geschehen, so erscheint der Zuwender später (nach und nicht mehr bei der Zuwendung) zu einer Anordnung im Sinne des § 1803 nicht mehr berechtigt.

Eine dem Abs. 1 analoge Bestimmung enthält der § 1638 Abs. 1.

Abs. 2.

7. — mit Genehmigung des Vormundschaftsgerichts — Eine Genehmigung des Gegenvormundes ist nicht vorgeschrieben. Indessen soll nach § 1826 das Vormundschaftsgericht vor Ertheilung seiner Genehmigung den Gegenvormund hören, vorausgesetzt, daß ein solcher vorhanden ist. Eine besondere Form für die Genehmigung bestimmt das Gesetz nicht.

Auch Mitvormünder bedürfen der in Rede stehenden Genehmigung. Ist die Verwaltung unter ihnen getheilt, so ist dies nach § 1797 Abs. 2 Satz 2 selbstverständlich. Aber auch wenn sie gemeinschaftlich die Vormundschaft führen (§ 1797 Abs. 1), ist eine Ausnahme in dieser Hinsicht für sie (anders wie in den Fällen des § 1810 Satz 2 und des § 1812 Abs. 3) nicht gemacht worden.

8. — wenn ihre Befolgung das Interesse des Mündels gefährden würde. Daß die Nichtbefolgung dem Interesse des Mündels vortheilhafter sein würde, genügt also nicht; die Bedingung ist daher auch nicht schon erfüllt, wenn die Anordnung unzweckmäßig ist. Es muß eine positive Gefährdung, mithin die Befürchtung einer Verschlechterung in dem Stande der Mündelangelegenheiten gegeben sein. Der Ausdruck Interesse umfaßt ebensowohl die persönlichen als die vermögensrechtlichen Beziehungen des Mündels, wenn auch die letzteren hierbei regelmäßig überwiegen werden. Im Uebrigen erscheint es gleichgültig, ob sich die Nothwendigkeit zu einer Abweichung von den getroffenen Anordnungen gleich zu Anfang oder erst im Laufe der vormundschaftlichen Verwaltung ergibt, ob sie im Einzelnen oder im Ganzen, auf die Dauer oder nur vorübergehend geboten ist. Es entscheidet zunächst die eigene pflichtmäßige Beurtheilung des Vormundes, der bei dem Vorliegen der in Abs. 2 bestimmten Voraussetzung bei eigener Vertretung gehalten ist, dem Vormundschaftsgerichte Anzeige zu machen und dessen Genehmigung zu der nothwendig werdenden Abweichung einzuholen.

Das Gesetz unterscheidet nicht, ob diejenigen Umstände, welche die Abweichung veranlassen, dem Erblasser oder dem dritten Zuwender bereits bekannt waren oder erst später eingetreten sind. Die an die Auslegung des § 36 Satz 2 der Pr. VO. sich knüpfende Kontroverse kann also hier nicht entstehen.

Abs. 3.

9. — erforderlich und genügend. Die Vorschrift verhält sich ihrerseits wiederum als Ausnahme zu der in Abs. 2, gegebenen Bestimmung. Wenn der Dritte der von dem Vormund für nothwendig oder auch nur für vortheilhaft oder zweckmäßig erachteten Abweichung zustimmt, so ist eine Prüfung des Vormundschaftsgerichts, ob die Befolgung der Anordnung das Mündelinteresse gefährden würde, und eine darauf zu gründende gerichtliche Genehmigung überhaupt nicht geboten. Dagegen ist dem Dritten durch Abs. 3 nicht etwa die Befugniß verliehen, aus eigener Initiative und selbständig seine Anordnungen nachträglich zu ändern. Die Klausel des Abs. 1, daß dieselben „bei der Zuwendung" getroffen werden müssen, bleibt bestehen.

10. — kann durch das Vormundschaftsgericht ersetzt werden, wenn der Dritte zur Abgabe einer Erklärung dauernd außer Stande oder sein Aufenthalt dauernd unbekannt ist. Nur unter diesen beiden Voraussetzungen ist das Vormundschaftsgericht befugt, die Zustimmung des Dritten durch seine eigene Genehmigung zu ersetzen. Es hat in diesem Falle wiederum nach Maßgabe des Abs. 2 zu prüfen und die Anhörung des etwa vorhandenen Gegenvormundes zu bewirken.

Schweigt der von dem Vormund um seine Zustimmung angegangene Dritte so fehlt es an dem Erforderniß derselben, und sie muß für verweigert gelten. Alsdann vermag auch das Vormundschaftsgericht dieselbe nicht zu ersetzen. Vielmehr muß, um diese Folge zu erzeugen, der Dritte zu einer Abgabe dauernd außer Stande oder sein Aufenthalt dauernd unbekannt sein. Das Vorhandensein dieser Voraussetzungen hat das Vormundschaftsgericht, bevor es zum Zwecke der Genehmigungsertheilung in eine Prüfung der Sache selbst eintritt, von Amtswegen festzustellen. Der Begriff des Dauernden ist, soweit es hierbei auf dessen Beurtheilung ankommt, relativ. Indessen ist festzuhalten, daß die Absicht des Gesetzes ist, den Dritten, als Zuwender, über die Aenderung seiner Anordnung, wenn irgend möglich, selbst entscheiden zu lassen, und daß in dieser Beziehung auch keine Ausnahme gemacht worden ist zu Gunsten des Falles, wo eine dringliche Maßregel in Frage steht. Das Interesse des Dritten an der grundsätzlichen Aufrechterhaltung der von ihm dem Vormunde ertheilten Verwaltungs-Instruktion in Ansehung des von ihm herrührenden, dem Mündel zugewendeten Vermögens übertrifft nach dem Willen des Gesetzgebers hier das Mündelinteresse.

§ 1804.

Der Vormund kann nicht in Vertretung des Mündels Schenkungen machen. Ausgenommen sind Schenkungen, durch die einer sittlichen Pflicht oder einer auf den Anstand zu nehmenden Rücksicht entsprochen wird.

Entw. I § 1661; Entw. II § 1684; Reichst.-Vorl. § 1780; Mot. IV zu § 1661 S. 1106, 1107; Komm. Prot. S. 6355.

---

1. Der § 1804 enthält in Satz 1 einen sowohl im gemeinen Recht wie in allen neueren Partikular-Gesetzgebungen anerkannten Rechtssatz. Der Satz 2 modifizirt denselben zu Gunsten der Anforderungen des praktischen Lebens.

2. — kann nicht in Vertretung des Mündels Schenkungen machen. Während man gemeinrechtlich unter Schenkung nicht ein bestimmtes, einzelnes, individuell ausgeprägtes Rechtsgeschäft, sondern wesentlich nur einen Charakter, eine Eigenschaft, welche sehr verschiedene Rechtsgeschäfte (z. B. auch Kauf, Tausch, Vergleich, Anerkenntniß) annehmen können, zu verstehen hat, faßt das Gesetz hier die Bedeutung der Schenkung in einem engeren juristischen Sinne auf (§§ 516, 517). Ein Bedürfniß, das Verbot des § 1804 hierüber hinaus auf sonstige Liberalitäten auszudehnen, erkennt das BGB. nicht an. Es ist dies im Interesse der Sicherheit des Verkehrs für bedenklich erachtet, da der Begriff der Liberalität kein juristisch bestimmter ist. In den in dieser Hinsicht vorzugsweise in Betracht kommenden Fällen, der Aufgabe oder Minderung der für einen Anspruch des Mündels bestellten Sicherheit, des Erbverzichts, der Aufhebung eines vertragsmäßigen Erbrechts, sowie der Ausschlagung einer Erbschaft oder eines Vermächtnisses, die angefallen, aber noch nicht angenommen sind, ist der Mündel gegen einen Mißbrauch der Rechte des Vormundes schon hinlänglich dadurch geschützt, daß die Wirksamkeit jener Rechtsgeschäfte von der Genehmigung des Vormundschaftsgerichtes abhängig gemacht ist (vgl. § 1822 Nr. 2 und 13, § 2347, § 2290).

Die Worte „kann nicht ... Schenkungen machen" stellen klar, daß die wider die Vorschrift des § 1804 von dem Vormunde in Vertretung des Mündels gemachten Schenkungen nichtig sind und daß das schenkungsweise Gegebene von dem Mündel zurückgefordert werden kann (vgl. Entsch. des RG. in Civils. Bd. 3 S. 83). Eben dasselbe folgt schon aus § 134.

Auch der Mündel selbst kann mit Einwilligung des Vormundes nicht gültiger Weise schenken, weil schon aus dem allgemeinen gesetzlichen Principe folgt, daß einerseits die gesetzliche Vertretungsmacht des Vormundes auch das Recht, zu Rechtsgeschäften des Mündels die erforderliche Einwilligung oder Genehmigung zu ertheilen, andererseits aber die Ausschließung von der gesetzlichen Vertretung auch die Ausschließung jenes Rechtes mitumfaßt.

Hat der Vormund die Schenkung nicht in Vertretung des Mündels, sondern in eigenem Namen vorgenommen, und wußte der Beschenkte in diesem Falle nicht, daß die geschenkte Sache nicht dem Vormund, sondern dem Mündel gehöre, so erwirbt er in Folge seines guten Glaubens das Eigenthum der Sache (§§ 929, 932) und haftet dem Mündel nur aus ungerechtfertigter Bereicherung (§§ 812, 816).

Auch die Genehmigung des Vormundschaftsgerichts macht eine gegen das Verbot des § 1804 vorgenommene Schenkung nicht gültig.

3. — durch die einer sittlichen Pflicht oder einer auf den Anstand zu nehmenden Rücksicht entsprochen wird. Die hier gewählte Fassung ist schärfer als diejenige in § 38 Satz 2 der Pr. VO., welche insofern auch weiter geht, als sie dem Vormunde Schenkungen erlaubt, die „durch die Vermögensverwaltung begründet" werden.

Der Grund der durch den Satz 2 gemachten Ausnahme beruht in den Ansprüchen, welche nach den Anschauungen eines gesitteten Verkehres innerhalb des Lebenskreises, welchem der Mündel angehört, an seine Person gemacht werden.

4. Soweit nach § 1804 eine Schenkung des Mündels überhaupt zulässig und gültig ist, darf sie erforderlichenfalls auch aus dem Stammvermögen des Mündels erfolgen, und zwar ohne daß hierzu die Genehmigung des Vormundschaftsgerichtes nothwendig ist. Indessen ist anzunehmen, daß Fälle dieser Art sehr selten sein

werden; denn je geringer das Vermögen des Mündels und in Folge dessen auch seine Einkünfte sind, desto weniger wird demselben auch vom Standpunkte sittlicher und konventioneller Rücksichten aus zugemuthet werden können, aus vorhandenen Mitteln Schenkungen zu machen.

Ob ein von dem Vormunde gewährtes Geschenk zu den nach § 1804 erlaubten gehört, entscheidet im Streitfalle zwischen den Betheiligten das Prozeßgericht. Zu den Aufsichtspflichten des Vormundschaftsgerichtes aber gehört es, in Gemeinschaft mit dem Gegenvormund darüber zu wachen, daß der Vormund das nach § 1804 ihm verliehene Recht nicht mißbraucht, und falls durch einen solchen Mißbrauch (was die Verwaltungsrechnung ergeben wird) dem Mündel ein Schade erwachsen ist, die Ausgleichung desselben, nöthigenfalls durch Prozeß eines besonders zu bestellenden Pflegers, dem Vormund gegenüber herbeizuführen.

5. Auch durch die Genehmigung des Vormundschaftsgerichts kann eine nach § 1804 ungültige Schenkung nicht gültig werden, und ebenso wenig kann der Vormund von dem Vater oder der Mutter des Mündels oder von einem Dritten von der Beobachtung der Vorschrift des § 1804 befreit und zur Vornahme von Schenkungen aus dem Mündelvermögen ermächtigt werden.

§ 1805.

Der Vormund darf Vermögen des Mündels nicht für sich verwenden.

Entw. I § 1662; Entw. II § 1685; Reichst.-Vorl. § 1781; Mot. IV zu § 1662 S. 1107, 1108; Komm. Prot. S. 6355.

---

1. Die Vorschrift des § 1805 versteht sich nach allgemeinen Rechtsgrundsätzen von selbst. Sie ist nur eingefügt aus der praktischen Erwägung, daß sie eine klare und unzweideutige Mahnung an den Vormund enthält, sein Vermögen und das des Mündels in allen Beziehungen getrennt zu halten. Ueber die Verwendung des Vormundes von Mündelgeldern in seinen eigenen Nutzen verhält sich noch besonders der § 1834. Aber auch die Aneignung solcher Vortheile, welche aus dem Gebrauche anderer Sachen oder Rechte des Mündels entspringt (§ 100), ist dem Vormunde verboten. Geschieht jedoch der Gebrauch hauptsächlich und seiner eigentlichen Absicht nach zum Besten des Mündels selbst, so ist er, wie bereits bei Berathung der entsprechenden Vorschrift des § 40 Abs. 1 Satz 1 der Pr. VO. anerkannt wurde, auch in dem Falle zulässig, wenn mittelbar und nebenher auch dem Vormunde ein gelegentlicher Nutzen oder eine gelegentliche Bequemlichkeit (wie z. B. durch das Ausreiten eines der Bewegung bedürftigen Reitpferdes des Mündels) erwächst. Das entscheidende Merkmal für den unerlaubten und verbotenen Charakter einer Benutzung des § 40 ist danach stets der entweder gänzlich oder doch vorwiegend auf das eigene Interesse gerichtete, also dolose Wille des Vormundes.

2. — Vermögen des Mündels — Der Begriff ist im weitesten Sinne zu verstehen (vgl. Entsch. des RG. in Straff. Bd. 6 S. 208). Auch das Accept eines Wechsels (selbst ein Blankoaccept oder ein Gefälligkeitsaccept) ist unter Umständen als Vermögensstück zu erachten (Entsch. des RG. in Straff. Bd. 10 S. 385, Bd. 13 S. 376, Bd. 23 S. 315); ebenso ein ausgefüllter Wechsel an eigene Ordre, auch ohne Accept des Bezogenen (Entsch. a. a. O. Bd. 26 S. 246). Dahingegen dürften unentgeltliche Dienstleistungen des Mündels nicht darunter fallen, sondern nur von dem Gesichtspunkte eines möglicherweise darin hervortretenden Mißbrauches der Person des Mündels als Mangel der Fürsorge und demnach als Pflichtwidrigkeit zu betrachten sein, welche unter Umständen auch eine civilrechtliche Ersatzpflicht zu begründen geeignet ist.

3. — nicht für sich verwenden. Eine Verwendung setzt nicht nothwendig einen Verbrauch voraus; sie kann auch durch bloßen Gebrauch geschehen. „Für sich" bedeutet, wie schon aus dem unter Anm. 1 Ausgeführten folgt, „im ausschließlichen oder doch überwiegendem Interesse des Vormundes".

Welche Folge das Zuwiderhandeln des Vormundes gegen § 1805 nach sich zieht, bestimmt sich nach den allgemeinen Regeln (vgl. auch §§ 1833, 1834, 1837, 1886). Daß dabei der Thatbestand einer Unterschlagung (§ 246 StGB.) oder der Untreue (§ 266 Nr. 1 a. a. O.) vorliegt, ist keineswegs nothwendig. Die Bestimmung des § 1805 setzt weder unter allen Umständen einen strafrechtlichen Vorsatz auf Seiten des Vormundes, noch objektiv in allen Fällen den Eintrit eines Nachtheiles auf Seiten des Mündels voraus (vgl. Entsch. des RG. in Strafs. Bd. 9 S. 337, Bd. 2 S. 245, Bd. 7 S. 279, Bd. 14 S. 184 u. S. 401, Bd. 23 S. 430, Bd. 27 S. 39; Goltd. Arch. für Strafr. Bd. 43 S. 53).

Ob die Verwendung einen dauernden oder bloß vorübergehenden Nutzen für den Vormund gehabt hat, ist gleichgültig.

4. Wenn die Verfehlung gegen § 1805 eine größere ist, wird das Vormundschaftsgericht stets zu erwägen haben, ob nicht gemäß § 1886 die Entlassung des Vormundes geboten ist.

§ 1806.

Der Vormund hat das zum Vermögen des Mündels gehörende Geld verzinslich anzulegen, soweit es nicht zur Bestreitung von Ausgaben bereit zu halten ist.

Entw. I § 1664 Abs. 1; Entw. II § 1687 Abs. 1; Reichst.-Vorl. § 1782; Mot. IV zu § 1664 S. 1108 bis 1116; Komm. Prot. S. 6355 bis 6357.

---

1. Der § 1806 begründet eine Hauptpflicht der vormundschaftlichen Vermögensverwaltung, deren Verletzung den Vormund aus § 1833 verantwortlich macht. Wie die hier vorgeschriebene Anlegung erfolgen soll, bestimmt der § 1807 Abs. 1. Die Verpflichtung des Vormundes zur zinsbaren Anlegung der verfügbaren Mündelgelder ist von sämmtlichen Rechten anerkannt. Versäumt der Vormund die Anlegung und bewirkt er sie in anderer Weise als nach § 1807 zulässig ist, so kann ihn das Vormundschaftsgericht im Aufsichtswege anhalten, dieselbe zu bewirken, bzw. die nicht vorschriftsmäßige Anlegung zu beseitigen und eine anderweite Anlegung herbeizuführen (§ 1837). In wie weit der Vormund in einem solchen Falle dem Mündel für Schaden haftet, richtet sich nach den allgemeinen Grundsätzen (vgl. §§ 1833, 249 bis 255; Entsch. des RG. in Civils. Bd. 4 S. 166, Bd. 11 S. 307, Bd. 16 S. 205, Bd. 33 S. 211).

2. — hat .... verzinslich anzulegen — Der Begriff der „Anlegung" geht auf eine dauernde Nutzbarmachung des dem Mündel gehörigen Kapitalvermögens durch dessen zinsbare Unterbringung. Die Anlegung geht von dem Vormunde allein aus. Nur bei der Beschlußfassung über die Art der Belegung soll nach § 1810 auch der Gegenvormund mitwirken.

3. — soweit es nicht zur Bestreitung von Ausgaben bereit zu halten ist. In wie weit dies erforderlich ist, hat zunächst der Vormund zu beurtheilen. Eine solche Bereithaltung ist namentlich für diejenigen Ausgaben ins Auge zu fassen, welche, wie die Erziehungskosten oder die zur Verwaltung eines Mündelgutes nothwendigen Beträge, alljährlich nach dem haushaltsmäßigen Anschlage wiederkehren. Durch den Beisatz wird übrigens auch klar gestellt, daß es dem Vormund an sich auch nicht versagt ist, zum Besten des Mündels die Mündelgelder, anstatt sie verzinslich anzulegen, auch in anderer Weise nutzbar zu machen, z. B. durch Ankauf eines Grundstücks (§ 1821 Nr. 4), durch Begründung eines Erwerbsgeschäfts (§§ 1822 Nr. 3, 1823).

Soweit die Gelder nicht dauernd angelegt werden können, wird von dem Vormunde noch immer zu erwägen sein, ob nicht vorübergehend eine Nutzbarmachung, z. B. durch die Belegung bei einer Sparkasse, wo sie demnächst rechtzeitig erhoben werden können, zu ermöglichen ist.

Ueber den Zinsfuß bei der Anlegung entscheidet das verständige Ermessen des Vormundes.

Bestehen für die Vermögensverwaltung besondere Anordnungen im Sinne des § 1803, welche eine Abweichung von den Vorschriften der §§ 1806, 1807 bedingen, so sind dieselben mit den sich aus § 1803 Abs. 2 u. 3 ergebenden Maßgaben zu befolgen.

§ 1807.

Die im § 1806 vorgeschriebene Anlegung von Mündelgeld soll nur erfolgen:

1. in Forderungen, für die eine sichere Hypothek an einem inländischen Grundstücke besteht, oder in sicheren Grundschulden oder Rentenschulden an inländischen Grundstücken;
2. in verbrieften Forderungen gegen das Reich oder einen Bundesstaat sowie in Forderungen, die in das Reichsschuldbuch oder in das Staatsschuldbuch eines Bundesstaats eingetragen sind;
3. in verbrieften Forderungen, deren Verzinsung von dem Reiche oder einem Bundesstaate gewährleistet ist;
4. in Werthpapieren, insbesondere Pfandbriefen, sowie in verbrieften Forderungen jeder Art gegen eine inländische kommunale Körperschaft oder die Kreditanstalt einer solchen Körperschaft, sofern die Werthpapiere oder die Forderungen von dem Bundesrathe zur Anlegung von Mündelgeld für geeignet erklärt sind;
5. bei einer inländischen öffentlichen Sparkasse, wenn sie von der zuständigen Behörde des Bundesstaats, in welchem sie ihren Sitz hat, zur Anlegung von Mündelgeld für geeignet erklärt ist.

Die Landesgesetze können für die innerhalb ihres Geltungsbereichs belegenen Grundstücke die Grundsätze bestimmen, nach denen die Sicherheit einer Hypothek, einer Grundschuld oder einer Rentenschuld festzustellen ist.

Entw. I § 1664 Abs. 2 u. 3; Entw. II § 1687 Abs. 2 u. 3; Reichst.-Vorl. § 1783; Mot. IV zu § 1664 S. 1108 bis 1116; Komm. Prot. S. 6355 bis 6359, 6361 bis 6378, 8680; Reichst. Komm. Ber. S. 169 bis 172; Reichst.-Sitz. Prot. S. 3001 bis 3005, 3094.

Abs. 1.

1. — soll nur erfolgen — Es handelt sich um Ordnungsvorschriften. Eine Abweichung sieht § 1811 vor.

Zu Nr. 1.

2. — in Forderungen, für die eine sichere Hypothek an einem inländischen Grundstücke besteht, oder in sicheren Grundschulden oder Rentenschulden an inländischen Grundstücken — Das BGB. hat reichsrechtliche Bestimmungen über die Sicherheit der Mündel-Hypotheken, Grundschulden und Rentenschulden nicht getroffen. Durch Abs. 2 bleibt die Bestimmung hierüber nach wie vor Sache der Landesgesetzgebung. Eine Abweichung von § 39 Abs. 1 der Pr. VO. ergibt sich dahin, daß der § 1807 die Anlegung grundsätzlich auf Hypotheken, Grundschulden (§ 1191) und Rentenschulden (§ 1199) an inländischen Grundstücken beschränkt. Ausnahmen sind nur für besondere Fälle und mit Genehmigung des vormundschaftlichen Gerichtes vorgesehen (§ 1811).

Zu Nr. 2.

3. — in verbrieften Forderungen gegen das Reich oder einen Bundesstaat sowie in Forderungen, die in das Reichsschuldbuch oder in das Staatsschuldbuch eines Bundesstaates eingetragen sind — Das Reich und die Bundesstaaten sind einander gleichgestellt. Auch das Reichsland Elsaß-Lothringen gilt nach Art. 5 EG. in dieser Hinsicht als Bundesstaat. Unter „verbrieften" Forderungen sind Schuldverschreibungen aller Art zu verstehen. Daß auch Reichsschuldbuch- und Staatsschuldbuch-Forderungen für die Anlegung zugelassen sind, ist eine Neuerung, welche insbesondere auch der Pr. VO. (§ 39) fremd war. Das Reichsschuldbuch und die Staatsschuldbücher sind amtliche Register, in denen Darlehnsforderungen an die Reichs- und bzw. Staatskasse in der Form von Buchschulden zur Eintragung gelangen. Als reichsgesetzliche Vorschriften kommen für diese Anlegungsart in Betracht: das RGes. vom 31. Mai 1891 (RGBl. 1891 S. 321, in Kraft gesetzt seit dem 1. April 1892 durch die Kaiserliche Verordnung vom 24. Januar 1892, RGBl. 1892 S. 303) nebst den Ausführungsbestimmungen vom 27. Januar 1892 (Centralbl. für das Deutsche Reich 1892 S. 25, Pr. JMBl. 1892 S. 124) und die Bekanntmachung vom 7. März 1892 (Pr. MBl. f. d. i. V. 1892 S. 153); ferner das RGes. betr. die Kündigung und Umwandlung der 4 % Reichsanleihe vom 8. März 1897 (RGBl. 1897 S. 21). Unberührt bleiben nach Art. 97 Abs. 1 des EG. die landesgesetzlichen Vorschriften, welche die Eintragung von Gläubigern des Bundesstaates in ein Staatsschuldbuch und die aus der Eintragung sich ergebenden Rechtsverhältnisse, insbesondere die Uebertragung und Belastung einer Buchforderung, regeln. Diese Vorschriften sind für das Kgr. Preußen das Gesetz v. 20. Juli 1883 (GS. 1883 S. 120), die Verordnung v. 25. April 1884 (GS. 1884 S. 269), die Gesetze v. 4. März 1885 (GS. 1885 S. 55), v. 12. April 1886 (GS. 1886 S. 124) und v. 8. Juni 1891 (GS. 1891 S. 105) nebst den dazu ergangenen Ausführungsbestimmungen (Pr. JMBl. 1884 S. 154, 203, 1885 S. 125, 1886 S. 138, 1891 S. 178, 1892 S. 123 und Pr. Min.Bl. f. d. i. V. 1884 S. 153, 158, 192, 1885 S. 43, 45, 242, 1886 S. 87, 153 und 1887 S. 77).

Die Anlage gemäß § 1807 Nr. 2 empfiehlt sich für die Vormünder namentlich deshalb, weil sie dadurch der Gefahr eines Verlustes durch Diebstahl, Feuersbrunst u. s. w enthoben werden. Die Art des Geschäftsverkehrs ist leicht bei jeder Reichsbankstelle oder Reichsbanknebenstelle zu erfragen. Weitere Anweisungen an die Vormünder enthalten hierüber die §§ 1816 und 1820.

Zu Nr. 3.

4. — in verbrieften Forderungen, deren Verzinsung von dem Reiche oder einem Bundesstaate gewährleistet ist — Zu den Bundesstaaten gehört auch hier gemäß Art. 5 des EG. Elsaß-Lothringen. Eisenbahnstammaktien und Eisenbahnprioritätsaktien der Privateisenbahngesellschaften dürfen, auch wenn ihnen ein bestimmter Zinsfuß dauernd gewährleistet wird, zu Anlagen der Mündelgelder nicht benutzt werden, weil sie keine Schuldverschreibungen, sondern nur Antheilscheine sind.

Vorausgesetzt wird eine Gewährleistung, welche unbedingt und auf die Dauer, also bis zur Zahlung und nicht bloß für einen vorübergehenden Zeitraum übernommen worden ist. Daß die Schuldverschreibungen, wie mehrere Landesgesetze, insbesondere auch die Pr. VO. (§ 39 Abs. 1) vorschrieben, „mit gesetzlicher Ermächtigung ausgestellt" bzw. die Verzinsung „gesetzlich" garantirt sein müßten, hat das BGB. nicht mit übernommen. Die Hinzufügung jener Worte ist, wie die Motive bemerken, nicht allein überflüssig, da der Vormund die Gelder selbstverständlich nur in gültigen Schuldverschreibungen der hier fraglichen Art anlegen darf und in jedem einzelnen Falle die Gültigkeit derselben, mithin auch die Gesetzmäßigkeit der Emission, zu prüfen hat, sondern auch nicht völlig korrekt, da durch jene Worte nur ein einzelnes Erforderniß der Rechtsgültigkeit hervorgehoben wird und dieselben zudem zu dem Mißverständnisse verleiten können, als ob eine spezielle gesetzliche Ermächtigung erforderlich sei.

Zu Nr. 4.

5. — in Werthpapieren, insbesondere Pfandbriefen, sowie in verbrieften Forderungen jeder Art gegen eine inländische kommunale Körperschaft oder die Kreditanstalt einer solchen Körperschaft, sofern die Werthpapiere oder die Forderungen von dem Bundesrathe zur Anlegung von Mündelgeld für geeignet erklärt sind — Nach der Pr. VO. (§ 39 Abs. 1) waren Schuldverschreibungen Deutscher kommunaler Körperschaften (Pfandbriefe, Stadtobligationen, Kreisobligationen u. s. w.) für die Anlegung von Mündelgeld nur zugelassen, soweit sie entweder Seitens der Inhaber kündbar sind oder einer regelmäßigen Amortisation unterliegen. Anstatt dessen weist das BGB. die Entscheidung über die Frage der Mündelmäßigkeit der in Nr. 4 bezeichneten Werthpapiere und Forderungen dem Bundesrathe zu. Die Werthpapiere sind theils Inhaberpapiere (lettres au porteur), welche formlos übertragen werden können, und bei denen sich die Person, welcher vermöge abstrakter Verpflichtung geleistet werden soll, erst durch die Vorzeigung des Papiers bestimmt, theils Namenpapiere, die auf einen individuell bestimmten Gläubiger lauten und entweder durch Indossament übertragbar (Ordrepapiere) oder durch Indossament nicht übertragbar (Rektapapiere) sind. Als eine besondere Art der als mündelmäßig nach Nr. 4 zugelassenen Werthpapiere hebt das Gesetz die Pfandbriefe hervor, statutenmäßig ausgefertigte auf den Inhaber lautende Verpflichtungsscheine, für welche von der Pfandbriefanstalt durch Hinterlegung von Spezialhypotheken Sicherheit gewährt wird. Für das Gebiet der Pr. VO. war streitig geworden, ob die Anlegung von Mündelgeldern nur in solchen kommunalen Schuldverschreibungen stattfinden dürfte, welche als Werthpapiere zu charakterisiren sind, oder ob die Anlegung überhaupt in Schuldverschreibungen (verbrieften Forderungen) von kommunalen Körperschaften zulässig ist. Das BGB. hat sich im Sinne der letzteren Alternative entschieden, weil es bei der Anlegung von Mündelgeldern weniger auf die Verkehrsfähigkeit als auf die Sicherheit der Forderung ankommt. Die Sicherheit der verbrieften Forderungen der in Rede stehenden Art beruht darauf, daß die Verwaltung der deutschen Gemeinden durchweg eine geordnete und der Aufsicht der höheren Verwaltungsbehörde unterstellt ist, sowie daß regelmäßig die Aufnahme von Darlehen von der Genehmigung der Verwaltungsbehörde abhängt, wobei auch die finanziellen Verhältnisse der Gemeinde geprüft werden und die Aufstellung eines ordnungsmäßigen Tilgungsplanes verlangt wird.

In Kraft bleiben nach Art. 212 des EG. die landesgesetzlichen Vorschriften, nach welchen gewisse Werthpapiere zur Anlegung von Mündelgeld für geeignet erklärt sind. An Stelle der hiernach für Preußen zum Theil aufrecht erhaltenen Vorschriften in § 39 Abs. 1 der Pr. VO. bestimmt gegenwärtig der Art. 74 des Preuß. AG. zum BGB. vom 20. September 1899:

Zur Anlegung von Mündelgeld sind außer den im § 1807 des BGB. bezeichneten Forderungen und Werthpapieren geeignet:

1. die Rentenbriefe der zur Vermittelung der Ablösung von Renten in Preußen bestehenden Rentenbanken;
2. die Schuldverschreibungen, welche von einer Deutschen kommunalen Körperschaft oder von der Kreditanstalt einer solchen Körperschaft oder mit Genehmigung der staatlichen Aufsichtsbehörde von einer Kirchengemeinde oder einem kirchlichen Verband ausgestellt und entweder von Seiten der Inhaber kündbar sind oder einer regelmäßigen Tilgung unterliegen;
3. die mit staatlicher Genehmigung ausgegebenen Pfandbriefe und gleichartigen Schuldverschreibungen einer Kreditanstalt der im Art. 73 § 1 Abs. 2 bezeichneten Art (vgl. Anm. 9 unten);
4. die auf den Inhaber lautenden Schuldverschreibungen, welche von einer Preußischen Hypotheken-Aktienbank auf Grund von Darlehen an Preußische Körperschaften des öffentlichen Rechtes oder von Darlehen, für welche eine solche Körperschaft die Gewährleistung übernommen hat, ausgegeben sind.

Hiernach sind insbesondere nach wie vor in Preußen als mündelmäßige Werthpapiere zu erachten: die Kur- und Neumärkischen, die Pommerschen, Posenschen, Preußischen, Rheinischen und Westfälischen, Hannoverschen, Sächsischen, Schlesischen, Schleswig-Holsteinschen Rentenbriefe, sowie auch die Centrallandschaftlichen, Kur- und Neumärkischen, Ostpreußischen, Westpreußischen, Pommerschen, Posenschen, Sächsischen, Schlesischen u. s. w. Pfandbriefe.

Zu Nr. 5.

6. — bei einer inländischen öffentlichen Sparkasse, wenn sie von der zuständigen Behörde des Bundesstaats, in welchem sie ihren Sitz hat, zur Anlegung von Mündelgeldern für geeignet erklärt ist. Durch den hier aufgenommenen Zusatz, welcher den Kreis der für die Anlegung von Mündelgeld erlaubten inländischen öffentlichen Sparkassen einschränkt, ist dafür gesorgt worden, daß die Anlegung nur bei wirklich geeigneten Sparkassen dieser Art stattfindet. Die Auslegung des Begriffes einer öffentlichen Sparkasse, bei welchem ebensowohl an eine obrigkeitlich bestätigte wie an eine Sparkasse mit einem unbeschränkten Mitgliederkreis gedacht werden könnte, läßt an sich Zweifel zu. Faßt man den Begriff in dem letzteren Sinne auf,

so würde es bedenklich sein, die Anlegung bei allen öffentlichen Deutschen Sparkassen zu gestatten. Es ist deswegen für richtiger erachtet, die Entscheidung darüber, ob die betreffende Kasse geeignet ist, der Regierung des Bundesstaates zu überweisen, in welchem sie ihren Sitz hat.

Eine besondere Klausel für diese Art der Anlegung enthält der § 1809. Danach soll Mündelgeld in den Fällen des § 1807 Abs. 1 Nr. 5 und des § 1808 nur angelegt werden mit der Bestimmung, daß zur Erhebung des Geldes die Genehmigung des Gegenvormundes oder des vormundschaftlichen Gerichtes erforderlich ist (vgl. die Anm. 2 zu § 1809). Daß zur Anlegung selbst die Genehmigung des Gegenvormundes bzw. des vormundschaftlichen Gerichtes von dem Vormunde eingeholt werden soll, ist in § 1810 bestimmt.

Durch die Vorschrift der Nr. 5 sind fortan auch in Preußen die Vormünder berechtigt, bei einer für geeignet erklärten Sparkasse Mündelgeld nicht bloß vorübergehend und bzw. in kleineren Beträgen zu belegen (§ 39 Abs. 2 der Pr. VO.), sondern auch dauernd und in größeren Summen anzulegen.

Wenn die Ausgabe des Sparkassenbuchs mit der Bestimmung erfolgt, daß die Zahlung der eingelegten Beträge an jeden Inhaber geschehen kann, so wird die Kasse durch die Zahlung an den Inhaber des Buches befreit; der Inhaber ist jedoch nicht berechtigt, die Zahlung zu verlangen (§ 808). Unbeschadet dieser letzteren und der über die Anlegung von Mündelgeld ergangenen Vorschriften des BGB. bleiben nach Art. 99 des EG. die landesgesetzlichen Vorschriften über die öffentlichen Sparkassen unberührt. Auch neue können insoweit gemäß Art. 3 a. a. O. erlassen werden.

Innerhalb des Kgr. Preußens erfolgt die staatliche Genehmigung der durch Kreise, Stadt- und Landgemeinden und andere über den Umfang eines Kreises nicht hinausgehende kommunale Verbände errichteten Sparkassen, sowie die Bestätigung der bezüglichen Statuten nach § 52 des Zuständigkeitsgesetzes vom 1. August 1883 (GS. 1883 S. 237) durch den Oberpräsidenten. Die Befugniß, eine in Preußen bestehende öffentliche Sparkasse zur Anlegung von Mündelgeld für geeignet zu erklären, übt nach Art. 75 Abs. 1 des Pr. AG. zu BGB. vom 20. September 1899 (GS. 1899 S. 177) der Regierunspräsident im Einvernehmen mit dem Landgerichtspräsidenten aus. Die Erklärung kann zurückgenommen werden und ist ebenso wie ihre Zurücknahme durch das Amtsblatt bekannt zu machen.

Ist vor dem 1. Januar 1900 ein Sparkassenbuch außer Kurs gesetzt, so ist nach Art. 75 Abs. 2 a. a. O. in Preußen zur Erhebung des Geldes die Genehmigung des Gegenvormundes oder des vormundschaftlichen Gerichts erforderlich. Die Außerkurssetzung selbst verliert nach Art. 176 Satz 2 des EG. mit dem 1. Januar 1900 ihre Wirkung.

7. An eine bestimmte Reihenfolge in den zur Wahl gestellten Anlegungsarten ist der Vormund nicht gebunden. Bei der Anlegung selbst soll er selbstverständlich stets im Namen des Mündels handeln. Im Uebrigen aber bleibt es ihm überlassen, ob dabei die Gläubigerschaft, wie regelmäßig, streng an die Person des Mündels oder, wie bei den Schuldverschreibungen an den Inhaber (§ 793), an das Eigenthum einer Schuldverschreibung geknüpft, oder ob endlich, wie bei gewissen Legitimationspapieren (§ 808), der Schuldner zwar befugt, aber nicht verpflichtet wird, dem Inhaber als solchem Zahlung zu leisten. Gegen die hieraus dem Mündel entspringenden Gefahren gewähren die §§ 1809, 1813, 1814 bis 1820 ausreichenden Schutz.

Befinden sich im Mündelvermögen bei dem Inkrafttreten des BGB. Kapitalanlagen, welche nach den nunmehr geltenden Bestimmungen nicht die vorgeschriebene Sicherheit bieten, so hat der Vormund als guter Hausvater zu erwägen, wie und wann von ihm hierin eine Aenderung vorzunehmen ist, ohne daß dem Mündel daraus größere Nachtheile erwachsen. Besondere Einzelvorschriften hierüber zu geben, hat der Gesetzgeber nicht für angemessen erachtet.

Abs. 2.

8. Die Landesgesetze können .... bestimmen — Hiernach sind auch die bisher hierüber erlassenen landesgesetzlichen Vorschriften aufrecht erhalten (Art. 3 des EG.). In dem Gebiete des gemeinen und des französischen Rechts sind solche Bestimmungen nicht vorhanden; dahingegen finden sich dergleichen in Preußen (§ 39 Abs. 3 der VO.), im Kgr. Sachsen (§ 1935 des Sächs. GB.), in Württemberg (Art. 1, 2 des Ges. vom 28. November 1833), in Sachsen-Weimar (§ 2 des Ges. vom 16. Juli 1881), in Sachsen-Meiningen (Ges. vom 12. April 1882), in Hamburg (Art. 45 der Vorm.Ordnung vom 14. Dezember 1883), in Bremen (§ 61 der Vorm.Ordnung vom 14. Mai 1882), in Lübeck (Ges. vom 30. Mai 1877), in Hessen-Darmstadt (Art. 2 des Ges. vom 18. Juni 1887, betr. die Anlegung vormundschaftlicher oder pflegschaftlicher Gelder u. s. w.).

Anstatt der Bestimmung in § 39 Abs. 3 der Pr. VO. schreibt gegenwärtig der Art. 73 des Pr. AG. zum BGB. vom 20. September 1899 für Preußen vor:

§ 1. Eine Hypothek, eine Grundschuld oder eine Rentenschuld an einem in Preußen belegenen Grundstück ist für die Anlegung von Mündelgeld als sicher anzusehen, wenn sie innerhalb des Fünfzehnfachen oder, sofern ihr kein anderes der Eintragung bedürfendes Recht im Range vorgeht oder gleichsteht, innerhalb des Zwanzigfachen des staatlich ermittelten Grundsteuerreinertrages, oder bei einem ländlichen Grundstück innerhalb der ersten zwei Drittel, bei einem städtischen Grundstück innerhalb der ersten Hälfte des Werthes zu stehen kommt.

Der Werth ist bei ländlichen Grundstücken durch Taxe einer Preußischen öffentlichen Kreditanstalt, die durch Vereinigung von Grundbesitzern gebildet ist und durch staatliche Verleihung Rechtsfähigkeit erlangt hat, oder durch Taxe einer Preußischen provinzial-(kommunal-)ständischen öffentlichen Grundkreditanstalt oder durch gerichtliche Taxe, bei städtischen Grundstücken in gleicher Weise oder durch Taxe einer öffentlichen Feuerversicherungsanstalt festzustellen.

§ 2. Statt des Zwanzigfachen des Grundsteuerreinertrages ist bei Grundstücken, die von einer Kreditanstalt der im § 1 Abs. 2 bezeichneten Art satzungsgemäß ohne besondere Ermittlungen bis zu einem größeren Vielfachen beliehen werden können, das größere Vielfache, sofern es jedoch den dreißigfachen Betrag übersteigt, dieser Betrag maßgebend.

Für einzelne Bezirke kann durch Königliche Verordnung statt des Zwanzigfachen des Grundsteuerreinertrages ein das Vierzigfache nicht übersteigendes größeres Vielfaches bestimmt werden.

Im Uebrigen sind die seit dem 1. Januar 1899 geltenden neuen landesgesetzlichen Bestimmungen enthalten:

a) für Bayern in Art. 92 des AG. v. 9. Juni 1899 und in Art. 32 des Gesetzes betr. die Uebergangsvorschriften z. BGB. v. 9. Juni 1899;
b) für Kgr. Sachsen in § 36 des AG. vom 6. Juli 1899;

c) für Württemberg in Art. 68 bis 70 des AG. vom 28. Juli 1899;
d) für Oldenburg in §§ 21 bis 23 des AG. vom 15. Mai 1899;
e) für Mecklenburg-Schwerin in §§ 227 bis 232 der AV. vom 9. April 1899;
f) für Baden in Art. 33 des AG. vom 17. Juni 1899;
g) für Braunschweig in §§ 101 u. 102 des AG. vom 12. Juni 1899;
h) für Sachsen-Altenburg in §§ 123 bis 125 des AG. vom 4. Mai 1899;
i) für Anhalt in Art. 67, 68 des AG. vom 18. April 1899.
k) für Elsaß-Lothringen in §§ 141, 142 des AG. vom 17. April 1899.

§ 1808.

Kann die Anlegung den Umständen nach nicht in der im § 1807 bezeichneten Weise erfolgen, so ist das Geld bei der Reichsbank, bei einer Staatsbank oder bei einer anderen durch Landesgesetz dazu für geeignet erklärten inländischen Bank oder bei einer Hinterlegungsstelle anzulegen.

Entw. I § 1665; Entw. II § 1688; Reichst.-Vorl. § 1784; Mot. IV zu § 1665 S. 1116, 1117; Komm. Prot. S. 6379 bis 6386, S. 6854 bis 6856.

---

1. Kann die Anlegung den Umständen nach nicht in der in § 1807 bezeichneten Weise erfolgen — Es wird durch § 1808 im Wesentlichen derselbe Fall wie in § 39 Abs. 2 der Pr. VO. vorgesehen. Ob die Voraussetzung für seine Anwendung, das Vorhandensein rechtfertigender „Umstände" vorliegt, beurtheilt zunächst der Vormund selbst, und zwar unter Würdigung aller Verhältnisse des Einzelfalls (vgl. Joh. Jahrb. Bd. 7 S. 47).

2. — bei der Reichsbank, bei einer Staatsbank oder bei einer andern durch Landesgesetz dazu für geeignet erklärten inländischen Bank — Nach § 39 Abs. 2 der Pr. VO. konnte die Belegung, abgesehen von einer solchen bei öffentlichen, obrigkeitlich bestätigten Sparkassen, welche wegen der Bestimmung in § 1807 Nr. 5 hier nicht in Betracht kommen, nur bei der Reichsbank erfolgen. Diese Belegungsart setzt voraus, daß die Reichsbank Gelder von Vormündern oder Pflegern zur zinsbaren Belegung überhaupt annimmt. Zufolge einer Bekanntmachung vom 3. Dezember 1878 (AB. 1878, S. 364) ist dies zur Zeit nicht der Fall. Indem der § 1808 neben der Belegung bei der Reichsbank auch die übrigen hier geordneten Arten der Belegung zuläßt, nimmt er Rücksicht einerseits auf das Mündelinteresse, andererseits aber auch auf die in den einzelnen Bundesstaaten bestehenden, dem fraglichen Zwecke dienenden Einrichtungen.

Die inländische Bank (abgesehen von der Reichs- oder einer Staatsbank) muß durch Landesgesetz für geeignet erklärt worden sein. Der Beschluß einer durch Landesgesetz nicht besonders ermächtigten bundesstaatlichen Behörde genügt also in diesem Falle (abweichend von dem Falle in § 1807 Nr. 5) hierzu nicht.

3. — oder bei einer Hinterlegungsstelle — Wegen der sachlichen und örtlichen Zuständigkeit der Hinterlegungsstellen verweist der Art. 144 des EG. auf die unberührt bleibenden landesgesetzlichen Vorschriften. Die Landesgesetze können danach bestimmen, daß die Anlegung von Mündelgeld nach § 1808 bei den Hinterlegungsstellen des Bundesstaates nicht stattfindet.

Innerhalb Preußen kann nach Art. 76 des Pr. AG. zum BGB. vom 20. September 1899 die Anlegung von Mündelgeld im Falle des § 1808 bei der

Preußischen Central-Genossenschafts-Kasse oder einer sonstigen Preußischen öffentlichen Bankanstalt (Landesbank, landschaftlichen, ritterschaftlichen Darlehnskasse u. s. w.) und, wenn die von einer Preußischen Privatbank ausgestellten Werthpapiere durch den Bundesrath zur Anlegung von Mündelgeld für geeignet erklärt sind oder eine Preußische Privatbank nach Maßgabe des Art. 85 a. a. O. für die Hinterlegung von Werthpapieren als Hinterlegungsstelle bestimmt ist, bei einer solchen Privatbank erfolgen. Die Anlegung bei den ordentlichen Hinterlegungsstellen (Hinterlegungsordnung v. 14. März 1879, GS. S. 249) findet, wie der Art. 76 in Abs. 2 noch weiter bestimmt, in Preußen nicht statt.

Wegen der Bestimmung von Hinterlegungsstellen für die Fürstenthümer Waldeck und Pyrmont vgl. die auf Grund des zwischen Preußen und Waldeck-Pyrmont geschlossenen Vertrages vom 2. März 1887 erlassene Verordnung v. 27. Dezember 1899 (Pr. GS. 1900 S. 1).

§ 1809.

Der Vormund soll Mündelgeld nach § 1807 Abs. 1 Nr. 5 oder nach § 1808 nur mit der Bestimmung anlegen, daß zur Erhebung des Geldes die Genehmigung des Gegenvormundes oder des Vormundschaftsgerichts erforderlich ist.

Entw. I § 1666 Abs. 2; Entw. II § 1689 Abs. 2; Reichst.-Vorl. § 1785; Mot. IV zu § 1666 S. 1117 bis 1120; Komm. Prot. S. 6386, 6387, 6389.

---

1. Die Bestimmung des § 1809 („soll . . . anlegen") stellt sich nur als Ordnungsvorschrift dar. Eine ohne die hier vorgeschriebene Klausel von dem Vormund nach § 1807 Abs. 1 Nr. 5 oder nach § 1808 erfolgte Anlegung ist daher rechtswirksam; indessen steht es dem Vormundschaftsgericht frei, gegen den Vormund im Aufsichtswege vorzugehen und ihn zur Befolgung des hier gegebenen Gebotes zu nöthigen.

2. — nur mit der Bestimmung . . ., daß zur Erhebung des Geldes die Genehmigung des Gegenvormundes oder des Vormundschaftsgerichts erforderlich ist. Die Vorschrift erschien im Interesse des Mündels namentlich deshalb nothwendig, weil die meisten öffentlichen Sparkassen satzungsgemäß nicht verpflichtet sind, bei Abhebung der Beträge Seitens des Buchinhabers vorher dessen Legitimation zu prüfen. Ist die Anlegung mit der hier vorgesehenen Maßgabe geschehen, so macht sich die Anlegungsstelle dem Mündel verantwortlich, wenn sie vertragswidrig ohne die Genehmigung des Gegenvormundes oder des vormundschaftlichen Gerichtes zahlt. Die eine oder die andere Genehmigung genügt. Soweit die Annahme von Geldern mit solchem Vorbehalte nach den bisherigen Satzungen einzelner der nach § 1807 Nr. 5 für geeignet erklärten Sparkassen unzulässig ist, wird es Sache der Landesverwaltung sein, auf eine angemessene Umgestaltung hinzuwirken. Die hierdurch angeordnete Beschränkung entspricht dem in § 1812 aufgestellten Grundsatz, zufolge dessen dem Vormund die freie Befugniß zur Einziehung von Forderungen der in Rede stehenden Art versagt ist. Auch die in § 1813 Abs. 1 Nr. 1 und 2 enthaltene Ausnahmebestimmung greift in diesem Falle nach Abs. 2 Satz 1 daselbst nicht Platz. Der Vater oder die eheliche Mutter können jedoch den von ihnen benannten Vormund nach §§ 1852, 1855 durch Ausschließung der Bestellung eines Gegenvormundes oder ausdrücklich von der ihm durch § 1809 auferlegten Verpflichtung entbinden. Befreit von derselben sind gemäß §§ 1903, 1904 ohne Weiteres auch der Vater und die eheliche Mutter selbst, wenn sie einem volljährigen Kinde zum Vormund bestellt sind und nicht die in § 1903 Abs. 1 Satz 3 oder Abs. 2 und § 1904 Satz 3 bestimmten Ausnahmefälle vorliegen.

§ 1810.

Der Vormund soll die in den §§ 1806 bis 1808 vorgeschriebene Anlegung nur mit Genehmigung des Gegenvormundes bewirken; die Genehmigung des Gegenvormundes wird durch die Genehmigung des Vormundschaftsgerichts ersetzt. Ist ein Gegenvormund nicht vorhanden, so soll die Anlegung nur mit Genehmigung des Vormundschaftsgerichts erfolgen, sofern nicht die Vormundschaft von mehreren Vormündern gemeinschaftlich geführt wird.

Entw. I § 1666 Abs. 1; Entw. II § 1689 Abs. 1; Reichst.-Vorl. § 1786; Mot. IV zu § 1666 S. 1117 bis 1120; Komm. Prot. S. 6386 bis 6389, 8680.

---

1. Der Vormund soll . . . bewirken. Also auch hier handelt es sich, wie im Falle des § 1809, nur um eine Instruktion des Vormundes, deren Nichtbefolgung die Gültigkeit des Geschäftes nach außen unberührt läßt.

2. — nur mit Genehmigung des Gegenvormundes — Aus dem Wörtchen „nur" ist zu entnehmen, daß der Vormund, sofern ein Gegenvormund bestellt ist, gehalten ist, mit ihm in Einvernehmen zu treten, und daß nur, wenn derselbe aus unzureichenden Gründen seine Genehmigung verweigert, die Voraussetzung für die Anwendung des Abs. 1 Halbsatz 2 gegeben ist. Die Genehmigung (Zustimmung) des Gegenvormundes, kann ebensowohl vor als nach der Anlegung erfolgen und bedarf keiner besonderen Form.

3. — wird durch die Genehmigung des Vormundschaftsgerichts ersetzt. Diese Fassung, in Verbindung mit dem Charakter der ganzen Bestimmung als Ordnungsvorschrift, ergibt, daß auch in Fällen, wo der Vormund den Gegenvormund um seine Genehmigung gar nicht angegangen hat, die von dem Vormundschaftsgericht an Stelle des Gegenvormundes ertheilte Genehmigung zur Gültigkeit des Geschäftes nach außen genügt. Das Gericht, welches durch seine Genehmigung gemäß § 1848 die Verantwortung übernimmt, hat jedoch korrekter Weise den Vormund zunächst an den Gegenvormund zu verweisen, da es nach der Absicht des Gesetzes durch seine Genehmigung nur einen Meinungsstreit zwischen Vormund und Gegenvormund schlichten bzw. einen unbegründeten Widerstand des Gegenvormundes durch sein Eintreten brechen soll. Ist der Gegenvormund, welcher der Regel nach gemäß § 1826 vorher zu hören ist, an Abgabe einer Erklärung (z. B. durch Abwesenheit, Krankheit) verhindert, so kann das Vormundschaftsgericht ohne Weiteres die fehlende Genehmigung desselben durch seine eigene ersetzen.

4. — sofern nicht die Vormundschaft von mehreren Vormündern gemeinschaftlich geführt wird. Eine entsprechende Klausel findet sich in § 1812 Abs. 3. Der gesetzgeberische Grund für diese Ausnahmebestimmung ist der, daß in diesem Falle der Mangel der Genehmigung eines Aufsichtsorgans durch die gegenseitige Kontrole der Mitvormünder und die Vorschrift ersetzt wird, daß dieselben nur gemeinschaftlich handeln können, bei Meinungsverschieden-

heiten aber das Vormundschaftsgericht entscheidet (§ 1797 Abs. 1). Ist die Vormundschaft unter die mehreren Vormünder getheilt (§ 1797 Abs. 2), so tritt wiederum die Regel ein, und es bedarf daher, wenn ein Gegenvormund fehlt, der Genehmigung des Vormundschaftsgerichts.

§ 1811.

Das Vormundschaftsgericht kann aus besonderen Gründen dem Vormund eine andere Anlegung als die in den §§ 1807, 1808 vorgeschriebene gestatten.

Entw. I § 1667; Entw. II § 1690; Reichst.-Vorl. § 1787; Mot. IV zu § 1667 S. 1120; Komm. Prot. S. 6390.

---

1. Diese der Pr. VO. unbekannte Vorschrift schließt sich dem in einigen anderen Bundesstaaten (z. B. in Württemberg, Braunschweig, Hamburg, Bremen) bisher in Geltung gewesenen Rechte an. Es ist zufolge der Motive namentlich für solche Fälle von Werth, in welchen der Mündel, z. B. in Folge einer Erbschaft, Kapitalvermögen in ausländischen Werthen besitzt und im Zusammenhange mit diesem Besitze zum Zwecke der Verminderung sonst drohender großer Verluste die weitere Anlegung von Mündelgeldern in solchen Werthen, sei es durch Ausübung eines Bezugsrechtes, sei es durch Nachzahlungen, erforderlich wird, oder in welchen es sich darum handelt, dem Vater oder der Mutter des Mündels durch die Hingabe eines Darlehens gegen Hypothek den Besitz eines im Auslande belegenen Grundstücks zu erhalten, wenn durch die Erhaltung dieses Besitzes die Subsistenz der Familie und des Mündels selbst bedingt ist. Im Uebrigen aber wird auch in den durch § 1811 vorgesehenen Ausnahmefällen stets eine sichere Anlegung der Mündelgelder vorausgesetzt, und das Vormundschaftsgericht erscheint wegen seiner Genehmigung verantwortlich.

2. — aus besonderen Gründen — Die Vorschrift charakterisirt sich als Ausnahme, und es müssen die individuellen Umstände des Falles berücksichtigt werden. Maßgebend für die Ertheilung der Erlaubniß bleibt überall und in erster Linie das Mündelinteresse. Abgesehen hiervon steht nichts entgegen, daß die Ertheilung gleichzeitig und unter Einem für eine ganze Kategorie von Anlegungsgeschäften erfolgt.

Wenn ein Gegenvormund vorhanden ist, so soll nach § 1826 dieser, sofern thunlich, zuvörderst gehört werden.

§ 1812.

Der Vormund kann über eine Forderung oder über ein anderes Recht, kraft dessen der Mündel eine Leistung verlangen kann, sowie über ein Werthpapier des Mündels nur mit Genehmigung des Gegenvormundes verfügen, sofern nicht nach den §§ 1819 bis 1822 die Genehmigung des Vormundschaftsgerichts erforderlich ist. Das Gleiche gilt von der Eingehung der Verpflichtung zu einer solchen Verfügung.

Die Genehmigung des Gegenvormundes wird durch die Genehmigung des Vormundschaftsgerichts ersetzt.

Ist ein Gegenvormund nicht vorhanden, so tritt an die Stelle der Genehmigung des Gegenvormundes die Genehmigung des Vormundschaftsgerichts, sofern nicht die Vormundschaft von mehreren Vormündern gemeinschaftlich geführt wird.

Entw. I § 1669 Abs. 1 und 3; Entw. II § 1692; Reichst.-Vorl. § 1788; Mot. IV zu § 1669 S. 1121 bis 1124, 1127 bis 1129; Komm. Prot. S. 6392 bis 6394, 6396.

Abs. 1.

1. Der aus § 1793 herfließende Grundsatz, daß die Vertretungsmacht des Vormundes regelmäßig eine unbeschränkte ist, erleidet durch die Bestimmung des § 1812 in Ansehung der dem Mündel zustehenden Ansprüche eine weitgreifende Ausnahme. Das Gesetz geht davon aus, daß im Interesse der Sicherheit des Mündels die durch § 1812 betroffenen Rechtsgeschäfte dem Vormunde allein nicht überlassen werden dürfen. Auch die bisher geltenden Partikularrechte enthielten ähnliche Bestimmungen.

Hinsichtlich des Umfanges der Beschränkung des Vormundes geht das BGB. hierbei weiter als der § 41 der Pr. VO., welcher die Genehmigung des Gegenvormundes zur Veräußerung von Werthpapieren, zur Einziehung, Abtretung oder Verpfändung von Kapitalien, sofern dieselben nicht bei Sparkassen belegt sind, und zur Aufgabe oder Minderung der für eine Forderung bestellten Sicherheit vorschrieb. Das BGB. verlangt diese Genehmigung ganz allgemein für jede Verfügung des Vormundes über einen dem Mündel zustehenden Anspruch, sofern dazu nicht nach den §§ 1819 bis 1822 die Genehmigung des Vormundschaftsgerichts erforderlich ist. Es macht also keinen Unterschied, ob das Recht des Mündels auf eine Leistung auf einem Schuldverhältnisse im engeren Sinne oder auf einem andern Rechtsgrunde, insbesondere einem dinglichen Rechtsverhältnisse, beruht, oder ob, wie im Falle der Grundschuld, eine bestimmte Leistung nicht in obligatione, sondern in solutione ist. Insbesondere hat das BGB. auch die Beschränkung auf Kapitalien aufgegeben, da dieser Ausdruck an einer gewissen, die Sicherheit des Verkehrs gefährdenden Unbestimmtheit leidet und zweifelhaft läßt, ob und in wie weit darunter auch der noch ausstehende Kaufpreis für verkaufte Mündelsachen, insbesondere für verkaufte Grundstücke des Mündels, fällt, es aber bedenklich sein würde, solche Ansprüche des Mündels von der in § 1812 bestimmten Beschränkung der Vertretungsmacht des Vormundes auszunehmen.

Mit Rücksicht auf die Gebote des Verkehrs und die Rechtsstellung des Schuldners enthält der § 1813 von der in § 1812 bestimmten Beschränkung wiederum Ausnahmen.

2. — über eine Forderung oder über ein anderes Recht, kraft dessen der Mündel eine Leistung verlangen kann — Gemeint ist die Verfügung über alle dem Mündel zustehenden Ansprüche (vgl. Anm. 1).

3. — sowie über ein Werthpapier des Mündels — Nur mit Rücksicht auf ihre besondere Wichtigkeit und zur Vermeidung von Zweifeln werden die Werthpapiere nochmals ausdrücklich hervorgehoben, wiewohl sie an sich schon unter die vorher bezeichneten Ansprüche fallen. Papiergeld und die demselben gleichstehenden Banknoten gehören zu den Werthpapieren im engeren Sinne nicht.

Auch die Veräußerung von Hypotheken-, Grund- und Rentenschulden wird von der Vorschrift des § 1812 umfaßt, da dieselben wirthschaftlich dem Forderungsverkehr angehören, die Verfügung über dieselben auch nicht über die Grenzen der gewöhnlichen Vermögensverwaltung hinausgeht und eine freiere Bewegung in dieser Beziehung in vielen Fällen auch im Interesse des Mündels selbst liegt. Unter die Bestimmung des § 1821 Abs. 1 Nr. 1 fallen Hypotheken, Grundschulden und Rentenschulden nicht (vgl. auch § 1551 Abs. 2). Soweit jedoch die für einen Anspruch des Mündels bestehende Hypothek aufgehoben oder gemindert werden soll, ist nach § 1822 Nr. 13, abweichend von § 41 Nr. 3 der Pr. VO., die Genehmigung des Vormundschaftsgerichts erforderlich.

4. — kann ... verfügen — Der Ausdruck „verfügen" umfaßt jede Thätigkeit des Vormundes, welche darauf gerichtet ist, eine rechtliche Veränderung in dem fraglichen Anspruche des Mündels, sei es durch Aufhebung (Erlaß, Annahme einer geschuldeten Leistung, Aufrechnung, Aufgabe oder Minderung einer Sicherheit u. s. w.), sei es durch ganz oder theilweise geschehende Uebertragung (Abtretung, Verpfändung u. s. w.) auf einen Dritten herbeizuführen. Dahingegen stellt es keine „Verfügung" im Sinne des § 1812 dar, wenn es sich lediglich um die Hinterlegung von Werthpapieren handelt. Auch die bloße Kündigung einer Forderung und die Führung eines Rechtsstreites zum Zwecke ihrer Einziehung stellt eine „Verfügung" über dieselbe noch nicht dar.

Ob der Dritte, mit welchem der Vormund das Geschäft abschließt, ein Recht auf die Veräußerung des Mündelanspruchs hat, ist für die Anwendung des § 1812 ohne Belang. Das Gesetz macht auch für diesen Fall im Interesse der Einfachheit der Norm keine Ausnahme. Es würde dies auch gar nicht passen für solche Fälle, in denen über ein Recht an einem Grundstück oder über ein Recht an einem solchen Rechte zu verfügen ist, da die Legitimation zur Vornahme von Rechtshandlungen, welche auf das Grundbuch sich beziehen, eine unbedingte und für den Grundbuchrichter sicher erkennbare sein muß. Das Erforderniß der Genehmigung in Fällen dieser Art hat materiell nur die Bedeutung, daß der Gegenvormund zu prüfen hat, ob dem Dritten ein Recht auf die Veräußerung wirklich zusteht. Wird die Genehmigung verweigert, so kann der Dritte selbstverständlich seinen Anspruch gegen den Mündel im Wege des Prozesses geltend machen.

Von der in Abs. 1 bestimmten Beschränkung können der Vater und die eheliche Mutter des Mündels den von ihnen ernannten Vormund befreien (§§ 1852, 1855). Auch eine allgemeine Ermächtigung zur selbständigen Vornahme der in § 1812 bezeichneten Rechtsgeschäfte darf ihm von dem Vormundschaftsgerichte ertheilt werden (§ 1825).

Die Verfügung über bewegliche (körperliche) Sachen des Mündels steht dem Vormunde völlig frei. Nur soweit Kostbarkeiten in Betracht kommen, deren Begriff übrigens kein fester ist, kann das Vormundschaftsgericht nach § 1818 (vgl. Anm. 4 daselbst) die Hinterlegung anordnen.

5. — nur mit Genehmigung des Gegenvormundes — Fehlt diese Genehmigung, so ist das Geschäft (da der Vormund ohne sie nicht „verfügen kann") wirkungslos. Ueber die Ausnahmen ist § 1813 zu vergleichen. Eine besondere Form für die Genehmigung ist allgemein nicht vorgeschrieben, so daß selbst eine stillschweigende Genehmigung der Regel nach genügt. Nimmt der Vormund einem Andern gegenüber ein einseitiges Rechtsgeschäft vor, so ist nach §§ 1831, 1832 das letztere unwirksam, wenn der Vormund die dazu erforderliche Genehmigung des Gegenvormundes nicht in schriftlicher Form vorlegt und der Andere das Rechtsgeschäft aus diesem Grunde unverzüglich zurückweist (vgl. Anm. 5 zu § 1831

und Anm. 3 zu § 1832). Wo das Gesetz, wie bei dem Verkehr mit dem Grundbuchamte, eine öffentliche Form vorschreibt, hat auch der Gegenvormund bei Ertheilung seiner Genehmigung dieselbe zu beobachten.

Soweit eine Willenserklärung auf Grund allgemeiner Rechtsnormen angefochten werden kann (wegen Irrthums und Mißverständnisses, Täuschung, Drohung u. s. w.), gilt Letzteres auch von der Genehmigung des Gegenvormundes, welche insofern die Bedeutung eines rechtsgeschäftlichen Aktes hat, wenngleich nur der Vormund und nicht auch der Gegenvormund der gesetzliche Vertreter des Mündels ist (vgl. Entsch. des RG. in Civils. Bd. 25 S. 281).

Ob die Genehmigung des Gegenvormundes dem Rechtsgeschäfte des Vormundes vorausgeht oder erst nachträglich erfolgt, ist für die Gültigkeit des Geschäftes regelmäßig gleichgültig. In jedem Falle aber wird es sich für den Vormund empfehlen, zur Abgabe der erforderlichen Erklärung den Gegenvormund unter Darlegung des fraglichen Rechtsverhältnisses schon vorher in Zeiten aufzufordern, worauf alsdann dieser verpflichtet ist, in eine Prüfung des beabsichtigten Geschäftes einzutreten und seine Entschließung dem Vormund rechtzeitig kund zu thun.

Abs. 2.

6. — wird durch die Genehmigung des Vormundschaftsgerichts ersetzt. Die Vorschrift stimmt überein mit § 41 Abs. 2 der Pr. VO. Im Uebrigen gilt von dieser Ersetzung der Genehmigung des Gegenvormundes das in § 1810 Anm. 3 Gesagte.

Dem Bedürfniß des Verkehrs ist durch Abs. 2 ausreichend Rechnung getragen.

Abs. 3.

7. Ist ein Gegenvormund nicht vorhanden — Ob die Bestellung eines Gegenvormundes mit Recht oder Unrecht unterblieben ist (§ 1792), erscheint hier nur insofern von Belang, als das um seine Genehmigung angegangene Vormundschaftsgericht in dem letzteren Falle regelmäßig Anlaß nehmen wird, einen Gegenvormund nachträglich zu bestellen und entweder den Vormund zuvörderst an ihn zu verweisen oder nach Maßgabe des § 1826 ihn zu hören. Eine gesetzliche Nothwendigkeit hierzu liegt aber nicht vor.

8. — von mehreren Vormündern gemeinschaftlich — Vgl. § 1810 Anm. 4.

§ 1813.

Der Vormund bedarf nicht der Genehmigung des Gegenvormundes zur Annahme einer geschuldeten Leistung:

1. wenn der Gegenstand der Leistung nicht in Geld oder Werthpapieren besteht;
2. wenn der Anspruch nicht mehr als dreihundert Mark beträgt;
3. wenn Geld zurückgezahlt wird, das der Vormund angelegt hat;
4. wenn der Anspruch zu den Nutzungen des Mündelvermögens gehört;
5. wenn der Anspruch auf Erstattung von Kosten der Kündigung oder der Rechtsverfolgung oder auf sonstige Nebenleistungen gerichtet ist.

Die Befreiung nach Abs. 1 Nr. 2, 3 erstreckt sich nicht auf die Erhebung von Geld, bei dessen Anlegung ein Anderes bestimmt worden ist. Die Befreiung nach Abs. 1 Nr. 3 gilt auch nicht für die Erhebung von Geld, das nach § 1807 Abs. 1 Nr. 1 bis 4 angelegt ist.

Entw. I § 1669 Abs. 2; Entw. II § 1693; Reichst.-Vorl. § 1789; Mot. IV zu § 1669 S. 1125 bis 1127; Komm. Prot. S. 6392 bis 6395, 8681 bis 8683.

Abs. 1.

1. Während der § 1812 die Regel aufstellt, enthält der § 1813 rücksichtlich der Annahme einer geschuldeten Leistung diejenigen Ausnahmen, in denen der Vormund der Genehmigung des Gegenvormundes nicht bedarf. Die Gefahr, bemerken die Motive, welcher die in § 1812 bestimmte Beschränkung des Vormundes entgegenwirken soll, besteht darin, daß mit der Erfüllung der Obligation der Gegenstand der Leistung in dem Vermögen des Mündels an die Stelle des aufgehobenen Anspruches tritt, und daß nach der Natur dieses Anspruchs eine Schädigung des Mündels durch Verfügungen des Vormundes erleichtert wird. Das Erforderniß der Genehmigung des Gegenvormundes hat vornehmlich die praktische Bedeutung, daß in Folge derselben dem Vormunde die Umsetzung des Anspruches in ein leichter entziehbares Objekt ohne die Kenntnißnahme des Gegenvormundes verwehrt wird. Der Gesetzgeber erkannte jedoch, daß eine zu weit gehende Beschränkung des Vormundes nicht bloß diesem die Vermögensverwaltung erheblich erschweren, sondern auch als eine regelmäßig unnöthige Belästigung des Verkehrs empfunden werden würde. Der § 1813 hat daher in dieser Richtung den Grundsatz des § 1812 gemäßigt.

2. — zur Annahme einer geschuldeten Leistung — Zur Annahme von Leistungen, welche nicht geschuldet, sondern außerhalb eines Schuldverhältnisses, aus einem anderen Grunde, angeboten und von dem Vormund in Vertretung des Mündels angenommen werden, ist die Genehmigung des Gegenvormundes überhaupt nicht erforderlich. Im Uebrigen ist der Begriff der Leistung an sich ein allgemeiner. Eine geschuldete Leistung ist überall da vorhanden, wo Jemand einen persönlichen oder dinglichen Anspruch auf das Handeln oder Unterlassen eines Dritten hat. Da nach § 1813 die Annahme einer geschuldeten Leistung in Frage steht und die §§ 1812 und 1813 sich nur auf Gegenstände der vormundschaftlichen Vermögensverwaltung beziehen, so kommen hier nur solche geschuldete Leistungen in Betracht, welche in einem positiven Thun (Geben, Gewähren) bestehen und für den Mündel einen Vermögenswerth darstellen. Wird über die Forderung oder das Recht auf andre Weise als durch Annahme der Leistung (etwa durch Abtretung, Verpfändung, Erlaß) verfügt, so leidet hierauf die Befreiung aus § 1813 keine Anwendung.

Zu Nr. 1.

3. — nicht in Geld oder Werthpapieren — Wenn Geld oder Werthpapiere der Gegenstand der Leistung sind, erscheint der Mündel durch die ohne Genehmigung des Gegenvormundes sich vollziehende Annahme des Vormundes in einem höheren Grade gefährdet, als wenn weniger leicht entziehbare Objekte ohne diese Genehmigung in die Hände des Vormundes gelangen. In letzterem Falle verbleibt es bei der Regel des § 1812, jedoch vorbehaltlich der durch die Nr. 2 bis 5 bestimmten weiteren Ausnahmen. Ob der Anspruch ursprünglich auf einen anderen Gegenstand ging und erst in Folge der Nichterfüllung in einen Geldanspruch sich umgesetzt hat, macht hierbei keinen Unterschied.

Zu Nr. 2.

4. — wenn der Anspruch nicht mehr als 300 M. beträgt — Maßgebend ist somit die Höhe des Anspruchs, nicht der Werth der Leistung. Hieraus folgt, daß der Vormund auch eine Theilzahlung von weniger als 300 M. wenn das ganze geschuldete Kapital über 300 M. beträgt, ohne die Genehmigung des Gegenvormundes (bzw. des vormundschaftlichen Gerichtes) wirksam nicht annehmen kann.

Nebenleistungen, wie Zinsen und Kosten, kommen jedoch für die Berechnung nicht in Betracht.

Konkurriren auf Seiten des Schuldners mehrere Leistungen, welche auf Ansprüchen beruhen, deren Werth sich im Einzelnen auf weniger, im Ganzen jedoch auf mehr als 300 M. beläuft, so wird die Entscheidung der Frage, ob eine Mehrheit selbständiger Ansprüche oder ein einheitlicher Anspruch vorliegt, und ob der Vormund demgemäß ohne Genehmigung des Gegenvormundes alle zugleich annehmen kann oder nicht, jedesmal von den konkreten Umständen abhängen.

Handelt es sich um die Erhebung von Geld, bei dessen Anlegung ein Anderes bestimmt worden ist, so erstreckt sich auf dessen Annahme die Befreiung aus § 1813 Nr. 2 nicht (Abs. 2 Satz 1).

Zu Nr. 3.

5. — Geld ..., das der Vormund angelegt hat — Also alles von dem Vormund angelegte Geld (§ 1806), gleichviel ob er die Anlegung gemäß §§ 1807 bis 1811 vorschriftsmäßig bewirkt hat oder nicht. Ist bei der Anlegung bestimmt worden, daß zur Erhebung des Geldes die Genehmigung des Gegenvormundes erforderlich ist, so geht diese zu Gunsten des Mündels getroffene Vertragsbestimmung auch hier vor und die Ausnahmevorschrift in § 1813 Nr. 3 greift nicht Platz (§ 1809 Anm. 2). Letzteres gilt auch in dem Falle, wenn die Anlegung des zu erhebenden Geldes in einer der in § 1807 Nr. 1 bis 4 bezeichneten Arten stattgefunden hat (Abs. 2 Satz 2).

Zu Nr. 4.

6. — zu den Nutzungen des Mündelvermögens — Nutzungen sind nach § 100 die Früchte einer Sache (§ 99 Abs. 1) oder eines Rechts (§ 99 Abs. 2 und 3), sowie die Vortheile, welche der Gebrauch der Sache oder des Rechts gewährt. Auf die Höhe des zu den Nutzungen gehörigen Anspruches kommt nichts an, auch wenn Geld oder Werthpapiere in diesem Falle der Gegenstand der Leistung sind. Die Gefahr, daß der Mündel durch die Bestimmung der Nr. 4 benachtheiligt werden könnte, verringert sich in erheblicher Weise dadurch, daß der Gegenvormund bei pflichtmäßiger Beaufsichtigung der Vermögensverwaltung, insbesondere durch Prüfung der Jahresrechnungen (§ 1842), von allen wiederkehrenden Einnahmen Kenntniß erlangt und bezüglich ihrer, soweit es ihm dienlich erscheint, Vigilanz zu üben vermag. Hierzu kommt, daß dergleichen Nutzungen des Mündelvermögens der Regel nach zu den laufenden Verwaltungsausgaben mitbenutzt werden und eine allzugroße Beschränkung des Vormundes in dieser Beziehung verkehrserschwerend wirken würde.

7. — auf Erstattung von Kosten der Kündigung oder der Rechtsverfolgung oder auf sonstige Nebenleistungen — Auch hier macht es keinen Unterschied, wie hoch der Gegenstand der Leistung ist und ob derselbe in Geld oder Werthpapieren besteht. Zu den Nebenleistungen gehört auch die Vertragsstrafe wegen nicht gehörig geleisteter Erfüllung (§ 341).

Abs. 2.

8. — die Befreiung nach Abs. 1 Nr. 2, 3 erstreckt sich nicht auf die Erhebung von Geld, bei dessen Anlegung ein Anderes bestimmt worden ist — Der Vormund kann also in diesen Fällen (§§ 1808, 1809) auch unter 300 M., das dem Mündel geschuldet wird, sowie überhaupt von dem Vormund angelegtes Geld, das zur Zurückzahlung gelangt, ohne die Genehmigung des Gegenvormundes gültiger Weise für den Mündel nicht annehmen. Erfolgt dessen ungeachtet die Annahme, so geschieht die Zahlung auf Gefahr des Zahlenden. Eine Ausnahme macht nur die Annahme von Zinsen, und zwar unabhängig von ihrer und der Höhe des Hauptanspruchs, da hierbei nicht von einer Erhebung des angelegten Geldes gesprochen werden kann.

9. Die Befreiung nach Abs. 1 Nr. 3 gilt auch nicht für die Erhebung von Geld, das nach § 1807 Abs. 1 Nr. 1 bis 4 angelegt ist. Aus dieser Vorschrift in Verbindung mit der vorhergehenden in Abs. 2 Satz 1 ergibt sich, daß das Erforderniß der Genehmigung des Gegenvormundes zur Annahme von Geld, das der Vormund verzinslich angelegt hat, ordnungsmäßiger Weise die Regel bildet. Zinsen darf auch in diesem Falle der Vormund ohne diese Genehmigung rechtswirksam annehmen, auch wenn ihr Betrag oder der Hauptanspruch 300 M. übersteigt.

§ 1814.

Der Vormund hat die zu dem Vermögen des Mündels gehörenden Inhaberpapiere nebst den Erneuerungsscheinen bei einer Hinterlegungsstelle oder bei der Reichsbank mit der Bestimmung zu hinterlegen, daß die Herausgabe der Papiere nur mit Genehmigung des Vormundschaftsgerichts verlangt werden kann. Die Hinterlegung von Inhaberpapieren, die nach § 92 zu den verbrauchbaren Sachen gehören, sowie von Zins-, Renten- oder Gewinnantheilscheinen ist nicht erforderlich. Den Inhaberpapieren stehen Orderpapiere gleich, die mit Blankoindossament versehen sind.

Entw. I § 1670 Abs. 1; Entw. II § 1694; Reichst.-Vorl. § 1790; Mot. IV zu § 1670 S. 1129 bis 1133; Komm. Prot. S. 6396 bis 6402, 8686, 8687.

---

1. Der § 1814 enthält eine den meisten bisherigen Rechten fremde Spezialbestimmung, indem er ganz allgemein für die zum Mündelvermögen gehörigen Inhaberpapiere und mit Blanko-Indossament versehenen Ordrepapiere (abgesehen von der Maßgabe in Satz 2) die Hinterlegung anordnet. Die nach den früher geltenden Normen (vgl. § 60 der Pr. VO., § 1904 des Sächs. GB.) nur ausnahmsweise erforderliche Hinterlegung und bzw. die nach § 1815 zugelassene Umschreibung der Inhaberpapiere auf den Namen des Mündels bildet fortan die Regel. Es ist nicht zu verkennen, daß die Verwaltung für den Vormund dadurch erschwert und für Verzögerungsfälle auch seine Vertretungsgefahr gesteigert wird. Auch das Vormundschaftsgericht kann eine nach § 1817 für besondere Fälle zulässige Entbindung von der hier bestimmten Verpflichtung nur unter eigener Verantwortung eintreten lassen (§ 1848). Entscheidend fällt jedoch nach den Motiven ins Gewicht, daß dadurch der Mündel gegen die mit der Natur der Inhaberpapiere verbundenen Gefahren besser geschützt wird. Die Gründe, — so wird dort

ausgeführt — auf welchen die Bestimmungen des § 1812 beruhen, daß der Vormund über Ansprüche des Mündels regelmäßig nicht ohne die Genehmigung des Gegenvormundes oder des Vormundschaftsgerichtes soll verfügen können, sprechen dafür, bei Inhaberpapieren die Hinterlegung oder die Umschreibung auf den Namen des Mündels, sofern dies zulässig ist (vgl. Preuß. Ges., betr. das Staatsschuldbuch, vom 20. Juli 1883; Sächs. Ges., das Staatsschuldbuch betr., vom 25. April 1884), vorzuschreiben, um den Vormund zu verhindern, daß er als Inhaber über jene Papiere ohne die Genehmigung des Gegenvormundes oder des Vormundschaftsgerichtes verfügt. Dieser Schutz des Mündels gegen Untreue des Vormundes ist umsomehr angezeigt, als der Vormund nicht mehr zur Kautionsleistung gezwungen werden kann (§ 1844 verb. mit § 1786 Nr. 6 und § 1889) und dem Mündel eine gesetzliche Hypothek an dem Vermögen des Vormundes nicht mehr zusteht. Aber nicht nur von dem Gesichtspunkte des Schutzes gegen den Vormund aus, sondern vornehmlich zum Schutze gegen den Verlust der Papiere durch zufällige Umstände ist die Hinterlegung oder die Umschreibung der Papiere auf den Namen des Mündels als angemessen zu erachten. Von diesem letzteren Gesichtspunkte aus betrachtet, liegt die Maßregel auch in dem eigenen Interesse des Vormundes, welcher auf diese Weise der Verantwortlichkeit in Ansehung der eigenen Verwahrung der Papiere überhoben wird.

Das Vormundschaftsgericht wird in wichtigeren Fällen gut thun, auf die pünktliche Befolgung der Vorschrift des § 1814 durch den Vormund auch seinerseits von Aufsichtswegen hinzuwirken.

2. — die zu dem Vermögen des Mündels gehörigen Inhaberpapiere nebst den Erneuerungsscheinen — Inhaberpapiere (Schuldverschreibungen auf den Inhaber) sind formelle Schuldurkunden, in denen der Aussteller dem Inhaber, also Jedem, der ihm die Urkunde überbringt, ohne zu einer weiteren Legitimationsprüfung verpflichtet zu sein, eine bestimmte Leistung verspricht (§§ 793 ff.). Unter Erneuerungsscheinen (Talons) versteht das Gesetz die zum Empfang der neuen Zins- oder Rentenscheine ermächtigende Urkunde (§ 805). Die in § 808 erwähnten unvollkommenen Inhaberpapiere (Legitimationspapiere) gehören zu den nach § 1814 zu hinterlegenden Inhaberpapieren nicht. Ueber Werthpapiere der letzteren Art verhalten sich der § 1812, und soweit es sich um Sparkassenbücher handelt, insbesondere auch noch der § 1807 Nr. 5 und die §§ 1809 und 1813 Abs. 2 Satz 1.

Es ist selbstverständlich, daß für den § 1814 nur solche Inhaberpapiere in Betracht kommen, welche dem Mündel ausschließlich gehören. Ist der Mündel nur Miteigenthümer, so steht dem Vormunde allein eine Verfügung darüber nicht zu.

3. — hat . . . zu hinterlegen — Die Hinterlegung muß also erfolgen (vgl. jedoch Satz 2 und § 1817).

4. — bei einer Hinterlegungsstelle oder bei der Reichsbank mit der Bestimmung . . . daß die Herausgabe der Papiere nur mit Genehmigung des Vormundschaftsgerichts verlangt werden kann. Innerhalb des Kgr. Preußens dienen als Hinterlegungsstellen für die Hinterlegung von Werthpapieren auf den Inhaber und von Werthpapieren auf Namen, auf welche die Zahlung dem Inhaber geleistet werden kann, die Bezirksregierungen und in Berlin die Ministerial-, Militär- und Baukommission daselbst, und als Kassen derselben die Regierungshauptkassen, in den Hohenzollernschen Landen die Landeskasse zu Sigmaringen und in Berlin die vereinigte Konsistorial-, Militär- und Baukasse daselbst (§§ 1, 2 der Hinterlegungsordnung vom 14. März 1879, GS. 1879 S. 249 und Allgem. Verf. vom 31. Juli 1879, JMBl. S. 1879 S. 216). Da die Hinterlegungskasse, was das Verhältniß der Hinterlegungsstelle zu den Betheiligten betrifft, nicht unbedingt verpflichtet ist, die Auslosung oder Kündigung der Werthpapiere zu überwachen und für die Einziehung neuer Zins- oder Dividendenscheine oder der Beträge fälligen Zins- oder Dividendenscheine von Amtswegen zu sorgen (§ 38 der Hinterlegungsordnung und Nr. 27 der dazu ergangenen Ausführungsbestimmungen, JMBl. 1879 S. 327; Allgem. Verf. vom 21. August 1880, JMBl. 1880 S. 197 und Allgem. Verf. vom 28. Mai 1886, JMBl. 1886 S. 140), so ist die Hinterlegung bei der Reichsbank für die Vormünder vorzuziehen. Gemäß Art. 85 des Pr. AG. zum BGB. vom 20. September 1899 (vgl. auch Verfügung des Justizministers vom 27. Januar 1899 im JMBl. 1899 S. 31) können durch Anordnung der zuständigen Minister auch die Seehandlung, die Preußische Central-Genossenschafts-Kasse oder eine sonstige Preußische öffentliche Bankanstalt (Landesbank, landschaftliche, ritterschaftliche Darlehnskasse u. s. w.), sowie die von Kreditanstalten der im Art. 17 § 2 Abs. 2 bezeichneten Art eingerichteten Verwahrungs- oder Verwaltungsstellen und im Falle des Bedürfnisses geeignete Preußische Privatbanken als Hinterlegungsstellen für die Hinterlegung von Werthpapieren im Falle des § 1814 und des § 1818 bestimmt werden. Die nach § 1814 und § 1818 zu hinterlegenden Gegenstände sind auf Verlangen des Vormundes von dem Amtsgericht in vorläufige Verwahrung zu nehmen (§§ 70 ff., 74 Nr. 2 ff. der Hinterlegungsordnung bzw. in der veränderten Fassung des Art. 84 des Pr. AG. zum BGB.).

Werden die Inhaberpapiere *bei der Reichsbank* (Comptoir für Werthpapiere) zu Berlin hinterlegt, so übernimmt dieselbe gegen eine geringe Gebühr die Gewähr für sichere Aufbewahrung; sie besorgt auch die rechtzeitige Einlösung der Zins- und Dividendenscheine, und überwacht auf Verlangen die Auslosung und Kündigung unter gleichzeitiger Ausübung der Bezugsrechte. Die Reichsbankstellen und Reichsbanknebenstellen verabfolgen kostenfrei die Bekanntmachung des Reichsbankdirektoriums, aus welcher sich alles Nähere über den Verkehr mit der Bank ergibt (vgl. auch Koch in den „Beiträgen zur Erläuterung des Deutschen Rechts" von Rassow, Küntzel, Eccius Bd. 22 S. 655 ff.).

Die Hinterlegung nach § 1814 muß mit der Klausel geschehen, daß die Herausgabe der Papiere „*nur mit Genehmigung des Vormundschaftsgerichts*" verlangt werden kann. Ein alternativer Vorbehalt, wie ihn der § 1809 vorsieht, wonach die Genehmigung des Gegenvormundes *oder* des Vormundschaftsgerichtes erforderlich ist, genügt in diesem Falle nicht.

Werthpapiere, zu deren Hinterlegung der Vormund gesetzlich nicht verpflichtet ist, darf er ohne den in § 1814 vorgeschriebenen Vorbehalt hinterlegen.

5. — *die nach § 92 zu den verbrauchbaren Sachen gehören* — *Verbrauchbare Sachen* sind nach § 92 im Sinne des Gesetzes bewegliche Sachen, deren *bestimmungsmäßiger* Gebrauch *in dem Verbrauch oder in der Veräußerung* besteht, und zwar auch in dem Falle, wenn sie zu einem Waarenlager oder zu einem sonstigen Sachinbegriffe gehören, dessen *bestimmungsmäßiger* Gebrauch in der *Veräußerung der einzelnen Sachen* besteht. Zu den verbrauchbaren Sachen gehören hiernach alle solche Inhaberpapiere und Orderpapiere mit Blankoindossament (§ 1814 Satz 3), welche ihrer konkreten Bestimmung nach nicht zur Hinterlegung, sondern zur Veräußerung zu verwenden sind, mithin namentlich Banknoten, zum Umsatze bestimmte Wechsel, die mit einem Blankogiro versehen sind (anders Kautionswechsel, § 234) oder Inhaberpapiere, die zum Betriebsfonds eines zum Mündelvermögen gehörigen Erwerbsgeschäftes gehören.

6. Die in manchen bisherigen Partikulargesetzgebungen vorgeschriebene Außerkurssetzung der Inhaberpapiere des Mündels fällt nach dem BGB. fort, da sie, insbesondere bei ausländischen Werthpapieren rücksichtlich ihrer Marktgängigkeit, nicht ohne Gefahr für den Mündel ist. Auch den Landesgesetzgebungen ist nach Art. 176 des EG. die Einführung oder Beibehaltung jenes Institutes nicht gestattet, und eine vorher erfolgte Außerkurssetzung verliert mit dem Inkrafttreten des BGB. ihre Wirkung.

7. — Orderpapiere ..., die mit Blankoindossament versehen sind. Orderpapiere sind solche Kreditpapiere, die auf den Namen eines bestimmten Gläubigers lauten, demselben aber durch Gesetz oder durch einen besonderen Zusatz (die Order-Klausel) die Befugniß verleihen, alle Rechte des Inhabers durch eine besondere Form (Indossament, Giro) auf einen Dritten zu übertragen. Hierher gehören demnach namentlich Wechsel und die in § 363 des HGB. vom 10. Mai 1897 gekennzeichneten Anweisungen und Verpflichtungsscheine, Konnossemente der Seeschiffer, Ladescheine der Frachtführer, Lagerscheine der staatlich zur Ausstellung solcher Urkunden ermächtigten Anstalten, Transportversicherungspolizen und Bodmereibriefe.

Die mit Blankoindossament versehenen Orderpapiere bedürfen nach Satz 2 sofern sie die Eigenschaft verbrauchbarer Sachen haben (vgl. Anm. 5), ebenfalls keiner Hinterlegung.

8. Der Vater und die eheliche Mutter können nach §§ 1853, 1855 den von ihnen benannten Vormund von der in § 1814 angeordneten Verpflichtung vorbehaltlich des in § 1857 dem Vormundschaftsgericht verliehenen Befugniß, entbinden. Sofern der Vater oder die eheliche Mutter selbst über ihr großjähriges Kind die Vormundschaft führen, gilt die Befreiung von dieser Verpflichtung ohne Weiteres auch für sie (§§ 1903, 1904).

9. Die Kosten der im Interesse des Mündels erfolgenden Hinterlegungen sind Verwaltungskosten, welche in allen Fällen das Mündelvermögen zu tragen hat.

§ 1815.

Der Vormund kann die Inhaberpapiere, statt sie nach § 1814 zu hinterlegen, auf den Namen des Mündels mit der Bestimmung umschreiben lassen, daß er über sie nur mit Genehmigung des Vormundschaftsgerichts verfügen kann. Sind die Papiere von dem Reiche oder einem Bundesstaat ausgestellt, so kann er sie mit der gleichen Bestimmung in Buchforderungen gegen das Reich oder den Bundesstaat umwandeln lassen.

Sind Inhaberpapiere zu hinterlegen, die in Buchforderungen gegen das Reich oder einen Bundesstaat umgewandelt werden können, so kann das Vormundschaftsgericht anordnen, daß sie nach Abs. 1 in Buchforderungen umgewandelt werden.

Entw. I § 1670 Abs. 1; Entw. II § 1695; Reichst.-Vorl. § 1791; Mot. IV zu § 1670 S. 1129 bis 1132; Komm. Prot. S. 6403, 6404.

---

1. Nach dem Gesetz, betreffend das Reichsschuldbuch, vom 31. Mai 1891 (RGBl. S. 321) können Schuldverschreibungen der Reichsanleihen durch Eintragung in das bei der Reichsschuldenverwaltung zu führende Reichsschuldbuch gegen Einlieferung zum Umlauf brauchbarer Reichsschuldverschreibungen in Buchschulden des Reiches auf den Namen eines bestimmten Gläubigers umgewandelt werden. In gleicher Weise kann nach dem Preuß. Gesetz vom 20. Juli 1883, betreffend das Staatsschuldbuch (GS. S. 120), die Umwandlung von Schuldverschreibungen der vierprozentigen konsolidirten Anleihe in Buchschulden des Staates durch Eintragung in das Staatsschuldbuch geschehen.

Der Abs. 1 des § 1815 regelt bezüglich der Umschreibung der Inhaberpapiere auf den Namen des Mündels oder deren Umwandlung in Buchschulden des Reiches oder eines Bundesstaates die Befugnisse des Vormundes, der Abs. 2 diejenigen des Vormundschaftsgerichts. Eine ergänzende Vorschrift für den Vormund enthält sodann noch der § 1816.

Abs. 1.

2. — statt sie nach § 1814 zu hinterlegen — Unterläßt der Vormund die Hinterlegung, so muß er von dem in § 1815 geordneten Verfahren Gebrauch machen. Das Wort „kann" in Satz 1 des § 1815 deutet nur an, daß er zwischen der Hinterlegung aus § 1814 und dem Verfahren aus § 1815 die Wahl hat.

3. — mit der Bestimmung umschreiben lassen, daß er über sie nur mit Genehmigung des Vormundschaftsgerichts verfügen kann. Die Beifügung dieser Klausel ist zwingend, sobald der Vormund, was zunächst von seinem Ermessen abhängt, von der nach Abs. 1 Satz 1 ihm ertheilten Befugniß Gebrauch macht. Was unter einem „Verfügen" bei der Verwaltungsthätigkeit des Vormundes zu verstehen ist, ist bereits in Anm. 4 zu § 1812 erörtert worden.

Rechtswirksam wird die Verfügungsbeschränkung des Vormundes erst mit ihrer Eintragung in das Schuldbuch.

4. Was von dem Vater und der ehelichen Mutter in ihrem Verhältniß zu der Verfügungsbeschränkung des Vormundes im Falle des in § 1814 Anm. 8 gesagt worden ist, gilt von denselben ebenso mit Bezug auf die Beschränkung in § 1815.

Abs. 2.

5. — so kann das Vormundschaftsgericht anordnen, daß sie nach Abs. 1 in Buchforderungen umgewandelt werden. Das Vormundschaftsgericht wird hierdurch, abweichend von der allgemeinen Regel, zu einem Eingriff in die selbständige Verwaltungssphäre des Vormundes ermächtigt. Der Vormund hat sich, vorbehaltlich des Beschwerderechts, einer solchen Anordnung des Vormundschaftsgerichtes zu fügen und in einem solchen Falle die Umwandlung nach Maßgabe des Abs. 1 bewirken zu lassen. Die Umwandlung in Buchforderungen empfiehlt sich, weil sie einfach, sicher und billig ist. Ob sie im Einzelfalle im Mündelinteresse liegt, wird von dem Vormundschaftsgericht hierbei pflichtmäßig zu erwägen sein.

6. Ueber eine weitere Wirkung der von dem Vormund gemäß § 1815 veranlaßten Umschreibung der Inhaberpapiere auf den Namen des Mündels oder deren Umwandlung in Buchschulden des Reiches oder eines Bundesstaats ist der § 1820 Abs. 1 und die dazu ergangene Anmerkung zu vergleichen.

7. Der Art. 18 des Pr. AG. zum BGB. vom 20. September 1899 bestimmt:

§ 1. Bei Schuldverschreibungen auf den Inhaber, die von einer Preußischen Körperschaft, Stiftung oder Anstalt des öffentlichen Rechtes ausgestellt sind, kann der Inhaber von dem Aussteller verlangen, daß die Schuldverschreibung auf seinen Namen oder auf den Namen eines von ihm bezeichneten Dritten umgeschrieben wird, es sei denn, daß er zur Verfügung über die Urkunde nicht berechtigt ist. Zu Gunsten des Ausstellers gilt der Inhaber als zur Verfügung über die Urkunde berechtigt.

Die Vorschriften des Abs. 1 finden auf Zins-, Renten- und Gewinnantheilscheine sowie auf die auf Sicht zahlbaren Schuldverschreibungen keine Anwendung.

§ 2. Die Umschreibung auf den Namen einer juristischen Person, die ihren Sitz außerhalb des Deutschen Reiches hat, kann nicht verlangt werden.

§ 3. In den Fällen des § 1667 Abs. 2, des § 1815 und des § 2117 des Bürgerlichen Gesetzbuchs kann die Umschreibung mit der gesetzlich vorgeschriebenen Bestimmung verlangt werden.

§ 4. Eine Ehefrau bedarf zu einer Verfügung über die umgeschriebene Schuldverschreibung dem Aussteller gegenüber nicht der Zustimmung des Ehemanns.

§ 5. Wer zur Verfügung über die umgeschriebene Schuldverschreibung berechtigt ist, kann, so lange die Schuldverschreibung nicht gekündigt ist, von dem Aussteller die Umschreibung auf seinen Namen oder den Namen eines Dritten, die Rückverwandlung in eine Schuldverschreibung auf den Inhaber und gegen Aushändigung der Urkunde die Ertheilung einer neuen Schuldverschreibung auf den Inhaber verlangen.

§ 6. Die Kosten der Umschreibung, der Rückverwandlung in eine Schuldverschreibung auf den Inhaber und der Ertheilung einer neuen Schuldverschreibung auf den Inhaber hat der Antragsteller zu tragen und vorzuschießen.

§ 7. Die zuständigen Minister erlassen die erforderlichen Ausführungsvorschriften. Sie können insbesondere Bestimmungen treffen

1. über die Form der an den Aussteller zu richtenden Anträge und der Vollmacht zur Stellung solcher Anträge,
2. über die Form des Nachweises, daß der Antragsteller oder der Empfänger der Zahlung der in der Schuldverschreibung genannte Gläubiger oder sonst zur Verfügung über die Schuldverschreibung berechtigt oder zur Vertretung des Berechtigten befugt ist,
3. über die Form der Umschreibung und der Rückverwandlung in eine Schuldverschreibung auf den Inhaber,
4. über die Sätze, nach denen die in § 6 bezeichneten Kosten zu bemessen sind.

§ 8. Ist den nach Maßgabe des § 7 Nr. 1, 2 bestimmten Erfordernissen genügt, so gilt der Antragsteller oder der Empfänger der Zahlung zu Gunsten des Ausstellers als zur Verfügung über die Schuldverschreibung berechtigt oder zur Vertretung des Berechtigten befugt.

§ 9. Eine abhanden gekommene oder vernichtete Schuldverschreibung, die auf den Namen umgeschrieben ist, kann, wenn nicht in der Urkunde das Gegentheil bestimmt ist, im Wege des Aufgebotsverfahrens für kraftlos erklärt werden.

Die Vorschriften des § 799 Abs. 2 und der §§ 800, 805 des Bürgerlichen Gesetzbuchs finden entsprechende Anwendung.

§ 10. Die Vorschriften der §§ 1 bis 9 gelten auch für Schuldverschreibungen, die vor dem Inkrafttreten des bürgerlichen Gesetzbuchs ausgestellt oder auf den Namen umgeschrieben worden sind.

§ 11. Für die Umschreibung einer auf den Inhaber lautenden Schuldverschreibung auf den Namen eines bestimmten Berechtigten ist eine Stempelabgabe nicht zu entrichten.

Zur Ausführung dieses Artikels ist auf Grund des § 7 daselbst Seitens der Preußischen Ministerien die nachstehende, durch die Allgem. Verfügung des Justizministers vom 30. Dezember 1899 (Pr. JMBl. 1900 S. 4) den Justizbehörden mitgetheilte Verordnung erlassen worden:

§ 1. Anträge auf Umschreibung einer auf den Inhaber lautenden Schuldverschreibung auf den Namen des Inhabers oder eines von ihm bezeichneten Dritten sind unter Einreichung der Schuldverschreibung bei dem Aussteller oder bei einer von diesem zur Entgegennahme der Anträge ermächtigten Stelle mündlich zu Protokoll oder in schriftlicher Form zu stellen.

In dem Antrag ist derjenige, auf dessen Namen die Umschreibung erfolgen soll, durch Angabe des Namens (Vorname, Familienname), des Standes, des Berufs oder anderer unterscheidender Merkmale sowie des Wohnorts genau zu bezeichnen; bei Handelsgesellschaften, bei eingetragenen Genossenschaften und juristischen Personen anderer Art ist die Firma oder der Name, sowie der Sitz anzugeben.

§ 2. Für Anträge auf weitere Umschreibung einer bereits auf den Namen umgeschriebenen Schuldverschreibung, auf Rückverwandlung der Schuldverschreibung in eine Schuldverschreibung auf den Inhaber und auf Ertheilung einer neuen Schuldverschreibung auf den Inhaber sind die Vorschriften der §§ 3 bis 7 maßgebend. Für den Antrag auf Ertheilung einer neuen Schuldverschreibung gilt dies jedoch dann nicht, wenn er gestellt wird, nachdem bereits die Rückverwandlung der bisherigen Schuldverschreibung in eine Schuldverschreibung auf den Inhaber erfolgt ist; in diesem Falle findet auf den Antrag die Vorschrift des § 1 Abs. 1 Anwendung.

§ 3. Die Anträge sind unter Einreichung der Schuldverschreibung mündlich zu Protokoll oder in schriftlicher Form zu stellen. In letzterem Falle muß die Unterschrift des Antragstellers durch eine ein Dienstsiegel führende öffentliche Behörde (Beamten) beglaubigt sein, es sei denn, daß der Antrag in Form einer öffentlichen Urkunde eingereicht wird.

Anträge von Behörden müssen ordnungsmäßig unterschrieben und mit Siegel oder Stempel versehen sein.

Betrifft der Antrag die weitere Umschreibung einer bereits auf den Namen umgeschriebenen Schuldverschreibung, so findet die Vorschrift des § 1 Abs. 2 Anwendung.

§ 4. Der in der Schuldverschreibung genannte Gläubiger muß sich, wenn nach der Umschreibung auf seinen Namen eine Aenderung in seiner Person (Verheirathung einer Frau, Aenderung des Namens, Standes, Berufs, Wohnorts u. s. w.) eingetreten ist, auf Verlangen durch öffentliche Urkunden als der Gläubiger ausweisen.

§ 5. Ist der Antragsteller nicht der in der Schuldverschreibung genannte Gläubiger, so hat er seine Berechtigung zur Verfügung über die Schuldverschreibung durch öffentliche oder öffentlich beglaubigte Urkunden nachzuweisen.

Rechtsnachfolger von Todeswegen haben auf Verlangen des Ausstellers durch einen Erbschein oder durch eine Bescheinigung des Nachlaßgerichts nachzuweisen, daß sie über die eingetragene Forderung zu verfügen berechtigt sind.

§ 6. Wird der Antrag durch einen Vertreter gestellt, so hat dieser seine Befugniß zur Vertretung durch öffentliche oder öffentlich beglaubigte Urkunden nachzuweisen.

§ 7. Kann der Antragsteller über die Schuldverschreibung nur mit Zustimmung eines Dritten oder einer Behörde verfügen, so ist die Zustimmung durch öffentliche oder öffentlich beglaubigte Urkunden nachzuweisen.

§ 8. Wird auf Grund einer auf Namen umgeschriebenen Schuldverschreibung Zahlung verlangt, so finden auf den Empfänger der Zahlung die Vorschriften der §§ 4 bis 7 entsprechende Anwendung.

§ 9. Die Umschreibung auf den Namen erfolgt durch den auf die Urkunde zu setzenden Vermerk:

„Umgeschrieben auf"

mit genauer Bezeichnung des Gläubigers (§ 1 Abs. 2). In den Fällen des § 1667 Abs. 2, des § 1815 und des § 2117 des Bürgerlichen Gesetzbuchs ist dem Vermerke die gesetzlich vorgeschriebene Bestimmung hinzuzufügen.

Der Vermerk muß den Ort und den Tag seiner Vollziehung angeben; er ist von dem Aussteller zu unterzeichnen und mit dem Aufdrucke des dem Aussteller zustehenden Stempels zu versehen. Wird der Aussteller durch eine Behörde vertreten, so erfolgt die Unterzeichnung durch die Angabe der amtlichen Bezeichnung der Behörde nebst dem Aufdrucke des der Behörde zustehenden Stempels und der eigenhändigen Unterschrift des von der Behörde damit beauftragten Beamten.

§ 10. Die Rückverwandlung in eine Schuldverschreibung auf den Inhaber erfolgt durch den auf die Urkunde zu setzenden Vermerk:

„Wieder an den Inhaber zahlbar".

Die Vorschrift des § 9 Abs. 2 findet Anwendung.

§ 11. An Kosten kann der Aussteller außer den ihm entstandenen Auslagen für Porti, Stempelbeträge, Neuausfertigung der Urkunde usw., erheben:

1. für die erste sowie jede weitere Umschreibung auf den Namen eines Berechtigten oder für die Rückverwandlung in eine Schuldverschreibung auf den Inhaber 25 Pfennig für jede angefangenen 1000 Mark des Nennwerths der eingereichten Schuldverschreibungen, mindestens 50 Pfennig;
2. für die Ertheilung einer neuen Schuldverschreibung auf den Inhaber

50 Pfennig für jede angefangenen 1000 Mark des Nennwerths der eingereichten Schuldverschreibungen, mindestens 1 Mark.

§ 1816.

Gehören Buchforderungen gegen das Reich oder gegen einen Bundesstaat bei der Anordnung der Vormundschaft zu dem Vermögen des Mündels oder erwirbt der Mündel später solche Forderungen, so hat der Vormund in das Schuldbuch den Vermerk eintragen zu lassen, daß er über die Forderungen nur mit Genehmigung des Vormundschaftsgerichts verfügen kann.

Entw. II § 1696; Reichst.-Vorl. § 1792; Komm. Prot. S. 6403, 6404.

1. — so hat der Vormund in das Schuldbuch den Vermerk eintragen zu lassen — Die Vorschrift ist, wie ihre Fassung zeigt, obligatorisch. Es wird Sache des Gegenvormundes sein, unter dessen Mitwirkung der bei der Anordnung der Vormundschaft vorhandene Bestand des Mündelvermögens festgestellt wird (§ 1802), und der auch von dem späteren Erwerb von Forderungen des Mündels regelmäßig Kenntniß erlangt, die Befolgung der Bestimmung zu überwachen und von etwaigen Zuwiderhandlungen dem Vormundschaftsgericht nöthigenfalls Anzeige zu machen (§ 1799). Der Vater und die eheliche Mutter des Mündels können den von ihnen benannten Vormund von der Verpflichtung zur Eintragung dieses Vermerkes entbinden (§§ 1853, 1855), das Vormundschaftsgericht kann jedoch eine solche Anordnung, wenn ihre Befolgung das Mündelinteresse gefährden würde, außer Kraft setzen. Wegen der Befreiung des Vaters oder der ehelichen Mutter als Vormund ihres großjährigen Kindes ist auf die §§ 1903, 1904 zu verweisen.

2. — daß er über die Forderungen nur mit Genehmigung des Vormundschaftsgerichts verfügen kann. Die Eintragung dieses Vermerkes in das Schuldbuch erzeugt nach § 1820 Abs. 2 zugleich die Wirkung, daß der Vormund auch zur Eingehung der Verpflichtung zu einer Verfügung über die fraglichen Buchforderungen der Genehmigung des Vormundschaftsgerichts bedarf.

§ 1817.

Das Vormundschaftsgericht kann aus besonderen Gründen den Vormund von den ihm nach den §§ 1814, 1816 obliegenden Verpflichtungen entbinden.

Entw. I § 1670 Abs. 2; Entw. II § 1697; Reichst.-Vorl. § 1793; Mot. IV zu § 1670 S. 1130; Komm. Prot. S. 6397, 6402, 6403.

1. — aus besonderen Gründen — Als dergleichen besondere Gründe werden namentlich Erwägungen des Vormundschaftsgerichts in Betracht kommen, welche sich auf die persönliche Zuverlässigkeit des Vormundes, auf seine Vermögensverhältnisse, die Einrichtung und Art der Aufbewahrung seines eigenen Vermögens, die etwa vorhandene Sicherheitsleistung u. s. w. beziehen. Im Uebrigen ist anzunehmen, daß das Vormundschaftsgericht schon im Hinblick auf seine eigene Haftbarkeit (§ 1848) von der Befugniß aus § 1817 der Absicht des Gesetzes gemäß nur ausnahmsweise und mit großer Vorsicht Gebrauch machen wird.

2. — von den ihm nach den §§ 1814, 1816 obliegenden Verpflichtungen — also nicht auch von der Verpflichtung aus § 1815, wenn der Vormund Inhaberpapiere auf den Namen des Mündels umschreiben oder in Buchschulden des Reiches oder eines Bundesstaates umwandeln läßt.

3. Wenn das Vormundschaftsgericht die Befreiung aus § 1817 für den Vormund anordnet, so empfiehlt es sich dieselbe auch in seiner Bestallung vermerken zu lassen (vgl. § 47a der Pr. Hinterlegungsordnung vom 14. März 1879 in der durch Art. 84 Nr. IX des Pr. AG. zum BGB. veränderten Fassung).

§ 1818.

Das Vormundschaftsgericht kann aus besonderen Gründen anordnen, daß der Vormund auch solche zu dem Vermögen des Mündels gehörende Werthpapiere, zu deren Hinterlegung er nach § 1814 nicht verpflichtet ist, sowie Kostbarkeiten des Mündels in der im § 1814 bezeichneten Weise zu hinterlegen hat; auf Antrag des Vormundes kann die Hinterlegung von Zins-, Renten- und Gewinnantheilscheinen angeordnet werden, auch wenn ein besonderer Grund nicht vorliegt.

Entw. I § 1670 Abs. 3; Entw. II § 1698; Reichst.-Vorl. § 1794; Mot. IV zu § 1670 S. 1132, 1133; Komm. Prot. S. 6397, 6403, 6449, 6450.

---

1. Die dem Vormundschaftsgericht hier verliehene Befugniß erstreckt sich nur auf die Hinterlegung von Werthpapieren und Kostbarkeiten. Ein Bedürfniß, diese Ermächtigung auch noch auf andere Gegenstände, insbesondere auf Geld oder allgemein auf Schuldurkunden oder auf Urkunden überhaupt, auszudehnen, ist nicht für vorliegend erachtet. Soweit der Vormund Geld in Händen hat, kommen die Vorschriften der §§ 1806 bis 1811 zur Anwendung.

2. — aus besonderen Gründen — Die für diese Anordnung maßgebenden Gründe werden sich im Allgemeinen zu denjenigen Gründen, welche der § 1817 (Anm. 1) im Auge hat, in thatsächlicher Beziehung entgegengesetzt verhalten. Das Mißtrauen in die Zuverlässigkeit und Treue des Vormundes und der Mangel einer sicheren Aufbewahrungsgelegenheit für denselben werden hierbei in erster Linie bestimmend sein.

3. — Werthpapiere, zu deren Hinterlegung er nach § 1814 nicht verpflichtet ist — Dazu gehören insbesondere auch diejenigen Inhaberpapiere und mit Blankoindossament versehenen Ordrepapiere, die nach § 92 zu den verbrauchbaren Sachen zu rechnen sind. (Anm. 5 zu § 1814); außerdem aber und vornehmlich alle solche Werthpapiere, welche keine Inhaberpapiere sind, insbesondere also auch Sparkassenbücher, Hypotheken-, Grundschuld- und Rentenschuldbriefe.

4. — sowie Kostbarkeiten des Mündels — Der Begriff der Kostbarkeiten ist gesetzlich nicht genau umschrieben. Die Preußische Allgem. Depositalordnung vom 15. September 1783 (Tit. I §§ 4, 5) verstand unter „Pretiosen" die in dem Formular für gerichtliche Inventarien unter Titel IV, V, VI und VII bezeichneten Gegenstände, also namentlich goldene, silberne und andere Medaillen und seltene Münzen, Juwelen und Kleinodien, Uhren und Tabatieren und andere kostbare und künstliche Stücke, sowie auch Gold- und Silbergeschirr. Hiernach in Verbindung mit den allgemein geltenden Anschauungen des heutigen Verkehrs wird man annehmen müssen, daß zu den Kostbarkeiten nicht nur Gegenstände gehören,

deren Stoff besonders werthvoll ist, sondern nicht minder auch solche, welche aus anderen, insbesondere aus Gründen mehr idealer Art, eine besonders hohe Schätzung verdienen. Letzteres gilt namentlich von manchen Gegenständen der Kunst und der Wissenschaft, z. B. von werthvollen Sammlungen, Gemälden, seltenen Büchern und Handschriften (vgl. Entsch. des RG. in Civils. Bd. 13 S. 36 und 38).

5. — in der in § 1814 bezeichneten Weise — Hieraus folgt, daß auch in Fällen der Hinterlegung nach § 1818 der Vormund dieselbe mit der Bestimmung bewirken muß, daß er zu einer Verfügung über sie, sowie auch zur Eingehung einer Verpflichtung zu solcher Verfügung (§ 1819) der Genehmigung des vormundschaftlichen Gerichtes bedarf. Wegen der zuständigen Hinterlegungsstellen ist Anm. 4 zu § 1814 zu vergleichen.

6. — auf Antrag des Vormundes — Die Bestimmung bezweckt eine Sicherung des Vormundes in Fällen, wo derselbe aus Gründen thatsächlicher Art Bedenken trägt, die Verwahrung selbst zu übernehmen. Der Antrag des Vormundes erscheint erforderlich, sofern es sich um Hinterlegungsstellen handelt, welche die Hinterlegung von Zins-, Renten- und Gewinnantheilscheinen ohne die Anordnung des Vormundschaftsgerichtes nicht zulassen. Das Pr. AG. zum BGB. schreibt in dieser Beziehung in Art. 84 Nr. IX unter Abänderung der §§ 47, 48 der Hinterlegungsordnung vom 14. März 1879 vor, daß zur Hinterlegung von Inhaberpapieren, mit Ausnahme von Zins-, Renten- und Gewinnantheilscheinen, sowie von Ordrepapieren, die mit Blanko-Indossament versehen sind, der Vormund keiner Mitwirkung des Vormundschaftsgerichtes bedarf, sofern sich nicht aus der vorgelegten Bestallung ergibt, er sei zur Hinterlegung nicht verpflichtet, und daß die Beobachtung der §§ 14, 15 und 40 der Hinterlegungsordnung genügt. Zur Hinterlegung anderer Werthpapiere aber, sowie zur Hinterlegung von Kostbarkeiten wird zufolge derselben Bestimmung für die Vormünder (und Pfleger) eine vom Vormundschaftsgericht zu ertheilende Anweisung erfordert (vgl. auch Anm. 4 zu § 1814).

§ 1819.

Solange die nach § 1814 oder nach § 1818 hinterlegten Werthpapiere oder Kostbarkeiten nicht zurückgenommen sind, bedarf der Vormund zu einer Verfügung über sie und, wenn Hypotheken-, Grundschuld- oder Rentenschuldbriefe hinterlegt sind, zu einer Verfügung über die Hypothekenforderung, die Grundschuld oder die Rentenschuld der Genehmigung des Vormundschaftsgerichts. Das Gleiche gilt von der Eingehung der Verpflichtung zu einer solchen Verfügung.

Entw. I § 1671 Abs. 1; Entw. II § 1699; Reichst.-Vorl. § 1795; Mot. IV zu § 1671 S. 1133 bis 1135; Komm. Prot. S. 6405 bis 6408, 6780 bis 6782, 8705, 8706.

---

1. Der § 1819 entscheidet eine mit Bezug auf § 60 der Pr. VO. in der Preußischen Praxis streitig gewordene Frage zu Gunsten des Mündelinteresses. Eine gleiche Beschränkung wie der § 1819 war bereits in § 51 der Pr. Hinterlegungsordnung vom 14. März 1879 für die unter dieselbe fallenden Hinterlegungen angeordnet (vgl. auch § 24 des Pr. Ges., betr. das Staatsschuldbuch vom 20. Juli 1883 und die Allgem. Verf. des Pr. Justizministers vom 17. Dezember 1884 im Pr. JMBl. 1884 S. 283, sowie das Elsaß-Lothr. Ges. vom 16. Juni 1887 § 6).

2. So lange die nach § 1814 oder nach § 1818 hinterlegten Werthpapiere oder Kostbarkeiten nicht zurückgenommen sind — Diese Beschränkung ist, wie die Motive bemerken, im Interesse der Sicherheit und der Erleichterung des Verkehres geboten, zumal die hier fragliche Bestimmung nicht den Charakter eines Veräußerungsverbotes, sondern den einer Beschränkung der Vertretungsmacht des Vormundes hat, der Dritte mithin, wenn die Erhebung der hinterlegten Gegenstände ohne die Genehmigung des Vormundschaftsgerichts erfolgt sein sollte, ohne den beschänkenden Zusatz auch nicht durch seinen guten Glauben geschützt sein würde, wenn er sich mit dem Vormunde als solchem auf Rechtsgeschäfte über die zu Unrecht erhobenen Gegenstände, namentlich über die Hypotheken, Renten- und Grundschulden, in Ansehung deren die Hypothekenbriefe und die Renten- und Grundschuldbriefe auf Anordnung des Vormundschaftsgerichtes hinterlegt worden sind, einläßt. Auch in Ansehung der dem Mündel gehörenden Inhaberpapiere, welche der Vormund nach §§ 1814, 1815 kraft des Gesetzes zu hinterlegen oder auf den Namen des Mündels umschreiben zu lassen verpflichtet ist, kann jener beschränkende Zusatz nicht entbehrt werden, da sonst der Verkehr zwischen dem Vormunde und Dritten in Ansehung der Inhaberpapiere wegen der alsdann dem Dritten obliegenden Erkundigungspflicht, ob der Vormund von der hier fraglichen Verpflichtung befreit sei (vgl. § 1817, §§ 1853, 1855, 1903, 1904), zu sehr erschwert und gefährdet werden würde.

3. — zu einer Verfügung — Was hierunter zu verstehen sei, ergibt sich aus Anm. 4 zu § 1812.

4. — der Genehmigung des Vormundschaftsgerichts — Abweichend von § 1812 genügt also in dem Falle des § 1819 die Genehmigung des Gegenvormundes nicht. Es würde ohne eine solche Bestimmung der Zweck der Vorschriften der §§ 1814, 1818 in vielen Fällen, namentlich in solchen, in denen das Vormundschaftsgericht die Hinterlegung angeordnet hat oder in Ermangelung der in § 1814 bestimmten gesetzlichen Verpflichtung des Vormundes angeordnet haben würde, weil es dem Vormunde und dem Gegenvormunde kein volles Vertrauen schenkt, vereitelt werden können.

§ 1820.

Sind Inhaberpapiere nach § 1815 auf den Namen des Mündels umgeschrieben oder in Buchforderungen umgewandelt, so bedarf der Vormund auch zur Eingehung der Verpflichtung zu einer Verfügung über die sich aus der Umschreibung oder der Umwandlung ergebenden Stammforderungen der Genehmigung des Vormundschaftsgerichts.

Das Gleiche gilt, wenn bei einer Buchforderung des Mündels der im § 1816 bezeichnete Vermerk eingetragen ist.

Entw. I § 1671 Abs. 2; Entw. II § 1700; Reichst.-Vorl. § 1796; Mot. IV zu § 1671 S. 1135; Komm. Prot. S. 6405, 6406, 6780 bis 6782, 8706.

---

1. Dieselbe Verfügungsbeschränkung, welche der § 1819 für den Vormund bezüglich der von diesem hinterlegten Werthpapiere und Kostbarkeiten ausspricht, ordnet aus den gleichen Erwägungen der § 1820 für ihn hinsichtlich derjenigen Stammforderungen an, welche sich aus der Umschreibung von Inhaberpapieren auf den Namen des Mündels oder aus deren Umwandlung in Buchforderungen ergeben

(Abs. 1), sowie ferner auch in Ansehung derjenigen anderen Buchforderungen des Mündels, bei denen der in § 1816 bezeichnete Vermerk eingetragen ist.

Abs. 1.

2. — nach § 1815 — Der § 1815 handelt von der Umschreibung und Umwandlung von Inhaberpapieren des Mündels, welche der Vormund als Ersatz für die nach § 1814 vorgeschriebene Hinterlegung bewirken läßt. Der Vormund muß sie in diesem Falle, wenn er sie nicht hinterlegt, auf den Namen des Mündels umschreiben oder bzw. in Buchforderungen umwandeln lassen. Es tritt alsdann nach § 1820 Abs. 1, ebenso wie nach Abs. 2 für die Buchforderungen, bei denen ein Vermerk gemäß § 1816 eingetragen ist, die gesetzliche Folge ein, daß der Vormund nicht bloß zu einer Verfügung über die Forderungen, sondern auch zur Eingehung der Verpflichtung zu einer Verfügung über dieselben der Genehmigung des Vormundschaftsgerichtes bedarf. Die letztere Genehmigung ist jedoch nicht erforderlich, wenn der Vormund bei der Umschreibung oder Umwandelung außerhalb des Falles des § 1815, also ohne gesetzliche Nöthigung, handelt, indem alsdann, sofern nicht § 1813 Abs. 2 (vgl. Anm. 8 daselbst) zur Anwendung kommt, wiederum die Regel der §§ 1812, 1813 Abs. 1 eintritt.

§ 1821.

Der Vormund bedarf der Genehmigung des Vormundschaftsgerichts:

1. zur Verfügung über ein Grundstück oder über ein Recht an einem Grundstücke;
2. zur Verfügung über eine Forderung, die auf Uebertragung des Eigenthums an einem Grundstück oder auf Begründung oder Uebertragung eines Rechtes an einem Grundstück oder auf Befreiung eines Grundstücks von einem solchen Rechte gerichtet ist;
3. zur Eingehung der Verpflichtung zu einer der in Nr. 1, 2 bezeichneten Verfügungen;
4. zu einem Vertrage, der auf den entgeltlichen Erwerb eines Grundstücks oder eines Rechtes an einem Grundstücke gerichtet ist.

Zu den Rechten an einem Grundstück im Sinne dieser Vorschriften gehören nicht Hypotheken, Grundschulden und Rentenschulden.

Entw. I § 1674 Nr. 1, 2, 5; Entw. II § 1701; Reichst.-Vorl. § 1797; Mot. IV zu § 1674 S. 1136 bis 1141; Komm. Prot. S. 6408 bis 6410.

---

1. Die §§ 1821 und 1822 heben eine Reihe besonders wichtiger und über die Grenzen einer gewöhnlichen Verwaltung hinausgehender Rechtsgeschäfte hervor, zu deren Vornahme der Vormund weder allein, noch auch mit Genehmigung des Gegenvormundes, sondern lediglich mit Genehmigung des Vormundschaftsgerichtes befugt ist. Es macht keinen Unterschied, ob der Vormund dieselben als Vertreter des Mündels im Namen des letzteren, sei es ausdrücklich, sei es stillschweigend, oder ob der Mündel sie unter dem Beitritt des Vormundes selbst abschließt. Die hier erfolgte Aufzählung ist jedoch nicht erschöpfend, indem auch noch in einer Anzahl anderer Fälle im Zusammenhange mit anderen Materien die

Genehmigung des Vormundschaftsgerichtes als Erforderniß der Wirksamkeit eines Rechtsgeschäftes oder eines Komplexes von solchen vorgeschrieben worden ist. Es ist in dieser Beziehung namentlich zu verweisen auf § 1336 Abs. 2 Satz 1, § 1437 Abs. 2 Satz 2, die §§ 1484 Abs. 2 Satz 2, 1492 Abs. 3, 1549, § 1595 Abs. 2 Satz 1, § 1714 Abs. 1, § 1728 Abs. 2, § 1729 Abs. 1, § 1731, § 1750 Abs. 1, § 1751 Abs. 1, §§ 1752, 1770, 1812, 1819, 1820, 1824, 2275 Abs. 2, § 2282 Abs. 2, § 2290 Abs. 3, §§ 2291 Abs. 1, §§ 2292, 2347, 2351, 2352 und Art. 41 II des EG.

2. — bedarf der Genehmigung des Vormundschaftsgerichtes — Die Genehmigung kann vor oder nach der Vornahme des Geschäftes ertheilt werden.

Ob und welche Rechtswirksamkeit das Geschäft hat, wenn es ohne die erforderliche Genehmigung von dem Vormunde vorgenommen wird, bestimmen die §§ 1829 und 1831.

Die Genehmigung muß nach § 1828 dem Vormunde gegenüber erklärt werden. Der § 182 Abs. 1 findet hier keine Anwendung.

Das Vormundschaftsgericht hat sich bei Prüfung der Frage, ob die Genehmigung zu ertheilen oder zu verweigern ist, nicht bloß auf eine Prüfung darüber zu beschränken, ob die Abschließung des Geschäftes Seitens des Vormundes eine Pflichtwidrigkeit darstellen würde. Es hat vielmehr, ohne dabei zwischen Rücksichten der Nothwendigkeit und Nützlichkeit unterscheiden zu müssen, einzig und allein das Interesse des Mündels zu bedenken und demnach das Geschäft bei eigener Vertretung (§ 1848) nur dann gutzuheißen, wenn es nach seiner pflichtmäßigen Ueberzeugung dem Mündel vortheihaft ist. Soweit es dabei die Ertheilung seiner Genehmigung an gewisse Bedingungen und Vorbehalte knüpft, wird es von dem selbständigen Ermessen des Vormundes abhängen, ob er das Geschäft in der dadurch veränderten Gestalt (vorausgesetzt, daß auch der andere Theil darauf eingeht) aufrecht erhalten oder fallen lassen will. Einen Zwang kann das Vormundschaftsgericht zu diesem Behufe regelmäßig nicht ausüben. Schließt jedoch die Weigerung des Vormundes, das Geschäft mit der von dem Gerichte vorgeschlagenen Maßnahme vorzunehmen, eine Pflichtwidrigkeit des Vormundes ein, indem das nunmehrige gänzliche Unterbleiben dem Mündel zum offenbaren Nachtheil gereicht, so wird das Gericht unter Umständen mit Exekutivstrafen einschreiten und äußersten Falles sogar die Entlassung des Vormundes (§ 1886) verfügen können.

Eine besondere Form ist für die Genehmigung regelmäßig nicht vorgeschrieben.

Zu Nr. 1.

3. — zur Verfügung über ein Grundstück oder ein Recht an einem Grundstück — Die Frage, heißt es in den Motiven, ob die Genehmigung des Vormundschaftsgerichts nach Nr. 1 auch zu einem solchen Rechtsgeschäfte erforderlich ist, welches lediglich das Aufgeben, insbesondere die Uebertragung, des Besitzes eines im Besitze des Mündels befindlichen Grundstückes zum Gegenstande hat, und bei welchem nicht wenigstens eventuell der Wille auch auf Uebertragung des Rechtes an dem Grundstücke gerichtet ist, hat das BGB., ebensowenig wie die bisherigen Gesetze durch eine besondere Bestimmung entschieden. Die Aufnahme einer die alienatio possessionis der alienatio rei in der hier fraglichen Hinsicht unbedingt gleichstellenden Vorschrift, um dem Mündel die condictio possessionis (§ 812 Abs. 1) zu sichern, wenn der Vormund ohne Genehmigung des Vormundschaftsgerichtes den Besitz eines Grundstückes aufgegeben hat, ist bei der Seltenheit

der hier in Betracht kommenden Fälle, durch ein praktisches Bedürfniß nicht geboten, auch — hingesehen namentlich auf solche Fälle, in welchen über das Eigenthum des Dritten an einem von dem Mündel ohne Rechtsgrund besessenen Grundstücke gar kein Zweifel besteht, die Uebertragung des Besitzes an den Dritten für das Kind mithin eine Vermögensverminderung überall nicht enthält — nicht als angemessen erachtet worden. Um so bedenklicher würde es sein, hier eine besondere Vorschrift aufzunehmen, als das BGB. auch in anderen, ähnlich liegenden Fällen die Frage, ob und in wie weit das Aufgeben des Besitzes einer Sache der Veräußerung der Sache selbst gleich zu stellen sei, unentschieden gelassen hat, die Aufnahme einer besonderen Bestimmung an dieser Stelle daher zu einem irre führenden argumentum e contrario Veranlassung geben könnte.

Wenn die Motive, unter Bezugnahme auf § 781 des Entwurfes, weiter erklären, daß den Grundstücken im Sinne des § 1674 Nr. 1 daselbst solche „Berechtigungen" gleichstehen, „welche ein Blatt im Grundbuche erhalten können", so trifft dieser Satz für den an die Stelle der letzteren Vorschriften getretenen § 1821 Nr. 1 nicht mehr zu, weil der § 781 Abs. 2, wonach auf dergleichen Berechtigungen „die auf Grundstücke sich beziehenden Vorschriften entsprechende Anwendung" finden sollten, bei der späteren Berathung des Gesetzes nicht zur Annahme gelangt ist. Nur für das Erbbaurecht (§ 1012), für welches übrigens nach § 7 der GBO. auch ein besonderes Grundbuchblatt angelegt werden kann, ist nach § 1017 Abs. 1 der Grundsatz des § 781 Abs. 2 des Entwurfes aufrecht erhalten, so daß auch für dieses Recht der § 1821 Nr. 1 Geltung hat.

Grundstücke sind umgrenzte Stücke des Erdreichs. Was zu den Bestandtheilen eines Grundstückes gehört und nicht gehört, ergeben die §§ 93 bis 96. Auch Rechte, die mit dem Eigenthum an einem Grundstücke verbunden sind, wie Grunddienstbarkeiten (§§ 1018 ff.), die subjektiv dinglichen Vorkaufsrechte (§ 1094 Abs. 2), Reallasten (§ 1105 Abs. 2) und Nutzungsrechte gelten hiernach als Bestandtheile des Grundstücks; nicht aber die nach Art. 67, 68 des EG. als selbständige Gerechtigkeiten fortbestehenden Kohlenabbaurechte des Preußischen und Sächsischen Rechts.

Zu den Rechten an einem Grundstück, über die der Vormund nach § 1821 Nr. 1 ohne Genehmigung des Vormundschaftsgerichts nicht verfügen kann, gehören, abgesehen von dem den Grundstücken selbst gleichstehenden Erbbaurecht (§ 1017) und den schon als Grundstücksbestandtheile in Betracht kommenden Rechten, namentlich die zu Gunsten einer bestimmten Person bestehenden Reallasten (§§ 1110, 1111). Dingliche Vorkaufsrechte können nach §§ 1098, 514 auf einen Anderen regelmäßig überhaupt nicht übertragen und Grunddienstbarkeiten von dem herrschenden Grundstücke nicht getrennt werden. Demnach hat rücksichtlich ihrer der § 1821 Nr. 1 nur für einen etwaigen Verzicht des Vormundes Bedeutung.

Hypotheken, Rentenschulden und Grundschulden sind nach Abs. 2 unter den hier gemeinten Rechten nicht begriffen; zu einer Verfügung über sie genügt, abgesehen von den Bestimmungen in §§ 1818, 1819, nach § 1814 die Genehmigung des Gegenvormundes.

Ueber den Sinn und die Tragweite des Wortes „Verfügung" vgl. § 1812 Anm. 4.

Den Antrag auf Zwangsversteigerung eines im Miteigenthum des Mündels stehenden Grundstücks kann der Vormund nach § 181 Abs. 2 des Gesetzes über die

Zwangsversteigerung und Zwangsverwaltung vom 24. März 1897 (RGBl. 1897 S. 97, 1898 S. 713) ebenfalls nur mit Genehmigung des Vormundschaftsgerichts stellen.

Zu Nr. 2.

4. Die Bestimmung der Nr. 2 stellt sich als Ausnahme von dem in § 1812 aufgestellten Grundsatze dar. Sie beruht auf der Erwägung, daß die hier fraglichen Immobiliaransprüche, wirthschaftlich betrachtet, den in Nr. 1 bezeichneten Gegenständen gleich stehen, einem Gesichtspunkt, der auch bei der Gemeinschaft des beweglichen Vermögens und der Errungenschaft zu der Bestimmung des § 1551 Abs. 2 geführt hat.

Zu Nr. 3.

5. — zur Eingehung der Verpflichtung zu einer der in Nr. 1, 2 bezeichneten Verfügungen — Ohne diese Vorschrift in Nr. 3 würden die unter Nr. 1 und 2 vorausgegangenen Vorschriften häufig illusorisch bleiben und leicht umgangen werden können.

Zu Nr. 4.

6. auf den entgeltlichen Erwerb — Die Schenkung eines Grundstückes oder eines Rechtes an einem Grundstück kann also der Vormund ohne die Genehmigung des Vormundschaftsgerichts Namens des Mündels wirksam annehmen. Zu der Abgabe eines wirksamen Gebotes für den Mündel bei der Zwangsversteigerung eines Grundstücks bedarf es Seitens des Vormundes außer der sofortigen Vorlegung seiner Bestallungsurkunde auch noch des sofortigen Nachweises durch öffentlich beglaubigte Urkunde, daß sein Gebot mit Zustimmung des vormundschaftlichen Gerichtes abgegeben wird (§ 71 Abs. 2 des Gesetzes über die Zwangsversteigerung und Zwangsverwaltung vom 24. März 1897).

Abs. 2.

7. — Hypotheken, Grundschulden und Rentenschulden. Der Begriff der Hypothek umfaßt auch die s. g. Eigenthümer-Hypothek (§§ 1163, 1168, 1170).

8. In den Fällen des § 1821 Abs. 1 Nr. 1 bis 3 und Abs. 2 bedarf auch der Vater zu Rechtsgeschäften für das Kind der Genehmigung des Vormundschaftsgerichts (§ 1643 Abs. 1).

9. Bevor eine Entscheidung über die Genehmigung nach § 1821 erfolgt, soll das Vormundschaftsgericht in allen Fällen den über 18 Jahre alten Mündel hören (§ 1827 Abs. 2).

§ 1822.

Der Vormund bedarf der Genehmigung des Vormundschaftsgerichts:

1. zu einem Rechtsgeschäfte, durch das der Mündel zu einer Verfügung über sein Vermögen im Ganzen oder über eine ihm angefallene Erbschaft oder über seinen künftigen gesetzlichen Erbtheil oder seinen künftigen Pflichttheil verpflichtet wird, sowie zu einer Verfügung über den Antheil des Mündels an einer Erbschaft;
2. zur Ausschlagung einer Erbschaft oder eines Vermächtnisses, zum Verzicht auf einen Pflichttheil sowie zu einem Erbtheilungsvertrage;

3. zu einem Vertrage, der auf den entgeltlichen Erwerb oder die Veräußerung eines Erwerbsgeschäfts gerichtet ist, sowie zu einem Gesellschaftsvertrage, der zum Betrieb eines Erwerbsgeschäfts eingegangen wird;
4. zu einem Pachtvertrag über ein Landgut oder einen gewerblichen Betrieb;
5. zu einem Mieth- oder Pachtvertrag oder einem anderen Vertrage, durch den der Mündel zu wiederkehrenden Leistungen verpflichtet wird, wenn das Vertragsverhältniß länger als ein Jahr nach der Vollendung des einundzwanzigsten Lebensjahrs des Mündels fortdauern soll;
6. zu einem Lehrvertrage, der für längere Zeit als ein Jahr geschlossen wird;
7. zu einem auf die Eingehung eines Dienst- oder Arbeitsverhältnisses gerichteten Vertrage, wenn der Mündel zu persönlichen Leistungen für längere Zeit als ein Jahr verpflichtet werden soll;
8. zur Aufnahme von Geld auf den Kredit des Mündels;
9. zur Ausstellung einer Schuldverschreibung auf den Inhaber oder zur Eingehung einer Verbindlichkeit aus einem Wechsel oder einem anderen Papiere, das durch Indossament übertragen werden kann;
10. zur Uebernahme einer fremden Verbindlichkeit, insbesondere zur Eingehung einer Bürgschaft;
11. zur Ertheilung einer Prokura;
12. zu einem Vergleich oder einem Schiedsvertrag, es sei denn, daß der Gegenstand des Streites oder der Ungewißheit in Geld schätzbar ist und den Werth von dreihundert Mark nicht übersteigt;
13. zu einem Rechtsgeschäfte, durch das die für eine Forderung des Mündels bestehende Sicherheit aufgehoben oder gemindert oder die Verpflichtung dazu begründet wird.

Entw. I § 1674 Nr. 3, 4, 6 bis 14, §§ 2043, 2044; Entw. II § 1702; Reichst.-Vorl. § 1798; Mot. IV zu § 1674 S. 1140 bis 1147. V zu § 2043 S. 514, zu § 2044 S. 514 bis 516; Komm. Prot. S. 6408 bis 6416, 7686, 8705.

---

1. — bedarf der Genehmigung des Vormundschaftsgerichts — In wie weit ein Rechtsgeschäft, das der Vormund ohne die gesetzlich erforderliche Genehmigung vornimmt, Rechtswirkungen erzeugt, ist in §§ 1829, 1830 bestimmt (vgl. die dazu ergangenen Anmerkungen).

Die Genehmigung des Vormundschaftsgerichts bezweckt einerseits Sicherung des Mündels, indem sie die Vertretungsmacht des Vormundes einschränkt. Auf der anderen Seite aber bringt sie dem letzteren den Vortheil, daß sie die Gefahr seiner Verantwortung mindert und ihn in die Lage versetzt, an dem Vormundschaftsrichter in besonders wichtigen Verwaltungsangelegenheiten einen rechtskundigen Berather zu finden. Es ist dringend anzuempfehlen, daß das vormundschaftliche Gericht in dieser Hinsicht nicht einen allzuformalistischen Standpunkt einnimmt, welcher dahin führt, das von dem Vormunde zu schließende oder bereits abgeschlossene Geschäft auf Grund des beigebrachten Materials einfach gutzuheißen oder abzulehnen. Seine Pflicht erfordert, nöthigenfalls auch noch selbständig und von Amtswegen, Ermittlungen anzustellen und zu diesem Behufe allezeit, ohne im Uebrigen in die Selbständigkeit des Vormundes einzugreifen, diesem helfend und berathend an die Seite zu treten (vgl. auch Joh. Bd. 3 S. 51).

Die Genehmigung kann in allen Fällen, abweichend von der Regel des § 182, nur dem Vormunde gegenüber wirksam erklärt werden (§ 1828 und Anm. 2 daselbst). Ihre Ertheilung kann ebensowohl vor wie nach der Vornahme des zu genehmigenden Geschäftes erfolgen. Der in §§ 183, 184 aufgestellte Unterschied zwischen Einwilligung und Genehmigung ist, wie aus dem Kommissionsbericht erhellt, für die Genehmigung des Vormundschaftsgerichts (und auch des Gegenvormundes) ohne Bedeutung. Eine besondere Form ist für sie, wie bereits erwähnt wurde, nicht vorgeschrieben (vgl. § 182 Abs. 2). Der Natur der Sache und ebenso der Ordnungsmäßigkeit des Verfahrens entspricht es jedoch, daß der Beschluß über die Ertheilung oder Verweigerung dem Vormund (letzterenfalls schon im Interesse seines Beschwerderechts) regelmäßig in Schriftform zugestellt wird. Nothwendig erscheint dies überall da, wo der Vormund die Thatsache der erfolgten Ertheilung einer Behörde oder, wie in dem Falle des § 1831, einem Dritten gegenüber besonders nachzuweisen hat. Unter Umständen muß hierzu (z. B. für die Benutzung bei dem Grundbuchrichter) auch noch die Beglaubigung kommen. Geschieht die Genehmigung nur mündlich, so wird dieser Vorgang jedenfalls in den Akten ersichtlich gemacht werden müssen (vgl. auch § 16 des G. fr. G.).

Zu Nr. 1.

2. — zu einer Verfügung über sein Vermögen im Ganzen oder über eine ihm angefallene Erbschaft oder über seinen künftigen gesetzlichen Erbtheil oder seinen künftigen Pflichttheil ...., sowie zu einer Verfügung über den Antheil des Mündels an einer Erbschaft — Diese der Pr. VO. fremde Vorschrift rechtfertigt sich zufolge der Motive durch die besondere Wichtigkeit und den aleatorischen Charakter der hier erwähnten Geschäfte, deren Vornahme, als über die Grenzen einer gewöhnlichen Verwaltung hinausgehend, nur in außerordentlichen Fällen als angemessen zu erachten sein wird. Hierher gehören insbesondere die Bestellung des Nießbrauchs an einer Erbschaft (§ 1089) und der Erbschaftskauf (§ 2371).

Verträge über eine noch nicht angefallene Erbschaft oder über den Pflichttheil oder ein Vermächtniß aus dem Nachlaß eines noch lebenden Dritten, sind, soweit sie nicht unter künftigen gesetzlichen Erben über den gesetzlichen Erbtheil oder den Pflichttheil eines von ihnen geschlossen werden, ein für allemal nichtig, so daß sie insoweit für § 1822 überhaupt außer Betracht bleiben (§ 312).

Zu Nr. 2.

3. — zur Ausschlagung einer Erbschaft oder eines Vermächtnisses, zum Verzicht auf einen Pflichttheil sowie zu einem Erbtheilungsvertrage — Nur zur Ausschlagung einer Erbschaft oder eines Vermächtnisses, also nicht auch zu deren Antretung und bzw. Annahme. Der Verzicht auf einen Pflichttheil kann auch dadurch erfolgen, daß der Vormund Namens des Mündels ein Testament anerkennt, gleichviel ob durch dieses letztere der Pflichttheil dem Mündel ganz entzogen oder nur verkürzt wird. In diesen Fällen, aber auch nur in diesen, bedarf daher der Vormund auch zur

Anerkennung eines Testamentes der vormundschaftsgerichtlichen Genehmigung. Daß das Vormundschaftsgericht dergleichen Ausschlagungs- und Verzichtserklärungen nur nach sorgfältiger Sachprüfung und mit großer Vorsicht genehmigen wird, liegt auf der Hand. Auf der anderen Seite kann aber doch auch die Lage der Umstände eine derartige sein, daß dem Vormunde vernünftiger Weise nicht zugemuthet werden kann, die oft äußerst mühevolle und mit Regreßgefahr verknüpfte Arbeit der Regelung verwickelter Schuldbeziehungen des Erblassers und die Vertheilung eines offenbar überschuldeten Nachlasses an die Gläubigerschaft für den Mündel als Erben durch alle Stadien hindurch zu besorgen, ohne daß dem Mündel selbst hieraus der geringste Gewinn erwächst.

Der Begriff des Erbtheilungsvertrages umfaßt nur die Verträge über die Auseinandersetzung in Ansehung einer Erbschaft. Die Bestimmung bezieht sich daher nur auf solche Rechtshandlungen des Vormundes, welche die Aufhebung der zwischen dem Mündel und einem oder mehreren Miterben bestehenden Erbgemeinschaft durch Theilung des Nachlasses oder einzelner Bestandtheile desselben herbeiführen. Somit gehören auch Abtretungen hierher, wodurch einzelnen Miterben Seitens der übrigen Erben Nachlaßforderungen zum Alleineigenthum übertragen werden (vgl. Joh. Bd. 6 S. 55), nicht aber auch solche, durch welche alle Miterben einem Dritten dergleichen Forderungen abtreten. Zur Erhebung der Theilungsklage oder zu dem Antrage auf den Verkauf der zu einer gemeinschaftlichen Erbschaft gehörigen Gegenstände zum Zwecke der Aufhebung der Gemeinschaft (§§ 753, 2042) ist die Genehmigung des Vormundschaftsgerichts, soweit nicht Grundstücke in Frage stehen (vgl. § 1821 Anm. 3 a. E.), nicht erforderlich. Welchen Werth der Gegenstand der Erbauseinandersetzung hat, kommt im Uebrigen für die Nothwendigkeit dieser Genehmigung (anders wie in dem Falle des § 1822 Nr. 12) nicht in Betracht.

Ueber die Form der Erbtheilungsverträge enthält das BGB., abweichend von dem französischen Recht und einigen anderen Partikulargesetzgebungen, welche gerichtlichen Abschluß verlangten, keine besonderen Vorschriften. Soll aber das Vormundschaftsgericht einen solchen Vertrag genehmigen, so wird selbstverständlich verlangt werden müssen, daß die Erklärungen der Betheiligten zum Mindesten privatschriftlich vorliegen.

Ob eine Erbauseinandersetzung überhaupt vorgenommen werden soll, hat im Uebrigen der Vormund selbständig zu ermessen. Unterläßt oder verzögert er eine solche jedoch pflichtwidrig zum Nachtheile des Mündels, so würde gemäß § 1799 der Gegenvormund zur Anzeige und gemäß § 1837 und eventuell auch § 1886 das Vormundschaftsgericht zum Einschreiten verpflichtet sein.

Zu Nr. 3.

4. — auf den entgeltlichen Erwerb oder die Veräußerung eines Erwerbsgeschäfts — Nur der entgeltliche Erwerb eines Erwerbsgeschäftes kommt in Frage, nicht auch der Erwerb eines solchen durch Schenkung, zu welchem die Genehmigung des Vormundschaftsgerichtes ebensowenig erfordert wird, wie in dem Falle des Erwerbes durch Erbfolge oder Vermächtniß. Für die Veräußerung ist das Moment der Entgeltlichkeit selbstverständlich, da Schenkungen des Vormundes in Vertretung des Mündels nach Maßgabe des § 1804 überhaupt nichtig sind. Der über 18 Jahre alte Mündel ist nach Maßgabe des § 1827 Abs. 2 vor der Entscheidung, also gleichviel, ob genehmigt oder nicht genehmigt wird, zu hören. Die Motive (I S. 142) zu § 67 (jetzt § 112) des BGB. verstehen unter einem

Erwerbsgeschäft in subjektiver Bedeutung „jede regelmäßige, auf Erwerb gerichtete Thätigkeit, mag dieselbe in Handel, der Betreibung einer Fabrik oder eines Handwerks, der Ausübung eines künstlerischen oder wissenschaftlichen Berufes, der Landwirthschaft u. s. w. bestehen". Hiernach wird als Erwerbsgeschäft in objektivem Sinne, welches gegen Entgelt erworben werden kann, jede äußerliche Veranstaltung gelten müssen, die als ein gewissermaßen organisirtes Ganzes darauf abzielt, den Erwerbsgeschäften der vorgedachten subjektiven Art als Ausgangspunkt und Grundlage zu dienen. Es gehört dahin also in erster Linie jedes kaufmännische Unternehmen mit Einschluß der Lokalitäten und Waaren; sodann aber auch jeder andere mit einem äußerlichen Apparat versehene, zur Erzielung von Geldgewinn bestimmte gewerbliche oder sonstige Betrieb, z. B. auch ein photographisches Atelier, ein Theaterunternehmen (vgl. auch die Entsch. des RG. in Civils. Bd. 28 S. 278).

Der Minderjährige kann nach § 112 mit Genehmigung des Vormundschaftsgerichtes auch zum selbständigen Betriebe des Erwerbsgeschäftes von dem Vormund ermächtigt werden; er ist alsdann für solche Rechtsgeschäfte, die der Geschäftsbetrieb mit sich bringt, unbeschränkt geschäftsfähig. Ausgenommen sind nur Rechtsgeschäfte, zu denen auch sein Vormund der Genehmigung des Vormundschaftsgerichtes bedarf.

5. — zu einem Gesellschaftsvertrage, der zum Betrieb eines Erwerbsgeschäfts eingegangen wird — Ein Gesellschaftsvertrag ist nach § 705 vorhanden, wenn sich zwei oder mehrere Personen gegenseitig verpflichten, die Erreichung eines gemeinsamen Zweckes in der durch den Vertrag bestimmten Weise zu fördern, insbesondere die vereinbarten Beiträge zu leisten. Der gemeinsame Zweck muß aber im Falle des § 1822 Nr. 3 der Betrieb eines Erwerbsgeschäfts (vgl. Anm. 4) sein. Dergleichen Gesellschaftsverträge sind namentlich die handelsrechtlichen Verträge, durch welche eine offene Handelsgesellschaft (§§ 105 ff. HGB.), eine Kommanditgesellschaft (§§ 161 ff. a. a. O.), eine Aktiengesellschaft (§§ 178 ff. a. a. O.), eine Kommanditgesellschaft auf Aktien (§§ 320 ff. a. a. O.) und eine stille Gesellschaft (§§ 335 ff. a. a. O.) begründet wird.

Zu Nr. 4.

6. — zu einem Pachtvertrag über ein Landgut oder einen gewerblichen Betrieb — Die Bestimmung der Nr. 4 bezweckt nach den Motiven, den Vormund bei besonders wichtigen Verpachtungen immer an die Genehmigung des Vormundschaftsgerichts zu binden, ohne Rücksicht darauf, ob das Vertragsverhältniß über die in Nr. 5 bezeichnete Grenze fortdauern soll oder nicht. Es kommt darauf an, dem Mündel hierbei einen größeren Schutz zu gewähren, da dergleichen Verträge für die Gesammtwirthschaft des Mündels von einschneidender Bedeutung sind, der Abschluß von Pachtverträgen der hier fraglichen Art in der Regel ein schwieriges und komplizirtes Geschäft ist und der Vormund dabei auch oft große Geldbeträge für den Mündel in seine Hände bekommt.

Unter Landgut ist, unabhängig von Größe und Ertrag, jedes geschlossene Besitzthum zu verstehen, welches zum Betriebe des Ackerbaus und der Viehzucht bestimmt ist. Es folgt dies aus § 98 Abs. 2 und stimmt auch mit der Erklärung in § 400 Tit. 21 Th. I des Preuß. ALR. überein (vgl. auch Entsch. des RG. in Civils. Bd. 20 S. 261, 262). Den Gegensatz hierzu bilden einzelne Grundstücke (Aecker, Wiesen u. s. w.), welche für sich allein den Begriff nicht zu erfüllen vermögen. Ob das Gut in einem städtischen Bezirk oder auf dem platten Lande belegen ist, erscheint im Uebrigen ohne Belang.

Ueber den Begriff des gewerblichen Betriebes ist die Anm. 4 oben zu vergleichen.

Ob der Vormund das Landgut oder den gewerblichen Betrieb Namens des Mündels pachtet oder verpachtet, wird von dem Gesetze nicht unterschieden.

Zu Nr. 5.

7. — zu einem Mieth- oder Pachtvertrag — Der Vormund kann grundsätzlich als Vertreter des Mündels miethen und vermiethen, pachten und verpachten, ohne dazu der Genehmigung des Vormundschaftsgerichts zu bedürfen. Eine Ausnahme von diesem Grundsatze bestimmt nur die Nr. 4 des § 1822 und die Nr. 5 desselben. Die letztere Bestimmung umfaßt gegebenen Falles alle Miethverträge und alle nicht unter Nr. 4 fallenden Pachtverträge. Der Gegenstand des Miethvertrages sind körperliche Sachen, rücksichtlich deren dem Miether nur ihr Gebrauch, nicht der Genuß der Früchte eingeräumt wird. Ein Pachtvertrag dagegen liegt vor, wenn der zu überlassende Gegenstand entweder ein Recht ist, oder wenn eine Sache außer zum Gebrauche auch noch zum Fruchtgenuß überlassen wird.

Auch hier ist es für die Anwendung der Vorschrift gleichgültig, ob der Mündel Miether oder Vermiether, Pächter oder Verpächter ist.

8. — oder einem anderen Vertrage, durch den der Mündel zu wiederkehrenden Leistungen verpflichtet wird — Hierher gehören insbesondere Versicherungs-, Leibgedings-, Leibzucht-, Leibrenten-, Altentheilsverträge; auch der Vertrag, durch welchen der Mündel als Handlungsgehülfe in das Geschäft eines Anderen eintritt (Mot. S. 1142). Verträge durch welche der Mündel nur zum Empfange wiederkehrender Leistungen berechtigt wird, werden als solche von der Vorschrift der Nr. 5 nicht betroffen.

9. — länger als ein Jahr nach der Vollendung des einundzwanzigsten Lebenjahres des Mündels — Die Vollendung des 21. Lebensjahres und nicht die Volljährigkeit, welche in Folge gerichtlicher Erklärung schon früher eintreten kann (§ 3), bestimmt den Zeitpunkt, von welchem ab das Jahr zu rechnen ist. Eine über den hier festgesetzten Zeitpunkt hinaus geschlossener Vertrag der in Rede stehenden Art ist ohne die Genehmigung des Vormundschaftsgerichts für die ganze darin bedungene Dauer und nicht bloß für die Zeit nach dem Eintritt der Volljährigkeit des Mündels nach Maßgabe der §§ 1828 bis 1831 unwirksam, es müßte denn sein, daß er nach dem Vertragswillen überhaupt nicht als einheitlicher Vertrag geschlossen worden ist.

Zu Nr. 6.

10. — zu einem Lehrvertrage, der für längere Zeit als ein Jahr geschlossen wird — Die Bestimmung bezweckt einen vermehrten Schutz des Mündels, da man nicht immer zu dem Vormunde das Vertrauen haben darf, er werde bei Abschließung eines Lehrvertrages für den Mündel hinsichtlich der Prüfung aller dabei in Betracht kommenden Beziehungen (Persönlichkeit und Familie des Lehrherrn, Art und Dauer der Ausbildung, Uebernahme von Gegenleistungen u. s. w.) denjenigen Grad von Aufmerksamkeit und Umsicht anwenden, welchen die Wichtigkeit der Sache für den Mündel, zumal unter den heutigen sozialen Verhältnissen, dringend erheischt. Das Gesetz schreibt daher auch vor, daß nicht nur, wie in allen Fällen einer nöthig werdenden vormundschaftsgerichtlichen Genehmigung vorher der Gegenvormund (§ 1826), sondern auch der über 14 Jahre alte Mündel selbst gehört werden soll.

Was der abzuschließende Lehrvertrag zu enthalten hat, bestimmt für die Lehrlinge der Handwerksmeister der § 126b der Reichsgewerbeordnung in der Fassung der Novelle vom 26. Juli 1897 (RGBl. S. 663). Bezüglich der Lehrlinge im Handelsgewerbe sind die §§ 76 bis 82 des HGB. von maßgebender Bedeutung.

Zu Nr. 7.

11. — zu einem auf die Eingehung eines Dienst- oder Arbeitsverhältnisses gerichteten Vertrage, wenn der Mündel zu persönlichen Leistungen für längere Zeit als ein Jahr verpflichtet werden soll — Die Gesindeverträge scheiden nach Art. 95 des EG. mit der in Abs. 2 daselbst bestimmten Maßgabe hier aus. Nur soweit die dem Landesgesinderecht angehörigen Vorschriften keine besonderen Normen über die obervormundschaftliche Genehmigung der Gesindeverträge enthalten, findet in dieser Beziehung das BGB. wiederum Anwendung. Im Uebrigen kann gemäß § 113 der Vormund den Mündel ermächtigen, in Dienst oder in Arbeit zu treten, was zur Folge hat, daß der letztere für solche Rechtsgeschäfte, welche die Eingehung oder Aufhebung des fraglichen Dienst- oder Arbeitsverhältnisses (§§ 611 bis 630) oder die Erfüllung der daraus entspringenden Verpflichtungen betreffen, unbeschränkt geschäftsfähig und nach § 52 Abs. 1 CPO. insoweit auch prozeßfähig ist. Soll jedoch der Mündel durch einen solchen Vertrag über ein Jahr hinaus zu persönlichen Leistungen verpflichtet werden, so tritt als Spezialgesetz der § 1822 Nr. 7 ein, und der Vormund bedarf der Genehmigung des vormundschaftlichen Gerichts (§ 113 Abs. 1 Satz 2). Verträge, welche, obwohl auf unbestimmte Dauer geschlossen, den Mündel wegen der vereinbarten Kündigungsfrist nicht für länger als ein Jahr fest binden, fallen nicht unter die Ausnahmevorschrift. Bei Anwendung der letzteren kommt der Mündel nur als Dienst- oder Arbeitsnehmer in Betracht.

Zu Nr. 8.

12. — zur Aufnahme von Geld auf den Kredit des Mündels — Die Vorschrift betrifft ihrem Wortlaute nach nicht ausschließlich Darlehen, sondern alle Geschäfte, durch welche der Vormund Geld auf den Kredit des Mündels (z. B. auch innerhalb eines Kontokurrentverkehrs) entnimmt. Ohne diese in Nr. 8 bestimmte Beschränkung würden, wie die Motive bemerken, alle übrigen Beschränkungen der Vertretungsmacht des Vormundes erheblich an praktischem Werth verlieren. Völlig zuverlässige Vormünder, insbesondere solche, welche ausreichende Sicherheit bestellt haben, können gemäß § 1825 von dem Vormundschaftsgericht freier gestellt werden. Die Hingabe von Mündelgeld auf Kredit ist dem Vormund, vorbehaltlich der Beschränkungen aus § 1807, unbenommen. Auch hat das Gesetz vermieden, durch Einbeziehung aller Kreditgeschäfte überhaupt die hier angeordnete Beschränkung so weit auszudehnen, daß dieselbe mit den Bedürfnissen des täglichen Lebens in Widerspruch tritt und vermöge einer zu großen Unbestimmtheit auch schädliche Wirkungen erzeugt. So darf der Vormund ohne Genehmigung des Vormundschaftsgerichts z. B. auch Waarenkäufe Namens des Mündels auf Borg abschließen.

Zu Nr. 9.

13. — zur Ausstellung einer Schuldverschreibung auf den Inhaber — Es braucht darin nicht nothwendig Geld, es können auch andere Leistungen versprochen werden (§ 793 Abs. 1). Im Inland ausgestellte Schuldverschreibungen auf den Inhaber, in denen die Zahlung einer bestimmten Geldsumme versprochen wird, dürfen nur mit staatlicher Genehmigung in den Verkehr gebracht werden (§ 795 Abs. 1). Eine ohne staatliche Genehmigung in den Verkehr gelangte Schuldverschreibung ist nichtig (§ 795 Abs. 3) und ihr Aussteller, der sie in dieser Weise in den Verkehr bringt, gemäß § 145a des StGB. (in der Fassung des Art. 34 IV des EG.) strafbar. Schuldverschreibungen auf den Inhaber, die nicht auf eine bestimmte Geldsumme lauten, bedürfen zu ihrer Ausstellung der staatlichen Genehmigung nicht.

14. — zur Eingehung einer Verbindlichkeit aus einem Wechsel oder einem anderen Papiere, das durch Indossament übertragen werden kann — Diese Fassung ist bestimmter als diejenige in § 42 Nr. 10 der Pr. VO., der nur von „Eingehung wechselmäßiger Verbindlichkeiten" spricht. Auch Verbindlichkeiten aus anderen Urkunden, die durch Indossament übertragen werden können, fallen unter die Vorschrift der Nr. 9. Insbesondere gehören also hierher auch kaufmännische Anweisungen und Verpflichtungsscheine, Konnossemente der Seeschiffer, Ladescheine der Frachtführer, Bodmereibriefe u. s. w., wenn sie an Ordre lauten (§ 363 HGB.). Die besondere Gefahr bei Eingehung derartiger Verbindlichkeiten besteht darin, daß der Verpflichtete sich, wie bei Wechseln, nur solcher Einreden bedienen kann, die ihm nach Maßgabe der Urkunde selbst oder unmittelbar gegen den jedesmaligen Kläger zustehen.

Daß die Genehmigung des Vormundschaftsgerichts auf die fraglichen Papiere selbst gesetzt wird, ist nicht erforderlich. Sie kann vorausgehen oder nachfolgen, und an sich genügt selbst die mündliche Form, insbesondere bei Handelsgeschäften. Im Uebrigen ist auch hier, wie im Falle der Nr. 8, die Ertheilung einer allgemeinen Ermächtigung an den Vormund durch das Vormundschaftsgericht zulässig (§ 1825).

Zu Nr. 10.

15. — zur Uebernahme einer fremden Verbindlichkeit, insbesondere zur Eingehung einer Bürgschaft — Unter die Rechtsgeschäfte dieser Art fallen alle Arten der Interzession, also jeder vertragsmäßige Eintritt in eine fremde Schuld. Gleichgültig ist, ob die Verbindlichkeit von dem Vormunde als kumulative oder privative, als prinzipale oder accessorische übernommen wird. Uebernahme einer fremden Verbindlichkeit im Sinne der Nr. 10 ist es jedoch nicht, wenn der Vormund eine mit Schuldverbindlichkeiten beschwerte Erbschaft für den Mündel antritt (vgl. Entsch. des RG. in Civils. Bd. 29 S. 197).

Die generelle Ermächtigung des Vormundes darf nach § 1825 hier ebenfalls eintreten.

Zu Nr. 11.

16. — zur Ertheilung einer Prokura — Da die Prokura ohne Weiteres auch zur Eingehung der unter Nr. 8 bis 10 bezeichneten Geschäfte ermächtigt und eine Beschränkung des Umfanges der Prokura dritten Personen gegenüber unwirksam ist (§ 50 HGB.), so erscheint eine besonders eingehende und sorgfältige Prüfung geboten, bevor das Vormundschaftsgericht ihre Ertheilung genehmigt.

Zu dem Widerrufe der Prokura (§ 52 Abs. 1 a. a. O.) ist der Vormuud selbständig befugt; ebenso zur Ertheilung einer einfachen Handelsvollmacht (§ 54 a. a. O.).

Zu Nr. 12.

17. — zu einem Vergleich oder Schiedsvertrag — Ein Vergleich ist nach § 779 ein Vertrag, durch den der Streit oder die Ungewißheit der Parteien über ein Rechtsverhältniß im Wege gegenseitigen Nachgebens beseitigt wird.

Bloße Anerkenntnisse und Verzichte (Erlasse, Entsagungen) des Vor=

mundes bedürfen als solche einer vormundschaftsgerichtlichen Genehmigung nicht. Zu beachten ist jedoch, daß ebensowohl in dem Anerkenntnisse wie in dem Verzichte eine Verfügung über den Gegenstand liegt. Sofern daher diese Verfügung Seitens des Vormundes eine Genehmigung, sei es des Gegenvormundes, sei es des Vormundschaftsgerichts (§§ 1812, 1819 bis 1822), erforderlich macht, muß es auch in diesen Fällen dabei sein Bewenden behalten (vgl. auch Anm. 2 zu § 1804).

Ob zu den von der Vorschrift der Nr. 12 betroffenen Vergleichen auch Prozeßvergleiche gehören, ist streitig. Es kommt in dieser Beziehung darauf an, ob der Vergleich eine Prozeßhandlung im Sinne des § 54 der CPO. darstellt oder nicht, da im ersteren Falle der Vormund kraft der ihm gesetzlich ertheilten allgemeinen Ermächtigung zur Prozeßführung auch einen Vergleich ohne besondere Ermächtigung des Vormundschaftsgerichts innerhalb des Rechtsstreites würde abschließen können. Mit Rücksicht auf die rechtsgeschäftliche Natur des Vergleiches, auf die den gemeinen Civilprozeß beherrschende Anschauung, die Entstehungsgeschichte des § 54 (früher § 52) der CPO. und deren sonstigen Sprachgebrauch (vgl. §§ 64, 208, 209, 214, 216, 267 u. a. nach der früheren Fassung) haben die letztere Frage verneint und demnach den Prozeßvergleich nicht für eine Prozeßhandlung im Sinne der CPO. erklärt: Planck, Lehrbuch § 46 Anm. 13; Kroll, Klage und Einrede § 24 zu Anm. 13; Förster-Eccius, Bd. 1 § 103 Anm. 6, Bd. 4 § 232 Anm. 23; Küntzel in Gruchot, Beiträge Bd. 24 S. 772, Bd. 25 S. 327, Bd. 28 S. 277. Die bejahende Ansicht dagegen vertreten: Wach, Handbuch des Deutschen Civilprozeßrechts, § 50 IV; Hellmann § 53; Reincke, Anm. zu § 52; Gaupp Note II; Struckmann-Koch, Petersen, Note 3, von Sarwey, Kleiner, Puchelt je Note 1; Seuffert, Note 3; Brettner in Gruchot, Beiträge Bd. 25 S. 234; Kohler, ebendaselbst Bd. 31 S. 496. Das Reichsgericht hat sich durch Urtheil des II. Civilsenats vom 24. Juni 1887 (Entsch. des RG. in Civils. Bd. 19 S. 362) aus überzeugenden Gründen für die erstere Meinung entschieden.

Auch bezüglich des Zwangsvergleiches im Konkursverfahren kann gezweifelt werden, ob ihn der Vormund ohne Genehmigung des Vormundschaftsgerichts abschließen kann oder nicht. Je nachdem man der Ansicht ist, daß in ihm die Natur des privaten Vergleiches oder des gerichtlichen Urtheils überwiegt, wird man der einen oder anderen Alternative zustimmen müssen. Die Bestimmungen der Reichskonkursordnung (§§ 173 ff.) und die dazu ergangenen Motive sprechen mehr für eine Entscheidung der Frage im ersteren Sinne (vgl. auch Stieglitz, Konk.-Ordnung S. 615 ff.).

Vergleiche im Sinne der Nr. 12 sind ferner auch die schiedsmännischen Vergleiche und die Rezesse in einem Gemeinheitstheilungsverfahren. Die Vereinbarungen über den Unterhaltsanspruch unehelicher Kinder zwischen diesen und ihrem Vater sind ihrer Natur nach nicht nothwendig Vergleiche, bedürfen aber zufolge der besonderen Bestimmung in § 1714 Abs. 1, sofern sie für die Zukunft oder über eine an Stelle des Unterhalts zu gewährende Abfindung erfolgen, ebenfalls der Genehmigung des Vormundschaftsgerichts; ein unentgeltlicher Verzicht auf den Unterhalt für die Zukunft ist nach Abs. 2 a. a. O. nichtig.

Von den Schiedsverträgen handeln die §§ 1025 ff. der CPO.

18. — es sei denn, daß der Gegenstand des Streites oder der Ungewißheit in Geld schätzbar ist, und den Werth von dreihundert Mark nicht übersteigt — Ist der Gegenstand des Vergleiches oder des Schiedsvertrages dem Geldwerthe nach unschätzbar, so ist stets die Genehmigung des Vormundschaftsgerichtes geboten. Was aber die Art der Schätzung bei schätzbaren Gegenständen betrifft, so ist, wie die Fassung der Vorschrift zeigt, nicht der durch den Vergleich oder den Schiedsvertrag festgesetzte geringere Betrag, sondern die Höhe des streitigen oder ungewissen Anspruches, über welchen der Vergleich errichtet wird, maßgebend.

Schließt der Inhalt des Vergleiches ein Geschäft ein, zu dessen Vornahme der Vormund im Hinblick auf eine andere Vorschrift, insbesondere nach § 1821 oder § 1822, der Genehmigung des Vormundschaftsgerichtes bedarf, so ist diese letztere erforderlich, auch wenn der Werth des Vergleiches geringer als 300 M. ist.

Zu Nr. 13.

19. — zu einem Rechtsgeschäfte, durch das die für eine Forderung des Mündels bestehende Sicherheit aufgehoben oder gemindert oder die Verpflichtung dazu begründet wird. Es versteht sich von selbst, daß das Vormundschaftsgericht bei Vermeidung eigener Vertretung für die Ertheilung seiner Genehmigung diejenigen Grenzen beachten muß, welche für die Anlegung von Mündelgeld durch den § 1807 ein für alle Mal bestimmt sind. Eine wesentliche Voraussetzung der Genehmigung wird daher in allen Fällen die sein, daß entweder die Sicherheit der erfolgten Minderung ungeachtet noch immer eine mündelmäßige bleibt, oder daß an Stelle der ganz oder theilweise entzogenne Sicherheit eine andere tritt, welche in mindestens ausreichender Weise den gesetzlichen Erfordernissen entspricht.

§ 1823.

Der Vormund soll nicht ohne Genehmigung des Vormundschaftsgerichts ein neues Erwerbsgeschäft im Namen des Mündels beginnen oder ein bestehendes Erwerbsgeschäft des Mündels auflösen.

Entw. I § 1663; **Entw. II** § 1686; **Reichst.-Vorl.** § 1799; **Mot. IV zu** § 1663 **S.** 1108; **Komm. Prot. S.** 6355.

---

1. — soll nicht . . . Es wird nur eine Ordnungsvorschrift ertheilt.

2. — ein neues Erwerbsgeschäft im Namen des Mündels beginnen oder ein bestehendes Erwerbsgeschäft des Mündels auflösen. Wegen des Begriffes „Erwerbsgeschäft" ist auf Anm. 4 zu § 1822 zu verweisen. Der Beginn oder die Auflösung des Erwerbsgeschäfts bezeichnen einen anderen Fall als er durch § 1822 Nr. 3 vorgesehen ist. Dort handelt es sich um den entgeltlichen Erwerb oder die Veräußerung eines bereits bestehenden Erwerbsgeschäftes für den Mündel durch Vertrag, hier um die Gründung eines neuen, also noch nicht bestehenden oder um die Beendigung eines bestehenden Geschäfts, mithin um Rechtshandlungen des Vormundes, welche auch unabhängig von einer Vertragsschließung erfolgen können. Die Vorschriften des § 1821 Nr. 4, § 1822 Nr. 3 und Nr. 4, verbunden mit §§ 1828 bis 1831, ergänzen die hier gegebene, nur instruktionelle Bestimmung.

3. Bevor über die Genehmigung nach § 1823 beschlossen wird, ist gemäß § 1827 Abs. 2 der über 18 Jahre alte Mündel zu hören.

4. Zu der bloßen Fortführung eines dem Mündel gehörigen Erwerbsgeschäftes ist der Vormund ohne Genehmigung des Vormundschaftsgerichts befugt, indem darin weder der Erwerb eines fremden, noch der Beginn eines neuen Erwerbsgeschäftes zu finden ist. Da die offene Handelsgesellschaft durch den Tod eines Gesellschafters, wenn der Gesellschaftsvertrag nicht ein Anderes ergibt, aufgelöst wird (§ 131 Nr. 4 HGB.), so stellt in einem solchen Falle die Fortführung eines Geschäftes, an welchem der Erblasser des Mündels als Gesellschafter betheiligt war, Seitens des Vormundes den Beginn eines neuen Geschäftes dar, welcher der Genehmigung des Vormundschaftsgerichtes bedarf.

§ 1824.

Der Vormund kann Gegenstände, zu deren Veräußerung die Genehmigung des Gegenvormundes oder des Vormundschaftsgerichts erforderlich ist, dem Mündel nicht ohne diese Genehmigung zur Erfüllung eines von diesem geschlossenen Vertrags oder zu freier Verfügung überlassen.

Entw. I § 1677; Entw. II § 1704 Abs. 1; Reichst.-Vorl. § 1800; Mot. IV zu § 1677 S. 1149; Komm. Prot. S. 6419.

---

1. Der Vormund kann ..... dem Mündel nicht ohne diese Genehmigung ..... überlassen. Die trotzdem erfolgende Ueberlassung ist also nichtig.

2. — Gegenstände, zu deren Veräußerung die Genehmigung des Gegenvormundes oder des Vormundschaftsgerichts erforderlich ist — Bei welchen Gegenständen diese Voraussetzung zutrifft, ergibt sich aus den Vorschriften in §§ 1812, 1814 bis 1822, bzw. in Verbindung mit §§ 1852, 1853, 1855 bis 1857.

3. — zur Erfüllung eines von diesem geschlossenen Vertrages oder zu freier Verfügung — Nach § 110 gilt ein von dem Minderjährigen ohne Zustimmung des gesetzlichen Vertreters geschlossener lästiger Vertrag als von Anfang an wirksam, wenn der Minderjährige die vertragsmäßige Leistung mit Mitteln bewirkt, die ihm zu diesem Zwecke oder zu freier Verfügung von dem Vertreter oder mit dessen Zustimmung von einem Dritten überlassen worden sind. Es wird in solchem Falle unterstellt, daß der gesetzliche Vertreter von vornherein damit einverstanden ist, daß die fraglichen Mittel (z. B. eine Geldsumme, die dem Minderjährigen zur Abschließung eines bestimmten Kaufes oder zum beliebigen Verbrauche als Taschengeld von dem gesetzlichen Vertreter oder mit dessen Vorwissen von einem Dritten übergeben worden ist), zur Erfüllung des fraglichen Vertrages verwendet werden. Eine Ausnahme von dieser allgemeinen Regel tritt nun aber gemäß § 1824 für bevormundete Minderjährige (entsprechend der für Minderjährige unter väterlicher Gewalt in § 1644 enthaltenen Bestimmung) alsdann ein, wenn der dem Mündel überlassene Gegenstand, durch dessen Hingabe der Vertrag von ihm erfüllt wird, selbst von dem Vormunde nicht ohne Genehmigung des Gegenvormundes oder des vormundschaftlichen Gerichtes rechtswirksam veräußert werden kann. Während in dem regelmäßigen Falle des § 110 das Bedürfniß des alltäglichen Verkehres die rechtliche Anerkennung der von dem Mündel geleisteten Vertragserfüllung verlangt, weil das Interesse des Mündels, der hierbei mit ausdrücklicher oder stillschweigender Einwilligung des Vormundes handelt, nicht dadurch gefährdet wird, erscheint eine solche Gefährdung nicht ausgeschlossen, wenn der Vormund durch den § 110 mittelbar die Möglichkeit erlangte, mit Umgehung des Gesetzes mit Rechtswirkung auch über solche Gegenstände des Mündelvermögens einseitig und eigenmächtig zu verfügen, rücksichtlich deren die vormundschaftsrechtlichen Normen seine Verfügungsmacht ausdrücklich einschränken und grundsätzlich an die Genehmigung des Gegenvormundes oder des Vormundschaftsgerichtes knüpfen.

§ 1825.

Das Vormundschaftsgericht kann dem Vormunde zu Rechtsgeschäften, zu denen nach § 1812 die Genehmigung des Gegenvormundes erforderlich ist, sowie zu den im § 1822 Nr. 8 bis 10 bezeichneten Rechtsgeschäften eine allgemeine Ermächtigung ertheilen.

Die Ermächtigung soll nur ertheilt werden, wenn sie zum Zwecke der Vermögensverwaltung, insbesondere zum Betrieb eines Erwerbsgeschäfts, erforderlich ist.

Entw. I § 1675; **Entw. II** § 1703; **Reichst.-Vorl.** § 1801; **Mot. IV** zu § 1675 S. 1147, 1148; **Komm. Prot.** S. 6416, 7979.

Abs. 1.

1. Während der Regel nach die zu einem Rechtsgeschäfte des Vormundes erforderliche Genehmigung des Vormundschaftsgerichtes ihrem Zwecke entsprechend nur für jeden Einzelfall wirksam ertheilt werden kann, schreibt der § 1825 Abs. 1, einem praktischen Bedürfnisse Rechnung tragend, vor, daß für gewisse Arten von Rechtsgeschäften diese Ertheilung auch allgemein und im Voraus in Form einer Ermächtigung stattfinden kann. Die Pr VO. ließ eine solche generelle Ermächtigung nach § 45 nur zu für die Eingehung wechselmäßiger Verbindlichkeiten, während das BGB. sie, abgesehen von diesem Falle, auch ausdehnt auf die übrigen von § 1822 Nr. 9 umfaßten Rechtsgeschäfte (vgl. Anm. 13 u. 14 zu § 1822), auf die Aufnahme von Geld auf den Kredit des Mündels (§ 1822 Nr. 8 und Anm. 12 daselbst), auf die Uebernahme fremder Verbindlichkeiten (§ 1822 Nr. 10 und Anm. 15 daselbst), sowie auf alle diejenigen Geschäfte, zu denen nach § 1812 (vgl. Anm. 2, 3 daselbst) die Genehmigung des Gegenvormundes erforderlich ist.

2. — kann .... eine allgemeine Ermächtigung ertheilen. Ob ein ausreichender Grund für eine solche Ausnahmemaßregel vorliegt, hat das Vormundschaftsgericht, unter pflichtmäßiger Berücksichtigung des Mündelinteresses, zu ermessen. Ein Bedürfniß in dieser Richtung wird namentlich für gewisse Geschäfte gemäß der Vorschrift in Abs. 2 nicht selten alsdann anzuerkennen sein, wenn der Vormund für den Mündel ein Erwerbsgeschäft betreibt. In Betracht kommen werden besonders die Fälle des § 1812 und des § 1822 Nr. 8 bis 10. Außerdem wird dabei aber selbstverständlich die Persönlichkeit des Vormundes und die Frage, ob dieser Sicherheit geleistet hat oder nicht, mit ins Auge gefaßt werden müssen. Nach § 1826 ist zuvor auch der Gegenvormund zu hören.

Abs. 2.

3. — soll nur ertheilt werden — Es tritt der Charakter der Ordnungsvorschrift hervor. Wird dieselbe von dem Vormundschaftsgericht nicht beobachtet, so erleidet die Wirksamkeit der Maßregel nach außen dadurch keinen Abbruch. Das Vormundschaftsgericht wird jedoch unter Umständen aus § 1848 verantwortlich.

§ 1826.

Das Vormundschaftsgericht soll vor der Entscheidung über die zu einer Handlung des Vormundes erforderliche Genehmigung den Gegenvormund hören, sofern ein solcher vorhanden und die Anhörung thunlich ist.

Entw. I § 1679; Entw. II § 1705; Reichst.-Vorl. § 1802; Mot. IV zu § 1679 S. 1151, 1152; Komm. Prot. S. 6420.

1. — soll ... den Gegenvormund hören — Auch dieser Bestimmung wohnt, wie der Ausdruck „soll" zeigt, nur instruktionelle Bedeutung bei. Wie die Anhörung erfolgt, ob mündlich zu Protokoll oder schriftlich, ist gleichgültig. Auch eine einfache Registratur in den Akten, daß sie geschehen und welches ihr Ergebniß gewesen ist, genügt. Ebenso steht nichts entgegen, den Gegenvormund durch Ersuchen einer anderen geeigneten Behörde (z. B. des Gemeindewaisenraths) zu hören.

2. — die zu einer Handlung des Vormundes erforderliche Genehmigung — Es kommen also nicht bloß Rechtsgeschäfte im engeren Sinne, sondern alle Handlungen in Betracht, für welche eine Genehmigung des Vormundschaftsgerichts überhaupt vorgeschrieben ist.

3. — sofern ein solcher vorhanden und die Anhörung thunlich ist. Vorhanden ist ein Gegenvormund erst, wenn er bereits bestellt ist. Steht die Bestellung unmittelbar bevor, so wird in der Regel nichts entgegenstehen, dieselbe abzuwarten, um die Anhörung vornehmen zu können. Ob die Anhörung „thunlich" ist, hat das Gericht frei zu beurtheilen. Es wird dabei ebensowohl auf die Dringlichkeit der zu genehmigenden Handlung als auf die Art und Dauer der der Anhörung entgegenstehenden Hinderungsgründe (Krankheit, Entfernung des Wohnsitzes, Abwesenheit u. s. w.) ankommen. Zwischen einer größeren oder geringeren Wichtigkeit der fraglichen Handlungen hat das Gesetz nicht unterschieden. Festzuhalten ist daher an dem Grundsatz, daß die Anhörung, soweit sie nicht mit unverhältnißmäßigen Schwierigkeiten oder mit einem unverhältnißmäßigen Aufschub verknüpft ist, stets erfolgen soll.

§ 1827.

Das Vormundschaftsgericht soll den Mündel hören vor der Entscheidung über die Genehmigung eines Lehrvertrags oder eines auf die Eingehung eines Dienst- oder Arbeitsverhältnisses gerichteten Vertrags und, wenn der Mündel das vierzehnte Lebensjahr vollendet hat, über die Entlassung aus dem Staatsverbande.

Hat der Mündel das achtzehnte Lebensjahr vollendet, so soll ihn das Vormundschaftsgericht, soweit thunlich, auch hören vor der Entscheidung über die Genehmigung eines der im § 1821 und im § 1822 Nr. 3 bezeichneten Rechtsgeschäfte sowie vor der Entscheidung über die Genehmigung des Beginns oder der Auflösung eines Erwerbsgeschäfts.

Entw. I § 1657 Satz 2, § 1680; Entw. II § 1707; Reichst.-Vorl. § 1803; Mot. IV zu § 1657 S. 1098, zu § 1680 S. 1152, 1153; Komm. Prot. S. 6420, 6421, 6426 bis 6429, 6856, 6857.

Abs. 1.

1. Das Vormundschaftsgericht soll den Mündel hören — Es versteht sich von selbst, daß diese Anhörung des Mündels die Anhörung des Gegenvormundes und bzw. von Verwandten und Verschwägerten des Mündels, soweit eine solche vorgeschrieben ist (§§ 1826, 1847), auch in den Fällen des § 1827 nicht erübrigt. Im Uebrigen stellt auch der § 1827 seiner Fassung zufolge nur eine Ordnungsvorschrift dar. Wegen der Form der Anhörung ist auf die Ausführung in Anm. 1 zu § 1826 und wegen des Beschwerderechts des über 14 Jahre alten Mündels auf Anm. 6 unten zu verweisen.

2. — über die Genehmigung eines Lehrvertrages oder eines auf die Eingehung eines Dienst- oder Arbeitsverhältnisses gerichteten Vertrages — Es kommen nach § 1822 Nr. 6 nur die auf länger als ein Jahr geschlossenen Lehrverträge und nach § 1822 Nr. 7 nur solche Dienst- und Arbeitsverträge in Betracht, durch welche der Mündel zu persönlichen Leistungen für längere Zeit als ein Jahr verpflichtet werden soll. Verträge der ersteren und letzteren Art, welche auf kürzere Zeit von dem Vormunde geschlossen werden, bedürfen einer Genehmigung durch das Vormundschaftsgericht überhaupt nicht (vgl. Anm. 10 und 11 zu § 1822).

3. — wenn der Mündel das vierzehnte Lebensjahr vollendet hat, über die Entlassung aus dem Staatsverbande — Zu den Verträgen der unter Anm. 2 bezeichneten Art soll der Mündel auch gehört werden, wenn er zur Zeit der Beschlußfassung des Vormundschaftsgerichts noch nicht 14 Jahre alt ist.

Ueber die Entlassung aus dem Staatsverband bestimmt der Art. 41 des EG. in Abänderung des § 14a des Gesetzes über die Erwerbung und den Verlust der Bundes- und Staatsangehörigkeit vom 1. Juni 1870 (BGBl. S. 355) unter Nr. II Abs. 1:

„Die Entlassung eines Staatsangehörigen der unter elterlicher Gewalt oder unter Vormundschaft steht, kann von dem gesetzlichen Vertreter nur mit Genehmigung des Vormundschaftsgerichts beantragt werden."

Zu der dem Mündel ertheilten Erlaubniß, seinen Aufenthalt dauernd im Auslande zu nehmen, bedarf der Vormund einer Genehmigung des Vormundschaftsgerichtes nicht. Hierdurch kann mittelbar der Erfolg eintreten, daß durch ununterbrochenen zehnjährigen Aufenthalt im Auslande dem Mündel die Staats- und Reichsangehörigkeit auch ohne die Genehmigung des Vormundschaftsgerichts verloren geht (vgl. Entsch. des RG. in Strafs. Bd. 30 S. 297 u. S. 326). Der Vormund wird daher vorkommenden Falles diese Eventualität zu bedenken und Vorkehrungen zu ihrer Vermeidung zu treffen haben.

Abs. 2.

4. — so soll ihn das Vormundschaftsgericht ... hören. Auch hier gilt das in Anm. 1 Gesagte.

5. Die Zuziehung des über 18 Jahre alten Mündels ist nach der Fassung des Abs. 2 außer zu den in § 1822 Nr. 3 bezeichneten Geschäften zu allen Rechtsgeschäften vorgeschrieben, welche das Immobiliarvermögen des Mündels im Sinne der Nr. 1, 3 des § 1821 betreffen oder den entgeltlichen Erwerb von Immobiliarvermögen im Sinne der Nr. 1, 2 des § 1821 zum Gegenstande haben. Die Motive erklären es für bedenklich, die Belastung eines Grundstücks, namentlich mit Grundgerechtigkeiten ganz auszuschließen, da derartige Belastungen den Charakter des Grundstückes unter Umständen wesentlich verändern oder dem Eigenthümer den Besitz desselben völlig verleiden können. Eine kasuistische Unterscheidung ist dabei nicht für angemessen erachtet. Daß es dem Vormundschaftsgerichte frei steht, auch in anderen als den in Abs. 2 bezeichneten Fällen vor seiner Entscheidung den Mündel zu hören, halten die Motive für selbstverständlich.

Wegen des Beginnes und der Auflösung eines Erwerbsgeschäfts sind die Anm. 2 und 4 zu § 1823 zu vergleichen.

6. Nach § 59 des G. fr. G. kann der über 18 Jahre alte Mündel in Angelegenheiten, in denen er vor einer Entscheidung des Vormundschaftsgerichts gehört werden soll, das Beschwerderecht selbständig ausüben. Diese Beschwerde findet nicht bloß Statt, wenn der Mündel überhaupt nicht gehört oder wenn seine Erklärung nicht gehörig beachtet worden ist, sondern auch darüber, daß die Entscheidung des Vormundschaftsgerichts, möge sie mit dem Willen oder gegen den Willen des Mündels oder ganz ohne seine Anhörung erfolgt sein, dem Mündel nachtheilig ist (Denkschrift zum Entwurf S. 51).

§ 1828.

Das Vormundschaftsgericht kann die Genehmigung zu einem Rechtsgeschäfte nur dem Vormunde gegenüber erklären.

Entw. I § 1681 Abs. 1; Entw. II § 1708; Reichst.-Vorl. § 1804; Mot. IV zu § 1681 S. 1153; Komm. Prot. S. 6421 bis 6423.

---

1. — die Genehmigung zu einem Rechtsgeschäfte — Die Genehmigung des Vormundschaftsgerichts bedeutet eine Beschränkung der dem Vormunde verliehenen Vertretungsmacht. Da sie hiernach denselben Charakter hat, wie die zu einem Rechtsgeschäfte des Mündels erforderliche Einwilligung oder Genehmigung des Vormundes, so muß ihr auch dieselbe rechtliche Bedeutung beiwohnen, welche nach den Vorschriften der §§ 107, 108, 111 der Einwilligung und bzw. Genehmigung des Vormundes zu einem Rechtsgeschäfte des Mündels zukommt. Es macht hierbei keinen Unterschied, ob sie dem Vormunde schon im Voraus oder nachträglich ertheilt wird (Anm. 1 zu § 1822).

2. — kann .... nur dem Vormunde gegenüber erklären. Eine Erklärung dem Dritten oder dem Gegenvormunde gegenüber genügt nicht. Es entspricht diese Art der Regelung nicht allein der grundsätzlichen Rechtsstellung des Vormundes als des Vertreters des Mündels nach außen; sie liegt auch im Interesse des Mündels, weil sie dem Vormunde die Möglichkeit gewährt, eine dem Mündel nachtheilige Entscheidung des Vormundschaftsgerichts anzufechten. Die Bindung des Vormundes tritt bei zweiseitigen Geschäften gegenüber dem anderen Theile erst ein, wenn dieser die Genehmigung des Gerichts durch den Vormund erfährt (§ 1829 Abs. 1). Anträge Dritter auf unmittelbare Ertheilung der gerichtlichen Genehmigung sind daher abzulehnen.

Soweit die Genehmigung oder deren Verweigerung einem Dritten gegenüber bereits wirksam geworden ist, erscheint gemäß § 55 des G. fr. G. das Vormundschaftsgericht, abweichend von der Regel des § 18 Abs. 1 a. a. O., zu einer Aenderung seiner betreffenden Verfügung nicht mehr befugt.

Ueber die Form der Genehmigung ist Anm. 1 zu § 1822 zu vergleichen. Der Beweis, daß die Genehmigung ertheilt worden ist, liegt in jedem Einzelfalle demjenigen Theile ob, der sie in seinem Interesse behauptet.

3. Auf diejenigen Fälle, wo das vormundschaftliche Gericht die Genehmigung des Vormundes durch seine eigene Genehmigung ersetzte, wo es also mit letzterer ausnahmsweise unmittelbar an die Stelle des Vormundes treten darf (vgl. §§ 1304 Abs. 2, § 1337 Abs. 1), leidet der § 1828 keine Anwendung.

§ 1829.

Schließt der Vormund einen Vertrag ohne die erforderliche Genehmigung des Vormundschaftsgerichts, so hängt die Wirksamkeit des Vertrags von der nachträglichen Genehmigung des Vormundschaftsgerichts ab. Die Genehmigung sowie deren Verweigerung wird dem anderen Theile gegenüber erst wirksam, wenn sie ihm durch den Vormund mitgetheilt wird.

Fordert der andere Theil den Vormund zur Mittheilung darüber auf, ob die Genehmigung ertheilt sei, so kann die Mittheilung der Genehmigung nur bis zum Ablaufe von zwei Wochen nach dem Empfange der Aufforderung erfolgen; erfolgt sie nicht, so gilt die Genehmigung als verweigert.

Ist der Mündel volljährig geworden, so tritt seine Genehmigung an die Stelle der Genehmigung des Vormundschaftsgerichts.

Entw. I § 1681 Abs. 2, 3, 5; Entw. II § 1709; Reichst.-Vorl. § 1805; Mot. IV zu § 1681 S. 1153 bis 1155; Komm. Prot. S. 6421 bis 6424, 8687.

---

1. Während der § 108 die rechtliche Wirkung bestimmt, wenn der Vertrag eines Minderjährigen ohne die erforderliche Genehmigung des gesetzlichen Vertreters geschlossen worden ist, regelt der überaus wichtige § 1829 entsprechend denjenigen Fall, wenn der gesetzliche Vertreter eines bevormundeten Minderjährigen seinerseits ohne die erforderliche Genehmigung des vormundschaftlichen Gerichts einen Vertrag Namens des Vertretenen eingegangen ist. Ueber die ohne diese Genehmigung vorgenommenen einseitigen Rechtsgeschäfte des Vormundes verhält sich (analog dem § 111) der § 1831.

Abs. 1.

2. Schließt der Vormund einen Vertrag ohne die erforderliche Genehmigung des Vormundschaftsgerichts — Aus dieser Wendung darf nicht gefolgert werden, daß die Genehmigung bereits zum Zwecke der Abschließung erfordert wird. Die Genehmigung des Vormundschaftsgerichts ist zu dem endgültigen Abschlusse nothwendig, aber sie kann ebenso gut nachher wie vorher erfolgen. Die nachträgliche Ertheilung wird sogar die Regel bilden, da der Vormund nur selten in der Lage ist, dem Vormundschaftsgericht bereits vor der Abschließung den fertigen Vertragsentwurf vorzulegen.

3. — so hängt die Wirksamkeit des Vertrages von der nachträglichen Genehmigung des Vormundschaftsgerichts ab. Der geschlossene Vertrag ist also, obwohl er dieser Genehmigung bedarf, keineswegs nichtig, sondern lediglich negotium claudicans. Nach der Regel des § 182 Abs. 1 würde in Ermangelung einer besonderen Bestimmung die Ertheilung oder Verweigerung der vormundschaftlichen Genehmigung dem betheiligten Dritten gegenüber schon dadurch Wirksamkeit erlangen, daß die fragliche Verfügung dem Dritten oder dem Vormunde Seitens des Vormundschaftsgerichtes mitgetheilt würde. Der § 1829 Abs. 1 Satz 2 stellt jedoch hierüber eine abweichende Norm auf.

4. Die Genehmigung sowie deren Verweigerung wird dem anderen Theile gegenüber erst wirksam, wenn sie ihm durch den Vormund mitgetheilt wird. Hieraus folgt, daß der andere Vertragsschließende, obwohl er seinerseits an den Vertrag gebunden ist, bis dahin, wo er von dem Vormund die stattgehabte Genehmigung erfährt, in dem Verhältniß zum Mündel noch kein vertragsmäßiges Recht auf die versprochene Leistung erlangt, und daß inzwischen ein gutgläubiger Dritter, dem der Vormund in Vertretung des Mündels dieselbe Leistung mit Genehmigung des Vormundschaftsgerichts verspricht und die für ihn erfolgte Genehmigung mittheilt, ein besseres Recht darauf erwerben kann. Da der erste Kontrahent in diesem Falle gegen den Vormund nur ein Regreßrecht haben würde, so hat das Gesetz ihm durch die Vorschrift in Abs. 2 ein Mittel gewährt, um auf die Beschleunigung der gerichtlichen Beschlußfassung und ihrer Mittheilung durch den Vormund hinzuwirken. Eine von anderer Seite (z. B. dem Mündel selbst oder dem Gegenvormund) ihm zugehende Mittheilung, daß die Genehmigung ertheilt oder verweigert worden sei, ist rechtlich ohne Bedeutung.

Da die Genehmigung des Vertrages durch das Gericht eine Willenserklärung darstellt, so gelten für die Wirksamkeit ihrer Mittheilung durch den Vormund auch die §§ 130 bis 132.

Abs. 2.

5. Fordert der andere Theil den Vormund . . . auf — Die Aufforderung muß also an den Vormund gerichtet werden; ein bei dem Vormundschaftsgerichte gestellter Antrag genügt nicht.

6. — so kann die Mittheilung der Genehmigung nur bis zum Ablaufe von zwei Wochen nach dem Empfange der Aufforderung erfolgen. Eine besondere Form ist für die Aufforderung nicht vorgeschrieben. Der Auffordernde wird jedoch zu beachten haben, daß er seinerseits, um aus der Thatsache der fruchtlos geschehenen Aufforderung Rechte herleiten zu können, die Beweispflicht dafür hat, daß und zu welchem Zeitpunkte seine Aufforderung dem Vormunde zugekommen ist. Auch hierbei werden unter Umständen die §§ 130 bis 132 zu beachten sein.

Bei der Berechnung der zweiwöchigen Frist wird derjenige Tag, an welchem der Empfang der Aufforderung statt fand, nicht mit gerechnet; die Frist endigt mit dem Ablaufe desjenigen Tages der zweiten Woche, welcher durch seine Benennung dem Tage des stattgehabten Empfanges entspricht (§§ 187 Abs. 1, 188 Abs. 2). Unterläßt der Vormund die Mittheilung von der erfolgten Genehmigung des Vertrages pflichtwidrig und vereitelt dadurch dessen endgültiges Zustandekommen, so ist er nach allgemeinen Grundsätzen dem Mündel aus § 1833 verantwortlich. Genehmigt das Vormundschaftsgericht den Vertrag, so wird dessen Rechtswirksamkeit gemäß § 184 auf den Zeitpunkt der Abschließung zurückgezogen; verweigert es die Genehmigung, so gilt der Vertrag von Anfang an als nichtig.

7. — so gilt die Genehmigung als verweigert. Es folgt hieraus, daß der andere Theil nach Ablauf der zweiwöchigen Frist, wenn innerhalb derselben ihm der Vormund nicht die Genehmigung angezeigt hat, von seiner Haftung aus dem Vertrage frei wird. Will er von dieser Befreiung keinen Gebrauch machen und bei dem Vertrage stehen bleiben, so ist ihm dieses natürlich unbenommen.

Für das Vormundschaftsgericht erwächst aus der Bestimmung des Abs. 2 die Pflicht, seine Beschlußfassung in allen dergleichen Fällen dergestalt zu beschleunigen, daß der Vormund seine Frist inne zu halten vermag. Erfordert die Prüfung ausnahmsweise eine längere Zeit, so empfiehlt es sich für den Vormund, diesen Umstand schon in Zeiten zu bedenken und in dem Vertrage selbst eine geräumigere Frist auszubedingen.

Abs. 3.

8. Ist der Mündel volljährig geworden, so tritt seine Genehmigung an die Stelle der Genehmigung des Vormundschaftsgerichts. — Die Anwendung der Vorschrift in Abs. 3 setzt voraus, daß der Mündel die Volljährigkeit innerhalb der in Abs. 2 vorgesehenen zweiwöchigen Frist erreicht. Tritt dieser Zeitpunkt erst später ein, so hängt es von dem anderen Vertragschließenden ab, ob er an den Vertrag noch gebunden bleiben will. Erklärt sich der volljährig gewordene Mündel dem Dritten gegenüber noch innerhalb der Frist, welche gegen den Vormund gemäß Abs. 2 zu laufen begonnen hat, so ersetzt seine Genehmigung selbstverständlich nicht nur die Genehmigung des Vormundschaftsgerichts, sondern auch die in Abs. 1 vorgeschriebene Mittheilung des Vormundes, dessen Vertretungsmacht mit Erreichung der Volljährigkeit des Mündels erlischt.

Der § 1829 entspricht dem § 4 des Preußischen Gesetzes betr. die Geschäftsfähigkeit Minderjähriger u. s. w. vom 12. Juli 1875 (GS. S. 518). Der Volljährigkeit des Mündels steht die Volljährigkeitserklärung (§ 3 Abs. 2) gleich. Als selbstverständlich wird in beiden Fällen vorausgesetzt, daß der volljährige oder für volljährig erklärte bisherige Mündel unbeschränkt geschäftsfähig ist und nicht, abgesehen von seiner Minderjährigkeit, aus irgend einem anderen Grunde der weiteren gesetzlichen Vertretung bedarf (§ 104 Nr. 2, 3; §§ 105, 114). Der § 65 des Entwurfs I enthielt anstatt der Worte: „Ist der Mündel volljährig geworden" die Wendung: „Hat der Minderjährige die unbeschränkte Geschäftsfähigkeit erlangt"; indessen hat etwas Anderes auch mit der gegenwärtigen Fassung nicht ausgedrückt werden sollen.

§ 1830.

Hat der Vormund dem anderen Theile gegenüber der Wahrheit zuwider die Genehmigung des Vormundschaftsgerichts behauptet, so ist der andere Theil bis zur Mittheilung der nachträglichen Genehmigung des Vormundschaftsgerichts zum Widerrufe berechtigt, es sei denn, daß ihm das Fehlen der Genehmigung bei dem Abschlusse des Vertrags bekannt war.

Entw. I § 1681 Abs. 2, 4; Entw. II § 1710; Reichst.-Vorl. § 1806; Mot. IV zu § 1681 S. 1154; Komm. Prot. S. 6421 bis 6425, 8687.

---

1. Eine entsprechende Vorschrift für Fälle, in denen ein Minderjähriger bei Abschließung eines Vertrages der Wahrheit zuwider die Einwilligung des Vertreters behauptet hat, enthält der § 109 Abs. 2.

2. Hat der Vormund dem anderen Theile gegenüber der Wahrheit zuwider die Genehmigung des Vormundschaftsgerichts behauptet — Eine solche Behauptung würde der andere Theil als eine Mittheilung der Genehmigung im Sinne des § 1829 Abs. 1 aufzufassen haben. Da er hiernach zu der Annahme berechtigt wäre, der Abschluß des von ihm mit dem Vormunde eingegangenen Vertrages sei nunmehr rechtswirksam geworden, so läge für ihn kein Anlaß vor, von dem nach § 1829 Abs. 2 ihm verliehenen Aufforderungsrechte Gebrauch zu machen. Der § 1830 bestimmt die Rechtsfolge, welche dieser von dem Vormunde geflissentlich hervorgerufene Irrthum für den gutgläubigen Dritten hervorbringt.

3. — so ist der andere Theil bis zur Mittheilung der nachträglichen Genehmigung des Vormundschaftsgerichtes zum Widerrufe berechtigt — Eine Bindung durch den geschlossenen Vertrag tritt also in diesem Falle, entgegen der Regel des § 1829 Abs. 1, für ihn einstweilen noch nicht ein, und er ist berechtigt, von dem Vertrage zurückzutreten, bis die bisher noch fehlende Genehmigung ertheilt und ihm ordnungsmäßig nach § 1829 Abs. 1 von dem Vormunde bekannt gemacht ist. Uebt er das Widerrufsrecht schon vor diesem Zeitpunkt aus, so ist der Vertrag damit endgültig gelöst. Eben dieselbe Folge tritt ein, wenn ihn der Vormund in Kenntniß setzt, daß seine Behauptung von der bereits stattgehabten gerichtlichen Genehmigung unwahr gewesen und dieselbe nachträglich vielmehr verweigert worden ist. Dem gutgläubigen Dritten bleibt aber in diesem Falle der Rückgriff gegen den Vormund auf Schadensersatz (§ 179).

Der Widerruf Seitens des Dritten kann nur dem Vormunde gegenüber rechtswirksam erklärt werden.

4. — es sei denn, daß ihm das Fehlen der Genehmigung bei dem Abschlusse des Vertrages bekannt war. Wußte der Dritte, daß die Behauptung des Vormundes, das Vormundschaftsgericht habe den Vertrag schon im Voraus genehmigt, unrichtig war, und daß diese Genehmigung in Wahrheit noch ausstand, so besteht für den Gesetzgeber kein Grund, ihn rücksichtlich der Wirksamkeit des Geschäftes besser zu stellen, als einen Vertragschließenden, welchem der Vormund eine solche objektiv unrichtige Mittheilung nicht gemacht hat. Der Dritte hat also in diesem Falle vor der gerichtlichen Genehmigung kein unbedingtes Rücktrittsrecht, sondern lediglich die aus § 1829 Abs. 2 folgende Befugniß.

Die Kenntniß des anderen Theiles von der Unwahrheit der Behauptung des Vormundes muß aber, um diese letztere Folge zu erzeugen, schon „bei dem Abschlusse des Vertrages" vorhanden gewesen sein. Bringt der andere Theil diese Unwahrheit erst später in Erfahrung, so geht sein Rücktrittsrecht aus § 1830 dadurch nicht verloren.

§ 1831.

Ein einseitiges Rechtsgeschäft, das der Vormund ohne die erforderliche Genehmigung des Vormundschaftsgerichts vornimmt, ist unwirksam. Nimmt der Vormund mit dieser Genehmigung ein solches Rechtsgeschäft einem Anderen gegenüber vor, so ist das Rechtsgeschäft unwirksam, wenn der Vormund die Genehmigung nicht in schriftlicher Form vorlegt und der Andere das Rechtsgeschäft aus diesem Grunde unverzüglich zurückweist.

Entw. I § 1681 Abs. 2; Entw. II § 1711; Reichst.-Vorl. § 1807; Mot. IV zu § 1681 S. 1153; Komm. Prot. S. 6421 bis 6423.

1. Eine entsprechende Vorschrift für Minderjährige, die ohne die erforderliche Genehmigung ihres gesetzlichen Vertreters einseitig Rechtsgeschäfte vornehmen, enthält der § 111 Satz 1 und 2.

2. Während der § 1829 die Folgen bestimmt, welche eintreten, wenn der Vormund in Stellvertretung des Mündels ohne die erforderliche Genehmigung des Vormundschaftsgerichts Verträge abschließt, verhält sich der § 1831 über die nämliche Frage, soweit es sich um einseitige Rechtsgeschäfte des Vormundes handelt. Der Satz 1 betrifft hierbei die rein einseitigen, der Satz 2 die s. g. empfangsbedürftigen einseitigen Rechtsgeschäfte (vgl. Anm. 3).

3. Ein einseitiges Rechtsgeschäft — Der Name „einseitiges Rechtsgeschäft" bezeichnet ein solches, bei welchem im Gegensatze zu den s. g. mehrseitigen Rechtsgeschäften, die eine übereinstimmende Erklärung Mehrerer voraussetzen, die dadurch bezweckte Rechtsfolge schon durch die Willenserklärung einer einzigen Person entsteht. Schenkung, Uebergabe, Auflassung, Zahlung, Erlaß gehören demnach nicht hierher, und ebenso wenig der Erbverzicht im Sinne der §§ 2346, 2352, da sie die vertragsmäßige Mitwirkung eines Dritten erfordern. Dagegen sind wirkliche einseitige Rechtsgeschäfte: Kündigung, Mahnung, Vollmacht, Anfechtung, Widerruf, Rücktritt, Aufrechnung u. s. w., auch Ausschlagung einer Erbschaft, Aneignung herrenloser beweglicher Sachen und Aufgabe einer beweglichen Sache. Je nachdem diese einseitigen Rechtsgeschäfte ihre Wirkung schon unmittelbar durch die Willenserklärung selbst, also unabhängig von der Kenntnißnahme einer anderen Person äußern, wie z. B. bei der Aneignung (Okkupation) und Aufgabe (Dereliktion), oder je nachdem dies, wie z. B. bei der Mahnung, der Kündigung, dem Widerruf, dem Anerkenntniß, dem Verzicht, der Anzeige von Abtretung einer Forderung, nicht der Fall ist, theilt man sie in rein einseitige (nicht empfangsbedürftige) und in empfangsbedürftige.

Durch Satz 1 des § 1831 wird allgemein ausgesprochen, daß jedes einseitige (empfangsbedürftige oder nicht empfangsbedürftige) Rechtsgeschäft, das der Vormund in Fällen, wo dessen Genehmigung durch das Vormundschaftsgericht erforderlich ist, ohne diese Genehmigung vornimmt, rechtsunwirksam, mithin ohne Weiteres nichtig ist.

4. Nimmt der Vormund mit dieser Genehmigung ein solches Rechtsgeschäft einem Anderen gegenüber vor — Einem „Anderen gegenüber" kann ein einseitiges Rechtsgeschäft nur vorgenommen werden, wenn es ein s. g. empfangsbedürftiges ist (vgl. Anm. 3).

5. — so ist das Rechtsgeschäft unwirksam, wenn der Vormund die Genehmigung nicht in schriftlicher Form vorlegt und der Andere das Rechtsgeschäft aus diesem Grunde unverzüglich zurückweist. Beide Bedingungen müssen zusammentreffen. Der Andere hat hiernach ein Recht auf Vorlegung der schriftlichen Genehmigung bei der Vornahme des Rechtsgeschäftes. Die Genehmigungsurkunde muß von dem Vormundschaftsgericht ausgestellt sein. Daß der Vormund thatsächlich im Besitze dieser schriftlichen Genehmigung war (dieselbe etwa zu Hause zurückgelassen hatte), genügt nicht, sofern der Dritte, demgegenüber die Vornahme wirken soll, sich ohne die Vorlegung das Geschäft nicht gefallen lassen will. Er muß jedoch, um die Wirksamkeit des Aktes aufzuheben, seine Zurückweisung unverzüglich, d. i. ohne schuldhaftes Zögern (§ 121 Abs. 1), erklären, und dabei zugleich zum Ausdruck bringen, daß sie erfolgt,

weil die Vorlegung unterblieben ist. Im Streitfalle hat der Vormund zu beweisen, daß er dem Anderen die Genehmigung in Schriftform vorgelegt hat, oder daß der Andere, der unterbliebenen Vorlegung ungeachtet, das Rechtsgeschäft deshalb nicht unverzüglich zurückgewiesen hat. Erfolgt die Vorlegung nicht bei der Vornahme des Rechtsaktes selbst, sondern erst später, so bleibt dieselbe wirkungslos, wenn nicht zugleich das Rechtsgeschäft selbst wiederholt wird (§ 141 Abs. 1).

§ 1832.

Soweit der Vormund zu einem Rechtsgeschäfte der Genehmigung des Gegenvormundes bedarf, finden die Vorschriften der §§ 1828 bis 1831 entsprechende Anwendung.

Entw. I § 1682; Entw. II § 1712; Reichst.-Vorl. § 1808; Mot. IV zu § 1682 S. 1155; Komm. Prot. S. 6425.

---

1. Die Bestimmung des § 1832 rechtfertigt sich aus den gleichen Gründen, welche für das Verhältniß zwischen Vormund und Vormundschaftsgericht zu der Annahme der §§ 1828 bis 1831 geführt haben.

2. Soweit der Vormund zu einem Rechtsgeschäft der Genehmigung des Gegenvormundes bedarf — Bei welchen Rechtsgeschäften eine solche Voraussetzung zutrifft, ergeben die Vorschriften in §§ 1812, 1824 in Verbindung mit §§ 1825, 1852, 1855, 1897, 1903, 1915. Auch in dem Falle des § 1809 ist die Genehmigung des Gegenvormundes erforderlich, wenn der Vormund, entsprechend der dort ertheilten Ordnungsvorschrift, bei Anlegung des Mündelgeldes verfahren ist. Der § 1810 dagegen behandelt diese Genehmigung nicht als nothwendigen rechtsgeschäftlichen Akt.

3. — die Vorschriften der §§ 1828 bis 1831 — Auch der Gegenvormund kann hiernach die Genehmigung zu einem Rechtsgeschäfte des Vormundes nur diesem gegenüber gültig erklären (§ 1828). Von der Genehmigung des Gegenvormundes bei Verträgen (§§ 1829, 1830) und bei einseitigen Rechtsgeschäften des Vormundes (§ 1831) und von der Rechtsstellung, welche ihm gegenüber hierbei die Vertragschließenden und bzw. der großjährig gewordene Mündel (§ 1839 Abs. 3) einnehmen, gilt entsprechend Alles, was für die Genehmigung des Vormundschaftsgerichtes vorgeschrieben ist.

§ 1833.

Der Vormund ist dem Mündel für den aus einer Pflichtverletzung entstehenden Schaden verantwortlich, wenn ihm ein Verschulden zur Last fällt. Das Gleiche gilt von dem Gegenvormunde.

Sind für den Schaden Mehrere neben einander verantwortlich, so haften sie als Gesammtschuldner. Ist neben dem Vormunde für den von diesem verursachten Schaden der Gegenvormund oder ein Mitvormund nur wegen Verletzung seiner Aufsichtspflicht verantwortlich, so ist in ihrem Verhältnisse zu einander der Vormund allein verpflichtet.

Entw. I § 1682; Entw. II § 1712; Reichst.-Vorl. § 1808; Mot. IV zu § 1682 S. 1155; Komm. Prot. S. 6425.

1. Der § 1833 regelt die wichtige Frage der Haftpflicht des Vormundes und bzw. mehrerer Mitvormünder und des Gegenvormundes gegenüber dem Mündel, sowie in ihrem Verhältniß zu einander und zu anderen mitverhafteten Personen. Aus der allgemeinen Fassung des Abs. 1 ergibt sich, daß seine Vorschrift sich ebensowohl auf die der Sorge für das Vermögen als auf die der Sorge für die Person des Mündels entspringenden Verpflichtungen bezieht.

Abs. 1.

2. – für den aus einer Pflichtverletzung entstehenden Schaden, wenn ihm ein Verschulden zur Last fällt. Es muß also zuvörderst objektiv eine Pflichtverletzung vorliegen und daraus ein Schade entstanden sein. Welche Pflichten der Vormund hat, ergibt das Gesetz. Handelt er den hierauf bezüglichen Vorschriften des Gesetzes zuwider, so verletzt er seine Pflicht. Ob ihm dabei ein Verschulden zur Last fällt, ist in jedem Einzelfalle als Thatfrage zu prüfen (vgl. wegen einiger Beispiele die Urtheile des RG.'s in den Entsch. in Civils. Bd. 11 S. 307, Bd. 16 S. 205, Bd. 28 S. 194, Bd. 37 S. 187). Schuldhaft handelt, wer seine Pflicht vorsätzlich oder fahrlässig verletzt. Der Begriff der Fahrlässigkeit setzt ein Außerachtlassen der im Verkehr erforderlichen Sorgfalt (§ 276 Abs. 1), also ein unvorsichtiges, unaufmerksames, leichtfertiges Verhalten (Thun oder Unterlassen) voraus. Hierbei aber ist davon auszugehen, daß der Vormund dasjenige Maß von Sorgfalt (Vorsicht, Aufmerksamkeit) vertreten muß, welches jeder ordentliche Hausvater anzuwenden pflegt, und daß er bei Anwendung einer Sorgfalt dieser Art den durch seine Fahrlässigkeit verursachten Schaden hätte voraussehen und mithin vermeiden können. Ein Verschulden ist nicht vorhanden, wenn dem Schadenstifter gemäß § 827 ein Ausschließungsgrund zur Seite steht. Ist der Schade durch den Vorsatz oder die Fahrlässigkeit des Vormundes (oder Gegenvormundes) nicht verursacht, so kann ihm auch keine Verantwortung dafür zufallen.

Die Verantwortlichkeit des Vormundes und des Gegenvormundes beginnt mit dem Zeitpunkte ihrer Bestellung.

Ob die Einholung der Genehmigung des Vormundschaftsgerichts und die Ertheilung der letzteren das Verschulden des danach handelnden Vormundes aufzuheben geeignet ist, hängt von den Umständen des konkreten Falles ab. Eine grundsätzliche Befreiung der Haftung des Vormundes für eigenes Verschulden folgt daraus nicht. Selbst ein ausdrückliches Gebot oder Verbot des Vormundschaftsgerichtes hebt die eigene Verantwortlichkeit des Vormundes ausnahmslos nur alsdann auf, wenn derselbe fruchtlos dagegen die zulässigen Rechtsmittel angewendet hat (vgl. Gruchot Beitr. Bd. 28 S. 1121).

Eine gerichtliche Geltendmachung des Schadenanspruches Seitens des Mündels kann (abweichend von dem gemeinen Recht) auch schon während des Bestehens der Vormundschaft geschehen und zu diesem Behufe dem Mündel ein Pfleger bestellt werden. Die Verjährung derartiger Ansprüche wird während der Dauer des vormundschaftlichen Verhältnisses gehemmt (§ 204 Satz 2). Die Verschuldung, welche den Klagegrund bildet, muß vor der Beendigung der Amtsführung des Vormundes begangen sein, weil anderenfalls der Vormund dem Mündel nicht als Vormund, sondern nur wie ein Dritter nach allgemeinen Rechtsgrundsätzen haften würde. Daß das Vormundschaftsgericht gegen den pflichtwidrig handelnden Vormund auch im

Aufsichtswege vorgehen und ihn erforderlichen Falles seines Amtes entlassen kann (§§ 1837, 1886), versteht sich von selbst.

Stellt die Pflichtverletzung des Vormundes eine mit öffentlicher Strafe bedrohte Handlung dar, so unterliegt er deswegen auch noch der besonderen Verfolgung.

Abs. 2, Satz 1.

3. Sind für den Schaden Mehrere neben einander verantwortlich — Daß diese Mehreren zu einander in dem Verhältniß von Mitvormündern oder von Vormund und Gegenvormund stehen, ist nach der allgemein gehaltenen Fassung der Bestimmung nicht nothwendig, wenngleich es für ihre Anwendung die Regel bilden wird. Im Uebrigen kann es auch vorkommen, daß ein Vormund oder Gegenvormund in Gemeinschaft mit anderen Personen, z. B. Miterben, Miteigenthümern, Gesellschaftern des Mündels, oder auch zusammen mit dem Vormundschaftsrichter (§ 1848 Anm. 5) den Schaden zufügt.

Gemeinschaftlich verwaltende Mitvormünder, welche durch einen Mehrheitsbeschluß überstimmt sind, bleiben von der Mithaftung für die nachtheiligen Folgen der beschlossenen Maßregel frei, sofern dabei ihrerseits nicht in Ansehung des schädigenden Ereignisses selbst ein besonderes Verschulden außerhalb jenes Beschlusses konkurrirt (vgl. auch § 1848 Anm. 3).

4. — so haften sie als Gesammtschuldner. In welcher Weise die Gesammtschuldner als solche haften, ergeben die §§ 421 bis 426. Die Einrede der Theilung ist nach § 421 bei einem Gesammtschuldverhältniß ausgeschlossen. Unter einander sind die Gesammtschuldner regelmäßig zu gleichen Theilen verpflichtet; derjenige, der über seinen Antheil hinaus dem Gläubiger etwas geleistet hat, kann insoweit nach Maßgabe des § 426 von den Mitverhafteten Ersatz verlangen.

Abs. 2, Satz 2.

5. Der Satz 2 des Abs. 2 bezweckt, die aus der grundsätzlich bestimmten gesammtschuldnerischen Haftung unter Umständen entspringenden Härten zu mildern. Er verordnet, daß wegen des von dem Vormunde verursachten Schadens dieser keinen Rückgriff gegen den Gegenvormund oder einen Mitvormund hat, wenn dem Gegenvormund oder dem Mitvormund dabei nur eine Verletzung ihrer Aufsichtspflicht zur Last fällt. Letzteres kann, wie die Motive bemerken, auch bei einem Mitvormunde eintreten, wenn die Ueberlassung der Verwaltung in Ansehung gewisser Geschäfte an den anderen Vormund, z. B. der körperlichen Innehabung einer Sache des Mündels, nach den konkreten Umständen dem Vorwurfe einer fahrlässigen oder arglistigen Handlungsweise entzogen ist.

6. — in ihrem Verhältnisse zu einander der Vormund allein — In dem Verhältniß dem Mündel gegenüber haften auch in diesem Falle der Gegenvormund und bzw. der betreffende Mitvormund als Gesammtschuldner neben dem Vormund.

7. Was den Umfang des zu ersetzenden Schadens betrifft, so ist gemäß § 249 von dem Ersatzpflichtigen derjenige Zustand herzustellen, der bestehen würde, wenn der zum Ersatze verpflichtende Umstand nicht eingetreten wäre. Ist wegen Verletzung der Person oder wegen Beschädigung einer Sache Schadensersatz zu leisten, so kann statt der Herstellung der dazu erforderliche Geldbetrag verlangt werden. Der zu ersetzende Schade umfaßt auch den entgangenen Gewinn (§ 253).

Auch die Erben des Vormundes und Gegenvormundes bleiben in diesem Maße an seiner Statt verpflichtet. Die Vorschrift des § 32 Abs. 3 der Pr. VO., betreffend die Haftung des Ehemannes für eine zum Vormund bestellte Frau als Bürgen, hat in dem BGB. keine Aufnahme gefunden.

Ein gesetzliches Pfandrecht an dem Vermögen des Vormundes steht dem Mündel nicht zu, wohl aber gemäß § 61 Nr. 5 der Konkursordnung ein Vorrecht im Konkurse. Die Regreßklage des Mündels verjährt in der regelmäßigen Frist von 30 Jahren (§ 195). Die kürzere, dreijährige Verjährungsfrist aus § 852 leidet auf sie keine Anwendung, weil der Klagegrund nicht eine an sich unerlaubte Handlung, sondern eine innerhalb des Vormundschaftsverhältnisses begangene Pflichtwidrigkeit des Vormundes ist.

§ 1834.

Verwendet der Vormund Geld des Mündels für sich, so hat er es von der Zeit der Verwendung an zu verzinsen.

Entw. I § 1697; Entw. II § 1733; Reichst.-Vorl. § 1810; Mot. IV zu § 1697 S. 1180, 1181; Komm. Prot. S. 6458; Reichst. Komm. Ber. S. 172, 173; Reichst. Sitz. Prot. S. 3005, 3095.

---

1. Die Verpflichtung des Vormundes ist in § 1834 entsprechend derjenigen des Beauftragten und des Verwahrers geregelt (§§ 668, 698).

2. Verwendet der Vormund Geld des Mündels für sich — Der Begriff des Geldes umfaßt im Gegensatze zu anderen Vermögensgegenständen alle fungiblen Stücke, welche gesetzlich bestimmt sind, als Zahlungsmittel zu dienen. Es gehört also dazu ebensowohl Metall- als Papiergeld. Daß der Vormund überhaupt keinerlei Mündelvermögen für sich verwenden darf, ist schon im § 1805 bestimmt worden.

3. — so hat er es von der Zeit der Verwendung an zu verzinsen. Ob die Verwendung auf längere oder kürzere Zeit geschieht, ist für die Zinsverpflichtung gleichgültig, und es kommt auch nicht darauf an, ob der Vormund Geld für sich verwendet, das er nach § 1806 verzinslich anzulegen hat oder solches, das zufolge der dortigen Bestimmung zur Bestreitung von Ausgaben bereit zu halten ist. Der Zinsfuß beträgt gemäß § 246 vier vom Hundert. Selbstverständlich muß eventuell daneben auch die etwa verbrauchte Hauptsumme ersetzt werden.

Von welchem Zeitpunkte an die Verwendung als eingetreten anzunehmen ist, richtet sich nach den thatsächlichen Verhältnissen. Es steht nichts entgegen, daß dieser Termin zunächst von dem Vormundschaftsgerichte arbitrirt und der Vormund aufgefordert wird, von da ab die Zinsen zu zahlen d. h. als für den Mündel vereinnahmt nachzuweisen. Die Verzinsung erstreckt sich bis dahin, wo die Verwendung, also der Gebrauch Seitens des Vormundes aufhört. Bestreitet der Vormund die Verwendung in seinen Nutzen, und weigert er deshalb die Zinsenzahlung, so muß über diese privatrechtliche Frage der Prozeßrichter entscheiden. Wird der bisherige Vormund nicht sofort wegen Pflichtwidrigkeit entlassen (§ 1886) und aus diesem Grunde ein neuer Vormund bestellt, so muß dem Mündel zu seiner Prozeßvertretung ein Pfleger bestellt werden (§ 1909).

Das Vormundschaftsgericht ist kraft seines Aufsichtsrechtes (§ 1837) zweifellos auch befugt, dem Vormund, wenn er ihn nicht entlassen will, bei Ordnungsstrafe zu verbieten, die unerlaubte Benutzung fortzusetzen und zugleich ihn anzuhalten, für die schleunige ordnungsmäßige Anlegung oder bezw. Verwahrung des Geldes Sorge zu tragen.

Für den etwaigen besonderen Schaden, der dem Mündel aus der gesetzwidrigen Verwendung, abgesehen von dem Entgang der Zinsen, erwachsen ist, haftet der Vormund nach § 1833 noch außerdem; ebenso dem Staate aus einem Strafanspruch, wenn die Verwendung ein Delikt darstellt.

§ 1835.

Macht der Vormund zum Zwecke der Führung der Vormundschaft Aufwendungen, so kann er nach den für den Auftrag geltenden Vorschriften der §§ 669, 670 von dem Mündel Vorschuß oder Ersatz verlangen. Das gleiche Recht steht dem Gegenvormunde zu.

Als Aufwendungen gelten auch solche Dienste des Vormundes oder des Gegenvormundes, die zu seinem Gewerbe oder seinem Berufe gehören.

Entw. I § 1698; Entw. II § 1734; Reichst.-Vorl. § 1811; Mot. IV zu § 1698 S. 1181; Komm. Prot. S. 6458.

Abs. 1.

1. Macht der Vormund zum Zwecke der Führung der Vormundschaft Aufwendungen — Die Führung der Vormundschaft erstreckt sich nach § 1793 auf die Fürsorge für die Person und das Vermögen des Mündels. Unter den Begriff der Aufwendungen, die für diesen Zweck gemacht werden können, fallen außer der unmittelbaren Hingabe von Geld und anderen Sachen auch die zur Ausführung eines vormundschaftlichen Geschäftes nothwendigen Ausgaben, so z. B. die Kosten für eine nothwendige Reise. Auch die etwa erforderlichen Auslagen für Aufnahme eines Vermögensverzeichnisses (§ 1802) und für Anfertigung der Verwaltungsrechnung (§§ 1840, 1841) gehören hierher.

Ob als Aufwendung im Sinne des § 1835 Abs. 1 auch Zeitaufwendung (Versäumniß) zu gelten hat, ist in jedem Falle nach den konkreten Umständen zu beurtheilen. Hierbei kommt der in § 1836 Abs. 1 Satz 1 (übereinstimmend mit § 33 Abs. 1 Pr. VO. u. § 263 Tit. 18, Th. II des Pr. ALR.) aufgestellte Grundsatz in Betracht, daß die Führung der Vormundschaft unentgeltlich geschieht. Es ist also davon auszugehen, daß dem Vormund für die Ausübung der gewöhnlichen vormundschaftlichen Thätigkeit und den damit verbundenen Aufwand an Zeit und Arbeitskraft ein Anspruch auf Entschädigung und Ersatz nicht zusteht. In wie weit ihm hierfür eine Vergütung trotzdem gewähnt werden kann, bestimmt der § 1836 Abs. 1 Satz 2, 3, 4 und Abs. 2. Eine Milderung dieses Prinzips der Unentgeltlichkeit enthält jedoch der § 1835 Abs. 2.

2. — so kann er nach den für den Auftrag geltenden Vorschriften der §§ 669, 670 von dem Mündel Vorschuß oder Ersatz verlangen. Der Vorschuß oder der Ersatz darf also in demselben Umfange gefordert werden, wie Seitens eines Beauftragten von seinem Auftraggeber. Der Vorschuß ist hiernach zu leisten für die erforderlichen d. i. die objektiv erforderlichen Aufwendungen. Entsteht in dieser Beziehung Streit zwischen Vormund und Gegenvormund, so hat sich die Prüfung darauf zu richten, ob die Umstände des Falles die von dem Vormunde beabsichtigte Aufwendung von dem Standpunkte eines ordentlichen Hausvaters rechtfertigen, ob z. B. der Bau, die Reise, die Anschaffung, für welche der Vorschuß dienen soll, dem Mündel wirklich nothwendig oder zum Mindesten nützlich sind. Muß diese Frage verneint werden, so entfällt damit der Anspruch auf Vorschuß (§ 669). Etwas anders dagegen liegt die Sache, wenn der Vormund aus seinem eigenem Vermögen den Aufwand bereits gemacht hat und dieserhalb Ersatz verlangt. In diesem Falle wird der Ersatzanspruch schon dadurch begründet, wenn die Aufwendungen auch nur solcher Art sind, daß sie der Vormund den Umständen nach für erforderlich halten durfte (§ 670). Es ist hier dem subjektiven Ermessen des Vormundes zwar kein unbeschränkter, aber immerhin ein größerer Spielraum eingeräumt. Freilich soll es auch hier auf die „Umstände" ankommen, und bei der Beurtheilung dieser Umstände wird man hier ebenfalls den Maßstab des ordentlichen Hausvaters anlegen müssen. Dessen ungeachtet ist zwischen den beiden Fällen ein Unterschied insofern vorhanden, als auch einem verzeihlichen Irrthum des Vormundes hierbei Rechnung getragen werden kann. Es genügt, daß er ohne Pflichtwidrigkeit annehmen durfte, die Aufwendung sei erforderlich, und es braucht also nicht Nothwendigkeit oder Nützlichkeit konstatirt zu werden.

Hat der Vormund (in dem Falle des § 1803 Abs. 1) die Verwaltung nach den Anordnungen des Erblassers oder eines Dritten zu führen, und ist von dem Erblasser oder dem Dritten hierbei für die Aufwendungen eine gewisse Grenze bestimmt, so wird die Ersatzpflicht des Mündels aus § 1835 hierdurch modifizirt. Wenn der Vormund ohne Genehmigung des Vormundschaftsgerichts oder des Dritten (§ 1803 Abs. 2 u. 3) die ihm gezogene Grenze überschreitet, so handelt er auf seine Gefahr und wird einen Ersatz seiner Aufwendungen von dem Mündel nur nach Maßgabe der §§ 812 ff. beanspruchen können. Die Verpflichtung des Mündels zum Ersatze der Aufwendungen tritt in diesem Falle, anders wie nach § 1835, nicht auch dann ein, wenn die Thätigkeit des Vormundes den durch die Aufwendung bezweckten Erfolg, unabhängig von einer Verschuldung des Vormundes, nicht hatte. Es wird dies vorkommenden Falles bei der Rechnungslegung des Vormundes zu beachten sein.

Die entsprechende Anwendung des § 669 für die Pflicht zur Vorschußleistung kann zufolge einer Bemerkung der Motive namentlich in solchen Fällen von praktischer Bedeutung werden, in welchen ein Gegenvormund behufs Erfüllung seiner Pflichten Aufwendungen zu machen hat oder in welchen einem Vormunde flüssige Mittel nicht zu Gebote stehen, während ein anderer Vormund oder ein Pfleger des Mündels solche in Händen hat. Ist der Vormund als Verwalter des Mündelvermögens im Besitze von Mitteln, aus denen der von ihm benöthigte Vorschuß oder bezw. der ihm geschuldete Ersatz entnommen werden kann, so steht nichts entgegen, daß er diese Entnahme selbständig bewirkt und die betreffende Summe als Ausgabe dem Mündel in Rechnung stellt. Muß der Vormund hierzu eine Verfügung vornehmen, zu welcher er auf Grund der gesetzlichen Bestimmungen, wie z. B. zur Veräußerung eines Werthpapieres im Falle des § 1812 oder einer Hypothekenforderung im Falle des § 1819, der Genehmigung des Gegenvormundes oder bzw. des Vormundschaftsgerichtes bedarf, so hat er selbstverständlich vorher dieselbe nachzusuchen.

3. Das gleiche Recht steht dem Gegenvormund zu. Es gilt also bezüglich seiner Vorschuß- und Ersatzansprüche ebenfalls das in Anm. 1 und 2 Gesagte. Daß dergleichen Ansprüche für den Gegenvormund viel seltener in Frage kommen werden, liegt in seiner Rechtsstellung, da nicht er, sondern ausschließlich der Vormund gesetzlicher Vertreter des Mündels ist.

4. Die fraglichen Ansprüche können selbstverständlich schon während bestehender Vormundschaft gegen den Mündel geltend gemacht werden, da weder dem

Vormunde, noch dem Gegenvormunde zugemuthet werden kann, wider seinen Willen dem Mündel zu kreditiren. Ueber die Ersatzpflicht des Mündels und deren Umfang entscheidet im Streitfalle der Prozeßrichter (vgl. Johow Jahrb. Bd. 4 S. 81, Bd. 6 S. 44).

Eine Verpflichtung des Staates zur Schadloshaltung besteht nicht. Ist der Mündel vermögenslos und hat der Vormund oder Gegenvormund für ihn aus eigenem Vermögen erstattungsfähige Aufwendungen gemacht, so können sie sich eventuell unter den geeigneten Voraussetzungen nur an die unterhaltspflichtigen Verwandten des Mündels oder an die Organe der öffentlichen Armenpflege halten.

Abs. 2.

5. — solche Dienste des Vormundes oder des Gegenvormundes, die zu seinem Gewerbe oder seinem Berufe gehören. Auch bei derartigen Diensten greift gemäß Abs. 1 zunächst die allgemeine Regel Platz, daß sie, um als Aufwendungen gelten zu können, für den Mündel erforderlich waren oder, soweit darauf ein Ersatzanspruch gegründet wird, von dem Vormunde wenigstens den Umständen nach für erforderlich gehalten werden durften (§§ 669, 670).

Nothwendiges Erforderniß für die Anwendung des Abs. 2 ist ferner, daß die Dienste dem Gewerbe oder Berufe des Vormundes oder bzw. Gegenvormundes angehören. Hieraus kann nicht gefolgert werden, daß der Vormund und Gegenvormund auch für solche Dienste, welche nur von einem gewissen Gesichtspunkte aus Dienste ihres Gewerbes oder Berufes darstellen, Bezahlung fordern können. Vielmehr müssen diese Dienste wirklich in Ausübung ihres Gewerbes oder Berufes geleistet sein. Der Gedanke des Gesetzgebers hierbei ist der: In der Regel sind alle Vormünder verpflichtet, Dienste und Handlungen überhaupt, welche sie in ihrer Eigenschaft als Vormünder und in Ausübung ihres vormundschaftlichen Amtes vornehmen, unentgeltlich zu leisten. Ein gewerbsmäßig Botendienste verrichtender Vormund wird gleichwohl für einen Weg, den er zur Abhaltung eines von dem Vormundschaftsrichter anberaumten Termines macht, abgesehen von den ihm dabei etwa erwachsenen Auslagen, nichts vergütet verlangen können, ebenso wenig in dem gleichen Falle ein Rechtsanwalt, zu dessen Berufsgeschäften es sonst gehört, für Dritte Termine abzuwarten. Dahingegen ist ein Töpfer, der seinem Mündel einen Ofen gesetzt, oder ein Fuhrherr, der ihn während einer Reise gefahren hat, nach Maßgabe des Abs. 2 dafür unbedenklich Bezahlung zu fordern berechtigt. Dasselbe gilt von dem berufsmäßigen Boten, der für seinen Mündel aus dem nächsten Orte einen Arzt holt, sowie von dem Rechtsanwalt, der für den Pflegebefohlenen einen Prozeß führt. Der Grund ist der, daß der Vormund, wo es sich nicht um Dienste, die von jedem Vormund gesetzlich zu fordern sind, sondern um solche handelt, welche ihrer Natur nach ein technisches (wissenschaftliches, künstlerisches, handwerksmäßiges) Wissen oder Können voraussetzen, regelmäßig im Interesse des Mündels fremder Hülfe sich bedienen darf, daß es ihm aber vernünftiger Weise freistehen muß, wenn er selber, seinem Berufe oder Gewerbe nach, diese Hülfe leisten kann, unter denselben Bedingungen wie gegenüber anderen Personen sie auch seinem Mündel zu gewähren. So z. B. ist nicht abzusehen, warum ein Arzt seinen Mündel nicht selbst solle kuriren dürfen, und weshalb hierzu erst ein anderer Arzt von ihm müsse herbeigerufen werden. Uebernimmt er aber selbst die Kur, so würde es in hohem Grade unbillig sein, wenn er auch einen solchen Dienst unentgeltlich leisten müßte. Macht die Forderung des Vormundes demnächst eine nähere Prüfung nöthig, so ist zu diesem

Behufe der Gegenvormund als Kontroleur vorhanden. Geeignetenfalls aber kann nach § 1909 zur Vertretung des Mündels ein Pfleger zugezogen werden. (Vgl. auch den Beschl. des Preuß. Kammergerichts vom 8. Mai 1893, JMBl. S. 181.)

§ 1836.

Die Vormundschaft wird unentgeltlich geführt. Das Vormundschaftsgericht kann jedoch dem Vormund und aus besonderen Gründen auch dem Gegenvormund eine angemessene Vergütung bewilligen. Die Bewilligung soll nur erfolgen, wenn das Vermögen des Mündels sowie der Umfang und die Bedeutung der vormundschaftlichen Geschäfte es rechtfertigen. Die Vergütung kann jederzeit für die Zukunft geändert oder entzogen werden.

Vor der Bewilligung, Aenderung oder Entziehung soll der Vormund und, wenn ein Gegenvormund vorhanden oder zu bestellen ist, auch dieser gehört werden.

Entw. I § 1699; Entw. II § 1735; Reichst.-Vorl. § 1812; Mot. IV zu § 1699 S. 1181 bis 1184; Komm. Prot. S. 6458 bis 6462.

Abs. 1.

1. Die Vormundschaft wird unentgeltlich geführt. Die Vormundschaft charakterisirt sich für Vormund und Gegenvormund als unentgeltliches Ehrenamt. In dem Verkehr zwischen Vormundschaftsgericht und Vormund (Gegenvormund) wird dieser Gesichtspunkt gebührend zu berücksichtigen sein, ohne daß hierdurch die Wirksamkeit der obervormundschaftlichen Aufsicht (§ 1837) einen Abbruch zu erleiden braucht. Durch den Grundsatz der Unentgeltlichkeit der Vormundschaftsführung kann es kommen, daß der Vormund, welcher gezwungen ist, über Mündelgeschäften eigene Geschäfte zu versäumen, ökonomische Verluste erleidet, deren Ersatz ungeachtet der Vorschrift des § 1835 nicht gefordert werden kann. Um die hierdurch entstehenden Härten thunlichst auszugleichen, dienen die übrigen Sätze des Abs. 1.

2. Das Vormundschaftsgericht kann jedoch dem Vormund und aus besonderen Gründen auch dem Gegenvormund eine angemessene Vergütung bewilligen. Dem Gegenvormund durfte nach § 34 Abs. 3 der Pr. VO. ein Honorar überhaupt nicht zugebilligt werden. Das BGB. gestattet diese Bewilligung, wenn „besondere Gründe" vorliegen, welche eine solche Maßregel rechtfertigen. Aus dieser Einschränkung darf nicht gefolgert werden, daß hinsichtlich des Vormundes die Bewilligung einer Vergütung die Regel bilden soll. Das Vormundschaftsgericht kann sie ihm bewilligen. Es muß also auch hier geprüft werden, ob die Umstände danach angethan sind, um die Gewährung begründet erscheinen zu lassen. Dabei geht das BGB., auch insoweit abweichend von § 34 Abs. 2 der Pr. VO., davon aus, daß ein zureichender Grund hierzu nicht lediglich in dem Umfange der Vermögensverwaltung zu finden ist, sondern auch durch den Umfang und die Bedeutung der sonstigen, die Person des Mündels betreffenden Geschäfte gegeben sein kann. Auch über die Angemessenheit der Vergütung entscheidet, wie über deren Bewilligung selbst, das pflichtmäßige gerichtliche Ermessen. Daß der Gegenvormund im Allgemeinen seltener und nur bei dem Vorliegen besonderer Gründe zu berücksichtigen ist, folgt aus der Art seiner Amtsthätigkeit, welche im Allgemeinen weniger Arbeit und eine geringere Verantwortung mit sich bringt.

Nach Beendigung der Vormundschaft erscheint das Vormundschaftsgericht zur Bewilligung und Festsetzung einer Vergütung für den Vormund nicht mehr befugt, da von diesem Zeitpunkte an, soweit das Gesetz nicht, wie bei der Legung der Schlußrechnung (§ 1892) und bei der Aufhebung einer von dem Vormunde dem Mündel geleisteten Sicherheit (§ 1844 Abs. 3), ein Anderes bestimmt, auch dasjenige vormundschaftliche Aufsichtsrecht endigt, aus welchem das Vormundschaftsgericht seine Befugniß nach Maßgabe des § 1836 Satz 2 entnimmt (Joh. Bd. 7 S. 38). Das Vormundschaftsgericht, diesen Vorschriften analog, auch in dem Falle des § 1836, wie Einige wollen, für ermächtigt zu erachten, über die Dauer der Vormundschaft selbst hinaus eine amtliche Befugniß als Aufsichtsbehörde auszuüben, geht hier um so weniger an, als die hier in Rede stehende Handlung eine solche ist, deren Vornahme im Gegensatze zu jenen Ausnahmefällen, auch schon während des Bestehens der Vormundschaft möglich war.

Das Vormundschaftsgericht schließt — so erklären die Motive — indem es das Honorar bewilligt, nicht als Vertreter des Mündels mit dem Vormunde einen Vertrag ab, sondern handelt kraft seiner Amtsgewalt und gewährt in dieser Eigenschaft dem Vormunde ein Recht gegen den Mündel, aber nur ein solches Recht, welches in seinem Bestande von dem Ermessen des Vormundschaftsgerichts abhängig bleiben soll. So lange das Vormundschaftsgericht jene Verfügung nicht geändert hat, ist dagegen für die Vergangenheit dem Vormunde ein festes Recht erworben, welches ihm nicht mehr entzogen und nöthigenfalls im Prozeßwege geltend gemacht werden kann. Aus dieser Auffassung ergibt sich von selbst, daß die Verfügung des Vormundschaftsgerichts, durch welche das Honorar zugebilligt wird, auch im Wege der Beschwerde wider das Gericht abgeändert werden kann. Die Beschwerde steht nach § 57 Nr. 7 des G. fr. G., unbeschadet des § 20 a. a. O., auch dem Gegenvormunde zu.

3. Die Bewilligung soll nur erfolgen, wenn das Vermögen des Mündels, sowie der Umfang und die Bedeutung der vormundschaftlichen Geschäfte es rechtfertigen. Die Bestimmung ist ihrer Fassung nach nur instruktionell und wesentlich darauf berechnet, dem Vormundschaftsgerichte über die bei der Bewilligung zu befolgenden Grundsätze eine gewisse Direktive zu geben. Die Größe des Mündelvermögens, welcher nicht immer eine ebenso große Schwierigkeit der Verwaltung entspricht, soll nicht allein entscheidend sein; auch die Verwaltung eines kleineren Vermögens genügt, wenn dessen Verwaltung nach der Eigenart der vorliegenden Umstände die Kräfte des Vormundes in einem besonderen Grade in Anspruch nimmt. Neben dem Umfang, also der Menge der vormundschaftlichen Geschäfte soll ferner auch deren Bedeutung, also die Wichtigkeit der davon abhängenden Folgen und die hiermit verbundene Steigerung der Verantwortlichkeit des Vormundes in Betracht kommen. Im Uebrigen kann die Bewilligung ebensowohl auf Antrag, wie von Amtswegen geschehen.

4. Die Vergütung kann jederzeit für die Zukunft geändert oder entzogen werden. Die Bewilligung erfolgt also, ohne daß es hierzu eines Vorbehaltes bedarf, stets nur als widerrufliche. Nur für die Vergangenheit erwirbt der Vormund aus ihr ein festes, unentziehbares Recht (vgl. oben Anm. 2 letzter Absatz). Die Widerruflichkeit für die Zukunft erscheint nothwendig, da in den persönlichen und Vermögensverhältnissen des Mündels Aenderungen vorgehen können, welche die Fortgewährung des Honorars unangemessen oder unthunlich erscheinen lassen.

Auch die Aenderung der Vergütung, welche übrigens nicht nothwendig in einer Herabsetzung zu bestehen braucht, kann ebenso wie die Bewilligung und die Entziehung auf Antrag oder von Amtswegen verfügt werden.

Abs. 2.

5. — soll der Vormund und, wenn ein Gegenvormund vorhanden oder zu bestellen ist, auch dieser gehört werden. Es ist also in allen Fällen zu prüfen, ob, wenn bisher noch kein Gegenvormund bestellt war, seine Bestellung gemäß § 1792 Abs. 2 geboten ist. Letzteres ist zu verneinen, wenn der Vater oder die eheliche Mutter des Mündels die Bestellung rechtswirksam ausgeschlossen hat (§§ 1852, 1855, 1856), es müßte denn sein, daß durch das Vormundschaftsgericht diese Anordnung gemäß § 1857 aufgehoben worden ist. Im Uebrigen schreibt § 1836 Abs. 2 die Anhörung des Vormundes und des Gegenvormundes, also beider, ebensowohl für den Fall vor, wenn die Bewilligung, Aenderung oder Entziehung einer Vergütung des Vormundes, als wenn die Beschließung dieser Maßregel in Ansehung einer Vergütung des Gegenvormundes in Frage steht. Die Anhörung kann mündlich oder schriftlich geschehen.

6. Daß auch der Erblasser des Mündels dem Vormunde nach Maßgabe der Vorschriften des Erbrechts in Form eines Vermächtnisses ein Honorar zuwenden kann, erklären die Motive als selbstverständlich. Eben dasselbe wird auch von demjenigen gelten müssen, der dem Mündel unter Lebenden eine Zuwendung gemacht hat (§ 1803 Abs. 1), wenn er das Honorar für den verwaltenden Vormund bei der Zuwendung bestimmt hat. Den Eltern als solchen die gleiche Befugniß auf Grund ihrer elterlichen Gewalt einzuräumen, ist von dem Gesetzgeber nicht für angemessen erachtet worden.

III. Fürsorge und Aufsicht des Vormundschaftsgerichts.

§ 1837.

Das Vormundschaftsgericht hat über die gesammte Thätigkeit des Vormundes und des Gegenvormundes die Aufsicht zu führen und gegen Pflichtwidrigkeiten durch geeignete Gebote und Verbote einzuschreiten.

Das Vormundschaftsgericht kann den Vormund und den Gegenvormund zur Befolgung seiner Anordnungen durch Ordnungsstrafen anhalten. Die einzelne Strafe darf den Betrag von dreihundert Mark nicht übersteigen.

Entw. I § 1684; Entw. II § 1714; Reichst.-Vorl. § 1813; Mot. IV Allgem. Begründung S. 1010 bis 1028, zu § 1684 S. 1155, 1156; Komm. Prot. S. 6426.

Abs. 1.

1. — über die gesammte Thätigkeit des Vormundes und des Gegenvormundes — Wegen der Thätigkeit des Vormundes ist der § 1793 und wegen derjenigen des Gegenvormundes der § 1799 nebst Anmerkungen zu vergleichen.

2. — die Aufsicht zu führen — Durch diese Bestimmung wird die

Mitwirkung des Vormundschaftsgerichts bei Führung der Vormundschaft (wie auch schon nach § 51 der Pr. VO.) auf das richtige in der Natur der Sache begründete Maß, nämlich auf die Wahrnehmung der Obervormundschaft, beschränkt. Hieraus, in Verbindung mit § 1793, ergibt sich als allgemeiner leitender Grundsatz, daß der Vormund zu seinem Theile die ihm übertragene Vormundschaft selbständig und mit eigener Verantwortung verwaltet. Das BGB. schließt sich mit diesem Grundsatz inhalts der Motive an den Rechtszustand an, welcher von Alters her in den meisten Gebieten Deutschlands besteht und sich dort jederzeit bewährt hat. Nach dem Vorgange neuerer Gesetzgebungen sichert es aber auch der Gemeinde und der Familie eine gewisse Mitwirkung bei der Führung der Vormundschaft. In ersterer Hinsicht sind namentlich die §§ 1849 bis 1851, in letzterer außer anderen Vorschriften die §§ 1858 bis 1881 von Bedeutung.

Ueber die Grenzen und den Umfang des obervormundschaftlichen Aufsichtsrechts wird gestritten. Nach der Ansicht der Einen darf der Richter durch Ge- oder Verbot, unter Anwendung seiner Disziplin und exekutiven Strafgewalt nur eingreifen, wenn es darauf ankommt, den Vormund oder Gegenvormund zur Erfüllung der nach den Gesetzen besonders und ausdrücklich ihnen auferlegten Pflichten (z. B. nach § 1802 zur Einreichung des Vermögensverzeichnisses oder nach § 1807 zur mündelmäßigen Anlegung der Gelder) anzuhalten, oder die Ueberschreitung der ihrer Selbständigkeit und Eigenmacht ausdrücklich gezogenen Schranken (z. B. das Handeln ohne die gesetzlich gebotene Zuziehung des Gegenvormundes) zu verhindern. Ueber dieses Maß hinaus soll das Vormundschaftsgericht nur noch durch Rath und Belehrung, nicht aber durch Zwang, sei es durch Ordnungsstrafen oder durch Entlassung, auf den Vormund (Pfleger, Gegenvormund) einwirken dürfen. Zufolge der anderen Meinung aber, welcher denn doch wohl die größere Berechtigung zukommen dürfte, ist das Vormundschaftsgericht kraft seiner staatlichen Oberaufsicht berufen, jede Pflichtverletzung des Vormundes (Pflegers, Gegenvormundes), von welcher es Kenntniß erhält, zu rügen und ebensowohl abwehrend als fördernd seine gesetzlichen Machtmittel dazu anzuwenden, daß der Vormund nicht nur nicht direkt wider seine Pflicht handle, sondern auch seine Pflicht voll erfülle. Nur von diesem Standpunkte aus hat der § 1837 Abs. 1, welcher von der Aufsicht über die gesammte Thätigkeit des Vormundes spricht, neben den besonderen, für das mitwirkende Eingreifen des Vormundschaftsgerichts bereits anderweit gegebenen Vorschriften einen ausreichend verständlichen Inhalt. Eine Belästigung der Vormünder kann, wenn die Aufsichtsbehörde mit dem nöthigen Takt und der erforderlichen Umsicht verfährt, hieraus nicht entspringen, während das Interesse des Mündels, was die Hauptsache bleiben muß, dadurch geschützt und gesichert wird. Daß die Regel, wonach der gesetzliche Vertreter des Mündels nicht das Vormundschaftsgericht, sondern der Mündel ist, durch eine derartige Uebung der richterlichen Aufsicht keine Beeinträchtigung erleiden darf, versteht sich von selbst. Ueber einzelne Anwendungsfälle innerhalb des Gebietes des vormundschaftlichen Oberaufsichtsraths ist zu vergleichen Joh. Bd. 2 S. 45 u. S. 47, Bd. 3 S. 52, Bd. 5 S. 7 u. S. 56, Bd. 7 S. 48.

Ist für die dem Vormundschaftsgericht obliegenden Verrichtungen zufolge landesgesetzlicher Vorschrift eine andere Behörde als das Vormundschaftsgericht zuständig (Art. 147 des EG.), so versteht es sich von selbst, daß die in § 1837 geordneten Aufsichtsbefugnisse auch dieser anderen Behörde zustehen.

3. — gegen Pflichtwidrigkeiten durch geeignete Gebote und Verbote einzuschreiten. Eine Pflichtwidrigkeit liegt ebensowohl vor, wenn der Vormund eine Handlung begeht, welche seiner Pflicht zuwiderläuft, als wenn er eine Handlung unterläßt, welche die Erfüllung seiner Pflicht von ihm fordert. So lange der Vormund keine dieser beiden Grenzen überschreitet, darf er sein Handeln unabhängig von einer etwaigen Einwirkung des Vormundschaftsgerichts seinem eigenen Ermessen gemäß einrichten. Das Vormundschaftsgericht ist gesetzlich weder berufen, selbsthandelnd in die Amtsführung des Vormundes einzugreifen und sich hierbei an dessen Stelle zu setzen, noch auch, von ihm zu verlangen, daß er aus bloßen Zweckmäßigkeitsgründen, unter Aufopferung seiner eigenen Ueberzeugung, sich der Ansicht der Aufsichtsbehörde unterwirft.

Nur, wenn ein Vormund noch nicht bestellt oder derselbe an der Erfüllung seiner Pflichten verhindert ist, hat das Gericht unter Umständen ausnahmsweise auch unmittelbar selbsthandelnd für den Mündel in Thätigkeit zu treten (§ 1846).

Abs. 2.

4. — kann den Vormund oder Gegenvormund zur Befolgung seiner Anordnungen durch Ordnungsstrafen anhalten. Dem durch Abs. 1 verliehenen Aufsichtsrecht, welchem übrigens auch die befreiten Vormünder und ebenso diejenigen Vorstände und Beamten unterstehen, die gemäß Art. 136 des EG. gesetzliche Vormünder sind (§ 1774 Anm. 3), entspricht die in Abs. 2 geregelte Aufsichtsgewalt des Vormundschaftsgerichts.

Auch der Pfleger ist nach § 1915 diesem Recht und dieser Gewalt unterworfen. Gegenüber dem Gemeindewaisenrath (§ 1849) und dem das Vormundschaftsgericht selbst repräsentirenden Familienrath (§§ 1858 ff.) steht dem Vormundschaftsgericht ein Ordnungsstrafrecht nicht zu.

Wie schon der Ausdruck „anhalten", zeigt, handelt es sich bei Ausübung dieses Rechtes nicht um die Verhängung eigentlicher Strafen, sondern lediglich um s. g. Exekutivstrafen, also um ein Mittel zur Erzwingung von Handlungen oder Unterlassungen. Macht das Vormundschaftsgericht von dieser Zwangsbefugniß Gebrauch, so übernimmt es damit die Verantwortung für die Handlung oder Unterlassung, welche der Vormund ohne diesen Zwang nicht gewollt hat.

Nach § 33 des G. fr. G. muß der Festsetzung der Ordnungsstrafe eine Androhung vorausgehen. Sowohl gegen diese Androhung, welche ebenfalls eine gerichtliche Verfügung im Sinne des § 19 a. a. O. darstellt, wie gegen die Festsetzung selbst findet das Rechtsmittel der Beschwerde statt. In dem letzteren Falle hat die Beschwerde gemäß § 24 Abs. 1 a. a. O. aufschiebende Wirkung. Gegen die Entscheidung des Beschwerdegerichts ist nach § 27 a. a. O. das Rechtsmittel der weiteren Beschwerde zulässig, wenn die Entscheidung auf einer Gesetzesverletzung beruht. Ueber die weitere Beschwerde entscheidet nach § 28 Abs. 1 das zuständige Oberlandesgericht (in Preußen gemäß Art. 7 u. 8 des Pr. Ges. üb. d. freiw. Gerichtsbarkeit vom 21. September 1899, in Verbindung mit § 199 des G. fr. G., überall das Kammergericht zu Berlin) und in dem Falle des § 28 Abs. 2 das Reichsgericht.

5. Die einzelne Strafe darf den Betrag von 300 M. nicht übersteigen. Die Vorschrift stimmt überein mit § 1788 Abs. 2 Satz 1. Einen Mindestbetrag hat das Gesetz nicht normirt. Wenn der § 1875 Abs. 2 den Höchstbetrag der Ordnungsstrafe anscheinend abweichend bestimmt, so kommt in Betracht, daß in diesem Falle der Richter nicht als Vormundschaftsbehörde, sondern als Vorsitzender des Familienrathes verfährt. Bei der Abmessung der Strafe, die im

Uebrigen nach dem freien Ermessen des Vormundschaftsgerichtes erfolgt, werden insbesondere zu berücksichtigen sein die Vermögenslage des Vormundes, das Motiv der Weigerung, die objektive Wichtigkeit der zu erzwingenden Handlung oder Unterlassung und die Dringlichkeit der von dem Vormundschaftsgericht durchzusetzenden Maßregel.

Mehrere nach einander verhängte Ordnungsstrafen dürfen zusammen über den einmaligen Höchstbetrag von 300 Mk. hinausgehen, selbst wenn sie demnächst etwa gleichzeitig zur Einziehung gelangen. Die besonderen Vorschriften des § 1788 Abs. 2 Satz 2 und 3, welche als Zwangsmittel nicht mehr als drei Ordnungsstrafen zulassen, zwischen denen jedesmal ein mindestens einwöchiger Zwischenraum liegen muß, finden auf andere Fälle keine entsprechende Anwendung, so daß das Vormundschaftsgericht zum Zwecke der Durchsetzung einer Anordnung auf Grund des § 1837 Abs. 2 nach fruchtloser Verhängung der ersten Ordnungsstrafe sogleich eine zweite, und wenn auch diese erfolglos bleibt, eine dritte und so fort androhen, festsetzen und zur Einziehung bringen kann (§ 33 des G. fr. G.), ohne bezüglich der Anzahl dieser Strafen beschränkt oder an irgend welche Zwischenräume hierbei gebunden zu sein.

Nach Art. 16 Abs. 1 des Preußischen Ges. über die freiw. Gerichtsbarkeit vom 21. September 1899 ist der Vormund (Pfleger, Gegenvormund), gegen welchen die Ordnungsstrafe festgesetzt wird, von dem Vormundschaftsgericht zugleich in die Kosten des Verfahrens zu verurtheilen. Die zwangsweise Einziehung der Ordnungsstrafe erfolgt nach Abs. 2 a. a. O. für Preußen im Verwaltungszwangsverfahren; in den Nachlaß des Verurtheilten kann dieselbe nicht vollstreckt werden, wohl aber gemäß § 54 des Preußischen Ges. betr. das Verwaltungszwangsverfahren wegen Beitreibung von Geldbeträgen vom 7. September 1879, in Verbindung mit § 866 der CPO., in das unbewegliche Vermögen des Schuldners.

Eine Umwandlung der Ordnungsstrafe in Haft für den Fall ihrer Uneinbringlichkeit findet nicht statt.

6. Das Vormundschaftsgericht kann seine Strafverfügung nachträglich sowohl auf Antrag als auch von Amtswegen selbständig ändern und sie daher auch ganz zurücknehmen, sofern es sich überzeugt, daß sie ungerechtfertigt war (§ 18 des G. fr. G.).

§ 1838.

Das Vormundschaftsgericht kann anordnen, daß der Mündel zum Zwecke der Erziehung in einer geeigneten Familie oder in einer Erziehungsanstalt oder einer Besserungsanstalt untergebracht wird. Steht dem Vater oder der Mutter die Sorge für die Person des Mündels zu, so ist eine solche Anordnung nur unter den Voraussetzungen des § 1666 zulässig.

Entw. I § 1685; Entw. II § 1715; Reichst.-Vorl. § 1814; Mot. IV zu § 1685 S. 1156; Komm. Prot. S. 6426 bis 6429.

---

1. Durch den Art. 34 des EG. ist der § 55 des Strafgesetzbuchs dahin geändert worden:

„Wer bei Begehung der Handlung das zwölfte Lebensjahr nicht vollendet hat, kann wegen derselben nicht strafrechtlich verfolgt werden. Gegen denselben können jedoch nach Maßgabe der landesgesetzlichen Vorschriften die zur Besserung und Beaufsichtigung geeigneten Maßregeln getroffen werden. Die Unterbringung in eine Familie, Erziehungsanstalt oder Besserungsanstalt kann nur erfolgen, nachdem durch Beschluß des Vormundschaftsgerichts die Begehung der Handlung festgestellt und die Unterbringung für zulässig erklärt ist."

Die Vorschrift des § 55 a. a. O. besteht also in dieser Gestalt fort und ebenso diejenige des § 56 des Strafgesetzbuchs, wonach in dem Urtheil, durch welches ein jugendlicher Angeschuldigter wegen mangelnder Einsicht freigesprochen wird, darüber Bestimmung zu treffen ist, ob der Angeschuldigte seiner Familie überwiesen oder in eine Erziehungs- oder Besserungsanstalt gebracht werden soll, in welcher er so lange zu behalten ist, als die der Anstalt vorgesetzte Verwaltungsbehörde solches für erforderlich erachtet, jedoch nicht über das vollendete zwanzigste Lebensjahr. Die über die Zwangserziehung bestehenden landesgesetzlichen Vorschriften, für Preußen das Gesetz vom 13. März 1878 — GS. S. 132 — mit seinen Nachträgen, sind durch § 1838 unberührt geblieben (Art. 135 des EG.). Im Uebrigen gelten seit dem 1. Januar 1900 in dieser Beziehung für das Kgr. Sachsen § 48 des AG. v. 6. Juli 1899, für Braunschweig §§ 109 bis 122 des AG. vom 12. Juni 1899, für Oldenburg §§ 27 bis 34 des AG. vom 15. Mai 1899, für Mecklenburg-Schwerin und für Mecklenburg-Strelitz die Verordnungen vom 9. April 1899, für Anhalt das Gesetz vom 21. März 1899, für Sachsen-Altenburg §§ 109 bis 121 des AG. vom 4. Mai 1899 und für Elsaß-Lothringen §§ 123 bis 127 des AG. vom 17. April 1899. Der § 1838 ermächtigt das Vormundschaftsgericht, auch ohne die in § 55 des Strafgesetzbuchs bestimmte Voraussetzung eine Zwangserziehung für den Mündel anzuordnen. Es versteht sich jedoch von selbst, daß eine so wichtige und folgenschwere Maßregel nur ergriffen werden wird, nachdem sich auf Grund sorgfältiger Sachprüfung zur Ueberzeugung ergeben hat, daß dieselbe nothwendig ist, um einer sittlichen Verwahrlosung des Mündels, welche sonst zu befürchten sein würde, Einhalt zu thun. Wie dem Vormundschaftsgericht durch § 1801 die Befugniß verliehen worden ist, unter Umständen unmittelbar eine Anordnung für die religiöse Erziehung des Mündels zu treffen und die letztere dem Vormunde zu entziehen, so gestattet der § 1838 dem Vormundschaftsgerichte einen solchen unmittelbaren Eingriff in das grundsätzlich dem Vormunde gebührende Leitungsrecht auch auf dem übrigen Erziehungsgebiet. Eine pflichtwidrige Vernachlässigung Seitens des Vormundes bildet hierzu keine nothwendige Voraussetzung. Gegen ein übereiltes oder sonstwie unangemessenes Vorgehen des Vormundschaftsgerichts gewährt das Beschwerderecht ausreichenden Schutz.

2. Anlangend die Ausführung der von dem Vormundschaftsgerichte beschlossenen Anordnung, welche unter Umständen durch die Auswahl der geeigneten Familie oder Anstalt umfassen kann, so liegt diese, wie nach den allgemeinen vormundschaftlichen Grundsätzen anzunehmen ist, nach Maßgabe des Inhaltes der Anordnung dem Vormund ob. Die dadurch entstandenen Kosten fallen dem Mündel zur Last. Eine Verpflichtung, diese Ausführung auf öffentliche Kosten zu bewirken, wird durch den Beschluß des Vormundschaftsgerichts nicht begründet. Verweigert der Vormund die Ausführung des Beschlusses, so kann er im Aufsichtswege dazu angehalten werden. Vgl. auch Köhne in Rassow und Küntzel Bd. 40 S. 610.

3. Steht dem Vater oder der Mutter die Sorge für die Person des Mündels zu — Wenn, wie der § 1838 voraussetzt, eine Vormundschaft angeordnet ist, so kann die Sorge für die Person des Mündels dem Vater oder der Mutter trotzdem zustehen. Insbesondere kann dies geschehen in den Fällen, welche die §§ 1666, 1676, 1696, 1697, 1698, 1702 und 1707 im Auge haben.

4. — so ist eine solche Anordnung nur unter den Voraussetzungen des § 1666 zulässig. Die Motive erklären diese Vorschrift als selbstverständlich, da die Erziehungsgewalt der Mutter bzw. im Falle des § 1696 des Vaters nach dem BGB. als ein residuum der elterlichen Gewalt unter den Regeln der letzteren steht. Bei dem allgemeinen Wortlaute des § 1838 Satz 1 ist jener Zusatz jedoch im Interesse der Deutlichkeit als rathsam erachtet worden. Die Voraussetzungen des § 1666 sind, daß der Vater oder die Mutter (§ 1686) das geistige oder leibliche Wohl des Kindes dadurch gefährdet, daß sie das Recht für die Person des Kindes mißbrauchen, das Kind vernachlässigen oder sich eines ehrlosen oder unsittlichen Verhaltens schuldig machen.

§ 1839.

Der Vormund sowie der Gegenvormund hat dem Vormundschaftsgericht auf Verlangen jederzeit über die Führung der Vormundschaft und über die persönlichen Verhältnisse des Mündels Auskunft zu ertheilen.

Entw. I § 1686; Entw. II § 1716; Reichst.-Vorl. § 1815; Mot. IV zu § 1686 S. 1156, 1157; Komm. Prot. S. 6429.

1. Die Vorschrift des § 1839 legt dem Vormund und Gegenvormund eine dem Oberaufsichtsrechte des Vormundschaftsgerichts korrespondirende Pflicht auf. Ein besonderer Ausspruch hierüber ist vom Gesetzgeber für rathsam erachtet worden, um jeden Zweifel hierüber auszuschließen.

2. — über die Führung der Vormundschaft — also über alle Umstände, welche auf die Fürsorge für die Person und das Vermögen des Mündels Bezug haben (§ 1793). Handelt es sich um Angelegenheiten des Mündels, für die ein Pfleger bestellt ist, so ist an Stelle des Vormundes der Pfleger auskunftspflichtig (1915 Abs. 1).

3. — und über die persönlichen Verhältnisse des Mündels — Die besondere Hervorhebung der persönlichen Verhältnisse des Mündels, welche schon von der Führung der Vormundschaft mitumfaßt werden, ist nach den Motiven namentlich deshalb geschehen, weil besondere Vorschriften über s. g. Erziehungsberichte, die einige frühere Partikularrechte (vgl. Preuß. ALR. § 327 Tit. 18 Th. II; Lübecker Vormundschaftsordnung § 31; Bremische Vormundschaftsordnung § 88) verlangten, in das Gesetz nicht aufgenommen worden sind. Es wird sich empfehlen, daß die Vormundschaftsgerichte für diejenigen Vormundschaften, in denen eine Vermögensverwaltung und in Folge dessen auch ein regelmäßig fortlaufender Geschäftsverkehr zwischen Vormund und Vormundschaftsgericht nicht stattfindet, nach erfolgter Einleitung Kontrolefristen anberaumen, um von Zeit zu Zeit in Ausübung des nach § 1839 ihnen verliehenen Rechts Auskunft über die Mündelangelegenheiten zu erfordern. Den Vormündern wird dadurch ihr Pflichtbewußtsein

besser wach erhalten und dem Gericht erwächst vorkommenden Falles die Gelegenheit, um auf die Führung der Vormundschaft, wo dies Noth thut, unbeschadet der Selbständigkeit des Vormundes regulirend einzuwirken.

§ 1840.

Der Vormund hat über seine Vermögensverwaltung dem Vormundschaftsgerichte Rechnung zu legen.

Die Rechnung ist jährlich zu legen. Das Rechnungsjahr wird von dem Vormundschaftsgerichte bestimmt.

Ist die Verwaltung von geringem Umfange, so kann das Vormundschaftsgericht, nachdem die Rechnung für das erste Jahr gelegt worden ist, anordnen, daß die Rechnung für längere, höchstens dreijährige Zeitabschnitte zu legen ist.

Entw. I § 1687 **Abs. 1 bis** 3; **Entw. II** § 1718; **Reichst.-Vorl.** § 1816; **Mot. IV zu** § 1687 **S.** 1157, 1158; **Komm. Prot. S.** 6429, 6430.

Abs. 1.

1. Der Vormund hat über seine Vermögensverwaltung dem Vormundschaftsgerichte Rechnung zu legen. Der § 1840 begründet eine überaus wichtige Pflicht des Vormundes, die Pflicht zur periodischen Rechnungslegung gegenüber dem Vormundschaftsgericht, welche nach dem Vorgange des gemeinen Rechtes schon die meisten Partikularrechte vorschrieben. Wiewohl diese Pflicht eine öffentlich rechtliche und von Aufsichtswegen erzwingbar ist, so hat sie daneben doch auch zugleich, wie die Motive hervorheben, den Charakter einer dem Mündel gegenüber begründeten privatrechtlichen Verpflichtung, welche nöthigenfalls auch im Wege des Prozesses durch einen zu diesem Zwecke bestellten Pfleger erzwungen werden kann. In engem Zusammenhange hiermit steht die Vorschrift des § 1890 Satz 2, daß der Mündel von dem Vormunde nach der Beendigung des Amtes des letzteren nicht nochmals über die ganze vormundschaftliche Verwaltung die Legung einer neuen Rechnung verlangen kann, sondern daß, soweit der Vormund dem Vormundschaftsgerichte eine Rechnung gelegt hat, die Bezugnahme auf diese Rechnung genügen soll. Eine regelmäßig wiederkehrende Rechnungslegung bildet ebensowohl ein Mittel zur besseren Selbstkontrole des Vormundes, wie auch die wirksamste Handhabe für die Beaufsichtigung seiner Verwaltung. Durch die Prüfung der gelegten Rechnung wird es dem Vormundschaftsgerichte möglich, einen näheren Einblick in die Art der vormundschaftlichen Verwaltung zu gewinnen und einem nachlässigen oder treulosen Verhalten des Vormundes, insbesondere mit Hülfe des Gegenvormundes (§ 1842), auf die Spur zu kommen und bzw. einem solchen vorzubeugen.

Auch der befreite Vormund hat, jedoch unbeschadet der Vorschrift in 1854, Rechnung zu legen. Mehrere zu ungetrennter Verwaltung bestellte Vormünder (§ 1797 Abs. 1) legen die Rechnung gemeinschaftlich; ist dagegen die Verwaltung getheilt (§ 1797 Abs. 2), so legt jeder die Rechnung für sich. Führt der Vormund die Vormundschaft über mehrere Mündel, so liegt zwar nur eine Vormundschaft vor, und dem entsprechend genügt es, wenn auch nur eine Rechnung gelegt wird. Sind jedoch die Mündel in Ansehung des Vermögens auseinandergesetzt, so empfiehlt sich aus praktischen Gründen, auch die Rechnung getrennt und für jeden Mündel besonders zu legen.

Ueber die äußere Einrichtung der Rechnung verhält sich der § 1841 in Verbindung mit § 259. Auch der Offenbarungseid kann nach Maßgabe des Abs. 2 dieser letzteren Vorschrift unter Umständen von dem Vormund gefordert werden.

Abs. 2.

2. Die Rechnung ist jährlich zu legen. Ihre Legung erfolgt (abweichend von § 56 Abs. 1 Satz 1 der Pr. VO.) unabhängig von einer Aufforderung des Vormundschaftsgerichts kraft Gesetzes. Ist der Vormund außer Stande, die Rechnung in ordnungsmäßiger Art selbständig zu legen, so steht nichts entgegen, daß er sich zu ihrer Aufstellung sachverständiger Hülfe bedient. Es wird Letzteres namentlich bei umfänglicheren Verwaltungen nicht immer vermieden werden können. Die hierdurch entstehenden Auslagen sind nothwendige Aufwendungen, die ihm nach § 1835 vergütet werden müssen. Eine bloße Bequemlichkeit des Vormundes rechtfertigt die Zuziehung fremder Hülfe nicht.

3. Das Rechnungsjahr wird von dem Vormundschaftsgerichte bestimmt. Wie sich von selbst versteht, setzt diese Bestimmung voraus, daß der Vormund überhaupt eine Vermögensverwaltung führt. Ueber den Begriff der Vermögensverwaltung ist § 1792 Anm. 3 zu vergleichen. Sobald die Verwaltung beginnt, wird zweckmäßiger Weise auch das Rechnungsjahr zu bestimmen sein, also der Regel nach sogleich nach Bestellung des verwaltenden Vormundes. Da derselbe die Rechnung ohne weitere Aufforderung des Vormundschaftsgerichtes einreichen soll, so muß ihm die Bestimmung des Rechnungsjahres, also insbesondere der Termin, an welchem dasselbe abläuft und hiermit die Legung der Rechnung regelmäßig fällig wird, ein für allemal bekannt gemacht werden. Es erscheint nicht unzweckmäßig, diese Terminsbestimmung wenn möglich, sogleich mit in die Bestallungsurkunde aufzunehmen. Ist der Vormund bei Legung der Rechnung säumig, so muß er erinnert und und nöthigenfalls nach Maßgabe des § 1837 dazu durch Zwangsmittel angehalten werden. Im äußersten Falle wird durch einen besonderen Pfleger Klage gegen ihn zu erheben sein. Das Vormundschaftsgericht hat den Ablauf der Fristen zu kontroliren und bei ihrer Anberaumung darauf Bedacht zu nehmen, daß der Eingang der einzelnen Rechnungen sich nicht derartig häuft, daß dadurch eine geschäftliche Ueberlastung eintritt.

Abs. 3.

4. Ist die Verwaltung von geringem Umfange, so kann das Vormundschaftsgericht ... anordnen — Das Vormundschaftsgericht „kann anordnen", daß längere als einjährige Rechnungsperioden stattfinden; der Vormund hat also kein Recht, diese Anordnung zu verlangen. Erscheint es nach seiner Persönlichkeit oder aus sonstigen Gründen gerathen, daß die Rechnung trotz des geringen Umfanges der Verwaltung alljährlich zur Prüfung eingereicht wird, so hat er sich dieser Bestimmung zu fügen. Ob ein „geringer Umfang" vorliegt, beurtheilt das Vormundschaftsgericht.

5. — nachdem die Rechnung für das erste Jahr gelegt worden ist — Nach dem Ablaufe des ersten Rechnungsjahres seit dem Beginn der Verwaltung muß also die erste Rechnung gelegt werden, ohne daß die Bewilligung eines längeren Aufschubs zulässig ist. Erst demnächst hängt es von dem Ermessen des Vormundschaftsgerichts ab, wegen des geringen Umfanges der Verwaltung

längere, jedoch höchstens dreijährige Rechnungsperioden anzuordnen. Die Annahme einer Rechnungslegung, die von dem Vormunde in kürzeren als den gesetzlich oder richterlich bestimmten Zeiträumen angeboten wird, kann das Vormundschaftsgericht ablehnen. Im Uebrigen kann das Vormundschaftsgericht ebensowohl im Voraus regelmäßig wiederkehrende Termine zur Rechnungslegung ein für alle Mal anberaumen als dieselben für jede einzelne Rechnungslegung besonders festsetzen.

§ 1841.

Die Rechnung soll eine geordnete Zusammenstellung der Einnahmen und Ausgaben enthalten, über den Ab- und Zugang des Vermögens Auskunft geben und, soweit Belege ertheilt zu werden pflegen, mit Belegen versehen sein.

Wird ein Erwerbsgeschäft mit kaufmännischer Buchführung betrieben, so genügt als Rechnung eine aus den Büchern gezogene Bilanz. Das Vormundschaftsgericht kann jedoch die Vorlegung der Bücher und sonstigen Belege verlangen.

Entw. I § 1687 Abs. 4 und 5; Entw. II § 1719; Reichst.-Vorl. § 1817; Mot. IV zu § 1687 S. 1158, 1159; Komm. Prot. S. 6429 bis 6431.

---

1. Der § 1841 regelt die Form der Vormundschaftsrechnung in ihren wesentlichen Grundzügen. Er vermeidet es absichtlich, in dieser Beziehung zu große Anforderungen zu stellen. In Hinblick darauf, daß schon bei Beginn der Vormundschaft das Mündelvermögen vollständig verzeichnet werden muß (§ 1802), ist insbesondere auch davon abgesehen worden, nach Legung der ersten Rechnung für jede nachfolgende stets von Neuem eine vollständige Uebersicht über den gegenwärtigen Stand des Vermögens zu fordern. Es genügt, wenn jede spätere Rechnung einen Vorbericht über den Ab- und Zugang des Vermögens enthält (vgl. § 56 Abs. 3 Satz 1 der Pr. VO.). Die nach § 56 Abs. 3 Satz 2 der Pr. VO. erforderte Versicherung ist für entbehrlich erachtet.

Um so mehr aber wird von dem Vormundschaftsgerichte darauf zu halten sein, daß den verhältnißmäßig geringen Anforderungen des § 1841 Seitens der Vormünder bei Legung der Rechnung genügt wird.

2. — eine geordnete Zusammenstellung der Einnahmen und Ausgaben — Die gleiche Vorschrift enthält schon allgemein für den Rechnungsleger der § 259 Abs. 1. Nach welchen Grundsätzen die Zusammenstellung einzurichten ist, hängt wesentlich von den konkreten Umständen ab. Hiernach wird auch zu beurtheilen sein, ob die Rechnung der besseren Uebersicht halber bezüglich der einzelnen Zweige der Vermögensverwaltung in mehrere Titel zu zerlegen und innerhalb dieser die einzelnen Einnahmen und Ausgaben besonders aufzuführen sind. Im Uebrigen wird sich sowohl in diesem Falle als auch, wenn die Rechnung ungetheilt gelegt wird, die streng chronologische Anordnung empfehlen.

3. — über den Ab- und Zugang des Vermögens Auskunft zu geben — Aus dieser Auskunft muß ersichtlich sein, wodurch der Ab- und Zugang veranlaßt worden ist. Als Grundlage dient bei der ersten Verwaltungsrechnung das nach § 1802 aufzustellende Vermögensverzeichniß, während jede spätere Rechnung sich an die vorhergehende, welche den Bestand ergibt, anschließen kann.

4. — soweit Belege ertheilt zu werden pflegen, mit Belegen versehen sein. Es wird also hierbei auf die Regeln und Gewohnheiten des geschäftlichen Verkehrs Rücksicht zu nehmen sein. Aber auch die größere oder geringere Gewähr, welche die Persönlichkeit des Vormundes bietet, der Umstand, ob er Sicherheit geleistet hat, kommt mit in Betracht. Die Belege sind entsprechend der Reihenfolge der Einnahmen und Ausgaben von dem Vormund zu ordnen.

Abs. 2.

5. — ein Erwerbsgeschäft mit kaufmännischer Buchführung — Daß das Erwerbsgeschäft selbst ein kaufmännisches sei, wird hierbei nicht nothwendig vorausgesetzt. Es sind auch solche Erwerbsgeschäfte gemeint, bei denen die Buchführung nach kaufmännischen Grundsätzen erfolgt. Wegen des Begriffes eines „Erwerbsgeschäftes" vgl. § 1822 Anm. 4.

6. — eine aus den Büchern gezogene Bilanz. Wenn der Vormund zu dieser Ziehung selbst außer Stande oder wenn dieselbe mit Rücksicht auf den großen Geschäftsumfang mit einem unverhältnißmäßigen Zeitaufwand verknüpft ist, so wird ihm die Benutzung einer sachverständigen Hülfe auf Kosten des Mündels nicht zu versagen sein. Die Verantwortung für die Richtigkeit trägt jedoch auch in diesem Falle, da die Bilanz die Rechnungslegung vertritt, der Vormund selbst nach Maßgabe der allgemeinen Normen (§ 1833). Was unter einer Bilanz zu verstehen ist, und welche Gesichtspunkte für ihre Aufstellung maßgebend sind, ergeben die §§ 39 ff. des HGB.

7. — die Vorlegung der Bücher und sonstigen Belege — Das Vormundschaftsgericht wird von dieser Befugniß nicht ohne zureichenden Grund, über dessen Vorhandensein das Mündelinteresse entscheidet, Gebrauch machen. Fordert es aber die Vorlegung, weil es dieselbe hiernach für nothwendig erachtet, so darf sie der Vormund nicht ablehnen. Auch die Berufung auf das geschäftliche Interesse (z. B. die Möglichkeit einer Gefährdung von sog. Geschäftsgeheimnissen) muß alsdann unberücksichtigt bleiben. Bedarf das Gericht bei Ausübung dieser Aufsichtspflicht einer sachverständigen kaufmännischen Berathung, wie es regelmäßig der Fall sein wird, so hat es für deren Zuziehung zu sorgen. Die dadurch entstehenden Kosten gehören zu den Verwaltungskosten und treffen daher den Mündel.

§ 1842.

Ist ein Gegenvormund vorhanden oder zu bestellen, so hat ihm der Vormund die Rechnung unter Nachweisung des Vermögensbestandes vorzulegen. Der Gegenvormund hat die Rechnung mit den Bemerkungen zu versehen, zu denen die Prüfung ihm Anlaß giebt.

Entw. I § 1687 Abs. 6; Entw. II § 1720; Reichst.-Vorl. § 1818; Mot. IV zu § 1687 S. 1159; Komm. Prot. S. 6431, 6433, 6434.

---

1. Ist ein Gegenvormund vorhanden oder zu bestellen — Eine absolut zwingende Vorschrift, zufolge deren ein Gegenvormund bestellt werden muß, enthält das BGB. nicht. Nach § 1792 Abs. 2 soll jedoch ein Gegenvormund bestellt werden, wenn mit der Vormundschaft eine nicht unerhebliche Vermögensverwaltung verbunden ist und nicht mehrere Vormünder gemeinschaftlich die Vormundschaft führen. Die Vorschrift des § 1842 hat Fälle dieser Art im Auge, indem

sie bestimmt, daß die bis dahin ordnungswidrig unterlassene Bestellung nachzuholen ist, damit der Vormund in den Stand kommt, seiner durch § 1842 Satz 1 begründeten Pflicht zu genügen. Die Bestimmung in § 1842 entspricht völlig derjenigen in § 56 Abs. 4 der Pr. VO. Wenn ein Gegenvormund zur Zeit, wo die Einreichung der Rechnung zu erfolgen hat, versehentlich noch nicht bestellt worden ist, so wird es Sache des Vormundes sein, die nachträgliche schleunige Bestellung zu beantragen. Es ist jedoch anzunehmen, daß dergleichen Anträge in diesem Stadium der Vormundschaftsführung selten erforderlich sein werden, da regelmäßig schon durch das Vorkommen anderer Verwaltungsakte, zu denen der Vormund grundsätzlich der Genehmigung des Gegenvormundes bedarf, der Mangel eines solchen zwischen Vormund und Vormundschaftsgericht zur Sprache kommen und Abhülfe nach sich ziehen wird (vgl. auch § 1854 Anm. 7).

2. — unter Nachweisung des Vermögensbestandes — Die Vorlegung der Rechnung und die Nachweisung des Vermögensbestandes müssen also Hand in Hand gehen und gleichzeitig erfolgen. Der Vormund ist gehalten, dem Gegenvormund den Bestand als vorhanden nachzuweisen, und der Gegenvormund hat die Pflicht, diesen Nachweis zu fordern und mit größter Sorgfalt sich zu überzeugen, daß die in der Rechnung hierüber gemachten Angaben richtig sind. Eine vorzügliche Berücksichtigung verdienen hierbei Seitens des Vormundes die von dem Vormunde verwahrten Werthpapiere aller Art, ebenso das baare Geld und die Kostbarkeiten. Irrthümer, die bei der Rechnungslegung untergelaufen sind, hat der Gegenvormund sofort aufklären, Mängel und Ordnungswidrigkeiten, die ihm entgegentreten, alsbald abstellen zu lassen. Stellt sich z. B. heraus, daß der Vormund Inhaberpapiere verwahrt, welche nach § 1814 der Hinterlegung bedürfen, so hat er auf diese alsbaldige Hinterlegung zu dringen, und von dem Geschehenen sich in allen Fällen Ueberzeugung zu verschaffen. Außerdem hat er Pflichtwidrigkeiten dieser und anderer Art gemäß § 1799 Abs. 1 unverzüglich dem Vormundschaftsgerichte anzuzeigen und sich durch keinerlei Rücksicht von der genauen Beobachtung seiner gesetzlichen Obliegenheiten abhalten zu lassen. Jede Nachlässigkeit, die ihm hierbei zur Last fällt, macht ihn für allen dem Mündel daraus entspringenden Schaden nach § 1833 haftbar, und zwar nicht etwa nach, sondern neben dem Vormunde (vgl. § 1854 Anm. 8).

3. Der Gegenvormund hat die Rechnung mit den Bemerkungen zu versehen, zu denen die Prüfung Anlaß gibt. Auch hieraus ergibt sich die Prüfungspflicht des Gegenvormundes. Er ist schuldig, die Rechnung einer rechnerischen und sachlichen Prüfung zu unterziehen. Eine unbedingte Haftung für den ganzen materiellen Inhalt der Rechnung legt das Gesetz ihm nicht auf, da der Vormund grundsätzlich allein die Verwaltung führt und dem Gegenvormund, abgesehen von der Aufsicht, nur in bestimmt hervorgehobenen Fällen eine Einwirkung darauf zusteht. Zu den Bemerkungen, mit denen er die Vormundschaftsrechnung zu versehen hat, gehört auch die Anzeige der von ihm wahrgenommenen Verstöße gegen Ordnung und Gesetz, sofern er nicht vorzieht, bei wichtigeren Anlässen hierüber der Vormundschaftsbehörde alsbald nach der gemachten Wahrnehmung besonders zu berichten.

In diesem alljährlich oder bzw. alle zwei oder drei Jahre wiederkehrenden Prüfungsgeschäft liegt der Schwerpunkt der dem Gegenvormund zugewiesenen Aufgabe, und es muß deshalb sein ganz besonderes Bestreben sein, der hieraus entspringenden Pflicht in allen Beziehungen gerecht zu werden.

4. Daß mehrere zu ungetrennter Verwaltung bestellte Vormünder die Rechnung gemeinsam zu legen haben, folgt aus der Vorschrift des § 1797 Abs. 2 von selbst.

§ 1843.

Das Vormundschaftsgericht hat die Rechnung rechnungsmäßig und sachlich zu prüfen und, soweit erforderlich, ihre Berichtigung und Ergänzung herbeizuführen.

Ansprüche, die zwischen dem Vormund und dem Mündel streitig bleiben, können schon vor der Beendigung des Vormundschaftsverhältnisses im Rechtswege geltend gemacht werden.

Entw. I § 1688; Entw. II § 1721; Reichst.-Vorl. § 1819; Mot. IV S. 1159 bis 1161; Komm. Prot. S. 6431 bis 6433.

Abs. 1.

1. — rechnungsmäßig und sachlich — Hierdurch ist klar gestellt, daß das Vormundschaftsgericht sich nicht auf eine bloß kalkulatorische Prüfung beschränken darf. Dasselbe soll die Prüfung der Rechnung benutzen, um dadurch soviel als möglich Einblick in die Art der ganzen Vormundschaftsführung, wenn auch vornehmlich der vormundschaftlichen Vermögensverwaltung, zu gewinnen. Indem auf diese Weise eine fortdauernde gründliche Beaufsichtigung des Vormundschaftsgerichts über die Thätigkeit des Vormundes und die Betheiligung des Gegenvormundes gesichert wird, erhält das durch § 1837 begründete Verhältniß erst seine wichtigste praktische Bedeutung.

Bei der Feststellung der rein rechnungsmäßigen Richtigkeit der Rechnung wird sich in umfangreichen und weniger einfachen Sachen die Mithülfe eines gerichtlichen Rechnungsbeamten empfehlen. Dagegen darf sich der Richter der eigenen sachlichen Prüfung niemals entziehen. Insbesondere hat er sich zu überzeugen, ob der Vormund die Verwaltung den gesetzlichen Vorschriften entsprechend geführt hat, ob namentlich die Anlegung der Mündelgelder überall nach Maßgabe der §§ 1807, 1808 erfolgt ist, ob die Inhaberpapiere nebst den Erneuerungsscheinen hinterlegt sind (§ 1814), ob zu den Geschäften, die der Vormund nicht ohne Genehmigung des Gegenvormundes und bzw. des vormundschaftlichen Gerichtes vornehmen darf, diese Genehmigung eingeholt ist u. s. w. Fällt dem Vormunde hierbei eine Pflichtwidrigkeit zur Last, so hat das Vormundschaftsgericht für Abhülfe zu sorgen, und sofern durch Verschulden des Vormundes oder Gegenvormundes dem Mündel ein Schade entstanden ist (§§ 1833, 1834), dessen Erstattung zu veranlassen.

2. — soweit erforderlich, ihre Berichtigung und Ergänzung herbeizuführen. Die Rechnung ist zu diesem Behufe dem Vormund mit der erforderlichen Anweisung unter Bestimmung einer angemessenen Frist für die Wiedereinreichung zurückzugeben, oder derselbe und bzw. auch der Gegenvormund zum Zwecke der protokollarischen Vernehmung hierüber zu laden. Erforderlichen Falles ist mit den nach § 1837 anwendbaren Zwangsmitteln oder, nach Bestellung eines Pflegers, zur Wahrung der materiellen Rechte des Mündels, mit Klage gegen

den Schuldigen vorzugehen. Bevor die Berichtigung und Ergänzung nicht stattgefunden hat, kann die Rechnung nicht als gelegt gelten.

Abs. 2.

3. — schon vor der Beendigung des Vormundschaftsverhältnisses im Rechtswege — Die an sich selbstverständliche Bestimmung des Abs. 2 hat nur den Zweck, jedes Mißverständniß hierüber ausdrücklich auszuschließen. Während nach römischem und gemeinem Rechte, erklären die Motive, die Ansprüche des Vormundes oder des Mündels sowohl von dem Vormunde als dem Mündel erst nach Beendigung der Vormundschaft gerichtlich geltend gemacht werden können, geht das BGB. in Uebereinstimmung mit den neueren Gesetzgebungen davon aus, daß die gerichtliche Geltendmachung dieser Ansprüche schon während des Bestehens der Vormundschaft in einem Prozesse zwischen dem Vormunde und einem dem Mündel zu diesem Zwecke zu bestellenden Pfleger (§ 1909) zulässig ist. Es dient diese Maßregel zur Sicherheit des Mündels, indem eine Verdunkelung der fraglichen Ansprüche, welche sonst unter Umständen zu befürchten wäre, hierdurch vermieden wird.

4. Zu beachten ist, daß eine eigentliche Rechnungsabnahme mit materieller Erledigung durch das Vormundschaftsgericht hierbei nicht stattfindet. Wenn auch die Legung der Jahresrechnungen gegenüber dem Vormundschaftsgericht zugleich eine Legung derselben gegenüber dem Mündel bedeutet (vgl. § 1890 Satz 2), so prüft doch das erstere die Rechnungen nur kraft seines Aufsichtsrechts, da ihm eine Vertretungsmacht für den Mündel nicht beiwohnt. Durch das Anerkenntniß des Vormundschaftsgerichts, daß eine Rechnung von dem Vormund ordnungsmäßig gelegt ist, wird daher auch dem Rechte des Mündels selbst, nach Beendigung des Amtes des Vormundes gegen die früheren Rechnungen Ausstellungen zu erheben, zufolge ausdrücklicher Erklärung der Motive in keiner Weise präjudizirt. Es ist aus diesem Grunde auch vermieden worden, in das Gesetz eine Vorschrift aufzunehmen, daß das Vormundschaftsgericht dem Vormunde wegen der Rechnungslegung Quittung und Entlastung zu ertheilen habe.

5. Ob dem Vormunde die Beläge der Rechnung bzw. in welchem Umfange zurückzugeben sind, hängt von dem Ermessen des Vormundschaftsgerichts ab.

§ 1844.

Das Vormundschaftsgericht kann aus besonderen Gründen den Vormund anhalten, für das seiner Verwaltung unterliegende Vermögen Sicherheit zu leisten. Die Art und den Umfang der Sicherheitsleistung bestimmt das Vormundschaftsgericht nach seinem Ermessen. Das Vormundschaftsgericht kann, solange das Amt des Vormundes dauert, jederzeit die Erhöhung, Minderung oder Aufhebung der Sicherheit anordnen.

Bei der Bestellung, Aenderung oder Aufhebung der Sicherheit wird die Mitwirkung des Mündels durch die Anordnung des Vormundschaftsgerichts ersetzt.

Die Kosten der Sicherheitsleistung sowie der Aenderung oder der Aufhebung fallen dem Mündel zur Last.

Entw. I § 1689; Entw. II § 1722; Reichst.-Vorl. § 1820; Mot. IV Allgem. Begründung S. 1010, 1039 bis 1043, zu § 1689 S. 1161, 1162; Komm. Prot. S. 6434.

---

1. Das BGB. geht in wesentlicher Uebereinstimmung mit der Pr. VO. (§ 32 Abs. 6, §§ 58, 59) davon aus, daß den Vormund eine Verpflichtung zur Sicherstellung regelmäßig nicht trifft. Nur aus besonderen Gründen kann das Vormundschaftsgericht den Vormund anhalten, für das seiner Verwaltung unterliegende Mündelvermögen Sicherheit zu leisten. Der als Vormund Berufene oder Ausgewählte ist aber in einem solchen Falle berechtigt, die Uebernahme der Vormundschaft abzulehnen, oder, sofern er bereits bestellt worden ist, seine Entlassung zu fordern (§ 1786 Abs. 1 Nr. 6, § 1889). Neben dem § 1844 dienen der Sicherung des Mündelvermögens im Uebrigen aber auch noch die §§ 1806 bis 1811 über die Anlegung von Mündelgeld, die §§ 1814 bis 1820, betreffend die Hinterlegung und sonstige Behandlung gewisser Werthpapiere, sowie das dem Mündel im Konkurse über das Vermögen des Vormundes nach § 54 Nr. 5 der Konkursordnung zustehende Vorzugsrecht.

Abs. 1.

2. — aus besonderen Gründen — Diese besonderen Gründe, über deren Vorhandensein das Ermessen des Vormundschaftsgerichtes entscheidet, können ebensowohl in dem großen Umfange des Mündelvermögens, der Art seiner Verwaltung u. s. w., als in den persönlichen Verhältnissen des Vormundes, seiner zweifelhaften Zuverlässigkeit, seiner unsicheren eigenen Vermögenslage u. s. w. gefunden werden.

3. — den Vormund anhalten — Das Anhalten kann entweder gemäß § 1837 Abs. 2 durch Ordnungsstrafen oder durch Klageerhebung Seitens eines besonders zu bestellenden Pflegers (§ 1909) geschehen. Der Anwendung dieser Zwangsmittel kann sich der Vormund jedoch dadurch entziehen, daß er auf Grund des § 1889 seine Entlassung beantragt.

4. — für das seiner Verwaltung unterliegende Vermögen Sicherheit zu leisten. Für die Frage, ob und in welcher Höhe die Sicherheit zu leisten ist, kommt also nur dasjenige Vermögen in Betracht, welches der Vormund selbst verwaltet. Mitvormünder, welche getrennt verwalten, haben also die Sicherheit eventuell nur wegen des von ihnen verwalteten Theiles zu leisten. Auch sofern Vermögen des Mündels vorhanden ist, welches von anderer Seite, z. B. von einem Miterben oder von einem Nießbraucher oder von einem besonderen Pfleger, verwaltet wird, würde eine Sicherheitsbestellung dafür von dem Vormund nicht gefordert werden können.

5. Die Art und den Umfang der Sicherheit bestimmt das Vormundschaftsgericht nach seinem Ermessen. Ueber die Art der Sicherheitsleistung wird zweckmäßiger Weise zunächst mit dem Vormunde selbst zu verhandeln sein, um festzustellen, welche Mittel (Hinterlegung von Werthpapieren, Bürgschaft, Hypothekbestellung u. s. w.) er zu diesem Behufe bereit zu stellen vermag und in erster Linie anbietet. Im Uebrigen entscheidet hierüber das Vormundschaftsgericht. Dasselbe wird selbstverständlich darauf Bedacht nehmen, daß es eine Bestellung wählt, welche, unbeschadet der Wahrung des Mündelinteresses, dem Vormund am wenigsten lästig ist. Ordnet es die Sicherheitsleistung durch Hypothek an, was gegenüber den mit Grundeigenthum angesessenen Vormündern die Regel bilden dürfte, so ist es nach § 54 des G. fr. G. befugt, das Grundbuchamt unmittelbar um die Eintragung zu ersuchen. Dasselbe Recht kann es auf Grund des § 1915 Abs. 1 gegenüber dem Pfleger und unter der in § 1693 bestimmten Voraus-

setzung auch dem Beistande der Mutter gegenüber in Anwendung bringen. Die Hypothek entsteht mit der Eintragung. Die gleichen Vorschriften gelten für die Eintragung eines Pfandrechts an einem im Schiffsregister eingetragenen Schiffe. Der Inhalt des gerichtlichen Ersuchens, welches die in § 873 vorgesehene Einwilligung und den Antrag der Betheiligten ersetzt, muß den §§ 16, 28, 48 der Grundbuchordnung entsprechen. Ein Hypothekenbrief wird über die Eintragung nicht ertheilt (§ 1185 des BGB.).

Auch über den Umfang der Sicherheit bestimmt das pflichtmäßige Ermessen des Vormundschaftsgerichts. Es ist nicht durchaus erforderlich, daß dieser Umfang dem Umfange des von dem Vormunde verwalteten Vermögens gleichkommt. Ob sich im anderen Falle immer Vormünder finden möchten, welche sich solchen, unter Umständen ihren eigenen Kredit gefährdenden Maßregel unterwerfen und nicht vorziehen würden, gemäß § 1889 ihre Entlassung zu fordern, erscheint in hohem Grade fraglich. Hierzu kommt aber auch noch, daß der Regel nach, nicht alle Bestandtheile des Mündelvermögens durch die vormundschaftliche Verwaltung objektiv einer Gefährdung ausgesetzt sind. Dies gilt namentlich von Grundstücken (§ 1821 Nr. 1) sowie von Inhaber- und Orderpapieren, welche, sei es auf Grund des Gesetzes (§ 1814) oder in Folge besonderer gerichtlicher Anordnung (§ 1818), hinterlegt worden sind. Auch durch Vorschriften anderer Art ist dafür gesorgt worden, daß der Verfügung des Vormundes Schranken gezogen sind, welche dazu dienen, das Vermögen des Mündels gegen ein pflichtwidriges Verhalten des Vormundes zu sichern. Es erscheint daher genügend, wenn die Sicherstellung auf Betreiben des Vormundschaftsgerichts thunlichst in einem solchen Maße erfolgt, daß der Mündel gegen Verlust geschützt wird, die er der individuellen Lage der Sache nach durch eine ungeschickte oder ungetreue Verwaltung des Vormundes erleiden könnte.

Ein gesetzliches Pfandrecht des Mündels an dem Vermögen des Vormundes besteht nach dem BGB. nicht.

6. Das Vormundschaftsgericht kann, so lange das Amt des Vormundes dauert, jederzeit die Erhöhung, Minderung oder Aufhebung der Sicherheit anordnen. Da diese Anordnung die Ausübung von Aufsichtsbefugnissen darstellt, welche mit der Beendigung der Vormundschaft grundsätzlich erlöschen müssen, so versteht sich von selbst, daß über den letzteren Zeitpunkt hinaus das Vormundschaftsgericht Verfügungen in dieser Richtung nicht mehr treffen kann. Das Gesetz bestimmt nun aber auch, daß das Vormundschaftsgericht die Erhöhung, Minderung oder Aufhebung der Sicherheit einem bestimmten Vormund gegenüber nicht mehr anordnen kann, nachdem dessen Amtsführung aufgehört hat. Hieraus folgt, daß die Freigabe der Sicherheit durch den neuen Vormund oder, falls die Vormundschaft selbst beendigt und der Mündel großjährig geworden ist, durch diesen letzteren erfolgen muß. Das Amt des Vormundes endigt (abgesehen von dem Tode desselben) durch Entlassung, Entmündigung und Todeserklärung (§§ 1885 ff.). Durch die Vorschrift, daß das Vormundschaftsgericht, so lange das Amt des Vormundes dauert, eine Erhöhung oder Minderung der Sicherheit herbeiführen kann, ist im Uebrigen dafür gesorgt worden, daß den veränderten Verwaltungsverhältnissen und den mit der Person des Vormundes gemachten Erfahrungen gebührend Rechnung getragen werden kann.

7. Die Bestimmungen in Abs. 1 Satz 2 und 3 entsprechen beinah völlig der Vorschrift des § 58 Satz 2 der Pr. VO.

Abs. 2.

8. — wird die Mitwirkung des Mündels durch die Anordnung des Vormundschaftsgerichts ersetzt. Die Bestimmung des Abs. 2 stellt sich nach den Motiven als eine auf Zweckmäßigkeitsrücksichten beruhende positive Vorschrift dar. In Ermangelung einer besonderen Bestimmung — so wird daselbst ausgeführt — würde die nach den allgemeinen Grundsätzen zur Bestellung, Aenderung oder Aufhebung der Sicherheit erforderliche Mitwirkung desjenigen, welchem die Sicherheit zu bestellen ist, hier nur in der Art erfolgen können, daß dem Mündel in Gemäßheit des § 1795 Abs. 2 und des § 1909 ein Pfleger bestellt würde. Da jedoch dieser Weg unter Umständen längere Zeit in Anspruch nehmen kann, in den in Rede stehenden Fällen aber, wenn der Zweck erreicht werden soll, oft Eile geboten ist, so liegt es im Interesse des Mündels und erscheint es als das Natürlichste, hier ausnahmsweise von der Bestellung eines Pflegers abzusehen und auf das Vormundschaftsgericht gewissermaßen die Funktion eines Vertreters des Mündels zu übertragen in der Art, daß die Anordnung des Vormundschaftsgerichts die an sich erforderliche Mitwirkung des Mündels ersetzt.

Abs. 3.

9. Die Kosten . . . fallen dem Mündel zur Last. Daß ein Hypothekenbrief über die Sicherheitshypothek nicht ertheilt wird, wurde bereits oben (Anm. 5) erwähnt. Ein Stempel wird von den Urkunden über Sicherheitsbestellung der Vormünder in Preußen nach dem Stempelgesetz vom 31. Juli 1895 (Nr. 59c des Tarifs) nicht erhoben.

10. Die Bestimmungen des § 1844 finden nach § 1915 entsprechend auch auf den Pfleger und im Falle des § 1693 auf den Beistand der Mündelmutter Anwendung (vgl. oben Anm. 5); dagegen nicht auch auf den Gegenvormund.

§ 1845.

Will der zum Vormunde bestellte Vater oder die zum Vormunde bestellte eheliche Mutter des Mündels eine Ehe eingehen, so liegen ihnen die im § 1669 bestimmten Verpflichtungen ob.

Entw. I § 1734; Entw. II § 1717; Reichst.-Vorl. § 1821; Mot. IV zu § 1734 S. 1244; Komm. Prot. S. 6517, 7047, 7048, 8669, 8670.

---

1. — so liegen ihnen die in § 1669 bestimmten Verpflichtungen ob. Der § 1669 schreibt vor:

„Will der Vater eine neue Ehe eingehen, so hat er seine Absicht dem Vormundschaftsgericht anzuzeigen, auf seine Kosten ein Verzeichniß des seiner Verwaltung unterliegenden Vermögens einzureichen und, soweit in Ansehung dieses Vermögens eine Gemeinschaft zwischen ihm und dem Kinde besteht, die Auseinandersetzung herbeizuführen. Das Vormundschaftsgericht kann gestatten, daß die Auseinandersetzung erst nach der Eheschließung erfolgt."

Der zum Vormund bestellte Vater und die zum Vormund bestellte Mutter des Mündels dürfen eine Ehe erst eingehen, nachdem ihnen das Vormundschaftsgericht ein Zeugniß darüber ertheilt hat, daß sie die Verpflichtungen aus

§ 1669 erfüllt haben, oder daß sie ihnen nicht obliegen (§ 1314 Abs. 1). Bevor das Vormundschaftsgericht dieses Zeugniß ausstellt, wird es also in eine Prüfung darüber einzutreten haben, ob die Auseinandersetzung mit dem Mündel (§§ 752 ff.) unter Zuziehung des hierzu erforderlichen Pflegers (§ 1909) ordnungsmäßig geschehen ist, oder ob sie ohne Gefahr für den Mündel bis zur Zeit nach der Eheschließung ausgesetzt bleiben kann.

2. Den bevormundeten ehelichen Kindern steht hinsichtlich der Anwendung des § 1845 ein bevormundetes, durch Ehelichkeitserklärung legitimirtes Kind des Vaters oder ein bevormundetes angenommenes Kind des Vaters oder der Mutter gleich (§§ 1736, 1740, 1757, 1761).

§ 1846.

Ist ein Vormund noch nicht bestellt oder ist der Vormund an der Erfüllung seiner Pflichten verhindert, so hat das Vormundschaftsgericht die im Interesse des Mündels erforderlichen Maßregeln zu treffen.

Entw. I § 1683; Entw. II § 1713; Reichst.-Vorl. § 1822; Mot. IV zu § 1683 S. 1155; Komm. Prot. S. 6425, 6426.

1. Die Bestimmung des § 1846, bemerken die Motive, eröffnet dem Vormundschaftsgerichte die Möglichkeit und legt demselben zugleich die Pflicht auf, in solchen Fällen, in welchen für den Mündel ein Vormund noch nicht bestellt oder der bestellte Vormund für die Person oder das Vermögen des letzteren zu sorgen behindert ist, durch einstweilige Maßregeln dem Interesse des Mündels zu Hülfe zu kommen. Da ein solches Bedürfniß vorzugsweise in eiligen Fällen und häufig außerhalb des Bezirkes des regelmäßigen Vormundschaftsgerichts hervortreten wird, so ist es vorbehalten, in dem Gesetze über das Verfahren in Vormundschaftssachen für die Anordnung der hier fraglichen Maßregeln jedes Amtsgericht für zuständig zu erklären, in dessen Bezirke das Bedürfniß thatsächlich hervortritt. In wie weit das Vormundschaftsgericht in den hier in Rede stehenden Fällen an Stelle des Vormundes selbst handeln oder zur Besorgung der betreffenden besonderen Angelegenheit einen Pfleger bestellen will (§ 1909), ist seinem Ermessen überlassen.

2. Ist ein Vormund noch nicht bestellt — Ein solcher Fall liegt selbstverständlich auch vor, wenn das Amt des bisherigen Vormundes (durch Tod, Entlassung u. s. w.) beendigt und ein neuer Vormund „noch nicht bestellt" ist, nicht aber alsdann, wenn gemäß § 1909 Abs. 3 das Vormundschaftsgericht bereits vorläufig einen Pfleger bestellt hat, dessen Aufgabe es ist, in allen Beziehungen die gesetzliche Vertretung des Mündels auszuüben.

3. — oder ist der Vormund an der Erfüllung seiner Pflichten verhindert — Es versteht sich von selbst, daß diese Verhinderung nicht ganz vorübergehender Art oder daß der Anlaß ein derartig dringender ist, daß selbst eine so kurze Verhinderung des Vormundes dem Mündel nachtheilig werden kann. Eine solche Befürchtung wird namentlich dann entstehen können, wenn die Verwaltung des Mündelvermögens, z. B. die Führung eines Erwerbsgeschäftes für denselben, Maßregeln nothwendig macht, welche keinen Aufschub leiden. Es hängt auch in dieser Beziehung Alles von dem verständigen richterlichen Ermessen ab.

4. — so hat das Vormundschaftsgericht die im Interesse des Mündels erforderlichen Maßregeln zu treffen. Unter dem Vormundschaftsgericht ist in diesem Falle nicht nur das an sich zuständige Vormundschaftsgericht (§ 36 des G. fr. G.), sondern daneben auch noch dasjenige Gericht zu verstehen, in dessen Bezirke das Bedürfniß der Fürsorge hervortritt (§ 44 Satz 1 a. a. O.). Dieses letztere Gericht hat in solchen Fällen dem für die Vormundschaft (Pflegschaft, Beistandschaft) zuständigen Gericht Mittheilung zu machen (§ 44 Satz 2 a. a. O.). Liegen die Voraussetzungen für Anordnung einer Vormundschaft oder Pflegschaft durch ein inländisches Gericht über einen Ausländer vor, so kann das Deutsche Vormundschaftsgericht vorläufige Maßregeln treffen, so lange eine Vormundschaft oder Pflegschaft nicht angeordnet ist (Art. 43 Abs. 1 und 2 des EG.).

Die Maßregeln, welche der § 1846 im Auge hat, können ebensowohl auf die Person als auf das Vermögen des Mündels Bezug haben. Auch die Sicherstellung eines Nachlasses, bei welchem der Mündel als Erbe oder Vermächtnißnehmer betheiligt ist, würde an sich hierher gehören. Zuständig für dieselbe ist jedoch nach § 1960 das Nachlaßgericht, welches nach Abs. 2 daselbst insbesondere die Anlegung von Siegeln, die Hinterlegung von Geld, Werthpapieren und Kostbarkeiten sowie die Aufnahme eines Nachlaßverzeichnisses anordnen und für denjenigen, welcher Erbe wird, einen Pfleger (Nachlaßpfleger) bestellen kann. Wie im Einzelnen dabei zu verfahren ist, richtet sich nach den darüber bestehenden landesrechtlichen Vorschriften. Für Preußen bestimmt das Gesetz über die freiw. Gerichtsb. vom 21. September 1899 das Nähere, namentlich in Betreff der dabei mitwirkenden Organe. Eine besondere Bestimmung wegen der Zuständigkeit enthält für das Gebiet des vormaligen Kurfürstenthums Hessen der Art. 121 a. a. O. Ueber das Verfahren bei der Aufnahme eines Vermögensverzeichnisses, insbesondere eines Nachlaßinventars, bei der Sicherung eines Nachlasses und bei einer aus einem anderen Anlaß erfolgenden Siegelung oder Entsiegelung kann der Preußische Justizminister allgemeine Bestimmungen treffen (Art. 128 a. a. O.).

§ 1847.

Das Vormundschaftsgericht soll vor einer von ihm zu treffenden Entscheidung auf Antrag des Vormundes oder des Gegenvormundes Verwandte oder Verschwägerte des Mündels hören, wenn es ohne erhebliche Verzögerung und ohne unverhältnißmäßige Kosten geschehen kann. In wichtigen Angelegenheiten soll die Anhörung auch ohne Antrag erfolgen; wichtige Angelegenheiten sind insbesondere die Volljährigkeitserklärung, die Ersetzung der Einwilligung zur Eheschließung im Falle des § 1304, die Ersetzung der Genehmigung im Falle des § 1337, die Entlassung aus dem Staatsverband und die Todeserklärung.

Die Verwandten und Verschwägerten können von dem Mündel Ersatz ihrer Auslagen verlangen; der Betrag der Auslagen wird von dem Vormundschaftsgerichte festgesetzt.

Entw. I § 27 Abs. 3 Satz 2, § 1657 Satz 2, § 1678; Entw. II § 1706; Reichst.-Vorl. § 1823; Mot. IV Allgem. Begründung S. 1015, zu § 1657 S. 1098, zu § 1678 S. 1149 bis 1151, I zu § 27 S. 57; Komm. Prot. S. 37, 112, 113, 4903, 4924, 4926, 4928, 5030 bis 5032, 6351, 6419, 6420.

Abs. 1.

1. Das BGB. erachtet es im Interesse des Mündels für angemessen, der Familie desselben einen gewissen Einfluß auf die Führung der Vormundschaft durch gutachtliche Mitwirkung zu sichern. Das Gesetz legt, wie es in den Motiven heißt, „grundsätzlich darauf Werth", „den Zusammenhang der vormundschaftlichen Verwaltung mit den Anschauungen der Familie des Mündels zu pflegen". Auf diesen Erwägungen beruhen die in § 1847 gegebenen Vorschriften.

2. Das Vormundschaftsgericht soll ... hören — Durch die Nichtbeachtung dieser bloßen Ordnungsvorschrift wird die Rechtsgültigkeit der zu treffenden Entscheidung nicht berührt. Die Anhörung wird häufig am besten mündlich zu Protokoll erfolgen, sie kann aber selbstverständlich auch durch Einforderung einer schriftlichen Auskunft und sogar völlig formlos durch einfache Besprechung erfolgen.

Leisten die Verwandten oder Verschwägerten dem betreffenden Ersuchen des Vormundschaftsgerichts nicht Folge, so steht dem letzteren (abweichend von § 1882 des Sächsischen GB.) kein Mittel zur Seite, ihre Mitwirkung zur erzwingen. Das Gesetz geht hierbei zutreffend davon aus, daß ein nicht freiwillig ertheilter Rath werthlos ist.

Welchen Werth das Vormundschaftsgericht den gutachtlichen Aeußerungen der Familienglieder beilegen will, hängt von seiner freien Würdigung ab. Wenn ein Familienrath gebildet ist, zu welchem Verwandte oder Verschwägerte des Mündels gehören, wird von der Anhörung anderer Verwandter oder Verschwägerter regelmäßig abgesehen werden können.

Eine entsprechende Vorschrift enthält der § 1673 Abs. 2.

3. — vor einer von ihm zu treffenden Entscheidung — Zu den Entscheidungen des Vormundschaftsgerichts gehören im weiteren Sinne alle von ihm erlassenen Verfügungen und Beschlüsse. Da es nicht Absicht des Gesetzes sein kann, dem Vormund und Gegenvormund das Recht zu geben, vor jeder Verfügung und jedem Beschlusse des Vormundschaftsgerichts eine Anhörung von Familiengliedern herbeizuführen, so dürften unter „Entscheidungen" im Sinne des § 1847 nur solche Entschließungen des Gerichtes zu verstehen sein, welche in irgend einer näheren Beziehung die Sorge für die Person oder das Vermögen des Mündels betreffen und nicht unmittelbar auf einer gesetzlichen von dem Vormundschaftsgericht ohne Weiteres zu befolgenden Norm beruhen. Anordnungen, welche das Vormundschaftsgericht lediglich zufolge gesetzlicher Verpflichtung trifft (vgl. z. B. § 1787 Abs. 2, § 1851 Abs. 1), gehören nicht hierher; ebenso wenig Verfügungen und Beschlüsse, für welche eine Berathschlagung mit den Familiengliedern im Interesse des Mündels gar nicht in Betracht kommen kann (vgl. z. B. § 1802 Abs. 3, § 1840 Abs. 3, § 1841 Abs. 2 Satz 2, § 1854 Abs. 2 Satz 2). Im übrigen bringt es auch schon der bloß instruktionelle Charakter der Vorschrift mit sich, daß der Beurtheilung des Vormundschaftsgerichtes selbst auch in anderen Fällen ein gewisser Spielraum gelassen ist, innerhalb dessen es zu erwägen hat, ob dergleichen Anträgen des Vormundes oder Gegenvormundes zu entsprechen ist oder nicht.

4. — auf Antrag des Vormundes oder des Gegenvormundes — Ist anstatt des Vormundes ein Pfleger vorhanden, so steht selbstverständlich auch diesem das fragliche Recht zu (§ 1915). Den Verwandten und Verschwägerten selbst ist (anders wie nach § 55 Abs. 1 Satz 1 der Pr. VO.) eine solche Befugniß nicht verliehen. Die Stellung des Antrages geschieht formlos.

5. — Verwandte oder Verschwägerte des Mündels — Auf die Gradnähe und die Zugehörigkeit zu der Familie des einen oder anderen Elterntheils des Mündels kommt nichts an. Da jedoch erfahrungsmäßig nähere Verwandte oder Verschwägerte einer Person auch dem Interessenkreise derselben näher zu stehen pflegen, so wird das Vormundschaftsgericht diesem Gesichtspunkte gebührend Rechnung zu tragen haben. Die Anhörung einer besonderen Anzahl schreibt das Gesetz (ebenfalls abweichend von § 55 Abs. 1 Satz 1 der Pr. VO.) nicht vor. Es entscheidet daher das gerichtliche Ermessen. Selbstverständlich können auch Frauen gehört werden.

6. — ohne erhebliche Verzögerung und ohne unverhältnißmäßige Kosten — Ob diese Voraussetzungen vorliegen, beurtheilt das Vormundschaftsgericht. Mit Bezug auf die Kosten wird namentlich zu erwägen sein, ob die persönliche Anhörung geboten ist, und wie hoch in diesem Falle die Auslagen für die etwa nothwendige Reise und den Aufenthalt an der Gerichtsstelle zu veranschlagen sind; in Betreff der Verzögerung aber kommen nicht nur die Entfernung des Wohnortes des Anzuhörenden und dessen etwaige persönliche Hindernisse (Krankheit, Abwesenheit, nothwendige eigene Geschäfte u. s. w.), sondern namentlich auch die größere oder geringere Dringlichkeit der zu beschließenden Maßregel in Betracht. Wenn im Uebrigen auch als Regel an einer persönlichen und mündlichen Besprechung des Richters mit den Betheiligten festzuhalten sein wird, so lassen sich doch auch manche Fälle denken, wo zwischen ihnen ein schriftlicher und selbst ein bloß telegraphischer Verkehr ausreicht.

Zeitversäumniß und entgangener Gewinn wird den Anzuhörenden nach Abs. 2 nicht vergütet.

7. In wichtigen Angelegenheiten soll die Anhörung auch ohne Antrag erfolgen. Eine gewisse Wichtigkeit wird nach dem unter Anm. 3 Ausgeführten regelmäßig auch schon denjenigen Angelegenheiten zukommen, in welchen die Anhörung nach Satz 1 auf Antrag erfolgt. Unter den „wichtigen Angelegenheiten" werden daher hier nur solche zu verstehen sein, welche für die Vormundschaftsführung eine ganz besondere Bedeutung beanspruchen. Es wird diese Auffassung bestätigt durch die Aufzählung derjenigen Angelegenheiten, deren das Gesetz „insbesondere", also als hervorragender Beispiele, gedenkt. Eine Regel über den Begriff der „wichtigen Angelegenheiten" läßt sich im Uebrigen nicht aufstellen. Das verständige Ermessen und die Einsicht des Vormundschaftsgerichts wird die Grenze dabei leicht bestimmen.

Abs. 2.

8. — können von dem Mündel Ersatz ihrer Auslagen verlangen — Ein Verzicht darauf steht ihnen natürlich frei. Fordern sie nicht, so hat das Gericht zu einer Festsetzung keine Veranlassung. Die Kosten fallen dem Mündel, niemals der Staatskasse zur Last. Ist der Mündel zu einem Ersatz nicht im Stande, so trifft der Verlust die Verwandten und Verschwägerten, welche sie auslegten. Das Vormundschaftsgericht wird daher in dergleichen Fällen Anhörungen, die den Betheiligten Kosten verursachen würden, thunlichst vermeiden oder sie vorher schon auf jene Folge aufmerksam machen müssen. Nur Ersatz der Auslagen (Reisekosten, Aufwand, Porti u. dgl.), nicht mehr, kann verlangt werden. Bloßer Zeitaufwand und Erwerbsverluste kommen nicht in Betracht.

9. Der Betrag der Auslagen wird von dem Vormundschaftsgericht festgesetzt. Das Vormundschaftsgericht wird hierbei nur diejenigen Auslagen berücksichtigen dürfen, welche nach den Umständen geboten waren. Im Uebrigen geschieht die Festsetzung nach billigem Ermessen, wobei ebensowohl eine allzugroße Aengstlichkeit hinsichtlich des Nachweises oder der Glaubhaftmachung über das Entstandensein der Auslagen, als auch eine zu weitgehende Nachgiebigkeit gegenüber unbescheidenen Ansprüchen zu vermeiden ist. Es kommt auf den Takt des Richters an, der sich gegenwärtig halten muß, daß die Liquidanten dem Mündel nahestehende Personen sind, von denen nicht anzunehmen ist, daß sie den Mündel schädigen wollen, und deren Erscheinen ein freiwilliges ist. Einigen Anhalt für die Beurtheilung gewähren die §§ 6 ff. der Gebührenordnung für Zeugen und Sachverständige vom 30. Juni 1878 (RGBl. S. 173), wiewohl das Vormundschaftsgericht nicht an sie gebunden ist. Eine Frist für die Liquidirung ist nicht vorgeschrieben.

Die Festsetzung erfolgt durch Beschluß, der dem Berechtigten in beglaubigter Form auszureichen ist, damit er sich dem Vormunde gegenüber ausweisen kann. Ein Prozeß ist über den streitigen Anspruch nicht zugelassen; es findet daher gegen den Beschluß nur Beschwerde statt. Wohl aber können die bereits festgesetzten Auslagen gegen den Mündel, da der Beschluß des Vormundschaftsgerichts einen vollstreckbaren Schuldtitel nicht darstellt, im Prozeßwege ausgeklagt und beigetrieben werden.

§ 1848.

Verletzt der Vormundschaftsrichter vorsätzlich oder fahrlässig die ihm obliegenden Pflichten, so ist er dem Mündel nach § 839 Abs. 1, 3 verantwortlich.

Entw. I § 1702; Entw. II § 1739; Reichst.-Vorl. § 1824; Mot. IV zu § 1702 S. 1190 bis 1193; Komm. Prot. S. 6464 bis 6472; Reichst.-Komm.-Ber. S. 174; Reichst.-Sitz. Prot. S. 3005, 3095.

---

1. Die bisherigen gemein- und partikularrechtlichen Normen über die Haftung des Vormundschaftsgerichts hat das BGB. aufgehoben und an ihre Stelle die Vorschrift des § 1848 gesetzt. Die Motive erklären dazu: „Der Zweck des § 1702 (jetzt § 1848) ist, in dieser Richtung die Vorschriften des Vormundschaftsrechts dahin zu verdeutlichen, daß die dem Vormundschaftsrichter in Ansehung der Anordnung oder Führung der Vormundschaft obliegenden Amtspflichten als solche aufzufassen sind, welche im Sinne des § 736 Abs. 1 (jetzt § 839 Abs. 1) ihm gegenüber dem Mündel d. h. gegenüber demjenigen obliegen, über welchen die Vormundschaft anzuordnen ist oder besteht, die Verletzung jener Pflichten mithin gegenüber dem Mündel als eine widerrechtliche Handlung im Sinne des § 704 Abs. 1 (jetzt § 823 Abs. 1) sich darstellt. Diese Auffassung der Bestimmungen des Vormundschaftsrechts entspricht dem Geiste derselben, da dieselben gerade den Schutz und die Sicherung solcher Personen bezwecken, welche des vormundschaftlichen Schutzes bedürftig sind. Andererseits würde es mit der Tendenz der hier fraglichen Bestimmungen nicht im Einklange stehen und zu weit führen, wenn auf die Verletzung der bezeichneten Pflichten auch sonstige dritte Personen, deren Interesse dadurch berührt ist, Schadensersatzansprüche sollten gründen können; denn in ihrem Interesse sind dem Vormundschaftsrichter jene Pflichten nicht auferlegt, wenngleich

dieselben mittelbar auch ihnen zu Gute kommen mögen. Sie können daher den Vormundschaftsrichter wegen einer Pflichtverletzung nur dann in Anspruch nehmen, wenn diese nach Maßgabe der sonstigen Bestimmungen als Verletzung einer absoluten Norm oder als ein Eingriff in den Kreis ihrer absoluten Rechte sich darstellt. Wenngleich die verdeutlichende Bestimmung des § 1702 (jetzt § 1848) vielleicht als entbehrlich angesehen werden kann, so ist die Aufnahme derselben doch zur Vermeidung von Zweifeln im Interesse der Rechtssicherheit als angemessen erachtet, um so mehr, als in verschiedenen Rechtsgebieten nach dem gegenwärtig bestehenden Rechte der Vormundschaftsrichter wegen Verletzung der ihm obliegenden Pflichten nicht bloß gegenüber dem Mündel, sondern auch gegenüber anderen Personen verantwortlich ist."

2. Verletzt der Vormundschaftsrichter — Vormundschaftsrichter ist jeder Beamte, der auf Grund der Gesetze zur Ausübung der Gerichtsbarkeit in Vormundschaftssachen berufen ist. Als Vormundschaftsrichter kommen danach in Betracht:

1. in erster Instanz:
   a) der für die dem Vormundschaftsgericht obliegenden Verrichtungen zuständige Amtsrichter (§ 35 der G. fr. G.);
   b) wenn gemäß Art. 147 des EG. die dem Vormundschaftsgericht zugewiesene Gerichtsbarkeit nach der Landesgesetzgebung einer nicht richterlichen Behörde übertragen ist (vgl. § 1774 Anm. 2), der Träger oder bzw. die Mitglieder dieser Behörde;
   c) wenn ein Familienrath gebildet ist, dessen Mitglieder (§ 1872 Abs. 2 Satz 2).
2. in den höheren Instanzen:
   a) für das Verfahren der Beschwerde die bei der Entscheidung betheiligten Mitglieder des zuständigen Landgerichts (§ 19 Abs. 2 des G. fr. G.) und soweit es sich um die Beschwerde gegen eine Verfügung handelt, durch die über die Entlassung eines Mitgliedes des Familienraths von dem Gerichte, welches dem Vormundschaftsgerichte im Instanzenzuge vorgeordnet ist, entschieden wird, die bei der Entscheidung betheiligten Mitglieder des zuständigen Oberlandesgerichts (§ 64 a. a. O.);
   b) für das Verfahren der weiteren Beschwerde die bei der Entscheidung betheiligten Mitglieder des zuständigen Oberlandesgerichts (§ 28 Abs. 1 a. a. O.) oder bzw. obersten Landesgerichts (§ 199 a. a. O.) und in den Fällen des § 28 Abs. 2 a. a. O. die bei der Entscheidung betheiligten Mitglieder des Reichsgerichts.

Für die Entscheidung über das Rechtsmittel der weiteren Beschwerde ist in Preußen nach Maßgabe des Art. 7 und Art. 8 des Preuß. Gesetzes über die freiwillige Gerichtsbarkeit vom 21. September 1899 das Kammergericht zuständig. Demselben steht auf Grund des § 199 Abs. 2 des G. fr. G. für Preußen ferner noch die Entscheidung zu:

a) für die Bestimmung des zuständigen Gerichts, wenn Streit oder Ungewißheit darüber besteht, welches von mehreren Vormundschaftsgerichten örtlich zuständig ist (§ 199 Abs. 2 und § 5 Satz 1 des G. fr. G.);
b) in dem Falle, daß ein Vormundschaftsgericht die Vormundschaft oder Pflegschaft an ein anderes Vormundschaftsgericht abgeben will und die Gerichte sich hierbei nicht einigen, oder der Vormund oder, wenn mehrere Vormünder

die Vormundschaft gemeinschaftlich führen, einer von ihnen seine Zustimmung verweigert (§ 199 Abs. 2 und § 46 Abs. 2 und 3 a. a. O.);

c) wenn ein Vormundschaftsgericht sich über die Zuständigkeit für eine Verrichtung, die nicht eine Vormundschaft oder Pflegschaft betrifft, insbesondere also für eine nach den Bestimmungen des Elternrechts ihm zugewiesene Thätigkeit (vgl. z. B. §§ 1612, 1630, 1635, 1636, 1643, 1647, 1666 bis 1668, 1670, 1686, 1687 ff., 1308, 1727), mit einem anderen Vormundschaftsgerichte nicht einigen kann (§ 199 Abs. 2, § 46 Abs. 3, § 43 Abs. 1 des G. fr. G.);

d) über die Beschwerde gegen eine Verfügung, durch die über die Entlassung des Mitgliedes eines Familienraths von dem Gerichte, welches dem Vormundschaftsgerichte im Instanzenzuge vorgeordnet ist, entschieden wird (§ 199 Abs. 2 und § 64 a. a. O.);

e) über die sofortige Beschwerde gegen eine Verfügung eines Landgerichts bzw. einer Kammer für Handelssachen, durch welche ein Widerspruch gegen eine beabsichtigte Löschung im Handelsregister zurückgewiesen worden ist (§ 199 Abs. 2 und § 143 Abs. 2).

3. — vorsätzlich oder fahrlässig — Die Pflichtverletzung des Vormundschaftsrichters, d. i. die widerrechtliche Handlung oder Unterlassung, die ihn zum Schadensersatz verpflichtet, muß eine vorsätzliche oder fahrlässige sein. Der Vorsatz setzt voraus, daß sein Wille auf die Begehung der Handlung oder Unterlassung gerichtet ist, die Fahrlässigkeit, daß er die im Verkehr erforderliche Sorgfalt außer Acht läßt (§ 276).

4. — so ist er dem Mündel nach § 839 Abs. 1, 3 verantwortlich. Der § 839 Abs. 1 verpflichtet den Beamten wegen vorsätzlicher oder fahrlässiger Verletzung einer ihm gegen einen Dritten obliegenden Amtspflicht diesem gegenüber zum Schadensersatz. Demnach haftet der Vormundschaftsrichter nur gegenüber dem Mündel. Im Falle der bloßen Fahrlässigkeit kann er jedoch nur dann in Anspruch genommen werden, wenn der Verletzte nicht auf andere Weise Ersatz zu erlangen vermag. Die Ersatzpflicht tritt nach § 839 Abs. 3 überhaupt nicht ein, wenn der Verletzte vorsätzlich oder fahrlässig unterlassen hat, den Schaden durch den Gebrauch eines Rechtsmittels abzuwenden. In dieser Beziehung kommt für das Verhältniß des Vormundschaftsrichters zum Mündel in Betracht, daß nach § 59 der G. fr. G. ein unter Vormundschaft (Pflegschaft) stehender Mündel, sofern er nicht geschäftsunfähig oder unter 14 Jahre alt ist, in allen seine Person betreffenden Angelegenheiten ohne Mitwirkung seines gesetzlichen Vertreters das Beschwerderecht ausüben kann.

5. Ist die Verfügung, durch die der Mündel verletzt ist, von einem Kollegium ausgegangen, so sind nach Maßgabe der allgemeinen Grundsätze nur die schuldigen Mitglieder, diese aber als Gesammtschuldner für den Schaden verantwortlich, da das BGB. besondere Bestimmungen über die Haftung von Kollegien in Fällen der Art nicht gegeben hat (§§ 830, 839 bis 841). Soweit der Vormundschaftsrichter neben dem Vormund (Pfleger) oder Gegenvormund wegen Verletzung seiner Amtspflicht dem Mündel als Gesammtschuldner haftet (vgl. § 1833 Anm. 4), steht ihm hiernach gegen diese mitschuldigen Personen wegen des von diesen verursachten Schadens ein Rückgriffsrecht zu, nicht aber auch diesen gegen ihn.

6. Ist der Vormundschaftsrichter verstorben, so haften anstatt seiner nach allgemeinen Grundsätzen seine Erben, und zwar in demselben Umfang, wie er selbst gehaftet haben würde, wenn er noch lebte. Wollen die Erben sich vor einer Haftung über die Kräfte des Nachlasses schützen, so bleibt ihnen unbenommen, von dem Inventarrecht Gebrauch zu machen. Einer besonderen, die Erben des Vormundschaftsrichters gegen die Haftung mit ihrem eigenen Vermögen in höherem Maße sichernden Vorschrift bedarf es vom Standpunkte des BGB. aus um so weniger, als dasselbe eine gesetzliche Inventarfrist nicht kennt (§§ 1994 ff.).

7. Die Ersatzansprüche des Mündels verjähren gemäß §§ 852, 206 in drei und bzw. in 30 Jahren.

IV. Mitwirkung des Gemeindewaisenraths.

§ 1849.

Der Gemeindewaisenrath hat dem Vormundschaftsgerichte die Personen vorzuschlagen, die sich im einzelnen Falle zum Vormunde, Gegenvormund oder Mitglied eines Familienraths eignen.

Entw. I § 1725 Abs. 3; Entw. II § 1724; Reichst.-Vorl. § 1825; Mot. IV Allgem. Begründung S. 1017, 1018, zu § 1725 S. 1225 bis 1227; Komm. Prot. S. 6498.

---

1. Der Gemeindewaisenrath — Der Gemeindewaisenrath erscheint nach dem BGB., entsprechend der der Pr. VO. zu Grunde liegenden Auffassung, als ein innerhalb der Grenzen seiner Zuständigkeit dem Vormundschaftsgerichte nebengeordnetes obervormundschaftliches Hülfsorgan, durch dessen Vermittlung auch die Gemeinde, in der sich der Mündel befindet, an dessen Bevormundung Theil nimmt. Diese ihm obliegende Mitwirkung wird von dem Gemeindewaisenrath nicht nur demjenigen Vormundschaftsgericht gegenüber ausgeübt, in dessen Bezirk die betreffende Gemeinde liegt, sondern im Verhältniß zu allen Vormundschaftsgerichten, denen obervormundschaftliche Verrichtungen in Ansehung der in der Gemeinde sich aufhaltenden Mündel zustehen.

Ueber die Schaffung und Einrichtung des Gemeindewaisenraths enthält das BGB. keine Vorschriften. Es gelten in dieser Hinsicht die landesgesetzlichen Bestimmungen.

Für Preußen enthält dieselben der Art. 77 des Ausführungsges. z. BGB. vom 20. Septemmber 1899. Derselbe lautet:

§ 1. „Für jede Gemeinde oder für örtlich abzugrenzende Gemeindetheile sind ein oder mehrere Gemeindeglieder als Gemeindewaisenrath zu bestellen. Für benachbarte Gemeindebezirke können dieselben Personen bestellt werden.

Das Amt eines Waisenraths ist ein unentgeltliches Gemeindeamt. Durch Beschluß der Gemeindebehörde können die dem Gemeindewaisenrath obliegenden Verrichtungen besonderen Abtheilungen oder schon bestehenden Organen der Gemeindeverwaltung übertragen werden.

Auf selbständige Gutsbezirke finden diese Vorschriften mit der Maßgabe entsprechende Anwendung, daß der Waisenrath von dem Gutsvorsteher ernannt wird.

Die bisherigen Waisenräthe bleiben im Amte.

§ 2. Zur Unterstützung des Gemeindewaisenraths können Frauen, die hierzu bereit sind, als Waisenpflegerinnen widerruflich bestellt werden. Die Zuständigkeit für die Bestellung bestimmt sich nach den für die Bestellung der Waisenräthe maßgebenden Vorschriften.

Die Waisenpflegerinnen haben unter der Leitung des Gemeindewaisenraths bei der Beaufsichtigung der im Kindesalter stehenden Mündel und bei der Ueberwachung weiblicher Mündel mitzuwirken".

In dem Bezirke des vormaligen Justizsenats zu Ehrenbreitstein kann unter Zustimmung des Provinziallandtages, in den übrigen Gerichtsbezirken unter Zustimmung des Kommunallandtages nach Art. 124 Abs. 3 des Preuß. Gesetzes über die freiwillige Gerichtsbarkeit vom 21. September 1899 durch Königliche Verordnung das Amt des Gemeindewaisenrath mit dem Ortsgerichte (Art. 122, 123 a. a. O.) verbunden werden.

Im Uebrigen finden sich diese landesgesetzlichen Vorschriften

a) für Bayern in Art. 93 bis 99 des AG. vom 9. Juni 1899,
b) für das Kgr. Sachsen in § 41 des AG. vom 18. Juni 1898 und in §§ 38 bis 47 des AG. vom 6. Juli 1899,
c) für Württemberg in Art. 56 des AG. vom 28. Juli 1899,
d) für Mecklenburg-Schwerin in §§ 233 bis 248 der A.V. vom 9. April 1899,
e) für Mecklenburg-Strelitz in §§ 231 bis 246 der A.V. vom 9. April 1899,
f) für Braunschweig in §§ 80 bis 93 des AG. vom 12. Juni 1899,
g) für Oldenburg in §§ 24 bis 26 des AG. vom 15. Mai 1899,
h) für Anhalt in § 66 des AG. vom 18. April 1899,
i) für Hamburg in § 77 des AG. vom 14. Juli 1899,
k) für Elsaß-Lothringen in §§ 128 bis 135 des AG. vom 17. April 1899.

2. — hat dem Vormundschaftsgerichte die Personen vorzuschlagen — Der Gemeindewaisenrath ist in seinem Vorschlagsrecht nicht auf Personen aus seinem eigenen Gemeindebezirk beschränkt. Es bleibt ihm unbenommen, auch einen Vormund aus dem benachbarten Bezirk vorzuschlagen und zu diesem Zwecke mit den benachbarten Waisenräthen sich zu benehmen. Er kann sogar einen Vormund vorschlagen, der außerhalb des betreffenden Gerichtsbezirkes sich befindet. Es wird allerdings in diesem Falle häufig darauf ankommen, ob der Vorgeschlagene zur Uebernahme bereit ist (§ 1786 Nr. 5).

Ist die Vormundschaft einem durch Gesetz oder elterliche Benennung Berufenen (§§ 1776, 1777) zu übertragen, so bedarf es der Mitwirkung des Waisenraths, wenn in der Folge nicht dennoch eine richterliche Auswahl nöthig wird (§§ 1778, 1779), regelmäßig nicht, es müßte denn sein, daß es dem Richter darum zu thun ist, über die näheren persönlichen Verhältnisse des Berufenen eine Auskunft zu erlangen. In allen anderen Fällen soll das Vormundschaftsgericht den Waisenrath hören (§ 1779 Abs. 1).

Aber auch unabhängig von dieser Anhörung, ist der Waisenrath, wie schon die Fassung des § 1849 ergibt, zur Mitthätigkeit verpflichtet. Der § 49 des G. fr. G. bestimmt:

„Erlangt der Gemeindewaisenrath von einem Falle Kenntniß, in welchem ein Vormund, ein Gegenvormund oder ein Pfleger zu bestellen ist, so hat er dem Vormundschaftsgericht Anzeige zu machen. Zugleich soll er die Personen vorschlagen, die sich zum Vormund, Gegenvormund oder Pfleger eignen".

Wird die Anordnung einer Vormundschaft oder einer Pflegschaft in Folge eines gerichtlichen Verfahrens erforderlich (z. B. in einem Falle, wo der Inhaber der elterlichen Gewalt dieselbe verwirkt, oder wenn derselbe für todt erklärt wird), so hat das Gericht, das mit diesem Verfahren befaßt ist, nach § 50 a. a. O. das Vormundschaftsgericht ebenfalls zu benachrichtigen. Dieselbe Pflicht liegt in den Fällen des § 48 a. a. O. dem Standesbeamten ob.

Der Gemeindewaisenrath hat die fraglichen Personen nur vorzuschlagen. Er kann zu diesem Behufe Mehrere oder auch nur Einen benennen. Die Auswahl selbst ist Sache des Vormundschaftsgerichts, das an die gemachten Vorschläge nicht gebunden ist. Die letzteren sollen ihm nur das Mittel gewähren, um eine geeignete Person leichter heraus zu finden.

3. — die sich im einzelnen Falle zum Vormund, Gegenvormund oder Mitglied eines Familienraths eignen. Auch die als Pfleger geeigneten Personen sind von dem Gemeindewaisenrath vorzuschlagen. Es folgt dies aus § 1915 und wird auch durch den oben mitgetheilten Wortlaut des § 49 des G. fr. G. bestätigt. Im Uebrigen wird dem Gemeindewaisenrathe hier zur Pflicht gemacht, nur solche Personen in Vorschlag zu bringen, die sich zur Uebernahme des betreffenden Amtes eignen. Hieraus folgt, daß er verbunden ist, sich nach den individuellen Verhältnissen des Einzelfalles, soweit sie ihm nicht selbst schon ausreichend bekannt sind, sorgfältig zu erkundigen. Auch die Bestimmungen der §§ 1776, 1778 Abs. 3, 1779 Abs. 2, 1780 bis 1783, 1786 und bzw. der §§ 1865 bis 1867 müssen dabei von ihm beachtet werden. Ungeeignet sind ohne Weiteres die nach § 1780 unfähigen, sowie diejenigen Personen, die nach §§ 1782, 1783 nicht bestellt werden sollen. Weiß oder erfährt er, daß eine nach § 1776 oder bzw. 1861 zum Vormunde berufene Person vorhanden ist, so wird er in erster Linie auf diese hinzuweisen haben. Ist dieselbe nach seinem pflichtmäßigen Dafürhalten zur Amtsübernahme gesetzlich unfähig oder nicht geeignet, so hat er die Gründe hierfür dem Vormundschaftsgerichte darzulegen und zugleich eine andere seiner Meinung nach geeignete Person zu benennen.

Je aufmerksamer und umsichtiger der Gemeindewaisenrath in allen diesen Richtungen verfährt, desto tauglicher werden die vorgeschlagenen Vormünder sein und desto schneller wird Seitens des Vormundschaftsgerichts die Bestellung erfolgen können.

Soweit das Vormundschaftsgericht gemäß § 1792 auch die Bestellung eines Gegenvormundes für angezeigt erachtet, empfiehlt es sich, mit dem Ersuchen um Namhaftmachung eines Vormundes zugleich ein solches um Benennung einer für ersteres Amt geeigneten Person zu verbinden.

Der Vorschlag des Waisenraths hat nach § 1779 Abs. 2 Satz 3 in erster Linie Verwandte und Verschwägerte des Mündels zu berücksichtigen. Einen gesetzlichen Anspruch auf Uebernahme des vormundschaftlichen Amtes haben jedoch diese Personen nicht. Nur die als Vormund, Pfleger, Gegenvarmund, Beistand oder Mitglied des Familienraths Berufenen (§§ 1776) haben, wenn sie das Vormundschaftsgericht bei der Bestellung übergeht, nach § 60 Nr. 1 des G. fr. G. das Recht der sofortigen Beschwerde. Wegen des Beginnes der Frist ist in § 60 Abs. 2 a. a. O. Bestimmung getroffen worden. Dem Mündel selbst steht nach Maßgabe des § 59 a. a. O. auch in dem Falle, daß eine nicht berufene Person einer nach seiner Meinung besser geeigneten Person, insbesondere auch einem Verwandten oder Verschwägerten vorgezogen worden ist, die einfache Beschwerde zu.

Auch der nach § 1687 der Mutter zu bestellende Beistand ist, wie aus § 1694 folgt, von dem Gemeindewaisenrath vorzuschlagen.

Im Hinblick auf die Bestimmung in § 1779 Abs. 2 Satz 2 muß als zweckmäßig bezeichnet werden, daß das Vormundschaftsgericht dem Gemeindewaisenrath, wenn es ihn um den Vorschlag eines Vormundes ersucht, zugleich eine Mittheilung über das religiöse Bekenntniß des Mündels macht.

4. Wer von dem Gemeindewaisenrath als Vormund für nicht geeignet erklärt worden ist, kann der Regel nach nicht beanspruchen, daß das Vormundschaftsgericht ihm die Gründe der Ablehnung, deren Mittheilung einen amtlich-vertraulichen Charakter hat, zur Kenntniß bringt (Joh. Bd. 7 S. 31, 32). Ist er als Berufener in Folge solcher Mittheilung übergangen worden, so hat er, wie bereits unter Anm. 3 bemerkt worden ist, ein Beschwerderecht.

5. Daß der Gemeindewaisenrath auch die Mitglieder des Familienrathes vorzuschlagen hat, erscheint gegenüber den Bestimmungen der Pr. VO. als Neuerung.

§ 1850.

Der Gemeindewaisenrath hat in Unterstützung des Vormundschaftsgerichts darüber zu wachen, daß die Vormünder der sich in seinem Bezirk aufhaltenden Mündel für die Person der Mündel, insbesondere für ihre Erziehung und ihre körperliche Pflege, pflichtmäßig Sorge tragen. Er hat dem Vormundschaftsgerichte Mängel und Pflichtwidrigkeiten, die er in dieser Hinsicht wahrnimmt, anzuzeigen und auf Erfordern über das persönliche Ergehen und das Verhalten eines Mündels Auskunft zu ertheilen.

Erlangt der Gemeindewaisenrath Kenntniß von einer Gefährdung des Vermögens eines Mündels, so hat er dem Vormundschaftsgericht Anzeige zu machen.

Entw. I § 1725 Abs. 1 und 2; Entw. II § 1723; Reichst.-Vorl. § 1826; Mot. IV zu § 1725 S. 1225 bis 1227; Komm. Prot. S. 6496 bis 6498.

---

1. Der § 1850 in Verbindung mit § 1675 regelt die Pflichten des Gemeindewaisenraths, welche ihm, abgesehen von der Mitwirkung bei der Auswahl der Vormünder (Pfleger), Gegenvormünder und Mitglieder der Famienräthe (§ 1849), noch weiterhin auferlegt sind.

Abs. 1.

2. — in Unterstützung des Vormundschaftsgerichts ... zu wachen — Hierdurch ist ausgedrückt, daß die Aufgabe des Gemeindewaisenraths bei der Mitwirkung zur Vormundschaftsführung mit der des Vormundschaftsgerichtes, dessen Hülfsorgan er ist, stets Hand in Hand zu gehen hat. Der Gemeindewaisenrath darf dabei nicht selbständige Wege einschlagen, welche diejenigen des Gerichtes durchkreuzen und den Absichten der Obervormundschaft zuwiderlaufen.

3. — die Vormünder der sich in seinem Bezirke aufhaltenden Mündel — Daß diese Vormünder selbst in dem Bezirke des Waisenraths wohnen oder sich aufhalten, und daß das Gericht, bei welchem die Vormundschaft geführt wird in diesem Bezirke seinen Sitz hat, wird nicht erfordert. Die Kenntniß darüber, welche Mündel sich in dem Bezirke des Gemeindewaisenraths aufhalten, wird demselben nach Maßgabe des § 1851 vermittelt.

4. — für die Person der Mündel, insbesondere für ihre Erziehung und ihre körperliche Pflege — In dieser Beziehung steht die Bestimmung mit den Vorschriften der Pr. VO. (§ 53 Abs. 1) im Einklang. In dieser Aufsicht über das persönliche Wohl der Mündel liegt der eigentliche Kern und Schwerpunkt der gesammten waisenräthlichen Thätigkeit. Die Aufgabe des Waisenraths ist es, zum Zwecke der Fürsorge für den Mündel das Auge des Richters zu sein, der mit seiner obrigkeitlichen Gewalt hinter ihm steht und mit diesem gemeinsam auf eine möglichst gedeihliche Erziehung durch den Vormund hinzuwirken. Hieraus folgt, daß ihm das Recht zustehen muß, die seiner Aufsicht unterstellten Mündel in ihren Wohnungen aufzusuchen und durch den Augenschein sich zu überzeugen, daß ihre Pflege und Erziehung ordnungsmäßig und den Verhältnissen entsprechend geregelt ist.

5. — Mängel und Pflichtwidrigkeiten . . . anzuzeigen — Eine Zwangsgewalt, entsprechend der nach § 1837 der Vormundschaftsbehörde verliehenen, steht dem Gemeindewaisenrath über die Vormünder nicht zu. In der Natur der Sache liegt es jedoch, daß der Gemeindewaisenrath mit bloßen Anzeigen bei dem Gerichte sich nicht begnügen, sondern, soviel dies innerhalb eines taktvollen Verhaltens geschehen kann, seinerseits auch unmittelbar gegenüber dem Vormund als Erzieher mit Rath und Vorstellung eingreifen und nicht alles Weitere dem Vormundschaftsgerichte überlassen wird. Auf der anderen Seite erscheint es aber auch für die Vormundschaftsbehörde ebenso sachentsprechend, daß sie sich hinsichtlich ihrer Beaufsichtigung der Mündelerziehung nicht einzig und ausschließlich auf die Thätigkeit, insbesondere die Anzeigepflicht, der Waisenräthe verläßt, sondern auch Nachrichten, die es von anderer glaubhafter Seite (z. B. von Hausgenossen des Mündels, dem Lehrer, Pfarrer u. s. w.) erhält, als Ausgangspunkt für ein etwa nöthig werdendes Einschreiten benutzt.

6. — auf Erfordern Auskunft über das persönliche Ergehen und das Verhalten eines Mündels zu ertheilen. Eine regelmäßig wiederkehrende Auskunftsertheilung durch s. g. Erziehungsberichte, wie sie vor Erlaß der VO. vom 5. Juli 1875 in Preußen bestand, ist mit Recht für entbehrlich erachtet worden. Dagegen wird dem Vormundschaftsgerichte nicht selten daran liegen, aus besonderen Veranlassungen den Gemeindewaisenrath über den Stand der persönlichen Verhältnisse des Mündels zu hören. Das persönliche Ergehen des Mündels umfaßt ebensowohl den Zustand seiner körperlichen wie seiner geistigen Entwickelung. Nach der körperlichen Seite hin wird der Gemeindewaisenrath ganz besonders während der ersten Lebensjahre des Mündels, wenn dessen Pflege in etwas unsicheren Händen ruht, Wachsamkeit zu üben haben, wobei ihm die Unterstützung durch Pflegerinnen (vgl. § 1849 Anm. 1) sehr wesentliche Dienste leisten kann. Bei den Berichten über das Verhalten des Mündels werden namentlich positive Vorgänge berücksichtigt werden müssen, welche die Frage anzuregen geeignet sind, ob nicht etwa eine Anordnung nach Maßgabe des § 1838 geboten erscheint. In dieser Beziehung folgt schon aus der dem Gemeindewaisenrath auferlegten Anzeigepflicht, daß Vorgänge dieser Art, welche einen bei der Erziehung wahrgenommenen Mangel darstellen würden, auch unabhängig von einem besonderen Erfordern des Vormundschaftsgerichtes von Amtswegen mitgetheilt werden müssen.

Abs. 2.

7. Erlangt der Gemeindewaisenrath Kenntniß von einer Gefährdung des Vermögens eines Mündels, so hat er dem Vormundschaftsgericht Anzeige zu machen. Wo es sich um die Erziehung und körperliche Pflege des Mündels handelt, ist dem Gemeindewaisenrath nach Abs. 1 Satz 2 die Ueberwachung der Vormünder ausdrücklich zur Pflicht gemacht. Eine Beauf-

sichtigung der Vermögensverwaltung gehört dagegen grundsätzlich nicht zu seinen Obliegenheiten. Der Abs. 2 bestimmt daher auch nur, daß der Waisenrath dem Vormundschaftsgericht Anzeige zu machen hat, wenn er, wozu seine sonstige Geschäftsführung nicht selten Gelegenheit bietet, von einer Gefährdung des Mündelvermögens Kenntniß erlangt. Der Gemeindewaisenrath darf also Mißstände der vormundschaftlichen Vermögensverwaltung, die ihm bekannt werden, kraft seines Amtes nicht unbeachtet lassen. Würde eine Anzeigeerstattung in solchen Fällen seinem privaten Gutdünken anheim gegeben sein, so würde sie leicht dem Vorwurf des Delatorischen und Gehässigen verfallen und aus diesem Grunde oft unterbleiben. Etwas Anderes aber ist es, wenn, wie durch die gegenwärtige Bestimmung, die Erstattung für ihn zur Amtspflicht erhoben und damit in allen Fällen nothwendig wird. Gegenüber der Pr. VO. ist diese Anordnung neu.

8. Der Gemeindewaisenrath ist nach § 1675 ferner gehalten, der Vormundschaftsbehörde diejenigen ihm bekannt werdenden Fälle anzuzeigen, in denen diese auch in Ansehung der unter elterlicher Gewalt stehenden Minderjährigen zu einem Einschreiten befugt ist. Außerdem aber erstrecken sich die in § 1850 angeordneten Pflichten nicht bloß auf die Angelegenheiten derjenigen Mündel, denen ein Vormund oder bzw. ein Pfleger bestellt worden ist (§§ 1773, 1897, 1915), sondern im Hinblick auf Art. 135 des EG. daneben auch noch auf diejenigen in Erziehungs- und Verpflegungsanstalten untergebrachten Minderjährigen, über welche kraft landesgesetzlicher Bestimmung der Anstaltsvorstand oder ein Beamter alle oder einzelne Rechte und Pflichten eines Vormundes zu üben hat (Art. 136 Nr. 1 und 2 a. a. O.).

9. Hält der Waisenrath in einer die Sorge für die Person des Mündels betreffenden Angelegenheit durch eine Verfügung des Vormundschaftsgerichts das Interesse des Mündels für verletzt, so steht ihm auf Grund des § 57 Nr. 9 des G. fr. G. das Rechtsmitttel der Beschwerde zu.

§ 1851.

Das Vormundschaftsgericht hat dem Gemeindewaisenrathe die Anordnung der Vormundschaft über einen sich in dessen Bezirk aufhaltenden Mündel unter Bezeichnung des Vormundes und des Gegenvormundes sowie einen in der Person des Vormundes oder des Gegenvormundes eintretenden Wechsel mitzutheilen.

Wird der Aufenthalt eines Mündels in den Bezirk eines anderen Gemeindewaisenraths verlegt, so hat der Vormund dem Gemeindewaisenrathe des bisherigen Aufenthaltsorts und dieser dem Gemeindewaisenrathe des neuen Aufenthaltsorts die Verlegung mitzutheilen.

Entw. I § 1725 Abs. 4 und 5; Entw. II § 1725; Reichst.-Vorl. § 1827; Mot. IV zu § 1725 S. 1225 bis 1227; Komm. Prot. S. 6498.

---

1. Der § 1851 enthält Bestimmungen über korrespondirende Pflichten des Vormundschaftsgerichts und der Vormünder gegenüber dem Gemeindewaisenrath (Abs. 1), sowie über Pflichten der Waisenräthe unter einander (Abs. 2).

Abs. 1.

2. — die Anordnung der Vormundschaft über einen sich in dessen Bezirk aufhaltenden Mündel — Der Anordnung der Vormundschaft steht in dieser Hinsicht die Anordnung der Pflegschaft gleich (§ 1915). Handelt es

sich um den Eintritt einer gesetzlichen Vormundschaft im Sinne des Art. 136 Nr. 1 und 2 des EG., so liegt eine Anordnung der Vormundschaft durch das Vormundschaftsgericht nicht vor. Es ist Sache der Landesgesetzgebung, Fürsorge zu treffen, daß auch in solchen Fällen der Gemeindewaisenrath Nachricht erlangt. Für Preußen bestimmt der Art. 78 § 2 des Ausführungsgesetzes zum BGB. vom 20. September 1899, daß die Aufnahme des Minderjährigen in die betreffende Anstalt von dem Vorstande sowohl dem Vormundschaftsgericht als auch dem Gemeindewaisenrath des Bezirkes, in dem die Anstalt liegt, anzuzeigen ist.

Das nach § 1851 Abs. 1 anzeigepflichtige Vormundschaftsgericht ist selbstverständlich dasjenige, bei welchem der Mündel bevormundet ist. Daß dieses selber die Vormundschaft angeordnet hat, ist nicht erforderlich. Es genügt, wenn es die Vormundschaft von dem bisherigen Vormundschaftsgericht gemäß § 46 der G. fr. G. zur Fortführung übernommen hat. Auf Mündel, die sich nur ganz vorübergehend in dem Bezirke eines Gemeindewaisenraths aufhalten, bezieht sich die Anzeigepflicht nicht, da rücksichtlich dieser das zuständige Vormundschaftsgericht dem Waisenrath desjenigen Bezirkes Nachricht zu geben hat, in welchem der Mündel seinen dauernden Aufenthalt hat.

Damit das Vormundschaftsgericht seiner hier festgesetzten Verpflichtung genügen kann, wird es bei der Bestellung der Vormünder darauf Bedacht nehmen müssen, den derzeitigen dauernden Aufenthalt des Mündels festzustellen.

3. — des Vormundes und des Gegenvormundes — Ebenso des Pflegers (§ 1915), da auch bezüglich seiner eine Ueberwachung und bezw. Anzeige Seitens des Gemeindewaisenrathes erforderlich werden kann. Wenn mehrere Vormünder die Vormundschaft führen (§ 1797), so sind selbstverständlich alle von dem Vormundschaftsgericht namhaft zu machen. Ist die Vormundschaft unter ihnen nach bestimmten Wirkungskreisen vertheilt (§ 1797 Abs. 2), so empfiehlt sich zugleich eine Mittheilung darüber, welcher Wirkungskreis jedem einzelnen Vormund angewiesen worden ist, damit der Gemeindewaisenrath weiß, in welcher Richtung sich seine Aufsicht gegenüber dem einzelnen zu bewegen hat.

Abs. 2.

4. Wird der Aufenthalt eines Mündels in den Bezirk eines anderen Gemeindewaisenraths verlegt — Auch hier ist eine Aufenthaltsverlegung von längerer Dauer gemeint.

5. — so hat der Vormund dem Gemeindewaisenrathe des bisherigen Aufenthaltsorts und dieser dem Gemeindewaisenrathe des neuen Aufenthaltsortes die Verlegung mitzutheilen. Die Pflicht zur ersten Anzeige ist bei der Aufenthaltsverlegung dem Vormunde auferlegt, da dieser der Regel nach allein in der Lage sein wird, von einer solchen, die häufig ohne seine vorherige Bewilligung gar nicht wird erfolgen können (§§ 1800, 1631 Abs. 1), fortdauernd Kenntniß zu erlangen.

V. Befreite Vormundschaft.

§ 1852.

Der Vater kann, wenn er einen Vormund benennt, die Bestellung eines Gegenvormundes ausschließen.

Der Vater kann anordnen, daß der von ihm benannte Vormund

bei der Anlegung von Geld den in den §§ 1809, 1810 bestimmten Beschränkungen nicht unterliegen und zu den im § 1812 bezeichneten Rechtsgeschäften der Genehmigung des Gegenvormundes oder des Vormundschaftsgerichts nicht bedürfen soll. Diese Anordnungen sind als getroffen anzusehen, wenn der Vater die Bestellung eines Gegenvormundes ausgeschlossen hat.

Entw. I § 1690; Entw. II § 1726; Reichst.-Vorl. § 1828; Mot. IV zu § 1690 S. 1163 bis 1170; Komm. Prot. S. 6435 bis 6443, 6451.

---

1. Die §§ 1852 bis 1857 enthalten die Bestimmungen über die s. g. befreite Vormundschaft. Wie der Vater, so kann nach § 1855 auch die eheliche Mutter, wenn sie einen Vormund benennt, dessen Befreiung nach Maßgabe dieser Vorschriften anordnen. Von Gesetzes wegen eintretende Befreiungen, wie sie die Pr. VO. für den Vater, die Mutter, den Ehemann und die Großeltern des Mündels (§§ 57, 60 Abs. 2) als Vormünder vorschrieb, kennt das BGB. nicht. Auch Vormünder dieser bisherigen Art sind daher in Preußen vom 1. Januar 1900 ab zur regelmäßigen Rechnungslegung verpflichtet. Alle Befugnisse, welche weiter gehen, als die §§ 1852 bis 1854 für einen bestellten Vormund (oder Pfleger) zulassen, verlieren mit diesem Zeitpunkte ihre Gültigkeit. (Vgl. unten Anm. 10.)

Abs. 1.

2. Der Vater kann, wenn er einen Vormund benennt, die Bestellung eines Gegenvormundes ausschließen. Als Vater im Sinne dieser Bestimmung gilt neben dem (überhaupt nur in Betracht kommenden) ehelichen Vater auch derjenige, der den Mündel an Kindesstatt angenommen hat (Adoptivvater), dagegen nicht auch der bloße Pflegevater und der Stiefvater (vgl. § 1776 Anm. 3). Die Benennung des Vormundes setzt, um gültig zu sein, Seitens des benennenden Elterntheiles voraus: a) daß ihm zur Zeit seines Todes die elterliche Gewalt über das betreffende Kind zustand, oder daß sie ihm zugestanden haben würde, wenn das erst nach seinem Tode geborene Kind zur Zeit seines Todes bereits geboren gewesen wäre (vgl. § 1777 Abs. 1 und 2 und Anm. 2, 3, 6); b) daß ihm weder in den die Person noch in den das Vermögen betreffenden Angelegenheiten die Vertretung des Kindes damals entzogen war (vgl. § 1773 Anm. 5).

Da die Bestellung des Gegenvormundes von dem Vater nur ausgeschlossen werden kann, „wenn er einen Vormund benennt“, d. i. „bei der Benennung“ (nicht „unter der Bedingung, daß er einen Vormund benennt“), so ist die aus dieser Ausschließung folgende Befreiung, ebenso wie dies nach Abs. 2 der Fall ist, nur auf den benannten und nicht auch auf einen anderen von dem Vormundschaftsgerichte bestellten Vormund zu beziehen.

Die einzig zulässige Form der Benennung ist, wie aus § 1856 hervorgeht, die letztwillige Verfügung. Ob es sich für die Verwaltung des Vormundes um Vermögen handelt, daß der benennende Vater selbst dem Mündel zugewendet hat oder um anderes Mündelvermögen, ist dabei gleichgültig.

Abs. 2.

3. Der Vater kann anordnen — Aus dem in Anm. 2 Bemerkten in Verbindung mit § 1856 ergibt sich, daß diese Anordnungen ebenfalls nur durch letztwillige Verfügung getroffen werden können. Sie müssen darin ausdrücklich bestimmt werden, wenn nicht die Ausschließung des Gegenvormundes angeordnet, ist, in welcher sie nach Abs. 2 Satz 2 bereits stillschweigend mitenthalten sind. Im Uebrigen steht abgesehen von dem letzteren Falle nichts entgegen, daß die Befreiung auch nur rücksichtlich einzelner Beschränkungen ausgesprochen werden kann.

4. — den in den §§ 1809, 1810 bestimmten Beschränkungen — Diese Beschränkungen bestehen darin, daß der Vormund Mündelgeld bei einer für die Anlegung zugelassenen Sparkasse, bei der Reichsbank oder einer Staatsbank, bei einer anderen durch Landesgesetz für geeignet erklärten inländischen Bank oder bei einer Hinterlegungsstelle nur mit der Bestimmung anlegen soll, daß zur Erhebung des Geldes die Genehmigung des Gegenvormundes oder des Vormundschaftsgerichts erforderlich ist, und daß er die in den §§ 1806 bis 1808 vorgeschriebene Anlegung nur mit Genehmigung des Gegenvormundes bewirken soll.

5. — zu den im § 1812 bezeichneten Rechtsgeschäften — Dieselben betreffen Verfügungen über Forderungen und solche anderen Rechte, kraft deren der Mündel eine Leistung verlangen kann (§ 1812 Anm. 1 und 2), sowie Verfügungen über Werthpapiere des Mündels (§ 1812 Anm. 3).

6. — Diese Anordnungen sind als getroffen anzusehen — Nur „diese" Anordnungen, also die in Abs. 2 Satz 1 bezeichneten, nicht auch diejenigen, von denen der § 1853 noch besonders handelt. Sie „sind als getroffen anzusehen", werden also gesetzlich vermuthet, und es steht dem Vater, der die Bestellung des Gegenvormundes ausgeschlossen hat, nicht frei, trotzdem zu bestimmen, daß dieser Ausschluß die im Abs. 2 Satz 2 bestimmte Wirkung, sei es ganz, sei es theilweise, nicht haben soll.

7. In einem weiteren Umfange als dies im § 1852 geschehen ist, eine Befreiung des Vormundes von der Genehmigung des Vormundschaftsgerichtes (abgesehen von der besonderen Bestimmung in § 1853) zuzulassen, hat der Gesetzgeber nach den Motiven im Interesse der Sicherheit des Mündels für bedenklich und außerdem auch nicht durch ein Bedürfniß für geboten erachtet. Die Anordnung einer solchen würde daher, wenn sie dessen ungeachtet erfolgte, wirkungslos sein.

8. Hat der Vater die Bestellung des Gegenvormundes gemäß Abs. 1, in Verbindung mit § 1856, gültiger Weise ausgeschlossen, das Vormundschaftsgericht jedoch trotzdem einen Gegenvormund bestellt (§ 1857), so steht den Betheiligten hiergegen nur der Weg der Beschwerde offen, weil auch die Frage, ob ein gesetzlich wirksames Verbot der Bestellung vorliegt, von den vormundschaftsgerichtlichen Instanzen zu beurtheilen ist.

9. Es wird sich empfehlen, daß die vorschriftsmäßig erfolgte Ausschließung des Gegenvormundes oder bzw. die von den Eltern nach Maßgabe des § 1852 Abs. 2 Satz 1 ausdrücklich angeordnete Befreiung aus der Bestallung des Vormundes ersichtlich gemacht oder dem Vormund ein besonderes gerichtliches Zeugniß darüber ertheilt wird, wiewohl der § 1791 eine Vorschrift hierüber nicht enthält.

10. Der Art. 136 Nr. 4 des EG. bestimmt, daß diejenigen landesgesetzlichen Vorschriften, zufolge deren im Falle einer nach Art. 136 Nr. 1 bis 3 a. a. O. stattfindenden Bevormundung ein Gegenvormund nicht zu bestellen ist und dem Vormunde die nach § 1852 des BGB. zulässigen Befreiungen zustehen, unberührt bleiben. Das für Preußen ergangene Ausführungsgesetz zum BGB. vom 20. September 1899 verbietet in Art. 78 § 3 Abs. 2 die Bestellung eines Gegenvormundes neben dem Anstaltsvorstand und schreibt vor, daß dem letzteren in dem angegebenen Umfange als Vormund auch die Befreiungen zustehen.

§ 1853.

Der Vater kann den von ihm benannten Vormund von der Verpflichtung entbinden, Inhaber- und Orderpapiere zu hinterlegen und den im § 1816 bezeichneten Vermerk in das Reichsschuldbuch oder das Staatsschuldbuch eintragen zu lassen.

Entw. I § 1692; Entw. II § 1727; Reichst.-Vorl. § 1829; Mot. IV zu § 1692 S. 1172; Komm. Prot. S. 6448 bis 6451.

---

1. Die Bestimmung des § 1853 schließt sich, wie die Motive bemerken, den Vorschriften des § 59 Abs. 1 und des § 60 Abs. 2 der Pr. VO., sowie des Preuß. Gesetzes, betr. das Staatsschuldbuch, vom 20. Juli 1883 § 24 Abs. 2 an und ist namentlich im Hinblick auf die dem Vormundschaftsgerichte in § 1857 beigelegte Befugniß (vgl. § 59 Abs. 2 der Pr. VO.) unbedenklich. Die Folge der hier fraglichen Befreiung ist, daß, wenn der Vormund trotzdem die in § 1853 bezeichneten Papiere des Mündels bei einem Dritten (bei der Hinterlegungsstelle, bei der Reichsbank) hinterlegt oder die in Inhaberpapieren bestehenden Werthpapiere nach § 1816 einschreiben läßt, die die Vertretungsmacht des Vormundes beschränkenden besonderen Vorschriften der §§ 1814, 1816, 1818 bis 1820 keine Anwendung finden.

Aus § 1856 folgt, daß auch diese Befreiung wirksam nur durch letztwillige Verfügung angeordnet werden kann.

2. — den von ihm benannten Vormund — Also, wie im Falle des § 1852, nur diesen, nicht auch einen von dem Gerichte anderweit ausgewählten Vormund.

3. — von der Verpflichtung entbinden, Inhaber- und Orderpapiere zu hinterlegen. Diese Verpflichtung bestimmt der § 1814.

§ 1854.

Der Vater kann den von ihm benannten Vormund von der Verpflichtung entbinden, während der Dauer seines Amtes Rechnung zu legen.

Der Vormund hat in einem solchen Falle nach dem Ablaufe von je zwei Jahren eine Uebersicht über den Bestand des seiner Verwaltung unterliegenden Vermögens dem Vormundschaftsgericht einzureichen. Das Vormundschaftsgericht kann anordnen, daß die Uebersicht in längeren, höchstens fünfjährigen Zwischenräumen einzureichen ist.

Ist ein Gegenvormund vorhanden oder zu bestellen, so hat ihm der Vormund die Uebersicht unter Nachweisung des Vermögensbestandes vorzulegen. Der Gegenvormund hat die Uebersicht mit den Bemerkungen zu versehen, zu denen die Prüfung ihm Anlaß giebt.

Entw. I § 1691; Entw. II § 1728; Reichst.-Vorl. § 1830; Mot. IV zu § 1691 S. 1170 bis 1172; Komm. Prot. S. 6443 bis 6347.

---

1. Nach § 1840 hat der Vormund in bestimmten Zeitabschnitten über seine Vermögensverwaltung Rechnung zu legen. Aus Gründen des praktischen Bedürfnisses ist für angemessen erachtet, unter Umständen eine Abweichung von dieser Regel zuzulassen und die Entscheidung darüber in die Hand der Eltern des Mündels zu legen. Ohne diese Maßregel würde zu befürchten sein, daß die von den Eltern als Vormünder Benannten, deren Bestellung im Interesse des Mündels liegt, nicht selten aus Scheu vor den mit einer wiederkehrenden Rechnungslegung verbundenen Belästigungen und Weiterungen sich gegebenen Falles weniger leicht bereit finden lassen, die Vormundschaft zu übernehmen. Um so unbedenklicher ist es daher erschienen, dem Muster der Pr. VO. (§ 57 Abs. 1 Satz 2) in dieser Hinsicht zu folgen, zumal sich in dem Gebiete derselben Unzuträglichkeiten aus der in Rede stehenden Befreiung nicht ergeben haben.

Abs. 1.

2. — den von ihm benannten Vormund — Nicht auch einen andern, selbst wenn dieser nach § 1776 ebenfalls gesetzlich berufen ist.

3. — von der Verpflichtung entbinden, während der Dauer seines Amtes Rechnung zu legen. Auch hier ist es ohne Belang, von wem das zu verwaltende Mündelvermögen, ob von dem Vater selbst oder von einem dritten Zuwender, herstammt. Die aus § 1803 sich ergebenden Rechte des dritten Zuwenders werden selbstverständlich hierdurch nicht berührt.

Ist von mehreren gemeinschaftlich verwaltenden Mitvormündern nur einer befreit, so muß die Rechnung dennoch von allen gelegt werden (vgl. Joh. Bd. 9 S. 38).

Die Befreiung kann nur rücksichtlich der während der Dauer der Amtsführung gebotenen Rechnungslegung wirksam geschehen. Von der Verpflichtung, gemäß § 1890 nach Beendigung seines Amtes dem Mündel Schlußrechnung zu legen, kann der Vormund in keinem Falle entbunden werden. Auch die Verpflichtung zur Einreichung eines Vermögensverzeichnisses (§ 1802) läßt keine Erlassung zu.

Abs. 2.

4. Die Bestimmung bezweckt, das Vormundschaftsgericht zu einer Beurtheilung darüber in Stand zu setzen, in welcher Weise die Verwaltung des befreiten Vormundes auf den Vermögensstand des Mündels im Großen und Ganzen einwirkt Tritt hierbei hervor, daß die Verwaltung das Mündelinteresse gefährdet, so hat das Vormundschaftsgericht in der Anwendung des § 1857 nöthigenfalls ein Mittel, um weiteren schädlichen Folgen vorzubeugen.

5. — hat ... nach dem Ablaufe von je zwei Jahren eine Uebersicht über den Bestand des seiner Verwaltung unterliegenden Vermögens dem Vormundschaftsgericht einzureichen. Einer Aufforderung Seitens des Vormundschaftsgerichts bedarf es zu diesem Behufe nicht, wiewohl der Erlaß einer solchen in vielen Fällen zweckmäßig sein wird. In jedem Falle wird das Vormundschaftsgericht den Ablauf der Frist zu überwachen und, wenn die Rechnung bis dahin nicht eingegangen ist, den Vormund zu erinnern und, soweit erforderlich, im Aufsichtswege zur Einreichung anzuhalten haben.

Eine besondere Form ist hier für die Uebersicht ebensowenig wie in dem Falle des § 1802 für das dort erwähnte Verzeichniß vorgeschrieben. Es kommt wesentlich nur darauf an, daß dieselbe so genau und vollständig ist, daß der derzeitige Stand des Mündelvermögens daraus ersehen werden kann. Die Uebersicht ist von dem Vormunde und, falls mehrere befreite Vormünder zu ungetrennter Verwaltung bestellt sind, von allen zu unterschreiben.

Soweit das Mündelvermögen nicht von dem Vormunde als solchem verwaltet wird, gehört es auch nicht in das Verzeichniß (vgl. Anm. 4 zu § 1844).

6. — in längeren, höchstens fünfjährigen Zwischenräumen — Das Vormundschaftsgericht kann diese Anordnung sogleich bei Einleitung der Vormundschaft treffen. Die in § 1840 Abs. 3 bestimmte Klausel ist hier nicht entsprechend wiederholt. Zu beachten ist, daß die Vorschrift in Abs. 2 Satz 1 die Regel und der Satz 2 die Ausnahme enthält. Das Vormundschaftsgericht wird also nur in besonders gearteten Fällen, wo Nachtheile für den Mündel aus der Verlängerung der Fristen nicht zu befürchten sind, diese Erleichterung eintreten lassen.

Abs. 3.

7. Ist ein Gegenvormund vorhanden oder zu bestellen — Die Bestellung eines Gegenvormundes soll, sofern sie nicht gültiger Weise untersagt ist, nach § 1792 in allen Fällen erfolgen, wo mit der Vormundschaft eine nicht unerhebliche Vermögensverwaltung verbunden ist und nicht mehrere Vormünder gemeinschaftlich die Vormundschaft führen. Ist diese Voraussetzung vorhanden und trotzdem ein Gegenvormund noch nicht bestellt, so muß diese Bestellung alsbald nachgeholt werden, damit der Vormund bei Einreichung der in Abs. 2 bezeichneten Uebersicht nach Vorschrift des Abs. 3 verfahren kann. Der Vormund erscheint daher seinerseits verpflichtet, die Nachholung der ordnungswidrig unterbliebenen Bestellung nöthigen Falles in Antrag zu bringen (vgl. auch § 1842 Anm. 1).

8. — so hat ihm der Vormund die Uebersicht unter Nachweisung des Vermögensbestandes vorzulegen. Die Befreiung des Vormundes geht also auch in dem Falle des § 1854 nicht so weit, daß seine Verwaltung während der Führung seines Amtes gar keiner Kontrole unterstände. Die letztere ist jedoch dem Maße nach derartig beschränkt, daß der Gegenvormund mit der Vorlegung der Uebersicht und der damit zu verbindenden Nachweisung des Vermögensbestandes sich begnügen muß. Um so mehr aber erscheint es demnach als Pflicht des Gegenvormundes, innerhalb dieser Grenzen die nach § 1799 ihm zugewiesene Aufsicht gewissenhaft und sorgfältig zu üben. Er darf daher dem Vormunde die Nachweisung des Vermögensbestandes bei eigener Verantwortung nicht erlassen und hat durch aufmerksame Vergleichung mit dem Inhalte der Uebersicht sich zu überzeugen, daß Alles, was hiernach vorhanden sein muß, in Wirklichkeit auch vorhanden ist (vgl. § 1842 Anm. 2). Wenn das Vormundschaftsgericht einen Gegenvormund nicht bestellt hat und ungeachtet des hierauf gerichteten Antrages des Vormundes auch die nachträgliche Bestellung ablehnt, so darf sich der Vormund hierbei beruhigen, da über die Nothwendigkeit der Bestellung das freie Ermessen des Vormundschaftsgerichtes entscheidet (vgl. § 1842 Anm. 1).

9. Der Gegenvormund hat die Uebersicht mit den Bemerkungen zu versehen, zu denen die Prüfung ihm Anlaß gibt. Auch in dieser Beziehung geht die Vorschrift, wie schon in dem ersten Satze des Abs. 3, parallel den in § 1842 für die Vorlegung und Prüfung der Rechnung aufgestellten Normen. Die Grundlage für die Prüfung der Uebersicht wird in den meisten Fällen nur die persönliche Kenntniß des Gegenvormundes von dem derzeitigen Stande des Mündelvermögens bilden können. In Betracht kommt, daß die Uebersicht nur bestimmt ist, dem Vormundschaftsgerichte eine Kontrole darüber zu ermöglichen, in wie weit der Zustand des Mündelvermögens, dessen Substanz, soweit es in die Verwaltung des Vormundes gelangt ist, sich aus den bei den Akten befindlichen Verzeichnissen (§ 1802) ergibt, in der Zwischenzeit eine Veränderung erlitten hat. Von dem Vormunde Auskunft und Rechtfertigung über diese Veränderung zu begehren, ist der Gegenvormund nicht befugt, da ein derartiges Ansinnen dem Verlangen zur

Rechnungslegung gleich käme, von einer solchen aber der Vormund vorliegenden Falles befreit ist. Hiernach kann sich die Prüfung des Gegenvormundes nur darauf erstrecken, festzustellen, einerseits, daß Alles, was nach dem Wissen des Gegenvormundes zu dem derzeitigen in der Verwaltung des Vormundes befindlichen Mündelvermögen gehört, den Verhältnissen der Wirklichkeit entsprechend (z. B. Grundstücke als Grundstücke, Werthpapiere als Werthpapiere) in die Uebersicht aufgenommen worden ist, andererseits aber auch, daß nicht mehr darin aufgeführt ist, als was thatsächlich vorhanden ist. Eben zu diesem Behufe ist der Gegenvormund nach § 1854 Abs. 3 nicht bloß berechtigt, sondern auch verpflichtet, den Bestand des Vermögens sich dabei nachweisen zu lassen. Ergeben sich hierbei Anstände, welche der Vormund nicht hinreichend aufzuklären vermag, so hat dies der Gegenvormund unter der Rechnung zu bemerken, falls er nicht vorzieht, hierüber der Vormundschaftsbehörde besonders zu berichten. Versäumt er diese Pflicht, deren Erfüllung dem Vormundschaftsgericht vielleicht Anlaß zu einer Maßnahme im Sinne des § 1857 gegeben haben würde, so handelt er hierbei auf eigene Gefahr (§ 1833 Abs. 1 Satz 2). Wenn Erinnerungen gegen die vorgelegte Uebersicht nicht zu ziehen sind, so genügt es, wenn seine Bemerkungen, mit denen er die Uebersicht zu versehen hat, nur dieses negative Ergebniß bestätigen.

§ 1855.

Benennt die eheliche Mutter einen Vormund, so kann sie die gleichen Anordnungen treffen wie nach den §§ 1852 bis 1854 der Vater.

Entw. I §§ 1690 bis 1692; Entw. II § 1729; Reichst.-Vorl. § 1831; Mot. IV zu §§ 1690 bis 1692 S. 1168 bis 1172; Komm. Prot. S. 6439, 6446, 6450.

Benennt die eheliche Mutter einen Vormund — Das Recht, einen Vormund zu benennen, stellt sich als ein Ausfluß der elterlichen Gewalt dar (§ 1777 Abs. 1 u. 2). Da die Benennung nur durch letztwillige Verfügung geschehen kann (§ 1777 Abs. 3), so ist für ihr Vorhandensein der Zeitpunkt des Todes des benennenden Elterntheils entscheidend. Das Benennungsrecht der ehelichen Mutter setzt mithin voraus, daß die elterliche Gewalt, zu deren Ausübung in erster Linie der Vater berufen ist, zu diesem Zeitpunkte ihr zustand. Letzteres aber trifft nur alsdann zu, wenn in dem Augenblicke ihres Ablebens der Vater entweder a) bereits gestorben oder für todt erklärt war, oder b) wenn er damals die elterliche Gewalt verwirkt hatte und die Ehe aufgelöst war, oder c) wenn diese Gewalt ruhte (§§ 1684, 1685), oder d) wenn bei einer nichtigen Ehe der Fall des § 1701 vorliegt. Hierbei ist zu beachten, daß, abgesehen von den Normalfällen des Ruhens und Endigens der elterlichen Gewalt, welche für beide Ehegatten gelten (§ 1686), die elterliche Gewalt der Mutter auch endigt, wenn sie eine neue Ehe eingeht (§ 1697).

Ueber ein uneheliches Kind steht nach § 1707 der Mutter die elterliche Gewalt überhaupt nicht zu.

Ist Seitens beider Eltern eine gültige Benennung geschehen, so geht im Hinblick auf § 1776 Abs. 1 die Benennung des Vaters vor.

§ 1856.

Auf die nach den §§ 1852 bis 1855 zulässigen Anordnungen finden die Vorschriften des § 1777 Anwendung.

Entw. I § 1693; Entw. II § 1730; Reichst.-Vorl. § 1832; Mot. IV zu § 1693 S. 1172; Komm. Prot. S. 6457.

---

1. — die Vorschriften des § 1777 — Hieraus folgt in materiellrechtlicher Beziehung, daß dem Vater oder bzw. der Mutter zur Zeit ihres Todes die elterliche Gewalt über das Kind, sowie auch das Recht zugestanden haben muß, in den die Person und das Vermögen des Kindes betreffenden Angelegenheiten dasselbe zu vertreten (§ 1777 Abs. 1). Handelt es sich um ein nachgeborenes Kind, so kommt es für das Benennungsrecht des Vaters darauf an, ob er dazu berechtigt sein würde, wenn das Kind schon vor seinem Tode geboren wäre (§ 1777 Abs. 2). In formeller Hinsicht ergibt die Bezugnahme auf § 1777, daß die Befreiungen aus §§ 1852 bis 1855 nur durch letztwillige Verfügung angeordnet werden können, also entweder durch Testament oder durch einseitige (nicht vertragsmäßige) Anordnung in einem Erbvertrage (§ 1777 Abs. 7, § 2299).

2. Ist die Befreiung von dem benennenden Elterntheil in der letztwilligen Verfügung ganz allgemein und unbeschränkt für den benannten Vormund ausgesprochen worden, so wird anzunehmen sein, daß sie sämmtliche in den §§ 1852 bis 1855 zugelassene Befreiungen umfaßt (vgl. Joh. Bd. 12 S. 58).

Einer Prüfung und Bestätigung der fraglichen elterlichen Anordnungen durch das Vormundschaftsgericht bedarf es nicht. Es kommt lediglich auf die Gültigkeit der letztwilligen Verfügung an, in welcher sie enthalten sind. Ueber diese Gültigkeit aber wird im Streitfalle, wenn sich die Betheiligten bei der Beurtheilung des Vormundschaftsgerichts nicht beruhigen wollen, durch den zuständigen Prozeßrichter zu entscheiden sein (vgl. § 1877 Anm. 7). Auch die weitere Frage, ob und bzw. in wie weit die auf Grund jener letztwillig angeordneten Befreiungen ohne die Genehmigung des Gegenvormundes oder bzw. des vormundschaftlichen Gerichtes von dem Vormund vorgenommenen Rechtsgeschäfte wirksam sind, ist der Entscheidung der ordentlichen Rechtswege nicht entzogen.

Uebrigens erscheint es aus praktischen Gründen zweckmäßig, die von dem Vater und der Mutter angeordneten und von dem Vormundschaftsgericht nicht außer Kraft gesetzten (§ 1857) Befreiungen des Vormundes auch in dessen Bestallung aufzunehmen.

§ 1857.

Die Anordnungen des Vaters oder der Mutter können von dem Vormundschaftsgericht außer Kraft gesetzt werden, wenn ihre Befolgung das Interesse des Mündels gefährden würde.

Entw. I § 1694; Entw. II § 1731; Reichst.-Vorl. § 1833; Mot. IV zu § 1694 S. 1173; Komm. Prot. S. 6454.

---

1. — können von dem Vormundschaftsgericht außer Kraft gesetzt werden — Es versteht sich von selbst, daß das Vormundschaftsgericht von dieser Befugniß nicht ohne eingehende Prüfung Gebrauch machen wird. Ob das

Mündelinteresse durch die Befolgung der elterlichen Anordnungen gefährdet erscheint, wird nicht selten schwierig zu entscheiden sein. Bei der Wichtigkeit der Frage empfiehlt es sich als Regel, zuvörderst hierüber, auch ohne daß dies beantragt wird, gemäß § 1847 Abs. 1 geeignete Verwandte oder Verschwägerte des Mündels zu hören. Die Außerkraftsetzung der Anordnungen kann im Uebrigen ebensowohl schon bei der Einleitung der Vormundschaft als während der Amtsführung des berufenen Vormundes erfolgen. Hebt das Vormundschaftsgericht die Anordnung erst während der Vormundschaft, sei es im Ganzen, sei es, was unbedenklich zulässig ist, nur theilweise (nämlich soweit die Befreiung das Mündelinteresse gefährdet) auf, so muß es, wenn die Befreiungen in der Bestallungsurkunde erwähnt sind (Anm. 2 zu § 1856), die letztere zurückfordern und dem Vormund eine neue entsprechend veränderte Bestallung ertheilen.

Die Bestimmung des § 1857 ist, wie schon die Motive bemerken, eine Konsequenz des § 1778 Abs. 1, die sich abgesehen davon schon um deswillen empfiehlt, weil sie in manchen Fällen die sonst eintretende Nothwendigkeit, sofort zur Entlassung des Vormundes zu schreiten, abschneiden wird.

2. — wenn ihre Befolgung das Mündelinteresse gefährden würde. Die Gefährdung muß positiver Art sein. Es müssen also bestimmte Umstände vorliegen, welche die Befürchtung rechtfertigen, daß bei Aufrechterhaltung der Befreiungen die Person oder das Vermögen des Mündels Nachtheil erleidet. Ob diese Umstände bereits vor Einleitung der Vormundschaft vorlagen und dem anordnenden Elterntheile bekannt waren, muß nach dem Zweck der Bestimmung und da das Gesetz für diesen Fall keine Ausnahme vorschreibt, als gleichgültig erachtet werden. Es ist nur der Zeitpunkt entscheidend, wo die gefährdenden Umstände zur Kenntniß des Vormundschaftsgerichts kommen, das über diesen ihren Charakter nach pflichtmäßigem Ermessen zu entscheiden hat.

VI. Familienrath.

§ 1858.

Ein Familienrath soll von dem Vormundschaftsgericht eingesetzt werden, wenn der Vater oder die eheliche Mutter des Mündels die Einsetzung angeordnet hat.

Der Vater oder die Mutter kann die Einsetzung des Familienraths von dem Eintritt oder Nichteintritt eines bestimmten Ereignisses abhängig machen.

Die Einsetzung unterbleibt, wenn die erforderliche Zahl geeigneter Personen nicht vorhanden ist.

Entw. I § 1712; Entw. II § 1751; Reichst.-Vorl. § 1834; Mot. IV Allgem. Begründung S. 1014, 1015, 1018 bis 1022, zu § 1712 S. 1203 bis 1205; Komm. Prot. S. 6490, 6493 bis 6496.

---

1. Die §§ 1858 bis 1881 behandeln das Institut des Familienraths, der hierdurch nach dem Vorgange der Pr. VO. für große Rechtsgebiete neu eingeführt wird. Der Familienrath stellt sich als ein die Rechte und Pflichten des Vormundschaftsgerichtes selbst ausübendes Organ dar, dessen Zusammenhang mit der staatlichen Vormundschaftsbehörde nur durch seinen Vorsitzenden, also der Regel nach den

Amtsrichter, vermittelt wird. Seine Bildung wird nach der Absicht des Gesetzes namentlich dann in Frage kommen, wenn die Verwaltung des Mündelvermögens (z. B. wegen dazu gehöriger umfänglicher Liegenschaften, Gewerbebetriebe u. s. w.) ganz besondere Schwierigkeiten verursacht. Das Gesetz unterscheidet zwei Fälle, in denen die Einsetzung des Familienrathes stattfindet, in § 1858 die Einsetzung auf Anordnung des Vaters oder der ehelichen Mutter, und in § 1859 die Einsetzung auf Antrag anderer Berechtigter. Eine Einsetzung außerhalb dieser beiden Fälle und lediglich von Amtswegen kennt das BGB. nicht.

Die in dem bisherigen Geltungsgebiete der Pr. VO. vom 5. Juli 1875 bereits bestehenden Familienräthe und deren Mitglieder bleiben gemäß Art. 210 Abs. 2 des EG. im Amte.

Abs. 1.

2. — soll von dem Vormundschaftsgericht eingesetzt werden — Die Bestimmung stellt sich, abweichend von der Fassung des § 71 Abs. 1 der Pr. VO., nur als Ordnungsvorschrift („soll" eingesetzt werden) dar. Ist die Einsetzung trotz vorhandener Anordnung unterblieben, so besteht daher die Vormundschaft inzwischen in allen Beziehungen zu Recht (vgl. Anm. 5).

Die Einsetzung erfolgt durch das Vormundschaftsgericht. Das letztere hat demnach zu prüfen, ob für die Vornahme dieses Aktes die gesetzlichen Voraussetzungen gegeben sind. Muß dies bejaht werden, so ist das Vormundschaftsgericht zur Einsetzung verpflichtet, auch wenn inzwischen Umstände eingetreten sind oder bereits von Anfang an vorlagen, welche dieselbe im Hinblick auf das Mündelinteresse bedenklich erscheinen lassen. Die in § 1778 Abs. 1, § 1797 Abs. 3 und § 1857 bestimmte Klausel ist in Ansehung der hier in Rede stehenden elterlichen Anordnung nicht wiederholt worden. Wie die Einsetzung vor sich geht, folgt aus § 1870.

3. — wenn der Vater oder die eheliche Mutter des Mündels die Einsetzung angeordnet hat. Wie der § 1868 ergibt, hat auch diese Anordnung des Vaters oder der Mutter ihren rechtfertigenden Grund in der elterlichen Gewalt. Sie kann daher gültiger Weise auch von dem Annehmer an Kindesstatt ausgehen.

Vorausgesetzt wird für die auf Anordnung der Eltern stattfindende Einsetzung des Familienrathes in allen Fällen, daß eine Vormundschaft über minderjährige Kinder in Frage steht. Bei der Vormundschaft über Volljährige, welche nach dem Gesetze niemals unter elterlicher Gewalt stehen können, bleibt für die Einsetzung nur der Weg des § 1859 Abs. 1 offen (§ 1905). Auch die uneheliche Mutter und dritte Personen, die dem Mündel eine Zuwendung gemacht haben, kommen für eine Anordnung dieser Art nicht in Betracht.

Abs. 2.

4. — von dem Eintritt oder Nichteintritt eines bestimmten Ereignisses abhängig machen. Diese der Pr. VO. unbekannte Bestimmung beruht inhalts der Motive auf der Erwägung, daß es als angemessen nicht erachtet werden kann, den Inhaber der elterlichen Gewalt in die Alternative zu versetzen, entweder die Einsetzung eines Familienraths unbedingt anordnen oder von einer solchen Anordnung überhaupt absehen zu müssen, daß es vielmehr rathsam ist, demselben zu gestatten, bei seiner Anordnung im Voraus auch künftige Verhältnisse zu berücksichtigen. Die Verhältnisse können so liegen, daß es durchaus zweckmäßig ist, die Einsetzung des Familienrathes oder dessen Fortdauer von dem Eintritte oder dem Nichteintritte eines künftigen Ereignisses abhängig zu machen, z. B. der In=

haber der elterlichen Gewalt bestimmt, daß ein Familienrath nur dann eingesetzt werden soll, wenn die von ihm berufenen Personen (§ 1861) das Amt eines Mitgliedes des Familienrathes übernehmen und nur so lange, als dieselben in einer zur Beschlußfähigkeit erforderlichen Anzahl dieses Amt bekleiden, oder der Inhaber der elterlichen Gewalt ordnet die Einsetzung eines Familienrathes unter der Bedingung an, daß zur Zeit der Anordnung der Vormundschaft ein bestimmtes Handelsgeschäft noch für Rechnung des Mündels betrieben wird und nur auf so lange bis dasselbe liquidirt oder sonst aufgegeben ist.

Auch die Beifügung solcher Bedingungen und Zeitbestimmungen kann als Theil der die Einsetzung des Familienrathes betreffenden elterlichen Anordnung nur unter den materiellen Voraussetzungen und in derjenigen Form, welche der § 1877 vorschreibt, geschehen (§ 1868 Abs. 1).

Abs. 3.

5. Die Einsetzung unterbleibt, wenn die erforderliche Anzahl geeigneter Personen nicht vorhanden ist. Erforderlich, aber auch genügend sind nach § 1860 außer dem Vorsitzenden zwei Mitglieder. Ob die in Betracht kommenden Personen geeignet sind, hat gemäß §§ 1865 bis 1867, in Verbindung mit §§ 1861, 1862, 1778 Abs. 1 und 2, das Vormundschaftsgericht zu beurtheilen. Gegen seine Entscheidung findet nach § 20 und § 59 des G. fr. G. die Beschwerde und im Falle der Uebergehung eines Berufenen nach § 60 Nr. 1 a. a. O. die sofortige Beschwerde statt.

Unterläßt das Vormundschaftsgericht trotz des Vorhandenseins einer gültigen Anordnung und obwohl auch geeignete Personen in der erforderlichen Anzahl vorhanden sind, die Einsetzung des Familienraths, so steht gegen seine ablehnende Verfügung, unbeschadet der Vorschriften des § 20 a. a. O., gemäß § 57 Nr. 4 a. a. O. dem Ehegatten sowie den Verwandten und Verschwägerten des Mündels und außerdem nach § 59 auch dem letzteren selbst, sofern er über 18 Jahre alt und nicht geschäftsunfähig ist, die einfache Beschwerde zu. In der Zwischenzeit bis zu der endgültigen Entscheidung bleibt die Zuständigkeit des Vormundschaftsgerichts für alle gesetzlich ihm zugewiesenen Verrichtungen in Kraft.

§ 1859.

Ein Familienrath soll von dem Vormundschaftsgericht eingesetzt werden, wenn ein Verwandter oder Verschwägerter des Mündels oder der Vormund oder der Gegenvormund die Einsetzung beantragt und das Vormundschaftsgericht sie im Interesse des Mündels für angemessen erachtet.

Die Einsetzung unterbleibt, wenn der Vater oder die eheliche Mutter des Mündels sie untersagt hat.

Entw. I § 1713; Entw. II § 1752; Reichst.-Vorl. § 1835; Mot. IV zu § 1713 S. 1205 bis 1207; Komm. Prot. S. 6490 bis 6492.

---

1. Während zufolge der Pr. VO. vom 5. Juli 1875 das Vormundschaftsgericht in Ermangelung einer Anordnung des Vaters oder der Mutter zur Bildung eines Familienraths unabhängig von seinem eigenen Ermessen nach § 71 Abs. 1 auch alsdann schreiten muß, wenn drei Personen, welche mit dem Mündel bis zum dritten Grade verwandt oder verschwägert sind, oder der Vormund oder der

Gegenvormund sie beantragen und dieselbe von dem Vater oder der Mutter nicht formgerecht untersagt ist (§. 71 Abs. 2 a. a. O.), ist das BGB. einem schon in dem Entwurfe der Pr. VO. vorgeschlagenen, aber damals nicht eingeschlagenen Wege gefolgt, indem es für diesen Fall die Einsetzung des Familienrathes davon abhängig macht, „daß das Vormundschaftsgericht, also ein staatliches Organ, den obwaltenden Umständen nach die Uebertragung der Obervormundschaft auf einen zu bildenden Familienrath im Interesse des Mündels für angemessen erachtet."

Abs. 1.

2. — soll von dem Vormundschaftsgericht eingesetzt werden — Aus dieser nur instruktionellen Fassung („soll") folgt, daß der Mangel des in § 1859 bezeichneten Antrages nicht die Nichtigkeit der Einsetzung zur Folge hat. Die letztere kann also durch Beschwerde rückgängig gemacht werden, besteht aber bis dahin zu Recht.

3. — ein Verwandter oder Verschwägerter des Mündels — Es genügt (abweichend von § 71 Abs. 1 Nr. 2 der Pr. VO.) schon der Antrag eines Verwandten oder Verschwägerten. Auch auf die Gradnähe der Verwandtschaft oder Schwägerschaft kommt nichts an.

4. — der Vormund oder der Gegenvormund — Bei dem Vorhandensein mehrerer Vormünder, welche gemeinschaftlich verwalten (§ 1797 Abs. 1), wird der Antrag auf einem Beschluß der vereinigten Vormünder beruhen müssen, da in diesem Falle die vereinigten Vormünder zusammen den Vormund, von welchem das Gesetz hier spricht, vorstellen. Aber auch wenn die Verwaltung unter die mehreren Vormünder getheilt ist (§ 1797 Abs. 2), wird dasselbe anzunehmen sein. In dieser Beziehung kommt in Betracht, daß der Antrag auf Einsetzung eines Familienraths eine gemeinschaftliche Angelegenheit sämmtlicher Vormünder auch in diesem Falle darstellt, weil durch diese Einsetzung die Amtsführung jedes Vormundes, also nicht bloß diejenige des einzelnen Antragstellers betroffen wird und überdies die Vertheilung der Vormundschaftsführung unter die mehreren Vormünder nach Wirkungskreisen von dem Ermessen des Vormundschaftsgerichts abhängt. Das Gesetz selbst hat nach den Motiven eine ausdrückliche Entscheidung dieser Frage nicht für erforderlich erachtet. Eine Gefahr für das Mündelinteresse kann übrigens weder in dem einen noch in dem anderen Falle entstehen, weil das Gesetz das Vormundschaftsgericht Mangels einer elterlichen Anordnung (§ 1858 Abs. 1) nicht verpflichtet, dem gestellten Antrage stattzugeben (vgl. Anm. 5).

Was von den Vormündern gilt, trifft auch für die Gegenvormünder zu. Eine besondere Form ist für die Antragstellung nicht vorgeschrieben.

5. — und das Vormundschaftsgericht sie im Interesse des Mündels für angemessen erachtet. Wird diese Angemessenheit verneint, so steht dem Antragsteller (also wenn mehrere den Antrag gestellt haben, jedem einzelnen) nach § 20 des G. fr. G. die Beschwerde zu, außerdem nach der besonderen Bestimmung in § 57 Nr. 4 a. a. O. aber auch dem Ehegatten (obwohl dieser nach § 1859 nicht antragsberechtigt ist), sowie jedem Verwandten oder Verschwägerten des Mündels, auch wenn er selber den Antrag nicht gestellt hat.

Abs. 2.

6. Die Einsetzung unterbleibt, wenn der Vater oder die eheliche Mutter des Mündels sie untersagt hat. In diesem Falle verliert also das Antragsrecht der in Abs. 1 bezeichneten Personen seine Wirkung. Schreitet das Vormundschaftsgericht, der Untersagung ungeachtet, zur Einsetzung, so steht jedem in seinem Rechte dadurch Beeinträchtigten, insbesondere also auch dem Vormund und Gegenvormund, nach § 20 Abs. 1 des G. fr. G. und nach Maßgabe des § 59 a. a. O. auch dem Mündel selbst die Beschwerde zu. Eine absolute Nichtigkeit der Einsetzung würde auch in diesem (dem § 1782 entsprechenden) Falle daraus nicht folgen.

Bezüglich der materiellen und formellen Voraussetzungen der elterlichen Untersagung gelten nach § 1868 Abs. 1 ebenfalls die Vorschriften des § 1777. Aus dem § 1868 Abs. 2 geht ferner hervor, daß, wenn der Vater gemäß § 1777 die Einsetzung des Familienrathes angeordnet hat, dieselbe von der Mutter dieser Anordnung entgegen wirksam nicht untersagt werden kann, sowie umgekehrt, daß auch eine durch den Vater vorschriftsmäßig geschehene Untersagung eine später dem entgegen erfolgende Anordnung der Einsetzung durch die Mutter verhindert.

Daß der Vater oder die Mutter mit der Untersagung zugleich einen Vormund berufen, ist nach dem Gesetz nicht erforderlich.

Wenn nicht mindestens zwei als Familienrathsmitglieder geeignete Personen vorhanden sind, so hat auch dieser Umstand, wie in dem Falle des § 1858 Abs. 3, selbstverständlich das Unterbleiben der Einsetzung zur Folge.

§ 1860.

Der Familienrath besteht aus dem Vormundschaftsrichter als Vorsitzendem und aus mindestens zwei, höchstens sechs Mitgliedern.

Entw. I § 1714 Abs. 1; Entw. II § 1753; Reichst.-Vorl. § 1836; Mot. IV zu § 1714 S. 1207, 1208; Komm. Prot. S. 6492.

— aus dem Vormundschaftsrichter als Vorsitzenden — Der Vormundschaftsrichter, also nach § 35 G. fr. G. regelmäßig der Amtsrichter, gehört kraft Gesetzes stets dem Familienrathe an, wenn das Gesetz ihn als Vorsitzenden auch äußerlich von den übrigen Mitgliedern im engeren Sinne unterscheidet. Selbst eine Anordnung der Eltern des Mündels vermag ihn von diesem Vorsitze nicht auszuschließen. Sind gemäß Art. 147 Abs. 1 des EG. die dem Vormundschaftsgericht obliegenden Verrichtungen durch Landesgesetz einem anderen Einzelbeamten übertragen, so tritt dieser auch hier an die Stelle des Amtsrichters. Uebt aber in dieser Hinsicht eine kollegialisch geordnete Behörde die obervormundschaftlichen Rechte und Pflichten aus, so bleibt nach § 190 des G. fr. G. der Landesgesetzgebung überlassen, über den Vorsitz im Familienrathe Bestimmung zu treffen.

§ 1861.

Als Mitglied des Familienraths ist berufen, wer von dem Vater oder der ehelichen Mutter des Mündels als Mitglied benannt ist. Die Vorschriften des § 1778 Abs. 1, 2 finden entsprechende Anwendung.

Entw. I § 1715 Abs. 1; Entw. II § 1754; Reichst.-Vorl. § 1837; Mot. IV zu § 1715 S. 1209; Komm. Prot. S. 6492.

---

1. Als Mitglied des Familienraths ist berufen — Die Berufung (Benennung durch den Vater oder die Mutter des Mündels) bildet auch hier wie

bei der Berufung der Vormünder (§§ 1776 bis 1779) den Gegensatz zu der nur subsidiär eintretenden Auswahl durch das Vormundschaftsgericht (§ 1862). Eine Berufung der Familienrathsmitglieder durch die Eltern kannte bisher nur das Preußische Vormundschaftsrecht (§ 72 Abs. 1 Nr. 1 der Pr. VO.). Rücksichtlich der Form und der materiellen Voraussetzungen gelten nach § 1868 Abs. 1 die Vorschriften des § 1777.

2. — von dem Vater oder der ehelichen Mutter des Mündels — Wie nur der Vater oder die eheliche Mutter die Einsetzung des Familienrathes anordnen können, so sind auch nur sie berechtigt, seine Mitglieder zu berufen. Eine besondere gesetzliche Entscheidung der speziellen Frage, in welcher Reihenfolge die von dem Vater oder der Mutter benannten Personen berufen sind, wenn der Vater oder die Mutter ohne Bestimmung der Reihenfolge mehr Personen benannt hat, als die gesetzlich zulässige Zahl von Mitgliedern des Familienraths (höchstens 6) beträgt, ist, wie die Motive erklären, nicht für erforderlich gehalten. Es wird der Regel nach anzunehmen sein, daß die zuerst benannten Personen, allemal auch die zuerst berufenen sein sollen.

3. Die Vorschriften des § 1778 Abs. 1, 2 — Daß das Vormundschaftsgericht die von dem Vater oder der Mutter benannten Personen unter denselben Voraussetzungen, aber auch nur unter denselben Voraussetzungen übergehen kann, wie einen von dem Vater oder der Mutter benannten Vormund (§ 1778 Abs. 1, § 1861 Satz 2), rechtfertigt sich zufolge der Motive durch die Analogie der Verhältnisse. Auf dieser Analogie beruht auch die weitere Vorschrift, daß der § 1778 Abs. 2 entsprechend Anwendung finden und demnach die von dem Vater benannten Personen den von der Mutter benannten vorgehen. Die letztere kann jedoch, wenn sie die elterliche Gewalt erlangt hat, innerhalb der gesetzlich zulässigen Höchstzahl (§ 1860) neben den von dem Vater benannten noch weitere Personen als Mitglieder benennen.

§ 1862.

Soweit eine Berufung nach § 1861 nicht vorliegt oder die Berufenen die Uebernahme des Amtes ablehnen, hat das Vormundschaftsgericht die zur Beschlußfähigkeit des Familienraths erforderlichen Mitglieder auszuwählen. Vor der Auswahl sollen der Gemeindewaisenrath und nach Maßgabe des § 1847 Verwandte oder Verschwägerte des Mündels gehört werden.

Die Bestimmung der Zahl weiterer Mitglieder und ihre Auswahl steht dem Familienrathe zu.

Entw. I § 1715 Abs. 2; Entw. II § 1755 Abs. 1, 2; Reichst.-Vorl. § 1838; Mot. IV zu § 1715 S. 1209 bis 1211; Komm. Prot. S. 6492.

Abs. 1.

1. Soweit eine Berufung nach § 1861 nicht vorliegt — Der Satz 1 des Abs. 1 entspricht der für die Auswahl der Vormünder gegebenen Vorschrift in § 1779 Abs. 1. Eine Berufung nach § 1861 liegt nicht vor, wenn entweder der Vater oder die Mutter die Einsetzung eines Familienraths überhaupt nicht angeordnet haben und letztere gemäß § 1859 nur auf Antrag stattfindet, oder wenn von dem Vater oder der Mutter bei ihrer Anordnung unterlassen worden ist, Mitglieder zu benennen.

2. — oder die Berufenen die Uebernahme des Amtes ablehnen — Zur Annahme der Berufung ist nach dem in § 1869 aufgestellten Grundsatz Niemand verpflichtet. Lehnen die Berufenen jedoch nicht ab, so darf sie das Vormundschaftsgericht, abgesehen von den Fällen der Unfähigkeit (§ 1865) und Untauglichkeit (§§ 1866, 1867), auch nicht übergehen. Die Berufenen haben insoweit auf Grund der Berufung ein Recht, ihre Bestellung zu Mitgliedern des Familienraths zu verlangen. Wird diesem Verlangen nicht stattgegeben, so steht ihnen gegen die ablehnende Verfügung des Vormundschaftsgerichts nach § 60 Abs. 1 Nr. 1 des G. fr. G. das Rechtsmittel der sofortigen Beschwerde zu.

3. — hat das Vormundschaftsgericht die zur Beschlußfähigkeit des Familienraths erforderlichen Mitglieder auszuwählen. Also das Vormundschaftsgericht als solches nimmt die Auswahl vor. Die Folge hiervon ist, daß, wenn das Vormundschaftsgericht gemäß landesgesetzlicher Bestimmung aus einer kollegialen Behörde besteht (Art. 147 Abs. 1 des EG.), nicht etwa deren Vorsitzender allein, sondern nur das Kollegium hierzu befugt ist. Zur Beschlußfähigkeit des Familienraths erforderlich sind neben dem Vorsitzenden nur zwei Mitglieder. Das Vormundschaftsgericht als solches kann daher niemals in die Lage kommen, mehr als zwei Mitglieder auszuwählen (vgl. Abs. 2).

Der Kreis der auszuwählenden Personen beschänkt sich für das Vormundschaftsgericht (ebenso wie nach § 72 Abs. 1 der Pr. VO.) auf die Verwandten oder Verschwägerten des Mündels (§ 1867). Sind solche nicht vorhanden oder sind sie nach §§ 1865, 1866 unfähig oder ungeeignet oder lehnen sie die Annahme ab, so muß die Einsetzung des Familienraths unterbleiben. Hat das Vormundschaftsgericht die Auswahl der beiden erforderlichen Mitglieder vollzogen und sind diese bestellt, so sind nach Abs. 2 die noch etwa weiter auszuwählenden (ordentlichen) Mitglieder von dem alsdann bereits vorhandenen Familienrath selbst auszuwählen.

4. — sollen der Gemeindewaisenrath und nach Maßgabe des § 1847 Verwandte oder Verschwägerte des Mündels gehört werden. Es liegt nach der Fassung („sollen") nur eine Ordnungsvorschrift vor, deren Nichtbefolgung der Gültigkeit der Auswahl nicht schadet. Wegen der Anhörung des Gemeindewaisenraths ist Anm. 2 zu § 1779 zu vergleichen. Mit Hülfe des Gemeindewaisenraths soll das Vormundschaftsgericht von dem Dasein Verwandter und Verschwägerter, sowie darüber, in wie weit sie als Mitglieder des Familienrathes sich eignen, auf zuverlässige Weise Kenntniß erlangen. „Das BGB. geht", wie die Motive bemerken „davon aus, daß dem Interesse des Mündels am besten gedient wird und eine zweckmäßige Zusammensetzung des Familienrathes am besten erwartet werden kann, wenn man es dem pflichtmäßigen Ermessen des Vormundschaftsgerichtes überläßt, in jedem einzelnen Falle diejenigen Verwandten oder Verschwägerten auszuwählen, welche den obwaltenden Umständen nach die geeignetsten sind" ... „Eine Vorschrift, daß die Mitglieder des Familienraths unter allen Umständen zur Hälfte aus den väterlichen und zur anderen Hälfte aus den mütterlichen Verwandten oder Verschwägerten zu entnehmen seien, kann zwar in keinem Falle als angemessen erachtet werden, da die persönlichen Eigenschaften des Auszuwählenden und das Interesse des Mündels schließlich immer den Ausschlag geben müssen. Dagegen scheint es, sofern in dieser Richtung Bedenken nicht entgegenstehen, den natürlichen Verhältnissen am meisten zu entsprechen, wenn beide

Familien in dem Familienrathe gleichmäßig vertreten sind, namentlich, wenn man erwägt, daß der letztere darüber zu entscheiden hat, ob und welche anderen Personen über die zur Beschlußfähigkeit desselben erforderliche Zahl ausgewählt werden sollen. Besteht der Familienrath nur aus Verwandten oder Verschwägerten der einen Linie, so hat er es in der Hand, die andere Linie von der Theilnahme am Familienrathe ganz auszuschließen, um auf Kosten derselben und zum Schaden des Mündels eigennützige Interessen verfolgen zu können. Auf der anderen Seite ist indessen zu berücksichtigen, daß, wie die Motive der Pr. VO. S. 45 ff. hervorheben, es in der Natur der menschlichen Verhältnisse liegt und auch von den Anhängern des Institutes des Familienraths als Erfahrungssatz bestätigt wird, daß, wenn einmal bestimmte Gegensätze im Schooße der Familie sich geltend machen, die väterlichen und die mütterlichen Verwandten als geschlossene Parteien sich gegenüberstehen und alsdann der vorsitzende Richter nicht nur jedes unparteiischen Rathes entbehrt, sondern auch dem Mißtrauen derjenigen Linie begegnet, zu deren Ungunsten er den Ausschlag gibt".

Abs. 2.

5. Die Bestimmung der Zahl weiterer Mitglieder — Da im Ganzen nicht mehr als sechs Mitglieder zulässig sind (§ 1860) und hiervon, soweit eine Auswahl erforderlich ist, zwei Mitglieder das Vormundschaftsgericht auswählt (§ 1862 Abs. 1), so können von dem Familienrath nicht mehr als höchstens vier Mitglieder bestimmt werden.

6. — ihre Auswahl — Die Auswahl braucht in diesem Falle, wie aus § 1867 folgt, nicht aus den Verwandten oder Verschwägerten zu geschehen. Nur die allgemeinen Beschränkungsgründe aus §§ 1865, 1866 sind für den Familienrath zu beachten.

7. — steht dem Familienrathe zu. Also nicht dem Vormundschaftsgericht, wie in dem Falle des Abs. 1, und auch nicht dem Vorsitzenden, wie in dem Falle des § 1864. Die Bestimmung erscheint zweckmäßig, um hierdurch die Mitglieder des Familienrathes einander näher zu bringen und ein gedeihliches Zusammenwirken ihrerseits zu befördern.

§ 1863.

Sind neben dem Vorsitzenden nur die zur Beschlußfähigkeit des Familienraths erforderlichen Mitglieder vorhanden, so sind ein oder zwei Ersatzmitglieder zu bestellen.

Der Familienrath wählt die Ersatzmitglieder aus und bestimmt die Reihenfolge, in der sie bei der Verhinderung oder dem Wegfall eines Mitglieds in den Familienrath einzutreten haben.

Hat der Vater oder die eheliche Mutter Ersatzmitglieder benannt und die Reihenfolge ihres Eintritts bestimmt, so ist diese Anordnung zu befolgen.

Entw. I § 1715 Abs. 4; Entw. II § 1756; Reichst.-Vorl. § 1839; Mot. IV zu § 1715 S. 1211; Komm. Prot. S. 6492.

---

1. Durch die Bestimmung in Abs. 1 und Abs. 2, welche dem § 76 Abs. 2 der Pr. VO. entspricht, soll unerwünschten Verzögerungen vorgebeugt werden, welche durch Beschlußunfähigkeit des Familienraths in Folge der Verhinderung oder des Wegfalles eines Mitgliedes sonst eintreten könnten. Dieselbe erschien, wie die

Motive bemerken, um so mehr angezeigt, als anderenfalls in Ermangelung geeigneter Verwandter und Verschwägerter des Mündels der Familienrath würde aufgelöst werden müssen (§ 1879 Abs. 1), während, wenn durch die Heranziehung des Ersatzmitgliedes die Beschlußfähigkeit hergestellt wird, der Familienrath auch geeignete fremde Personen als Mitglieder desselben auszuwählen in der Lage ist (§ 1867).

Abs. 1.

2. Sind neben dem Vorsitzenden nur die zur Beschlußfähigkeit des Familienrathes erforderlichen Mitglieder vorhanden — Es ist gleichgültig, ob dieser Zustand gleich bei der Einsetzung des Familienrathes besteht, indem etwa nur zwei geeignete Mitglieder überhaupt zur Verfügung standen, oder ob derselbe etwa in Folge des Todes oder der nachträglich eintretenden gesetzlichen Unfähigkeit eines Mitgliedes, erst später hervortritt. Im Uebrigen ist hiernach die Bestellung von Ersatzmitgliedern, abgesehen von dem Falle des § 1864, an die Voraussetzung geknüpft, daß die Zahl der Familienrathsmitglieder nur zwei beträgt.

3. — so sind ein oder zwei Ersatzmitglieder zu bestellen. Sie müssen also bestellt werden. Nur die Bestimmung der Zahl, ob ein oder zwei bestellt werden sollen, hängt von dem Ermessen des Familienrathes ab.

Abs. 2.

4. Der Familienrath wählt die Ersatzmitglieder aus — Nur wenn der Fall des Abs. 3 vorliegt, fällt diese Auswahl als unnöthig weg. Die nach § 1863 Abs. 2 von dem Familienrath auszuwählenden Ersatzmitglieder unterscheiden sich von den nach § 1864 durch den Vorsitzenden auszuwählenden dadurch, daß die ersteren dauernd, die letzteren aber nur vorübergehend bestellt werden.

5. — bestimmt die Reihenfolge, in der sie bei der Verhinderung oder dem Wegfall eines Mitgliedes in den Familienrath einzutreten haben. Die Bestimmung, welche an die Vorschrift des § 45 Abs. 2 des deutschen Gerichtsverfassungsgesetzes erinnert, scheint verhindern zu sollen, daß es der Vorsitzende in der Hand hat, durch seine alleinige Entscheidung über die Reihenfolge der Einberufung auf die Zusammensetzung des Familienrathes gegebenen Falles einzuwirken. Da die Höchstzahl der dauernden Ersatzmitglieder zwei beträgt, so ist zur Regelung der Reihenfolge nur nöthig, daß der Familienrath bestimmt, wer von den beiden Ersatzmitgliedern (sofern überhaupt zwei vorhanden sind) als Erster einzutreten hat. Die Verhinderung kann thatsächlicher oder rechtlicher Art sein. Es versteht sich von selbst, daß für ein Mitglied, durch dessen Wegfall die Beschlußfähigkeit des Familienrathes aufgehoben wird, ein neues ordentliches Mitglied zu bestellen ist, welches, sofern keine Berufung vorliegt, nach Maßgabe des § 1862 Abs. 1 das Vormundschaftsgericht auszuwählen hat. Sobald diese Bestellung vollzogen ist, hört die dauernde Vertretung des weggefallenen Mitgliedes durch das inzwischen eingetretene Ersatzmitglied auf.

Abs. 3.

6. Hat der Vater oder die eheliche Mutter Ersatzmitglieder benannt und die Reihenfolge ihres Eintrittes bestimmt, so ist diese Anordnung zu befolgen. Für die Benennung gelten auch hier gemäß § 1868 die Vorschriften des § 1777. Die elterliche Anordnung muß befolgt werden, sie geht also sowohl in Betreff der Personen der Ersatzmitglieder als auch hinsichtlich

der Reihenfolge ihres Eintrittes den Bestimmungen des Familienrathes vor. Hat der Vater oder die Mutter nur die Personen berufen, die Reihenfolge ihres Eintritts aber nicht bestimmt, so tritt in letzterer Beziehung wiederum das Recht des Familienrathes ein.

§ 1864.

Wird der Familienrath durch vorübergehende Verhinderung eines Mitglieds beschlußunfähig und ist ein Ersatzmitglied nicht vorhanden, so ist für die Dauer der Verhinderung ein Ersatzmitglied zu bestellen. Die Auswahl steht dem Vorsitzenden zu.

Entw. I § 1715 Abs. 5; Entw. II § 1757; Reichst.-Vorl. § 1840; Mot. IV zu § 1715 S. 1211, 1212; Komm. Prot. S. 6492.

---

1. Für die Aufnahme der der Pr. VO. unbekannten Bestimmung des § 1864 sind zufolge der Motive Gründe praktischer Zweckmäßigkeit, namentlich die Erwägung maßgebend gewesen, daß es dem Grundgedanken des Institutes des Familienrathes nicht entsprechen würde, wenn in Folge der nur vorübergehenden Verhinderung eines Mitgliedes die Thätigkeit des Familienrathes überhaupt lahm gelegt und während der Dauer einer solchen Verhinderung die Ausübung der Obervormundschaft allein in die Hand des Vormundschaftsrichters nach Maßgabe des § 1876 gelegt wird. Soll jedoch der Zweck der Bestimmung des § 1864 sicher erreicht werden, so muß für den hier fraglichen Fall der nur vorübergehenden Verhinderung eines Mitgliedes dem Vormundschaftsrichter die weitere Befugniß gegeben werden, auch fremde, nicht zu den Verwandten und Verschwägerten des Mündels gehörende Personen als Ersatzmitglieder auszuwählen und zu bestellen (§ 1867). Eine vorgängige Anhörung des Gemeindewaisenraths ist für diese meist schleunigen Fälle nicht vorgeschrieben.

2. Wird der Familienrath durch vorübergehende Verhinderung eines Mitgliedes beschlußunfähig und ist ein Ersatzmitglied nicht vorhanden — Eine vorübergehende Verhinderung kann aus mannigfachen Ursachen eintreten, insbesondere durch Krankheit, Abwesenheit, Besorgung nothwendiger eigener Geschäfte. Im Uebrigen aber setzt die Anwendung des § 1864 auch voraus, daß kein ordentliches Ersatzmitglied (§ 1863 Abs. 1), welches an Stelle des verhinderten ordentlichen Mitgliedes eintreten könnte, vorhanden ist. Da diese letztere Voraussetzung im Hinblick auf § 1863 Abs. 1 aber regelmäßig nur zutrifft, wenn der Familienrath aus mehr als zwei Mitgliedern besteht, so wird der § 1864 auch regelmäßig nur zur Anwendung gelangen können, wenn wenigstens zwei ordentliche Mitglieder verhindert sind. Eine fernere Voraussetzung ist, daß die Verhinderung desjenigen ordentlichen Mitgliedes, zu dessen Vertretung das Ersatzmitglied bestellt werden soll, nur vorübergehend ist. Würde die Beschlußfähigkeit durch die dauernde Verhinderung eines ordentlichen Mitgliedes aufgehoben, so würde, sofern geeignete Personen vorhanden sind, auf eine Ergänzung nach Maßgabe des § 1862 Bedacht zu nehmen sein.

Zur Vermeidung von Unterbrechungen der Amtsthätigkeit des Familienrathes wird es sich überhaupt empfehlen, auf Grund des § 1862 Abs. 2 nach Möglichkeit dafür Sorge zu tragen, daß stets mehr als zwei Mitglieder des Familienraths (die geringste Zahl) vorhanden sind.

3. — so ist für die Dauer der Verhinderung ein Ersatzmitglied zu bestellen. Wie die Fassung („so ist . . zu bestellen") ergibt, muß die Bestellung geschehen. Sie erfolgt jedoch nicht, wie in dem Falle des § 1863 Abs. 1, für die Dauer des Bestehens des Familienraths, sondern nur für die Dauer der Verhinderung des zu vertretenden Mitgliedes. Es ist diese Beschränkung bei der Bestellung zum Ausdruck zu bringen (§ 1871).

4. Die Auswahl steht dem Vorsitzenden zu. Also nicht, wie in dem Falle des § 1863 Abs. 2, dem Familienrath. Die Auswahl braucht nicht, wie bei der Auswahl der ordentlichen Mitglieder durch das Vormundschaftsgericht (§ 1862 Abs. 1), aus den Verwandten oder Verschwägerten des Mündels zu erfolgen. Auch eine Anhörung der letzteren oder des Gemeindewaisenraths ist für diese Auswahl nicht vorgeschrieben.

§ 1865.

Zum Mitgliede des Familienraths kann nicht bestellt werden, wer geschäftsunfähig oder wegen Geistesschwäche, Verschwendung oder Trunksucht entmündigt ist.

Entw. I § 1716 Abs. 1, 3; Entw. II § 1758; Reichst.-Vorl. § 1841; Mot. IV zu § 1716 S. 1212; Komm. Prot. S. 6493.

---

1. Der § 1865 wiederholt lediglich die in § 1780 mit Bezug auf die Vormünder gegebene Vorschrift auch für die Mitglieder des Familienraths. Es liegt in der Natur der Sache, daß Jemand, der unfähig ist zur Uebernahme einer Vormundschaft, auch unfähig sein muß, Mitglied eines Familienraths zu sein.

Wegen der Fähigkeit der Ausländer ist Anm. 1 zu § 1785 zu vergleichen.

2. Zum Mitglied des Familienraths kann nicht bestellt werden — Der Begriff des Mitgliedes umfaßt hier auch die Ersatzmitglieder im Sinne des § 1863 und des § 1864. Da die Bestellung der nach § 1865 zur Mitgliedschaft unfähigen Personen nicht erfolgen „kann", so ist die trotzdem geschehene Bestellung rechtlich unwirksam. Die unter Betheiligung des unfähigen Mitgliedes gefaßten Beschlüsse des Familienrathes entbehren daher der Gültigkeit, auch wenn das Ergebniß der Abstimmung, äußerlich betrachtet, davon nicht abhängig war.

§ 1866.

Zum Mitgliede des Familienraths soll nicht bestellt werden:
1. der Vormund des Mündels;
2. wer nach § 1781 oder nach § 1782 nicht zum Vormunde bestellt werden soll;
3. wer durch Anordnung des Vaters oder der ehelichen Mutter des Mündels von der Mitgliedschaft ausgeschlossen ist.

Entw. I § 1716 Abs. 1, 2 Nr. 1, 2, 4, Abs. 3; Entw. II § 1759; Reichst.-Vorl. § 1842; Mot. IV zu § 1716 S. 1212, 1213, 1215; Komm. Prot. S. 6493; Reichst.-Komm.-Ber. S. 174; Reichst.-Sitz. Prot. S. 3005, 3095.

Abs. 1.

1. Zum Mitgliede des Familienraths soll nicht bestellt werden — Weder zum ordentlichen, noch zum Ersatzmitglied. Geschieht die Bestellung gegen die Vorschrift des § 1866, so schadet sie im Uebrigen der Zusammensetzung des Familienrathes nicht und bleibt im Hinblick auf die nur instruktionelle Fassung des Verbotes wirksam, bis, eventuell im Wege der Beschwerde, ihre Rückgängigmachung erfolgt.

2. 1. der Vormund des Mündels — Da der Familienrath nach § 1872 Abs. 1 Satz 1 die Verrichtungen des Vormundschaftsgerichtes ausübt, wozu auch die Beaufsichtigung des Vormundes gehört (§ 1837), so würde die Stellung des Vormundes des Mündels mit derjenigen eines Mitgliedes des Familienrathes wegen fortdauernder Kollision unvereinbar sein. Der Gesichtspunkt, daß es für die Beschlußfassung des Familienrathes nur förderlich sein könne, wenn dem letzteren Gelegenheit gegeben würde, den Vormund selbst zu vernehmen und dessen Ansicht über die in Frage stehende Angelegenheit kennen zu lernen, kann, wie die Motive hervorheben, als durchschlagend nicht erachtet werden. Jener mit der Anhörung des Vormundes verbundene Vortheil kann auch dadurch erreicht werden, daß es dem pflichtmäßigen Ermessen des Familienrathes überlassen wird, in geeigneten Fällen vor einer Entscheidung den Vormund zu hören. Soweit das Gesetz das Vormundschaftsgericht zu dieser Anhörung ausdrücklich verpflichtet, trifft selbstverständlich die gleiche Pflicht auch den Familienrath.

Der Gegenvormund, der zu den Aufsichtsorganen der Vormundschaftsführung gehört, ist zur Bestellung als Mitglied des Familienrathes an sich nicht für untauglich erachtet. Daß er auch seinerseits der Beaufsichtigung des Familienrathes unterliegt, ist in diesem Falle nicht für durchschlagend angesehen worden, um seine Zulassung als Mitglied, für welche im Uebrigen manche Zweckmäßigkeitsgründe sprechen, zu beseitigen.

3. 2. wer nach § 1781 oder nach § 1782 nicht zum Vormunde bestellt werden soll — Da das Gesetz der §§ 1783 und 1884 hierbei nicht erwähnt, so dürfen an sich ohne Einschränkung auch weibliche Personen, und zwar Ehefrauen unabhängig von einer ehemännlichen Genehmigung, sowie ferner auch Beamte und Religionsdiener, welche nach den Landesgesetzen zur Uebernahme einer Vormundschaft einer besonderen Erlaubniß bedürfen, ohne Erlaubniß der ihnen vorgesetzten Instanz als Mitglieder des Familienrathes bestellt werden. Sollte in einem einzelnen Falle das Interesse des Dienstes durch den Eintritt in den Familienrath leiden, so kann nach § 1878 Abs. 1, verbunden mit § 1889, wie die Motive bemerken, das Vormundschaftsgericht auf Antrag die Entlassung eintreten lassen.

Wegen der §§ 1781 und 1782 sind die dazu ergangenen Anmerkungen zu vergleichen, deren Inhalt auch hier entsprechend in Betracht kommt.

4. 3. wer durch Anordnung des Vaters oder der ehelichen Mutter des Mündels von der Mitgliedschaft ausgeschlossen ist. Die Bestimmung entspricht der in § 1782 für die Vormundschaft gegebenen Vorschrift. Personen, die der Vater oder die eheliche Mutter von der Vormundschaft ausgeschlossen hat, sind gemäß § 1866 Nr. 2 schon aus diesem Grunde als Mitglieder des Familienrathes ungeeignet. Nach dem unter Nr. 3 ausgesprochenen Verbot gilt aber eben dasselbe, wenn die von den Eltern angeordnete Ausschließung unmittelbar die Mitgliedschaft des Familienraths betrifft. Eine von dem

Vater als Mitglied benannte Person (§ 1861) kann jedoch von der Mutter nicht wirksam ausgeschlossen werden (§ 1868 Abs. 2).

Rücksichtlich der materiellen Voraussetzungen und der Form für die Ausschließung gelten auch hier die Vorschriften des § 1777 (vgl. § 1868 Abs. 1).

§ 1867.

Zum Mitgliede des Familienraths soll nicht bestellt werden, wer mit dem Mündel weder verwandt noch verschwägert ist, es sei denn, daß er von dem Vater oder der ehelichen Mutter des Mündels benannt oder von dem Familienrath oder nach § 1864 von dem Vorsitzenden ausgewählt worden ist.

Entw. I § 1716 Abs. 2 Nr. 3, Abs. 3; Entw. II § 1760; Reichst.-Vorl. § 1843; Mot. IV zu § 1716 S. 1214, 1215; Komm. Prot. S. 6493.

---

1. Zum Mitgliede des Familienraths soll nicht bestellt werden — Die Bezeichnung „Mitglied" umfaßt auch hier, wie aus dem Schlusse des Paragraphen deutlich hervorgeht, ebensowohl die ordentlichen wie die Ersatz-Mitglieder. Im Uebrigen liegt nur eine Ordnungsvorschrift vor.

2. — wer mit dem Mündel weder verwandt noch verschwägert ist — Auf die Linie und die Gradnähe kommt nichts an. Soweit die Thatsache der Verwandschaft oder Schwägerschaft nicht gerichtskundig ist, hat sie das Vormundschaftsgericht bis zur Ueberzeugung festzustellen. Dasselbe kann sich zu diesem Behufe auch der Hülfe des Gemeindewaisenraths bedienen.

3. — von dem Vater oder der ehelichen Mutter benannt — Der Vater und die eheliche Mutter sind in der Auswahl der von ihnen zu benennenden Personen ganz unbeschränkt. Sie können als Mitglied des Familienraths Jeden berufen, der nach §§ 1865, 1866 nicht von der Bestellung ausgeschlossen ist.

4. — oder von dem Familienrath — Auch der Familienrath kann in den Fällen, wo er zur Auswahl der Mitglieder (§ 1862 Abs. 2) und der Ersatzmitglieder (§ 1863 Abs. 2) befugt ist, jede nach § 1865 nicht unfähige und nach § 1866 nicht ungeeignete Person wählen. Daß dabei in erster Linie, wenn nicht Verwandte oder Verschwägerte, so doch Freunde der Mündelfamilie in Betracht kommen werden, versteht sich von selbst.

5. — oder nach § 1864 von dem Vorsitzenden — Der Vorsitzende wählt nur die außerordentlichen Ersatzmitglieder und steht dabei in der Wahl ebenso frei wie der Familienrath.

6. Nach §§ 1858 bis 1867 ergeben sich für die Bildung und Mitgliedschaft des Familenraths folgende Regeln:

I. Die Einsetzung eines Familienrathes findet statt:

A. bei Vormundschaften (und Pflegschaften) über Minderjährige auf Anordnung des Vaters oder der ehelichen Mutter (§ 1858). In diesem Falle muß die Einsetzung erfolgen, es sei denn, daß es an der erforderlichen Zahl geeigneter Personen fehlt (§ 1858 Abs. 3). Als Mitglieder sind zunächst diejenigen zu bestellen, welche die Eltern berufen haben (§ 1861). Die Berufenen brauchen nicht Verwandte oder Verschwägerte des Mündels zu sein (§ 1867). Soweit keine wirksame elterliche Berufung vorliegt oder die Berufenen die Uebernahme des Amtes ablehnen, erfolgt die Auswahl durch das Vormundschaftsgericht, bis die beschlußfähige Zahl von zwei Mitgliedern, welche annahmebereit sind, erreicht ist. Die Ausgewählten müssen in diesem Falle Verwandte oder Verschwägerte des Mündels sein (§ 1867). Sofern es an solchen mangelt, kann eine Einsetzung des Familienrathes nicht erfolgen (§ 1858 Abs. 3). Hat der Vater die Einsetzung untersagt, so ist eine entgegenstehende Anordnung der Mutter wirkungslos; dagegen bleibt umgekehrt das Verbot der Mutter auf die Anordnung des Vaters ohne Einfluß (§ 1868 Abs. 2).

B. bei Vormundschaften (Pflegschaften) über Minderjährige oder Volljährige auf Antrag eines Verwandten oder Verschwägerten des Mündels oder des Vormundes (Pflegers) oder des Gegenvormundes, sofern das Vormundschaftsgericht die Einsetzung im Mündelinteresse für angemessen erachtet (§ 1859 Abs. 1) und der Vater oder die eheliche Mutter sie bei einer Vormundschaft (Pflegschaft) über Minderjährige nicht untersagt hat (§ 1859 Abs. 2). Die Auswahl der zur Beschlußfassung erforderlichen beiden Mitglieder nimmt in diesem Falle das Vormundschaftsgericht vor (§ 1862 Abs. 1). Wählbar sind nur Verwandte oder Verschwägerte des Mündels. Hat jedoch der Vater oder die eheliche Mutter, ohne selber die Einsetzung eines Familienrathes anzuordnen, für den Fall seiner auf Antrag erfolgenden Einsetzung im Voraus Mitglieder berufen, so sind bei einer Vormundschaft (Pflegschaft) über Minderjährige zunächst diese Berufenen zu bestellen. Fehlt es an einer solchen Berufung, und sind auch geeignete Verwandte oder Verschwägerte nicht vorhanden, so kann keine Einsetzung geschehen.

II. Ist der Familienrath in dem Falle zu IA oder IB von dem Vormundschaftsgericht eingesetzt, so hat er selber (§ 1862 Abs. 2) das Recht der Zuwahl (Kooptation). Die von ihm ausgewählten Mitglieder (Hauptmitglieder) brauchen nicht den Verwandten oder Verschwägerten des Mündels anzugehören. Macht der Familienrath von diesem Zuwahlrecht keinen Gebrauch, so ist er gehalten, wenn nur zwei Hauptmitglieder vorhanden sind, ein oder zwei (ordentliche) Ersatzmitglieder auszuwählen und zugleich, wenn er zwei auswählt, zu bestimmen, welches Ersatzmitglied zuerst einzutreten hat (§ 1863 Abs. 2). Auch bezüglich der Ersatzmitglieder ist der Kreis der Auszuwählenden unbeschränkt (§ 1867). Hat einer der Eltern in wirksamer Weise Ersatzmitglieder berufen, so gehen dieselben jedoch anderen Personen vor (§ 1863 Abs. 3).

III. Die in dem Falle des § 1864 vorübergehend eintretenden (außerordentlichen) Ersatzmitglieder wählt der Vorsitzende des Familienraths aus. Verwandtschaft oder Schwägerschaft mit dem Mündel ist nicht erforderlich (§ 1867). Ihre Auswahl findet nur statt, wenn kein ordentliches Ersatzmitglied vorhanden ist.

§ 1868.

Für die nach den §§ 1858, 1859, 1861, 1863, 1866 zulässigen Anordnungen des Vaters oder der Mutter gelten die Vorschriften des § 1777.

Die Anordnungen des Vaters gehen den Anordnungen der Mutter vor.

Entw. I § 1718; Entw. II § 1761; Reichst.-Vorl. § 1844; Mot. IV zu § 1718 S. 1216; Komm. Prot. S. 6493.

Abs. 1.

1. Die hier bezeichneten Anordnungen betreffen die Einsetzung des Familienraths (§ 1858 Abs. 1 und 2), die Untersagung seiner Einsetzung (§ 1859 Abs. 2), die Berufung der Mitglieder (§ 1861), die Berufung von Ersatzmitgliedern und die Bestimmung der Reihenfolge ihres Eintrittes (§ 1863 Abs. 3) und die Ausschließung von der Mitgliedschaft zum Familienrath (§ 1866 Nr. 3). Zur Rechtswirksamkeit aller dieser Anordnungen werden die materiellen Voraussetzungen und die Form, welche der § 1777 für die Berufung des Vormundes vorschreibt, erfordert. Es muß sich also überall um die Vormundschaft (Pflegschaft) über ein minderjähriges Kind handeln, über welches dem Vater oder bzw. der Mutter zur Zeit ihres Todes die elterliche Gewalt zustand oder zugestanden haben würde, wenn das fragliche Kind damals schon geboren gewesen wäre, und bezüglich dessen die elterliche Vertretungsmacht weder in Ansehung der Person noch des Vermögens des Kindes damals aufgehoben war (1777 Abs. 1 und 2). Die Form der Anordnung ist gemäß § 1777 Abs. 3 die letztwillige Verfügung, also entweder Testament oder einseitige, also nicht vertragsmäßige Anordnung durch Erbvertrag (§ 2278).

Abs. 2.

2. Die Anordnungen des Vaters gehen den Anordnungen der Mutter vor. Es gilt also dieser Grundsatz bezüglich aller in Anm. 1 erwähnter Anordnungen, soweit ihnen gesetzlich Gültigkeit zukommt.

§ 1869.

Niemand ist verpflichtet, das Amt eines Mitglieds des Familienraths zu übernehmen.

---

1. Niemand ist verpflichtet ... zu übernehmen. Das Gesetz geht davon aus, daß die Einsetzung des Familienraths keine im Interesse des Mündels nothwendige Einrichtung ist, und daß daher eine Zwangspflicht für den Eintritt in denselben nicht bestimmt zu werden braucht. Aber nur die Uebernahme, nicht auch die Fortführung des einmal übernommenen Amtes hängt von der freien Entschließung des Berufenen oder Ausgewählten ab. Es würde im anderen Falle die Gefahr eines häufigen Wechsels der Mitglieder bestehen, welcher den Charakter des Familienraths als einer ständigen Behörde gefährden würde.

2. — eines Mitgliedes des Familienraths — Gemeint sind die ordentlichen Mitglieder (Hauptmitglieder) und auch die Ersatzmitglieder. Der Vorsitzende des Familienraths gilt selbstverständlich nicht als Mitglied im Sinne des § 1869, und ein Ablehnungsrecht für ihn besteht nicht.

§ 1870.

Die Mitglieder des Familienraths werden von dem Vorsitzenden durch Verpflichtung zu treuer und gewissenhafter Führung des Amtes bestellt. Die Verpflichtung soll mittelst Handschlags an Eidesstatt erfolgen.

Entw. I § 1714 Abs. 2; Entw. II § 1763; Reichst.-Vorl. § 1846; Mot. IV zu § 1714 S. 1208, 1209; Komm. Prot. S. 6493.

---

1. Die Bestimmung in § 1870 entspricht dem § 1789.

2. Die Mitglieder — Darunter fallen auch hier die Hauptmitglieder (§ 1860) und die Ersatzmitglieder (§§ 1863, 1864).

3. — werden von dem Vorsitzenden zu treuer und gewissenhafter Führung des Amtes bestellt. Das Amt der Mitglieder erscheint, abgesehen von dem Falle des § 1864, als ein ständiges Amt. Nicht vorgeschrieben aber zweckmäßig ist, daß der Vorsitzende bei der Bestellung die Mitglieder auch mit dem wesentlichen Inhalt ihrer gesetzlichen Pflichten bekannt macht. Auch daß über den Bestellungsakt ein Protokoll oder eine Registratur aufgenommen wird, bestimmt das Gesetz nicht. Es muß dies aber als selbstverständlich erachtet werden, zumal die Mitglieder selbst über ihre Bestellung keine Urkunde erhalten. Zu beachten ist, daß nach § 1791 Abs. 2 Satz 2 (bzw. § 1915) die Einsetzung des Familienrathes in der Bestallung des Vormundes (Pflegers) und auch des Gegenvormundes (§ 1792 Abs. 4) ersichtlich gemacht werden muß.

4. Die Verpflichtung soll mittels Handschlages an Eidesstatt erfolgen. Auch hierüber wird das Protokoll oder die Registratur Auskunft zu geben haben. Ist die Abnahme des Handschlages als bloße Förmlichkeit versehentlich unterblieben, so macht diese Unterlassung die Verpflichtung, da die Vorschrift nur Ordnungsvorschrift ist, nicht ungültig. Bevor nicht die Verpflichtung der Mitglieder bewirkt worden ist, besteht der Familienrath noch nicht zu Recht. Dieselbe fällt daher mit der Einsetzung des Familienraths zusammen. Auch bezüglich der durch Zuwahl (§ 1862) hinzutretenden ordentlichen Mitglieder und der Ersatzmitglieder (§§ 1863, 1864) empfiehlt sich die sofortige Verpflichtung nach geschehener Auswahl, weil anderenfalls, wenn die Verpflichtung verschoben wird bis dahin, wo sie zum ersten Male thätig werden müssen, die Gefahr besteht, daß sich noch im letzten Augenblicke ein Anstand ergibt, der ihre Bestellung hindert und hierdurch eine Verzögerung des Geschäftsganges herbeizuführen geeignet ist.

§ 1871.

Bei der Bestellung eines Mitglieds des Familienraths kann die Entlassung für den Fall vorbehalten werden, daß ein bestimmtes Ereigniß eintritt oder nicht eintritt.

Entw. I § 1715 Abs. 3; Entw. II § 1755 Abs. 3; Reichst.-Vorl. § 1847; Mot. IV zu § 1715 S. 1211; Komm. Prot. S. 6492.

---

1. Die Vorschrift entspricht völlig dem § 1790, dessen Anmerkungen zu vergleichen sind.

2. Bei der Bestellung eines Mitgliedes — Also nicht schon bei der Berufung. Hieraus folgt, daß der Vater oder die eheliche Mutter einen solchen Vorbehalt bei der durch die letztwillige Verfügung erfolgenden Benennung (§§ 1861, 1863 Abs. 3, 1868) nicht machen können.

3. — daß ein bestimmtes Ereigniß eintritt oder nicht eintritt. Es muß ein Ereigniß, also ein äußerlich wahrnehmbarer historischer Vorgang, ins Auge gefaßt werden, und dieses Ereigniß muß bestimmt sein. Von einem unbestimmten

Ereignisse oder von dem Ablaufe einer bestimmten Zeit ohne Verknüpfung mit einem bestimmten Ereigniß (nicht bloß mit einer s. g. inneren Thatsache) kann demnach die Entlassung des Familienrathsmitgliedes nicht abhängig gemacht werden. Es wird daher zulässig sein, die Entlassung z. B. vorzubehalten, „wenn der Bestellte seinen Wohnsitz außerhalb des Gerichtsbezirkes verlegt", „wenn der Mündel 18 Jahre alt wird", dagegen nicht, „wenn die Verwaltung des Mündelvermögens sich vereinfachen", „wenn der Mündel einen gewissen Beruf (ohne Bezeichnung eines Termins, bis wann) nicht ergreifen sollte".

§ 1872.

Der Familienrath hat die Rechte und Pflichten des Vormundschaftsgerichts. Die Leitung der Geschäfte liegt dem Vorsitzenden ob.

Die Mitglieder des Familienraths können ihr Amt nur persönlich ausüben. Sie sind in gleicher Weise verantwortlich wie der Vormundschaftsrichter.

Entw. I § 1719 Abs. 1 und 2, § 1722 Abs. 1 Satz 2; Entw. II § 1764 Abs. 1 und 2, § 1767 Abs. 1 Satz 2; Reichst.-Vorl. § 1848; Mot. IV zu § 1719 S. 1216 bis 1218, zu § 1722 S. 1221; Komm. Prot. S. 6493.

Abs. 1.

1. — die Rechte und Pflichten des Vormundschaftsgerichts. Die Vorschrift entspricht dem § 75 des Pr. VO. Der Familienrath versieht von dem Augenblicke an, wo er eingesetzt ist, bei der Anordnung, Führung und Beaufsichtigung der Vormundschaft (Pflegschaft) die Geschäfte der Obervormundschaft ebenso und in demselben Umfange, wie sonst die regelmäßige Vormundschaftsbehörde, also das Amtsgericht. Nur die Anordnung gewisser besonders dringlicher Maßnahmen (§§ 1864, 1876) ist seinem Vorsitzenden allein übertragen. Abgesehen hiervon liegt dem Letzteren nur die Leitung der Geschäfte ob (§ 1872 Satz 2).

Die Bestellung des Vormundes und Gegenvormundes kann nach dem Ermessen des Vormundschaftsgerichtes von diesem schon vor der Einsetzung des Familienrathes bewirkt werden. Dasselbe kann in diesem Falle dem Familienrath das Recht der Entlassung vorbehalten (§ 1790).

Aus der Bestimmung des Abs. 1 Satz 1 folgt, daß der Familienrath (nicht sein Vorsitzender) gegen den Vormund und Gegenvormund gemäß § 1837 auch Ordnungsstrafen festsetzen kann. Wird eine solche Festsetzung gegenüber einem Gegenvormunde nöthig, welcher selbst Mitglied des Familienrathes ist, so wird wegen der alsdann eintretenden Kollision der Vorsitzende seine Ausschließung von der Beschlußfassung veranlassen und zur Ergänzung der Beschlußfähigkeit nöthigenfalls ein Ersatzmitglied einberufen müssen (§ 1874 Abs. 3). Auch in dem Falle des § 1826, wo der Familienrath ebenso wie sonst das Vormundschaftsgericht den Gegenvormund als Gutachter hören soll, wird in dieser Weise zu verfahren sein. Besteht der Familienrath ausschließlich oder der Mehrzahl nach aus Personen, die mit dem Mündel weder verwandt noch verschwägert sind, so ist anzunehmen, daß auch die Anhörung von Verwandten oder Verschwägerten des Mündels, soweit eine solche für das Vormundschaftsgericht vorgeschrieben ist (§ 1847 Abs. 1), durch den Familienrath erfolgen muß.

Führt der Vormund (Pfleger) sein Amt als befreiter Vormund (Pfleger), so hat der Familienrath ihm gegenüber selbstverständlich nicht weiter gehende Rechte, als wie sie das Vormundschaftsgericht haben würde.

Nach dem Badischen Recht und dem Hessischen Entwurf war dem Familienrath nur eine berathende Stellung eingeräumt.

2. Die Leitung der Geschäfte liegt dem Vorsitzenden ob. Die Vorschrift erscheint theils durch die Stellung und Eigenschaft des Vorsitzenden, der regelmäßig der Amtsrichter ist, theils aber auch durch den Umstand gerechtfertigt, daß die Mitglieder des Familienraths nicht immer zur Stelle sind. Zur Leitung der Geschäfte gehören, abgesehen von der Einrichtung und laufenden Bearbeitung der Akten, namentlich auch die Ausübung der in dem Gesetze besonders hervorgehobenen Befugnisse, nämlich die Einberufung der Mitglieder (§ 1873), die Entscheidung über Ausschließung eines Mitgliedes (§ 1874 Abs. 3), die Verurtheilung eines Mitgliedes in die Kosten und die Verhängung einer Ordnungsstrafe gegen dasselbe, sowie die Wiederaufhebung dieser Maßregeln (§ 1875), der Erlaß vorläufiger Anordnungen bei einem nothwendig werdenden sofortigen Einschreiten und die Herbeiführung eines Beschlusses über die etwa weiter erforderlichen Maßregeln (§ 1876), die Festsetzung der Auslagen der Mitglieder (§ 1877); außerdem aber auch die Leitung der Verhandlungen und der Berathung und Abstimmung, der Geschäftsverkehr und Schriftwechsel mit anderen Behörden, insbesondere dem Gemeindewaisenrath, dem Vormund (Pfleger) und Gegenvormund und mit Privatpersonen; die nöthig werdenden Vernehmungen, soweit der Familienrath nicht etwa Werth darauf legt, dieselben vor sich selbst stattfinden zu lassen. Es versteht sich von selbst, daß sich der Vorsitzende zur Erledigung aller dieser Verrichtungen ganz ebenso wie der Regel nach das Vormundschaftsgericht des ihm in seiner sonstigen Amtseigenschaft zur Verfügung stehenden büreaumäßigen Apparates zu seiner Unterstützung bedienen kann.

Abs. 2.

3. Die Mitglieder des Familienraths können ihr Amt nur persönlich ausüben. Eine Vertretung durch Bevollmächtigte, auch nur zur Abgabe von Erklärungen des Machtgebers, ist unzulässig. Ist der Vorsitzende (Vormundschaftsrichter) an der persönlichen Wahrnehmung seiner Obliegenheiten verhindert, so tritt an seine Stelle derjenige Richter, welcher gerichtsverfassungsmäßig hierzu berufen ist. Führt den Vorsitz nicht der Amtsrichter, sondern ein Mitglied oder der Vorsitzende einer kollegialisch geordneten Behörde (Art. 147 des EG.), so richtet sich die Vertretung nach den für die letztere geltenden landesgesetzlichen Vorschriften.

4. Sie sind in gleicher Weise verantwortlich wie der Vormundschaftsrichter. Also nach Maßgabe des § 1848 (vgl. Anm. 1, 3 bis 6 daselbst). Die Motive bemerken hierüber:

„Nach der Auffassung des BGB. fehlt es an einem genügenden Grunde, in Ansehung der Verantwortlichkeit der Mitglieder des Familienraths von der aus dem Prinzipe des Abs. 1 Satz 1 sich ergebenden Konsequenz abzuweichen. Wenngleich sich nicht verkennen läßt, daß die Verantwortlichkeit der Mitglieder des Familienraths unter Umständen zum Nachtheile des Mündels hemmend wirken kann, so ist dieselbe doch andererseits im Interesse der Sicherheit des Mündels nicht zu entbehren. Daß eine solche Verantwortlichkeit mit dem Charakter des Institutes als eines Familienraths nicht vereinbar sei, kann nicht zugegeben werden. Sind doch auch die Eltern als Inhaber der elterlichen Gewalt dem Kinde verantwortlich. Um so unbedenklicher ist es, an der Verantwortlichkeit der Mitglieder des Familienraths festzuhalten, als nach dem BGB. (§ 1869) der Eintritt in den Familienrath nicht erzwungen werden kann."

§ 1873.

Der Familienrath wird von dem Vorsitzenden einberufen. Die Einberufung hat zu erfolgen, wenn zwei Mitglieder, der Vormund oder der Gegenvormund sie beantragen oder wenn das Interesse des Mündels sie erfordert. Die Mitglieder können mündlich oder schriftlich eingeladen werden.

Entw. I § 1721 Abs. 1; Entw. II § 1765; Reichst.-Vorl. § 1849; Mot. IV zu § 1721 S. 1218 bis 1220; Komm. Prot. S. 6493.

---

1. Der Familienrath wird von dem Vorsitzenden einberufen. Der Vorsitzende übt das Recht der Einberufung, wenn und so oft er ein Bedürfniß dazu für vorliegend erachtet. Er bestimmt auch Zeit und Ort. Von besonderen Veranlassungen abgesehen, wird es sich empfehlen, als Ort der Zusammenkunft die Gerichtsstelle bzw. denjenigen Geschäftsraum zu wählen, wo auch die ordentliche Vormundschaftsbehörde ihre ständige Thätigkeit ausübt. Ein Präjudiz braucht die Ladung nicht zu enthalten; eventuell wäre ein solches, soweit es ausnahmsweise nöthig erscheint, nur aus § 1875 Abs. 1 zu entnehmen.

2. Die Einberufung hat zu erfolgen, wenn zwei Mitglieder, der Vormund oder der Gegenvormund sie beantragen. Liegt ein solcher Antrag vor, so muß der Vorsitzende den Familienrath einberufen, mag er selber die Einberufung für erforderlich halten oder nicht. Rücksichtlich der Personen der Antragsteller schließt sich das Gesetz an die Bestimmung in § 77 Abs. 1 der Pr. VO. an. Da es sich hierbei um eine rein innere Angelegenheit der vormundschaftlichen Verwaltung handelt, so ist das Antragsrecht auf andere Personen als die genannten nicht ausgedehnt worden. Geeigneten Falles bleibt solchen Personen nur überlassen, die Einberufung durch Vermittelung einer antragsberechtigten Stelle herbeizuführen.

3. — oder wenn das Interesse des Mündels sie erfordert. Ist diese Voraussetzung gegeben, was der Vorsitzende pflichtmäßig zu beurtheilen hat, so muß derselbe auch in diesem Falle, und zwar von Amtswegen, die Einberufung eintreten lassen.

4. Die Mitglieder können mündlich oder schriftlich eingeladen werden. Im Hinblick auf § 1875 Abs. 1 wird regelmäßig schriftliche Einladung gegen Bescheinigung des Empfanges vorzuziehen sein. Ein Bedürfniß, bei der Einladung zugleich den Gegenstand der Berathung mitzutheilen, ist in der Praxis nicht hervorgetreten, was die Angemessenheit einer solchen Maßregel für besondere Fälle selbstverständlich nicht ausschließt.

Daß zwischen der Einladung und dem Berathungstermin eine bestimmte Frist liegen muß, bestimmt das Gesetz nicht. Es entscheidet das Ermessen des Vorsitzenden.

Die Einladung hat sich auf sämmtliche Mitglieder zu erstrecken, aus denen der Familienrath nach § 1860 besteht. Ist ein Mitglied behindert oder nach § 1874 Abs. 3 von der Theilnahme an der Beschlußfassung ausgeschlossen, so muß der Vorsitzende, soweit dies zur Herstellung der Beschlußfähigkeit etwa erforderlich ist, ein Ersatzmitglied (§ 1863 Abs. 1) einladen. Wenn kein ordentliches Ersatzmitglied vorhanden ist, so hat er gemäß §§ 1864, 1870 zum Behufe vorübergehender Vertretung ein außerordentliches Ersatzmitglied auszuwählen und zu bestellen.

§ 1874.

Zur Beschlußfähigkeit des Familienraths ist die Anwesenheit des Vorsitzenden und mindestens zweier Mitglieder erforderlich.

Der Familienrath faßt seine Beschlüsse nach der Mehrheit der Stimmen der Anwesenden. Bei Stimmengleichheit entscheidet die Stimme des Vorsitzenden.

Steht in einer Angelegenheit das Interesse des Mündels zu dem Interesse eines Mitglieds in erheblichem Gegensatze, so ist das Mitglied von der Theilnahme an der Beschlußfassung ausgeschlossen. Ueber die Ausschließung entscheidet der Vorsitzende.

Entw. I § 1722; Entw. II § 1767; Reichst.-Vorl. § 1850; Mot. IV zu § 1722 S. 1220 bis 1224; Komm. Prot. S. 6493.

Abs. 1.

1. Zur Beschlußfähigkeit des Familienraths — Ohne die Anwesenheit und Mitwirkung einer beschlußfähigen Anzahl von Mitgliedern vermag der Familienrath als solcher (also abgesehen von Fällen, wo der Vorsitzende zu alleinigem Handeln befugt ist) niemals thätig zu werden. Die Fähigkeit zu handeln, setzt die Fähigkeit, die Handlungen vorher zu beschließen, voraus.

2. — die Anwesenheit des Vorsitzenden und mindestens zweier Mitglieder — Die Vorschrift entspricht dem § 76 Abs. 1 der Pr. VO. und dem Bayrischen Entwurf; sie steht im Einklang mit § 1860. Die Nothwendigkeit der Anwesenheit ergibt sich aus § 1872. Eine Vertretung in Wahrnehmung dieser öffentlich-rechtlichen Funktionen ist (anders wie in dem Falle des § 13 Satz 2 des G. fr. G.) gesetzlich unzulässig. Beschlüsse, welche ohne die Anwesenheit des Vorsitzenden oder in Anwesenheit von weniger als zwei Mitgliedern gefaßt werden, entbehren der Gültigkeit.

Abs. 2.

3. — faßt seine Beschlüsse nach der Mehrheit der Stimmen der Anwesenden. Beschluß ist jede durch Abstimmung zu Stande gekommene Willenskundgebung. Die Abstimmung geschieht, da der Familienrath die rechtliche Stellung des Vormundschaftsrichters hat, in nicht öffentlicher Sitzung und, wie sich aus Abs. 1 und 2 klar ergibt, mündlich. Eine Beschlußfassung durch Schriftwechsel ist unstatthaft. Die mündliche Abstimmung setzt eine vorgängige Berathung voraus.

Eine besondere Form für die Beurkundung der gefaßten Beschlüsse schreibt das Gesetz nicht vor. Die Bestimmung in § 78 Abs. 1 der Pr. VO. ist nicht wiederholt worden.

Trotzdem wird der Vorsitzende gut thun, über den Hergang jeder Familienrathssitzung ein kurzes von ihm beglaubigtes Protokoll oder zum Mindesten eine kurze Registratur zu den Akten zu bringen und alle wichtigeren Beschlüsse darin zu beurkunden. Es empfiehlt sich ein solches Verfahren schon deshalb, um späteren Zweifeln, die innerhalb des Familienrathes selbst über den Inhalt und die Tragweite der gefaßten Beschlüsse etwa entstehen könnten, in wirksamer Weise vorzubeugen.

Daß, sofern bei der Beschlußfassung Meinungsverschiedenheiten hervortreten, die Abstimmung jedes einzelnen Mitgliedes nebst den Gründen in einem darüber aufzunehmenden Protokolle zu vermerken sei, ist zu bestimmen ebenfalls nicht für erforderlich erachtet. Die Motive erklären, daß ein Bedürfniß hierzu mit Rücksicht auf die gegen den Beschluß zulässigen Rechtsmittel und auf die Verantwortlichkeit des Familienrathes nicht vorliege. Gleichwohl ist kaum zu verkennen, daß unter Umständen, wo für die Abstimmenden eine Regreßgefahr besteht, auch die schriftliche Beurkundung des Abstimmungsergebnisses von großer Bedeutung für die Betheiligten sein kann. Das durch einen Mehrheitsbeschluß überstimmte Mitglied ist für die beschlossene Maßregel nach allgemeinen Grundsätzen nicht verantwortlich, und die Feststellung dieser Thatsache erscheint daher für ein solches Mitglied und seine Rechtsnachfolger von Belang.

In Ansehung gewisser Geschäfte, z. B. für Prüfung der vormundschaftlichen Verwaltungsrechnung, eines von dem Vormunde geschlossenen Kaufvertrages oder Erbrezesses, wird es dem Vorsitzenden auf Grund des § 1872 Abs. 1 Satz 2 freistehen, zunächst eines der Mitglieder zum Berichterstatter zu ernennen, um die Beschlußfassung des Familienraths vorzubereiten.

Soweit die Beschlüsse des Vormundschaftsgerichtes der Schriftform bedürfen (vgl. z. B. § 1831 Satz 2; §§ 16, 60 Abs. 2 des G. fr. G.), gilt selbstverständlich im Hinblick auf § 1872 Abs. 1 Satz 1 das Gleiche auch von den Beschlüssen des Familienrathes.

4. Ob ein gültiger Beschluß des Familienraths vorliegt, entscheidet sich nach allgemeinen Rechtsgrundsätzen. Es ist nicht für zweckmäßig erachtet worden, hierüber besondere Vorschriften aufzustellen.

5. Bei Stimmengleichheit entscheidet die Stimme des Vorsitzenden. Nur in diesem Falle hat seine Stimme eine ausschlaggebende Bedeutung. Im Uebrigen stimmt er nur mit, wie jedes andere Mitglied. Er hat sich den durch die Mehrheit gefaßten Beschlüssen zu fügen und gemäß § 1872 Abs. 1 Satz 2 für deren Ausführung Sorge zu tragen. Eine Beanstandung der formell gültig ergangenen Beschlüsse steht ihm nicht zu.

Abs. 3.

6. Steht in einer Angelegenheit das Interesse des Mündels zu dem Interesse eines Mitgliedes in erheblichem Gegensatze — Eine entsprechende Vorschrift in Ansehung des Vormundes enthält der § 1796 Abs. 2. Der Gegensatz der Interessen, den das Gesetz im Auge hat, kann hier um so leichter hervortreten, als in den meisten Fällen nahe Angehörige des Mündels dem Familienrath angehören und deshalb eine mittelbare eigene Betheiligung derselben an den Mündelangelegenheiten nicht selten begründet sein wird.

Zu beachten ist, daß nur eine bestimmte einzelne Angelegenheit in Frage kommen kann, und daß der in Bezug auf diese entstehende Interessenstreit ein erheblicher sein muß. Ob er das ist, hat im Zweifel der Vorsitzende zu entscheiden. Wiewohl die Beurtheilung dieser Frage in der Regel keine Schwierigkeiten haben wird, so steht doch nichts entgegen, daß er hierüber zuvörderst eine Besprechung mit den übrigen Mitgliedern herbeiführt und ihre Ansicht hört.

Betrifft die Kollision nicht ein Mitglied, sondern den Vorsitzenden des Familienraths selbst, so greift für diesen Fall als die entscheidende Norm der § 6 des G. fr. G. Platz. Ist der Vorsitzende nicht ein Richter (Art. 147 des EG., § 190 des G. fr. G.), so kommt es auf die landesgesetzliche Bestimmung an (§ 189 a. a. O.).

7. — so ist das Mitglied von der Theilnahme an der Beschlußfassung ausgeschlossen. Die Ausschließung tritt also als Folge der Kollision an sich schon von Rechts wegen ein. Mit Rücksicht darauf aber, daß die Konstatirung dieser Folge die Beurtheilung eines Rechtsverhältnisses voraussetzt, in Ansehung dessen die Meinungen auseinandergehen können, ist die Entscheidung in Zweifelsfällen nach Abs. 3 Satz 2 in die Hand des Vorsitzenden gelegt. Das betreffende Mitglied hat demselben von dem in Betracht kommenden Verhältniß Anzeige zu machen. Ist die Ausschließung erfolgt, so darf der Ausgeschlossene ebenso wenig an der Berathung wie an der Abstimmung Theil nehmen. Die Zuwiderhandlung gegen diesen Grundsatz würde die Nichtigkeit des Beschlusses bewirken.

8. Ueber die Ausschließung entscheidet der Vorsitzende. Also nicht das Kollegium des Familienraths und auch nicht das auszuschließende Mitglied selbst. Erklärt der Vorsitzende das Mitglied für ausgeschlossen, so hat sich dasselbe, vorbehaltlich des Rechtsmittels der Beschwerde, dieser Entscheidung, die ebenso wohl auf Antrag wie von Amtswegen ergehen kann, zu fügen. Wird der Antrag auf Ausschließung von dem Vorsitzenden zurückgewiesen, so darf sich das Mitglied der Theilnahme an der Beschlußfassung nicht entziehen.

Eine besondere Form ist für Ausschließungsbeschluß nicht vorgeschrieben.

§ 1875.

Ein Mitglied des Familienraths, das ohne genügende Entschuldigung der Einberufung nicht Folge leistet oder die rechtzeitige Anzeige seiner Verhinderung unterläßt oder sich der Theilnahme an der Beschlußfassung enthält, ist von dem Vorsitzenden in die dadurch verursachten Kosten zu verurtheilen.

Der Vorsitzende kann gegen das Mitglied eine Ordnungsstrafe bis zu einhundert Mark verhängen.

Erfolgt nachträglich genügende Entschuldigung, so sind die getroffenen Verfügungen aufzuheben.

Entw. I § 1721 Abs. 2; Entw. II § 1766; Reichst.-Vorl. § 1851; Mot. IV zu § 1721 S. 1220; Komm. Prot. S. 6493.

---

1. Da nach § 1872 Abs. 1 Satz 2 dem Vorsitzenden die Leitung der Geschäfte gebührt, so liegt ihm auch die Sorge dafür ob, daß die Zusammenkünfte des Familienraths, soweit sie erforderlich werden, zu der dafür anberaumten Zeit stattfinden und nicht durch Nachlässigkeit oder unbotmäßiges Verhalten einzelner Mitglieder vereitelt oder erschwert werden. Das Gesetz muß ihm deshalb auch diejenigen Mittel gewähren, welche die Erfüllung dieser Obliegenheiten sichern. Hierzu dienen insbesondere auch die Vorschriften des § 1875, welche dem Vorsitzenden die Ausübung eines Ordnungsstrafrechts gestatten.

Abs. 1.

2. Ein Mitglied des Familienraths — Der Ausdruck begreift hier abermals alle von der Einberufung betroffenen Mitglieder in sich, gleichviel ob sie als ordentliche oder als Ersatz-Mitglieder einberufen sind.

3. — das ohne genügende Entschuldigung der Einberufung nicht Folge leistet — Die Entschuldigung wird, soweit möglich, vor dem Sitzungstage dergestalt zeitig zu geschehen haben, daß Seitens des Vorsitzenden noch eine Abbestellung der eingeladenen Mitglieder oder die Einberufung eines Ersatzmitgliedes erfolgen kann. Nach der Bestimmung in Abs. 3 ist jedoch auch eine nachträgliche Entschuldigung zu berücksichtigen. Ob die Entschuldigung in dem einen wie in dem anderen Falle genügt, hat pflichtmäßig der Vorsitzende zu beurtheilen. Es darf erwartet werden, daß derselbe, unbeschadet einer gewissenhaften Wahrung der Mündelinteressen (vgl. § 1877) hierbei taktvoll verfährt und stets in Erwägung zieht, daß es sich für die Mitglieder um die Ausübung ehrenamtlicher Funktionen handelt, die von ihnen freiwillig übernommen worden sind. Der ungenügenden Entschuldigung steht selbstverständlich das Fehlen der Entschuldigung gleich.

4. — oder die rechtzeitige Anzeige seiner Verhinderung unterläßt — Wenn das Gesetz das Ausbleiben des Mitgliedes in Folge einer „Verhinderung" von dem Ausbleiben „ohne genügende Entschuldigung" unterscheidet, so ist hierfür ein rechter Grund nicht erfindlich. Es kann nur angenommen werden, daß das Gesetz unter einer Verhinderung hier die Verhinderung durch solche Umstände versteht, welche die Verpflichtung des Eingeladenen zum Erscheinen zweifellos aufheben, und für die es daher einer Entschuldigung gar nicht bedarf. Eine Erlaubniß zum Fehlen brauchen die Mitglieder nicht zu erbitten. Kommen sie nicht, so haben sie sich zu entschuldigen und der Vorsitzende hat zu entscheiden, ob die Entschuldigung ausreicht. Sind sie aber durch Umstände zwingender Art (Krankheit, nothwendige Reisen, unaufschiebbare eigene Geschäfte u. dgl.) verhindert, die ihnen schon zeitig genug vorher bekannt sind, so sollen sie hiervon auch rechtzeitig Anzeige machen, damit Verzögerungen des Geschäftsganges und unnütze Kosten vermieden werden. Ueber die Rechtzeitigkeit der Anzeige befindet ebenfalls der Vorsitzende.

5. — oder sich der Theilnahme an der Beschlußfassung enthält — Die Beschlußfassung umfaßt Berathung und Abstimmung. Die Enthaltung muß, um eine Verurtheilung in die Kosten nach sich zu ziehen, selbstverständlich eine ungerechtfertigte sein. Ungerechtfertigt ist sie aber auch in dem Falle, wenn der Vorsitzende das Vorliegen eines geltend gemachten Ausschließungsgrundes verneint hat (§ 1874 Abs. 3 Satz 2). Trägt das Mitglied Umstände vor, welche seiner Meinung nach eine Vertagung der Beschlußfassung angezeigt erscheinen lassen, so hat der Vorsitzende zu erwägen, ob die Abstimmung aus diesem Grunde auszusetzen und ein neuer Berathungstermin anzuberaumen ist. Erklärt er sich kraft seines Leitungsrechtes dagegen, so hat sich das Mitglied zu fügen und darf sich der Abstimmung nicht entziehen.

6. — ist von dem Vorsitzenden in die dadurch verursachten Kosten zu verurtheilen. Wie die Fassung („ist zu verurtheilen") zeigt, muß die Verurtheilung erfolgen, sobald eine der gedachten Bedingungen vorliegt. Die verursachten Kosten werden regelmäßig nur in den nach § 1877 entstandenen Auslagen bestehen, welche jedoch wegfallen, wenn keine Vertagung der Sitzung einzutreten braucht. Unter Umständen können aber auch noch andere Kosten (z. B. Lokalmiethe, wenn der Termin außerhalb der Gerichtsstelle stattfand) für die Verurtheilung in Betracht kommen.

Die Verurtheilung in die Kosten bildet den Titel, auf Grund dessen die

Festsetzung des Betrages zu erfolgen hat. Für Preußen bestimmt der Art. 10 und bzw. Art. 14 des Ges. über die freiwillige Gerichtsbarkeit vom 21. September 1899, daß diese Festsetzung ebenfalls durch den Vorsitzenden des Familienrathes zu geschehen hat, und daß alsdann die Zwangsvollstreckung nach den Regeln der CPO. (vgl. § 794 Nr. 3 daselbst) daraus stattfindet. Die Zwangsvollstreckung darf jedoch nach § 798 CPO. nur beginnen, wenn der Kostenfestsetzungsbeschluß mindestens einen Tag vorher dem Schuldner zugestellt ist. Sowohl gegen den Beschluß, der die Verurtheilung ausspricht, als gegen den Festsetzungsbeschluß steht der Beschwerdeweg offen (§ 20 des G. fr. G.).

Abs. 2.

7. Der Vorsitzende kann gegen das Mitglied eine Ordnungsstrafe bis zu einhundert Mark verhängen. Die Verurtheilung des schuldigen Mitgliedes in die Kosten muß eintreten, die Verhängung einer daneben noch zuläsigen Ordnungsstrafe kann eintreten. Die letztere hat in diesen Fällen, abweichend von ihrer Anwendnung in § 1788 und § 1838, nicht den Charakter der Exekutivstrafe, so daß ihr auch keine Androhung (§ 33 des G. fr. G.) vorauszugehen braucht. Ein Mindestbetrag ist auch hier nicht vorgeschrieben. Sie darf bei vorhandenem Unvermögen selbstverständlich nicht in Freiheitsstrafe umgewandelt werden. Das Höchstmaß ist geringer als bei den eventuell auch wiederholungsfähigen Ordnungsstrafen gegen die Vormünder (Pfleger) (§§ 1788, 1837), wo dasselbe dreihundert Mark beträgt. Ob der Vorsitzende von dieser Strafbefugniß Gebrauch machen will, hängt von seinem alleinigen Ermessen ab. Im Uebrigen folgt aus der kumulativen Natur des Mittels (neben der Verurtheilung in die Kosten), daß es nur für die schwereren Fälle bestimmt ist. Gegen den Strafbeschluß findet Beschwerde statt.

Abs. 3.

8. Erfolgt nachträglich genügende Entschuldigung, so sind die getroffenen Verfügungen aufzuheben. Sowohl die Verurtheilung in die Kosten (Abs. 1) als die Ordnungsstrafe. Ist bereits die Einziehung geschehen, so hat der Vorsitzende die Rückerstattung zu veranlassen. Die Möglichkeit der nachträglichen genügenden Entschuldigung bezieht sich auf alle drei in Abs. 1 erwähnten Unterlassungen, also nicht bloß auf das unentschuldigte oder nicht genügend entschuldigte Ausbleiben des Mitgliedes.

§ 1876.

Wird ein sofortiges Einschreiten nöthig, so hat der Vorsitzende die erforderlichen Anordnungen zu treffen, den Familienrath einzuberufen, ihn von den Anordnungen in Kenntniß zu setzen und einen Beschluß über die etwa weiter erforderlichen Maßregeln herbeizuführen.

Entw. I § 1719 Abs. 3; Entw. II § 1764 Abs. 3; Reichst.-Vorl. § 1852; Mot. IV zu § 1719 S. 1217, 1218; Komm. Prot. S. 6493, 8688.

---

1. Da der Familienrath jedesmal nur auf besondere Einberufung Seitens des Vorsitzenden zusammentritt und seine Mitglieder nicht immer zur Stelle sind, so hat das Gesetz durch § 1876 Vorsorge getroffen, daß in Fällen, welche keinen Aufschub leiden, auch der Vorsitzende allein Maßregeln ergreifen kann, zu deren Anwendung regelmäßig nur der Familienrath als solcher befugt ist. Um aber in

Fällen dieser Art Uebergriffe in die Zuständigkeit des letzteren zu verhindern, schreibt das Gesetz die nachträgliche Einberufung des Familienrathes und dessen Verständigung zum Zwecke alsbaldiger weiterer Beschlußfassung vor.

2. Wird ein sofortiges Einschreiten nöthig — Das Vorhandensein der Dringlichkeit hat pflichtmäßig der Vorsitzende zu beurtheilen. Lag eine solche objektiv nicht vor, so wird die getroffene Verfügung aus diesem Grunde nicht ungültig. Im Uebrigen kann sich das Einschreiten auf dringende Fälle aller Art beziehen, für welche eine Anordnung der obervormundschaftlichen Behörde geboten erscheint.

3. — so hat der Vorsitzende die erforderlichen Anordnungen zu treffen — Auf bestimmte Arten von Anordnungen ist also der Vorsitzende nicht beschränkt. Er kann daher vorkommenden Falles mit rechtlicher Wirksamkeit an Stelle des Familienrathes insbesondere auch Geschäfte des Vormundes genehmigen, für welche gesetzlich die obervormundschaftliche Genehmigung erforderlich ist.

4. — den Familienrath einzuberufen, ihn von den Anordnungen in Kenntniß zu setzen und einen Beschluß über die etwa weiter erforderlichen Maßregeln herbeizuführen. Soll der Zweck der Bestimmung erreicht werden, so muß die Einberufung unverzüglich geschehen. Die Verbindung des Satzes deutet darauf hin, daß das Gesetz den Vorsitzenden verpflichten will, an die Anordnung der durch die Dringlichkeit des Falles gebotenen Maßnahme die Einberufung des Familienraths unmittelbar anzuschließen. Die selbständig von dem Vorsitzenden getroffenen Anordnungen charakterisiren sich der Regel nach nur als einstweilige, welche der Familienrath bei seinem Zusammentritt durch nachträglichen Beschluß außer Kraft setzen kann. Haben die Verfügungen, wie z. B. in Fällen, wo der Vormund die Genehmigung des Vorsitzenden zu einem der in § 1822 bezeichneten Rechtsgeschäfte dem anderen Theile bereits mitgetheilt hat, inzwischen schon Rechtswirksamkeit erlangt, so ist ihre Rückgängigmachung durch den Familienrath natürlich ausgeschlossen. Der Vorsitzende trägt alsdann allein und persönlich die Verantwortlichkeit für die von ihm beschlossene Maßregel.

5. „Wenngleich die Vorschriften des § 1876“, bemerken die Motive, „sich zunächst nur auf den Fall beziehen, wenn ein Familienrath bereits eingesetzt ist, so entspricht es doch der Analogie des § 1876 und dem Geiste der Bestimmungen des § 1858 Abs. 1 und des § 1872 Abs. 1 Satz 1, daß der Vormundschaftsrichter auch dann, wenn ein auf Grund letztwilliger Anordnung des Vaters oder der Mutter einzusetzender Familienrath noch nicht eingesetzt ist und ein sofortiges Einschreiten erforderlich wird, wie im Falle des § 1876, soweit thunlich nur provisorische, nöthigenfalls rückgängig zu machende Maßregeln trifft. Es gilt dies insbesondere auch von der ersten Bestellung des Vormundes und des Gegenvormundes.“ In der letzteren Beziehung kann der Vormundschaftsrichter von der in § 1790 ihm ertheilten Befugniß Gebrauch machen.

§ 1877.

Die Mitglieder des Familienraths können von dem Mündel Ersatz ihrer Auslagen verlangen; der Betrag der Auslagen wird von dem Vorsitzenden festgesetzt.

Entw. I § 1720; Entw. II § 1768; Reichst.-Vorl. § 1853; Mot. IV zu § 1720 S. 1218; Komm. Prot. S. 6493.

1. — können von dem Mündel Ersatz ihrer Auslagen verlangen. Der Vorsitzende hat demnach abzuwarten, ob ein solches Verlangen Seitens der Mitglieder gestellt wird. Es ist anzunehmen, daß die Mitglieder des Familienrathes bei ihrer meist nahen Beziehung zu der Person des Mündels auf diesen Ersatzanspruch zur Schonung des Mündelvermögens häufig verzichten werden.

Dem Staate gegenüber können sie einen Anspruch nicht erheben. Im Uebrigen umfaßt dieser letztere, wie der Wortlaut der Bestimmung klar ergibt, nur den Ersatz ihrer Auslagen. Es versteht sich von selbst, daß zwischen der Entstehung der Auslagen und der Wahrnehmung der fraglichen Amtsgeschäfte eine nothwendige kausale Verbindung bestehen muß. Eine Vergütung für gehabte Mühewaltung steht den Mitgliedern des Familienrathes niemals zu.

2. Der Betrag der Auslagen wird von dem Vorsitzenden festgesetzt. Die Festsetzung erfolgt durch Beschluß, gegen welchen Beschwerde, nicht der Prozeßweg, offen steht. Einen zur Zwangsvollstreckung geeigneten Titel (wie nach Art. 10, 14 des Preuß. Ges. üb. d. freiw. Gerichtsbarkeit vom 21. September 1899 bei der Festsetzung der Kosten, zu denen ein Mitglied des Familienraths nach § 1875 Abs. 1 verurtheilt worden ist) gewährt dieser Beschluß nicht, so daß, wenn der Vormund oder bzw. nach erreichter Volljährigkeit des Mündels dieser selbst nicht Zahlung leistet, eventuell auf solche von den Betheiligten geklagt werden muß (vgl. Anm. 6 zu § 1875). So lange die Vormundschaft besteht, hat der Familienrath in der Anwendung des § 1837 Abs. 2 ein ausreichendes Mittel, um den Beschluß des Vorsitzenden auch ohne diese von den Forderungsberechtigten anzurufende Hülfe des Prozeßrichters zur Ausführung zu bringen. Da jedoch in diesem Falle die betheiligten Mitglieder wegen ihres kollidirenden Interesses an der Mitbeschließung rechtlich verhindert sind, so wird an ihrer Statt unter Umständen eine entsprechende Anzahl von Ersatzmitgliedern zur Mitwirkung heranzuziehen sein. Mangelt es an solchen, so wird der Vorsitzende gemäß § 1864 geeignete Personen auszuwählen und für diesen besonderen Zweck vorübergehend zu bestellen haben.

§ 1878.

Das Amt eines Mitglieds des Familienraths endigt aus denselben Gründen, aus denen nach den §§ 1885, 1886, 1889 das Amt eines Vormundes endigt.

Ein Mitglied kann gegen seinen Willen nur durch das dem Vormundschaftsgericht im Instanzenzuge vorgeordnete Gericht entlassen werden.

Entw. I § 1823; Entw. II § 1769; Reichst.-Vorl. § 1853; Mot. IV zu § 1720 S. 1218; Komm. Prot. S. 6493.

Abs. 1.

1. Der § 1878 Abs. 1 schließt sich an den § 79 Abs. 1, § 72 Abs. 2, in Verbindung mit §§ 62, 63, der Pr. VO. an.

2. — aus denselben Gründen, aus denen nach §§ 1885, 1886,

1889 das Amt eines Vormundes endigt. Diese Gründe sind: a) Entmündigung des Mitgliedes (§ 1885 Abs. 1); b) Erlassung des seine Todeserklärung aussprechenden Urtheils (§ 1885 Abs. 2); c) Entlassung wegen Gefährdung des Mündelinteresses oder wegen Eintritts eines relativen Unfähigkeitsgrundes aus § 1781 (§ 1886); d) Entlassung auf eigenen Antrag des Mitgliedes wegen eines anderweiten wichtigen Grundes (§ 1889).

Aus einem der in den §§ 1887, 1888 angegebenen Gründen hört die Mitgliedschaft zum Familienrathe nicht auf. Insbesondere übt also auch die Verheirathung einer zum Mitglied bestellten Frau einen Einfluß auf die Fortführung des Amtes nicht aus.

Abs. 2.

3. — gegen seinen Willen nur durch das dem Vormundschaftsgericht im Instanzenzuge vorgesetzte Gericht — Ist das Mitglied mit seiner Entlassung einverstanden, was durch seine Anhörung Seitens des Vorsitzenden festzustellen ist, so entscheidet über die Entlassung der Familienrath; andernfalls das im Instanzenzuge vorgesetzte Gericht. Zuständig als solches ist, wenn das Vormundschaftsgericht, wie nach § 35 des G. fr. G. regelmäßig, das Amtsgericht ist, die Civilkammer des Landgerichts; andernfalls, wenn also nach Landesgesetz eine andere als eine gerichtliche Behörde die vormundschaftsgerichtlichen Funktionen versieht (Art. 147 Abs. 1 des EG.), die dieser letzteren für Vormundschaftsangelegenheiten landesgesetzlich übergeordnete Behörde.

Den zum Zwecke der Entlassung nöthig werdenden Schriftwechsel mit der vorgesetzten Instanz führt nach § 1872 Abs. 1 Satz 2 der Vorsitzende des Familienraths. Wird die Entlassung des Mitgliedes verfügt, so findet hiergegen nach § 60 Nr. 4 in Verbindung mit § 64 des G. fr. G. die sofortige Beschwerde bei dem Oberlandesgericht statt, dessen Entscheidung endgültig ist.

§ 1879.

Das Vormundschaftsgericht hat den Familienrath aufzuheben, wenn es an der zur Beschlußfähigkeit erforderlichen Zahl von Mitgliedern fehlt und geeignete Personen zur Ergänzung nicht vorhanden sind.

Entw. I § 1724 Abs. 1 Nr. 1; Entw. II § 1770 Abs. 1 Nr. 1; Reichst.-Vorl. § 1855; Mot. IV zu § 1724 S. 1225; Komm. Prot. S. 6493.

---

1. Die Bestimmung entspricht dem § 80 der Pr. VO.

2. Das Vormundschaftsgericht hat den Familienrath aufzuheben — Das Vormundschaftsgericht, also das Amtsgericht oder die nach Art. 147 des EG. landesgesetzlich zuständige nicht gerichtliche Behörde. Der Familienrath kann also seine Aufhebung nicht selbst beschließen. Es geht dies in dem hier vorausgesetzteu Falle auch schon deshalb nicht an, weil er alsdann gar nicht mehr die beschlußfähige Mitgliederzahl hat. Liegt die gesetzliche Bedingung der Aufhebung vor, so muß diese erfolgen. Bis der Aufhebungsbeschluß des Vormundschaftsgerichts ergangen ist, ist letzteres noch nicht berechtigt, die Ausübung der obervormundschaftlichen Rechte und Pflichten an sich zu ziehen. Da dem Vormundschaftsgericht hier die Pflicht auferlegt ist, den Familienrath aufzuheben, so ist es erforderlich, daß ihm dessen Beschlußunfähigkeit in Folge des Mangels einer ausreichenden Mitgliederzahl alsbald bekannt wird. Für Erlangung dieser Kenntniß ist schon dadurch gesorgt, daß der Vorsitzende des Familienraths regelmäßig entweder der Amtsrichter, also der Träger des zuständigen Vormundschaftsgerichts, oder der Vorsitzende oder ein Mitglied der landesgesetzlich anderweit geordneten Vormundschaftsbehörde (Art. 147 des EG.) ist. Würde in Folge besonderer landesgesetzlicher Bestimmung (§ 190 des G. fr. G.) diese Regel nicht zutreffen, so würde der Vorsitzende Sorge zu tragen haben, daß die zuständige Vormundschaftsbehörde von dem Vorliegen des Aufhebungsfalles unverzüglich benachrichtigt wird.

3. — wenn es an der zur Beschlußfassung erforderlichen Zahl von Mitgliedern fehlt — Die erforderliche Zahl beträgt für die ordentlichen Mitglieder, um welche es sich hier handelt, wenigstens zwei (§ 1860). Sind diese dauernd nicht mehr vorhanden, und besteht auch keine Möglichkeit, ihre Zahl aus anderen geeigneten Personen dadurch zu ergänzen, daß der Familienrath, nachdem seine Beschlußfähigkeit mit Hülfe eines Ersatzmitgliedes (§ 1863 Abs. 2) wieder hergestellt worden ist, ein neues ordentliches Mitglied auswählt (§ 1867), so ist der Aufhebungsgrund gegeben.

4. — und geeignete Personen zur Ergänzung nicht vorhanden sind. Geeignet zur Ergänzung sind nur bereitwillige und nach §§ 1865, 1866, 1867 nicht unfähige Personen. Ob dergleichen vorhanden sind, hat der Vorsitzende des Familienraths durch Erkundigung bei dem Gemeindewaisenrath oder durch andere sich etwa darbietende Mittel nach Möglichkeit festzustellen.

5. Gegen den Aufhebungsbeschluß des Vormundschaftsgerichts haben nach § 57 Nr. 4, § 60 Nr. 4, in Verbindung mit § 20 des G. fr. G., innerhalb der gesetzlichen zweiwöchigen Frist (§ 22 a. a. O.) das Rechtsmittel der sofortigen Beschwerde: a) alle Betheiligte, deren Rechte dadurch beeinträchtigt werden; b) der Ehegatte; c) die Verwandten und Verschwägerten des Mündels. Auch der nicht geschäftsunfähige, über 14 Jahre alte Mündel selbst kann die sofortige Beschwerde einlegen (§ 59 a. a. O.).

Der Beschwerdegrund kann sich selbstverständlich auch gegen die Annahme des Vormundschaftsgerichtes richten, daß geeignete Personen, aus denen die Ergänzung des Familienrathes stattfinden könnte, nicht mehr zur Verfügung stehen.

Mit der nach § 1881 erfolgten Bekanntmachung der Aufhebungsverfügung tritt dieselbe inzwischen, der erhobenen Beschwerde ungeachtet, in Wirksamkeit (§ 16 Abs. 1, § 60 Abs. 2 des G. fr. G.).

Wenn das Vormundschaftsgericht trotz des objektiven Vorliegens des in § 1879 bestimmten Aufhebungsgrundes die Aufhebung nicht beschließt, so steht gegen die ablehnende Verfügung jedem dadurch Beeinträchtigten die einfache Beschwerde zu (§§ 19, 20 des G. fr. G.).

6. Die rechtskräftig verfügte Aufhebung des Familienrathes hindert nicht, daß das Vormundschaftsgericht später auf Antrag im Hinblick auf die veränderten Verhältnisse von Neuem einen Familienrath einsetzt. Es kann dieser Fall namentlich eintreten, wenn die bisher zum Eintritt in den Familienrath nicht bereitwillig gewesenen Verwandten oder Verschwägerten des Mündels nachträglich ihre Weigerung aufgeben oder das Vormundschaftsgericht von ihrem Vorhandensein nachträglich erst Kenntniß erhält.

7. Außer dem Falle des § 1879, wo das Vormundschaftsgericht die Aufhebung des Familienrathes von Amtswegen beschließen muß, kennt das Gesetz

auch noch eine Aufhebung, die auf Anordnung des Vaters oder der Mutter des Mündels erfolgt (§ 1880).

§ 1880.

Der Vater des Mündels kann die Aufhebung des von ihm angeordneten Familienraths für den Fall des Eintritts oder Nichteintritts eines künftigen Ereignisses nach Maßgabe des § 1777 anordnen. Das gleiche Recht steht der ehelichen Mutter des Mündels für den von ihr angeordneten Familienrath zu.

Tritt der Fall ein, so hat das Vormundschaftsgericht den Familienrath aufzuheben.

Entw. I § 1712 Abs. 2, § 1724 Abs. 1 Nr. 2; Entw. II § 1751 Abs. 2, § 1770 Abs. 1 Nr. 2; Reichst.-Vorl. § 1856; Mot. IV zu § 1712 S. 1204, zu § 1724 S. 1225; Komm. Prot. S. 6493.

---

1. „Die Bestimmung des § 1880 ist," wie in den Motiven erklärt wird, „eine Konsequenz des § 1858 Abs. 2. Von selbst versteht es sich, daß in dem Falle des § 1880, sofern nicht die letztwillige Anordnung des Vaters oder der Mutter, daß der Familienrath in dem Falle des Eintrittes oder des Nichteintrittes eines künftigen Ereignisses aufgehoben werden solle, als ein Verbot der Einsetzung eines neuen Familienrathes (§ 1859 Abs. 2) auszulegen ist, das Vormundschaftsgericht nach Maßgabe des § 1859 Abs. 1 die Einsetzung eines neuen Familienrathes beschließen kann."

Abs. 1.

2. — für den Fall des Eintrittes oder Nichteintrittes eines künftigen Ereignisses — Der § 1858 Abs. 2 spricht von dem Eintritt oder Nichteintritt eines „bestimmten" Ereignisses (vgl. § 1858 Anm. 4). Die Materialien gewähren keinen Anhalt dafür, daß der § 1880 Abs. 1 Satz 1 in dieser Hinsicht etwas Abweichendes vorschreiben wollte.

3. — nach Maßgabe des § 1777 — Es sind Anm. 2 bis 7 zu § 1777 zu vergleichen.

Abs. 2.

4. — so hat das Vormundschaftsgericht den Familienrath aufzuheben. Vgl. Anm. 2 zu § 1879. Das Vormundschaftsgericht konstatirt auch hier wie in dem Falle des § 1779 durch den von ihm zu fassenden Beschluß nur, daß eine rechtliche Bedingung für das Fortbestehen des Familienrathes weggefallen ist.

5. Wegen der Ausübung des Beschwerderechts ist auf Anm. 5 zu § 1879 zu verweisen.

§ 1881.

Von der Aufhebung des Familienraths hat das Vormundschaftsgericht die bisherigen Mitglieder, den Vormund und den Gegenvormund in Kenntniß zu setzen.

Der Vormund und der Gegenvormund erhalten neue Bestallungen. Die früheren Bestallungen sind dem Vormundschaftsgerichte zurückzugeben.

Entw. I § 1724 Abs. 2; Entw. II § 1770 Abs. 2; Reichst.-Vorl. § 1857; Mot. IV zu § 1724 S. 1225; Komm. Prot. S. 6493.

1. Die Bestimmungen des § 1881 entsprechen dem § 80 Abs. 2, 3 der Pr. VO. Die in Abs. 1 daselbst noch weiter enthaltene Vorschrift, daß nach erfolgter Aufhebung des Familienrathes die Vormundschaft wieder nach Maßgabe der allgemein geltenden Regeln zu behandeln ist, bedurfte als selbstverständlich keines ausdrücklichen Ausspruchs.

Abs. 1.

2. — das Vormundschaftsgericht — Also der für die Bevormundung zuständige Amtsrichter oder bzw. die nicht gerichtliche Behörde, welcher nach Landesgesetz die dem Vormundschaftsgericht obliegenden Verrichtungen zustehen (Art. 147 des EG.).

3. — die bisherigen Mitglieder — Zu diesen gehört in einem weiteren Sinne auch der Vorsitzende des Familienraths, so daß also, wenn dieser nicht mit der Vormundschaftsbehörde, welche die Aufhebung beschließt, identisch ist, auch er wie die übrigen ordentlichen Mitglieder und die Ersatzmitglieder von dem Aufhebungsbeschlusse zu benachrichtigen ist.

4. — in Kenntniß zu setzen. Die Bekanntmachung muß, da gegen den Aufhebungsbeschluß nach § 60 Nr. 4 des G. fr. G. binnen einer zweiwöchigen Frist die sofortige Beschwerde stattfindet, durch Zustellung nach den für die Zustellung von Amtswegen geltenden Vorschriften der Civilprozeßordnung (§§ 208 bis 213) geschehen (§ 16 Abs. 2, § 60 Abs. 2 des G. fr. G.).

Abs. 2.

5. Die Bestimmung des Abs. 2 erscheint als selbstverständliche Folge des § 1791 Abs. 2 Satz 2.

VII. Beendigung der Vormundschaft.

§ 1882.

Die Vormundschaft endigt mit dem Wegfalle der im § 1773 für die Anordnung der Vormundschaft bestimmten Voraussetzungen.

Entw. I § 1703 Abs. 1; Entw. II § 1740; Reichst.-Vorl. § 1858; Mot. IV zu § 1703 S. 1193 bis 1195; Komm. Prot. S. 6472, 6473.

1. Die Vormundschaft endigt — Die §§ 1882 bis 1884 regeln die Fälle, in denen die Vormundschaft selbst, also die gesammte staatliche Fürsorge für den Mündel, aufhört, die §§ 1885 bis 1889 dagegen die Voraussetzungen, unter denen das Amt des Vormundes trotz des Fortbestehens der Vormundschaft sein Ende erreicht.

2. — mit dem Wegfalle der im § 1773 für die Anordnung der Vormundschaft bestimmten Voraussetzungen. Hiernach endigt die Vormundschaft:

a) mit der Volljährigkeit oder Volljährigkeitserklärung des Mündels;

b) mit dem Eintritt des Mündels in elterliche Gewalt, welcher erfolgen kann:

α) durch Wiedererlangung der vollen Vertretungsbefugniß Seitens des Gewalthabers (§§ 1666, 1671, 1773 Abs. 1);

β) durch Legitimation (§ 1719);

γ) durch Annahme an Kindesstatt (§ 1757);

δ) durch Ehelichkeitserklärung (§ 1736),

ε) durch nachträgliche Ermittelung des Familienstandes (§ 1773 Abs. 2);

ζ) endlich selbstverständlich auch durch Tod oder Todeserklärung (§ 1884 Abs. 2).

Im Falle der Legitimation (b. β) endigt die Vormundschaft erst durch ein die Vaterschaft rechtskräftig feststellendes Urtheil oder durch Aufhebungsbeschluß des Vormundschaftsgerichts (§ 1883). Auch die Vormundschaft über einen verschollenen Mündel hört erst auf durch einen solchen Beschluß oder durch die Erlassung des die Todeserklärung aussprechenden Urtheils (§ 1884). Daß ein Mündel entgegen der Regel des § 14 Abs. 1 schon während seiner Minderjährigkeit für todt erklärt wird, kann vorkommen als Folge:

a) der Verschollenheit nach einem Kriege, an dem er als Angehöriger der bewaffneten Macht Theil genommen hat (§ 15);

b) der Verschollenheit zur See, wenn er sich bei einer Seefahrt auf einem während der Fahrt untergegangenen Fahrzeuge befunden hat (§ 16);

c) der Verschollenheit nach einer Lebensgefahr, in welche er unter anderen als den in den §§ 15, 16 bezeichneten Umständen gerathen ist.

In allen übrigen Fällen tritt die Beendigung der Vormundschaft von Rechtswegen (ipso jure) ein, wodurch ohne Weiteres auch das Amt des Vormundes erlischt.

Durch die Verheirathung des Mündels wird die Vormundschaft nicht beendigt, da nach den Grundsätzen das BGB. „Heirathen nicht mündig" macht.

In wie weit der Verlust der Eigenschaft eines Inländers die Beendigung einer in Deutschland geführten Vormundschaft bewirkt (vgl. Hamb. Vorm.O. Art. 63 Abs. 1 Nr. 6; Württemb. Ges. vom 15. August 1817 § 25), richtet sich nach den Grundsätzen des internationalen Privatrechts. Aus Art. 23 des EG. folgt, daß eine Vormundschaft (oder Pflegschaft) in einem solchen Falle fortgeführt werden kann, sofern ein anderer Staat, dem der Mündel fortan angehört, die Fürsorge nicht übernimmt, und letzterer nach den Gesetzen dieses anderen Staates der Fürsorge ebenfalls bedarf oder im Inlande entmündigt ist. Wie es hierbei zu halten sei, wenn der Mündel die Inländereigenschaft verliert, ohne eine neue Staatsangehörigkeit zu erwerben, ergibt der Art. 29 a. a. O. Die Vormundschaft wird danach im Inlande fortzudauern haben (vgl. auch Urth. des RG. vom 3. Februar 1898, Preuß. JMBl. S. 108).

3. Da in dem Augenblicke der Beendigung der Vormundschaft die Vertretungsmacht des bisherigen Vormundes erlischt, so ist der großjährige oder für großjährig erklärte Mündel von da ab zum selbständigen Handeln befugt.

4. Eine Verlängerung der Vormundschaft, wie sie das Preuß. ALR. (§§ 698 ff. Tit. 18 Th. II) kannte, ist dem BGB. (wie auch schon der Pr. VO.) fremd.

§ 1883.

Wird der Mündel durch nachfolgende Ehe legitimirt, so endigt die Vormundschaft erst dann, wenn die Vaterschaft des Ehemanns durch ein zwischen ihm und dem Mündel ergangenes Urtheil rechtskräftig

festgestellt ist oder die Aufhebung der Vormundschaft von dem Vormundschaftsgericht angeordnet wird.

Das Vormundschaftsgericht hat die Aufhebung anzuordnen, wenn es die Voraussetzungen der Legitimation für vorhanden erachtet. Solange der Ehemann lebt, soll die Aufhebung nur angeordnet werden, wenn er die Vaterschaft anerkannt hat oder wenn er an der Abgabe einer Erklärung dauernd verhindert oder sein Aufenthalt dauernd unbekannt ist.

Entw. I § 1703 Abs. 2; **Entw. II** § 1741; **Reichst.-Vorl.** § 1859; **Mot. IV** zu § 1703 S. 1194, 1195; **Komm. Prot.** S. 6472 bis 6475.

Abs. 1.

1. — Wird der Mündel durch nachfolgende Ehe legitimirt — Nach § 1719 erlangt ein uneheliches Kind dadurch, daß sich der Vater mit der Mutter verheirathet, mit der Eheschließung die rechtliche Stellung eines ehelichen Kindes. Es tritt dadurch in die elterliche Gewalt des Ehemanns.

„Es läßt sich nicht verkennen," heißt es in den Motiven zu § 1719, „daß daraus für solche Fälle, in welchen in jenem Zeitpunkte die Vaterschaft des Ehemannes in Ansehung des Kindes und somit der Eintritt der elterlichen Gewalt des Ehemanns über dasselbe vielleicht subjektiv noch ungewiß ist und daher die für das Kind vorher angeordnete Vormundschaft auch nach jenem Zeitpunkte noch fortgeführt wird, im Hinblicke auf die mit der elterlichen Gewalt bzw. mit dem Amte des Vormundes verbundene Vertretungsmacht unter Umständen die Rechtssicherheit gefährdende Unzuträglichkeiten und Konflikte sich ergeben können. Trotzdem muß es als bedenklich erachtet werden, das Prinzip des § 1719, um jenen Unzuträglichkeiten zu begegnen, in Ansehung der elterlichen Gewalt durch eine positive Vorschrift zu durchbrechen, sei es durch die Bestimmung, daß die elterliche Gewalt über das Kind nicht vor dem Zeitpunkte eintrit, in welchem die Vaterschaft des Ehemanns nach Maßgabe des § 1720 festgestellt ist, oder durch die Bestimmung, daß der Ehemann die elterliche Gewalt erst dann erlangt, wenn das Vormundschaftsgericht die Voraussetzungen der Legitimation des Kindes durch nachfolgende Ehe als gegeben anerkannt hat. Das Institut der Legitimation soll wesentlich dem Interesse des Kindes dienen. Das Interesse des Kindes aber erheischt es, daß die mit der elterlichen Gewalt verbundene Pflicht der Fürsorge für dasselbe von der Zeit der Eheschließung an kraft des Gesetzes für den Ehemann als den Vater des Kindes begründet wird. Die anderen angedeuteten Wege eröffnen dagegen dem Ehemanne die Möglichkeit, sich auf längere Zeit den mit der elterlichen Gewalt verbundenen Pflichten zu entziehen. Den Eintritt der elterlichen Gewalt von einer Entscheidung des Vormundschaftsgerichts abhängig zu machen, hat zudem das Bedenken gegen sich, daß die elterliche Gewalt ein an sich prozeßfähiges Recht ist. Um so mehr verdient es den Vorzug, in Uebereinstimmung mit dem bisherigen Rechte es auch in Ansehung der elterlichen Gewalt bei den Konsequenzen des in § 1719 ausgesprochenen Prinzipes zu belassen, als in der großen Mehrzahl der Fälle die Legitimation durch nachfolgende Ehe in den ersten Lebensjahren des Kindes erfolgt, für diese ersten Lebensjahre aber die mit der elterlichen Gewalt bzw. mit dem Amte des Vormundes verbundene Vertretungsmacht gegenüber der Pflicht thatsächlicher Fürsorge für das Kind in den Hintergrund tritt und dem praktischen Leben die mit den angedeuteten positiven Bestimmungen verbundenen Weiterungen fremd sind. Um aber zu verhindern, daß die Rechtshandlungen, welche von dem Vormunde des Kindes in der Zwischenzeit zwischen der Eheschließung und der Feststellung der Vaterschaft des Ehemannes vorgenommen sind, auf Grund der Bestimmung des § 1882 der Wirksamkeit entbehren, und daß in der Zwischenzeit das Kind schutzlos ist, hat das BGB. in § 1883 durch eine besondere Bestimmung Vorsorge getroffen, daß im Falle der Legitimation des Mündels durch nachfolgende Ehe die Vormundschaft über denselben nicht schon mit dem Zeitpunkte der Eheschließung und dem damit verbundenen Eintritte der elterlichen Gewalt des Ehemannes beendigt wird (vgl. Jahrb. der Entsch. des Kammerger. VI, 27; Entsch. des RG. in Strafs. XV, 55)."

Die rechtliche Stellung eines vor dem Inkrafttreten des BGB. geborenen unehelichen oder eines nach den französischen oder den badischen Gesetzen anerkannten Kindes bestimmt sich von dem 1. Januar 1900 an nach den Vorschriften des BGB. (Art. 208 Abs. 1 und 3 des EG.). In wie weit einem vor dem 1. Januar 1900 außerehelich erzeugten Kinde aus einem besonderen Grunde, insbesondere wegen Erzeugung im Brautstande, die rechtliche Stellung eines ehelichen Kindes zukommt, und in wie weit der Vater und die Mutter eines solchen Kindes die Pflichten und Rechte ehelicher Eltern haben, bestimmt sich nach den bisherigen Gesetzen (Art. 208 Abs. 2 a. a. O.). Nach den letzteren richtet es sich ferner auch, in wie weit ein vor dem 1. Januar 1900 legitimirtes oder an Kindesstatt angenommenes Kind die rechtliche Stellung eines ehelichen Kindes hat und in wie weit der Vater und die Mutter die Pflichten und Rechte ehelicher Eltern haben.

2. — so endigt die Vormundschaft erst dann — Die Beendigung der Vormundschaft erfolgt also in diesem Falle auch alsdann nicht von Rechts wegen, wenn der Ehemann, gleichviel in welcher Form, seine Vaterschaft anerkannt hat.

3. — wenn die Vaterschaft des Ehemannes durch ein zwischen ihm und dem Mündel ergangenes Urtheil rechtskräftig festgestellt ist — Zwischen ihm und dem Mündel. Die Feststellung in einem zwischen der Mündelmutter und ihrem späteren Ehemanne geführten Rechtsstreit, in welchem der letztere sich als Vater des Mündels bekannt hat, genügt also nicht. Mit dem Tage der Rechtskraft des zwischen dem Mündel und dem Ehemann ergangenen Urtheils hört die Vormundschaft ohne Weiteres (ipso jure) auf. Ein besonderer Aufhebungsbeschluß des Vormundschaftsgerichts findet in diesem Falle nicht statt.

4. — oder die Aufhebung der Vormundschaft von dem Vormundschaftsgericht angeordnet wird. Die Anordnung der Aufhebung erfolgt durch Beschluß, welcher dem Vater des Mündels und dem Vormund bekannt zu machen ist. Ueber das Beschwerderecht bestimmt der § 57 Nr. 1 des G. fr. G. Da mit der Aufhebung der Vormundschaft von selbst auch das Amt des Vormundes endigt, so kommt eine besondere Entlassung neben diesem Beschlusse nicht mehr in Betracht.

Abs. 2.

5. Das Vormundschaftsgericht hat die Aufhebung anzuordnen, wenn es die Voraussetzungen der Legitimation für vorhanden erachtet. „Daß in dem hier fraglichen Falle", erklären die Motive, „sofern nicht in einem Rechtsstreite zwischen dem Mündel und dem Ehemanne der Mutter die Vaterschaft des Ehemannes rechtskräftig festgestellt ist, das Vormundschaftsgericht, auch wenn dasselbe seinerseits die Voraussetzungen der Legitimation für gegeben erachtet, die Aufhebung der Vormundschaft doch nur dann anordnen soll, wenn zugleich auch der Ehemann der Mutter des Mündels die Vaterschaft anerkennt, beruht auf der Erwägung, daß so lange ein solches Anerkenntniß nicht vorliegt, das Kind schutzbedürftig bleibt." Die Aufhebung selbst muß in dem Falle des Abs. 2 von Amtswegen erfolgen, was sebstverständlich nicht ausschließt, daß hierzu der Antrag eines Betheiligten den Anlaß gegeben hat. Sie setzt voraus, daß ihr eine Sachuntersuchung vorausgeht. Daß zu dieser Zeit der Ehemann der Mündelmutter bereits verstorben ist, hindert eine Entscheidung des Vormundschaftsgerichts auf Grund der ermittelten Umstände nicht.

Was die Voraussetzungen der Legitimation betrifft, deren Vorhandensein festzustellen ist, so sind dieselben aus § 1720 zu entnehmen. Hiernach gilt der Ehemann der Mutter als Vater des Mündels alsdann, wenn er ihr innerhalb der in § 1717 Abs. 2 bestimmten Empfängnißzeit (d. i. zwischen dem 181. und dem 302. Tage vor der Geburt des Mündels, den Anfangs- und Endtag der Frist eingeschlossen) beigewohnt hat, es sei denn, daß es den Umständen nach offenbar unmöglich ist, daß die Mutter das Kind aus dieser Beiwohnung empfangen hat (§ 1720 Abs. 1). Erkennt der Ehemann seine Vaterschaft nach der Geburt des Kindes in einer öffentlichen Urkunde an, so wird die innerhalb der Empfängnißzeit erfolgte Beiwohnung vermuthet (§ 1720 Abs. 2). Die Vermuthung kann jedoch durch Gegenbeweis widerlegt werden. Streiten die Betheiligten darüber, ob die Voraussetzungen der Legitimation vorliegen, so hat die Entscheidung im ordentlichen Rechtswege zu geschehen. Wird die Vaterschaft hierdurch rechtskräftig festgestellt, so hat dies die Beendigung der Vormundschaft, weil nunmehr auch die Legitimation feststeht, ohne Weiteres zur Folge (vgl. Anm. 3). Die von dem Vormundschaftsgericht nach Maßgabe des Abs. 2 vorzunehmende Prüfung setzt voraus, daß ein Rechtsstreit über die Vaterschaft zwischen dem Mündel und dem Ehemanne der Mutter nicht anhängig ist. Im Uebrigen wird dabei das Vormundschaftsgericht im Wesentlichen von den gleichen Grundsätzen auszugehen haben, wie sie auch der Prozeßrichter zu beachten haben würde. Bejaht dasselbe das Vorhandensein der Voraussetzungen der Legitimation und hebt deshalb die Vormundschaft auf, so ist diese Anordnung weder den Rechten des Mündels noch denjenigen des Ehemannes der Mündelmutter in Ansehung der Legitimation selbst präjudizirlich.

6. So lange der Ehemann lebt — Ist derselbe verschollen, so wird der § 19 zu beachten sein.

7. — soll die Aufhebung nur angeordnet werden — Die Fassung („soll") ergibt nur eine Ordnungsvorschrift. Ihre Nichtbeachtung hat daher keine Ungültigkeit der von dem Vormundschaftsgericht beschlossenen Aufhebnng der Vormundschaft zur Folge.

8. — wenn er die Vaterschaft anerkannt hat — Es war nach gem. Recht streitig, ob der Eintritt der legitimatio per subsequens matrimonium durch die Anerkennung der Vaterschaft Seitens des Ehemannes bedingt sei, oder ob diese Vaterschaft hierbei auch durch andere Beweise ermittelt werden kann (Seuff. Arch. Bd. 36 S. 174). Auch darüber, ob die Anerkennung der Vaterschaft einen konstitutiven Charakter oder nur die Bedeutung eines Beweismittels habe, gingen die Ansichten der gemeinrechtlichen Doktrin auseinander. Die gemeinrechtliche Praxis legte dem Anerkenntniß die Wirkung bei, daß dadurch die Vaterschaft bis zum Beweise des Gegentheiles, und zwar auch im Verhältniß zu allen dritten Personen, festgestellt werde (vgl. Seuff. Arch. Bd. XI Nr. 10, Bd. XIII Nr. 232, Bd. XXI Nr. 200, Bd. XXII Nr. 287, 288, Bd. XXIV Nr. 242, Bd. XXXVI Nr. 174;

Entsch. des RG. in Strafs. Bd. XIII S. 129). Indessen soll den Rechten des Kindes dadurch nicht präjudizirt werden (Seufferts Arch. Bd. VIII Nr. 344, Bd. XI Nr. 10, Bd. XXIV Nr. 242; Joh. Bd. VI Nr. 27).

Nach Preuß. und Sächs. Gesetzgebung galt der Ehemann als Vater des Kindes, wenn er innerhalb der gesetzlichen Empfängnißzeit der Mutter beigewohnt hat. Insbesondere war die exceptio plurium concumbentium ausgeschlossen. Ueber die Wirkungen der Anerkennung waren besondere Vorschriften nicht vorhanden. Die Rechtsprechung des vorm. Preuß. Obertribunals erkannte jedoch an, daß es für den Beweis der Legitimation des Kindes durch nachfolgende Ehe genüge, wenn der Ehemann der Mutter das Kind als das seine anerkenne, und daß diese Anerkennung auch noch nach der Eheschließung und selbst noch nach Auflösung der Ehe durch den Tod der Frau abgegeben werden könne (Gruchots Beitr. Bd. 17 S. 818).

Im Gegensatze hierzu forderte das franz. Recht für den Eintritt dieser Legitimation, daß die Eltern vor der Eheschließung das Kind gesetzmäßig anerkannt haben (Code civ. Art. 334 bis 342; Bad. Landrecht Satz 334 bis 340, 340a, 341, 342; Hess. Entwurf III Art. 48 bis 53). Der Hess. Entwurf III Art. 60 erklärt auch eine erst nach der Eheschließung erfolgende Anerkennung für genügend.

Das BGB. hat sich durch § 1720 denjenigen Rechten angeschlossen, welche den Eintritt der Legitimation durch nachfolgende Ehe von der Anerkennung der Vaterschaft Seitens des Ehemannes nicht abhängig machen, sondern die Ermittelung der Vaterschaft im Prozeßwege zulassen und dabei die Möglichkeit der Vaterschaft (unter Ausschluß der exceptio plurium) für genügend erachten. Durch die Bestimmung in § 1883 Abs. 2 Satz 2 ist jedoch Sorge getragen, daß bei Lebzeiten des Ehemannes ohne dessen Anerkennung der Vaterschaft, sofern diese nicht durch rechtskräftiges Urtheil (§ 1883 Abs. 1) feststeht, die Vormundschaft über den Mündel regelmäßig nicht aufgehoben wird.

Eine besondere Form ist für die Anerkennung in dem Falle des § 1883 Abs. 2 nicht vorgeschrieben. Wenn eine öffentliche Urkunde darüber nicht errichtet ist, so wird Seitens des Vormundschaftsgerichts eine entsprechende Erklärung von dem Ehemanne der Mündelmutter zu Protokoll zu nehmen sein. Einer Annahme dieser Erklärung Seitens des Vormundes bedarf es nicht.

9. — oder wenn er an der Abgabe einer Erklärung dauernd verhindert oder sein Aufenthalt dauernd unbekannt ist. Ob ein solcher Fall vorliegt, hat pflichtmäßig das Vormundschaftsgericht zu beurtheilen. Als eine dauernde Verhinderung wird namentlich unheilbare Geisteskrankheit, als eine dauernde Unbekanntheit des Aufenthalts die Verschollenheit des Ehemannes gelten müssen.

§ 1884.

Ist der Mündel verschollen, so endigt die Vormundschaft erst mit der Aufhebung durch das Vormundschaftsgericht. Das Vormundschaftsgericht hat die Vormundschaft aufzuheben, wenn ihm der Tod des Mündels bekannt wird.

Wird der Mündel für todt erklärt, so endigt die Vormundschaft mit der Erlassung des die Todeserklärung aussprechenden Urtheils.

Entw. I § 1703 Abs. 1 Nr. 1; Entw. II § 1742; Reichst.-Vorl. § 1860; Mot. IV zu § 1703 S. 1194; Komm. Prot. S. 6475, 6476.

1. Die Beendigung der Vormundschaft über verschollene Minderjährige erfolgt nach denselben Grundsätzen wie die Beendigung der Pflegschaft über abwesende großjährige Personen (§ 1921 Abs. 2 und 3).

Abs. 1.

2. Ist der Mündel verschollen — Als verschollen gilt, wer seit längerer Zeit abwesend ist, ohne daß Nachrichten über sein Leben vorhanden sind. Wie lange die Abwesenheit gedauert haben muß, um die Annahme des Verschollenseins zu begründen, bestimmt sich nach der Lage des Falles (Mot. I S. 33).

3. — so endigt die Vormundschaft erst mit der Aufhebung durch das Vormundschaftsgericht. Bis diese Aufhebung beschlossen wird, besteht die Vormundschaft fort und sind die in Vertretung des Mündels von dem Vormunde vorgenommenen Rechtshandlungen gültig. In dem Urtheil des RG. vom 10. Oktober 1884 (Entsch. in Civils. Bd. 12 S. 66, 68) ist mit Bezug auf den gemäß § 82 der Pr. VO. bestellten Abwesenheitsvormund angenommen worden, daß seine Legitimation zur Vertretung des Mündels nicht davon abhängig ist, daß nicht nach Anordnung der Vormundschaft festgestellt wird, es sei der Tod des Abwesenden schon vor Abschluß des Rechtsgeschäftes oder sogar schon vor seiner Bestellung als Vormund eingetreten gewesen. Für den Vormund eines Verschollenen im Sinne des § 1884 muß dieser Grundsatz um so mehr gelten, als hier (abweichend von § 84 der Pr. VO.) die Vormundschaft nicht schon mit dem Wegfall des Grundes ihrer Einleitung, sondern erst in Folge Beschlusses des Vormundschaftsgerichtes aufhört.

Das Vormundschaftsgericht kann den Beschluß fassen, auch wenn ihm über den Tod des Mündels noch nichts bekannt geworden ist. Es wird ihn schon vor dem Tode des Mündels fassen müssen, wenn einer derjenigen allgemeinen gesetzlichen Gründe (§ 1882) eintritt, aus denen eine Vormundschaft überhaupt ihr Ende erreicht; insbesondere also auch, wenn der Mündel in väterliche Gewalt gelangt, oder wenn der Termin seiner Großjährigkeit eintritt. In dem letzteren Falle wird jedoch an Stelle der Altersvormundschaft eine Pflegschaft über ihn anzuordnen sein, sofern hierzu die Bedingungen des § 1911 vorliegen.

4. — hat die Vormundschaft aufzuheben, wenn ihm der Tod des Mündels bekannt wird. Wenn das Vormundschaftsgericht den Tod des Mündels erfährt, so muß es die Vormundschaft aufheben. Es versteht sich hierbei von selbst, daß das Vormundschaftsgericht sich nicht mit einem bloßen Gerücht begnügen darf. Der Tod des Mündels muß ihm zuverlässig bekannt werden. Daß der Beweis in allen Fällen durch eine öffentliche Urkunde geführt wird, ist hierzu nicht erforderlich. Hebt das Vormundschaftsgericht die Vormundschaft über den Verschollenen auf, ohne für die Annahme des Todes objektiv ausreichende Gründe zu haben, so wird zwar formell auch in diesem Falle die Vormundschaft beendigt. Das Vormundschaftsgericht handelt jedoch hierbei auf seine Gefahr und macht sich dem Mündel, wenn diesem hierdurch Nachtheile erwachsen, unter Umständen ersatzpflichtig (§ 1848). Gegen den Aufhebungsbeschluß steht nach § 20 Jedem, dessen Recht dadurch beeinträchtigt ist, außerdem aber auch nach § 57 Nr. 1 des G. fr. G. Jedem, der ein rechtliches Interesse an der Aenderung der Verfügung hat, sowie dem Ehegatten, den Verwandten und Verschwägerten des Mündels die Beschwerde offen.

Abs. 2.

5. Wird der Mündel für todt erklärt — „Dem Tode des Mündels", bemerken die Motive, „steht nach Abs. 2 die Erlassung des Urtheils gleich, durch welches der Mündel für todt erklärt wird. Ist der Mündel für todt erklärt, was in den Fällen der §§ 13, 15, 16 auch während der Minderjährigkeit nicht ausgeschlossen ist, so würde zwar wegen der in § 18 aufgestellten allgemeinen Vermuthung die Vormundschaft einstweilen als durch den Tod des Mündels beendigt zu behandeln sein. Da aber nach § 18 die Todeserklärung nur eine Vermuthung begründet, so würde die spätere Rückkehr des Mündels die Folge haben, daß die Vormundschaft über denselben rückwärtshin als nicht beendigt angesehen werden müßte, da sich jetzt herausstellt, daß der angenommene Beendigungsgrund der Vormundschaft, der Tod des Mündels, nicht eingetreten war. Es müßte daher, sofern nicht inzwischen aus einem sonstigen Grunde die Vormundschaft beendigt sein sollte, die alte Vormundschaft fortgesetzt werden und insbesondere der frühere Vormund sein in Wirklichkeit gar nicht erloschenes Amt fortsetzen. Da eine solche Gestaltung den Verhältnissen wenig entsprechen würde und zu Unzuträglichkeiten führen könnte, so empfiehlt es sich, an die Todeserklärung des Mündels die Beendigung der Vormundschaft zu knüpfen, so daß bei der Rückkehr des für todt Erklärten geeigneten Falls eine neue Vormundschaft einzuleiten ist, sofern der frühere Grund der Bevormundung noch fortdauert. Die Folge dieser Gestaltung ist, daß der Verschollene von der Todeserklärung an unvertreten ist und ihm deshalb insbesondere die Vortheile der Bestimmung des § 206 in Ansehung des Laufes der Anspruchsverjährung zu Statten kommen".

Die Vorschrift des § 1884 Abs. 2 gilt von dem 1. Januar 1900 ab auch für eine vorher erfolgte Todeserklärung (Art. 160 des EG.).

6. — mit der Erlassung des die Todeserklärung aussprechenden Urtheils. Die Beendigung der Vormundschaft tritt bereits mit der Erlassung, also nicht erst mit der Rechtskraft des Urtheils ein. Das Urtheil bewirkt bis zum Beweise des Gegentheils gegenüber allen dritten Personen eine Rechtsvermuthung für den erfolgten Tod.

§ 1885.

Das Amt des Vormundes endigt mit seiner Entmündigung.

Wird der Vormund für todt erklärt, so endigt sein Amt mit der Erlassung des die Todeserklärung aussprechenden Urtheils.

Entw. I § 1704 Nr. 1. 2; Entw. II § 1743; Reichst.-Vorl. § 1861; Mot. IV zu § 1704 S. 1195. 1196; Komm. Prot. S. 6477 bis 6483.

---

1. Die §§ 1885 bis 1889 bezeichnen die Gründe, aus denen das Amt des Vormundes, also nicht wie in den Fällen der §§ 1882 bis 1884 die Vormundschaft überhaupt, beendigt wird. Während der Regel nach hierzu außer dem objektiven Vorhandensein eines gesetzlichen Grundes, entsprechend dem Bestellungsprinzip, auch noch die Entlassung des Vormundes erfordert wird (§§ 1886 bis 1889), bestimmt der § 1885 die Ausnahmen, in denen das Amt des Vormundes unabhängig von einer Entlassung durch das Vormundschaftsgericht, erlischt. Derselbe stellt sich in dieser Beziehung als Folge des in § 1780 ausgesprochenen Grundsatzes dar.

Abs. 1.

2. — endigt mit seiner Entmündigung. Die Entmündigung ist nach § 6 zulässig wegen Geisteskrankheit oder Geistesschwäche, Verschwendung und Trunksucht. Sie tritt in Wirksamkeit:

a) wenn sie wegen Geisteskrankheit erfolgt, mit der Bestellung eines Vormundes für den Entmündigten (oder, sofern er selbst unter elterlicher Gewalt oder unter Vormundschaft steht, mit der Zustellung des Entmündigungsbeschlusses an denjenigen gesetzlichen Vertreter, welchem die Sorge für die Person gebührt (§ 661 Abs. 1 der CPO.);

b) in den übrigen drei Fällen mit der Zustellung des Entmündigungsbeschlusses an den Entmündigten selbst (§ 661 Abs. 2, § 683 Abs. 2 a. a. O.).

Der die Entmündigung aussprechende Beschluß wird der Vormundschaftsbehörde von Amtswegen mitgetheilt (§§ 660 Satz 1, 683 Abs. 2 Satz 2 a. a. O.). Da das Amt des entmündigten Vormundes, an dessen Stelle für den Mündel alsbald ein neuer Vormund zu bestellen ist, mit der ordnungsmäßig erfolgten Zustellung des Entmündigungsbeschlusses ohne Weiteres endigt, so wird das Vormundschaftsgericht, wenn das Amtsgericht eine Benachrichtigung hierüber mit der Mittheilung des Beschlusses nicht sogleich verbindet, sofort das Erforderliche durch Rückfrage zu ermitteln haben. Die im Wege der Anfechtungsklage oder des einfachen Antragsverfahrens erlangte Wiederaufhebung des Entmündigungsbeschlusses hat eine Wiedereinsetzung des Vormundes in sein vormundschaftliches Amt von Rechtswegen nicht zur Folge. Eine solche könnte gegebenen Falles nur durch Neubestellung geschehen.

Abs. 2.

3. — mit der Erlassung des die Todeserklärung aussprechenden Urtheils. Ueber die gesetzlichen Voraussetzungen der Todeserklärung verhalten sich die §§ 13 bis 17. Dieselbe erfolgt durch Ausschlußurtheil auf Grund eines Aufgebotsverfahrens. Das Urtheil hat jedoch nur deklaratorische (nicht konstitutive) Bedeutung, indem es nach § 18 nur die Vermuthung begründet, daß der Verschollene zu dem in dem Urtheile bestimmten Zeitpunkte (nicht zur Zeit der Urtheilserlassung) gestorben sei. Diese Vermuthung kann durch Gegenbeweis entkräftet werden. Demnach würde, wie die Motive bemerken, wenn das Vormundschaftsgericht den verschollenen Vormund nicht etwa schon vor der Todeserklärung auf Grund der Verschollenheit entlassen, sondern erst auf Grund der Todeserklärung einen neuen Vormund bestellt haben sollte, bei Rückkehr des für todt erklärten Vormundes der letztere von selbst in sein vormundschaftliches Amt wieder eintreten, da der angenommene Beendigungsgrund dieses Amtes, der Tod des Vormundes, in Wirklichkeit als nicht eingetreten sich herausstellt. Zur Vermeidung von Kollisionen und Unzuträglichkeiten, welche aus der Fortdauer des vormundschaftlichen Amtes in dem gedachten Falle sich ergeben würden, empfiehlt es sich deshalb, an die Todeserklärung die Beendigung des vormundschaftlichen Amtes zu knüpfen.

Daß auch der wirkliche Tod das Amt des Vormundes ohne Weiteres beendigt, bedurfte, weil selbstverständlich, keiner ausdrücklichen Bestimmung.

Bei dem Vorhandensein mehrerer Vormünder führen, nachdem einer von ihnen durch Tod oder Todeserklärung ausgeschieden ist, die übrigen die Vormundschaft bis zu der etwaigen Bestellung eines neuen Vormundes allein fort. Wenn die Vormundschaftsführung in einem solchen Falle getheilt ist, wird es die Sache des Vormundschaftsgerichts sein, für die alsdann erforderliche Neubestellung alsbald Sorge zu tragen oder eine andere Vertheilung der Geschäfte anzuordnen.

4. Die Vorschriften des § 1885 finden nach § 1895 auch auf den Gegenvormund entsprechende Anwendung.

§ 1886.

Das Vormundschaftsgericht hat den Vormund zu entlassen, wenn die Fortführung des Amtes, insbesondere wegen pflichtwidrigen Verhaltens des Vormundes, das Interesse des Mündels gefährden würde oder wenn in der Person des Vormundes einer der im § 1781 bestimmten Gründe vorliegt.

Entw. I § 1704 Nr. 3, § 1705 Nr. 1, 2; Entw. II § 1744; Reichst.-Vorl. § 1862; Mot. IV zu § 1704 S. 1196, 1197, zu § 1705 S. 1197, 1198; Komm. Prot. S. 6483 bis 6485.

---

1. Die §§ 1886, 1887 Abs. 2 Satz 1, 1888, 1889 behandeln diejenigen Fälle, in denen das Vormundschaftsgericht zu einer Entlassung des Vormundes verpflichtet ist („hat ... zu entlassen"). Sie sind nach § 1895 entsprechend auch auf den Gegenvormund anzuwenden.

2. — wenn die Fortführung des Amtes, insbesondere wegen pflichtwidrigen Verhaltens des Vormundes, das Interesse des Mündels gefährden würde — Ob ein solcher Grund vorliegt, ermißt das Vormundschaftsgericht auf Grund vorgängiger Sachuntersuchung. Eine Unterscheidung zwischen Entlassung und Entsetzung im Sinne der Pr. VO. (§ 63 Abs. 1 und Abs. 2) kennt das Gesetz zwar der Sache, aber nicht dem Namen nach. Es gehört zu den Pflichten des Gegenvormundes (§ 1799 Abs. 1) und des Gemeindewaisenraths (§ 1850 Abs. 1 Satz 2), Pflichtwidrigkeiten des Vormundes (Pflegers), welche sie, ersterer rücksichtlich der Vormundschaftsführung überhaupt, letzterer rücksichtlich der Fürsorge für die Person des Mündels, selbst wahrnehmen oder die zu ihrer Kenntniß gelangen, dem Vormundschaftsgerichte anzuzeigen. Anzeige berechtigt erscheint im Interesse des Mündels außerdem Jeder, der im Stande ist, darüber Auskunft zu geben.

Das Interesse des Mündels, dessen Gefährdung durch die Entlassung des Vormundes vorgebeugt werden soll, umfaßt ebensowohl die Rücksicht auf seine Person (körperliche Pflege, Erziehung, Unterricht u. s. w.) wie auf sein Vermögen. Im Uebrigen verlangt der Begriff der Gefährdung des Interesses nicht, daß ein Schade für dem Mündel bereits eingetreten ist; es genügt, wenn ein solcher mit einer gewissen Wahrscheinlichkeit zu befürchten ist. Kann der Gefährdung durch anderweite Mittel (§ 1837) dauernd Einhalt gethan werden, ohne daß zu einer Entlassung des Vormundes geschritten wird, so braucht das Vormundschaftsgericht die letztere nicht zu beschließen, da in diesem Falle die gesetzliche Voraussetzung, daß die Fortführung des Amtes das Mündelinteresse gefährden würde, nicht vorliegt.

Eine bloße Kollision der Interessen zwischen Mündel und Vormund vermag in der Regel die Entlassung nicht zu begründen. Einer etwaigen Benachtheiligung, die dem Mündel hieraus entspringen könnte, wird durch die §§ 1795 und 1909 Abs. 1 und 2 hinlänglich begegnet.

Hat der Vormund nach Maßgabe des § 1844 Sicherheit bestellt, so wird eine Gefährdung des Vermögens des Mündels weniger leicht eintreten als in Fällen, wo eine Sicherheit nicht geleistet worden ist. Ob die Gefährdung durch eine Verschuldung des Vormundes herbeigeführt worden ist, und in welchem Grade eine solche Verschuldung besteht, ist im Uebrigen für die Nothwendigkeit der Entlassung nicht entscheidend. Da die letztere regelmäßig eine wichtige Angelegenheit im Sinne des § 1847 Abs. 1 darstellt, so empfiehlt es sich, vor einer Beschlußfassung darüber auch ohne Antrag Verwandte oder Verschwägerte des Mündels gutachtlich zu hören. Auch dem Vormund selbst wird Gelegenheit zu geben sein, sich zu äußern und eventuell sein Verhalten zu rechtfertigen.

Eine vorläufige Suspendirung des Vormundes vom Amte kennt das Gesetz nicht. Das Vormundschaftsgericht muß sich daher bis zur wirklichen Entlassung begnügen, erforderlichen Falles andere geeignete Mittel (vgl. z. B. § 1818) in Anwendung zu bringen, um den Mündel inzwischen nach Möglichkeit zu sichern.

3. Wird der Vormund gegen seinen Willen entlassen, so steht ihm selber und den übrigen Berechtigten (§ 20 Abs. 1, § 59 des G. fr. G.) hiergegen die sofortige Beschwerde zu (§ 60 Nr. 3 a. a. O.). Hatte der Gegenvormund die Entlassung des Vormundes beantragt und wird dieser Antrag von dem Vormundschaftsgerichte zurückgewiesen, so findet gegen die ablehnende Verfügung Beschwerde nach Maßgabe des § 57 Nr. 6 und Nr. 9, in Verbindung mit § 20 Abs. 2 a. a. O. statt.

4. — oder wenn in der Person des Vormundes einer der im § 1781 bestimmten Gründe vorliegt. Die dort bestimmten Gründe sind: Minderjährigkeit oder Stellung unter vorläufige Vormundschaft; Pflegschaft zur Besorgung seiner Vermögensangelegenheiten; Konkurs; Verlust der bürgerlichen Ehrenrechte, soweit sich nicht aus den Vorschriften des Strafgesetzbuches ein Anderes ergibt (§ 1781 Anm. 5). Die Voraussetzung, daß ein Entlassungsgrund aus § 1781 „vorliegt", trifft auch zu, wenn derselbe schon zur Zeit der Bestellung des Vormundes bestanden hat, dem Vormundschaftsgericht aber entweder unbekannt geblieben oder von ihm nicht beachtet worden ist.

Daß das Vormundschaftsgericht den Vormund auch entlassen kann, wenn es die Entlassung nach Maßgabe des 1790 vorbehalten hat und das fragliche Ereigniß eingetreten oder nicht eingetreten ist, bedurfte hier keines wiederholten Ausdrucks.

§ 1887.

Das Vormundschaftsgericht kann eine Frau, die zum Vormunde bestellt ist, entlassen, wenn sie sich verheirathet.

Das Vormundschaftsgericht hat eine verheirathete Frau, die zum Vormunde bestellt ist, zu entlassen, wenn der Mann seine Zustimmung zur Uebernahme oder zur Fortführung der Vormundschaft versagt oder die Zustimmung widerruft. Diese Vorschrift findet keine Anwendung, wenn der Mann der Vater des Mündels ist.

Entw. I § 1704 Nr. 3, § 1705 Nr. 3, § 1707; Entw. II § 1745; Reichst.=Vorl. § 1863; Mot. IV zu § 1704 S. 1196, 1197, zu § 1705 S. 1198, 1199, zu § 1707 S. 1200, 1201; Komm. Prot. S. 6485, 6487.

---

1. Die Vorschrift schließt sich an § 64 der Pr. VO. an und entspricht dem § 1783. Bestimmend für sie war nach den Motiven die Erwägung, „daß die Ver=

hältnisse einer Frau durch die Eingehung einer Ehe nicht selten in dem Maße beeinflußt werden, daß es im Interesse des Mündels unbedingt nöthig erscheint, dem Gerichte wenigstens die Möglichkeit zu wahren, nach den Umständen eine Entlassung der zum Vormunde bestellten Frau zu verfügen".

Abs. 1.

2. — kann eine Frau, die zum Vormund bestellt ist, entlassen, wenn sie sich verheirathet — Ueber die Angemessenheit der Entlassung entscheidet das pflichtmäßige Ermessen des Vormundschaftsgerichts. Ob die zum Vormund bestellte Frau den Mündelvater heirathet oder ob, wenn sie einen Andern heirathet, der Ehemann ihr die Genehmigung zur Fortführnng der Vormundschaft ertheilt (§ 1783), steht ihrer Entlassung an sich nicht entgegen (vgl. Anm. 7).

Bevor das Vormundschaftsgericht die Entlassung beschließt, kann es sich unter Umständen empfehlen, gemäß § 1847 Abs. 1 Satz 2 Verwandte oder Verschwägerte des Mündels zu hören.

Daß die Beibehaltung der Ehefrau als Vormund das Interesse des Mündels gefährden würde, ist zur Begründung ihrer Entlassung nicht erforderlich, da andernfalls im Hinblick auf § 1886 ihre Entlassung nicht bloß erfolgen könnte, sondern ohne Weiteres erfolgen müßte.

3. Ist die Frau mit ihrer Entlassung nicht einverstanden, so steht ihr gegen den Entlassungsbeschluß die sofortige Beschwerde zu (§ 60 Nr. 3 G. fr. G.). Vgl. Anm. 3 zu § 1886.

Abs. 2.

4. — hat eine verheirathete Frau, die zum Vormund bestellt ist, zu entlassen, wenn der Mann seine Zustimmung zur Uebernahme oder zur Fortführung der Vormundschaft versagt — Die Bestimmung erscheint als Folge des § 1783. Das Vormundschaftsgericht ist in diesem Falle zur Entlassung verpflichtet (hat . . . zu entlassen), und eines Antrages Seitens des Ehemannes bedarf es zu diesem Behufe nicht.

Seine Zustimmung zur Uebernahme der Vormundschaft kann der Mann nach bereits erfolgter Bestellung seiner Ehefrau nur ertheilen oder versagen, wenn das Vormundschaftsgericht entgegen der Vorschrift des § 1783 die Frau zuvörderst ohne seine Zustimmung bestellt hat, indem andernfals nur von einer Versagung zur Fortführung der Vormundschaft die Rede sein könnte.

5. — oder die Zustimmung widerruft. Also auch Widerruf der bereits ertheilten Zustimmung ist ohne weitere Beschränkung zulässig. Es war dies nach Preußischem Rechte bestritten.

6. Wie die Zustimmung zur Uebernahme oder Fortführung der Vormundschaft, so ist auch die Versagung dieser Zustimmung oder deren Widerruf von dem Ehemann der Ehefrau gegenüber zu erklären, und Sache der letzteren ist es, diese Rechtsthatsache dem Vormundschaftsgerichte als geschehen nachzuweisen (vgl. Anm. 5 zu § 1783). Ohne daß dem Vormundschaftsgericht eine solche Erklärung vorliegt, kann dasselbe die zum Vormund bestellte, nach §§ 1780 ff. an sich fähige Frau (abgesehen von allgemeinen Entlassungsgründen) nur in dem Falle des Abs. 1 von Amtswegen entlassen.

7. Diese Vorschrift findet keine Anwendung, wenn der Mann der Vater des Mündels ist. Der Satz, welcher sich nur auf Abs. 2 Satz 1 und nicht auch auf Abs. 1 bezieht, entspricht dem § 1783, wonach nur eine Frau,

die mit einem Andern als dem Vater des Mündels verheirathet ist, der Zustimmung des Mannes zur Uebernahme der Vormundschaft bedarf.

§ 1888.

Ist ein Beamter oder ein Religionsdiener zum Vormunde bestellt, so hat ihn das Vormundschaftsgericht zu entlassen, wenn die Erlaubniß, die nach den Landesgesetzen zur Uebernahme der Vormundschaft oder zur Fortführung der vor dem Eintritt in das Amts- oder Dienstverhältniß übernommenen Vormundschaft erforderlich ist, versagt oder zurückgenommen wird oder wenn die nach den Landesgesetzen zulässige Untersagung der Fortführung der Vormundschaft erfolgt.

Entw. I § 1704 Nr. 3, § 1705 Nr. 4; Entw. II § 1746; Reichst.-Vorl. § 1864; Mot. IV zu § 1704 S. 1196, 1197, zu § 1705 S. 1199; Komm. Prot. S. 6485, 6486.

---

1. Die Vorschrift entspricht dem § 1784 und stimmt mit den §§ 22, 63 Abs. 2 der Pr. VO. überein. Die besondere Bestimmung, betreffend die Fortführung der Vormundschaft, beruht nach den Motiven darauf, daß der § 1784 nur auf die Uebernahme einer Vormundschaft während des Bestehens des Amts- oder Dienstverhältnisses, nicht auch auf die Fortführung einer vor dem Eintritt in das Amts- oder Dienstverhältniß übernommenen Vormundschaft sich bezieht.

2. — ein Beamter oder Religionsdiener — Ueber den Begriff des Beamten und des Religionsdieners im Sinne dieser Bestimmung vgl. Anm. 2 u. 3 zu § 1784, sowie ferner die Ausführungsgesetze für Preußen vom 20. September 1899 Art. 72, für Kgr. Sachsen vom 18. Juni 1898 § 40, für Württemberg vom 28. Juli 1899 Art. 67, für Oldenburg vom 15. Mai 1899 § 20, für Baden vom 17. Juni 1899 Art. 34, für Braunschweig vom 12. Juni 1899 § 99, für Anhalt vom 18. April 1899 Art. 64, für Mecklenburg-Schwerin Ausführungs-Verordnung vom 9. April 1899 § 225. (Vgl. Anm. 4 zu § 1784.)

3. — hat . . . zu entlassen — Die Entlassung muß erfolgen.

4. — wenn die Erlaubniß, die nach den Landesgesetzen zur Uebernahme der Vormundschaft oder zur Fortführung der vor dem Eintritt in das Amts- oder Dienstverhältniß übernommenen Vormundschaft erforderlich ist, versagt oder zurückgenommen wird — Soweit das Gesetz hier auch von einer Versagung der Erlaubniß zur Uebernahme der Vormundschaft nach der bereits geschehenen Bestellung des Vormundes spricht, kann die Versagung nur solche Fälle betreffen, wo das Vormundschaftsgericht, des Verbotes in § 1784 ungeachtet, einen Beamten oder Religionsdiener zum Vormund bestellt hat, bevor die vorgeschriebene Erlaubniß ertheilt war. Wird in einem solchen Falle die nachträgliche Erlaubniß versagt, so ist die Entlassung des Vormundes geboten, ohne daß dieserhalb ein Antrag gestellt oder wegen der Bestellung Beschwerde erhoben wird.

Die Zurücknahme der Erlaubniß ist ebenso wie deren Versagung ohne den Hinzutritt einer weiteren Voraussetzung zulässig, so daß lediglich das Ermessen der zuständigen vorgesetzten Behörde des Beamten oder Religionsdieners in dieser Beziehung bestimmend ist. Da das Gesetz von dem „Eintritt in das Amts- oder Dienstverhältniß“ spricht, so folgt hieraus, daß dasselbe den Begriff des Religionsdieners hierbei nicht auf kirchliche Beamte beschränkt.

5. — oder wenn die nach den Landesgesetzen zulässige Untersagung der Fortführung der Vormundschaft erfolgt. Der Zweck dieser Bestimmung ist nach dem Komm. Prot., dem in einzelnen Deutschen Staaten, z. B. seit 1868 in Bayern, bestehenden Zustande Rechnung zu tragen, nach welchem die Uebernahme einer Vormundschaft Seitens eines Beamten und die Fortführung einer von einem Privatmann übernommenen Vormundschaft nach dessen Eintritt in ein Amts- oder Dienstverhältniß zwar ohne die Erlaubniß der vorgesetzten Behörde zulässig ist, die letztere jedoch das Recht hat, die Fortführung zu untersagen.

6. Hält der entlassene Vormund seine Entlassung für ungerechtfertigt, so steht ihm nach § 60 Nr. 3 G. fr. G. das Rechtsmittel der sofortigen Beschwerde zu. Vgl. außerdem §§ 19, 20 Abs. 1, 57 Nr. 9, 59 a. a. O.

§ 1889.

Das Vormundschaftsgericht hat den Vormund auf seinen Antrag zu entlassen, wenn ein wichtiger Grund vorliegt; ein wichtiger Grund ist insbesondere der Eintritt eines Umstandes, der den Vormund nach § 1786 Abs. 1 Nr. 2 bis 7 berechtigen würde, die Uebernahme der Vormundschaft abzulehnen.

Entw. I § 1704 Nr. 3, § 1706; Entw. II § 1747; Reichst.-Vorl. § 1685; Mot. IV zu § 1704 S. 1196, 1197, zu § 1706 S. 1199, 1200; Komm. Prot. S. 6486, 6487.

---

1. Das Vormundschaftsgericht hat den Vormund auf seinen Antrag zu entlassen — Während die §§ 1886 bis 1888 diejenigen Fälle angeben, in denen das Vormundschaftsgericht befugt und bzw. verpflichtet ist, den Vormund von Amtswegen zu entlassen, bestimmt der § 1889, unter welcher Voraussetzung der Vormund berechtigt ist, seine Entlassung zu beantragen. Die bisherigen Rechte haben diese Frage verschieden beantwortet. Die Pr. VO. gab in § 63 Abs. 2 dem Vormunde ganz allgemein das Recht, „aus erheblichen Gründen" seine Entlassung zu verlangen, mit der Maßgabe, daß als erhebliche Gründe namentlich die in § 23 Nr. 4 bis 7 angeführten Ablehnungsgründe gelten sollten, sofern sie im Laufe der Vormundschaft eintreten. Den gleichen Weg hat auch das BGB. eingeschlagen, „da dieser", wie die Motive ausführen, „in angemessener Weise einerseits dem Ermessen des Vormundschaftsgerichtes unter Berücksichtigung der konkreten Verhältnisse Raum läßt, andererseits dem Vormunde das Recht sichert, in den meisten derjenigen Fälle, in welchen er die Uebernahme der Vormundschaft abzulehnen berechtigt sein würde, auch die Entlassung zu verlangen. Darin weicht das BGB. jedoch von der Pr. VO. ab, daß es — in Uebereinstimmung mit dem Sächs. Gesetzbuch §§ 1976, 1897 Nr. 2, dem Weimar. Gesetz vom 27. März 1872 §§ 80, 35 Nr. 2, der Brem. Vormundschaftsordnung § 99 und dem Oesterr. Gesetzb. §§ 257, 195 (vgl. auch code civil art. 433) — dem Vormunde auch dann, wenn derselbe das 60. Lebensjahr zurückgelegt hat, unbedingt das Recht auf Entlassung einräumt (§ 1786 Abs. 1 Nr. 2, § 1889 Halbsatz 2)."

2. — wenn ein wichtiger Grund vorliegt. Was als wichtiger Grund anzusehen ist, entscheidet nach freiem Ermessen das Vormundschaftsgericht unter Berücksichtigung der individuellen Verhältnisse des Falles.

3. — der Eintritt eines Umstandes, der den Vormund nach § 1786 Abs. 1 Nr. 2 bis 7 berechtigen würde, die Uebernahme der

Vormundschaft abzulehnen. Der Umstand muß also erst nachträglich eingetreten sein; er darf nicht bereits zur Zeit der Bestellung des Vormundes bestanden haben. Zu berücksichtigen waren daher als Beispiele („insbesondere") von den in § 1786 bezeichneten Fällen nur diejenigen unter Nr. 2 bis 7. Der Grund aus Nr. 1 konnte hierbei überhaupt nicht in Frage kommen, und auch der Fall unter Nr. 8 durfte ausscheiden, weil demjenigen, welcher bereits mehr als eine Vormundschaft oder Pflegschaft oder der eine Vormundschaft oder Pflegschaft und zwei Gegenvormundschaften führte, als er die ihm angetragene neue Vormundschaft oder Pflegschaft übernahm, deren Ablehnung freistand und es daher seine eigene Schuld ist, wenn er nicht davon Gebrauch machte.

4. Fordert der Vormund aus einem von dem Vormundschaftsgerichte als wichtig anzuerkennenden Grunde seine Entlassung, so muß er entlassen werden. Gegen die Ablehnung seines Antrages steht ihm nach § 57 Nr. 9 des G. fr. G. die Beschwerde zu.

§ 1890.

Der Vormund hat nach der Beendigung seines Amtes dem Mündel das verwaltete Vermögen herauszugeben und über die Verwaltung Rechenschaft abzulegen. Soweit er dem Vormundschaftsgerichte Rechnung gelegt hat, genügt die Bezugnahme auf diese Rechnung.

Entw. I § 1700 Abs. 1 und 2; Entw. II § 1736; Reichst.-Vorl. § 1866; Mot. IV zu § 1700 S. 1184 bis 1186; Komm. Prot. S. 6462.

1. Das in den §§ 1890 bis 1892 geordnete Verfahren bildet den Abschluß der dem Vormunde kraft Gesetzes anvertrauten Verwaltung des Mündelvermögens und der ihm nach §§ 1840 bis 1843 zur Pflicht gemachten Rechnungslegung. Rechnungsleger ist der Vormund oder dessen Rechtsnachfolger. Hand in Hand mit der Legung der Schlußrechnung geht die Herausgabe des verwalteten Vermögens. Die allgemeinen Vorschriften über die Rechnungslegung finden neben den hier gegebenen Spezialbestimmungen auf den Vormund als Rechnungsleger gleichfalls Anwendung (vgl. Entsch. des RG. in Civils. Bd. 28 S. 348). Letzteres gilt insbesondere auch von der Pflicht zur Leistung des Offenbarungseides (§ 260), sowie in Ansehung der Beweislast bei Ansprüchen des Mündels auf Herausgabe eines Vermögensgegenstandes oder auf Entschädigung.

2. — nach Beendigung seines Amtes — sei es in Folge der Beendigung der Vormundschaft selbst (§§ 1882 bis 1884), oder wegen Erlöschens des vormundschaftlichen Amtes in Folge von Entmündigung, Todeserklärung oder Entlassung (§§ 1885 bis 1889). Ersteren Falles wird die Rechnung dem bisherigen Mündel oder dessen Rechtsnachfolger, in dem letzteren Falle dem neu zu bestellenden gesetzlichen Vertreter des Mündels gelegt.

3. — dem Mündel das verwaltete Vermögen herauszugeben — Eine Frist hat der Vormund zu diesem Behufe nicht zu beanspruchen. Die Herausgabe geschieht an den Mündel bzw. dessen Rechtsnachfolger oder, wenn die Vormundschaft fortdauert, an den neuen gesetzlichen Vertreter. Sie umfaßt selbstverständlich nur diejenigen Vermögensstücke, welche der Vormund selber verwahrt. Soweit das Vermögen angelegt ist, wird der Vormund nur die darüber lautenden, von ihm verwahrten Nachweisungen und Urkunden, soweit dasselbe hinterlegt ist und der Mündel bzw. dessen Rechtsnachfolger oder Vertreter nicht die Zurückziehung verlangt, nur den Hinterlegungsschein auszureichen haben. Verweigert oder verzögert der Vormund die Herausgabe, so erwächst dem empfangsberechtigten Rechnungsnehmer ein Klagegrund.

4. — und über die Verwaltung Rechenschaft abzulegen. Rechnungsnehmer ist hier, da „dem Mündel" die Rechenschaft abzulegen, nicht, wie in dem Falle der periodisch wiederkehrenden Rechnungslegung (§§ 1840 bis 1843), das Vormundschaftsgericht, sondern der Mündel selbst bzw. sein Rechtsnachfolger oder neuer gesetzlicher Vertreter.

Wenn die Mutter eines Minderjährigen dessen Vermögen bis zum 1. Januar 1900 als Vormünderin, von dieser Zeit ab kraft elterlicher Gewalt zu verwalten hat, so findet in Preußen die Legung einer Schlußrechnung nach § 67 der Pr. VO. nicht statt. Die Mutter hat vielmehr erst nach dem Aufhören ihrer Vermögensverwaltung auch für die Zeit der vormundschaftlichen Verwaltung dem Kinde Rechenschaft abzulegen (Art. 69 § 3 des Pr. AG. vom 20. September 1899).

Eine Frist, wie im § 67 der Pr. VO., ist gesetzlich für die Legung der Schlußrechnung nicht bestimmt. Die Rechnungslegung hat zu geschehen, sobald sie nach den individuellen Umständen thunlich ist. Die näheren Modalitäten regeln die §§ 1891 Abs. 1 und 1892. Rücksichtlich der allgemeinen Pflichten des Rechnungslegers finden die §§ 259, 260 Anwendung. Hat der Vormund hiernach auf Verlangen des Rechnungsnehmers den Offenbarungseid zu leisten, so erfolgt dessen Abnahme bei freiwilliger Leistung vor dem Vormundschaftsgericht, im Falle seiner Erzwingung durch Klage vor dem Prozeßgericht.

Die Legung der Schlußrechnung erstreckt sich im Uebrigen auf die gesammte Zeit der vormundschaftlichen Verwaltung. Daß auch die erforderlichen Beläge beizufügen sind, ergibt sich aus § 259. Ist die Rechnung einem Rechtsnachfolger des Mündels zu legen, so wird es Sache des Vormundes sein, sich die Legitimation des Rechnungsnehmers nachweisen zu lassen.

5. Eine Befreiung von Legung der Schlußrechnung ist gesetzlich nicht zulässig. Die Bestimmungen in §§ 1854 bis 1856 haben auf die Schlußrechnung keinen Bezug.

Daß die Pflicht zur Legung der letzteren auch auf die Erben des Vormundes übergeht, und daß diese auch verpflichtet sind, das von ihm verwaltete Mündelvermögen herauszugeben und bis zu diesem Zeitpunkte für die Sicherstellung der im Nachlasse befindlichen Vermögensstücke des Mündels Sorge zu tragen, bedurfte keines ausdrücklichen Ausspruchs.

6. Was die Frage betrifft, ob an Stelle des in Konkurs verfallenen Vormundes der Konkursverwalter die Rechnung zu legen habe, so führen die Motive (S. 1185) hierüber Folgendes aus: „Die Pr. VO. § 67 Abs. 4 enthält ferner die Bestimmung, daß die hier in Rede stehende Pflicht des Vormundes zur Rechnungslegung auf den Verwalter im Konkursverfahren übergehe. Die Bestimmung ist nicht etwa, wie die Motive der P. VO. (Mot. des Entw. S. 56) anzunehmen scheinen, aus allgemeinen Grundsätzen abzuleiten, sondern positiver Natur. Da der Anspruch auf Rechnungslegung im Gegensatze zu dem Anspruche auf das aus der Rechnungslegung sich ergebende Guthaben kein Anspruch aus dem Vermögen des Gemeinschuldners ist, so liegt insoweit eine Konkursforderung nicht vor (§ 2 der KO.). Ebensowenig ist der Anspruch des Mündels auf Rechnungslegung nach

allgemeinen Grundsätzen als ein Masseanspruch anzusehen (vgl. Entsch. des Trib. zu Celle VI, 209). Nach allgemeinen Grundsätzen ist es vielmehr Sache des Mündels, seine Ansprüche aus der vormundschaftlichen Verwaltung im Konkurse zu substantiiren und, soweit nöthig, zu diesem Zwecke den Gemeinschuldner außerhalb des Konkurses zur Rechnungslegung anzuhalten. Wenngleich nicht zu verkennen ist, daß dem Mündel hieraus unter Umständen Schwierigkeiten bei der Geltendmachung seiner Ansprüche erwachsen können und diese Schwierigkeiten, wenn auch nicht beseitigt, so doch in manchen Fällen gemindert werden, wenn man die Pflicht zur Rechnungslegung dem Konkursverwalter auferlegt, so kann doch ein dringendes praktisches Bedürfniß zur Aufnahme einer derartigen positiven Vorschrift nicht anerkannt werden, einer Vorschrift, welche, wenn in der That ein Bedürfniß dafür bestände, konsequent dahin führen müßte, dieselbe allgemein für alle Vermögensverwaltungen zu geben. Zudem bringt jene Vorschrift mancherlei Zweifel mit sich, namentlich nach der Richtung hin, ob die Verbindlichkeit dem Konkursverwalter als solchem obliegt und wie dieselbe zu der konkurrirenden Verbindlichkeit des Gemeinschuldners sich verhält."

7. Soweit er dem Vormundschaftsgerichte Rechnung gelegt hat, genügt die Bezugnahme auf diese Rechnung. Der Vormund ist also nicht genöthigt, sämmtliche Rechnungsposten von Beginn seiner Verwaltung bis zu deren Beendigung in die Schlußrechnung aufzunehmen. Soweit er dem Vormundschaftsgericht nach Maßgabe der §§ 1840 ff. bereits Rechnung gelegt und letzteres die Rechnungen gemäß § 1843 abgenommen hat, bedarf es einer nochmaligen Einstellung der einzelnen Einnahme und Ausgabeposten nicht. Vielmehr genügt eine Bezugnahme auf diese Rechnungen, welche bei den Gerichtsakten verwahrt werden und von dem Mündel bzw. dessen Vertreter oder Rechtsnachfolger eingesehen werden können. Wenn jene laufenden Verwaltungsrechnungen nach § 1840 Abs. 1 auch zunächst dem Vormundschaftsgerichte gelegt werden, so äußert sich die Wirkung dieser Rechnungslegung gemäß § 1890 Satz 2 doch mittelbar auch gegenüber dem Mündel. Dem letzteren bzw. dessen Vertreter oder Rechtsnachfolger bleibt jedoch selbstverständlich unbenommen, nachträglich auch gegen diese früheren Rechnungen noch Erinnerungen zu erheben und Berichtigungen zu verlangen.

§ 1891.

Ist ein Gegenvormund vorhanden, so hat ihm der Vormund die Rechnung vorzulegen. Der Gegenvormund hat die Rechnung mit den Bemerkungen zu versehen, zu denen die Prüfung ihm Anlaß giebt.

Der Gegenvormund hat über die Führung der Gegenvormundschaft und, soweit er dazu im Stande ist, über das von dem Vormunde verwaltete Vermögen auf Verlangen Auskunft zu ertheilen.

Entw. I § 1700 Abs. 3; Entw. II § 1737; Reichst.-Vorl. § 1867; Mot. IV zu § 1700 S. 1184; Komm. Prot. S. 6462.

Abs. 1.

1. Die Bestimmung in Abs. 1 entspricht völlig dem § 1842 (vgl. auch § 67 Abs. 2 der Pr. VO.), mit dem einzigen Unterschied, daß die nachträgliche Bestellung eines Gegenvormundes (für welche, wenn die Vormundschaft selbst endet, auch kein Raum bliebe) hier nicht vorgesehen ist, und daß der Vormund dem Gegenvormund nicht auch, wie bei den periodisch zu legenden Rechnungen, den Vermögensbestand nachzuweisen hat. Es kann daher im Uebrigen auf die Anm. 1 und 3 zu § 1842 verwiesen werden.

Abs. 2.

2. Dem Gegenvormund ist durch Abs. 2 die Pflicht auferlegt, nach Beendigung der Vormundschaftsführung durch den Vormund dem Mündel (bzw. dessen Rechtsnachfolger oder neuem Vertreter) auch über die von dem Gegenvormund selbst dabei geübte Thätigkeit, sowie über die vormundschaftliche Verwaltung des Mündelvermögens die thunlichste Auskunft zu geben. Wenn die Schlußrechnung dem volljährig gewordenen Mündel als Rechnungsnehmer nicht genügt, so soll er an dem Gegenvormund ein Organ haben, das ihm über die wahrgenommenen vermeintlichen oder wirklichen Mängel alle nur mögliche Aufklärung ertheilt. Kommt der Gegenvormund dieser Verpflichtung nicht nach, so besteht allerdings nach Beendigung der Vormundschaft selbst kein Mittel mehr, ihn dazu anzuhalten. Dem bisherigen Mündel oder dessen Rechtsnachfolger bleibt also in diesem Falle eventuell nichts weiter übrig, als die Rechnungslegung, sofern er von deren Richtigkeit sich nicht auf andere Weise überzeugt, zu beanstanden und wegen seines etwaigen Schadens den Vormund und Gegenvormund aus einer ihnen zur Last fallenden Verschuldung im Klagewege in Anspruch zu nehmen (§ 1833).

3. — über die Führung der Gegenvormundschaft — Die besonderen Pflichten, welche der Gegenvormund mit Bezug auf die Vormundschaftsführung zu erfüllen hat, ergeben sich im Allgemeinen aus § 1799 und im Einzelnen, abgesehen von der vorliegenden Bestimmung aus den §§ 1802, 1810, 1812, 1824 bis 1826, 1839, 1842, 1892.

4. — und, soweit er dazu im Stande ist, über das von dem Vormunde verwaltete Vermögen — Seine Kenntniß über die hierbei in Betracht kommenden Verhältnisse erlangt er durch Ausübung seiner amtlichen Thätigkeit (Anm. 2), welche dem Vormunde gegenüber theilweise beaufsichtigender und theilweise mitwirkender Art ist.

5. — auf Verlangen Auskunft zu ertheilen — Gegenüber dem Vormundschaftsgericht hat der Gegenvormund während der Dauer der Vormundschaft die Verpflichtung zur Auskunftsertheilung schon nach § 1839. Die in Abs. 2 des § 1892 enthaltene Vorschrift hat nur das Verhältniß des Gegenvormundes zu dem Mündel selbst bzw. zu dessen Vertreter oder Rechtsnachfolger im Auge.

§ 1892.

Der Vormund hat die Rechnung, nachdem er sie dem Gegenvormunde vorgelegt hat, dem Vormundschaftsgericht einzureichen.

Das Vormundschaftsgericht hat die Rechnung rechnungsmäßig und sachlich zu prüfen und deren Abnahme durch Verhandlung mit den Betheiligten unter Zuziehung des Gegenvormundes zu vermitteln. Soweit die Rechnung als richtig anerkannt wird, hat das Vormundschaftsgericht das Anerkenntniß zu beurkunden.

Entw. I § 1701; Entw. II § 1738; Reichst.-Vorl. § 1868; Mot. IV zu § 1701 S. 1186 bis 1190; Komm. Prot. S. 6462 bis 6464.

---

1. Wiewohl Abnehmer der Schlußrechnung nicht das Vormundschaftsgericht, sondern der Mündel (bzw. dessen Erbe oder der neue Vormund) ist, so weist das Gesetz doch dem ersteren eine Mitwirkung dabei zu. Es nimmt dabei aber weder einseitig den Standpunkt derjenigen bisherigen Rechte ein, welche die Verpflichtung des Vormundes zur Rechnungslegung als eine rein privatrechtliche und außergerichtliche, zwischen dem Vormund und Mündel zu erledigende Angelegenheit behandeln, noch auch folgt es ausschließlich denjenigen Partikularrechten, welche das Vormundschaftsgericht allein mit der Rechnungsabnahme befaßt sein lassen. Es schlägt vielmehr einen Mittelweg ein. Während schon die Pr. VO. (§ 67 Abs. 3) in dieser Beziehung vorschrieb, daß die Schlußrechnung dem vormundschaftlichen Gerichte einzureichen sei und daß letzteres die Rechnung dem bisherigen Mündel oder dessen Rechtsnachfolger oder dem neu bestellten Vormund zur Erklärung vorzulegen und, wenn Ausstellungen nicht gemacht werden, die Entlastung herbeizuführen habe, geht das BGB. in § 1892 im Anschluß an die der oben bezeichneten zweiten Gruppe von Rechten angehörigen Gesetze noch einen Schritt weiter, indem es dem Vormundschaftsgericht zugleich die Pflicht auferlegt, „die Rechnung rechnungsmäßig und sachlich zu prüfen und durch die Mittheilung der Resultate dieser Prüfung dem Rechnungsnehmer, namentlich dem oft unerfahrenen und nicht gehörig instruirten Mündel zu Hülfe zu kommen" (Mot. S. 1187, 1188).

Abs. 1.

2. Der Vormund hat die Rechnung, nachdem er sie dem Gegenvormund vorgelegt hat, dem Vormundschaftsgericht einzureichen. Einer Aufforderung hierzu bedarf es gesetzlich weder Seitens des Vormundschaftsgerichts noch Seitens des Mündels. Indessen wird eine solche zu erfolgen haben, wenn der bisherige Vormund mit der Einreichung säumig ist. Der Rechnung müssen die zur ordnungsmäßigen Legung erforderlichen Beläge beigefügt werden.

Kommt der Vormund auch nach erhaltener Aufforderung der Pflicht zur Einreichung nicht nach, so erscheint das Vormundschaftsgericht, da mit der Beendigung des vormundschaftlichen Amtes auch seine Aufsichtsgewalt aus § 1837 über den Vormund erlischt, nicht befugt, ihn durch Ordnungsstrafen zur Erfüllung dieser Pflicht anzuhalten. Soweit das Komm. Protokoll (S. 820) anders meint, kann dieser Auffassung nicht gefolgt werden. Es kann in einem solchen Falle dem Mündel bzw. dessen Vertreter oder Erben nur überlassen bleiben, gegen den Vormund, ganz ebenso wie wegen sonstiger Ansprüche aus dessen beendigter Amtsführung, im Rechtswege vorzugehen.

Abs. 2.

3. — durch Verhandlung mit den Betheiligten unter Zuziehung des Gegenvormundes zu vermitteln. Zur Charakterisirung des in diesem Stadium der Vormundschaft sich ergebenden Verhältnisses bemerkt das Kommissionsprotokoll: „Wenn die Vormundschaft durch Eintritt der Volljährigkeit des Mündels beendigt ist, so besteht zunächst nur ein Verhältniß zwischen dem bisherigen Vormund und dem bisherigen Mündel hinsichtlich der Rechnungslegung und der Quittungsertheilung. Die Betheiligten werden an sich nichts mehr mit dem Vormundschaftsgericht zu thun haben. Da aber erfahrungsmäßig nicht selten Schwierigkeiten bei der Abnahme der Rechnung entstehen und auch ein gewisser Schutz des Mündels gegen Uebereilung und ungehörige Beeinflussung als nützlich erscheint, so ist in § 1892 Abs. 2 Satz 1 durch besondere Bestimmung eine Mitwirkung des Vormundschaftsgerichtes bei der Erledigung der Schlußrechnung vorgesehen. Die Thätigkeit des Vormundschaftsgerichts ist aber hierbei nur als eine vermittelnde zu denken. Der Mündel ist nicht etwa in der Weise noch in der Geschäftsfähigkeit beschränkt, daß die Abnahme der Rechnung und die Ertheilung der Quittung von ihm gültig nur unter Mitwirkung des Gerichtes vorgenommen werden kann. Der Mündel hat es vielmehr vollständig in der Hand, sich nach erreichter Volljährigkeit vom Vormunde Rechnung legen zu lassen und rechtsgültig Quittung zu ertheilen. Ist letzteres geschehen, so erscheint damit die Angelegenheit als erledigt, eine Verhandlung vor dem Vormundschaftsgericht würde gegenstandlos sein und wird daher unterbleiben. Wenn aber Rechnung noch nicht gelegt ist, so hat das Vormundschaftsgericht den Vormund zur Einreichung der Rechnung aufzufordern, die Betheiligten zu der Verhandlung über die Rechnung zu laden und weiter nach § 1898 Abs. 2 zu verfahren." Ein irgendwie wirksames Präjudiz kann hierbei weder dem Vormunde und dem Gegenvormunde, noch dem bisherigen Mündel gestellt werden. Dasselbe könnte gegenüber den Vormündern nur dahin lauten, es werde bei ihrem unentschuldigten Ausbleiben angenommen werden, sie weigerten sich mit dem Mündel vor dem Vormundschaftsgericht über die Rechnung zu verhandeln, und gegenüber dem früheren Mündel, er weigere sich, ein Anerkenntniß der Rechnung vor dem Vormundschaftsgericht abzugeben. Es versteht sich von selbst, daß die Verhandlung, soweit ein Betheiligter in einem anderen Bezirke wohnt, auch durch Vermittlung des dortigen Gerichtes erfolgen kann.

Daß die Betheiligten befugt sind, bei den Verhandlungen oder auch bereits vorher zum Zwecke derselben die Vormundschaftsakten und insbesondere auch die darin befindlichen früheren Verwaltungsrechnungen einzusehen, ist als selbstverständlich erachtet. Einer besonderen Vorschrift hierüber, wie sie einige Partikulargesetzgebungen enthielten, hat es nicht bedurft.

4. Soweit die Rechnung als richtig anerkannt wird, hat das Vormundschaftsgericht das Anerkenntniß zu beurkunden. Hieraus folgt, daß eine Bemängelung der Rechnung rücksichtlich gewisser Theile und ein in gewisser Richtung erklärter Vorbehalt die Beurkundung des Anerkenntnisses mit einer entsprechenden Einschränkung nicht hindert. Verweigert der Mündel oder der an seine Stelle tretende Rechnungsnehmer, sei es ganz, sei es theilweise, die Anerkennung der Rechnung, so bleibt dem Vormunde, wenn es ihm darauf ankommt, seinerseits, anstatt den weiteren Angriff des Rechnungsnehmers zu erwarten, den vollständigen Rechnungsabschluß herbeizuführen, nur der Klageweg zum Zwecke der Erzwingung der Anerkennung übrig (§ 256 CPO.).

Es versteht sich von selbst, daß dem Mündel nach erreichter Volljährigkeit auch frei steht, auf die Legung der Schlußrechnung zu verzichten.

Wegen der Pflicht des Vormundes, auf Erfordern den Offenbarungseid zu leisten, vgl. § 1890 Anm. 4 und § 1802 Anm. 1.

5. Eine besondere Bestimmung über die rechtlichen Wirkungen des Anerkenntnisses aus § 1892 Abs. 2 Satz 2, wie sie der § 69 Abs. 4 der Pr. VO. enthält, ist an dieser Stelle nicht für erforderlich erachtet. Die allgemeinen Grundsätze (§ 397 Abs. 2) erscheinen in dieser Beziehung ausreichend. Auch in Ansehung der Verbindlichkeit des Mündels zur Quittungsertheilung war im Hinblick auf § 368 eine weitere Vorschrift entbehrlich. Bei dem regelmäßigen Verlaufe der Sache wird schon das Vormundschaftsgericht, wenn der bisherige Mündel bzw. dessen Rechtsnachfolger oder der neue Vormund sich bei der Rechnungsabnahme auch wegen der Herausgabe des Vermögens für befriedigt erklärt, zugleich mit dem Anerkenntniß über die Richtigkeit der Rechnung auch diese Quittung über den Vermögensempfang und ebenso die Einwilligung des Empfängers in die Aufhebung und bzw. Zurückgabe der von dem Vormund bestellten Sicherheit mit beurkunden. Verweigert der Rechnungsnehmer diese Einwilligung, so vermag auch hier nur der Klageweg zu helfen. Eine Befugniß des Vormundschaftsgerichts, wie sie der § 70 Abs. 2 der Pr. VO. bestimmte, besteht nach dem BGB. nicht.

§ 1893.

Im Falle der Beendigung der Vormundschaft oder des vormundschaftlichen Amtes finden die Vorschriften der §§ 1682, 1683 entsprechende Anwendung.

Der Vormund hat nach der Beendigung seines Amtes die Bestallung dem Vormundschaftsgerichte zurückzugeben.

Entw. I §§ 1709, 1711; Entw. II § 1749; Reichst.-Vorl. § 1869; Mot. IV zu § 1709 S. 1202, zu § 1711 S. 1203; Komm. Prot. S. 6487 bis 6489.

Abs. 1.

1. Die Vorschrift beruht auf Billigkeitsgründen, weil es dem Vormunde auch bei dem besten Willen nicht immer möglich ist, in solchen Fällen, wo die Vormundschaft oder sein vormundschaftliches Amt von Rechtswegen und ohne besonderen Aufhebungsbeschluß erlischt, von dieser Rechtsthatsache sofort Kenntniß zu erlangen. Es gilt dies namentlich auch von der Beendigung der Vormundschaft durch den Tod des Mündels. In dem letzteren Falle kommt überhaupt gar nicht mehr das Interesse des Mündels, sondern das der Erben in Frage.

2. — finden die Vorschriften der §§ 1682, 1683 entsprechende Anwendung. Diese Vorschriften haben folgenden Wortlaut:

> § 1682. „Der Vater ist auch nach der Beendigung seiner elterlichen Gewalt zur Fortführung der mit der Sorge für die Person und das Vermögen des Kindes verbundenen Geschäfte berechtigt, bis er von der Beendigung Kenntniß erlangt oder sie kennen muß. Ein Dritter kann sich auf diese Berechtigung nicht berufen, wenn er bei der Vornahme eines Rechtsgeschäftes die Beendigung der elterlichen Gewalt kennt oder kennen muß.
>
> Diese Vorschriften finden entsprechende Anwendung, wenn die elterliche Gewalt des Vaters ruht oder aus einem anderen Grunde seine Vermögensverwaltung aufhört."
>
> § 1683. „Endigt die elterliche Gewalt in Folge des Todes des Kindes, so hat der Vater diejenigen Geschäfte, mit deren Aufschub Gefahr verbunden ist, zu besorgen, bis der Erbe anderweit Fürsorge treffen kann."

Bei entschuldbarer Unkenntniß von der Beendigung der Vormundschaft oder seines vormundschaftlichen Amtes ist also der Vormund nicht gehindert, bis dahin, wo er von dieser Thatsache „Kenntniß erlangt oder sie kennen muß", mit rechtlicher Wirksamkeit zum Besten der Person oder des Vermögens des Mündels (vgl. § 1793 Anm. 2) Verwaltungshandlungen vorzunehmen. Der Vormund „muß" die Beendigung „kennen", sofern sie ihm ohne Fahrlässigkeit nicht verborgen bleiben konnte. Die §§ 1682, 1683 sind den §§ 673, 674 über den Auftrag nachgebildet. Läßt sich der Dritte bösgläubig mit dem in gutem Glauben handelnden Vormunde ein, so kann er sich seinerseits auf die aus § 1893 Abs. 1 folgende Berechtigung des Vormundes für die Rechtswirksamkeit des Geschäftes nicht berufen.

Im Uebrigen ist die Vertretung des Vormundes bis zu dem vorangegebenen Zeitpunkt trotz der Beendigung der Vormundschaft oder des vormundschaftlichen Amtes noch wirksam. Das Interesse des Mündels erleidet dadurch keine Gefährdung, da der Vormund dem letzteren inzwischen nach § 1833 verantwortlich bleibt. Ist ein von dem Vormund abgeschlossenes Geschäft, unter Gutgläubigkeit des Dritten, bis dahin perfekt geworden (z. B. ein Grundstück mit Genehmigung des Vormundschaftsgerichts verkauft und aufgelassen), so behält es dabei sein Bewenden. Ist es noch nicht perfekt, so hat der Vormund, sobald ihm das Aufhören seiner Vertretungsbefugniß bekannt wird, die von ihm eingeleiteten Verhandlungen unverzüglich einzustellen und die weiteren Maßnahmen dem Mündel bzw. dessen neuen Vertreter oder dem Rechtsnachfolger des Mündels anheim zu geben. Thut er dies, so haftet er nicht für den dem Dritten aus der Verzögerung oder dem Nichtabschluß etwa entstehenden Schaden; vielmehr muß das Mündelvermögen dafür aufkommen. Im Falle der Endigung der Vormundschaft durch den Tod des Mündels liegt dem Vormunde, obgleich er dann für den Erben handelt, gemäß § 1683 noch die besondere Verflichtung ob, diejenigen Geschäfte, mit deren Aufschub Gefahr verbunden ist, zu besorgen, bis der Erbe anderweite Fürsorge treffen kann.

Abs. 2.

3. — die Bestallung dem Vormundschaftsgerichte zurückzugeben. Die Verpflichtung zu dieser Rückgabe besteht unbedingt und geht auch auf die Erben des Vormundes über. Es soll dadurch jeder mißbräuchlichen Benutzung gegenüber dritten Personen vorgebeugt werden. Zwangsmittel, um die Rückgabe, zumal in dem Falle des behaupteten Verlustes, herbeizuführen, stehen jedoch dem Vormundschaftsgerichte nicht zu. Ob, wenn die Vormundschaft über mehrere Geschwister geführt (§ 1775) und in Ansehung eines derselben durch Tod oder Volljährigkeit beendigt wird, dieser Umstand auf der bisherigen Bestallung des Vormundes nur vermerkt oder die Bestallung auch in diesem Falle zurückgefordert und durch eine neue ersetzt wird, erscheint rechtlich ohne Belang. Der Absicht der Vorschrift in Abs. 1 wird durch die eine wie durch die andere Maßregel genügt.

§ 1894.

Den Tod des Vormundes hat dessen Erbe dem Vormundschaftsgericht unverzüglich anzuzeigen.

Den Tod des Gegenvormundes oder eines Mitvormundes hat der Vormund unverzüglich anzuzeigen.

Entw. I § 1708; Entw. II § 1748; Reichst.-Vorl. § 1870; Mot. IV zu § 1708 S. 1201; Komm. Prot. S. 6487.

---

1. Durch die Vorschriften in § 1894 soll das Vormundschaftsgericht in die Lage versetzt werden, im Falle des Todes des Vormundes, eines Mitvormundes oder Gegenvormundes unverzüglich die im Interesse der Sicherheit erforderlichen

Maßregeln treffen zu können (§ 1846). Vorschriften, wie sie das Gem. Recht (L. 1 pr. D. de fidej. 28, 7), das Sächsische Recht (Sächs. GB. § 1972) und das Franz. Recht (Code civ. art. 419) enthält, und zufolge deren die Erben verpflichtet sind, die vormundschaftlichen Geschäfte innerhalb eines gewissen Umfanges einstweilen noch fortzuführen, hat das BGB. nicht aufgenommen. Auch eine Verbindlichkeit zur Sicherstellung des Mündelvermögens, wie sie der § 65 Abs. 1 Satz 2 der Pr. VO. den Erben des Vormundes auferlegt, hat das Gesetz diesen Erben gegenüber nicht besonders bestimmt, da es sich hierbei, wie die Mot. S. 1185 bemerken, „nicht um die Bestimmung besonderer in der Person der Erben neu entstehender Verbindlichkeiten handelt, sondern nur um gewisse aus den allgemeinen Vorschriften über Schuldverhältnisse sich ergebende Konsequenzen, welche hier ebenso wenig bestimmt zu werden brauchen, wie dies bei dem Mandate geschehen ist."

2. — dessen Erbe — Neben dem Erben des Vormundes ist auch der Gegenvormund zu dieser Anzeige verpflichtet (§ 1799 Abs. 1 Satz 2).

3. — dem Vormundschaftsgericht unverzüglich anzuzeigen. Der Erbe wird hiernach zu ermitteln haben, welches Vormundschaftsgericht das in dem konkreten Falle zuständige ist, wobei ihm einen Anhalt die regelmäßig im Nachlasse des Vormundes befindliche Bestallungsurkunde gewährt. Eventuell wird er die Anzeige dem Vormundschaftsgerichte des Bezirkes zu erstatten und diesem die weiteren Maßregeln anheimzugeben haben. Von dem Vorhandensein eines Mündelvermögens ist die Pflicht zur Anzeige nicht abhängig. Die letztere muß „unverzüglich" d. h. ohne schuldhaftes Zögern (§ 121) geschehen. Unterlassung oder schuldhafte Verzögerung macht den Erben regreßpflichtig, es müßte denn sein, daß er ohne Fahrlässigkeit nicht gewußt hat, daß der Erblasser Vormund war.

§ 1895.

Die Vorschriften der §§ 1885 bis 1889, 1893, 1894 finden auf den Gegenvormund entsprechende Anwendung.

Entw. I §§ 1710, 1711; Entw. II § 1750; Reichst.-Vorl. § 1871; Mot. IV zu § 1710 S. 1202, zu § 1711 S. 1203; Komm. Prot. S. 6488, 6489.

Aus dieser ausdrücklichen Bestimmung, die durch die Gleichartigkeit der Verhältnisse sich rechtfertigt, in Verbindung mit § 1792 Abs. 4 ist als argumentum e contrario zu entnehmen, daß nicht alle Vorschriften überhaupt, welche an sich auch auf den Gegenvormund bezogen werden könnten, ohne Weiteres auf ihn ebenso wie auf den Vormund Anwendung leiden. Eine ganz analoge Anordnung findet sich in den §§ 62, 63, 65, 66 der Pr. VO.

2. Titel. Vormundschaft über Volljährige.

§ 1896.

Ein Volljähriger erhält einen Vormund, wenn er entmündigt ist.

Entw. I §§ 1726; Entw. II § 1771; Reichst.-Vorl. § 1872; Mot. IV zu § 1726 S. 1227 bis 1235; Komm. Prot. S. 6499.

---

1. Die Vormundschaft über Volljährige erstreckt sich nach dem BGB., abweichend von den meisten bisherigen Partikularrechten, aber in Uebereinstimmung mit dem Franz. Recht, nur auf solche Personen, welche entmündigt sind. Es muß ihr mithin in allen Fällen ein gerichtliches Entmündigungsverfahren vorangegangen sein. Ein nicht entmündigter Volljähriger, der wegen geistiger oder körperlicher Gebrechen für sich zu sorgen verhindert ist, kann nach § 1910 nur einen Pfleger erhalten.

2. Ein Volljähriger — Volljährig ist jeder Deutsche, der das Alter von 21 Jahren vollendet hat oder für großjährig erklärt worden ist (§§ 2, 3). Da nach dem BGB. volljährige Personen weder unter elterlicher noch unter ehelicher Gewalt stehen, so bedürfen sie, wenn sie geschäftsunfähig oder in der Geschäftsfähigkeit beschränkt sind (§§ 104, 114), eines vormundschaftlichen Schutzes.

Volljährige oder in der rechtlichen Stellung eines Volljährigen befindliche Ausländer, welche die deutsche Reichsangehörigkeit erwerben, behalten ihre rechtliche Stellung als Volljährige auch alsdann, wenn sie nach den Deutschen Gesetzen nicht volljährig sind (Art. 7 des EG.).

3. — erhält einen Vormund — Also nicht bloß, wie in den Fällen der §§ 1910 und 1911, einen Pfleger. Die dem bevormundeten Volljährigen zu Theil werdende Fürsorge umfaßt daher, wie schon nach der Mehrzahl der bisherigen Partikularrechte, in allen Beziehungen seine Person und sein Vermögen, mithin insbesondere auch in vollem Umfange seine Vertretung (§§ 1897, 1793).

4. — wenn er entmündigt ist. Die Entmündigung kann nach § 6 nur erfolgen wegen Geisteskrankheit, Geistesschwäche, Verschwendung oder Trunksucht. In dem ersten dieser Fälle hat sie Geschäftsunfähigkeit (§ 104 Nr. 3), in den drei letzteren Fällen aber nur Beschränkung der Geschäftsfähigkeit zur Folge (§§ 114, 106).

Ist die Entmündigung noch nicht geschehen, aber bereits beantragt, so greift für die Zwischenzeit bis zur Erledigung des Antrages § 1906 Platz. Das Franz. Recht unterschied bei der Entmündigung wegen Geisteskrankheit von der Vormundschaft noch eine bloße Beistandschaft wegen Geisteskrankheit geringeren Grades (Code civ. art. 499, 505, 509; § 10 des EG. zur CPO. vom 30. Januar 1877). Durch das BGB. ist dieses Institut in Wegfall gekommen.

Für den Verschwender bestand nach Gem. Recht eine Fürsorge in Ansehung seines Vermögens, welche von den meisten deutschen Partikularrechten zu einer vollen Vormundschaft (entsprechend der Altersvormundschaft) erweitert wurde. Das Franz. Recht ließ hier nur die Zuordnung eines Beirathes für wichtigere Geschäfte zu (Code civ. art. 513, 514).

5. Das Entmündigungsverfahren richtet sich nach den Vorschriften in den §§ 645 ff. der CPO. Zuständig für die Entmündigung ist in allen Fällen das Amtsgericht. Sie erfolgt durch Beschluß desselben (§§ 645, 680 CPO.). Der die Entmündigung aussprechende Beschluß ist von Amtswegen der Vormundschaftsbehörde mitzutheilen (§§ 680, 683 Abs. 2 a. a. O.). Die Wirksamkeit der Entmündigung beginnt bei den wegen Geisteskrankheit entmündigten Volljährigen mit der Bestellung des Vormundes (§ 661 Abs. 1 a. a. O.), bei den wegen Geistesschwäche, Verschwendung oder Trunksucht Entmündigten mit der Zustellung an den Entmündigten selbst (§§ 661 Abs. 2, 680, 683 Abs. 2 a. a. O.). Im Falle der Anfechtung des Entmündigungsbeschlusses durch Klage (§ 664 a. a. O.) hat das Prozeßgericht der Vormundschaftsbehörde von jedem in der Sache erlassenen Endurtheil Mittheilung zu machen (§ 674). Auch von der Wiederaufhebung der Entmündigung durch amtsgerichtlichen Beschluß (§ 675) erhält nach eingetretener Rechtskraft die Vormundschaftsbehörde Nachricht (§ 678 Abs 3). Vgl. auch § 50 des G. fr. G.

Vor der Bestellung des Vormundes in den Fällen der Entmündigung wegen Geistesschwäche, Verschwendung oder Trunksucht hat das Vormundschaftsgericht sich davon zu überzeugen, daß die Zustellung an den Entmündigten bereits erfolgt ist.

Wenn der Zustand des zu Entmündigenden nach Meinung des Amtsgerichts eine Fürsorge für seine Person oder sein Vermögen schon vor der erfolgten Entmündigung erforderlich macht, so hat dasselbe auch schon zu diesem Zeitpunkte hiervon dem Vormundschaftsgericht zum Zwecke geeigneter Anordnungen (§§ 1906, 1910 Abs. 2 und 3) Mittheilung zu machen (§§ 657, 680 Abs. 3 CPO).

6. Wegen bloß körperlicher Gebrechen findet die Anordnung einer Vormundschaft fortan nicht mehr statt. Die bei dem Inkrafttreten des BGB. für solche Fälle bereits bestehenden Vormundschaften gehen von da ab gemäß Art. 210 Abs. 1 des EG. in Pflegschaften über. War die Vormundschaft wegen Geistesschwäche angeordnet, ohne daß eine Entmündigung erfolgt ist, so gilt sie als eine nach § 1910 Abs. 2 für die Vermögensangelegenheiten des Geistesschwachen angeordnete Pflegschaft.

7. Nach § 687 CPO. ist die Entmündigung einer Person wegen Verschwendung oder wegen Trunksucht, sowie die Wiederaufhebung einer solchen Entmündigung von dem Amtsgerichte öffentlich bekannt zu machen ist. Daß auch die Vormundschaftsbehörde ihrerseits die aus diesem Grunde erfolgte Anordnung einer Vormundschaft und bzw. deren Wiederaufhebung zu veröffentlichen hat, schreibt das Gesetz nicht vor.

8. Ist der Entmündigte ein Ehemann, so kann die Ehefrau gemäß § 1418 Nr. 3 rücksichtlich ihres Ehegutes auf Aufhebung der Verwaltung und Nutznießung klagen.

9. Ein zur Zeit des Inkrafttretens des BGB. wegen Geisteskrankheit oder wegen Verschwendung Entmündigter steht von dieser Zeit an einem nach den Vorschriften des BGB. wegen Geisteskrankheit oder bzw. Verschwendung Entmündigten gleich. Ebendasselbe gilt von demjenigen, für welchen nach den Französischen oder den Badischen Gesetzen wegen Verschwendung die Bestellung eines Beistandes angeordnet ist (Art. 155, 156 des EG.)

Die nach den Französischen oder Badischen Gesetzen für einen Geistesschwachen angeordnete Bestellung eines Beistandes verliert mit dem Ablaufe von sechs Monaten nach dem Inkrafttreten des BGB. ihre Wirkung.

Den gedachten Personen, welche am 1. Januar 1900 noch nicht mit einem Vormunde versehen waren, wird daher unverzüglich ein solcher zu bestellen sein.

§ 1897.

Auf die Vormundschaft über einen Volljährigen finden die für die Vormundschaft über einen Minderjährigen geltenden Vorschriften Anwendung, soweit sich nicht aus den §§ 1898 bis 1908 ein Anderes ergiebt.

Entw. I § 1728; Entw. II § 1773; Reichst.-Vorl. § 1873; Mot. IV zu § 1728 S. 1235, 1236; Komm. Prot. S. 6513, 6514.

---

1. Die Bestimmung des § 1897 erscheint als Folge des in § 1896 aufgestellten Grundsatzes und stellt nur außer Zweifel, daß abgesehen von gewissen, großentheils der Natur der Sache entspringenden Modifikationen, die Vormundschaft über Volljährige ganz ebenso wie die Vormundschaft über Minderjährige behandelt werden soll.

2. Auf die Vormundschaft über einen Volljährigen — d. h. ebensowohl auf die Anordnung, als auf die Führung und Beendigung und nicht minder auf die Beaufsichtigung der Vormundschaft durch das zuständige Vormundschaftsgericht. Zu beachten ist, daß der wegen Geisteskrankheit entmündigte Volljährige gleich dem Kinde unter 7 Jahren geschäftsunfähig (§ 104 Nr. 1, 3), der wegen Geistesschwäche, Verschwendung oder Trunksucht entmündigte Volljährige dagegen gleich dem Minderjährigen über 7 Jahre in seiner Geschäftsfähigkeit nur beschränkt ist (§ 114, in Verbindung mit §§ 106 bis 113). Aus den §§ 664, 668, 675, 679, 684, 685 CPO. folgt außerdem, daß alle Entmündigte ohne Ausnahme unter gewissen Einschränkungen auch insoweit prozeßfähig sind, als sie neben den in §§ 664, 675, 685 bezeichneten Personen sowohl den Entmündigungsbeschluß durch Klage anfechten als auch die Wiederaufhebung der Entmündigung beantragen können. Die entmündigten Volljährigen, welche in der Geschäftsfähigkeit nur beschränkt sind, können abgesehen von dem in § 1336 Abs. 2 Satz 2 gedachten Falle, auch selbständig eine von ihnen geschlossene Ehe anfechten. Eben dasselbe Recht haben sie bezüglich der Anfechtung der Ehelichkeit eines von ihrer Ehefrau während der Ehe geborenen und bezüglich der Anerkennung eines von ihr schon vor der Ehe empfangenen Kindes (§ 1595 Abs. 1, § 1598 Abs. 3).

3. — soweit sich nicht aus den §§ 1898 bis 1908 ein Anderes ergiebt. Die Vorschrift des § 83 Abs. 4 der Pr. VO., wonach gegen die Regel des § 34 Abs. 2 daselbst dem Vormunde eines Verschwenders auch bei nicht umfangreicher Vermögensverwaltung ein Honorar zugebilligt werden kann, ist in das Gesetz nicht aufgenommen worden, weil der § 1836 dem Ermessen der Vormundschaftsbehörde einen weiteren Spielraum läßt als der § 34 Abs. 2 der Pr. VO.

Zu den auf die Vormundschaft über Volljährige gemäß § 1897 Anwendung findenden Vorschriften für die Bevormundung Minderjähriger gehört der zu Gunsten der Landesgesetzgebung in Art. 136 des EG. gemachte Vorbehalt, betreffend die gesetzliche Vormundschaft der Anstaltsvorstände und Beamten, nicht, da auch die bisherigen diese Vormundschaft anordnenden Landesgesetze sich ausschließlich auf minderjährige Mündel beziehen.

§ 1898.

Der Vater und die Mutter des Mündels sind nicht berechtigt, einen Vormund zu benennen oder Jemand von der Vormundschaft auszuschließen.

Entw. I § 1729 Abs. 6; Entw. II § 1774; Reichst.-Vorl. § 1874; Mot. IV zu § 1729 S. 1238; Komm. Prot. S. 6514.

Die Vorschrift des § 1898 ergibt sich als selbstverständlich, da das hier gedachte Benennungs- und Ausschließungsrecht des Vaters und der Mutter des Mündels (§§ 1777, 1782) lediglich als Ausfluß der elterlichen Gewalt erscheint, welche über volljährige Kinder niemals stattfindet. Der ausdrückliche Ausspruch hierüber hat nur den Zweck, jeden Zweifel in dieser Richtung zu beseitigen.

Eine noch weiter gehende Einschränkung enthält der § 1907 für die weitere Vormundschaft (vgl. Anm. 1 und 2 daselbst).

§ 1899.

Vor den Großvätern ist der Vater und nach ihm die eheliche Mutter des Mündels als Vormund berufen.

Die Eltern sind nicht berufen, wenn der Mündel von einem Anderen als dem Ehegatten seines Vaters oder seiner Mutter an Kindesstatt angenommen ist.

Stammt der Mündel aus einer nichtigen Ehe, so ist der Vater im Falle des § 1701, die Mutter im Falle des § 1702 nicht berufen.

Entw. I § 1729 Abs. 1 bis 3; Entw. II § 1775; Reichst.-Vorl. § 1875; Mot. IV zu § 1729 S. 1236, 1237; Komm. Prot. S. 6514.

1. Die Vorschriften des § 1899 stellen eine Abweichung von § 1776 dar, welcher nach der Regel des § 1897 Platz zu greifen hätte. Dieselben erscheinen gerechtfertigt, weil die Voraussetzungen der Bevormundung hier völlig andere sind, wie bei den Minderjährigen, deren Eltern entweder gar nicht mehr am Leben oder aus rechtlichen oder thatsächlichen Gründen zu einer Vertretung ihrer Kinder nicht im Stande sind. Eine *gesetzliche* Vormundschaft des Vaters über den großjährigen Mündel (§ 83 Abs. 1 der Pr. VO.) kennt das Gesetz nicht. Indessen sind die nächsten Ascendenten nach einer gewissen Reihenfolge *vorzugsweise* als Vormünder *berufen*.

Abs. 1.

2. *Vor den Großvätern ... der Vater* — Es kommen selbstverständlich, wie überall in diesem Abschnitt des Gesetzbuchs, nur die *ehelichen* Großväter und der *eheliche* Vater in Betracht.

Abs. 2.

3. — *von einem Anderen als dem Ehegatten seines Vaters oder seiner Mutter* — Ist der Mündel von dem Ehegatten seines Vaters oder seiner Mutter an Kindesstatt angenommen, so verbleibt es bei der Vorschrift des Abs. 1 (vgl. § 1757 Abs. 2), weil in diesem Falle das Kind seinen leiblichen Eltern nicht, wie sonst regelmäßig, durch die Annahme an Kindesstatt entfremdet wird.

Abs. 3.

4. **Stammt der Mündel aus einer nichtigen Ehe** — Ueber die Voraussetzungen der Nichtigkeit einer Ehe verhalten sich die §§ 1324 bis 1328. Die Gültigkeit einer vor dem Inkrafttreten des BGB. geschlossenen Ehe bestimmt sich nach den bisherigen Gesetzen. Eine nach den bisherigen Gesetzen nichtige oder ungültige Ehe ist als von Anfang an gültig anzusehen, wenn die Ehegatten zur Zeit des Inkrafttretens des BGB. noch als Ehegatten mit einander lebten und der Grund, auf dem die Nichtigkeit oder die Ungültigkeit beruht, nach den Vorschriften des BGB. die Nichtigkeit oder die Anfechtbarkeit der Ehe nicht zur Folge haben oder diese Wirkung verloren haben würde (Art. 198 des EG.). Inwieweit die Kinder aus einer vor dem Inkrafttreten des BGB. geschlossenen nichtigen oder ungültigen Ehe als eheliche Kinder anzusehen sind, und inwieweit der Vater oder die Mutter die Pflichten und Rechte ehelicher Eltern haben, muß ebenfalls nach den vor dem 1. Januar 1900 in Geltung gewesenen Gesetzen beurtheilt werden (Art. 207 a. a. O.). Ist eine Ehe nichtig, weil bei ihrer Schließung nicht die in § 1317 vorgeschriebene Form (persönliche und gleichzeitige Erklärung vor einem zu ihrer Entgegennahme bereiten Standesbeamten) beobachtet worden ist, so macht sich diese Nichtigkeit überall und von selbst (ipso jure) geltend, wenn und so lange nicht ihre Eintragung in das Heirathsregister erfolgt ist und die Ehegatten zehn Jahre oder, falls einer von ihnen vorher gestorben ist, bis zu dessen Tode, jedoch mindestens drei Jahre als Ehegatten mit einander gelebt haben, es sei denn, daß bei dem Ablaufe der zehn Jahre oder zur Zeit des Todes des einen Ehegatten die Nichtigkeitsklage erhoben ist (§ 1324). In allen anderen Fällen kann die Nichtigkeit der Ehe, so lange letztere nicht bereits aufgelöst oder auf Nichtigkeit rechtskräftig erkannt ist, nur im Wege der Nichtigkeitsklage geltend gemacht werden (§ 1329). Eine für nichtig erklärte Ehe wird als von Anfang an ungültig angesehen. Dessen ungeachtet gilt ein Kind aus einer nichtigen Ehe, das im Falle der Gültigkeit der Ehe ehelich sein würde, als ehelich, sofern nicht beide Ehegatten die Nichtigkeit der Ehe bei der Eheschließung gekannt haben, ausgenommen, wenn die Nichtigkeit der Ehe auf einem Formmangel beruht und die Ehe nicht in das Heirathsregister eingetragen ist (§ 1699).

5. — **so ist der Vater im Falle des § 1701, die Mutter im Falle des § 1702 nicht berufen.** Der Fall des § 1701 ist vorhanden, wenn dem Vater die Nichtigkeit der Ehe bei der Eheschließung bekannt war, und der Fall des § 1702 liegt vor, wenn eben diese Kenntniß damals der Mutter beiwohnte, oder wenn die elterliche Gewalt des Vaters durch Tod desselben oder aus einem anderen Grunde endigt, oder wegen seiner Geschäftsunfähigkeit oder nach § 1677 ruht.

§ 1900.

Eine Ehefrau darf zum Vormund ihres Mannes auch ohne dessen Zustimmung bestellt werden.

Der Ehegatte des Mündels darf vor den Eltern und den Großvätern, die eheliche Mutter darf im Falle des § 1702 vor den Großvätern zum Vormunde bestellt werden.

Die uneheliche Mutter darf vor dem Großvater zum Vormunde bestellt werden.

Entw. I § 1729 Abs. 4 und 5; Entw. II § 1776; Reichst.-Vorl. § 1876; Mot. IV zu § 1729 S. 1237; Komm. Prot. S. 6514.

Abs. 1.

1. Eine Ehefrau — Das nach § 1786 Nr. 1 den Frauen überhaupt zustehende Ablehnungsrecht wird hierdurch selbstverständlich nicht berührt. Im Uebrigen verhält sich die Vorschrift in Abs. 1 als Ausnahme zu § 1783 (1897).

2. — darf zum Vormund ihres Mannes auch ohne dessen Zustimmung bestellt werden. Sie darf bestellt werden; einen Anspruch auf die Bestellung kann sie jedoch nicht geltend machen, weil sie nicht zugleich auch berufen ist. Wird sie nicht bestellt, so steht ihr daher auch nicht das Rechtsmittel der sofortigen Beschwerde aus § 60 Nr. 1 des G. fr. G. zu.

3. Die Vertretungsmacht des dem Ehemann bestellten Vormundes erstreckt sich, auch wenn die Frau Vormund des Mannes ist, zugleich auf die Rechte und Pflichten, die sich aus der Verwaltung und Nutznießung des eingebrachten Gutes und bzw. aus der Verwaltung des Gesammtgutes ergeben (§ 1409 und § 1457).

Abs. 2.

4. — im Falle des § 1702 — Also wenn der Mutter die Nichtigkeit der Ehe bei der Eheschließung bekannt war, oder wenn der Vater des aus einer nichtigen Ehe stammenden Kindes stirbt oder die elterliche Gewalt aus einem anderen Grunde verliert. Daß in den Fällen des § 1702 die eheliche Mutter, wenngleich dieselbe nach Abs. 3 des § 1899 nicht als Vormund berufen ist, doch in gleicher Weise wie die uneheliche Mutter vor dem Großvater von mütterlicher Seite zum Vormund bestellt werden kann, steht, wie die Motive bemerken, mit dem dem § 1702 zu Grunde liegenden Prinzipe im Einklang, daß in jenen Fällen die Mutter, obwohl sie nach § 1699 als eheliche Mutter anzusehen ist, gegenüber dem Kinde die Stellung einer unehelichen Mutter haben soll, soweit nicht auch die daraus sich ergebenden Rechte derselben durch die Rechte des Vaters und der sonstigen väterlichen Verwandten modifizirt werden.

Abs. 3.

5. — die uneheliche Mutter .. vor dem Großvater — Gemeint ist wie im Falle des § 1778 Abs. 3 der mütterliche Großvater.

6. Die Bestimmungen in Abs. 2 und 3 entsprechen dem § 1778 Abs. 3.

§ 1901.

Der Vormund hat für die Person des Mündels nur insoweit zu sorgen, als der Zweck der Vormundschaft es erfordert.

Steht eine Ehefrau unter Vormundschaft, so tritt die im § 1633 bestimmte Beschränkung nicht ein.

Entw. I § 1730; Entw. II § 1777; Reichst.-Vorl. § 1877; Mot. IV zu § 1730 S. 1238, 1239; Komm. Prot. S. 6514.

Abs. 1.

1. — für die Person des Mündels nur insoweit zu sorgen, als der Zweck der Vormundschaft es erfordert. Nach § 1897 in Verbindung mit § 1793 würde auch dem Vormunde eines Volljährigen die Fürsorge für die Person des Mündels in vollem Maße obliegen. Da aber der Zweck der Vormundschaft in Ansehung eines entmündigten Volljährigen (§ 1896) sich naturgemäß nur auf dessen „Vertretung in persönlichen Angelegenheiten" und „auf die Veran-

staltung der erforderlichen Pflege, der etwaigen Heilung, Beaufsichtigung und Sicherung des Mündels" erstreckt (Mot.), so fällt die dem Vormunde eines Minderjährigen zustehende Erziehungs- und Zuchtgewalt, die durch das jugendliche Alter des Mündels begründet wird, selbstverständlich hier fort. Erfordert der Zweck der Vormundschaft Zwangsmaßregeln gegen den volljährigen Mündel, so sind solche dadurch nicht ausgeschlossen. In der einen oder anderen Richtung nach dem Vorgange mancher Partikulargesetzgebungen nähere Vorschriften aufzustellen, hat der Gesetzgeber nicht für rathsam erachtet. Der Vormund soll in der Ergreifung von Maßregeln hinsichtlich der Fürsorge für die Person des Mündels nicht beengt und nur darauf hingewiesen werden, daß diese Fürsorge gegenüber dem großjährigen Mündel ihrem Zwecke nach eine weniger umfassende ist als bei der Altersvormundschaft. Vgl. auch Joh. Bd. 7 S. 50.

Abs. 2.

2. — so tritt die § 1633 bestimmte Beschränkung nicht ein — Der § 1633 bestimmt: „Ist eine Tochter verheirathet, so beschränkt sich die Sorge für ihre Person (Seitens des Vaters als Inhabers der elterlichen Gewalt) auf die Vertretung in den die Person betreffenden Angelegenheiten." Die Motive führen hierzu Folgendes aus:

„In Ermangelung einer besonderen Bestimmung würde nach § 1897 in Verbindung mit den §§ 1800, 1633 dem Vormunde einer volljährigen Ehefrau ausnahmsweise die thatsächliche Sorge für die Person der letzteren nicht zustehen, die Sorge vielmehr lediglich dem Ehemann überlassen bleiben. Der Grund, welcher zu den Bestimmungen der §§ 1633, 1800 geführt hat, nämlich der Gesichtspunkt, daß vom Standpunkte des jugendlichen Alters aus das Bedürfniß einer thatsächlichen Fürsorge für die Person des Mündels bei einer minderjährigen Ehefrau regelmäßig nicht vorhanden ist, trifft bei einer bevormundeten volljährigen Ehefrau nicht zu; vielmehr ist es hier durch das Interesse der letzteren geboten, Pflicht und Recht des Vormundes, unbeschadet der dem Ehemann als solchem zustehenden, aus der ehelichen Lebensgemeinschaft sich ergebenden Rechte (§ 1354), auch auf jene thatsächliche Sorge zu erstrecken, damit er in der Lage ist, den Ehemann in der hier fraglichen Hinsicht zur Erfüllung der demselben obliegenden Pflichten anzuhalten und nöthigenfalls selbst die zum Schutze des Mündels erforderlichen Maßregeln ergreifen zu können. Die Gefahr, daß die rechte Stellung des Ehemannes darunter leiden könnte, ist nicht zu besorgen, da das Verhältniß im praktischen Leben sich von selbst in einer jener Stellung entsprechenden Weise gestalten wird. Um so mehr ist es nöthig, die entsprechende Anordnung des § 1633 hier auszuschließen, als sonst der Vormund auch nach Auflösung der Ehe die Pflicht und das Recht der thatsächlichen Sorge für die Person der verheirathet gewesenen Mündel nicht haben würde."

Soweit der Ehemann selbst zum Vormunde seiner entmündigten volljährigen Frau bestellt wird (§ 1900 Abs. 2), erscheinen die vorstehenden Erwägungen gegenstandslos.

§ 1902.

Der Vormund kann eine Ausstattung aus dem Vermögen des Mündels nur mit Genehmigung des Vormundschaftsgerichts versprechen oder gewähren.

Zu einem Mieth- oder Pachtvertrage sowie zu einem anderen Vertrage, durch den der Mündel zu wiederkehrenden Leistungen verpflichtet wird, bedarf der Vormund der Genehmigung des Vormundschaftsgerichts, wenn das Vertragsverhältniß länger als vier Jahre dauern soll. Die Vorschrift des § 1822 Nr. 4 bleibt unberührt.

Entw. I §§ 1731, 1732; Entw. II § 1778; Reichst.-Vorl. § 1878; Mot. IV zu § 1731 S. 1239, 1240, zu § 1732 S. 1240; Komm. Prot. S. 6515.

Abs. 1.

1. — eine Ausstattung — Ausstattung im Sinne des BGB. ist nach § 1624 Abs. 1 Alles, was einem Kinde mit Rücksicht auf seine Verheirathung oder auf die Erlangung einer selbständigen Lebensstellung zur Begründung oder zur Erhaltung der Wirthschaft oder der Lebensstellung von dem Vater oder der Mutter zugewendet wird. Eine gesetzliche Verpflichtung der Eltern zur Gewährung einer Ausstattung, soweit diese nicht Aussteuer zur Einrichtung des Haushaltes einer heirathenden Tochter ist (§ 1620), besteht gegenüber den Kindern nicht. Da aber andererseits derartige elterliche Zuwendungen, auch wenn eine Verpflichtung dazu nicht besteht, nur insoweit als Schenkung gelten, als sie das den Umständen, insbesondere den Vermögensverhältnissen des Vaters oder der Mutter entsprechende Maß übersteigen (§ 1624 Abs. 1), so würde in Ermangelung einer besonderen Bestimmung, wie sie der § 1902 Abs. 1 enthält, der Vormund eines volljährigen Elterntheils nicht gehindert sein, einem ehelichen Kinde des Mündels eine Ausstattung nach seinem selbständigen freien Ermessen zu versprechen oder thatsächlich zu Theil werden zu lassen. Im Verhältniß zu anderen dritten Personen, welche nicht Kinder des Mündels sind, würde das Versprechen oder die Gewährung einer Ausstattung Seitens des Vormundes ohne entsprechende Gegenleistung rechtlich stets eine Schenkung darstellen, die im Hinblick auf § 1804, sofern ihre Hingabe nicht einer sittlichen Pflicht oder einer auf den Anstand zu nehmenden Rücksicht entspräche (was höchst selten der Fall sein wird), auch ohne die Vorschrift des § 1902 Abs. 1 rechtlich unwirksam sein.

2. — nur mit Genehmigung des Vormundschaftsgerichts — Da der Vormund nach § 1902 Abs. 2 in Anbetracht der Wichtigkeit des fraglichen Rechtsgeschäfts und dessen Verwandtschaft mit Schenkung die Ausstattung nur mit Genehmigung des Vormundschaftsgerichts versprechen oder gewähren kann, so würde ein solches Versprechen oder eine solche Hingabe ohne die vorausgegangene oder nachträglich erfolgende Genehmigung des Vormundschaftsgerichts ungültig sein und das ohne rechtlichen Grund von dem Empfänger Erlangte, nach Maßgabe der §§ 812 ff. zurückgefordert werden können. Ist der neue Besitzer der hingegebenen Sachen nicht gutgläubig, so findet in Ansehung der letzteren gemäß §§ 985, 932 Seitens des Mündels auch die Eigenthumsklage gegen ihn statt.

Bis die Genehmigung des Rechtsgeschäftes oder die Verweigerung der Genehmigung Seitens des Vormundschaftsgerichtes erfolgt, besteht das Geschäft als negotium claudicans, und es finden darauf die §§ 1829, 1830 Anwendung.

Abs. 2.

3. Das Fehlen einer Bestimmung im Sinne des Abs. 2 würde zur Folge gehabt haben, daß die von dem Vormunde eines Volljährigen für den Mündel geschlossenen Mieth- oder Pachtverträge und ebenso andere Verträge, durch die der Mündel zu wiederkehrenden Leistungen verpflichtet wird, in allen Fällen, wo sich ihre Wirksamkeit ohne Rücksicht auf die Dauer der Vormundschaft äußern soll, gemäß §§ 1822 Nr. 5, 1897 stets der Genehmigung durch das Vormundschaftsgericht bedürfen (vgl. das zu § 83 Abs. 3, § 42 Nr. 7 der Pr. VO. ergangene Urtheil des RG. vom 29. Januar 1884, abgedr. im Preuß. Just.=Min.=Bl. von 1884 S. 79). Die Motive führen aus, daß ein solches Resultat, namentlich im Hinblick auf solche Gegenden, in welchen ganze Landgüter in Parzellen verpachtet zu werden pflegen, als ein praktisch angemessenes nicht zu erachten sei, da es dahin führe, dem Vormunde die Verwaltung zu sehr zu erschweren und die Vormundschaftsgerichte mit Geschäften zu sehr zu überhäufen. Auf der anderen Seite sei es, hingesehen auf den Zweck der Bestimmung des § 1822 Nr. 5, bedenklich, die Anwendung derselben auf die Vormundschaft über Volljährige ohne allen Ersatz auszuschließen, weil alsdann der Vormund eines Volljährigen in Ansehung der in § 1822 Nr. 5 bezeichneten Verträge, abgesehen von den Fällen des § 1822 Nr. 4 (§ 1902 Abs. 2 Satz 2), in seiner Vertretungsmacht überall nicht beschränkt sein würde. Die Vorschrift des Abs. 2 stelle sich als eine angemessene Ausgleichung der verschiedenen in Betracht kommenden Rücksichten dar.

§ 1903.

Wird der Vater des Mündels zum Vormunde bestellt, so unterbleibt die Bestellung eines Gegenvormundes. Dem Vater stehen die Befreiungen zu, die nach den §§ 1852 bis 1854 angeordnet werden können. Das Vormundschaftsgericht kann die Befreiungen außer Kraft setzen, wenn sie das Interesse des Mündels gefährden.

Diese Vorschriften finden keine Anwendung, wenn der Vater im Falle der Minderjährigkeit des Mündels zur Vermögensverwaltung nicht berechtigt sein würde.

Entw. I § 1733 Abs. 1 und 3; Entw. II § 1779; Reichst.-Vorl. § 1879; Mot. IV zu § 1733 S. 1240 bis 1244; Komm. Prot. S. 6517.

---

1. Das BGB. hat, abweichend von den Bestimmungen der Pr. VO., bei der Altersvormundschaft gesetzliche Befreiungen zu Gunsten der Eltern als Vormünder ihrer minderjährigen Kinder nicht anerkannt. Die hierfür bestimmend gewesenen Gründe treffen bei der Vormundschaft über volljährige Kinder um deswillen nicht zu, weil die elterliche Gewalt nach dem BGB. mit der Volljährigkeit des Kindes unbedingt endigt. Die durch die §§ 1903, 1904 den Eltern als Vormündern ihrer volljährigen Kinder eingeräumten Befreiungen sind bestimmt, eine Art von Ausgleichung für den Verlust dieser Gewalt herbeizuführen. Dieselben beziehen sich jedoch nur auf die Sorge für das Vermögen des Mündels und erleiden durch den Abs. 2 des § 1903 eine noch weitere Beschränkung, da es inkonsequent sein würde, dem Vater oder der Mutter hierbei als Vormündern Befreiungen zu Theil werden zu lassen, welche sie unter der Voraussetzung der Minderjährigkeit des bevormundeten Kindes nicht einmal kraft ihrer elterlichen Gewalt beanspruchen könnten.

Abs. 1.

2. — so unterbleibt die Bestellung eines Gegenvormundes. Die Bestellung eines Gegenvormundes muß also unterbleiben. Erfolgt dieselbe dennoch (was unter Umständen auf einer Anwendung des § 1903 Abs. 1 Satz 3 beruhen könnte), so muß ihr so lange Rechtswirkung zukommen, bis im Wege der

Beschwerde Abhülfe gewährt ist. War neben einem zum Vormund seines volljährigen Kindes bestellten Vater am 1. Januar 1900 ein Gegenvormund vorhanden, so ist derselbe nach Maßgabe des Art. 210 Abs. 2 Satz 3 zu entlassen.

3. — stehen die Befreiungen zu, die nach den §§ 1852 bis 1854 angeordnet werden können. Diese Bestimmung erscheint folgegerecht, da der Vater und die Mutter in ihrer Eigenschaft als Inhaber der elterlichen Gewalt ihrerseits die nämlichen Befreiungen für die von ihnen für ihre minderjährigen Kinder benannten Vormünder durch letztwillige Verfügung anordnen können. Die hiernach dem Vater oder der Mutter als Vormund ihrer großjährigen Kinder zustehenden Befugnisse stimmen im Wesentlichen überein mit denjenigen Befreiungen, welche die Pr. VO. dem Vater als gesetzlichen Vormund seiner minderjährigen oder volljährigen Kinder eingeräumt hat (vgl. Pr. VO. § 83 Abs. 1, 3, § 26 Abs. 4 verb. mit § 39 Abs. 1 und § 41, § 57 Abs. 1, 2, § 59 Abs. 3, § 60 Abs. 2; Preuß. Gesetz, das Staatsschuldbuch betreffend, vom 20. Juli 1883, § 24 Abs. 2).

Der Vater als Vormund seines großjährigen Kindes ist demzufolge gesetzlich befreit:

a) von der Verpflichtung, das bei einer inländischen öffentlichen Sparkasse, bei der Reichsbank, bei einer Staatsbank oder bei einer anderen zugelassenen inländischen Bank zu belegende Geld mit der Bestimmung anzulegen, daß zu dessen Erhebung die Genehmigung des Gegenvormundes oder des Vormundschaftsgerichts erforderlich ist (§ 1852 Abs. 2, § 1809);

b) von der Genehmigung des Gegenvormundes und bzw. des Vormundschaftsgerichts zu der in den §§ 1806 bis 1808 vorgeschriebenen Anlegung von Mündelgeld (§ 1852 Abs. 2, § 1810);

c) von der Genehmigung des Gegenvormundes und bzw. des Vormundschaftsgerichts zur Verfügung über eine Forderung oder über ein anderes Recht auf eine dem Mündel zu gewährende Leistung oder über ein Werthpapier des Mündels, sowie zur Eingehung des Verpflichtung zu einer solchen Verfügung (§ 1852 Abs. 2, § 1812 Abs. 1);

d) von der Verpflichtung, Inhaber- und Ordrepapiere zu hinterlegen und, sofern Buchforderungen gegen das Reich oder einen Bundesstaat zum Mündelvermögen gehören, den Vermerk in das Reichsschuldbuch oder bzw. das Staatsschuldbuch eintragen zu lassen, daß er über die Forderungen nur mit Genehmigung des Vormundschaftsgerichts verfügen kann (§ 1853, § 1816);

e) von der Verpflichtung, während der Dauer seines Amtes Rechnung zu legen (§ 1854 Abs. 1).

Von der Verbindlichkeit, dem Vormundschaftsgerichte ein Verzeichniß von dem bei Einleitung der Vormundschaft vorhandenen oder dem Mündel später zufallenden Vermögen (§ 1802), sowie in bestimmten Zeitabschnitten auch eine Uebersicht über den Bestand des von ihm verwalteten Vermögens (§ 1854 Abs. 2) einzureichen, ist der Vater nicht befreit.

4. — kann die Befreiungen außer Kraft setzen, wenn sie das Interesse des Mündels gefährden. Die Vorschrift entspricht völlig der in § 1857 getroffenen Bestimmung; es kann daher auf Anm. 1 und 2 daselbst verwiesen werden.

Abs. 2.

5. — wenn der Vater im Falle der Minderjährigkeit des

Mündels zur Vermögensverwaltung nicht berechtigt sein würde. Diese Voraussetzung liegt vor:

a) wenn der Vater in Folge der Eröffnung des Konkurses über sein Vermögen die Verwaltung des Kindesvermögens verloren hat (§ 1647);

b) wenn ihm das Vormundschaftsgericht diese elterliche Verwaltung entzogen hat (§§ 1666, 1670, 1761);

c) wenn seine elterliche Gewalt ruht (§§ 1676 bis 1678);

d) rücksichtlich desjenigen Vermögens, welches das Kind von Todeswegen erwirbt, oder das ihm unter Lebenden von einem Dritten zugewendet wird, wenn der Erblasser durch letztwillige Verfügung oder der Dritte bei der Zuwendung bestimmt hat, daß der Erwerb der Verwaltung des Vaters entzogen sein soll (§ 1638 Abs. 1), sowie endlich

e) in Ansehung alles desjenigen, was das Kind auf Grund eines zu einem solchen (unter d bezeichneten) Vermögen gehörenden Rechts oder als Ersatz für die Zerstörung, Beschädigung oder Entziehung eines dazu gehörigen Gegenstandes oder durch ein Rechtsgeschäft, das sich auf das Vermögen bezieht, erwirbt (§ 1638 Abs. 2).

Ob die Nichtberechtigung des Vaters zur elterlichen Vermögensverwaltung bereits feststand, als er die Vormundschaft über das großjährige Kind übernahm, oder ob sie erst später eingetreten ist, macht für die Anwendung des § 1903 Abs. 2 keinen Unterschied. War sie zur Zeit der Bestellung des Vaters als Vormund bereits vorhanden, so ist daher gemäß § 1792 Abs. 2 (§ 1897) auch die Bestellung eines Gegenvormundes geboten.

6. Den in § 1899 Abs. 1 bezeichneten Großeltern hat das Gesetz, abweichend von der Pr. VO. § 83 Abs. 2, 3, verb. mit § 57 Abs. 1, 2 und § 59 Abs. 3, ebensowenig wie dem Ehegatten des volljährigen Mündels gesetzliche Befreiungen eingeräumt.

§ 1904.

Ist die eheliche Mutter des Mündels zum Vormund bestellt, so gilt für sie das Gleiche wie nach § 1903 für den Vater. Der Mutter ist jedoch ein Gegenvormund zu bestellen, wenn sie die Bestellung beantragt oder wenn die Voraussetzungen vorliegen, unter denen ihr nach § 1687 Nr. 3 ein Beistand zu bestellen sein würde. Wird ein Gegenvormund bestellt, so stehen der Mutter die im § 1852 bezeichneten Befreiungen nicht zu.

Entw. I § 1733 Abs. 2 und 3; Entw. II § 1780; Reichst.-Vorl. § 1880; Mot. IV zu § 1733 S. 1243; Komm. Prot. S. 6517.

---

1. — die eheliche Mutter — Die ihrem unehelichen Kinde zum Vormunde bestellte Mutter genießt die Befreiungen aus § 1703 Abs. 1 nicht, und ebenso wenig die Mutter als Vormund ihres Kindes aus einer nichtigen Ehe, wenn ihr die Nichtigkeit bei der Eheschließung bekannt war (§ 1702).

2. Der Mutter ist jedoch ein Gegenvormund zu bestellen — Natürlich nicht der Mutter selbst, sondern dem volljährigen Mündel neben der Mutter. Die Fassung „ist zu bestellen" ergibt, daß die Bestellung des Gegenvormundes, wenn die Voraussetzungen des § 1904 Satz 2 vorliegen, erfolgen muß, so daß eine Prüfung der Nothwendigkeit oder Zweckmäßigkeit dabei nicht weiter stattfindet.

3. — die Voraussetzungen ..., unter denen ihr nach § 1687 Nr. 3 ein Beistand zu bestellen sein würde. Erforderniß ist hiernach, daß „das Vormundschaftsgericht aus besonderen Gründen, insbesondere wegen des Umfanges oder der Schwierigkeit der Vermögensverwaltung, oder in den Fällen der §§ 1666, 1667 die Bestellung im Interesse des Kindes für nöthig erachtet". Der in § 1687 Nr. 2 bestimmte Fall (Antrag der Mutter) ist in dem § 1904 selbst berücksichtigt; was aber den Fall des § 1687 Nr. 1 betrifft, so konnte derselbe überhaupt nicht in Frage kommen, weil das dem Vater darin beigelegte Recht als Ausfluß der elterlichen Gewalt über die Zeit der Minderjährigkeit des Kindes nicht hinausreicht.

4. Wird ein Gegenvormund bestellt, so stehen der Mutter die in § 1852 bezeichneten Befreiungen nicht zu. Das Gesetz weist der ehelichen Mutter als Vormund ihres Kindes grundsätzlich eine freiere Stellung an als die Pr. VO., welche sie nur von der periodischen Rechnungslegung (§ 57 Abs. 1) und der Pflicht zur Sicherheitsstellung (§ 59 Abs. 3) befreit. Es erscheint dies als Folge der von dem BGB. anerkannten elterlichen Gewalt der Mutter. Indessen ergab sich hieraus zugleich die weitere Konsequenz, daß der Mutter als Vormund ihres volljährigen Kindes in denjenigen Fällen ein Gegenvormund beizugesellen ist, in welchen ein solcher neben der Mutter als Inhaberin der elterlichen Gewalt auch nach § 1687 Nr. 2, 3 bestellt werden muß, und daß, wenn hiernach die Bestellung eines Gegenvormundes geschehen ist, die in § 1852 bezeichneten Bestimmungen für die Mutter in Wegfall kommen (vgl. §§ 1690, 1691).

§ 1905.

Ein Familienrath kann nur nach § 1859 Abs. 1 eingesetzt werden. Der Vater und die Mutter des Mündels sind nicht berechtigt, Anordnungen über die Einsetzung und Aufhebung eines Familienraths oder über die Mitgliedschaft zu treffen.

Entw. I § 1736; Entw. II § 1782; Reichst.-Vorl. § 1881; Mot. IV zu § 1736 S. 1246; Komm. Prot. S. 6518, 8689.

Abs. 1.

1. — nur nach § 1859 Abs. 1 — Also nicht auch im Falle des § 1858 Abs. 1, weil die dort vorgesehene väterliche oder mütterliche Anordnung auch hier als Grundlage die elterliche Gewalt voraussetzt, die letztere aber nur über minderjährige Kinder stattfindet. Die Möglichkeit der Einsetzung des Familienraths nach § 1859 Abs. 1 folgt im Uebrigen bereits aus § 1897.

Abs. 2.

2. — sind nicht berechtigt, Anordnungen über die Einsetzung und Aufhebung eines Familienraths oder über die Mitgliedschaft zu treffen. Der Grund dieser Bestimmung deckt sich mit dem unter Anm. 1 angeführten; die entsprechende Anwendung des § 1859 Abs. 2, § 1861, § 1863 Abs. 3, § 1866 Nr. 3, § 1867, § 1868, § 1880 Abs. 1 würde daher schon an sich nicht Platz greifen können, und die ausdrückliche Aufnahme der Vorschrift hat nur den Zweck, jeden hierüber möglichen Zweifel auszuschließen.

§ 1906.

Ein Volljähriger, dessen Entmündigung beantragt ist, kann unter vorläufige Vormundschaft gestellt werden, wenn das Vormundschaftsgericht es zur Abwendung einer erheblichen Gefährdung der Person oder des Vermögens des Volljährigen für erforderlich erachtet.

Entw. I § 1737 Abs. 1; Entw. II § 1783; Reichst.-Vorl. § 1882; Mot. IV zu § 1737 S. 1246 bis 1250; Komm. Prot. S. 6518 bis 6525.

---

1. Der § 1906 behandelt das Institut der vorläufigen Vormundschaft. Dasselbe war dem gem. Recht fremd (l. 6 D. de curat. fur. 27, 10; Entsch. des RG. in Civils. Bd. 9 S. 181). Einer allerdings nicht unbestrittenen Meinung zufolge konnte jedoch das Gericht auch schon vor der Entmündigung im Interesse des zu Entmündigenden Provisionalmaßregeln treffen. Auch das Preuß. Recht gestattete Sicherheitsvorkehrungen (vgl. Allgem. Pr. Gerichtsordnung Th. I Tit. 38 §§ 20 bis 22). Die Pr. VO. ließ zu diesem Behufe, obwohl nach ihr die Entmündigung Voraussetzung für die Vormundschaft über einen Geisteskranken war und in dem größten Theile ihres Geltungsbezirks ein besonderes prozessualisches Verfahren hierüber galt, nach § 90 nur die Einleitung einer Pflegschaft für einzelne Angelegenheiten oder für einen bestimmten Kreis von Angelegenheiten der zu entmündigenden Person zu (Joh. Bd. 4 S. 44). Eine Reihe anderer Rechte dagegen (vgl. Code civ. art. 457, 503; Bayr. Gesetz vom 23. Februar 1879 Art. 176 für die Bayr. Rheinpfalz; Hess. Gesetz vom 4. Juni 1879 Art. 97 für Rheinhessen; Bad. Gesetz vom 6. Februar 1879 § 2 Nr. 4; Els.-Lothr. Gesetz vom 8. Juli 1879 § 14 Abs. 2; Sächs. Gesetz vom 20. Februar 1882 § 2 Nr. 1; Hamb. Vorm.-Ordnung Art. 76 Abs. 2; Hess. Entwurf V Art. 11, 10, 21, Bayr. Entw. Art. 99) hat auch bisher schon auf die Gewährung eines vormundschaftlichen Schutzes, der die Person und das Vermögen des zu Entmündigenden umfaßt, Bedacht genommen und demgemäß dem Vormundschaftsgericht die Befugniß ertheilt, eine vorläufige Kuratel in solchen Fällen anzuordnen.

Auch dem § 600 (jetzt § 657) der CPO. lag die Auffassung zu Grunde, daß an den bestehenden landesrechtlichen Vorschriften über die Möglichkeit der Anordnung einer vorläufigen Kuratel nichts hat geändert werden sollen. Der Gesetzgeber hat sich dafür entschieden, die Fürsorge für großjährige Personen, deren diese, bevor ein gegen sie schwebendes Entmündigungsverfahren durchgeführt worden ist, bedürfen, nicht, wie die Pr. VO., als Pflegschaft für gewisse Angelegenheiten, sondern in einer mehr umfassenden Weise als vorläufige Vormundschaft zu gestalten. Es ist „mit der letzteren“, erklären die Motive, „wenn man derselben, wie dies das BGB. aus Gründen praktischer Zweckmäßigkeit im Interesse einer geordneten Führung der Vormundschaft thut (§ 114), die Wirkung einer Beschränkung der Geschäftsfähigkeit für die Dauer der vorläufigen Vormundschaft beilegt, der Vortheil verbunden, daß wenn demnächst die Entmündigung wegen Geisteskrankheit erfolgt, die Unwirksamkeit der von dem zu Entmündigenden nach Einleitung des Entmündigungsverfahrens und vor erfolgter Entmündigung geschlossenen Rechtsgeschäfte nicht von dem Nachweise abhängt, daß der Entmündigte schon während jener Zeit des Vernunftgebrauches beraubt und deshalb geschäftsunfähig gewesen sei (§ 104 Nr. 2). Zwar bietet andererseits die Gewährung der Fürsorge für die hier in Rede stehenden Personen im Wege einer Pflegschaft nach Maßgabe des § 1910 den Vortheil, daß das Vormundschaftsgericht die Vertretungsmacht eines Pflegers entsprechend dem konkreten Bedürfnisse und dem vorübergehenden Zwecke näher abgrenzen und bestimmen und dadurch die mit einer vorläufigen Vormundschaft wegen der im Prinzipe unbeschränkten Vertretungsmacht des Vormundes für den Bevormundeten in höherem Maße verbundene Gefahr eingreifender, dem letzteren zum Nachtheil gereichender Aenderungen von Seiten des gesetzlichen Vertreters vermieden werden kann. Indessen kann darauf erhebliches Gewicht nicht gelegt werden, da der Charakter der Vormundschaft als einer nur vorläufigen den Vormund zur Genüge darauf hinweist, daß er sich solcher eingreifenden Aenderungen thunlichst zu enthalten und möglichst für die Aufrechterhaltung des bestehenden Zustandes im Interesse des Mündels zu sorgen hat. Zuzugeben ist, daß, wenn es sich lediglich um den Schutz solcher Personen handelt, gegen welche der Antrag auf Entmündigung wegen Geisteskrankheit gestellt ist, das Bedürfniß des besonderen Institutes einer mit Beschränkung der Geschäftsfähigkeit verbundenen vorläufigen Vormundschaft sich würde in Zweifel ziehen lassen, zumal auch in dem Falle, in welchem der Antrag auf Entmündigung noch nicht gestellt ist, dem Geisteskranken der erforderliche Schutz nur im Wege einer mit einer Beschränkung der Geschäftsfähigkeit nicht verbundenen Pflegschaft nach Maßgabe des § 1910 soll gewährt werden können. Geht man jedoch davon aus, daß das Institut der mit einer Beschränkung der Geschäftsfähigkeit verbundenen vorläufigen Vormundschaft für den Fall, daß gegen eine Person der Antrag auf Entmündigung wegen Verschwendung gestellt ist, nicht entbehrt werden kann, so ist es um so unbedenklicher und auch vom Standpunkte der Einfachheit des Gesetzbuchs vorzuziehen, die vorläufige Vormundschaft auch in Ansehung solcher Personen zuzulassen, gegen welche der Antrag auf Entmündigung wegen Geisteskrankheit gestellt ist."

2. — dessen Entmündigung beantragt ist — In Betracht kommen als Grund für die Entmündigung nach § 6 Geisteskrankheit oder Geistesschwäche, Verschwendung und Trunksucht. Die Entmündigung darf nur erst beantragt sein; ist sie bereits erfolgt, so liegt die Bedingung zu einer dauernden (nicht bloß vorläufigen) Bevormundung aus § 1896 vor. Andererseits darf aber die vorläufige Vormundschaft auch nicht eher angeordnet werden, als bis der Antrag auf Entmündigung gestellt, also das Entmündigungsverfahren bei dem zuständigen Amtsgericht anhängig geworden ist. Es ist diese Beschränkung, abweichend insbesondere von § 2 des sächs. Gesetzes vom 20. Februar 1882, für nöthig erachtet, weil die Anordnung der vorläufigen Vormundschaft nach § 114 eine Beschränkung der Geschäftsfähigkeit für den großjährigen Mündel nach sich zieht.

Welche Personen als Antragsteller auftreten können und in welcher Form der Antrag zu stellen ist, bestimmen die §§ 646, 647, 680 der CPO. Für die Fälle der Geisteskrankheit und Geistesschwäche, nicht aber auch bei Verschwendung und Trunksucht ist hiernach auch die Staatsanwaltschaft antragsberechtigt (§ 652, § 680 Abs. 4).

Ist die Entmündigung nicht einmal beantragt und liegen gleichwohl Umstände vor, welche eine Fürsorge für die Person oder das Vermögen des Volljährigen erforderlich machen, so bietet der § 1910 ein Mittel dar, indem er für solche Fälle die Einleitung einer Pflegschaft gestattet.

3. Der § 657 der CPO. schreibt vor, daß das mit dem Entmündigungsverfahren befaßte Amtsgericht, sobald es die Anordnung einer Fürsorge für die Person oder das Vermögen des zu Entmündigenden für erforderlich hält, der Vormundschaftsbehörde zum Zwecke dieser Anordnung Mittheilung zu machen hat. Indessen muß auch ein anderweiter zuverlässiger Nachweis über die stattgehabte Stellung des Entmündigungsantrages oder die unmittelbare Kenntniß des Vormundschaftsgerichtes von dieser Thatsache genügen, um letzteres zu einem Vorgehen nach Maßgabe des § 1906 zu ermächtigen.

4. — kann unter vorläufige Vormundschaft gestellt werden — Die Maßregel ist also nur zugelassen und keineswegs unbedingt geboten. Es entscheidet das pflichtmäßige Ermessen des Vormundschaftsgerichts, wobei es sich regelmäßig empfehlen wird, von dem nach § 1847 Abs. 1 (in Verbindung mit § 1897) sich darbietenden Mittel der vorgängigen Anhörung Verwandter oder Verschwägerter des Mündels Gebrauch zu machen.

Die vorläufige Vormundschaft wird, so lange sie dauert, der gewöhnlichen Vormundschaft über Volljährige grundsätzlich gleichbehandelt. Es gilt auch bezüglich ihrer die Vorschrift des § 1897.

Ohne die Zulässigkeit der vorläufigen Vormundschaft würde die Gefahr entstehen, daß namentlich bei der Entmündigung wegen Verschwendung der Zweck derselben vereitelt würde. Trotz der durch die CPO. eingeführten erheblichen Vereinfachung des Verfahrens vergeht von dessen Einleitung bis zur Beendigung regelmäßig ein längerer Zeitraum, während dessen ohne die gedachte Maßregel der zu Entmündigende vielleicht in der Lage wäre, den Rest seines Vermögens vollends durchzubringen. Liegt kein Grund zu solcher Befürchtung vor, so steht es nach § 1906 in der Hand des Vormundschaftsgerichts, eine Bevormundung in dem gegebenen Falle nicht eintreten zu lassen. Es versteht sich von selbst, daß das Vormundschaftsgerichts von der hier ihm eingeräumten Befugniß nur mit Vorsicht Gebrauch machen wird (vgl. Anm. 5). Es mußten daher gegenüber diesen Erwägungen auch die Bedenken zurücktreten, daß die den Charakter einer vorläufigen Entmündigung an sich tragende vorläufige Vormundschaft ohne die Garantie des in der CPO. geordneten Verfahrens und ohne erschöpfende vorgängige Sachuntersuchung in die bürgerliche Selbständigkeit des zu Bevormundenden eingreift, und daß dieselbe trotz der Bestimmung in § 115 Abs. 1 u. 2, wenn der Entmündigungsantrag demnächst zurückgewiesen wird, für den Bevormundeten unter Umständen, insbesondere durch Schädigung seines Kredites, mit großen vermögensrechtlichen Nachtheilen verknüpft sein kann.

5. — wenn das Vormundschaftsgericht es zur Abwendung einer erheblichen Gefährdung der Person oder des Vermögens des Volljährigen für erforderlich erachtet. Es wird also vorausgesetzt:

a) eine Gefährdung der Person oder des Vermögens des Volljährigen, welche dadurch eintritt, daß derselbe zur Zeit noch eines vormundschaftlichen Schutzes entbehrt;
b) die Erheblichkeit dieser Gefährdung, so daß also Nachtheile geringerer Art welche dadurch verursacht werden, nicht zu berücksichtigen sind; und
c) die Möglichkeit einer Abwendung dieser Gefährdung durch die Bestellung eines Vormundes.

Schon die Fassung dieser Klausel ergibt, daß das Vormundschaftsgericht keineswegs regelmäßig eine Vormundschaft aus § 1906 anordnen darf, und daß wegen der schweren Rechtsfolgen, die für den Mündel dadurch im Hinblick auf § 114 entstehen, eine sorgfältige Sachuntersuchung vorauszugehen hat.

6. Gegen eine Verfügung des Vormundschaftsgerichts, welche die Anordnung der vorläufigen Vormundschaft ablehnt, steht nach § 57 Nr. 2 des G. fr. G. denjenigen, welche den Antrag auf Entmündigung zu stellen berechtigt sind (vgl. oben Anm. 2 Abs. 2), also in Fällen einer wegen Geisteskrankheit oder Geistesschwäche beantragten Entmündigung auch dem Staatsanwalt, neben den aus § 20 a. a. O. Berechtigten die Beschwerde zu.

Erfolgt dagegen durch Beschluß des Vormundschaftsgerichts die Anordnung der vorläufigen Vormundschaft, so findet hiergegen auf Grund des § 20 Abs. 1, in Verbindung mit § 60 Nr. 5 a. a. O. die sofortige Beschwerde statt, die nach § 59 a. a. O. auch der Mündel selbst erheben kann. Wird der Beschwerde in diesem Falle stattgegeben und die Vormundschaft aufgehoben, so kann die Wirksamkeit der von oder gegenüber dem Volljährigen vorgenommenen Rechtsgeschäfte nicht auf Grund der aufgehobenen Verfügung in Frage gestellt werden (§ 61 a. a. O.). Vgl. auch § 32 a. a. O. und § 115 Abs. 1 Satz 2.

7. Sobald die Vormundschaftsbehörde das Vorhandensein der für die Anordnung der vorläufigen Vormundschaft erforderlichen Voraussetzungen festgestellt hat, darf sie die Einleitung der Vormundschaft selbst verfügen. Diese Verfügung tritt nach § 52 des G. fr. G.,

a) wenn die Entmündigung wegen Geisteskrankheit beantragt ist, mit der Bestellung des Vormundes,

b) in allen anderen Fällen mit der Bekanntmachung an den zu Entmündigenden in Wirksamkeit. Bezüglich der Fälle zu b (Entmündigung wegen Geistesschwäche, Verschwendung oder Trunksucht) entspricht diese Vorschrift der allgemeinen Regel des § 16 Abs. 1 a. a. O.

§ 1907.

Die Vorschriften über die Berufung zur Vormundschaft gelten nicht für die vorläufige Vormundschaft.

Entw. I § 1737 Abs. 2 Satz 1; Entw. II § 1783; Reichst.-Vorl. § 1883; Mot. IV zu § 1737 S. 1250; Komm. Prot. S. 6525.

---

1. Die Vorschrift des § 1907 durch welche die allgemeine Regel über die Anwendbarkeit der für die Vormundschaft geltenden Normen auf die vorläufige Vormundschaft eine Abänderung erleidet, hat ihren Grund in der Dringlichkeit der hier in Betracht kommenden Fälle.

2. — über die Berufung zur Vormundschaft — Die Vorschriften über die Berufung zur Vormundschaft finden sich in den §§ 1776 bis 1778. Eine Berufung durch den Vater oder die Mutter kommt für die vorläufige Vormundschaft überhaupt nicht in Frage (§ 1898). Die Vormundschaftsbehörde hat hiernach bei Anordnung der vorläufigen Vormundschaft den Vormund nach Maßgabe des § 1779 Abs. 2 frei auszuwählen.

Erfolgt die Entmündigung und wird in Folge dessen die Anordnung einer dauernden Vormundschaft nöthig (§ 1896), so gelten, abgesehen von der in § 1898 bestimmten Einschränkung, auch die Vorschriften über die Berufung.

§ 1908.

Die vorläufige Vormundschaft endigt mit der Rücknahme oder der rechtskräftigen Abweisung des Antrags auf Entmündigung.

Erfolgt die Entmündigung, so endigt die vorläufige Vormundschaft, wenn auf Grund der Entmündigung ein Vormund bestellt wird.

Die vorläufige Vormundschaft ist von dem Vormundschaftsgericht aufzuheben, wenn der Mündel des vorläufigen vormundschaftlichen Schutzes nicht mehr bedürftig ist.

Entw. I § 1737 Abs. 3; Entw. II § 1785; Reichst.-Vorl. § 1884; Mot. IV zu § 1737 S. 1250, 1251; Komm. Prot. S. 6518, 6519, 6525, 6526.

---

1. Während der Regel nach auch für die Beendigung der Vormundschaft über Volljährige gemäß § 1897 die in den §§ 1882 ff. enthaltenen allgemeinen Regeln gelten, sieht hinsichtlich der vorläufigen Vormundschaft der § 1908 noch einige besondere Beendigungsarten vor. In den Fällen des Abs. 1 und 2 wirkt diese Beendigung ohne jede vorgängige Beschlußfassung des Vormundschaftsgerichtes kraft Gesetzes. Es folgt hieraus, daß von diesem Zeitpunkte ab der bisher bevormundet Gewesene seine volle Geschäftsfähigkeit wieder erlangt, so daß unbeschadet der Vorschrift in § 1893 Abs. 1, verb. mit § 1682 Abs. 1, die von dem Vormunde fortan noch vorgenommenen Rechtsgeschäfte für den Mündel nicht mehr verbindlich sind.

Abs. 1.

2. — mit der Rücknahme oder der rechtskräftigen Abweisung des Antrags auf Entmündigung. Durch die Zurücknahme des Antrages entfällt die gesetzliche Grundlage für den zu erlassenden Entmündigungsbeschluß (§ 645 Abs. 2, § 680 Abs. 2) und somit auch für das Fortbestehen der nur in Voraussicht der künftigen Erlassung eines solchen angeordneten vorläufigen Vormundschaft. Der die Entmündigung ablehnende Beschluß ist Seitens des Amtsgerichts dem Antragsteller und dem Staatsanwalt von Amtswegen zuzustellen, außerdem demjenigen, dessen Entmündigung beantragt war (§§ 659, 662 der CPO.). Daß das Amtsgericht hiervon auch der Vormundschaftsbehörde Mittheilung zu machen hat, schreibt das Gesetz nicht vor. Ebensowenig ist eine Bestimmung darüber vorhanden, daß der Vormundschaftsbehörde von der Zurücknahme des Entmündigungsantrages Kenntniß zu geben ist. Es fragt sich daher, auf welche Weise der auf Grund des § 1906 vorläufig zum Vormund Bestellte die Thatsache der Rücknahme des Antrages oder der rechtskräftigen Abweisung desselben, wodurch mit der Vormundschaft auch sein vormundschaftliches Amt und mithin seine Vertretungsmacht ohne Weiteres erlischt, rechtzeitig erfährt. Da der Regel nach das für das Entmündigungsverfahren zuständige Amtsgericht mit der Vormundschaftsbehörde identisch sein wird, abgesehen von denjenigen Bundesstaaten, in denen die letztere eine nicht gerichtliche Behörde ist (vgl. § 1774 Anm. 2), so wird sich in diesem Falle die Sache praktisch so gestalten, daß aus den Akten des Entmündigungsverfahrens zu dem Vormundschaftsakten eine entsprechende Nachricht ertheilt und hierauf Seitens des Vormundschaftsgerichtes auch der Vormund alsbald benachrichtigt wird. Sind jedoch beide Behörden verschieden, so empfiehlt es sich, daß die Vormundschaftsbehörde nach Einleitung der vorläufigen Vormundschaft den Fortgang des Entmündigungsverfahrens kontrolirt und von Zeit zu Zeit das Amtsgericht um eine bezügliche Mittheilung ersucht.

Auf die Wirksamkeit derjenigen Rechtsgeschäfte, die der Vormund kraft seiner gesetzlichen Vertretungsmacht bis zu dem nach Abs. 1 ipso jure eintretenden Erlöschen der vorläufigen Vormundschaft vorgenommen hat, bleibt die Thatsache dieses Erlöschens ohne Einfluß (§ 115 Abs. 2).

Die Zurücknahme des Antrages auf Entmündigung schließt übrigens nicht aus, daß derselbe später mit anderer Begründung von dem Antragsteller oder einem anderen Berechtigten wiederholt wird. Es versteht sich von selbst, daß auch die Vormundschaftsbehörde hierdurch von Neuem die Befugniß erhält, eine vorläufige Vormundschaft anzuordnen. Daneben aber bleibt in allen Fällen die Möglichkeit bestehen, daß das Vormundschaftsgericht auf Grund eigener Prüfung die Voraussetzungen für ein Einschreiten aus § 1910 feststellt und daraufhin nach Maßgabe dieser Bestimmung einen Pfleger für den Schutzbedürftigen bestellt.

Abs. 2.

3. Erfolgt die Entmündigung — Die Entmündigung gilt für erfolgt:

a) wegen Geisteskrankheit, wenn der Entmündigte unter elterlicher Gewalt oder unter Vormundschaft steht, mit der Zustellung des Beschlusses an denjenigen gesetzlichen Vertreter, welchem die Sorge für die Person zusteht, anderenfalls, wenn diese Voraussetzung, wie hier für die Anwendung des § 1908, nicht zutrifft, mit der Bestellung des Vormundes (§ 661 Abs. 1 der CPO.),

b) wegen Geistesschwäche, Verschwendung oder Trunksucht mit der Zustellung des Beschlusses an den Entmündigten selbst (§ 661 Abs. 2, § 683 Abs. 2).

4. — so endigt die vorläufige Vormundschaft, wenn auf Grund der Entmündigung ein Vormund bestellt wird. In dem vorstehend in Anm. 3 unter a erwähnten Falle treffen daher der Beginn der Wirksamkeit der Entmündigung und die Beendigung der vorläufigen Vormundschaft mit der definitiven Bestellung des Vormundes, welche auf Grund des § 1896 geschehen muß, zusammen.

Der die Entmündigung aussprechende Beschluß wird nach §§ 660, 683 Abs. 2 der CPO. von dem Amtsgericht der Vormundschaftsbehörde mitgetheilt, so daß diese hierdurch in die Lage kommt, die vorläufige Vormundschaft in eine dauernde Vormundschaft umzuwandeln. Es geschieht dies durch die neue Bestellung gemäß § 1896. Die Vorschrift des § 1908 Abs. 2 verfolgt den praktischen Zweck, klar zu stellen, daß die vorläufige Vormundschaft auch in dem Falle beendigt wird, wenn das Vormundschaftsgericht die neue Bestellung vornehmen würde, ohne zuvor, wie es nach Abs. 3 geschehen soll, die vorläufige Vormundschaft aufzuheben.

Bei der auf Grund der Entmündigung erfolgenden Bestellung treten, da mit dem Aufhören der vorläufigen Vormundschaft auch die Anwendung des § 1907 entfällt, die für die Vormundschaft über Volljährige geltenden Vorschriften über die gesetzliche Berufung der Vormünder (§§ 1776, 1899, 1900) für das Vormundschaftsgericht wieder in Wirksamkeit. Soweit dieselben nicht entgegenstehen, bleibt dem Vormundschaftsgericht unbenommen, den bisherigen Vormund von Neuem zu bestellen. Der letztere hat jedoch in diesem Falle die alte Bestallung zurückzugeben und eine neue zu empfangen.

Abs. 3.

5. — ist . . . aufzuheben, wenn der Mündel des vorläufigen vormundschaftlichen Schutzes nicht mehr bedürftig ist. Die hier bestimmte Voraussetzung liegt ebensowohl vor, wenn die Entmündigung erfolgt und hierdurch die vorläufige Vormundschaft in eine dauernde übergegangen ist (Anm. 4 Abs. 2), als wenn das Vormundschaftsgericht während des noch schwebenden Entmündigungsverfahrens durch thatsächliche Vorgänge die Ueberzeugung erlangt, daß der von ihm anfänglich für nöthig erachtete Schutz des zu Entmündigenden zur Abwendung einer erheblichen Gefährdung seiner Person oder seines Vermögens nicht mehr erforderlich erscheint (§ 1906 Anm. 5). Die Aufhebung der vorläufigen Vormundschaft kann alsdann auch von Amtswegen verfügt werden. Gegen diese Verfügung steht jedem zur Beantragung der Entmündigung Berechtigten (§ 646 Abs. 1, § 680 Abs. 3 der CPO.), sowie Jedem, dessen Recht durch die Verfügung beeinträchtigt ist, die Beschwerde zu (§ 57 Nr. 2, § 20 des G. fr. G.).

Dritter Titel. Pflegschaft.

„Der begriffliche Gegensatz der Pflegschaft zur Vormundschaft", erklären die Motive (S. 1044), „ist lediglich der des Besonderen zum Allgemeinen. Die Vormundschaft, welcher in dieser Beziehung die elterliche Gewalt, sofern die letztere nicht auf die elterliche Nutznießung beschränkt ist, gleichsteht, bezweckt prinzipiell die allgemeine Fürsorge sowohl für die Person als das Vermögen, sowohl nach der thatsächlichen Seite, als nach der Seite der Vertretung hin. Dagegen sind die Befugnisse des Pflegers begrifflich auf besondere Angelegenheiten, sei es auf einzelne oder einen bestimmten Kreis von Angelegenheiten, beschränkt. So lange die elterliche Gewalt oder die Vormundschaft besteht, bleibt sie begrifflich das allgemeine Rechtsverhältniß, auch wenn die vormundschaftliche Fürsorge für einzelne Angelegenheiten ausgeschieden und einem Pfleger übertragen ist (§ 1909). An sich ist es immer der Vormund, welchem die Vermuthung, allgemeiner Repräsentant des Mündels zu sein, zur Seite steht. Dagegen steht dem Pfleger diese Vermuthung nie zur Seite, mögen auch die ihm übertragenen Angelegenheiten noch so wichtig und umfangreich sein; vielmehr ist er immer nur insoweit berechtigt, für den Mündel zu handeln, als aus der verständigen Auslegung des ihm als Pfleger zugewiesenen Wirkungskreises eine Befugniß zur Vornahme gerade dieses Geschäftes sich ergibt."

Schon aus der letzteren Bemerkung zeigt sich, wie wichtig es ist, daß Seitens des Vormundschaftsgerichts in der dem Pfleger zu ertheilenden Bestallung der seiner Fürsorge und Vertretungsmacht anheim fallende Wirkungskreis so genau und bestimmt als möglich bezeichnet und abgegrenzt wird. Es schützt dies den Pfleger einerseits nach Möglichkeit davor, daß er selber über den Inhalt und Umfang seiner Befugnisse irrt, und es setzt ihn auch andererseits in Stand, so oft es Noth thut, auch Dritten gegenüber sich nach dieser Richtung hin ordnungsmäßig auszuweisen. Fehlt es in der Bestallungsurkunde an einer entsprechenden Angabe, oder ist letztere zu allgemein oder unklar gefaßt, so kann dies zu mannigfachen Weiterungen und Nachtheilen führen, insbesondere auch dann, wenn der Pfleger als solcher in einem Prozesse als Kläger auftritt und aus diesem Grunde genöthigt ist, durch die Vorlegung seiner Bestallung seine Vertretungsberechtigung nachzuweisen. Da das Gericht den Mangel der Legitimation eines gesetzlichen Vertreters nach § 56 der CPO. von Amtswegen berücksichtigen muß und vor Ablauf der für die Beseitigung des Anstandes zu bestimmenden Frist das Endurtheil nicht erlassen darf, so kann durch den Umstand, daß aus der Bestallungsurkunde der Zweck der Pflegschaft und der Geschäftsbereich des Pflegers nicht genügend ersichtlich sind, leicht eine dem Pflegebefohlenen nachtheilige Verzögerung des Rechtsstreites, unter Umständen aber sogar die Abweisung der Klage herbeigeführt werden.

Eine Abweichung von den oben in den Motiven ausgesprochenen Grundsätzen über den Pflegschaftsbegriff zeigt sich bei der Gebrechlichkeitspflegschaft des § 1910 Abs. 1 in der jetzigen Fassung des Gesetzes. Während der § 1910 des ersten Entwurfes auch in diesem Falle nur eine Fürsorge rücksichtlich der Vermögensverwaltung bezweckte, ist durch den gegenwärtigen Inhalt der Vorschrift dieselbe auch auf die persönlichen Angelegenheiten ausgedehnt, so daß die Gebrechlichkeitspflegschaft im Sinne des § 1910 Abs. 1 sich von der Vormundschaft nur noch insofern unterscheidet, als sie, wenn der Gebrechliche sich verständlich machen kann, stets nur mit seiner Einwilligung angeordnet werden darf, und als ferner der Pflegebefohlene neben dem Pfleger geschäftsfähig bleibt (vgl. § 1910 Anm. 1).

Eine allgemeine Bestimmung nach dem Muster des § 90 der Pr. VO., wonach jeder Person, welche selbst zu handeln außer Stande ist und der väterlichen oder vormundschaftlichen Vertretung entbehrt, für einzelne oder einen bestimmten Kreis von Angelegenheiten unabhängig von ihrer Zustimmung ein Pfleger bestellt werden konnte, hat das Gesetz nicht aufgenommen. Es ist hierbei erwogen worden, daß die Anordnung einer Pflegschaft für den Pflegebefohlenen stets eine wesentliche Beschränkung seiner bürgerlichen Selbständigkeit einschließt, da er die von dem Pfleger innerhalb des diesem zugewiesenen Wirkungskreises vertretungsweise vorgenommenen Handlungen gegen sich gelten lassen muß und insoweit einem fremden Willen unterworfen wird. Das neue Gesetz hat es daher vorgezogen, an Stelle der nicht unbedenklichen generellen Klausel des § 90 der Pr. VO. dem praktischen Bedürfnisse, dem dieselbe Rechnung tragen sollte, dadurch entgegen zu kommen, daß sie den bisherigen Kreis der einzelnen von den Partikulargesetzgebungen anerkannten Pflegschaftsfälle durch positive Bestimmungen erweitert hat.

Neben dem in § 1909 geordneten Normalfall, dessen Eigenthümlichkeit darin besteht, daß der Pflegebefohlene eine unter elterlicher Gewalt oder unter Vormundschaft stehende Person ist, die nur darum noch eines besonderen staatlichen Schutzes bedarf, weil der Gewalthaber oder der Vormund an der Ausübung seiner Fürsorgepflicht verhindert ist, regeln die §§ 1910 bis 1913 eine Reihe spezieller Fälle, in denen, obwohl es an einer allgemeinen causa tutelae für die des Schutzes bedürftige Person fehlt, die Anordnung einer Pflegschaft zugelassen wird. Der erst in dem dritten Entwurf eingefügte § 1914 nimmt insofern alsdann noch eine Sonderstellung ein, als er nur die Verwaltung und Verwendung eines zu einem vorübergehenden Zwecke zusammengebrachten Vermögens, also den Fall einer Realpflegschaft, betrifft, und zwar ohne Rücksicht darauf, ob es sich hierbei um eine Fürsorge für Personen oder um Wahrnehmung anderer Interessen handelt.

Während auf diese Weise gegenüber dem bisherigen Preußischen Recht der Kreis der Pflegschaften, welche der Zuständigkeit der Vormundschaftsgerichte anheim fallen, vermehrt worden ist, ist aus Zweckmäßigkeitsgründen die Nachlaßpflegschaft gegenwärtig aus dem Rahmen des Vormundschaftsrechtes ausgeschieden und dem erbrechtlichen Gebiete zugewiesen worden (§§ 1960 bis 1962, §§ 2012, 2017).

Ihre Anordnung liegt daher nicht dem Vormundschaftsgericht, sondern dem Nachlaßgerichte ob. Die für die Vormundschaft geltenden Vorschriften des Gesetzes über die freiwillige Gerichtsbarkeit vom 17. Mai 1898 finden jedoch im Uebrigen, also rücksichtlich des in Abschnitt 2 daselbst geordneten Verfahrens, nach § 75 a. a. O. auch auf die Nachlaßpflegschaft Anwendung.

Außerhalb der Fürsorge des Vormundschaftsgerichts liegen auch die Fälle, in denen nach § 57 und § 779 Abs. 2 Satz 1 der CPO. sowie nach § 6 Abs. 1 und 2 und § 135 des Zwangsversteigerungsgesetzes vom 24. März 1897 ein Vertreter zu bestellen ist. Erfolgt für eine nicht prozeßfähige Person gemäß § 6 Abs. 3 a. a. O. die Zustellung an das Vormundschaftsgericht, so hat dieses die Aushändigung des zugestellten Schriftstückes an den gesetzlichen Vertreter zu bewirken. Ist ein solcher noch nicht vorhanden, so ist für seine Bestellung, also je nach den Umständen des Falles für Anordnung einer Vormundschaft oder Pflegschaft, alsbald von dem Vormundschaftsgericht nach Maßgabe der allgemeinen Vorschriften Sorge zu tragen.

Für die nach § 93 des Reichsstrafsgesetzbuchs, in Verbindung mit § 480 der Reichsstrafprozeßordnung, oder nach § 334 Abs. 2 a. a. O. einzuleitende Güterpflege über das im Deutschen Reiche befindliche Vermögen eines wegen Hoch- oder Landesverrathes in Untersuchung befindlichen oder eines abwesenden Angeschuldigten, sowie für die etwa nöthig werdenden Pflegschaften in den Fällen des § 58 des Preußischen Disziplinargesetzes vom 7. Mai 1851 (GS. S. 218), des § 89 des Preußischen Disziplinargesetzes vom 21. Juli 1852 (GS. S. 465) und des § 62 des Reichsbeamtengesetzes vom 31. März 1873 (RGBl. S. 61) bleiben nach wie vor die Vormundschaftsgerichte zuständig.

Eine dritte, der Vormundschaft und Pflegschaft selbständig zur Seite tretende Form der vormundschaftlichen Fürsorge bildet endlich noch die Beistandschaft, welche im Anschluß an das Französische Recht zu einem Theile eine Unterstützung, zum anderen Theil eine Beaufsichtigung und Ueberwachung der ehelichen Mutter als Trägerin der elterlichen Gewalt bezweckt. Die Motive (S. 797) bemerken zur Rechtfertigung dieses dem größeren Theile des Reichsgebietes in solcher Gestaltung bisher fremden Institutes Folgendes: „Wenn es für unbedenklich erachtet ist, der Mutter die elterliche Gewalt zu geben, so ist dies in der Erwägung geschehen, daß es auch in etwa vorkommenden schwierigeren Verhältnissen der Mutter regelmäßig an dem einen oder anderen ihr nahe stehenden Verwandten oder Freunde nicht fehlen wird, welcher ihr erforderlichenfalls als ihr Vertrauensmann mit Rath und That beistehen kann und will. Es ist jedoch anzuerkennen, daß es immer einzelne Fälle, namentlich in höheren Ständen, geben wird, in welchen die Mutter einer solchen Stütze bedarf, gleichwohl aber nach ihrer Persönlichkeit oder den sonstigen Verhältnissen zu besorgen ist, daß sie entweder nicht im Stande ist, selbständig den Beistand eines solchen Vertrauensmannes sich zu verschaffen, oder daß sie dem Rathe desselben nicht denjenigen Einfluß einräumt, welchen das Gesetz, indem dasselbe ihr die elterliche Gewalt unbeschränkt anvertraut, voraussetzt. Mit Rücksicht auf solche Ausnahmefälle allgemein zu bestimmen, daß in allen Fällen der Vermögensverwaltung der Mutter in derselben Weise, wie dies nach Franz. Rechte bei der gesetzlichen Vormundschaft der Mutter der Fall ist (vgl. Code civil art. 390, 420), und auch von anderen Rechten für den Fall der Führung der Vormundschaft durch die Mutter in ähnlicher Art vorgeschrieben wird, ein ständiger Gegenvormund zu bestellen sei, würde ein Wiederaufgeben des Prinzipes sein, daß der Mutter eine der Stellung des Vaters grundsätzlich gleiche Stellung eingeräumt werden soll. Es würde durch eine solche Bestimmung vormundschaftlichen Organen in weitem Umfange wieder Eingang in das innere Familienleben gestattet und die sonst mit der elterlichen Gewalt verbundene freie und selbständige Stellung wieder zu einer kontrolirten Vormundschaft herabgedrückt. Dem Bedürfnisse wird vollständig genügt, wenn Vorsorge getroffen wird, daß für Ausnahmefälle der gedachten Art der Mutter ein Beistand bestellt werden kann, welcher innerhalb des ihm zugewiesenen größeren oder geringeren Wirkungskreises im Allgemeinen eine der Stellung des Gegenvormundes gleichkommende Stellung einnimmt."

Das Vormundschaftsgericht hat nach § 1687 der Mutter einen Beistand zu bestellen:

1) wenn der Vater die Bestellung nach Maßgabe des § 1777 angeordnet hat;
2) wenn die Mutter die Bestellung beantragt;
3) wenn das Vormundschaftsgericht aus besonderen Gründen, insbesondere wegen des Umfanges und der Schwierigkeit der Vermögensverwaltung oder in den Fällen der §§ 1666, 1667 die Bestellung im Interesse des Kindes für nöthig erachtet.

Eine Uebergangsvorschrift enthält mit Bezug auf die Bestimmung unter Nr. 1 der Art. 205 des EG. Den Geschäftsbereich des Beistandes regeln die §§ 1688 bis 1693. Seine Rechtsstellung ähnelt hiernach sowie auch im Hinblick auf § 1694 derjenigen des Gegenvormundes, wenngleich sie auch andererseits (vgl. §§ 1688, 1693) gewisse Analogien mit derjenigen des Pflegers bietet.

Neben der Mutter eines unehelichen Kindes, welcher die elterliche Gewalt über dasselbe nicht zusteht, kann ein Beistand nicht bestellt werden. Soweit ihr jedoch, dem Gesetze entsprechend, für die Person des Kindes die Sorge zusteht, hat der Vormund des letzteren, unbeschadet der ihm in allen Beziehungen gebührenden Vertretungsmacht, gleichfalls nur die rechtliche Stellung eines Beistandes.

§ 1909.

Wer unter elterlicher Gewalt oder unter Vormundschaft steht, erhält für Angelegenheiten, an deren Besorgung der Gewalthaber oder der Vormund verhindert ist, einen Pfleger. Er erhält insbesondere einen Pfleger zur Verwaltung des Vermögens, das er von Todeswegen erwirbt oder das ihm unter Lebenden von einem Dritten unentgeltlich zugewendet wird, wenn der Erblasser durch letztwillige Verfügung, der Dritte bei der Zuwendung bestimmt hat, daß dem Gewalthaber oder dem Vormunde die Verwaltung nicht zustehen soll.

Tritt das Bedürfniß einer Pflegschaft ein, so hat der Gewalthaber oder der Vormund dem Vormundschaftsgericht unverzüglich Anzeige zu machen.

Die Pflegschaft ist auch dann anzuordnen, wenn die Voraussetzungen für die Anordnung einer Vormundschaft vorliegen, ein Vormund aber noch nicht bestellt ist.

Entw. I § 1738; Entw. II § 1786; Reichst.-Vorl. § 1885; Mot. IV zu § 1738 S. 1253 bis 1256, Allgem. Begr. S. 1043 bis 1046; Komm. Prot. S. 6526, 6527, 8690.

Abs. 1.

1. — oder unter Vormundschaft — Der Begriff der Vormundschaft umfaßt hier selbstverständlich ebensowohl die Vormundschaft über Volljährige wie über Minderjährige und daher im ersteren Falle auch die vorläufige Vormundschaft (§§ 1906 bis 1908).

2. — für Angelegenheiten, an deren Besorgung der Gewalthaber oder der Vormund verhindert ist — Es wird also vorausgesetzt:

a) daß Angelegenheiten des Mündels vorliegen, deren Besorgung an sich gesetzlich dem elterlichen Gewalthaber oder dem Vormund obliegen würde;
b) daß diese Angelegenheiten der Erledigung bedürfen;
c) daß der elterliche Gewalthaber oder der Vormund aus thatsächlichen oder rechtlichen Gründen die Erledigung nicht vornehmen kann.

Zu den unter a gedachten Angelegenheiten gehört unter anderen auch die im Interesse eines noch nicht 18 Jahre alten Hauskindes oder Mündels erforderliche Stellung eines Strafantrages. Ist der Gewalthaber oder der Vormund an der rechtzeitigen Stellung (z. B. durch schwere Krankheit) verhindert, so kann auch in einem solchen Falle ein Pfleger zur stellvertretenden Ausübung dieser Befugniß bestellt werden. Anders aber dürfte die Sache liegen, wenn der gesetzliche Vertreter weder rechtlich noch thatsächlich an der Wahrnehmung dieses Geschäftes verhindert ist, dessen ungeachtet aber den Antrag nicht stellen will. Es fragt sich alsdann, ob nach der objektiven Lage des Falles dieses Verhalten eine Pflichtwidrigkeit bedeutet. Muß dies bejaht werden, so liegt für das Vormundschaftsgericht dem Vormunde gegenüber ein Grund vor, gemäß § 1837 gegen ihn einzuschreiten. Bleibt auch dieses Mittel fruchtlos, so kann ihn das Vormundschaftsgericht entlassen (§ 1886) und einen neuen Vormund oder bei Dringlichkeit der Sache (§ 1909 Abs. 3) zur Stellung des Antrages einen Pfleger bestellen. Wird von dem elterlichen Gewalthaber die Antragstellung unterlassen, so wird unter Umständen hierin ebenfalls eine Vernachlässigung des Kindes (durch Nichtvertheidigung seiner Person) zu erblicken und demnach geeignetenfalls unter Anwendung des § 1666 Abs. 1 die Anordnung einer Pflegschaft Seitens der Vormundschaftsbehörde zulässig sein (vgl. auch die Entsch. des RG. in Strafs. Bd. 24 S. 372, 377, wo in einem solchen Falle die Bestellung eines Pflegers zur Stellung des Antrages auf Grund des § 90 der Pr. VO. für statthaft erachtet wird).

Auch wenn der Vater (oder die Mutter) als Inhaber der elterlichen Gewalt das Recht des Kindes auf Gewährung des Unterhaltes (§ 1666 Abs. 2) oder die mit der Vermögensverwaltung oder der Nutznießung verbundenen Pflichten verletzt, oder wenn er in Vermögensverfall geräth (§ 1667), kann die Einleitung einer Pflegschaft geboten sein. Vgl. im Uebrigen auch die §§ 1630 Abs. 2 Satz 2, 1639 Abs. 1 Satz 2, 1647, 1665, 1669, 1670.

In dem Falle des § 1669 (Auseinandersetzung des zu neuer Ehe schreitenden Vaters mit seinen Kindern) ist zu beachten, daß die Vertretungsmacht des Pflegers als Vertreters der minderjährigen Kinder sich nur auf das Auseinandersetzungsverfahren und lediglich auf das Verhältniß der Kinder zu ihrem Vater bezieht. Eine Vertretung der Kinder gegenüber dritten Personen, welche nicht bei diesem Verfahren betheiligt sind, kommt dem Pfleger nicht zu. Mit der Beendigung der Auseinandersetzung erlischt daher auch die zu diesem Behufe angeordnete Pflegschaft (§ 1918 Abs. 3), und der Vater erlangt wiederum seine ganze Vertretungsmacht als elterlicher Gewalthaber zurück. Tritt nach dieser Zeit ein abermaliger Widerstreit der Interessen zwischen ihm und den minderjährigen Kindern ein, der die Anordnung einer Pflegschaft nöthig macht (§ 1909 Abs. 1), so bedarf es der Bestellung eines neuen Pflegers. Derselbe kann selbstverständlich seiner Person nach mit dem früheren Theilungspfleger identisch sein. Vgl. auch Entsch. des vorm. Pr. Obertrib. Bd. 24 S. 147 und Joh. Bd. 2 S. 58 und Bd. 6 S. 41).

Eine rechtliche Verhinderung des Vormundes, für den Mündel zu handeln, liegt insbesondere auch vor, wenn er nach § 181 oder nach § 1795 den Mündel nicht vertreten kann oder wenn wegen erheblicher Interessenkollision eine Entziehung der Vertretung nach Maßgabe des § 1796 erfolgt ist.

Daß in allen diesen Fällen nicht etwa der Gegenvormund an Stelle des verhinderten Vormundes eintreten kann, versteht sich von selbst.

Ist nicht der Vormund, sondern nur der Gegenvormund verhindert, so findet zur Vertretung des letzteren die Bestellung eines Pflegers nicht statt. Der § 1909 Abs. 1 Satz 1 spricht nur von einer Verhinderung des Gewalthabers oder des Vormundes. Aus der Bestimmung des § 1792 Abs. 4 läßt sich für eine gegentheilige Meinung nichts herleiten, und wo das Gesetz die abgesehen von der Berufung und Bestellung für den Vormund geltenden Vorschriften auch auf den Gegenvormund angewendet wissen will, bringt es dies regelmäßig zum Ausdruck (vgl. z. B. § 1833 Abs. 1 Satz 2, § 1836 Abs. 1 Satz 2, § 1837 Abs. 1 und Abs. 2 Satz 1, 1839 u. s. w., namentlich aber § 1895). Im Uebrigen ist aber auch ein praktisches Bedürfniß zu einer Vertretung des Gegenvormundes durch einen Pfleger um so weniger vorhanden, als in den meisten Fällen das Vormundschaftsgericht durch seine eigene Genehmigung die fehlende Genehmigung des Gegenvormundes ersetzen kann (§§ 1810, 1812).

3. Er erhält insbesondere einen Pfleger zur Verwaltung des Vermögens — Die Bestellung eines Pflegers ist in den in Abs. 1 Satz 2 bezeichneten Fällen, welche (wie schon das Wörtchen „insbesondere" anzeigt) nur Beispiele zu der Regel des Abs. 1 Satz 1 sind, geboten. Ob die hier geordneten Bedingungen vorliegen, beurtheilt das Vormundschaftsgericht. Lehnt dasselbe ohne ausreichenden Grund die Anordnung der Pflegschaft ab, so steht, unbeschadet der Vorschriften des § 20 des G. fr. G., nach § 57 Nr. 3 daselbst Jedem, der ein rechtliches Interesse an der Aenderung der Verfügung hat, sowie auch dem Ehegatten und den Verwandten und Verschwägerten des Pflegebefohlenen hiergegen das Rechtsmittel der Beschwerde zu.

4. — das er von Todeswegen erwirbt oder das ihm unter Lebenden von einem Dritten zugewendet wird — Der § 1638 bestimmt:

„Das Recht und die Pflicht, für das Vermögen des Kindes zu sorgen (Vermögensverwaltung), erstreckt sich nicht auf das Vermögen, welches das Kind von Todeswegen erwirbt oder welches ihm unter Lebenden von einem Dritten unentgeltlich zugewendet wird, wenn der Erblasser durch letztwillige Verfügung, der Dritte bei der Zuwendung bestimmt hat, daß der Erwerb der Verwaltung des Vaters entzogen sein soll.

Was das Kind auf Grund eines zu einem solchen Vermögen gehörenden Rechtes oder als Ersatz für die Zerstörung, Beschädigung oder Entziehung eines zu dem Vermögen gehörenden Gegenstandes oder durch ein Rechtsgeschäft erwirbt, das sich auf das Vermögen bezieht, ist gleichfalls der Verwaltung des Vaters entzogen."

Erwerb von Todeswegen ist Alles, was Jemand durch Erbfolge oder als Vermächtniß oder als Pflichttheil erwirbt (§ 1369). Auch ein nasciturus kann von Todeswegen erwerben (§ 1923 Abs. 2).

Die unter Lebenden geschehene Zuwendung muß Seitens des Dritten unentgeltlich erfolgt sein. Es gelten also für sie die Regeln der Schenkung. Zuwendungen unter Lebenden, denen ein oneroses Geschäft zu Grunde liegt, zufolge dessen sie als Gegenleistungen aufzufassen sind, gehören also nicht hierher. Wird durch die Zuwendung schenkweise nur erst versprochen, so bedarf sie zu ihrer Gültigkeit der gerichtlichen oder notariellen Beurkundung (§§ 516, 518).

5. — wenn der Erblasser durch letztwillige Verfügung, der Dritte bei der Zuwendung bestimmt hat, daß dem Gewalthaber oder dem Vormund die Verwaltung nicht zustehen soll. Das Verwaltungsverbot muß also von dem Erblasser entweder in einem Testament oder durch einseitige Anordnung in einem Erbvertrage (§ 2278, § 2299), von dem Dritten aber bei der Zuwendung, also in Verbindung mit dieser oder im unmittelbaren Anschluß an dieselbe, bestimmt worden sein. Ueber die Form, welche in dem letzteren Falle für die Bestimmung zu beobachten ist, enthält das Gesetz keine besondere Vorschrift. Dieselbe richtet sich somit nach den allgemeinen Regeln.

6. Die Vormundschaftsbehörde hat auf Grund des ihm dargebotenen Materials zu prüfen, ob nach § 1909 Abs. 1 die Voraussetzungen für die Einleitung einer Pflegschaft vorliegen, und im Bejahungsfalle von Amtswegen die Einleitung zu verfügen (§§ 1774, 1915). Die Vorschriften über die Berufung zur Vormundschaft finden für diese Fälle keine Anwendung (§ 1916). Indessen können nach § 1917 der Erblasser und bzw. der zuwendende Dritte durch letztwillige Verfügung und bzw. bei der Zuwendung den Pfleger benennen.

Ist über die Verwaltung des betreffenden Vermögens von dem Erblasser oder dem Dritten nichts Besonderes bestimmt worden, so gebührt dieselbe, übereinstimmend mit der sonstigen Regel, dem elterlichen Gewalthaber oder bzw. dem Vormund, und eine Pflegschaft findet alsdann nicht statt.

7. Bis ein Pfleger in den Fällen des § 1909 Abs. 1 Satz 1 von dem Vormundschaftsgerichte bestellt worden ist, bleibt die allgemeine Verwaltungspflicht des Vormundes auch in Ansehung desjenigen Mündelvermögens, dessen Verwaltung ihm hiernach entzogen ist, bestehen. Die in § 1638 enthaltene Vorschrift, wonach dem elterlichen Gewalthaber in diesem Falle während der Zwischenzeit selbst nicht einstweilig die Fürsorge für das dem Kinde von Todeswegen angefallene oder durch Freigebigkeit eines Dritten zugewendete Vermögen obliegt, ist in das Vormundschaftsrecht im Hinblick auf §§ 1794, 1909 nicht aufgenommen. Der Gesetzgeber geht hierbei nach den Motiven davon aus, „daß es in den Fällen der hier fraglichen Art regelmäßig mehr im Interesse liegt und auch der Intention des Dritten mehr entspreche, wenn die Fürsorgepflicht des Vormundes in Ansehung der zugewendeten Gegenstände erst mit der Bestellung des Pflegers wegfalle, da der Ausschluß des Vormundes von der Vermögensverwaltung schon vor diesem Zeitpunkte unter Umständen mit großen Nachtheilen verbunden sein könne". Ein von der Verwaltung ausgeschlossener Elterntheil werde, von dem Interesse des Kindes geleitet, sich weit eher dazu verstehen, bei Gefahr im Verzuge als Geschäftsführer

ohne Auftrag der Verwaltung des betreffenden Vermögens sich zu unterziehen als der dem Mündel ferner stehende Vormund.

Abs. 2.

8. Tritt das Bedürfniß einer Pflegschaft ein, so hat der Gewalthaber oder der Vormund dem Vormundschaftsgerichte unverzüglich Anzeige zu machen. Da das Vormundschaftsgericht in den Fällen des Abs. 1 die Pflegschaft von Amtswegen einzuleiten hat, so bedarf dasselbe Organe, welche gesetzlich verpflichtet sind, ihm von dem Vorhandensein solcher Umstände, die diese Einleitung nothwendig machen, Kenntniß zu geben. Wenngleich schon die dem elterlichen Gewalthaber und dem Vormunde obliegende allgemeine Fürsorge eine Anzeigepflicht in dieser Richtung begründen würde, so ist es doch bei der praktischen Wichtigkeit der Angelegenheit rathsam erschienen, dies im Gesetze auch noch besonders zum Ausdruck zu bringen. Da der Gewalthaber und der Vormund den Umfang ihrer Verwaltungsmacht und diejenigen Bedingungen kennen müssen, deren Eintritt sie an der Ausübung dieser Macht rechtlich hindert, so werden sie auch regelmäßig im Stande sein, zu ermessen, wann die Voraussetzung für den Eintritt einer nach § 1909 Abs. 1 anzuordnenden Pflegschaft gegeben ist. Abgesehen von den thatsächlichen Hinderungsgründen, wie Krankheit, Abwesenheit, kommen für den elterlichen Gewalthaber namentlich die §§ 181, 1638, für den Vormund aber die §§ 181, 1795 in Betracht. Dagegen ist, wie die Motive bemerken, die unbedingte Ausdehnung der Anzeigepflicht auf den speziellen Fall, wenn eine Angelegenheit zu erledigen ist, bezüglich welcher nach den Vorschriften des § 1630 Abs. 2 und des § 1796 dem Inhaber der elterlichen Gewalt und dem Vormunde die Vertretungsmacht entzogen werden kann, im Hinblick auf die demselben nach den allgemeinen Bestimmungen (§§ 1627, 1793, 1833) obliegende Fürsorgepflicht als entbehrlich, überdies, hingesehen auf die durch eine solche Ausdehnung der Anzeigepflicht begründete Verantwortlichkeit, als bedenklich erachtet.

Die Zeitbestimmung „unverzüglich" bedeutet auch hier „ohne schuldhaftes Zögern" (§ 121).

Vormünder und Gewalthaber, welche aus Vorsatz oder Fahrlässigkeit die nach Abs. 2 ihnen obliegende Anzeigepflicht unterlassen, machen sich dem Mündel und bzw. dem Kinde ersatzpflichtig.

9. Neben den Vorgenannten hat übrigens nach § 1850, sowie auch nach § 49 des G. fr. G. der Gemeindewaisenrath die Pflicht zur Anzeige.

Wird die Anordnung einer Pflegschaft in Folge eines gerichtlichen Verfahrens erforderlich, so hat außerdem auch das Gericht das zuständige Vormundschaftsgericht hiervon zu benachrichtigen.

Abs. 3.

10. Die Pflegschaft ist auch dann anzuordnen — Der Abs. 3 enthält einen selbständigen Grund zur Anordnung einer Pflegschaft. Die Pflegschaft „ist" anzuordnen, d. h. sie muß angeordnet werden. Selbstverständliche Voraussetzung für eine Anordnung dieser Art ist jedoch, ebenso wie bei der Anordnung gemäß Abs. 1, daß es sich um eine für den Pflegebefohlenen zu besorgende Angelegenheit handelt, welche keinen Aufschub duldet. Die Anordnung geschieht auch hier von Amtswegen (§§ 1915, 1774).

11. — wenn die Voraussetzungen für die Anordnung einer Vormundschaft vorliegen, ein Vormund aber noch nicht bestellt ist. Es wird hierdurch der Fall vorgesehen, daß der Bestellung des Vormundes noch irgend welche nicht sofort zu beseitigende Hindernisse entgegenstehen, während das Interesse des Mündels die Ausübung einer alsbaldigen Fürsorge für ihn erheischt. Die Bestellung des Pflegers wird im Hinblick auf die Bestimmung in § 1916 regelmäßig schneller geschehen können als diejenige des Vormundes.

Ob die Voraussetzungen für die Anordnung einer Vormundschaft objektiv, wie die Anwendung des Abs. 3 erfordert, wirklich vorliegen, entscheidet sich nach §§ 1773, 1896 und 1906. Da die Entmündigung eines noch nicht bevormundeten Großjährigen wegen Geisteskrankheit mit der Bestellung des Vormundes überhaupt erst in Wirksamkeit tritt (§ 661 Abs. 1 der CPO.), so scheidet dieser Fall für die Anwendung des § 1909 Abs. 3 allerdings aus. Wohl aber bleibt es dem Vormundschaftsgerichte bei den drei anderen Formen der Entmündigung (wegen Geistesschwäche, Verschwendung und Trunksucht), wo dieselbe bereits mit der Zustellung des Beschlusses an den Entmündigten wirksam wird (§ 661 Abs. 2, § 683 Abs. 2 der CPO.), unbenommen, in den dazu geeigneten Fällen über den Entmündigten zuvörderst erst eine Pflegschaft einzuleiten. Eben dieselbe Befugniß muß aber mit Rücksicht auf den Wortlaut des § 1909 Abs. 3 dem Vormundschaftsgerichte für den Fall zugestanden werden, wenn die Entmündigung noch nicht erfolgt, sondern erst beantragt, im Uebrigen aber die Voraussetzung für die Anordnung einer vorläufigen Vormundschaft aus § 1906 (vgl. Anm. 5 daselbst) gegeben ist. Ob alsdann anstatt der vorläufigen Vormundschaft eine vorläufige Pflegschaft anzuordnen ist, wird im Hinblick auf die begrifflichen Unterschiede beider Institute davon abhängen, ob es um eine durchgreifende vorläufige Fürsorge für den zu Entmündigenden oder allein um die Wahrnehmung einzelner besonders dringlicher Geschäfte für ihn sich handelt. Wird wegen des Vorliegens der letzteren Alternative gemäß § 1909 Abs. 3 nur ein Pfleger bestellt, so entsteht die Frage, ob dieser Umstand alsdann ebenso wie die Anordnung einer vorläufigen Vormundschaft für den Pflegebefohlenen die Folge des § 114, Beschränkung der Geschäftsfähigkeit, nach sich zieht. Die Motive (S. 1266, 1267) bejahen dies, und bei der wesentlichen Gleichheit aller Voraussetzungen, welche in dem einen wie in dem anderen Falle für die Person des unter Vormundschaft oder Pflegschaft zu nehmenden Schutzbedürftigen bestehen, wird dieser Meinung beizutreten sein.

§ 1910.

Ein Volljähriger, der nicht unter Vormundschaft steht, kann einen Pfleger für seine Person und sein Vermögen erhalten, wenn er in Folge körperlicher Gebrechen, insbesondere weil er taub, blind oder stumm ist, seine Angelegenheiten nicht zu besorgen vermag.

Vermag ein Volljähriger, der nicht unter Vormundschaft steht, in Folge geistiger oder körperlicher Gebrechen einzelne seiner Angelegenheiten oder einen bestimmten Kreis seiner Angelegenheiten, insbesondere seine Vermögensangelegenheiten, nicht zu besorgen, so kann er für diese Angelegenheiten einen Pfleger erhalten.

Die Pflegschaft darf nur mit Einwilligung des Gebrechlichen angeordnet werden, es sei denn, daß eine Verständigung mit ihm nicht möglich ist.

Entw. I § 1739; Entw. II § 1787; Reichst.-Vorl. § 1886; Mot. IV zu § 1739 S. 1256; Komm. Prot. S. 6527, 6528, 8688, 8689.

1. Der § 1910 bezweckt eine Ergänzung der Vorschriften der §§ 1896 und 1906 bis 1908, welche namentlich deshalb nothwendig ist, weil das BGB. eine dem § 90 der Pr. VO. entsprechende allgemeine Klausel über die Zulässigkeit der Anordnung einer Pflegschaft nicht aufgenommen hat.

Der Abs. 1 hat den Fall im Auge, wo der nicht unter Vormundschaft stehende Volljährige wegen körperlicher Gebrechen seine Angelegenheiten überhaupt nicht zu besorgen vermag, so daß er sowohl rücksichtlich seiner Person als in Betreff seines Vermögens der Fürsorge bedarf. Stehen nur einzelne Angelegenheiten oder ein bestimmter Kreis von Angelegenheiten, z. B. ausschließlich persönliche oder ausschließlich Angelegenheiten des Vermögens, in Frage, so greift Abs. 2 Platz. Die Pflegschaft aus Abs. 1 kann nur wegen körperlicher, die Pflegschaft aus Abs. 2 sowohl wegen körperlicher als auch wegen geistiger Gebrechen angeordnet werden. In beiden Fällen (Abs. 1 und Abs. 2) darf aber die Anordnung nur mit Einwilligung des Gebrechlichen geschehen, es sei denn, daß eine Verständigung mit ihm nicht möglich ist (Abs. 3).

Von der Vormundschaft unterscheidet sich auch in dem Falle des Abs. 1 die Pflegschaft aus § 1910 ungeachtet der Bestimmung in § 1915 Abs. 1 immer noch dadurch, daß der Pflegebefohlene im Hinblick auf seine unvermindert bleibende Geschäftsfähigkeit dadurch nicht gehindert wird, mit rechtlicher Wirkung neben dem Pfleger zu handeln. Dem Bedenken, daß der gemäß § 1910 bestellte Pfleger in Folge dessen nur die Stellung eines von Staatswegen bestellten Spezialbevollmächtigten hat, wird nach den Motiven ein erhebliches Gewicht nicht beigelegt, „weil einerseits ein Pfleger immer nur für einzelne Angelegenheiten oder für einen bestimmten Kreis von Angelegenheiten bestellt wird, andererseits ein störendes Eingreifen des Pflegebefohlenen in die Verwaltung des Pflegers mit Rücksicht darauf nicht zu besorgen ist, daß die Anordnung der Pflegschaft nur mit Einwilligung des Gebrechlichen erfolgen soll, es sei denn, daß eine Verständigung mit demselben nicht möglich ist". Der erste der hier geltend gemachten Gründe schlägt allerdings bei der jetzigen Fassung des Gesetzes nicht mehr durch, da die Beschränkung des § 1739 des ersten Entwurfs, der nur die Besorgung von Vermögensangelegenheiten nach Maßgabe des Bedürfnisses im Auge hatte, in § 1910, insbesondere in Abs. 1 desselben, nicht aufrecht erhalten ist.

Für die Prozeßführung des Pflegers gilt übrigens gegenwärtig hier wie überall nach § 53 der CPO. der Grundsatz, daß auch der prozeßfähige Pflegebefohlene, der in einem Rechtsstreite durch seinen Pfleger vertreten wird, für diesen Rechtsstreit einer nicht prozeßfähigen Person gleichsteht.

Abs. 1.

2. Ein Volljähriger, der nicht unter Vormundschaft steht — In Betracht kommen also nur Volljährige, die nicht entmündigt sind (§ 1896), und die auch nicht, weil ein Entmündigungsverfahren gegen sie schwebt, unter vorläufiger Vormundschaft (§ 1906) stehen.

3. — kann einen Pfleger für seine Person und sein Vermögen erhalten — Die Anordnung der Pflegschaft ist nur zulässig und hängt von der pflichtmäßigen Beurtheilung des konkreten Falles nach vorgängiger Sachuntersuchung durch die Vormundschaftsbehörde ab. Die Pflegschaft aus Abs. 1 umfaßt die Fürsorge für die Person und das Vermögen des Pflegebefohlenen, so daß sie

in thatsächlicher Beziehung einer Vormundschaft sehr nahe kommt (vgl. jedoch wegen des rechtlichen Unterschiedes Anm. 1 Abs. 3).

4. — wenn er in Folge körperlicher Gebrechen, insbesondere weil er taub, blind oder stumm ist, seine Angelegenheiten nicht zu besorgen vermag — Die Taubheit, Blindheit und Stummheit sind also nach dem BGB., abweichend von § 81 Nr. 3 der Pr. VO., nicht die einzigen körperlichen Gebrechen, welche berücksichtigt werden. Voraussetzung ist nur, daß das körperliche Gebrechen die Ursache der mangelnden Fähigkeit zur Besorgung seiner Angelegenheiten für den Gebrechlichen ist. Gebrechen, welche diese Besorgung in einem nicht erheblichen Maße bloß erschweren, wie z. B. mäßige Schwerhörigkeit, starkes Stottern, hochgradige Kurzsichtigkeit, der Verlust eines Armes oder Fußes, genügen nicht. Wohl aber können Verkrüppelung, Lähmung, Epilepsie, Verstümmelung und ähnliche körperliche Mängel, wenn sie in einem solchen Grade bestehen, daß dadurch die Fähigkeit zu freier Bewegung und ungetrübter Sinneswahrnehmung, deren der Regel nach Jeder zur Besorgung seiner bürgerlichen Geschäfte bedarf, aufgehoben oder beträchtlich gehindert wird, einen Grund zur Anordnung der Pflegschaft abgeben. Eben dasselbe wird auch in dem Falle gelten, wenn durch Gebrechen des hohen Alters diese Folge herbeigeführt wird. Die in dem Urtheile des RG. vom 8. Oktober 1885 (Entsch. in Civils. Bd. 14 S. 269) enthaltenen gegentheiligen Ausführungen beziehen sich nur auf die Vormundschaft aus § 81 Nr. 3 der Pr. VO. und können für die Pflegschaft aus § 1910 Abs. 1 keine Anwendung beanspruchen.

Daß die körperliche Unfähigkeit des Gebrechlichen eine dauernde ist, erfordert das Gesetz nicht, wenngleich sich von selbst versteht, daß sie nicht bloß eine ganz vorübergehende sein darf. Hört die Gebrechlichkeit auf, so ist nach § 1919 auch die Pflegschaft aufzuheben.

Rücksichtlich der Angelegenheiten, um deren Besorgung es für den Gebrechlichen sich handelt, unterscheidet das Gesetz nicht, ob sie bloß thatsächlicher oder rechtlicher Natur sind. Es weicht also in dieser Beziehung ab von § 81 Nr. 3 der Pr. VO.

Die zufolge der letzteren Vorschrift in Preußen bestehenden Vormundschaften über großjährige taube, stumme oder blinde Personen gelten seit dem 1. Januar 1900 als Pflegschaften im Sinne des § 1910 Abs. 1 (Art. 210 Abs. 1 des EG.).

Abs. 2.

5. — in Folge geistiger oder körperlicher Gebrechen — Der Abs. 1 gedenkt nur körperlicher Gebrechen, wegen deren ein nicht unter Vormundschaft stehender Volljähriger seine persönlichen und Vermögens-Angelegenheiten überhaupt nicht zu besorgen vermag. In dem Abs. 2 dagegen ist von geistigen oder körperlichen Gebrechen die Rede, die den damit Behafteten hindern, einzelne oder einen bestimmten Kreis seiner Angelegenheiten (z. B. seine Vermögensangelegenheiten) wahrzunehmen.

Handelt es sich hierbei um geistige Gebrechen, und sind diese derartig, daß sie den Volljährigen an der Besorgung aller seiner Angelegenheiten hindern, so werden regelmäßig nach § 6 Nr. 1 die Bedingungen für eine Entmündigung vorliegen. Wird die Entmündigung trotzdem nicht beantragt und dadurch die Einleitung einer vorläufigen Vormundschaft (§ 1906), an deren Stelle nach erfolgter Entmündigung die definitive Vormundschaft zu treten hat (§ 1896), verhindert, so gewährt der § 1910 Abs. 2 kein Mittel, eine die sämmtlichen Angelegenheiten des Schutzbedürftigen umfassende Pflegschaft anzuordnen. Nur zur Besorgung gewisser einzelner Geschäfte oder eines bestimmten Geschäftskreises, also insbesondere auch zur Verwaltung seines Vermögens, kann ihm ein Pfleger alsdann bestellt werden.

War vor dem 1. Januar 1900 eine Vormundschaft wegen Geistesschwäche (z. B. auf Grund des § 81 Nr. 1 der Pr. VO.) eingeleitet, so gilt sie seitdem als eine nach § 1910 Abs. 2 für die Vermögensangelegenheiten des Geistesschwachen angeordnete Pflegschaft.

Abs. 3.

6. — nur mit Einwilligung des Gebrechlichen, es sei denn, daß eine Verständigung mit ihm nicht möglich ist. Die Anordnung der Pflegschaft von Amtswegen findet hiernach nur ausnahmsweise statt. Die Einwilligung des Gebrechlichen, an welche sie regelmäßig geknüpft ist, muß vor der Anordnung erfolgen (§ 183). Das Vormundschaftsgericht hat, um eine Nachprüfung der Gesetzmäßigkeit der Maßregel zu ermöglichen, aktenmäßig festzustellen, daß diese Zustimmung ertheilt, oder daß eine Verständigung mit dem Gebrechlichen zum Zwecke ihrer Erlangung auch nicht mit Hülfe Sachverständiger möglich gewesen ist. Mangelt es an der Einwilligung, obwohl eine Feststellung hierüber durch Befragung des Pflegebefohlenen geschehen konnte, so ist die Bestellung des Pflegers trotzdem wirksam, bis das Vormundschaftsgericht, sei es von Amtswegen, weil die nachträgliche Einwilligung verweigert wird, sei es auf Antrag (§ 1920), sei es im Wege der Beschwerde (§ 20 des G. fr. G.), die Pflegschaft wieder aufhebt. Ohne die Voraussetzungen des § 1910 Abs. 2 darf trotz Einverständnisses des Pflegebefohlenen eine Pflegschaft nicht eingeleitet werden, weil die freiwillige Stellung unter ein vormundschaftliches Verhältniß unzulässig ist (vgl. Entsch. des RG. in Civils. Bd. 4 S. 162).

7. Ist ein Ehemann auf Grund des § 1910 unter Pflegschaft gestellt, so kann nach § 1418 Nr. 4 die Ehefrau gegen ihn auf Aufhebung der Verwaltung und Nutznießung des Ehegutes klagen (vgl. auch § 1425 und § 1428 Abs. 2).

8. Durch die Vorschriften des § 1910 ist nunmehr auch das in den §§ 51 bis 55 Tit. 18 Th. II des Preußischen ALR. geordnete Institut der Beistandschaft für Gebrechliche endgültig in Wegfall gekommen.

9. Ob ein nach § 81 Nr. 3 der Pr. VO. bevormundeter Tauber, Stummer oder Blinder durch Einleitung der Vormundschaft seine Fähigkeit einbüßte, durch Rechtsgeschäfte Verbindlichkeiten einzugehen und Rechte aufzugeben, galt bisher als streitig. Das BGB. hat diese Frage für die Pflegschaft überhaupt jetzt dahin entschieden, daß die Anordnung einer solchen, abgesehen von der in § 53 der CPO. bestimmten Ausnahme (vgl. § 1910 Anm. 1), die Geschäftsfähigkeit des Pflegebefohlenen niemals aufhebt.

10. Auf die Zuständigkeit für die Pflegschaft über einen Gebrechlichen finden nach § 38 des G. fr. G. die Vorschriften des § 36 Abs. 1, 2 und des § 37 Abs. 2 a. a. O. entsprechende Anwendung.

11. Gegen die Verfügung des Vormundschaftsgerichts, durch welche der Antrag auf Anordnung einer Gebrechlichkeitspflegschaft abgelehnt oder eine solche Pflegschaft aufgehoben wird, hat außer dem Antragsteller und demjenigen, dessen Recht durch die Verfügung beeinträchtigt ist (§ 20 des G. fr. G.), das Beschwerderecht Jeder, der ein rechtliches Interesse an der Aenderung der Verfügung hat;

ist eine Verständigung mit dem Pflegebefohlenen nicht möglich, so steht in einem solchen Falle auch seinem Ehegatten und seinen Verwandten und Verschwägerten die Beschwerde zu (§ 57 Nr. 3 a. a. O.).

§ 1911.

Ein abwesender Volljähriger, dessen Aufenthalt unbekannt ist, erhält für seine Vermögensangelegenheiten, soweit sie der Fürsorge bedürfen, einen Abwesenheitspfleger. Ein solcher Pfleger ist ihm insbesondere auch dann zu bestellen, wenn er durch Ertheilung eines Auftrags oder einer Vollmacht Fürsorge getroffen hat, aber Umstände eingetreten sind, die zum Widerrufe des Auftrags oder der Vollmacht Anlaß geben.

Das Gleiche gilt von einem Abwesenden, dessen Aufenthalt bekannt, der aber an der Rückkehr und der Besorgung seiner Vermögensangelegenheiten verhindert ist.

Entw. I § 1740; Entw. II § 1788; Reichst.-Vorl. § 1887; Mot. IV zu § 1740 S. 1256 bis 1262; Komm. Prot. S. 6528, 6529.

---

1. „Im Anschlusse an die neuere Gesetzgebung", erklären die Motive, „behandelt auch das BGB. die Abwesenheitskuratel nicht als Realkuratel, sondern nach Analogie der Altersvormundschaft (vgl. §§ 1915, 1897) als eine Personalkuratel in Ansehung der der vormundschaftlichen Fürsorge bedürfenden Vermögensangelegenheiten des Abwesenden. Durch die Realkuratel des Röm. und gemeinen Rechtes wird einerseits dem Bedürfnisse nicht genügt, andererseits ein äußerst schwieriges und ein wirthschaftlich unpraktisches Verhältniß begründet, welches zu den größten Zweifeln über den Umfang der dem Kurator zustehenden Befugnisse Veranlassung gibt. ... Wie in den übrigen Fällen einer Pflegschaft wird auch im Falle der Abwesenheitspflegschaft durch die letztere die Geschäftsfähigkeit des Abwesenden nicht berührt. Der Abwesenheitspfleger hat mithin die Stellung eines dem Abwesenden von Staatswegen bestellten Bevollmächtigten. Dies entspricht auch dem gemeinen Rechte und den neueren Gesetzen (vgl. Siebenhaar, Kommentar zum sächs. Gesetzb. § 1990). Im Falle eines der Natur der Sache nach leicht vorkommenden Konfliktes zwischen Rechtshandlungen des Pflegers und des Abwesenden entscheiden die allgemeinen Grundsätze."

In denjenigen Rechtsgebieten, in denen die Abwesenheitskuratel bisher entsprechend den Grundsätzen der Altersvormundschaft geordnet war (vgl. §§ 82, 83 Abs. 3 der Pr. VO.; §§ 1990, 1998 des Sächs. Gesetzb.; §§ 91, 99 des Weimar. Ges. vom 27. März 1872; Art. 94, 99 des Bayr. Ges. vom 23. Februar 1879; § 3 der Oldenb. Verordnung vom 16. Februar 1844; §§ 100, 103 der Lübeck. Vorm.Ordnung; §§ 104, 110 der Brem. Vorm.Ordnung; §§ 78, 91 der Hamb. Vorm.Ordnung; Art. 112 des Code civil), bedarf es für die am 1. Januar 1900 bereits im Amte befindlichen Abwesenheitsvormünder einer neuen Verpflichtung als Abwesenheitspfleger nicht, da nach Art. 210 Abs. 2 Satz 1 des EG. die bisherigen Vormünder im Amte bleiben und die Abwesenheitsvormundschaft daher ohne Weiteres in eine Pflegschaft übergeht. Im Hinblick auf die veränderte Rechtslage wird ihnen jedoch eine neue Bestallung zu ertheilen sein (vgl. die Verfügung des Preuß. Justizministers vom 24. November 1898 Abs. 3, JMBl. 1898 S. 281).

Abs. 1.

2. Ein abwesender Volljähriger, dessen Aufenthalt unbekannt ist — Unter Abwesenheit versteht das BGB. nur die Abwesenheit vom Wohnsitz. Diese Abwesenheit muß jedoch eine besonders geartete sein, indem entweder der Aufenthalt des Abwesenden unbekannt (Abs. 1) oder derselbe an der Rückkehr und der Besorgung seiner Vermögensangelegenheiten verhindert sein muß (Abs. 3). Zuständig für die Abwesenheitsvormundschaft ist das Gericht, in dessen Bezirke der Abwesende seinen Wohnsitz hat (§ 39 Abs. 1 des G. fr. G.). Hat er im Inlande keinen Wohnsitz, so finden die Vorschriften des § 36 Abs. 2 und des § 37 Abs. 2 a. a. O. entsprechende Anwendung (§ 39 Abs. 2 a. a. O.).

Ueber den Begriff des Wohnsitzes und die Voraussetzungen für seine Begründung und Aufhebung verhalten sich die §§ 7 bis 11.

Die Anordnung einer Abwesenheitspflegschaft über minderjährige Abwesende kennt das Gesetz nicht, weil die väterliche Gewalt oder bzw. die Altersvormundschaft dieselbe ersetzt. Auch wenn der volljährige Abwesende aus einem anderen Grunde (z. B. als entmündigter Verschwender) bereits unter Vormundschaft steht, bleibt für die Einleitung der Abwesenheitsvormundschaft kein Raum.

Eine besondere Zeitdauer, während welcher keine Nachricht von dem Abwesenden eingegangen ist, erfordert das Gesetz nicht. Es entscheidet daher das Ermessen des Vormundschaftsgerichts.

3. — erhält für seine Vermögensangelegenheiten, soweit sie der Fürsorge bedürfen, einen Abwesenheitspfleger. Die Bestellung des Pflegers muß erfolgen, und zwar unabhängig von der Stellung eines Antrages. Es genügt, daß der Vormundschaftsbehörde die gesetzlichen Voraussetzungen für die Anordnung der Abwesenheitspflegschaft bekannt werden. Daß der Regel nach die Mittheilung einer anderen Behörde oder die Anzeige oder der Antrag eines betheiligten Dritten hierzu den Anstoß geben werden, ändert an diesem Grundsatze nichts.

Ist ein noch nicht unter Vormundschaft oder Pflegschaft stehender Großjähriger, bezüglich dessen die Voraussetzungen einer Abwesenheitspflegschaft vorliegen, an einem Erbauseinandersetzungsverfahren betheiligt, so kann ihm das Nachlaßgericht einen Pfleger bestellen. Während der Dauer der Auseinandersetzung tritt alsdann das Nachlaßgericht an die Stelle des Vormundschaftsgerichts (§ 88 des G. fr. G).

Die Abwesenheitspflegschaft bezweckt, wiewohl Personalkuratel, nur den Schutz der vermögensrechtlichen Interessen des Abwesenden. Ob diese Interessen einen vormundschaftlichen Schutz nöthig machen, und ob aus diesem Grunde die Anordnung einer Abwesenheitspflegschaft geboten ist, entscheidet nach vorgängiger Ermittlung das Vormundschaftsgericht. Das Vorhandensein eines solchen Bedürfnisses wird regelmäßig zu verneinen sein, wenn und soweit der Abwesende zur Besorgung seiner Vermögensangelegenheiten eine dritte anwesende Person beauftragt oder bevollmächtigt hat. Die Rücksicht auf das ausschließliche Interesse einer anderen Person als des Abwesenden selbst vermag die Anordnung der Pflegschaft selbst nicht zu rechtfertigen, und ein Antragsrecht in dieser Richtung besteht daher nicht. Trotzdem kann der Antrag eines dritten Betheiligten dem Gerichte selbstverständlich zum Anlaß werden, um auf Grund sich daran anschließender Erhebungen ein Bedürfniß zur Fürsorge auch für den Abwesenden selbst anzuerkennen und demgemäß die Bestellung eines Pflegers eintreten zu lassen.

Die vormundschaftliche Fürsorge auch auf die persönlichen Angelegenheiten des Abwesenden auszudehnen, ist nach dem Vorgange neuerer Partikularrechte und im Anschluß an das Gemeine Recht (vgl. jedoch Seuffert Arch. Bd. 42 S. 275) nicht für erforderlich erachtet. Mit Rücksicht hierauf ist die Abwesenheitskuratel von dem BGB. auch nicht als Vormundschaft im Sinne des zweiten Titels des dritten Abschnittes in Buch 4, sondern als Pflegschaft behandelt. Im Uebrigen aber ist der Abwesenheitspfleger zur vermögensrechtlichen Vertretung seines Pflegebefohlenen im Zweifel aktiv und passiv ganz allgemein legitimirt und somit auch zum Erbschaftserwerb sowie zur Führung von Rechtsstreitigkeiten über vermögensrechtliche Ansprüche des Abwesenden.

4. Ein solcher Pfleger ist ihm insbesondere auch dann zu bestellen — Ein solcher Pfleger; also ebenfalls nur ein Pfleger für die einer Fürsorge bedürfenden Vermögensangelegenheiten. Der Satz 1 des § 1911 Abs. 1 behandelt die allgemeine Regel; der Satz 2 hebt dem gegenüber einen bloßen Spezialfall als Bespiel („insbesondere") hervor, um außer Zweifel zu stellen, daß auch auf ihn jene Regel zutrifft.

5. — durch Ertheilung eines Auftrages oder einer Vollmacht — Hat der Abwesende einen Dritten allgemein zu seinem Vertreter bestellt, so liegt der Regel nach ein Bedürfniß für eine Pflegschaft aus § 1911 nicht vor. Ist jedoch nur ein Spezialbeauftragter oder Spezialbevollmächtigter vorhanden und wird alsdann neben diesem mit Rücksicht auf die sonstigen einer Fürsorge bedürfenden Vermögensangelegenheiten des Abwesenden diesem ein Pfleger bestellt, so ist nach den Motiven die Annahme gerechtfertigt, daß „der letztere im Zweifel die Stellung des allgemeinen Vertreters der Vermögensinteressen des Abwesenden hat, und daß, wenn der Auftrag oder die Vollmacht erlischt, der bis dahin durch dieselben eingeschränkte Wirkungskreis des Pflegers sich im Zweifel von selbst auf diejenigen Angelegenheiten erweitert, für welche bis dahin der Auftrag bzw. die Vollmacht bestand."

6. — Umstände eingetreten sind, die zum Widerrufe des Auftrages oder der Vollmacht Anlaß geben — Diese Umstände können rechtlicher oder thatsächlicher Natur sein. Selbstverständlich vermag auch der Eintritt von Umständen, die das Erlöschen des Auftrages oder der Vollmacht, wie z. B. der Tod des Beauftragten oder Bevollmächtigten, ohne Weiteres zur Folge haben, die Anordnung der Pflegschaft zu rechtfertigen. Wichtige Gründe, welche den Widerruf des Auftrages oder der Vollmacht zu veranlassen geeignet sind, können namentlich gefunden werden in schlechter Verwaltung, krimineller Verurtheilung, Entmündigung und ähnlichen die Person des Beauftragten oder Bevollmächtigten betreffenden Hindernissen. Insbesondere gehört auch der Fall hierher, wenn derselbe zur Besorgung der Angelegenheiten (etwa wegen schwerer anhaltender Krankheit oder wegen längerer eigener Abwesenheit) außer Stande ist (vgl. Sächs. Gesetzb. § 1991; Weimar. Gesetz vom 27. März 1872 § 93).

Ob dergleichen Umstände vorliegen, entscheidet das Vormundschaftsgericht, welches sich hierbei von Amtswegen auf den Standpunkt des abwesenden Auftrags- und Machtgebers zu stellen hat. Wird aus diesen Erwägungen ein Pfleger von ihm bestellt, so hat den Widerruf selbst dieser letztere, als der legitimirte gesetzliche Vertreter des Abwesenden, und nicht etwa das Vormundschaftsgericht zu erklären.

Abs. 2.

7. — von einem Abwesenden, dessen Aufenthalt bekannt, der aber an der Rückkehr und der Besorgung seiner Vermögensangelegenheiten verhindert ist. Während verschiedene Rechte (vgl. Code civil art. 112; Sächs. Gesetzb. § 1990; Lüb. Vorm.Ordnung §§ 98 bis 103; Brem. Vorm.Ordnung §§ 103 bis 110; Hamb. Vorm.Ordnung Art. 90 bis 94; Hess. Entw. Art. 27 bis 30) die Zulässigkeit der Abwesenheitspflegschaft auf die Fälle nachrichtloser Abwesenheit beschränken, läßt das BGB. im Anschluß an die Pr. VO. § 82 Abs. 1 und andere Partikularrechte die Anordnung einer Pflegschaft nach Maßgabe des § 1911 Abs. 1 auch unter der in Abs. 2 angegebenen Voraussetzung über einen Abwesenden zu, dessen Aufenthalt bekannt ist. Ein Bedürfniß hierzu kann nach den Motiven namentlich eintreten, wenn Jemand sich in entfernten Welttheilen aufhält, während ihm im Inlande Vermögen zufällt oder ein für das zurückgelassene Vermögen bestellter Bevollmächtigter stirbt; wenn Jemand in Kriegsgefangenschaft geräth oder sonst im Auslande gefangen gehalten wird; ausnahmsweise selbst dann, wenn er sich in einer deutschen Strafanstalt befindet und er nicht in der Lage sein sollte, einen Bevollmächtigten zu finden.

Zu beachten ist, daß der Abwesende, dessen Aufenthalt bekannt ist, einen Pfleger nur erhält, wenn er nicht bloß an der Rückkehr, sondern auch („und") an der Besorgung seiner Vermögensangelegenheiten verhindert ist. Das Vormundschaftsgericht hat also in jedem Einzelfalle zu prüfen, ob der Abwesende nicht etwa in der Lage ist, einen Bevollmächtigten zu bestellen oder die fragliche Verwaltung durch Schriftwechsel unmittelbar zu führen.

8. Stellt sich nachträglich heraus, daß der Abwesende zu derjenigen Zeit, als die Pflegschaft über ihn angeordnet wurde, bereits todt war, so ist dieser Umstand für die Vertretungsmacht des Pflegers und die auf Grund derselben vorgenommenen Rechtshandlungen ohne Einfluß. Es folgt dies aus den allgemeinen Grundsätzen über die formale Gültigkeit, welche einer einmal eingeleiteten Vormundschaft oder Pflegschaft bis zu ihrer Beendigung oder Aufhebung beiwohnt, und aus den Grundsätzen des § 1884 Abs. 1 und 2 und des § 1921 Abs. 1 und 2 (vgl. auch Entsch. des RG. in Civils. Bd. 12 S. 66 ff.). Ueber die rechtliche Konstruktion des in einem solchen Falle obwaltenden Verhältnisses und über die Frage, ob als der Vertreter hierbei der insoweit vermöge juristischer Fiktion noch als fortlebend zu betrachtende Abwesende selbst oder nach Analogie der Nachlaßpflegschaft (§ 1960) oder der Vorschriften über die Vollmacht (§§ 168, 674) als dessen Erbe zu gelten hat, trifft das Gesetz keine Entscheidung.

9. Zuständig ist für die Abwesenheitspflegschaft nach § 39 des G. fr. G. dasjenige Vormundschafsgericht, in dessen Bezirk der Abwesende seinen Wohnsitz hat. Besteht ein Wohnsitz für ihn im Inlande nicht, so finden nach Abs. 2 a. a. O. die Vorschriften des § 36 Abs. 2 und des § 37 Abs. 2 a. a. O. entsprechende Anwendung.

Einem bei einer Erbschaft betheiligten Abwesenden kann, wenn die Voraussetzungen der Abwesenheitspflegschaft vorliegen und eine Pflegschaft über ihn bei der Vormundschaftsbehörde nicht bereits anhängig ist, für das Auseinandersetzungsverfahren von dem Nachlaßgericht ein Nachlaßpfleger bestellt werden. An die Stelle des Vormundschaftsgerichts tritt für diese Pflegschaft das Nachlaßgericht (§§ 88, 75 des G. fr. G. und §§ 1960 bis 1962).

Das Nachlaßgericht hat demnach auch den Beschluß zu fassen, wenn gemäß § 1921 schon innerhalb des Auseinandersetzungsverfahrens die Nachlaßpflegschaft aufzuheben ist. Ist das Verfahren beendigt, so tritt wiederum die volle Zuständigkeit des Vormundschaftsgerichts ein.

10. Bezüglich des Rechtes der Ehefrau des Abwesenden, gegen den Pfleger auf Aufhebung der Verwaltung und Nutznießung des eingebrachten Gutes zu klagen, sowie den zur Bestreitung des Unterhalts erforderlichen Beitrag zu dem ehelichen Aufwand zur eigenen Verwendung zurückzubehalten, greifen die Bestimmungen des § 1418 Nr. 5 und des § 1428 Abs. 2 Platz.

11. Die öffentliche Bekanntmachung der Anordnung der Abwesenheitsvormundschaft schreibt das Gesetz nicht vor. Die besonderen Bestimmungen der §§ 332 bis 336, 480 der Strafprozeßordnung über die Einleitung einer Güterpflege für das beschlagnahmte Vermögen eines abwesenden Angeschuldigten bleiben gemäß Art. 32 des EG. auch ferner in Kraft (vgl. auch Entsch. des RG. in Civils. Bd. 11 S. 188). Der die Beschlagnahme verhängende Beschluß ist der für die Abwesenheitspflegschaft zuständigen Vormundschaftsbehörde mitzutheilen, welche alsdann die Güterpflege einzuleiten hat (§ 334 Abs. 2 der Strafprozeßordnung). Der bestellte Güterpfleger erscheint befugt, in den das beschlagnahmte Vermögen betreffenden Rechtsstreitigkeiten aktiv und passiv den Abwesenden zu vertreten (vgl. Entsch. des RG. in Civils. a. a. O. und das Urtheil des RG. vom 13. Mai 1889, Rassow Bd. 33 S. 1092).

§ 1912.

Eine Leibesfrucht erhält zur Wahrung ihrer künftigen Rechte, soweit diese einer Fürsorge bedürfen, einen Pfleger. Die Fürsorge steht jedoch dem Vater oder der Mutter zu, wenn das Kind, falls es bereits geboren wäre, unter elterlicher Gewalt stehen würde.

Entw. I § 1741; Entw. II § 1789; Reichst.-Vorl. § 1888; Mot. IV zu § 1741 S. 1262 bis 1264; Komm. Prot. S. 6529, 6530.

---

1. Eine Leibesfrucht — Nach § 1 des BGB. beginnt die Rechtsfähigkeit eines Menschen erst mit Vollendung seiner Geburt. Eine noch ungeborene Leibesfrucht ist demnach der Regel nach nicht rechtsfähig. Dieser Grundsatz hindert aber nicht, daß das Gesetz auch schon die künftigen, durch die Geburt erst zur wirklichen Entstehung gelangenden Rechte eines nasciturus, wo besondere Umstände deren Sicherung erheischen, unter vormundschaftlichen Schutz nimmt. Letzteres geschieht durch Anordnung der in § 1912 geregelten Pflegschaft.

2. — erhält zur Wahrung ihrer künftigen Rechte, soweit diese einer Fürsorge bedürfen, einen Pfleger. Ein Bedürfniß nach einem solchen Schutze tritt namentlich dann hervor, wenn eine zur Zeit des Erbfalles bereits empfangene, aber noch nicht geborene Person mit einem Vermächtnisse bedacht oder als Nacherbe eingesetzt ist, indem der § 1923 Abs. 2 bestimmt, daß, wer zur Zeit des Erbfalles noch nicht lebte, aber bereits erzeugt war, als vor dem Erbfalle geboren gilt. (Vgl. wegen anderer Fälle der Anwendung des § 1912 die §§ 2114, 2116 bis 2118, 2142 des BGB.) Ist der nasciturus unmittelbar erbberechtigt, so fällt im Hinblick auf §§ 1960 ff. der Grund für Einleitung einer Pflegschaft aus § 1912 zur Wahrung der eventuellen Erbansprüche fort, weil in einem solchen Falle für den noch unbekannten Erben eine Nachlaßpflegschaft anzuordnen ist.

Ob die Leibesfrucht ehelich oder unehelich erzeugt ist, erscheint für die Anwendung des § 1912 ohne Belang.

Wenn die Voraussetzungen des letzteren vorliegen, muß die Pflegschaft angeordnet werden, und zwar, sofern das Vormundschaftsgericht von dem Vorhandensein dieser Voraussetzungen Kenntniß erhält, von Amtswegen, also unabhängig von jedem Antrage.

Die künftigen Rechte, um deren Wahrung es sich bei dieser Pflegschaft handelt, müssen Rechte der Leibesfrucht sein. Der Unterhaltsanspruch der Schwangeren gehört demnach nicht hierher.

Ob die fraglichen Rechte einer Fürsorge bedürfen, entscheidet auf Grund pflichtmäßiger Prüfung das Vormundschaftsgericht.

3. — wenn das Kind, falls es bereits geboren wäre, unter elterlicher Gewalt stehen würde. Der Satz 2 des § 1912 bringt zum Ausdruck, daß ein Bedürfniß zur Anordnung der Pflegschaft für eine Leibesfrucht in jedem Falle nur dann vorliegt, wenn für dieselbe unter der Voraussetzung ihrer bereits erfolgten Geburt eine Altersvormundschaft gemäß § 1773 oder eine Pflegschaft gemäß § 1909 Abs. 1 einzuleiten wäre. Es wird hierbei davon ausgegangen, daß in der elterlichen Gewalt die Schutzpflicht auch in Ansehung des nasciturus enthalten ist.

4. Die Pflegschaft ist auch hier, wie nach dem BGB., abgesehen von dem Falle des § 1914, überall, Personalkuratel und der Pfleger sonach innerhalb des ihm zugewiesenen, in seiner Bestallung auszudrückenden Wirkungskreises mit Vertretungsmacht für den Pflegebefohlenen ausgestattet.

5. Da nach § 1915 für die Pflegschaft aus § 1912 auch die Vorschriften über die Berufung der Vormünder entsprechende Anwendung finden, so sind bei der Bestellung des Pflegers die §§ 1776, 1777 Abs. 2, 1778 zu beachten. Das Vormundschaftsgericht hat demnach zu prüfen, ob ein Vormund und wer als solcher für die Leibesfrucht berufen sein würde, wenn das Kind zur Zeit der Pflegschaftsanordnung bereits geboren wäre.

6. Zuständig für die Pflegschaft ist dasjenige Amtsgericht, welches für die Vormundschaft zuständig sein würde, falls zu der Zeit, wo das Bedürfniß der Fürsorge hervortritt, die Geburt des Kindes bereits stattgefunden hätte (§ 40 des G. fr. G.).

§ 1913.

Ist unbekannt oder ungewiß, wer bei einer Angelegenheit der Betheiligte ist, so kann dem Betheiligten für diese Angelegenheit, soweit eine Fürsorge erforderlich ist, ein Pfleger bestellt werden. Insbesondere kann einem Nacherben, der noch nicht erzeugt ist oder dessen Persönlichkeit erst durch ein künftiges Ereigniß bestimmt wird, für die Zeit bis zum Eintritte der Nacherbfolge ein Pfleger bestellt werden.

Entw. I §§ 1742, 1827; Entw. II § 1790; Reichst.-Vorl. § 1889; Mot. IV zu § 1742 S. 1265, 1266, V zu § 1827 S. 112 bis 114; Komm. Prot. S. 6530, 6825.

---

1. Der § 1913 enthält seiner Bedeutung nach eine Ausdehnung des der Nachlaßpflegschaft für die unbekannten Erben (§ 1960) zu Grunde liegenden Gedankens auf andere Angelegenheiten. Eine solche Verallgemeinerung erschien um so mehr geboten, als das BGB. eine dem § 90 der Preuß. VO. entsprechende Generalklausel nicht aufgenommen hat.

2. Ist unbekannt oder ungewiß, wer bei einer Angelegenheit der Betheiligte ist — Als Betheiligte im Sinne des § 1913 können insbesondere auch noch nicht empfangene Fideikommiß- oder Lehnanwärter oder ein zur Zeit des Erbfalles noch nicht empfangener Vermächtnißnehmer oder Nacherbe in Betracht kommen. Auch wenn die Person des Vermächtnißnehmers oder Nacherben erst durch ein bei Eintritt des Erbfalles noch nicht eingetretenes Ereigniß bestimmt werden wird (§ 2178), erscheint unter Umständen der § 1913 anwendbar (§ 1913 Satz 2). Vgl. für das frühere Preuß. Recht und den Umfang der Anwendbarkeit des § 90 insbesondere Joh. Bd. 1 Nr. 28, Bd. 2 Nr. 18, Bd. 4 Nr. 41; Rassow Bd. 32 S. 971, Bd. 36 S. 1005 und Preuß. JMBl. 1890 S. 234.

Der Begriff der „Angelegenheit" ist hier nicht auf Rechtsangelegenheiten beschränkt. Auch unbekannte Betheiligte, die keiner Vertretung zur Wahrnehmung von Rechtsgeschäften bedürfen, können zur Wahrnehmung ihres Interesses bei einer nur thatsächlichen Angelegenheit, z. B. als Hülfsbedürftige bei Ueberschwemmungen oder anderen größeren Unglücksfällen, einer vormundschaftlichen Fürsorge bedürfen. Die Motive erachten hierbei als selbstverständlich, daß, wenn das Gesetz einer Behörde eine auf unbekannte Betheiligte sich beziehende Angelegenheit zur eigenen Erledigung überweist, die betreffende Behörde die Erledigung nicht auf einen Pfleger übertragen kann.

Im Uebrigen ist jedoch auch im Falle des § 1913 die Stellung des Pflegers grundsätzlich die eines gesetzlichen Vertreters der Person des Pflegebefohlenen nach Maßgabe der für die Vormundschaft geltenden Vorschriften (§ 1915).

3. — so kann den Betheiligten für diese Angelegenheit, soweit eine Fürsorge erforderlich ist, ein Pfleger bestellt werden. Die Bestellung kann erfolgen; ob sie zu erfolgen hat, hängt also auch hier, wie in den Fällen des § 1910, von dem verständigen Ermessen des Vormundschaftsgerichts ab. Voraussetzung dabei ist stets, wie auch nach §§ 1910, 1911, 1912, daß eine Fürsorge erforderlich ist. Aber auch dann wird es in dem Einzelfall immer noch darauf ankommen, ob die Fürsorge eine Angelegenheit betrifft, welche wichtig genug ist, um sie durch einen Pfleger betreiben zu lassen. Ist das Interesse, welches der unbekannte oder noch nicht sicher bekannte Betheiligte daran hat, von keiner Erheblichkeit, so wird die Bestellung des Pflegers regelmäßig unterbleiben können. Erbanfälle kommen als Angelegenheit im Sinne des § 1913 nicht in Betracht, da für diese in den entsprechenden Fällen gemäß §§ 1960 bis 1962 eine Nachlaßpflegschaft anzuordnen ist, für welche das Nachlaßgericht zuständig ist (vgl. auch §§ 74, 75 des G. fr. G.).

4. Wenn das Gesetz in dem Falle des § 1913, abweichend von § 1003 Tit. 18 Th. II des Preuß. allgem. Landrechts, dem Pfleger nicht ausdrücklich gebietet, seine Fürsorge auch darauf zu richten, den oder die unbekannten Betheiligten zu ermitteln, so ist Letzteres nur deshalb nicht geschehen, weil die Pflicht hierzu, soweit eine Ermittlung nach den Umständen erforderlich ist, ohne Weiteres selbstverständlich erscheint. In sehr vielen Fällen würde der Hauptzweck der Pflegschaft ohne eine solche Ermittelung überhaupt verfehlt werden.

5. — einem Nacherben — Der Begriff des Nacherben ergibt sich aus § 2100. Man versteht darunter einen Erben, der erst Erbe wird, nachdem zunächst ein Anderer Erbe geworden ist. Die Einsetzung als Nacherbe enthält im

Zweifel auch die Einsetzung als Ersatzerbe (§ 2102). Ein Ersatzerbe aber ist ein solcher Erbe, den der Erblasser für den Fall eingesetzt hat, daß ein Erbe vor oder nach dem Eintritte des Erbfalles wegfällt (§ 2096). Wird durch das Verhalten des Vorerben oder durch seine ungünstige Vermögenslage die Besorgniß einer erheblichen Verletzung der Rechte des Nacherben begründet, so kann Seitens des Pflegers Sicherheit verlangt werden (§ 2128).

6. Der unbekannte oder noch nicht sicher bekannte Betheiligte im Sinne des § 1913 wird übrigens unter Umständen eine juristische Person sein können, obgleich die Motive dieser Möglichkeit nicht weiter Erwähnung thun.

7. Für die Anordnung der Pflegschaft aus § 1913 ist das Gericht zuständig, in dessen Bezirke das Bedürfniß der Fürsorge hervortritt (§ 41 des G. fr. G.).

§ 1914.

Ist durch öffentliche Sammlung Vermögen für einen vorübergehenden Zweck zusammengebracht worden, so kann zum Zwecke der Verwaltung und Verwendung des Vermögens ein Pfleger bestellt werden, wenn die zu der Verwaltung und Verwendung berufenen Personen weggefallen sind.

Reichst.-Vorl. § 1890; Komm. Prot. § 8690 bis 8693; Reichst.-Komm.-Ber. S. 175, 176; Reichst. Sitz. Prot. S. 3005, 3095.

---

1. Die Pflegschaft aus § 1914 stellt sich, abweichend von dem im Titel 3 bei allen übrigen Pflegschaften festgehaltenen Grundsatze, als eine Realkuratel, also als bloße Güterpflege dar. Die Bestimmung war in dem Entw. I und Entw. II noch nicht enthalten; sie ist erst durch die Reichstagsvorlage auf Beschluß der zweiten Gesetzgebungskommission in das Gesetz gekommen. Der Pr. VO. war diese Pflegschaft ebenso wie den übrigen Partikulargesetzgebungen unbekannt. Der Frage nach der Natur des Rechtsverhältnisses, welches durch die Sammlungen Seitens des Komité begründet wird (vgl. Regelsberger, Pandekten I § 87 III, Gierke, Deutsches Privatrecht, Bd. I § 80 Anm. 43), wird, wie das Kommissionsprotokoll bemerkt, durch die Aufnahme der Vorschrift nicht präjudizirt.

2. Ist durch öffentliche Sammlung Vermögen für einen weitergehenden Zweck zusammengebracht worden — Die Voraussetzung für Anordnung der Pflegschaft ist also zunächst, daß ein öffentlich gesammeltes Vermögen, das der Verwaltung bedarf, bereits vorhanden ist. Eine Sammlung ist öffentlich, wenn sie sich an einen nicht geschlossenen Kreis von Gebern wendet. Als Sammler erscheint hierbei der Regel nach eine Mehrheit von Personen (Komité, Ausschuß). Gelder oder sonstige Gegenstände, welche nicht öffentlich (privatim), z. B. innerhalb eines geselligen Vereines, zu einem (wenn auch öffentlichen) vorübergehenden Zweck gesammelt werden, bilden kein Vermögen im Sinne des § 1914 und sind von den Betheiligten bzw. deren Beauftragten und Rechtsnachfolgern bis zur stattgehabten Verwendung selbständig zu verwalten. Eine Einwirkung der Vormundschaftsbehörde findet dabei nicht statt.

Der Zweck der Sammlung muß ferner nach § 1914 ein vorübergehender sein, z. B. die Unterstützung Abgebrannter, die Pflege Verwundeter, die Errichtung eines Denkmals, der Bau eines Theaters. Ist der Zweck ein dauernder, so wird sich derselbe der Regel nach nur durch Errichtung einer Stiftung oder Gründung eines Vereines verwirklichen lassen, für welche alsdann die gesetzlich vorgeschriebenen Formen (§§ 80 bis 88, §§ 21 ff.) Platz greifen.

3. — so kann zum Zwecke der Verwaltung und Verwendung ein Pfleger bestellt werden, wenn die zu der Verwaltung und Verwendung berufenen Personen weggefallen sind. Ob zur Einleitung der Pflegschaft, welche erfolgen kann, aber nicht muß, bei dem Vorhandensein der in § 1914 bezeichneten Bedingungen ein ausreichender Anlaß gegeben ist, beurtheilt in jedem Einzelfalle das Vormundschaftsgericht. Im Uebrigen kann die Anordnung Seitens des letzteren ebensowohl von Amtswegen wie auf Antrag geschehen.

Die von dem Pfleger zu übende Fürsorge betrifft den Sammlungszweck, zu dessen Erreichung es in erster Linie der Verwaltung und demnächst der Verwendung des dafür zusammengebrachten Vermögens bedarf. Das Interesse bestimmter Personen braucht dabei nicht nothwendig zu konkurriren.

Eine weitere Voraussetzung für die Pflegschaft aus § 1914 ist, daß keine Personen mehr vorhanden sind, die nach dem Willen der Geber das Verwaltungs- und Verwendungsrecht rücksichtlich des gesammelten Vermögens haben. Kommt in dieser Beziehung eine Personenmehrheit in Betracht, so wird das Vormundschaftsgericht daher zu prüfen haben, ob bei dem Wegfalle eines oder einiger dieser Berufenen die danach Uebrigbleibenden die Befugniß zur Verwaltung und Verwendung kraft ihres Rechtstitels auch noch allein ausüben können (vgl. Joh. Bd. 15 S. 78). Der Wegfall des Erstberufenen kann erfolgt sein durch Verzicht, Tod, Eintritt von Geschäftsunfähigkeit und ähnliche Umstände. Eine Pflichtverletzung ist nach dem Reichstags-Kommissionsbericht (S. 164) hierzu nicht für genügend erachtet. Es soll durch den § 1914 nur erreicht werden, daß, wenn die bisherige Verwaltung aufhört, das Vormundschaftsgericht einzugreifen befugt ist, damit hieraus etwa entstehende privatrechtliche Schwierigkeiten vermieden und eine weitere zweckmäßige Fürsorge durch ein geeignetes Organ sicher gestellt wird.

4. Zuständig für Anordnung einer Pflegschaft aus § 1914 ist nach § 42 des G. fr. G. das Gericht des Ortes, an welchem bisher die Verwaltung geführt wurde.

§ 1915.

Auf die Pflegschaft finden die für die Vormundschaft geltenden Vorschriften entsprechende Anwendung, soweit sich nicht aus dem Gesetz ein Anderes ergiebt.

Die Bestellung eines Gegenvormundes ist nicht erforderlich.

Entw. I §§ 1743, 1746; Entw. II §§ 1791, 1794; Reichst.-Vorl. § 1891; Mot. IV zu § 1743 S. 1266, 1267, zu § 1746 S. 1269, 1270; Komm. Prot. S. 6530, 6531.

Abs. 1.

1. Auf die Pflegschaft — Der Begriff der Pflegschaft umfaßt hier alle Arten derselben, mithin ebensowohl die Pflegschaft über Minderjährige wie diejenige über Volljährige, auch die Pflegschaften aus §§ 1912 und 1913 und die Realpflegschaft aus § 1914. Da bei der letzteren die Person eines Pflegebefohlenen überhaupt nicht in Betracht kommt, so erscheint in Ansehung ihrer der Kreis derjenigen

Vorschriften, welche entsprechend angewendet werden können, von vornherein viel beschränkter als bei den übrigen Pflegschaften. Im Uebrigen rechtfertigt sich der in § 1915 Abs. 1 aufgestellte Grundsatz durch die Erwägung, daß auch die Pflegschaft ihrem Wesen nach Vormundschaft ist. Wo bei der Vormundschaft im engeren technischen Sinne von dem Gesetze unterschieden wird, je nachdem sie über eine minderjährige oder über eine volljährige Person angeordnet ist, wird dieser nämliche Unterschied auch bei der entsprechenden Anwendung der vormundschaftlichen Normen für die Pflegschaft zu beachten sein.

2. — die für die Vormundschaft geltenden Vorschriften — Diese Vorschriften sind rücksichtlich der Vormundschaft über Minderjährige im Titel I, rücksichtlich der Vormundschaften über Volljährige im Titel II enthalten. Nicht zu übersehen ist in dieser Hinsicht, daß nach § 1897 auf die Vormundschaft über Volljährige grundsätzlich und nur vorbehaltlich der in Titel II bestimmten Ausnahmen die für die Altersvormundschaft geltenden Bestimmungen ebenfalls Anwendung leiden. Steht das Alter des Pflegebefohlenen nicht fest, so dürfte, wie die Motive meinen, auch ein praktisches Bedürfniß zur Unterscheidung der etwa verschiedenen Normen nicht leicht hervortreten.

3. — entsprechende Anwendung — In welchem Umfange hiernach vorbehaltlich der in Titel III bestimmten Einschränkungen die Anwendung stattfindet, ergibt eine Vergleichung der fraglichen Rechtsverhältnisse. Insbesondere ist gemäß § 1774 auch die Pflegschaft, wie die Vormundschaft, von Amtswegen einzuleiten, wenn auch im Falle des § 1910 mit der in Abs. 3 daselbst bestimmten Maßgabe.

Die in § 1849 angeordnete Vorschlagspflicht des Gemeindewaisenraths besteht auch für Pflegschaften. Derselbe hat nach § 49 des G. fr. G. von jedem Pflegschaftsfall, der zu seiner Kenntniß gelangt, dem Vormundschaftsgerichte Anzeige zu machen, wobei er zugleich die zum Pfleger geeignete Person vorschlagen soll.

Zu beachten ist auch hier, daß die Einleitung der Pflegschaft über einen Großjährigen eine Minderung seiner Geschäftsfähigkeit nicht zur Folge hat (vgl. § 1910 Anm. 9). Seine eigenen, selbständig vorgenommenen Rechtshandlungen sind daher, sofern er nicht aus einem besonderen anderen Grunde geschäftsunfähig oder in der Geschäftsfähigkeit beschränkt ist, nach wie vor rechtswirksam. Er bedarf daher zu dem Abschluß derselben auch keiner Genehmigung des Gegenvormundes oder des vormundschaftlichen Gerichts.

Wird auf Grund des § 1909 Abs. 3 anstatt einer vorläufigen Vormundschaft (§ 1906) eine vorläufige Pflegschaft angeordnet, so folgt aus § 1915 Abs. 1, daß in einem solchen Falle auch der § 114 entsprechend zur Anwendung kommen muß. Pflegebefohlene dieser Art, also solche, gegen welche die Entmündigung beantragt worden ist, sind demnach ausnahmsweise in der Geschäftsfähigkeit gleich den Minderjährigen über sieben Jahre beschränkt (vgl. § 1909 Anm. 11 a. E.).

Auch die Bildung eines Familienrathes muß bei einer Pflegschaft nach § 1915 Abs. 1 für zulässig erachtet werden. Rücksichtlich der Pflegschaften über Minderjährige findet dabei für die Einsetzung auch der § 1858, bei den Pflegschaften über Volljährige dagegen nur der § 1859 Abs. 1 entsprechende Anwendung. Hierbei versteht sich zufolge der Motive (S. 1267) von selbst, daß, wenn auf Grund letztwilliger Verfügung des Vaters oder der Mutter ein Familienrath eingesetzt ist, die Pflichten und Rechte des letzteren sich auch auf eine während der Vormundschaft über das Kind etwa erforderliche Pflegschaft erstrecken.

Selbstverständlich kann dem Pfleger, entsprechend der Vorschrift in § 1836, auch ein Honorar bewilligt werden (vgl. Joh. Bd. 16 S. 49).

4. — soweit sich nicht aus dem Gesetz ein Anderes ergibt. Die hier in Bezug genommenen Abweichungen ergeben sich aus § 1915 Abs. 2 und den §§ 1916 bis 1921. Die letzteren beziehen sich ausschließlich auf die Berufung (§ 1916, § 1917 Abs. 1), die Anordnung von Befreiungen (§ 1917 Abs. 2 und 3) und die Beendigung und Aufhebung der Pflegschaft (§§ 1918 bis 1921). Im Uebrigen gilt also Alles, was das Gesetz in Ansehung des Vormundes bestimmt, entsprechend auch von dem Pfleger.

5. Eine Pflegschaft über einen Ausländer kann im Inlande, sofern der Staat, dem er angehört, die Fürsorge nicht übernimmt, angeordnet werden, wenn der Ausländer nach den Gesetzen dieses Staates der Fürsorge bedarf (Art. 23 Abs. 1 des EG.). Zum Zwecke der Sicherung der Person oder des Vermögens kann das Deutsche Vormundschaftsgericht in einem solchen Falle an Stelle des erst noch zu bestellenden Pflegers (z. B. wegen Unterbringung des Pflegebefohlenen in eine Krankenanstalt, wegen der Verwahrung von Werthpapieren oder Kostbarkeiten) auch vorläufige Maßregeln treffen (Abs. 2 a. a. O.). Die Voraussetzungen für die Anordnung einer Pflegschaft richten sich im Uebrigen auch hier nach den inländischen Gesetzen.

6. Es versteht sich von selbst, daß dem Pfleger in entsprechender Anwendung des § 1791 auch eine Bestallung zu ertheilen ist. Im Hinblick auf die Verschiedenartigkeit der Anlässe, aus denen eine Pflegschaft angeordnet werden kann, muß das Vormundschaftsgericht darauf Bedacht nehmen, den Zweck der Pflegschaft und bzw. die einzelne Angelegenheit oder den Kreis der Angelegenheiten, für welche die Bestellung des Pflegers erfolgt ist, in der Bestallungsurkunde klar und so bestimmt als möglich zu bezeichnen, weil ohne eine solche Bezeichnung die Legitimationsführung des Pflegers nicht selten erschwert wird (vgl. auch Joh. Bd. 16 S. 88).

Abs. 2.

7. Die Bestellung eines Gegenvormundes ist nicht erforderlich. Der Name Gegenvormund ist auch hier für die Pflegschaft beibehalten. Aus dem Umstande, daß hiernach in allen Fällen die Bestellung eines Gegenvormundes unterbleiben darf, ist nicht zu folgern, daß das Vormundschaftsgericht, auch wo besondere Umstände dies rathsam erscheinen lassen, die Bestellung eines Pflegers zu unterlassen hat.

Wird der Pfleger neben einem Vormund bestellt (§ 1909 Abs. 1 und 2), so ist der für die Vormundschaft etwa vorhandene Gegenvormund nicht ohne Weiteres auch Gegenvormund für die Pflegschaft. Erachtet das Vormundschaftsgericht in diesem Falle die Mitwirkung eines Gegenvormundes auch neben dem Pfleger für zweckmäßig, so muß die Bestellung besonders erfolgen. Ob das Vormundschaftsgericht zu diesem Behufe den für die Vormundschaft schon vorhandenen Gegenvormund als solchen auch für die Pflegschaft verpflichten oder einen anderen Gegenvormund neben dem Pfleger bestellen will, hängt der Regel nach von seinem Ermessen ab. Ist ein Gegenvormund für die Pflegschaft berufen (§§ 1776, 1792 Abs. 4), so muß, wenn das Vormundschaftsgericht die Bestellung eines Gegenvormundes überhaupt beschließt, der Berufene nach Maßgabe des § 1778 zunächst berücksichtigt werden.

8. Hat der Vater oder die Mutter die Bestellung eines Gegenvormundes ausgeschlossen (§ 1852 Abs. 1, § 1855), so darf dieselbe auch neben dem Pfleger des Mündels in dem Falle des § 1909 Abs. 1 Satz 1 nicht erfolgen, es müßte denn sein, daß das Vormundschaftsgericht die elterliche Anordnung wegen Gefährdung des Mündelinteresses außer Kraft setzt (§ 1857). Ist für die in § 1909 Abs. 1 Satz 2 vorgesehene Pflegschaft ein Pfleger benannt (§ 1917 Abs. 1), so gilt von der Ausschließung der Gegenvormundschaft durch den Erblasser oder den Dritten nach § 1917 Abs. 2 dasselbe.

9. Ist von dem Vormundschaftsgericht neben dem Pfleger ein Gegenvormund bestellt worden, so hat dieser die nämlichen Befugnisse und Obliegenheiten wie ein neben dem Vormund bestellter Gegenvormund.

§ 1916.

Für die nach § 1909 anzuordnende Pflegschaft gelten die Vorschriften über die Berufung zur Vormundschaft nicht.

Entw. I § 1744; Entw. II § 1792 Abs. 1; Reichst.-Vorl. § 1882; Mot. IV zu § 1744 S. 1267, 1268; Komm. Prot. S. 6530.

---

1. Für die nach § 1909 anzuordnende Pflegschaft — Auf die übrigen Pflegschaften (§§ 1910 bis 1914) bezieht sich also die Ausnahmevorschrift des § 1916 nicht. In Ansehung ihrer finden demnach übereinstimmund mit den Grundsätzen der Pr. VO. (§ 82, § 83 Abs. 3, § 91 Abs. 1) auch die Vorschriften über die Berufung „entsprechend", d. h. soweit etwa vorhandene gleichartige Beziehungen dies zulassen, Anwendung. Für die Fälle des § 1913 wird eine solche Anwendung aus thatsächlichen Gründen regelmäßig, für diejenigen des § 1914 der Natur der Sache nach überhaupt ausgeschlossen sein. Was dagegen die Pflegschaft aus § 1909 (über Personen, die unter elterlicher Gewalt oder Vormundschaft stehen) betrifft, so wird, wie die Motive (S. 1267, 1268) erklären, in vielen Fällen die Sache so liegen, „daß es im Interesse des Mündels angemessener ist, den Pfleger gerade nicht aus dem Kreise der nächsten Angehörigen des Mündels zu wählen, weil wegen der verwandtschaftlichen Beziehungen der letzteren zu dem im Amte befindlichen Vormunde Befangenheit derselben und Mangel an Energie gegenüber dem Vormunde zum Nachtheile des Mündels zu besorgen ist".

2. — gelten die Vorschriften über die Berufung zur Vormundschaft nicht. Die §§ 1776 und 1899 greifen somit für die Pflegschaften aus § 1909 nicht Platz, und die in denselben bezeichneten Personen dürfen von dem Vormundschaftsgerichte bei der Bestellung der Pfleger hier übergangen werden.

Der § 1778 Abs. 3 und der § 1900 enthalten keine Vorschriften über die Berufung zur Vormundschaft und werden mithin von der Ausnahmebestimmung des § 1916 nicht betroffen.

§ 1917.

Wird die Anordnung einer Pflegschaft nach § 1909 Abs. 1 Satz 2 erforderlich, so ist als Pfleger berufen, wer als solcher von dem Erblasser durch letztwillige Verfügung, von dem Dritten bei der Zuwendung benannt worden ist; die Vorschriften des § 1778 finden entsprechende Anwendung.

Für den benannten Pfleger kann der Erblasser durch letztwillige

Verfügung, der Dritte bei der Zuwendung die in den §§ 1852 bis 1854 bezeichneten Befreiungen anordnen. Das Vormundschaftsgericht kann die Anordnungen außer Kraft setzen, wenn sie das Interesse des Pflegebefohlenen gefährden.

Zu einer Abweichung von den Anordnungen des Dritten ist, solange er lebt, seine Zustimmung erforderlich und genügend. Die Zustimmung des Dritten kann durch das Vormundschaftsgericht ersetzt werden, wenn der Dritte zur Abgabe einer Erklärung dauernd außer Stande oder sein Aufenthalt dauernd unbekannt ist.

Entw. I § 1745; Entw. II § 1792 Abs. 2, § 1793; Reichst.-Vorl. § 1893; Mot. IV zu § 1745 S. 1268, 1269.

Abs. 1.

1. Die Bestimmung des Abs. 1 bildet eine Ergänzung zu § 1638 und § 1909 Abs. 1 Satz 2.

2. — so ist als Pfleger berufen — Der als Pfleger Berufene darf ohne seine Zustimmung nur unter denselben Voraussetzungen übergangen werden wie der nach § 1778 zur Vormundschaft Berufene.

3. — von dem Erblasser durch letztwillige Verfügung — d. i. entweder durch Testament oder durch einseitige Anordnung in einem Erbvertrag (vgl. § 1777 Anm. 7).

4. — von dem Dritten bei der Zuwendung — Eine bei der Zuwendung erfolgende Benennung ist eine solche, welche mit demjenigen Rechtsgeschäft, durch welches die Zuwendung geschieht, verbunden oder unmittelbar an sie angeschlossen wird (vgl. Anm. 4 und 5 zu § 1909).

5. Die Vorschriften des § 1778 finden entsprechende Anwendung. In dieser Beziehung genügt es, auf Anm. 1 bis 11 zu § 1778 zu verweisen. Das dort über den Vormund Gesagte gilt hiernach auch für den nach § 1909 Abs. 1 Satz 2 bestellten Pfleger.

Abs. 2.

6. Für den benannten Pfleger — d. i. für den von dem Erblasser durch letztwillige Verfügung oder für den von dem Dritten bei der Zuwendung benannten Pfleger.

7. — die in den §§ 1852 bis 1854 bezeichneten Befreiungen anordnen. Der § 87 Abs. 2 der Pr. VO. gestattete in diesen Fällen nur die Befreiung von der Rechnungslegung während der Dauer der Pflegschaft, von der Sicherheitsstellung und von der Nothwendigkeit der Genehmigung des Gegenvormundes und des Vormundschaftsgerichts zu gewissen Handlungen. Während nun der § 1917 Abs. 2 in Verbindung mit § 1853 hierüber hinaus auch noch die Befreiung des Pflegers von der Pflicht zur Hinterlegung von Inhaber- und Orderpapieren sowie von dem Zwang zur Eintragung des im § 1816 bezeichneten, die Verfügung des Pflegers einschränkenden Vermerkes in das Reichs- oder das Staatsschuldbuch zuläßt, findet auf der anderen Seite eine Befreiung von der Sicherheitsleistung und von der Nothwendigkeit der Genehmigung des Vormundschaftsgerichts auf Grund des § 1917 nicht statt.

8. Das Vormundschaftsgericht kann die Anordnungen außer Kraft setzen, wenn sie das Interesse des Pflegebefohlenen gefährden. Eine ganz analoge Vorschrift für die Vormundschaft enthält, abgesehen von der in § 1917 Abs. 3 bestimmten Beschränkung, der § 1857. Es genügt, wie dort, das Vorliegen einer Schadensgefahr, ohne daß bereits ein Schade eingetreten zu sein braucht (vgl. § 1857 Anm. 2 und § 1803 Anm. 8). Die Außerkraftsetzung durch das Vormundschaftsgericht kann in Bezug auf alle angeordneten Befreiungen oder auch nur in Betreff eines Theiles derselben erfolgen.

Abs. 3.

9. Die Vorschrift in Abs. 3 entspricht dem § 1803 Abs. 3.

10. Zu einer Abweichung von den Anordnungen des Dritten — Die hier gemeinten „Anordnungen" sind, wie ohne Weiteres klar ist, nicht identisch mit den in Abs. 2 Satz 2 erwähnten, die sich auf die Befreiungen des Pflegers beziehen. Es handelt sich in Abs. 3 vielmehr um solche Anordnungen des Dritten, durch welche dieser die Verfügungs- und Verwaltungsbefugnisse des Pflegers in bestimmten Richtungen eingeschränkt und gebunden hat.

11. — ist, so lange er lebt, seine Zustimmung erforderlich und genügend. Der Pfleger darf also bei Lebzeiten des Zuwenders ohne dessen Zustimmung von den durch diesen für die Pflegschaft aufgestellten Verwaltungsnormen überhaupt nicht abweichen, indem er sich andernfalls der Beschwerde Seitens des Dritten aussetzt und dem Pflegebefohlenen verantwortlich macht. Wird ihm diese Zustimmung aber ertheilt, so bedarf er zu der bewilligten Abweichung nicht auch noch einer Genehmigung des Vormundschaftsgerichts. Durch den Zusatz „und genügend" wird Letzteres noch ausdrücklich klar gestellt.

12. — kann durch das Vormundschaftsgericht ersetzt werden, wenn der Dritte zur Abgabe einer Erklärung dauernd außer Stande oder sein Aufenthalt dauernd unbekannt ist. Ueber die Bedeutung dieser Bestimmung ist Anm. 10 zu § 1803 Abs. 3 Satz 2 zu vergleichen, dessen Wortlaut mit § 1917 Abs. 3 Satz 2 völlig übereinstimmt. Der Pr. VO. war eine solche Außerkraftsetzung durch das Vormundschaftsgericht unbekannt.

§ 1918.

Die Pflegschaft für eine unter elterlicher Gewalt oder unter Vormundschaft stehende Person endigt mit der Beendigung der elterlichen Gewalt oder der Vormundschaft.

Die Pflegschaft für eine Leibesfrucht endigt mit der Geburt des Kindes.

Die Pflegschaft zur Besorgung einer einzelnen Angelegenheit endigt mit deren Erledigung.

Entw. I § 1748 Abs. 2 Satz 1 Nr. 1, 2, 5, 6; Entw. II § 1795; Reichst.-Vorl. § 1894; Mot. IV zu § 1748 S. 1271, 1272, 1274; Komm. Prot. S. 6533, 6535, 6536.

---

1. Während die Pr. VO., wenigstens zufolge des Wortlautes in § 91 Abs. 2, die Pflegschaft ohne Weiteres und von Rechtswegen aufhören läßt, „wenn der Grund zu ihrer Einleitung gehoben ist", hat das BGB. aus Zweckmäßigkeitsgründen diese Regel dahin verändert, daß die Pflegschaft erst durch ihre Aufhebung beendigt wird, diese Aufhebung aber erfolgen soll, wenn der Grund zu der Anordnung der Pflegschaft weggefallen ist. „Bei der Beurtheilung dieser letzteren Frage", bemerken die Motive, „handelt es sich oft um so zweifelhafte Verhältnisse, daß eine ganz bestimmte, allgemein maßgebende Entscheidung, in welchem Zeitpunkte das Amt des Pflegers als erloschen anzusehen ist, nicht entbehrt werden kann. Diese Entscheidung muß aber naturgemäß dem Vormundschaftsgericht zufallen. Es liegt darin auch keine Unbilligkeit gegen den Pflegebefohlenen, insbesondere keine Verkümmerung des Rechtsweges; vielmehr ist es durch die Natur der Dinge begründet, daß derjenige, welchem der Staat durch die Vormundschaftsbehörden Schutz gewährt, dadurch bis zu einem gewissen Grade von den Entscheidungen jener Behörden abhängig wird. Mit Rücksicht auf die thatsächliche Verschiedenheit der einzelnen Pflegschaften reicht jedoch die Aufstellung der bezeichneten Regel nicht aus; vielmehr bedarf es daneben einer Reihe besonderer, den konkreten Verhältnissen Rechnung tragender Bestimmungen".

Der § 1918 bezeichnet nun diejenigen Fälle, in denen die Pflegschaft, abweichend von dem Grundsatze des BGB., in Folge besonderer Erwägungen schon kraft Gesetzes ihr Ende erreicht. Das Vormundschaftsgericht hat jedoch auch bei diesen Beendigungsarten insofern noch eine Mitthätigkeit zu entwickeln, als es im Hinblick auf § 1915, in Verbindung mit §§ 1890 bis 1892, 1893 Abs. 2, für die Abnahme der Schlußrechnung und die Rückgabe der Bestallung Sorge zu tragen hat.

Abs. 1.

2. — endigt mit der Beendigung der elterlichen Gewalt oder der Vormundschaft. Der in Abs. 1 ausgesprochene Grundsatz erscheint selbstverständlich, da der Grund der Pflegschaft über eine unter elterlicher Gewalt oder unter Vormundschaft stehende Person darauf beruht, daß diese eines elterlichen oder vormundschaftlichen Schutzes noch bedarf, ein solcher ihr aber aus gewissen thatsächlichen oder rechtlichen Gründen (§ 1909 Abs. 1) nicht zu theil werden kann. Die Pflegschaft stellt sich also hier nur, wie die Motive sich ausdrücken, als ein „Surrogat und Annex" dieses Schutzverhältnisses dar, und eine Folge hiervon ist, daß mit der Beendigung dieses letzteren und dem damit verbundenen Wegfall eines Schutzbedürfnisses sowohl für den Minderjährigen als für den bevormundeten Volljährigen auch die nur als Ersatz gedachte Pflegschaft ohne Weiteres gegenstandslos wird. Abgesehen von den Fällen des § 1909 Abs. 1, tritt auch für die Pflegschaft über den Minderjährigen oder bevormundeten Volljährigen, sofern dieselbe nicht nur die Besorgung einer einzelnen Angelegenheit betrifft (§ 1918 Abs. 3), wiederum die Regel des § 1919 ein.

Abs. 2.

3. Die Pflegschaft für eine Leibesfrucht endigt mit der Geburt des Kindes. Diese an sich wohl ebenfalls selbstverständliche Vorschrift ist nach dem Vorgange einiger Partikulargesetzgebungen nur zur Vermeidung von Zweifeln aufgenommen worden. Der Geburt eines lebenden Kindes, die zur Folge hat, daß das Kind entweder unter elterliche Gewalt oder unter Vormundschaft gelangt, steht als Ursache der Beendigung der Pflegschaft die Geburt eines todten Kindes gleich. Wenn keine Geburt eintritt, greift für die Beendigung der Pflegschaft die Regel des § 1919 Platz. Das Vormundschaftsgericht hat daher auch in dem Falle der Fehlgeburt oder des Todes der Schwangern nach vorgängiger Konstatirung dieses Beendigungsgrundes die Pflegschaft durch Beschluß aufzuheben. In gleicher Weise ist zu verfahren, wenn sich herausstellt, daß eine Schwangerschaft nur irrthümlich angenommen worden war.

Abs. 3.

4. — zur Besorgung einer einzelnen Angelegenheit — Ist die Pflegschaft zur Besorgung mehrerer einzelner Angelegenheiten oder eines ganzen

Kreises von Angelegenheiten angeordnet, so endigt sie selbstverständlich erst dann, wenn alle Angelegenheiten erledigt sind.

5. — endigt mit deren Erledigung. Den Zeitpunkt dieser Erledigung hat das Vormundschaftsgericht, um seinerseits Kenntniß von der Beendigung der Pflegschaft zu erlangen, auf geeignete Weise zu kontroliren und hierauf das Erforderliche wegen der etwa nöthig werdenden Einreichung der Schlußrechnung und der Rückgabe der Bestallung zu veranlassen. Einer besonderen Aufhebung der Pflegschaft durch Gerichtsbeschluß bedarf es jedoch auch in diesem Falle nicht.

Aus dem in Abs. 3 ausgesprochenen Grundsatz folgt unter Anderem auch, daß die Pflegschaft für eine Auseinandersetzung zwischen dem Vater und seinen minderjährigen Kindern wegen des seiner Verwaltung unterliegenden Vermögens (§ 1669) seine Endschaft erreicht, sobald der Auseinandersetzungsvertrag abgeschlossen und von dem Vormundschaftsgerichte genehmigt worden ist (vgl. Joh. Bd. 1 S. 50, Bd. 2 S. 58, Bd. 4 S. 88, Bd. 14 S. 84).

Ob die von dem Pfleger zu besorgende Angelegenheit für erledigt anzunehmen ist, entscheidet im Zweifel das Vormundschaftsgericht.

6. Ist gemäß § 1909 Abs. 3 die Pflegschaft nur als eine vorläufige angeordnet (vgl. Anm. 10 und 11 daselbst), so fragt es sich, ob es dabei nur um die Besorgung einzelner Angelegenheiten oder um eine durchgreifende Fürsorge und Vertretung des Pflegebefohlenen sich handelt. Ersteren Falles endet gemäß § 1918 Abs. 3 mit der Erledigung der Angelegenheit auch die Pflegschaft; letzteren Falles erfolgt die Beendigung auf Grund des § 1919 erst durch die Beschlußfassung des Vormundschaftsgerichts.

7. Einen allgemeinen, ohne alles Weitere wirksamen Aufhebungsgrund der Pflegschaft bildet ebenso wie bei der Vormundschaft, abgesehen von dem Falle des § 1921 Abs. 2, der Tod des Pflegebefohlenen (vgl. Anm. 2 Abs. 3 und 4 zu § 1919).

§ 1919.

Die Pflegschaft ist von dem Vormundschaftsgericht aufzuheben, wenn der Grund für die Anordnung der Pflegschaft weggefallen ist.

Entw. I § 1748 Abs. 2 Satz 1, 2; Entw. II § 1796; Reichst.-Vorl. § 1895; Mot. IV zu § 1748 S. 1271, 1272; Komm. Prot. S. 6533.

---

1. Die Pflegschaft ist von dem Vormundschaftsgerichte aufzuheben — Dem Vormundschaftsgericht erwächst hiernach die Pflicht, in dem Falle des § 1919 die Aufhebung zu beschließen und diese Verfügung, gegen welche nach § 20 und § 57 Nr. 3 des G. fr. G. die einfache Beschwerde stattfindet, gemäß § 16 a. a. O. dem Pfleger bekannt zu machen. Das Beschwerderecht aus § 57 Nr. 3 a. a. O. fällt zufolge der darin enthaltenen Ausnahmebestimmung bei der Aufhebung der Pflegschaft über einen Gebrechlichen (§ 1910) fort, wenn eine Verständigung mit dem Pflegebefohlenen möglich ist. In diesem Falle bleibt demnach nur die Beschwerde aus § 20 a. a. O. übrig, und es wird daher vorausgesetzt, daß durch die Aufhebungsverfügung ein Recht des Beschwerdeführers beeinträchtigt ist. Der Grund dieser Ausnahmevorschrift ist offenbar der, daß die Anordnung der Pflegschaft über einen Gebrechlichen, mit welchem eine Verständigung möglich ist, ohne dessen Zustimmung überhaupt nicht erfolgen darf.

2. — wenn der Grund für die Anordnung der Pflegschaft weggefallen ist. Ob diese Voraussetzung zutrifft, entscheidet das Vormundschaftsgericht, also in letzter Instanz das Oberlandesgericht oder bzw. das Reichsgericht (§ 28 des G. fr. G.). Für das Kgr. Preußen ist auf Grund des § 199 a. a. O. durch Art. 7 und 8 des Preuß. Ges. üb. d. freiw. Gerichtsbarkeit vom 21. September 1899 die Entscheidung über das Rechtsmittel der weiteren Beschwerde, unbeschadet der Zuständigkeit des Reichsgerichts aus § 28 Abs. 3 des G. fr. G., allgemein dem Kammergericht zu Berlin übertragen worden.

War die Pflegschaft in Folge der Eröffnung des Konkurses über das Vermögen des Vaters angeordnet worden (§ 1647 Abs. 1, in Verbindung mit § 1909 Abs. 1), so ist zu beachten, daß der Grund für die Anordnung noch nicht ohne Weiteres mit der Aufhebung und Einstellung des Konkursverfahrens, sondern erst dann wegfällt, wenn auf Grund vorgängiger Prüfung das Vormundschaftsgericht dem Vater auch die Vermögensverwaltung überträgt (§ 1647 Abs. 2). Hierbei versteht sich von selbst, daß dem Inhaber der elterlichen Gewalt die Vermögensverwaltung nicht länger vorzuenthalten ist, als Letzteres durch die besonderen Umstände im Interesse des Kindes geboten erscheint. Durch die bloße Aufhebung des Konkurses oder durch den Abschluß eines Zwangsvergleiches erlangt der Vater die Verwaltung des Kindesvermögens noch nicht zurück. Vgl. auch Joh. Bd. 3 S. 66 und Bolze, die Praxis des Reichsgerichts in Civils. Bd. 3, Nr. 864.

Nach dem § 1882 endigt die Vormundschaft mit dem Wegfalle der im § 1773 für die Anordnung der Vormundschaft bestimmten Voraussetzungen. Zu den im § 1773 bestimmten, d. i. ausdrücklich erklärten Voraussetzungen gehört die für die Anordnung einer Vormundschaft allernothwendigste Voraussetzung, das Leben des Mündels, nicht. Der Gesetzgeber hat eine Vorschrift darüber, daß auch der Tod des Mündels die Vormundschaft beendigt, wegen ihrer Selbstverständlichkeit nicht für nöthig erachtet. Was in dieser Beziehung für die Vormundschaft gilt, wird, unabhängig von einer entsprechenden Anordnung ausdrücklicher Normen (§ 1915), auch für die Pflegschaft gelten müssen. Es wird also auch hier anzunehmen sein, daß mit dem Tode des Pflegebefohlenen die Pflegschaft von selbst und ohne besonderen Aufhebungsbeschluß des Vormundschaftsgerichts aufhört. Das Gegentheil aus der Bestimmung des § 1919 zu folgern, geht nicht an, da auch hier der „Grund für die Anordnung der Pflegschaft", bei dessen Wegfall die Pflegschaft „aufzuheben" ist, auf das Leben des Pflegebefohlenen, soweit eine Personenpflegschaft in Frage steht, keinen Bezug hat. Die Gründe für die Anordnung der Pflegschaft ergeben sich vielmehr aus den §§ 1909 bis 1914, und nur bei dem Wegfall der dort bestimmten Voraussetzungen bedarf es zu einer Beendigung der Pflegschaft noch deren Aufhebung durch das Vormundschaftsgericht. Hieraus folgt, daß die Aufhebung der Pflegschaft auch zu beschließen ist, wenn ein minderjähriger Pflegebefohlener durch nachfolgende Ehe legitimirt wird, da er von diesem Zeitpunkte ab unter elterlicher Gewalt steht, mithin die Voraussetzung des § 1909 Abs. 1 entfällt.

Für den Fall, daß ein abwesender Pflegebefohlener stirbt oder für todt erklärt wird, hat der § 1921 Abs. 2 und 3, entsprechend dem § 1884 Abs. 1 und 2 für Vormundschaften, besondere Bestimmung getroffen.

§ 1920.

Eine nach § 1910 angeordnete Pflegschaft ist von dem Vormundschaftsgericht aufzuheben, wenn der Pflegebefohlene die Aufhebung beantragt.

Entw. I § 1748 Abs. 2 Satz 4; Entw. II § 1797; Reichst.-Vorl. § 1896; Mot. IV zu § 1748 S. 1272; Komm. Prot. S. 6533 bis 6536, 8689.

---

1. — ist von dem Vormundschaftsgericht aufzuheben, wenn der Pflegebefohlene die Aufhebung beantragt. Da der Antrag von dem Pflegebefohlenen selbst ausgehen muß, so ist die nothwendige Voraussetzung der Anwendung des § 1920, daß mit dem Pflegebefohlenen eine Verständigung möglich ist. Im Uebrigen erscheint die Vorschrift als einfache Folge des im § 1910 Abs. 3 ausgesprochenen Grundsatzes, daß die Pflegschaft über einen (geistig oder körperlich) Gebrechlichen, mit welchem eine Verständigung möglich ist, nur mit seiner Einwilligung angeordnet werden darf. Tritt die Möglichkeit einer Verständigung mit dem Pflegebefohlenen erst nach bereits erfolgter Einleitung der Pflegschaft ein, so ist in der Duldung des Fortbestehens der Pflegschaft Seitens des Gebrechlichen eine nachträgliche stillschweigende Einwilligung in ihre Anordnung zu finden. Stellt er aber den Antrag, dieselbe aufzuheben, so muß auch in diesem Falle dem Antrage stattgegeben werden. Das Vormundschaftsgericht ist nach § 1920 (wie dessen Fassung „ist... aufzuheben" ergibt) zur Aufhebung der Pflegschaft verpflichtet, selbst wenn es der Meinung sein sollte, daß ihre Fortführung dem Interesse des Pflegebefohlenen dienlicher sein würde.

Bis die Aufhebung der Pflegschaft durch einen gemäß § 16 des G. fr. G. dem Pfleger bekannt gemachten Beschluß verfügt worden ist, dauert die Vertretungsmacht des Pflegers fort.

2. Wird der Antrag des Pflegebefohlenen auf Aufhebung der Pflegschaft von dem Vormundschaftsgericht abgelehnt, so steht die Beschwerde hiergegen in erster Linie dem Antragsteller selbst zu. Da jedoch die Aufhebungsverfügung vorliegendenfalls nicht eine solche ist, welche „nur auf Antrag erlassen werden kann" (§ 20 Abs. 2 des G. fr. G.), so ist nach § 20 Abs. 1 a. a. O. beschwerdeberechtigt überhaupt Jeder, dessen Recht durch die Ablehnung der Aufhebung beeinträchtigt ist.

Wenn der Pflegebefohlene (Gebrechliche) selbst den Antrag auf Aufhebung stellt, so muß nach § 1920 die letztere erfolgen. Hieraus folgt aber nicht, daß die Pflegschaft aus § 1920 nicht auch noch aus anderen Gründen aufgehoben werden kann und bzw. aufzuheben ist, und daß nicht auch noch andere Personen den Aufhebungsantrag stellen können. Wird die Gebrechlichkeitspflegschaft ohne Antrag des Gebrechlichen aufgehoben, so regelt sich das Beschwerderecht aus § 57 Nr. 3, in Verbindung mit § 20 des G. fr. G. (vgl Anm. 11 zu § 1910).

§ 1921.

Die Pflegschaft für einen Abwesenden ist von dem Vormundschaftsgericht aufzuheben, wenn der Abwesende an der Besorgung seiner Vermögensangelegenheiten nicht mehr verhindert ist.

Stirbt der Abwesende, so endigt die Pflegschaft erst mit der Aufhebung durch das Vormundschaftsgericht. Das Vormundschaftsgericht

hat die Pflegschaft aufzuheben, wenn ihm der Tod des Abwesenden bekannt wird.

Wird der Abwesende für todt erklärt, so endigt die Pflegschaft mit der Erlassung des die Todeserklärung aussprechenden Urtheils.

Entw. I § 1748 Abs. 1 Nr. 4 und Abs. 2 Satz 3; Entw. II § 1798; Reichst.-Vorl. § 1897; Mot. IV zu § 1748 S. 1273, 1274; Komm. Prot. S. 6533 bis 6536.

Abs. 1.

1. Die Pflegschaft für einen Abwesenden — Ueber den Begriff der Abwesenheit und der Abwesenheitspflegschaft ist Anm. 1 und 2 zu § 1911 zu vergleichen.

2. — ist von dem Vormundschaftsgericht aufzuheben — Die Aufhebung muß erfolgen, sobald der Eintritt der in Abs. 1 bestimmten Voraussetzung feststeht. Bis der Aufhebungsbeschluß des Vormundschaftsgerichtes ergangen und dem Pfleger gemäß § 16 des G. fr. G. bekannt gemacht ist, dauert die Pflegschaft und die Vertretungsmacht des Pflegers fort.

3. — wenn der Abwesende an der Besorgung seiner Vermögensangelegenheiten nicht mehr verhindert ist. Dies setzt voraus, daß der Aufenthalt des Abwesenden bekannt geworden ist. Daß derselbe zurückgekehrt ist oder einen Bevollmächtigten zur Besorgung seiner Angelegenheiten bestellt hat, ist hierzu nicht unter allen Umständen erforderlich. Die Aufhebung der Abwesenheitspflegschaft unterliegt zunächst der allgemeinen Regel des § 1919, und der § 1921 Abs. 1 betrifft dieser Regel gegenüber nur einen Spezialfall. Er stellt außer Zweifel, daß ein Grund für das Fortbestehen in jedem Falle alsdann nicht mehr gegeben ist, wenn es in der Macht des Abwesenden steht, fortan selbstthätig alles dasjenige vorzunehmen, was zur Ordnung seiner Vermögensangelegenheiten erforderlich ist. Ob dieser Zustand eingetreten ist, wird durch das Ermessen des Vormundschaftsgerichtes auf Grund zweckdienlicher Ermittelungen bestimmt.

Abs. 2.

4. Stirbt der Abwesende, so endigt die Pflegschaft erst mit der Aufhebung durch das Vormundschaftsgericht. Also nicht die Thatsache des wirklichen Todes des Abwesenden, sondern erst deren Feststellung und die damit zu verbindende Aufhebung der Pflegschaft durch das Vormundschaftsgericht führen deren Beendigung herbei. „Es hängt dies", wie die Motive (S. 1273) erklären, „damit zusammen, daß die Abwesenheitspflegschaft vorzugsweise für solche Fälle bestimmt ist, in welchen über das Fortleben des Abwesenden Zweifel bestehen, und daß der zu einer bestimmten Zeit erfolgte Tod des Abwesenden, wenn überhaupt, doch meistens erst nach längerer Zeit wird bewiesen werden können. Mit dem Zwecke der Abwesenheitspflegschaft und dem praktischen Bedürfnisse würde es daher nicht im Einklange stehen, wenn das Amt des Pflegers als solches mit dem Zeitpunkte des Todes des Abwesenden rückwärts hin als erloschen behandelt werden sollte. Dem praktischen Bedürfnisse wird durch die Vorschriften des § 1893, verbunden mit § 1915 Abs. 1, nicht genügt, da auch die Pflichten des Pflegers fortdauern müssen, bis der Tod des Abwesenden festgestellt und in Folge dessen die Pflegschaft von Seiten des Vormundschaftsgerichtes aufgehoben ist. Die Regelung des BGB. entspricht dem gemeinen Rechte, sowie dem Sächsischen Gesetzbuch § 1993 und dem Weimarischen Ges. vom 27. März 1872 § 94. Dagegen machen die Lübeckische VO. § 103 und die Bremische VO. § 107 die Beendigung der Kuratel nicht von dem Beweise des Todes des Abwesenden, sondern von dem Tode des letzteren abhängig. Die Pr. VO. § 84 und das Bayerische Ges. vom 23. Februar 1879 Art. 101 enthalten in dieser Hinsicht eine besondere Bestimmung nicht; doch wird auch für die erstere in Theorie und Praxis die Ansicht vertreten, daß die Abwesenheitspflegschaft erst mit der Feststellung des Todes des Abwesenden endige und bis dahin insbesondere die Vertretungsmacht des Pflegers als solchen fortdauere (vgl. Entsch. des RG. in Civils. Bd. 12 S. 68)."

Ob der Abwesende bereits zur Zeit der durch den Pfleger bewirkten Vornahme eines Rechtsgeschäftes oder gar schon vor der Anordnung der Pflegschaft gestorben war, ist für die Gültigkeit der von dem Pfleger Namens des Pflegebefohlenen abgeschlossenen Geschäfte mithin gleichgültig.

Auch durch die Rückkehr des Abwesenden hört die Pflegschaft, abweichend von den Bestimmungen einiger Partikulargesetzgebungen, nach dem BGB. nicht von selbst auf. Da die Entscheidung der Frage, in welchem Zeitpunkte die Thatsache dieser Rückkehr als eingetreten zu erachten ist, zweifelhaft sein und der Pfleger die Rückkehr selbst vielleicht erst längere Zeit nachher erfahren kann, so ist es auch hier bedenklich erschienen, an diesen Vorgang die Beendigung der Pflegschaft kraft des Gesetzes nicht zu knüpfen.

5. Das Vormundschaftsgericht hat die Pflegschaft aufzuheben, wenn ihm der Tod des Abwesenden bekannt wird. Dieses Bekanntwerden muß selbstverständlich auf zuverlässige Art geschehen. Es empfiehlt sich, in dem Aufhebungsbeschlusse anzugeben, aus welcher Quelle das Vormundschaftsgericht seine Kenntniß hierbei geschöpft hat. Bestehen über den Tod noch begründete Zweifel, so wird einstweilen die Pflegschaft fortzuführen, dem Pfleger aber anheim zu geben sein, zuvörderst noch nähere Ermittelungen anzustellen. Erst wenn aus den vorliegenden Thatsachen die begründete Ueberzeugung erwächst, daß der Pflegebefohlene wirklich gestorben ist, leidet die Vorschrift des Abs. 2 Satz 2 Anwendung. Alsdann aber „hat" das Vormundschaftsgericht die Pflegschaft aufzuheben, ist also zur Aufhebung verpflichtet. Lehnt es gleichwohl die Aufhebung ab, so hat Jeder, dessen Recht hierdurch beeinträchtigt wird, nach § 20 Abs. 1 des G. fr. G. das Rechtsmittel der Beschwerde.

Abs. 3.

6. Wird der Abwesende für todt erklärt — Die Todeserklärung erbringt nicht auf Grund eines Beweises die Feststellung, daß der Abwesende (Verschollene) todt sei; sie begründet nur die Vermuthung, daß der Verschollene in dem Zeitpunkte verstorben sei, welcher in dem die Todeserklärung aussprechenden Urtheil festgestellt ist (§ 18). Diese Vermuthung kann durch den Beweis des Gegentheils widerlegt werden. Durch die Todeserklärung wird mithin eine Rechtslage geschaffen, welche im Wesentlichen thatsächlich derjenigen gleich ist, die mit dem wirklichen Tode des Verschollenen eingetreten sein würde. Wird jedoch hinterher der Beweis geführt, daß der Verschollene noch am Leben oder daß er zu einer anderen Zeit gestorben ist, so regeln sich dem entsprechend auch seine Rechtsverhältnisse. (Vgl. auch § 2031 Abs. 1.)

7. — so endigt die Pflegschaft mit der Erlassung des die Todeserklärung aussprechenden Urtheils. Die Erlassung des Urtheils bewirkt die Beendigung der Pflegschaft kraft Gesetzes. Das Vormundschaftsgericht hat daher ohne vorgängigen Aufhebungsbeschluß die Bestallung des Pflegers zurückzufordern und für die Legung der Schlußrechnung Sorge zu tragen. Die

Rechnungsabnahme erfolgt durch den sich legitimirenden Erben des Pflegebefohlenen. Ist der Erbe unbekannt, so ist dem Nachlaßgericht von dem Erbfall Kenntniß zu geben, und diesem liegt alsdann ob, gemäß §§ 1960 ff. für die Anordnung einer Nachlaßpflegschaft zu sorgen.

Als Zeitpunkt der Beendigung der Abwesenheitspflegschaft in dem Falle des § 1921 Abs. 3 bestimmt das Gesetz die Erlassung, d. i. die Verkündigung des Urtheils (§ 952 der CPO.), gegen welches ein ordentliches Rechtsmittel nicht stattfindet. Wird das Urtheil demnächst durch Klage angefochten und in Folge dessen die Todeserklärung aufgehoben oder eine andere Todeszeit festgestellt, so wirkt eine solche Entscheidung für und gegen Alle (§ 976 Abs. 3 a. a. O.). Für den Fall der Aufhebung des die Todeserklärung aussprechenden Urtheils ist alsdann eine neue Abwesenheitspflegschaft anzuordnen. Wird dagegen nur die Zeit des Todes in anderer Weise dadurch festgestellt, so fragt es sich namentlich, ob hierdurch nicht auch die Erbfolge in den Nachlaß des für todt erklärten Pflegebefohlenen eine Aenderung erleidet.

8. Die Bestimmung des § 1821 Abs. 3 gilt nach Art. 160 des EG. auch für eine schon vor dem Inkrafttreten des BGB. erfolgte Todeserklärung.

Anhang.

I. Reichsgesetz über die Angelegenheiten der freiwilligen Gerichtsbarkeit. Vom 17. Mai 1898. (RGBl. S. 189, 771.)

(Auszug.)

1. Abschnitt. Allgemeine Vorschriften.

§ 1. Für diejenigen Angelegenheiten der freiwilligen Gerichtsbarkeit, welche durch Reichsgesetz den Gerichten übertragen sind, gelten, soweit nicht ein Anderes bestimmt ist, die nachstehenden allgemeinen Vorschriften.

§ 2. Die Gerichte haben sich Rechtshülfe zu leisten. Die §§ 158—169 des Gerichtsverfassungsgesetzes finden Anwendung.

§ 3. Soweit für die örtliche Zuständigkeit der Gerichte der Wohnsitz eines Betheiligten maßgebend ist, bestimmt sich für Deutsche, die das Recht der Exterritorialität genießen, sowie für Beamte des Reichs oder eines Bundesstaats, die im Ausland angestellt sind, der Wohnsitz nach den Vorschriften des § 15 der Civilprozeßordnung.

§ 4. Unter mehreren zuständigen Gerichten gebührt demjenigen der Vorzug, welches zuerst in der Sache thätig geworden ist.

§ 5. Besteht Streit oder Ungewißheit darüber, welches von mehreren Gerichten örtlich zuständig ist, so wird das zuständige Gericht durch das gemeinschaftliche obere Gericht bestimmt. Ist das zuständige Gericht in einem einzelnen Falle an der Ausübung des Richteramts rechtlich oder thatsächlich verhindert, so erfolgt die Bestimmung durch das ihm im Instanzenzuge vorgeordnete Gericht.

Eine Anfechtung der Entscheidung findet nicht statt.

§ 6. Ein Richter ist von der Ausübung des Richteramts kraft Gesetzes ausgeschlossen:

1. in Sachen, in denen er selbst betheiligt ist oder in denen er zu einem Betheiligten in dem Verhältniß eines Mitberechtigten oder Mitverpflichteten steht;
2. in Sachen seiner Ehefrau, auch wenn die Ehe nicht mehr besteht;
3. in Sachen einer Person, mit der er in gerader Linie oder im zweiten Grade der Seitenlinie verwandt oder verschwägert ist;
4. in Sachen, in denen er als Vertreter eines Betheiligten bestellt oder als gesetzlicher Vertreter eines solchen aufzutreten berechtigt ist.

Ein Richter kann sich der Ausübung seines Amtes wegen Befangenheit enthalten. Die Ablehnung eines Richters ist ausgeschlossen.

§ 7. Gerichtliche Handlungen sind nicht aus dem Grunde unwirksam, weil sie von einem örtlich unzuständigen Gericht oder von einem Richter vorgenommen sind, der von der Ausübung des Richteramts kraft Gesetzes ausgeschlossen ist.

§ 8. Auf das gerichtliche Verfahren finden die Vorschriften des Gerichtsverfassungsgesetzes über die Gerichtssprache, über die Sitzungspolizei und über die Berathung und Abstimmung entsprechende Anwendung, die Vorschriften über die Gerichtssprache mit den sich aus dem § 9 ergebenden Abweichungen.

§ 9. Der Zuziehung eines Dolmetschers bedarf es nicht, wenn der Richter der Sprache, in der sich die betheiligten Personen erklären, mächtig ist; die Beeidigung des Dolmetschers ist nicht erforderlich, wenn die betheiligten Personen darauf verzichten. Auf den Dolmetscher finden die Vorschriften des § 6 entsprechende Anwendung.

§ 10. Auf das gerichtliche Verfahren sind die Gerichtsferien ohne Einfluß. Die Bearbeitung der Vormundschaftssachen und der Nachlaßsachen kann während der Ferien unterbleiben, soweit das Bedürfniß einer Beschleunigung nicht vorhanden ist.

§ 11. Anträge und Erklärungen können zum Protokolle des Gerichtsschreibers des zuständigen Gerichts oder des Gerichtsschreibers eines Amtsgerichts erfolgen.

§ 12. Das Gericht hat von Amtswegen die zur Feststellung der Thatsachen erforderlichen Ermittelungen zu veranstalten und die geeignet erscheinenden Beweise aufzunehmen.

§ 13. Die Betheiligten können mit Beiständen erscheinen. Sie können sich, soweit nicht das Gericht das persönliche Erscheinen anordnet, auch durch Bevollmächtigte vertreten lassen. Die Bevollmächtigten haben auf Anordnung des Gerichts oder auf Verlangen eines Betheiligten die Bevollmächtigung durch eine öffentlich beglaubigte Vollmacht nachzuweisen.

§ 14. Die Vorschriften der Civilprozeßordnung über das Armenrecht sowie die Vorschriften der §§ 34—36 der Rechtsanwaltsordnung finden entsprechende Anwendung.

§ 15. Die Vorschriften der Civilprozeßordnung über den Zeugenbeweis, über den Beweis durch Sachverständige und über das Verfahren bei der Abnahme von Eiden finden entsprechende Anwendung. Ueber die Beeidigung eines Zeugen oder Sachverständigen entscheidet jedoch, unbeschadet der §§ 393, 402 der Civilprozeßordnung, das Ermessen des Gerichts.

Behufs der Glaubhaftmachung einer thatsächlichen Behauptung kann ein Betheiligter zur Versicherung an Eidesstatt zugelassen werden.

§ 16. Gerichtliche Verfügungen werden mit der Bekanntmachung an denjenigen, für welchen sie ihrem Inhalte nach bestimmt sind, wirksam.

Die Bekanntmachung erfolgt, wenn mit ihr der Lauf einer Frist beginnt, durch Zustellung nach den für die Zustellung von Amtswegen geltenden Vorschriften der Civilprozeßordnung; durch die Landesjustizverwaltung kann jedoch für Zustellungen im Ausland eine einfachere Art der Zustellung angeordnet werden. In denjenigen Fällen, in welchen mit der Bekanntmachung nicht der Lauf einer Frist beginnt, soll in den Akten vermerkt werden, in welcher Weise, an welchem Orte und an welchem Tage die Bekanntmachung zur Ausführung gebracht ist; durch die Landesjustizverwaltung kann näher bestimmt werden, in welcher Weise in diesen Fällen die Bekanntmachung zur Ausführung gebracht werden soll.

Einem Anwesenden kann die Verfügung zu Protokoll bekannt gemacht werden. Auf Verlangen ist ihm eine Abschrift der Verfügung zu ertheilen.

§ 17. Für die Berechnung der Fristen gelten die Vorschriften des BGB.

Fällt das Ende der Frist auf einen Sonntag oder allgemeinen Feiertag, so endigt die Frist mit dem Ablaufe des nächstfolgenden Werktags.

§ 18. Erachtet das Gericht eine von ihm erlassene Verfügung nachträglich für ungerechtfertigt, so ist es berechtigt, sie zu ändern; soweit eine Verfügung nur auf Antrag erlassen werden kann und der Antrag zurückgewiesen worden ist, darf die Aenderung nur auf Antrag erfolgen.

Zu der Aenderung einer Verfügung, die der sofortigen Beschwerde unterliegt, ist das Gericht nicht befugt.

§ 19. Gegen die Verfügungen des Gerichts erster Instanz findet das Rechtsmittel der Beschwerde statt.

Ueber die Beschwerde entscheidet das Landgericht.

§ 20. Die Beschwerde steht Jedem zu, dessen Recht durch die Verfügung beeinträchtigt ist.

Soweit eine Verfügung nur auf Antrag erlassen werden kann und der Antrag zurückgewiesen worden ist, steht die Beschwerde nur dem Antragsteller zu.

§ 21. Die Beschwerde kann bei dem Gerichte, dessen Verfügung angefochten wird, oder bei dem Beschwerdegericht eingelegt werden.

Die Einlegung erfolgt durch Einreichung einer Beschwerdeschrift oder durch Erklärung zum Protokolle des Gerichtsschreibers desjenigen Gerichts, dessen Verfügung angefochten wird, oder des Gerichtsschreibers des Beschwerdegerichts.

§ 22. Die sofortige Beschwerde ist binnen einer Frist von zwei Wochen einzulegen. Die Frist beginnt mit dem Zeitpunkt, in welchem die Verfügung dem Beschwerdeführer bekannt gemacht worden ist.

Einem Beschwerdeführer, der ohne sein Verschulden verhindert war, die Frist einzuhalten, ist auf Antrag von dem Beschwerdegerichte die Wiedereinsetzung in den vorigen Stand zu ertheilen, wenn er die Beschwerde binnen zwei Wochen nach der Beseitigung des Hindernisses einlegt und die Thatsachen, welche die Wiedereinsetzung begründen, glaubhaft macht. Eine Versäumung der Frist, die in dem Verschulden eines Vertreters ihren Grund hat, wird als eine unverschuldete nicht angesehen. Gegen die Entscheidung über den Antrag findet die sofortige weitere Beschwerde statt. Nach dem Ablauf eines Jahres, von dem Ende der versäumten Frist an gerechnet, kann die Wiedereinsetzung nicht mehr beantragt werden.

§ 23. Die Beschwerde kann auf neue Thatsachen und Beweise gestützt werden.

§ 24. Die Beschwerde hat nur dann aufschiebende Wirkung, wenn sie gegen eine Verfügung gerichtet ist, durch die eine Strafe festgesetzt wird.

Das Gericht, dessen Verfügung angefochten wird, kann anordnen, daß die Vollziehung auszusetzen ist.

Das Beschwerdegericht kann vor der Entscheidung eine einstweilige Anordnung erlassen; es kann insbesondere anordnen, daß die Vollziehung der angefochtenen Verfügung auszusetzen ist.

§ 25. Die Entscheidung des Beschwerdegerichts ist mit Gründen zu versehen.

§ 26. Die Entscheidung des Beschwerdegerichts wird in den Fällen, in welchen die sofortige weitere Beschwerde stattfindet, erst mit der Rechtskraft wirksam. Das Beschwerdegericht kann jedoch die sofortige Wirksamkeit der Entscheidung anordnen.

§ 27. Gegen die Entscheidung des Beschwerdegerichts ist das Rechtsmittel der weiteren Beschwerde zulässig, wenn die Entscheidung auf einer Verletzung des Gesetzes beruht. Die Vorschriften der §§ 550, 551, 561, 563 der Civilprozeßordnung finden entsprechende Anwendung.

§ 28. Ueber die weitere Beschwerde entscheidet das Oberlandesgericht.

Will das Oberlandesgericht bei der Auslegung einer reichsgesetzlichen Vorschrift, welche eine der im § 1 bezeichneten Angelegenheiten betrifft, von der auf weitere Beschwerde ergangenen Entscheidung eines anderen Oberlandesgerichts, falls aber über die Rechtsfrage bereits eine Entscheidung des Reichsgerichts ergangen ist, von dieser abweichen, so hat es die weitere Beschwerde unter Begründung seiner Rechtsauffassung dem Reichsgerichte vorzulegen. Der Beschluß über die Vorlegung ist dem Beschwerdeführer bekannt zu machen.

In den Fällen des Abs. 2 entscheidet über die weitere Beschwerde das Reichsgericht.

§ 29. Die weitere Beschwerde kann bei dem Gericht erster Instanz, bei dem Landgericht oder bei dem Oberlandesgericht eingelegt werden. Erfolgt die Einlegung durch Einreichung einer Beschwerdeschrift, so muß diese von einem Rechtsanwalt unterzeichnet sein. Der Zuziehung eines Rechtsanwalts bedarf es nicht, wenn die Beschwerde von einer Behörde oder von einem Notar eingelegt wird, der in der Angelegenheit für den Beschwerdeführer einen Antrag bei dem Gericht erster Instanz gestellt hat.

Soweit eine Verfügung der sofortigen Beschwerde unterliegt, findet auch gegen die Entscheidung des Beschwerdegerichts die sofortige weitere Beschwerde statt.

Das Gericht erster Instanz und das Landgericht sind nicht befugt, der weiteren Beschwerde abzuhelfen.

Im Uebrigen finden die Vorschriften über die Beschwerde entsprechende Anwendung.

§ 30. Die Entscheidungen über Beschwerden erfolgen bei den Landgerichten durch eine Civilkammer, bei den Oberlandesgerichten und bei dem Reichsgerichte durch einen Civilsenat. Ist bei einem Landgericht eine Kammer für Handelssachen gebildet, so tritt für Handelssachen diese Kammer an die Stelle der Civilkammer.

Die Vorschriften des § 137 des Gerichtsverfassungsgesetzes finden entsprechende Anwendung.

§ 31. Zeugnisse über die Rechtskraft einer Verfügung sind von dem Gerichtsschreiber erster Instanz zu ertheilen.

§ 32. Ist eine Verfügung, durch die Jemand die Fähigkeit oder die Befugniß zur Vornahme eines Rechtsgeschäfts oder zur Entgegennahme einer Willenserklärung erlangt, ungerechtfertigt, so hat, sofern nicht die Verfügung wegen Mangels der sachlichen Zuständigkeit des Gerichts unwirksam ist, die Aufhebung der Verfügung auf die Wirksamkeit der inzwischen von ihm oder ihm gegenüber vorgenommenen Rechtsgeschäfte keinen Einfluß.

§ 33. Soll in den gesetzlich zugelassenen Fällen Jemand durch Ordnungsstrafen zur Befolgung einer gerichtlichen Anordnung angehalten werden, so muß der Festsetzung der Strafe eine Androhung vorausgehen. Die einzelne Strafe darf den Betrag von dreihundert Mark nicht übersteigen.

§ 34. Die Einsicht der Gerichtsakten kann Jedem insoweit gestattet werden, als er ein berechtigtes Interesse glaubhaft macht. Das Gleiche gilt von der Ertheilung einer Abschrift; die Abschrift ist auf Verlangen zu beglaubigen.

2. Abschnitt. Vormundschaftssachen.

§ 35. Für die dem Vormundschaftsgericht obliegenden Verrichtungen sind die Amtsgerichte zuständig.

§ 36. Für die Vormundschaft ist das Gericht zuständig, in dessen Bezirke der Mündel zu der Zeit, zu welcher die Anordnung der Vormundschaft erforderlich wird, seinen Wohnsitz oder in Ermangelung eines inländischen Wohnsitzes seinen Aufenthalt hat. Wird die Anordnung einer Vormundschaft über Geschwister erforderlich, die in den Bezirken verschiedener Vormundschaftsgerichte ihren Wohnsitz oder ihren Aufenthalt haben, so ist, wenn für einen der Mündel schon eine Vormundschaft anhängig ist, das für diese zuständige Gericht, anderenfalls dasjenige Gericht, in dessen Bezirke der jüngste Mündel seinen Wohnsitz oder seinen Aufenthalt hat, für alle Geschwister maßgebend.

Ist der Mündel ein Deutscher und hat er im Inlande weder Wohnsitz noch Aufenthalt, so ist das Gericht zuständig, in dessen Bezirke der Mündel seinen letzten inländischen Wohnsitz hatte. In Ermangelung eines solchen Wohnsitzes wird das zuständige Gericht, falls der Mündel einem Bundesstaat angehört, von der Landesjustizverwaltung, anderenfalls von dem Reichskanzler bestimmt.

Für die Vormundschaft über einen Minderjährigen, dessen Familienstand nicht zu ermitteln ist, ist das Gericht zuständig, in dessen Bezirke der Minderjährige aufgefunden wurde.

§ 37. Soll Jemand nach § 1909 des BGB. einen Pfleger erhalten, so ist, wenn bei einem inländischen Gericht eine Vormundschaft über ihn anhängig ist, für die Pflegschaft dieses Gerichts zuständig. Im Uebrigen finden auf die Pflegschaft die Vorschriften des § 36 Anwendung.

Für die Pflegschaft über einen Ausländer, für den bei einem inländischen Gericht eine Vormundschaft nicht anhängig ist und der im Inlande weder Wohnsitz noch Aufenthalt hat, ist das Gericht zuständig, in dessen Bezirke das Bedürfniß der Fürsorge hervortritt.

§ 38. Auf die Zuständigkeit für die Pflegschaft über einen Gebrechlichen finden die Vorschriften des § 36 Abs. 1, 2 und des § 37 Abs. 2 entsprechende Anwendung.

§ 39. Für die Pflegschaft über einen Abwesenden ist das Gericht zuständig, in dessen Bezirke der Abwesende seinen Wohnsitz hat.

Hat der Abwesende im Inlande keinen Wohnsitz, so finden die Vorschriften des § 36 Abs. 2 und des § 37 Abs. 2 entsprechende Anwendung.

§ 40. Für die Pflegschaft über eine Leibesfrucht ist das Gericht zuständig, welches für die Vormundschaft zuständig sein würde, falls das Kind zu der Zeit, zu welcher das Bedürfniß der Fürsorge hervortritt, geboren wäre.

§ 41. Wird im Falle des § 1913 des BGB. die Anordnung einer Pflegschaft für den bei einer Angelegenheit Betheiligten erforderlich, so ist das Gericht zuständig, in dessen Bezirke das Bedürfniß der Fürsorge hervortritt.

§ 42. Für die Pflegschaft zum Zwecke der Verwaltung und Verwendung eines durch öffentliche Sammlung zusammengebrachten Vermögens ist das Gericht des Ortes zuständig, an welchem bisher die Verwaltung geführt wurde.

§ 43. Die Zuständigkeit für eine Verrichtung des Vormundschaftsgerichts, die nicht eine Vormundschaft oder eine Pflegschaft betrifft, bestimmt sich, soweit sich nicht aus dem Gesetz ein Anderes ergibt, nach den Vorschriften des § 36 Abs. 1, 2; maßgebend ist für jede einzelne Angelegenheit der Zeitpunkt, in welchem das Gericht mit ihr befaßt wird.

Ist für die Person, in Ansehung deren die Verrichtung des Vormundschaftsgerichts erforderlich wird, eine Vormundschaft oder eine Pflegschaft anhängig oder ist der Mutter, unter deren elterlicher Gewalt sie steht, ein Beistand bestellt, so ist das Gericht zuständig, bei welchem die Vormundschaft, Pflegschaft oder Beistandschaft anhängig ist.

§ 44. Für die in den §§ 1665, 1846 des BGB. und im Artikel 23 Abs. 2 des Einführungsgesetzes zum BGB. bezeichneten Maßregeln ist auch das Gericht zuständig, in dessen Bezirke das Bedürfniß der Fürsorge hervortritt. Das Gericht soll, wenn eine Vormundschaft, Pflegschaft oder Beistandschaft anhängig ist, von den angeordneten Maßregeln dem nach § 43 Abs. 2 zuständigen Gerichte Mittheilung machen.

§ 45. Wird in einer Angelegenheit, welche die persönlichen Rechtsbeziehungen der Ehegatten zu einander oder das eheliche Güterrecht betrifft, eine Verrichtung des Vormundschaftsgerichts erforderlich, so ist das Gericht zuständig, in dessen Bezirke der Mann seinen Wohnsitz oder in Ermangelung eines inländischen Wohnsitzes seinen Aufenthalt hat.

Ist der Mann ein Deutscher und hat er im Inlande weder Wohnsitz noch Aufenthalt, so finden die Vorschriften des § 36 Abs. 2 entsprechende Anwendung.

Hat der Mann die Reichsangehörigkeit verloren, die Frau sie aber behalten, so ist, wenn der Mann im Inlande weder Wohnsitz noch Aufenthalt hat, das Gericht zuständig, in dessen Bezirke die Frau ihren Wohnsitz oder in Ermangelung eines inländischen Wohnsitzes ihren Aufenhalt hat; hat sie im Inlande weder Wohnsitz noch Aufenthalt, so finden die Vorschriften des § 36 Abs. 2 ensprechende Anwendung.

Für die Zuständigkeit ist in Ansehung jeder einzelnen Angelegenheit der Zeitpunkt maßgebend, in welchem das Gericht mit ihr befaßt wird.

§ 46. Das Vormundschaftsgericht kann die Vormundschaft aus wichtigen Gründen an ein anderes Vormundschaftsgericht abgeben, wenn sich dieses zur Uebernahme der Vormundschaft bereit erklärt; nach der Bestellung des Vormundes ist jedoch dessen Zustimmung erforderlich.

Einigen sich die Gerichte nicht oder verweigert der Vormund oder, wenn mehrere Vormünder die Vormundschaft gemeinschaftlich führen, einer von ihnen seine Zustimmung, so entscheidet das gemeinschaftliche obere Gericht. Eine Anfechtung der Entscheidung findet nicht statt.

Diese Vorschriften finden auf die Pflegschaft und die im § 43 bezeichneten Angelegenheiten entsprechende Anwendung.

§ 47. Ist über einen Deutschen, der im Auslande seinen Wohnsitz oder Aufenthalt hat, die nach den Vorschriften des BGB. erforderliche Vormundschaft im Ausland angeordnet, so kann die Anordnung der Vormundschaft im Inland unterbleiben, wenn dies im Interesse des Mündels liegt.

Hat ein Deutscher, über den im Inland eine Vormundschaft angeordnet ist, im Auslande seinen Wohnsitz oder Aufenthalt, so kann das Gericht, bei welchem die Vormundschaft anhängig ist, sie an den ausländischen Staat abgeben, wenn dies im Interesse des Mündels liegt, der Vormund seine Zustimmung ertheilt und der ausländische Staat sich zur Uebernahme bereit erklärt. Verweigert der Vormund oder, wenn mehrere Vormünder die Vormundschaft gemeinschaftlich führen, einer von ihnen seine Zustimmung, so entscheidet an Stelle des Gerichts, bei welchem die Vormundschaft anhängig ist, das im Instanzenzuge vorgeordnete Gericht. Eine Anfechtung der Entscheidung findet nicht statt.

Diese Vorschriften gelten auch für die Pflegschaft.

§ 48. Wird bei einem Standesbeamten der Tod einer Person, die ein minderjähriges Kind hinterlassen hat, oder die Geburt eines ehelichen Kindes nach dem Tode des Vaters oder die Geburt eines unehelichen Kindes oder die Auffindung eines Minderjährigen, dessen Familienstand nicht zu ermitteln ist, angezeigt oder wird vor einem Standesbeamten von einer Frau, die ein minderjähriges eheliches Kind hat, eine Ehe geschlossen, so hat der Standesbeamte hiervon dem Vormundschaftsgericht Anzeige zu machen.

§ 49. Erlangt der Gemeindewaisenrath von einem Falle Kenntniß, in welchem ein Vormund, ein Gegenvormund oder ein Pfleger zu bestellen ist, so hat er dem Vormundschaftsgerichte Anzeige zu machen. Zugleich soll er die Person vorschlagen, die sich zum Vormunde, Gegenvormund oder Pfleger eignet.

§ 50. Wird die Anordnung einer Vormundschaft oder einer Pflegschaft in Folge eines gerichtlichen Verfahrens erforderlich, so hat das Gericht das zuständige Vormundschaftsgericht hiervon zu benachrichtigen.

§ 51. Eine Verfügung, durch die von dem Vormundschaftsgerichte festgestellt wird, daß der Vater oder die Mutter auf längere Zeit an der Ausübung der elterlichen Gewalt thatsächlich verhindert ist, tritt mit der Bestellung des Vormundes in Wirksamkeit; hat jedoch während der Verhinderung des Vaters die Mutter die elterliche Gewalt auszuüben, so wird die Verfügung mit der Bekanntmachung an die Mutter wirksam.

Eine Verfügung, durch die von dem Vormundschaftsgerichte festgestellt wird, daß der Grund für das Ruhen der elterlichen Gewalt des Vaters oder der Mutter nicht mehr besteht, wird mit der Bekanntmachung an den Vater oder an die Mutter wirksam.

§ 52. Eine Verfügung, durch die ein Volljähriger unter voläufige Vormundschaft gestellt wird, tritt, wenn die Entmündigung wegen Geisteskrankheit beantragt ist, mit der Bestellung des Vormundes, wenn die Entmündigung wegen Geistesschwäche, wegen Verschwendung oder wegen Trunksucht beantragt ist, mit der Bekanntmachung an den zu Entmündigenden, eine Verfügung, durch die eine vorläufige Vormundschaft aufgehoben wird, tritt mit der Bekanntmachung an den Mündel in Wirksamkeit.

§ 53. Eine Verfügung, durch die auf Antrag der Ermächtigung oder die Zustimmung eines Anderen zu einem Rechtsgeschäft ersetzt oder dem Manne die im § 1358 Abs. 1 des BGB. vorgesehene Ermächtigung zur Kündigung ertheilt oder durch welche die Beschränkung oder die Ausschließung der nach § 1357 des BGB. der Frau zustehenden Rechte aufgeboben wird, tritt erst mit der Rechtskraft in Wirksamkeit. Das Gleiche gilt von einer Verfügung, durch die auf Antrag des Kindes die Zustimmung der Mutter zur Ehelichkeitserklärung ihres Kindes ersetzt wird.

Bei Gefahr im Verzuge kann das Gericht die sofortige Wirksamkeit der Verfügung anordnen. Die Verfügung tritt mit der Bekanntmachung an den Antragsteller in Wirksamkeit.

§ 54. Liegen nach dem Ermessen des Vormundschaftsgerichts die Voraussetzungen vor, unter denen der Vormund, der Pfleger oder der Beistand zur Sicherheitsleistung angehalten werden kann, so ist das Gericht befugt, das Grundbuchamt um die Eintragung einer Sicherheitshypothek an Grundstücken des Vormundes, des Pflegers oder des Beistandes zu ersuchen. Der Vormund, der Pfleger oder der Beistand soll soweit thunlich vorher gehört werden. Die Hypothek entsteht mit der Eintragung.

Diese Vorschriften finden auf die Eintragung eines Pfandrechts an einem im Schiffsregister eingetragenen Schiffe entsprechende Anwendung.

§ 55. Eine Verfügung, durch welche die Genehmigung zu einem Rechtsgeschäft ertheilt oder verweigert wird, kann von dem Vormundschaftsgericht insoweit nicht mehr geändert werden, als die Genehmigung oder deren Verweigerung einem Dritten gegenüber wirksam geworden ist.

Eine Verfügung, durch welche die Zustimmung zu einer Ehelichkeitserklärung ersetzt wird, kann nicht mehr geändert werden, wenn die Ehelichkeitserklärung erfolgt ist.

§ 56. Die Volljährigkeitserklärung soll nur auf Antrag des Minderjährigen oder desjenigen gesetzlichen Vertreters des Minderjährigen erfolgen, welchem die Sorge für die Person zusteht.

Die Verfügung, durch welche der Minderjährige für volljährig erklärt wird, tritt erst mit der Rechtskraft in Wirksamkeit.

§ 57. Die Beschwerde steht, unbeschadet der Vorschriften des § 20, zu:

1. gegen eine Verfügung, durch welche die Anordnung einer Vormundschaft abgelehnt oder eine Vormundschaft aufgehoben wird, Jedem, der ein rechtliches Interesse an der Aenderung der Verfügung hat, sowie dem Ehegatten, den Verwandten und Verschwägerten des Mündels, es sei denn, daß die Verfügung eine vorläufige Vormundschaft betrifft;
2. gegen eine Verfügung, durch welche die Anordnung einer vorläufigen Vormundschaft abgelehnt oder eine solche Vormundschaft aufgehoben wird, denjenigen, welche den Antrag auf Entmündigung zu stellen berechtigt sind;
3. gegen eine Verfügung, durch welche die Anordnung einer Pflegschaft abgelehnt oder eine Pflegschaft aufgehoben wird, Jedem, der ein rechtliches Interesse an der Aenderung der Verfügung hat, in den Fällen der §§ 1909, 1910 des BGB. auch dem Ehegatten sowie den Verwandten und Verschwägerten des Pflegebefohlenen; diese Vorschrift gilt jedoch im Falle des § 1910 nur dann, wenn eine Verständigung mit dem Pflegebefohlenen nicht möglich ist;
4. gegen eine Verfügung, durch welche die Einsetzung eines Familienraths abgelehnt oder der Familienrath aufgehoben wird, dem Ehegatten, sowie den Verwandten und Verschwägerten des Mündels;
5. gegen eine Verfügung, durch die in den Fällen des § 1687 Nr. 1, 3 des BGB. die Bestellung eines Beistandes der Mutter abgelehnt oder die Bestellung aufgehoben wird, dem Ehegatten sowie den Verwandten und Verschwägerten des Kindes;
6. gegen eine Verfügung, durch die ein Antrag des Gegenvormundes oder des Beistandes zurückgewiesen wird, gegen den gesetzlichen Vertreter wegen pflichtwidrigen Verhaltens einzuschreiten oder den Vormund oder den Pfleger aus einem der im § 1886 des BGB. bezeichneten Gründe zu entlassen, dem Antragsteller;
7. gegen eine Verfügung, durch die dem Vormund oder dem Pfleger eine Vergütung bewilligt wird, dem Gegenvormunde;
8. gegen eine Verfügung, durch welche die Anordnung einer der in den §§ 1665 bis 1667 des BGB. vorgesehenen Maßregeln abgelehnt oder eine solche Maßregel aufgehoben wird, den Verwandten und Verschwägerten des Kindes;
9. gegen eine Verfügung, die eine Entscheidung über eine die Sorge für die Person des Kindes oder des Mündels betreffende Angelegenheit enthält, Jedem, der ein berechtigtes Interesse hat, diese Angelegenheit wahrzunehmen.

Die Vorschrift des Abs. 1 Nr. 9 findet auf die sofortige Beschwerde keine Anwendung.

§ 58. Führen mehrere Vormünder oder Pfleger die Vormundschaft oder die Pflegschaft gemeinschaftlich, so kann jeder von ihnen für den Mündel das Beschwerderecht selbständig ausüben.

Diese Vorschrift findet in den Fällen der §§ 1629, 1798 des BGB. entsprechende Anwendung.

§ 59. Ein unter elterlicher Gewalt stehendes Kind oder ein unter Vormundschaft stehender Mündel kann in allen seine Person betreffenden Angelegenheiten ohne Mitwirkung seines gesetzlichen Vertreters das Beschwerderecht ausüben. Das Gleiche gilt in Angelegenheiten, in denen der Mündel von einer Entscheidung des Vormundschaftsgerichts gehört werden soll.

Diese Vorschriften finden auf Personen, die geschäftsunfähig sind oder nicht das vierzehnte Lebensjahr vollendet haben, keine Anwendung.

§ 60. Die sofortige Beschwerde findet statt:

1. gegen eine Verfügung, durch die ein als Vormund, Pfleger, Gegenvormund, Beistand oder Mitglied des Familienraths Berufener übergangen wird;
2. gegen eine Verfügung, durch welche die Weigerung, eine Vormundschaft, Pflegschaft, Gegenvormundschaft oder Beistandschaft zu übernehmen, zurückgewiesen wird;
3. gegen eine Verfügung, durch die ein Vormund, Pfleger, Gegenvormund oder Beistand gegen seinen Willen entlassen wird;
4. gegen eine Verfügung, durch die der Familienrath aufgehoben oder ein Mitglied des Familienraths gegen seinen Willen entlassen wird;

5. gegen eine Verfügung, durch die ein Volljähriger unter vorläufige Vormundschaft gestellt wird;
6. gegen Verfügungen, die erst mit der Rechtskraft wirksam werden.

Die Frist beginnt in den Fällen des Abs. 1 Nr. 1 mit dem Zeitpunkt, in welchem der Beschwerdeführer von seiner Uebergehung Kenntniß erlangt, im Falle der Aufhebung des Familienraths mit dem Zeitpunkt, in welchem das Vormundschaftsgericht die bisherigen Mitglieder von der Aufhebung in Kenntniß setzt.

§ 61. Wird eine Verfügung, durch die ein Volljähriger unter vorläufige Vormundschaft gestellt ist, von dem Beschwerdegericht aufgehoben, so kann die Wirksamkeit der von oder gegenüber dem Volljährigen vorgenommenen Rechtsgeschäfte nicht auf Grund der aufgehobenen Verfügung in Frage gestellt werden.

§ 62. Soweit eine Verfügung nach § 55 von dem Vormundschaftsgerichte nicht mehr geändert werden kann, ist auch das Beschwerdegericht nicht berechtigt, sie zu ändern.

§ 63. Auf die weitere Beschwerde finden die Vorschriften der §§ 57 bis 62 entsprechende Anwendung.

§ 64. Gegen eine Verfügung, durch die über die Entlassung eines Mitglieds des Familienraths von dem Gerichte, welches dem Vormundschaftsgericht im Instanzenzuge vorgeordnet ist, entschieden wird, findet die Beschwerde an das Oberlandesgericht statt. Die weitere Beschwerde ist ausgeschlossen.

3. Abschnitt. Annahme an Kindesstatt.

§ 65. Die Bestätigung des Vertrags, durch welchen Jemand an Kindesstatt angenommen oder das durch die Annahme an Kindesstatt begründete Rechtsverhältniß wieder aufgehoben wird, gehört zur Zuständigkeit der Amtsgerichte.

§ 66. Für die Bestätigung ist das Gericht zuständig, in dessen Bezirke der Annehmende zu der Zeit, zu welcher der Antrag auf Bestätigung eingereicht oder nach Maßgabe des § 1753 Abs. 2 des BGB. das Gericht oder der Notar mit der Einreichung betraut wird, seinen Wohnsitz oder in Ermangelung eines inländischen Wohnsitzes seinen Aufenthalt hat.

Ist der Annehmende ein Deutscher und hat er im Inlande weder Wohnsitz noch Aufenthalt, so ist das Gericht zuständig, in dessen Bezirke der Annehmende seinen letzten inländischen Wohnsitz hatte. In Ermangelung eines solchen Wohnsitzes wird das zuständige Gericht, falls der Annehmende einem Bundesstaat angehört, von der Landesjustizverwaltung, anderenfalls von dem Reichskanzler bestimmt.

§ 67. Der Beschluß, durch den die Bestätigung ertheilt wird, tritt mit der Bekanntmachung an den Annehmenden in Wirksamkeit.

Ist die Bestätigung noch nach dem Tode des Annehmenden zulässig, so tritt der Beschluß, unbeschadet der Vorschriften des § 1753 Abs. 3 und des § 1770 des BGB., mit der Bekanntmachung an das Kind in Wirksamkeit; wird nach dem Tode des Kindes das zwischen den übrigen Betheiligten bestehende Rechtsverhältniß durch Vertrag aufgehoben, so tritt der Beschluß, durch welchen die Aufhebung nach dem Tode des Annehmenden bestätigt wird, mit der Bekanntmachung an die übrigen Betheiligten in Wirksamkeit.

Das Gericht ist zu einer Aenderung des Beschlusses nicht befugt.

§ 68. Gegen den Beschluß, durch welchen die Bestätigung ertheilt wird, findet kein Rechtsmittel statt.

Gegen den Beschluß, durch welchen die Bestätigung versagt wird, findet die sofortige Beschwerde statt. Die Beschwerde steht jedem der Vertragschließenden zu, auch wenn der Antrag auf Bestätigung von ihm nicht gestellt war. Die Vorschriften des § 22 Abs. 2, des § 24 Abs. 3 und des § 26 Satz 2 finden keine Anwendung.

5. Abschnitt. Nachlaß- und Theilungssachen.

§ 72. Für die dem Nachlaßgericht obliegenden Verrichtungen sind die Amtsgerichte zuständig.

§ 73. Die örtliche Zuständigkeit bestimmt sich nach dem Wohnsitze, den der Erblasser zur Zeit des Erbfalls hatte; in Ermangelung eines inländischen Wohnsitzes ist das Gericht zuständig, in dessen Bezirke der Erblasser zur Zeit des Erbfalls seinen Aufenthalt hatte.

Iſt der Erblaſſer ein Deutſcher und hatte er zur Zeit des Erbfalls im Inlande weder Wohnſitz noch Aufenthalt, ſo iſt das Gericht zuſtändig, in deſſen Bezirke der Erblaſſer ſeinen letzten inländiſchen Wohnſitz hatte. In Ermangelung eines ſolchen Wohnſitzes wird das zuſtändige Amtsgericht, falls der Erblaſſer zur Zeit des Erbfalls einem Bundesſtaat angehörte, von der Landesjuſtizverwaltung, anderenfalls von dem Reichskanzler beſtimmt.

Iſt der Erblaſſer ein Ausländer und hatte er zur Zeit des Erbfalls im Inlande weder Wohnſitz noch Aufenthalt, ſo iſt jedes Gericht, in deſſen Bezirke ſich Nachlaßgegenſtände befinden, in Anſehung aller im Inlande befindlichen Nachlaßgegenſtände zuſtändig. Die Vorſchriften des § 2369 Abſ. 2 des BGB. finden Anwendung.

§ **74**. Für die Sicherung des Nachlaſſes iſt jedes Amtsgericht zuſtändig, in deſſen Bezirke das Bedürfniß der Fürſorge hervortritt. Das Gericht ſoll von den angeordneten Maßregeln dem nach § 73 zuſtändigen Nachlaßgerichte Mittheilung machen.

§ **75**. Auf die Nachlaßpflegſchaft finden die für Vormundſchaftsſachen geltenden Vorſchriften dieſes Geſetzes Anwendung. Unberührt bleiben die Vorſchriften über die Zuſtändigkeit des Nachlaßgerichts; das Nachlaßgericht kann jedoch die Pflegſchaft nach Maßgabe des § **46** an ein anderes Nachlaßgericht abgeben.

11. Abſchnitt. Schlußbeſtimmungen.

§ **185**. Dieſes Geſetz tritt gleichzeitig mit dem BGB. in Kraft.

Die Artikel 2 bis 5, 32 des Einführungsgeſetzes zum BGB. finden entſprechende Anwendung.

§ **186**. Die Vorſchriften der §§ 11, 66 des Geſetzes über die Beurkundung des Perſonenſtandes und die Eheſchließung vom 6. Februar 1875 (Reichs-Geſetzbl. S. 23) werden inſoweit aufgehoben, als ſie der Landesgeſetzgebung die Befugniß gewähren, das gerichtliche Verfahren abweichend zu regeln.

§ **187**. Der § 150 des Geſetzes, betreffend die Erwerbs- und Wirthſchaftsgenoſſenſchaften, vom 1. Mai 1889 (Reichs-Geſetzbl. S. 55) wird aufgehoben.

§ **188**. Der § 11 Abſ. 2 des Geſetzes, betreffend das Reichsſchuldbuch, vom 31. Mai 1891 (Reichs-Geſetzbl. S. 321) wird dahin geändert:

> Zur Ausſtellung dieſer Beſcheinigungen iſt das Nachlaßgericht und, falls der Erblaſſer zur Zeit des Erbfalls im Inlande weder Wohnſitz noch Aufenthalt hatte, auch derjenige Konſul des Reichs zuſtändig, in deſſen Amtsbezirke der Erblaſſer zur Zeit des Erbfalls ſeinen Wohnſitz oder ſeinen gewöhnlichen Aufenthalt hatte, ſofern dem Konſul von dem Reichskanzler die Ermächtigung zur Ausſtellung ſolcher Beſcheinigungen ertheilt iſt.

§ **189**. Soweit im Einführungsgeſetze zum BGB. zu Gunſten der Landesgeſetze Vorbehalte gemacht ſind, gelten ſie auch für die Vorſchriften der Landesgeſetze über diejenigen Angelegenheiten der freiwilligen Gerichtsbarkeit, welche Gegenſtand dieſes Geſetzes ſind; den Landesgeſetzen ſtehen nach Maßgabe der Artikel 57, 58 des Einführungsgeſetzes zum BGB. die Hausverfaſſungen gleich.

§ **190**. Unberührt bleiben die landesgeſetzlichen Vorſchriften, welche für den Fall, daß nach Artikel 147 des Einführungsgeſetzes zum BGB. die dem Vormundſchaftsgericht obliegenden Verrichtungen durch Landesgeſetz anderen Behörden als den Amtsgerichten übertragen ſind, über den Vorſitz im Familienrathe Beſtimmung treffen.

§ **191**. Unberührt bleiben die landesgeſetzlichen Vorſchriften, nach welchen für die Aufnahme der nach dem § 1718 und dem § 1720 Abſ. 2 des BGB. erforderlichen öffentlichen Urkunden ſowie für die öffentliche Beglaubigung einer Unterſchrift außer den Amtsgerichten und Notaren auch andere Behörden oder Beamte zuſtändig ſind.

Durch Landesgeſetz kann die Zuſtändigkeit der Amtsgerichte für die öffentliche Beglaubigung einer Unterſchrift oder eines Handzeichens ausgeſchloſſen werden.

§ **192**. Unberührt bleiben die landesgeſetzlichen Vorſchriften, nach welchen, wenn die Auseinanderſetzung in Anſehung eines Nachlaſſes nicht binnen einer beſtimmten Friſt bewirkt iſt, das Nachlaßgericht die Auseinanderſetzung von Amtswegen zu vermitteln hat; auf die Auseinanderſetzung finden die Vorſchriften der §§ 88 bis 98 Anwendung.

§ 193. Unberührt bleiben die landesgesetzlichen Vorschriften, nach welchen für die gemäß § 99 den Amtsgerichten obliegenden Verrichtungen andere als gerichtliche Behörden zuständig sind, sowie die landesgesetzlichen Vorschriften, nach welchen in den Fällen der §§ 86, 99 an Stelle der Gerichte oder neben diesen die Notare die Auseinandersetzung zu vermitteln haben.

§ 194. Sind für die im § 1 bezeichneten Angelegenheiten nach Landesgesetz andere als gerichtliche Behörden zuständig, so gelten die in dem ersten Abschnitte für die Gerichte gegebenen Vorschriften auch für die anderen Behörden.

Als gemeinschaftliches oberes Gericht im Sinne der §§ 5, 46 gilt dasjenige Gericht, welches das gemeinschaftliche obere Gericht für die Amtsgerichte ist, in deren Bezirke die Behörden ihren Sitz haben. Durch Landesgesetz kann jedoch bestimmt werden, daß, wenn die Behörden in dem Bezirke desselben Amtsgerichts ihren Sitz haben, dieses als gemeinschaftliches oberes Gericht zuständig ist.

Die Vorschriften des § 8 über die Sitzungspolizei und über die Berathung und Abstimmung sowie die Vorschriften der §§ 6, 10, 11, des § 16 Abs. 2 und des § 31 finden keine Anwendung.

Durch die Vorschrift des Abs. 1 wird die Verpflichtung der gerichtlichen Behörden, gemäß § 2 Rechtshülfe zu leisten, nicht berührt.

§ 195. Durch die Gesetzgebung eines Bundesstaats, in dem für die dem Vormundschaftsgericht oder dem Nachlaßgericht obliegenden Verrichtungen andere Behörden als die Amtsgerichte zuständig sind, kann bestimmt werden, daß die Abänderung einer Entscheidung einer solchen Behörde bei dem Amtsgerichte nachzusuchen ist, in dessen Bezirke die Behörde ihren Sitz hat. In diesem Falle finden auf das Verfahren die Vorschriften der §§ 20 bis 25 entsprechende Anwendung.

Die Beschwerde findet gegen die Entscheidung des Amtsgerichts statt.

§ 196. Ist für die Volljährigkeitserklärung nach Landesgesetz die Zentralstelle des Bundesstaats zuständig, so finden die in dem ersten Abschnitte für die Gerichte gegebenen Vorschriften keine Anwendung.

Die Verfügung durch welche der Minderjährige für volljährig erklärt wird, tritt mit der Bekanntmachung an den Minderjährigen in Wirksamkeit.

§ 197. Durch die Landesjustizverwaltung kann angeordnet werden, daß die im § 14 des Gesetzes über die Beurkundung des Personenstandes und die Eheschließung vom 6. Februar 1875 vorgesehene Aufbewahrung des Nebenregisters bei den Landgerichten erfolgen soll.

§ 198. Unberührt bleiben die landesgesetzlichen Vorschriften, nach welchen bei der Beurkundung einer Erklärung in den Fällen des § 169 der Richter an Stelle des Gerichtsschreibers oder der zwei Zeugen eine besonders dazu bestellte Urkundsperson zuziehen kann.

Auf die Urkundsperson finden die Vorschriften der §§ 170 bis 172 Anwendung.

§ 199. Durch die Gesetzgebung eines Bundesstaats, in dem mehrere Oberlandesgerichte errichtet sind, kann die Entscheidung über das Rechtsmittel der weiteren Beschwerde einem der mehreren Oberlandesgerichte oder an Stelle eines solchen Oberlandesgerichts dem obersten Landesgerichte zugewiesen werden.

Das Gericht, dem nach Abs. 1 die Entscheidung zugewiesen wird, tritt zugleich für die Beschwerde gegen eine Verfügung des Landgerichts an die Stelle des nach § 64 und § 143 Abs. 2 zuständigen Oberlandesgerichts. Auch gilt es im Sinne der §§ 5, 46 als gemeinschaftliches oberes Gericht für alle Gerichte des Bundesstaats.

§ 200. Durch Landesgesetz können Vorschriften zur Ergänzung und Ausführung dieses Gesetzes, mit Einschluß der erforderlichen Uebergangsvorschriften, auch insoweit erlassen werden, als dieses Gesetz Vorbehalte für die Landesgesetzgebung nicht enthält.

Soweit durch Landesgesetz allgemeine Vorschriften über die Errichtung gerichtlicher oder notarieller Urkunden erlassen werden, ist ein Verstoß gegen eine solche Vorschrift, unbeschadet der Vorschriften über die Folgen des Mangels der sachlichen Zuständigkeit, ohne Einfluß auf die Gültigkeit der Beurkundung.

II. Landes-Ausführungsbestimmungen.

1. Preußen.

a) Ausführungsgesetz zum Bürgerlichen Gesetzbuch. Vom 20. September 1899. (GS. S. 177.)

(Auszug.)

Staatsschuldbuch.

Art. 16. Das Gesetz, betreffend das Staatsschuldbuch, v. 20. Juli 1883 (GS. S. 120) wird dahin geändert:

I. Der § 9 erhält folgende Fassung:

Eine Ehefrau wird, unbeschadet der Vorschriften des Art. 97 Abs. 2 des Einführungsgesetzes zum BGB., zu Anträgen ohne Zustimmung des Ehemannes zugelassen.

II. Der § 12 Abs. 2 erhält folgende Fassung:

Zur Ausstellung dieser Bescheinigungen ist das Nachlaßgericht und, falls der Erblasser zur Zeit des Erbfalls im Inlande weder Wohnsitz noch Aufenthalt hatte, auch derjenige Konsul des Reichs zuständig, in dessen Amtsbezirke der Erblasser zur Zeit des Erbfalls seinen Wohnsitz oder seinen gewöhnlichen Aufenthalt hatte, sofern dem Konsul von dem Reichskanzler die Ermächtigung zur Ausstellung solcher Bescheinigungen ertheilt ist.

III. Der § 24 wird gestrichen.

Schuldverschreibungen auf den Inhaber.

Art. 18. § 1. Bei Schuldverschreibungen auf den Inhaber, die von einer Preußischen Körperschaft, Stiftung oder Anstalt des öffentlichen Rechtes ausgestellt sind, kann der Inhaber von dem Aussteller verlangen, daß die Schuldverschreibung auf seinen Namen oder auf den Namen eines von ihm bezeichneten Dritten umgeschrieben wird, es sei denn, daß er zur Verfügung über die Urkunde nicht berechtigt ist. Zu Gunsten des Ausstellers gilt der Inhaber als zur Verfügung über die Urkunde berechtigt.

Die Vorschriften des Abs. 1 finden auf Zins-, Renten- und Gewinnantheilscheine sowie auf die auf Sicht zahlbaren Schuldverschreibungen keine Anwendung.

§ 2. Die Umschreibung auf den Namen einer juristischen Person, die ihren Sitz außerhalb des Deutschen Reichs hat, kann nicht verlangt werden.

§ 3. In den Fällen des § 1667 Abs. 2, des § 1815 und des § 2117 des BGB. kann die Umschreibung mit der gesetzlich vorgeschriebenen Bestimmung verlangt werden.

§ 4. Eine Ehefrau bedarf zu einer Verfügung über die umgeschriebene Schuldverschreibung dem Aussteller gegenüber nicht der Zustimmung des Ehemannes.

§ 5. Wer zur Verfügung über die umgeschriebene Schuldverschreibung berechtigt ist, kann, solange die Schuldverschreibung nicht gekündigt ist, von dem Aussteller die Umschreibung auf seinen Namen oder den Namen eines Dritten, die Rückverwandlung in eine Schuldverschreibung auf den Inhaber und gegen Aushändigung der Urkunde die Ertheilung einer neuen Schuldverschreibung auf den Inhaber verlangen.

§ 6. Die Kosten der Umschreibung, der Rückverwandlung in eine Schuldverschreibung auf den Inhaber und der Ertheilung einer neuen Schuldverschreibung auf den Inhaber hat der Antragsteller zu tragen und vorzuschießen.

§ 7. Die zuständigen Minister erlassen die erforderlichen Ausführungsvorschriften. Sie können insbesondere Bestimmungen treffen

1. über die Form der an den Aussteller zu richtenden Anträge und der Vollmacht zur Stellung solcher Anträge,
2. über die Form des Nachweises, daß der Antragsteller oder der Empfänger der Zahlung der in der Schuldverschreibung genannte Gläubiger oder sonst zur Verfügung über die Schuldverschreibung berechtigt oder zur Vertretung des Berechtigten befugt ist,
3. über die Form der Umschreibung und der Rückverwandlung in eine Schuldverschreibung auf den Inhaber,
4. über die Sätze, nach denen die im § 6 bezeichneten Kosten zu bemessen sind.

§ 8. Ist den nach Maßgabe des § 7 Nr. 1, 2 bestimmten Erfordernissen genügt, so gilt der Antragsteller oder der Empfänger der Zahlung zu Gunsten des Ausstellers als zur Verfügung über die Schuldverschreibung berechtigt oder zur Vertretung des Berechtigten befugt.

§ 9. Eine abhanden gekommene oder vernichtete Schuldverschreibung, die auf den Namen umgeschrieben ist, kann, wenn nicht in der Urkunde das Gegentheil bestimmt ist, im Wege des Aufgebotsverfahrens für kraftlos erklärt werden.

Die Vorschriften des § 799 Abs. 2 und der §§ 800, 805 des BGB. finden entsprechende Anwendung.

§ 10. Die Vorschriften der §§ 1 bis 9 gelten auch für Schuldverschreibungen, die vor dem Inkrafttreten des BGB. ausgestellt oder auf den Namen umgeschrieben worden sind.

§ 11. Für die Umschreibung einer auf den Inhaber lautenden Schuldverschreibung auf den Namen eines bestimmten Berechtigten ist eine Stempelabgabe nicht zu entrichten.

Eheschließung.

Art. 42. Die Vorschriften, nach welchen für Staatsbeamte und Geistliche zur Eingehung einer Ehe eine besondere Erlaubniß erforderlich ist, werden aufgehoben.

Art. 43. § 1. Wollen Ausländer oder Ausländerinnen in Preußen eine Ehe eingehen, so haben sie ein Zeugniß der zuständigen Behörde des Staates, dem sie angehören, darüber beizubringen, daß der Behörde ein nach den Gesetzen dieses Staates bestehendes Ehehinderniß nicht bekannt geworden ist.

§ 2. Ausländer haben außerdem ein Zeugniß der zuständigen Behörde des Staates, dem sie angehören, darüber beizubringen, daß sie nach den Gesetzen dieses Staates ihre Staatsangehörigkeit nicht durch die Eheschließung verlieren, sondern auf ihre Ehefrau und ihre ehelichen oder durch die nachfolgende Ehe legitimirten Kinder übertragen.

§ 3. Die nach den §§ 1, 2 erforderlichen Zeugnisse müssen von einem Konsul oder Gesandten des Reichs mit der Bescheinigung versehen sein, daß die das Zeugniß ausstellende Behörde für die Ausstellung zuständig ist.

Diese Vorschrift findet auf solche Zeugnisse keine Anwendung, welche nach den Bestimmungen der Staatsverträge über die Beglaubigung der von öffentlichen Behörden ausgestellten Urkunden keiner Beglaubigung bedürfen.

§ 4. Von der Vorschrift des § 1 kann der Justizminister im einzelnen Falle, von der Vorschrift des § 2 kann der Minister des Innern im einzelnen Falle oder für die Angehörigen eines ausländischen Staates im Allgemeinen Befreiung bewilligen.

§ 5. Die für die Eheschließung von Ausländern bisher geltenden landesgesetzlichen Vorschriften werden aufgehoben.

§ 6. Will ein Angehöriger der rechtsrheinischen Gebietstheile des Königreichs Bayern in Preußen eine Ehe eingehen, so hat er das nach den Vorschriften der Bayerischen Gesetze erforderliche Verehelichungszeugniß beizubringen.

Güterstand bestehender Ehen.

Art. **44**. Für den Güterstand der zur Zeit des Inkrafttretens des BGB. bestehenden Ehen treten, wenn die Ehegatten zu der bezeichneter Zeit in Preußen ihren Wohnsitz haben, von dieser Zeit an nach Maßgabe der Artikel 45 bis 64 an die Stelle der bisherigen Gesetze die Vorschriften des BGB.

Art. **45**. § 1. Besteht für eine Ehe der gesetzliche Güterstand nach dem Allgemeinen Landrechte Theil II Titel 1 Abschnitt 5, so treten an die Stelle der bisherigen Gesetze die Vorschriften des BGB. über das gesetzliche Güterrecht.

Ist für eine Ehe die Verwaltung und der Nießbrauch des Mannes nach den Bestimmungen des Allgemeinen Landrechts Theil II Titel 1 §§ 980 bis 983, 999 ausgeschlossen, so treten an die Stelle der bisherigen Gesetze die für die Gütertrennung geltenden Vorschriften der §§ 1427 bis 1430 des BGB.

§ 2. Die Vorschriften über die Befugniß des überlebenden Ehegatten zur Uebernahme eines in die Landgüterrolle eingetragenen Landguts bleiben unberührt.

Das Gleiche gilt von den besonderen Vorschriften des Ostpreußischen Provinzialrechts über die erbrechtlichen Wirkungen des Güterstandes.

Art. **46**. § 1. Besteht für eine Ehe der gesetzliche Güterstand nach Märkischem Provinzialrechte, so treten an die Stelle der bisherigen Gesetze die Vorschriften des BGB. über das gesetzliche Güterrecht.

Die Vorschrift des Artikel 45 § 1 Abs. 2 findet Anwendung.

§ 2. Die nach den bisherigen Gesetzen dem überlebenden Ehegatten an dem Vermögen des verstorbenen Ehegatten zustehenden Rechte sind erbrechtliche Wirkungen des Güterstandes. Die bisherigen Gesetze bleiben für sie mit den in den §§ 3 bis 5 bestimmten Aenderungen maßgebend.

§ 3. Bei der gesetzlichen Erbfolge kann der überlebende Ehegatte bis zum Ablaufe der im BGB. vorgeschriebenen Ausschlagungsfrist statt der Rechte, die ihm nach den bisherigen Gesetzen zustehen, die Erbfolge nach dem BGB. wählen.

Die Wahl erfolgt durch Erklärung gegenüber dem Nachlaßgerichte; die Erklärung ist in öffentlich beglaubigter Form abzugeben.

§ 4. Das Nachlaßgericht hat dem überlebenden Ehegatten auf Antrag eines Miterben eine Frist zur Erklärung darüber zu bestimmen, ob er die statutarische Portion oder die Rücknahme des eigenen Vermögens wähle.

Die Frist soll mindestens einen Monat, höchstens drei Monate betragen. Sie beginnt mit der Zustellung des Beschlusses, durch den sie bestimmt wird. Sie endigt nicht vor dem Ablaufe der Ausschlagungsfrist.

Die Wahl ist nach Maßgabe des § 3 Abs. 2 zu erklären. Erklärt sich der Ehegatte nicht vor dem Ablaufe der Frist, so geht das Wahlrecht auf die Miterben über. Der Ehegatte ist auf diese Folge in dem Beschlusse hinzuweisen.

Die Fristbestimmung ist unwirksam, wenn der Ehegatte die im § 3 bezeichnete Erklärung rechtzeitig abgiebt.

§ 5. Soweit der überlebende Ehegatte die ihm nach den bisherigen Gesetzen zustehenden Rechte auch gegenüber einer von dem verstorbenen Ehegatten getroffenen Verfügung von Todeswegen geltend machen kann, finden die Vorschriften des § 4 Abs. 1 bis 3 entsprechende Anwendung.

Art. **47**. § 1. Besteht für eine Ehe der gesetzliche Güterstand der allgemeinen Gütergemeinschaft nach dem Allgemeinen Landrechte, so treten an die Stelle der bisherigen Gesetze die Vorschriften des BGB. über die allgemeine Gütergemeinschaft.

Tritt für die Ehe nach den Bestimmungen des Allgemeinen Landrechts Theil II Titel 18 §§ 782 ff. der bezeichnete Güterstand erst zu einer späteren Zeit ein, so gilt die Vorschrift des Abs. 1 von dieser Zeit an.

§ 2. Die Vorschriften des Allgemeinen Landrechts Theil II Titel 1 §§ 379, 386, 392 bis 395, 420 bleiben mit folgenden Maßgaben in Kraft:

1. Auf die im § 379 bezeichneten Verfügungen finden die Vorschriften Anwendung, welche für die in den §§ 1444, 1445 des BGB. bezeichneten Rechtsgeschäfte gelten.
2. Wird die Gütergemeinschaft auf Grund des § 420 aufgehoben, so gilt für die Zukunft Gütertrennung.

§ 3. Die Vorschriften über die Befugniß des überlebenden Ehegatten zur Uebernahme eines in die Landgüterrolle eingetragenen Landguts oder eines Anerbenguts bleiben unberührt.

§ 4. Fortgesetzte Gütergemeinschaft tritt nur ein, wenn sie durch Ehevertrag vereinbart ist.

Art. 48. § 1. Für eine Ehe, für welche der gesetzliche Güterstand der allgemeinen Gütergemeinschaft nach dem Gesetze, betreffend das eheliche Güterrecht in der Provinz Westfalen und in den Kreisen Rees, Essen und Duisburg, vom 16. April 1860 (GS. S. 165) besteht, bleiben die Vorschriften des genannten Gesetzes mit den in den §§ 2 bis 7 bestimmten Aenderungen in Kraft.

§ 2. Soweit für die Ehe bisher die Vorschriften des Allgemeinen Landrechts über die allgemeine Gütergemeinschaft gelten, treten an deren Stelle nach Maßgabe des Artikel 47 §§ 1 bis 3 die Vorschriften des BGB.

Die Bestimmungen, welche für die im § 1446 des BGB. bezeichneten Rechtsgeschäfte gelten, finden auf Verfügungen Anwendung, zu welchen der Mann der Zustimmung der Frau bedarf.

§ 3. An die Stelle des § 4 des Gesetzes vom 16. April 1860 treten folgende Vorschriften:

Das Verwaltungs- und Verfügungsrecht des Mannes ruht und wird durch die Frau ausgeübt:

1. wenn der Mann entmündigt ist; die Befugniß kann der Frau von dem Vormundschaftsgerichte schon vor dem Eintritte der Wirksamkeit der Entmündigung übertragen werden;
2. wenn die Voraussetzungen vorliegen, unter welchen der Mann nach § 1910 des BGB. zur Besorgung seiner Vermögensangelegenheiten einen Pfleger erhalten kann oder für den Mann ein Abwesenheitspfleger zu bestellen ist. Die Befugniß der Frau beginnt erst, wenn sie ihr von dem Vormundschaftsgericht auf ihren Antrag ertheilt wird.

§ 4. An die Stelle des § 7 Abs. 5 des Gesetzes vom 16. April 1860 tritt folgende Vorschrift:

Bei der Auseinandersetzung zwischen dem überlebenden Ehegatten und den Erben des Verstorbenen finden die die Schichtung betreffenden Bestimmungen des § 17 mit Ausnahme der den Kindern in den Fällen des § 14 Nr. 2 bis 8 beigelegten Befugniß gleichfalls Anwendung.

§ 5. An die Stelle des § 12 Abs. 1 des Gesetzes vom 16. April 1860 tritt folgende Vorschrift:

Auf die Haftung der überlebenden Ehefrau gegenüber denjenigen Gläubigern der bisherigen Gemeinschaft, welchen sie nicht aus besonderen Gründen persönlich haftet, finden die für die Haftung des Erben für die Nachlaßverbindlichkeiten geltenden Vorschriften des BGB. entsprechende Anwendung; an die Stelle des Nachlasses tritt das bei dem Tode des Mannes vorhanden gewesene gemeinschaftliche Vermögen.

§ 6. An Stelle der §§ 14, 15 des Gesetzes vom 16. April 1860 treten folgende Vorschriften:

§ 14. Ein antheilsberechtigter Abkömmling kann gegen den überlebenden Ehegatten auf Schichtung klagen:

1. wenn der überlebende Ehegatte eine neue Ehe eingeht;
2. wenn der überlebende Ehegatte entmündigt ist;
3. wenn für den überlebenden Ehegatten ein Abwesenheitspfleger bestellt ist;
4. wenn der überlebende Ehegatte die elterliche Gewalt über den Abkömmling verwirkt hat oder, falls sie ihm zugestanden hätte, verwirkt haben würde;
5. wenn der überlebende Ehegatte ein Rechtsgeschäft, welches der Zustimmung der übrigen Antheilsberechtigten bedarf, ohne Zustimmung des Abkömmlinges vorgenommen hat und für die Zukunft eine erhebliche Gefährdung des Abkömmlinges zu besorgen ist;
6. wenn der überlebende Ehegatte das gemeinschaftliche Vermögen in der Absicht, den Abkömmling zu benachtheiligen, vermindert hat;
7. wenn der überlebende Ehegatte seine Verpflichtung, dem Abkömmling Unterhalt zu gewähren, verletzt hat und für die Zukunft eine erhebliche Gefährdung des Unterhalts zu besorgen ist;

8. wenn der überlebende Ehegatte das gemeinschaftliche Vermögen durch Verschwendung erheblich gefährdet;
9. wenn der verstorbene Ehegatte die Schichtung letztwillig angeordnet hat.

In den Fällen des Abs. 1 Nr. 1 bis 3, 5, 6, 8, 9 steht das Klagerecht auch dem hinterlassenen Ehegatten eines antheilsberechtigten Abkömmlinges zu, wenn er nach § 16 an die Stelle des Abkömmlinges tritt.

§ 15. Bei der Schichtung wird der den Antheilsberechtigten gemäß § 7 gebührende Antheil an dem in die fortgesetzte Gütergemeinschaft gefallenen Vermögen festgesetzt:

1. im Falle des § 14 Nr. 1 nach dem Vermögensstande zur Zeit der Wiederverheirathung, sofern nicht die Schichtung vorher stattfindet;
2. im Falle des § 14 Nr. 2 nach dem Vermögensstande bei dem Eintritte der Wirksamkeit der Entmündigung;
3. im Falle des § 14 Nr. 9 nach dem Vermögensstande bei dem Tode des verstorbenen Ehegatten;
4. in den übrigen Fällen nach dem Vermögensstande zur Zeit der Schichtung.

Wird jedoch die Verpflichtung zur Schichtung durch Urtheil ausgesprochen, so erfolgt die Schichtung auf Verlangen der Antheilsberechtigten nach dem Vermögensstande zur Zeit der Erhebung der Klage auf Schichtung.

Jedes Kind muß bei der Schichtung sowohl dem überlebenden Ehegatten als auch den Geschwistern gegenüber das Vorempfangene nach den für die Ausgleichung unter Abkömmlingen geltenden Vorschriften zur Ausgleichung bringen.

§ 7. An die Stelle des § 17 Abs. 2 des Gesetzes vom 16. April 1860 tritt folgende Vorschrift:

In den Fällen des § 14 Abs. 1 Nr. 2 bis 8 geht die dem überlebenden Ehegatten beigelegte Befugniß auf die Kinder der aufgelösten Ehe über.

§ 8. Der § 10 Abs. 4 Satz 2 und der § 17 Abs. 4 des Gesetzes v. 16. April 1860 werden gestrichen.

Art. 49. § 1. Besteht für eine Ehe der gesetzliche Güterstand des gemeinen Dotalrechts, so treten an die Stelle der bisherigen Gesetze die Vorschriften des BGB. über das gesetzliche Güterrecht.

§ 2. Das Vermögen, welches als Heirathsgut bestellt oder von der Frau der Verwaltung des Mannes ohne Vorbehalt überlassen ist, wird eingebrachtes Gut, das sonstige Vermögen der Frau wird Vorbehaltsgut der Frau.

Die Ansprüche Dritter auf Herausgabe des Heirathsguts bleiben unberührt.

§ 3. Bestimmt sich der Güterstand einer Ehe bisher nach dem im Lande Wursten geltenden Rechte, so tritt mit der Geburt eines Kindes allgemeine Gütergemeinschaft nach den Vorschriften des BGB. ein.

Die Vorschriften des Artikel 51 § 2 Abs. 2 und des Artikel 52 § 2 finden Anwendung.

Art. 50. § 1. Besteht für eine Ehe der gesetzliche Güterstand nach dem in der Provinz Schleswig-Holstein geltenden Sächsischen oder Lübischen, nach dem im vormals Schauenburgischen Antheile Holsteins geltenden Rechte, nach den in Otterndorf, in Stade mit Brunshausen oder in Buxtehude geltenden Vorschriften oder nach der Schaumburgischen Polizeiordnung von 1615, so treten an die Stelle der bisherigen Gesetze die Vorschriften des BGB. über das gesetzliche Güterrecht.

§ 2. Die Vorschriften des Artikel 46 §§ 2, 3 finden entsprechende Anwendung. Das Gleiche gilt, wenn bisher das im vormals Schauenburgischen Antheile Holsteins geltende Recht maßgebend ist, von den Vorschriften des Artikel 46 §§ 4, 5.

§ 3. Die Vorschrift des Artikel 46 § 3 findet auch Anwendung, wenn eine Ehe mit dem gesetzlichen Güterstande der Neumünsterschen Kirchspielgebräuche vor dem Ablaufe der für den Eintritt der Gütergemeinschaft maßgebenden Frist durch den Tod eines der Ehegatten aufgelöst wird.

Art. 51. § 1. Für eine Ehe mit dem gesetzlichen Güterstande des in der Provinz Pommern geltenden Lübischen Rechtes treten an die Stelle der bisherigen Gesetze, wenn nach diesen zur Zeit des Inkrafttretens des BGB. keine Gütergemeinschaft besteht, die Vorschriften des BGB. über das gesetzliche Güterrecht, anderenfalls die Vorschriften des BGB. über die allgemeine Gütergemeinschaft.

§ 2. Gilt für die Ehe nach § 1 das gesetzliche Güterrecht des BGB., so tritt mit der Geburt eines Kindes, sofern nach den bisherigen Gesetzen Gütergemeinschaft eingetreten sein würde, allgemeine Gütergemeinschaft nach den Vorschriften des BGB. ein.

Inwieweit das Vermögen der Frau Vorbehaltsgut wird und inwieweit die Verbindlichkeiten der Frau Gesammtgutsverbindlichkeiten werden, bestimmt sich nach den Vorschriften, welche gelten würden, wenn die allgemeine Gütergemeinschaft schon mit dem Inkrafttreten des BGB. eingetreten wäre.

§ 3. Die Vorschriften der Statuten der Stadt Stolp über die Rechte, welche der Frau im Falle der Unzugänglichkeit des Vermögens der Ehegatten zustehen (§ 58 des Statutarrechts der Städte des Herzogthums Alt-Vor- und Hinterpommern), bleiben in Kraft.

§ 4. Wird eine Ehe, für die nach § 1 das gesetzliche Güterrecht des BGB. gilt, durch den Tod eines der Ehegatten aufgelöst, so finden die Vorschriften des Artikel 46 §§ 2, 3 Anwendung. Sind für den Güterstand der Ehe bisher die für die Städte Anklam und Treptow an der Tollense geltenden Vorschriften maßgebend, so finden, wenn bei dem Tode eines Ehegatten ein gemeinschaftlicher Abkömmling vorhanden ist, auch die Vorschriften des Artikel 46 §§ 4, 5 entsprechende Anwendung.

Wird eine Ehe, für die bisher der gesetzliche Güterstand des in Neuvorpommern und Rügen geltenden Lübischen Rechtes bestanden hat und nach § 1 oder § 2 die allgemeine Gütergemeinschaft des BGB. eingetreten ist, durch den Tod eines der Ehegatten aufgelöst, so sind für die Theilung des Gesammtguts die bisherigen Gesetze maßgebend. Das Gleiche gilt in Ansehung der Rechte, die einem antheilsberechtigten Abkömmlinge bei dem Eintritte der Volljährigkeit oder im Falle der Verheirathung zustehen.

Soweit nach dem bisherigen Rechte der Ehemann befugt ist, für den Fall, daß die Ehe durch seinen Tod aufgelöst wird, die Forsetzung der Gütergemeinschaft durch letztwillige Verfügung auszuschließen, bleibt diese Befugniß unberührt.

§ 5. Besteht für eine Ehe der gesetzliche Güterstand der allgemeinen Gütergemeinschaft nach der Bauerordnung v. 16. Mai 1616 oder der Bauerordnung v. 30. Dezember 1764 oder nach den Statuten der Städte Stettin, Pölitz, Pyritz, Alt-Damm oder Garz an der Oder, so treten an die Stelle der bisherigen Gesetze die Vorschriften des BGB. über die allgemeine Gütergemeinschaft.

§ 6. Im Falle der Auflösung der Ehe durch den Tod eines der Ehegatten finden, wenn für die Ehe bisher die Bauerordnung v. 16. Mai 1616 galt, die Vorschriften des § 4 Abs. 2 Anwendung.

Galt für die Ehe bisher die Bauerordnung v. 30. Dezember 1764 und ist bei dem Tode eines Ehegatten ein gemeinschaftlicher Abkömmling nicht vorhanden, so wird die Gütergemeinschaft zwischen dem überlebenden Ehegatten und den anderen Erben des verstorbenen Ehegatten fortgesetzt. Die Vorschriften der §§ 1483 bis 1518 des BGB. finden entsprechende Anwendung; an die Stelle der antheilsberechtigten Abkömmlinge treten die anderen Erben.

Galten für die Ehe bisher die Statuten der Städte Stettin oder Pölitz und ist bei dem Tode eines Ehegatten ein gemeinschaftlicher Abkömmling nicht vorhanden, so finden die Vorschriften des Artikel 46 §§ 2, 3 Anwendung.

§ 7. Soweit für die in den §§ 1, 5 bezeichneten Ehen bisher die Vorschriften des Allgemeinen Landrechts Theil II Titel 1 §§ 379, 386, 392 bis 395, 420 und Titel 18 §§ 782 ff. gelten, finden die Vorschriften des Artikel 47 § 1 Abs. 2, § 2 Anwendung.

Art. 52. § 1. Besteht für eine Ehe der gesetzliche Güterstand der allgemeinen Gütergemeinschaft nach einem der Rechte, welche in den Provinzen Schleswig-Holstein, Hannover, Hessen-Nassau und in den Hohenzollernschen Landen gelten, so treten an die Stelle der bisherigen Gesetze die Vorschriften des BGB. über die allgemeine Gütergemeinschaft. Diese Vorschrift findet in der Provinz Hannover keine Anwendung auf Ehen, zu deren Vermögen ein in der Höferolle eingetragener Hof gehört.

Ist für eine Ehe mit dem gesetzlichen Güterstande der Neumünsterschen Kirchspielgebräuche die für den Eintritt der Gütergemeinschaft bisher maßgebende Frist zur Zeit des Inkrafttretens des BGB. noch nicht abgelaufen, so gilt die Vorschrift des Abs. 1 von dem Ablaufe der Frist an.

Besteht für eine Ehe der gesetzliche Güterstand der allgemeinen Gütergemeinschaft nach einem der Rechte, welche in den Hohenzollernschen Landen gelten, so findet die Vorschrift des § 1445 des BGB. nur insoweit Anwendung, als der Mann nach dem bisherigen Rechte der Einwilligung der Frau zu Verfügungen über Grundstücke bedarf. Tritt nach der Auflösung der Ehe fortgesetzte Gütergemeinschaft ein, so findet, die Vorschrift des § 1445 keine Anwendung.

§ 2. Wird die Ehe durch den Tod eines der Ehegatten aufgelöst und ist ein gemeinschaftlicher Abkömmling nicht vorhanden, so finden die Vorschriften des Artikel 46 §§ 2, 3 Anwendung.

§ 3. Ist für den Güterstand bisher ein in der Provinz Schleswig-Holstein geltendes Recht maßgebend, so bestimmt sich die Befugniß des Mannes zur Verfügung über ein zu dem Gesammtgute der Gütergemeinschaft oder der fortgesetzten Gütergemeinschaft gehörendes Grundstück nach den bisherigen Gesetzen.

Jeder Ehegatte kann für den Fall, daß die Ehe durch seinen Tod aufgelöst wird, die Fortsetzung der Gütergemeinschaft durch letztwillige Verfügung ausschließen; die Vorschrift des § 1509 des BGB. findet keine Anwendung.

Für den Fall der fortgesetzten Gütergemeinschaft bleiben die bisherigen Vorschriften über die Rechte, die einem antheilsberechtigten Abkömmlinge bei dem Eintritte der Volljährigkeit oder im Falle der Verheirathung zustehen, sowie über das Recht der väterlichen Aussage in Kraft. Das Gleiche gilt von den Vorschriften des Dänischen Rechtes und des Nordstrander Landrechts, nach welchen dem überlebenden Ehegatten außer der ihm zufallenden Hälfte noch ein weiterer Bruchtheil des Gesammtguts gebührt.

§ 4. Sind in einer Ehe, deren Güterstand sich nach Fuldischem oder Würzburgischem Rechte bestimmt, vereinkindschaftete Kinder aus einer früheren Ehe vorhanden, so finden die Vorschriften der §§ 1437 bis 1467, 1473 des BGB. Anwendung. Wird die Ehe durch den Tod des Ehegatten der früheren Ehe aufgelöst, so gelten nach der Abschichtung der vereinkindschafteten Kinder für das Verhältniß zwischen dem überlebenden Ehegatten und seinen Abkömmlingen die Vorschriften des BGB. über die fortgesetzte Gütergemeinschaft.

Im Uebrigen bleiben die bisherigen Gesetze, insbesondere in Ansehung der Rechte der vereinkindschafteten Kinder, maßgebend.

§ 5. Bestimmt sich der Güterstand einer Ehe bisher nach dem Hechinger Rechte, so erfolgt nach der Beendigung der Gütergemeinschaft außer den Fällen des § 1478 des BGB. die Theilung des Gesammtguts nach den bisherigen Gesetzen. Das Gleiche gilt nach der Beendigung der fortgesetzten Gütergemeinschaft; dem überlebenden Ehegatten gebührt nach Maßgabe der bisherigen Gesetze ein Bruchtheil des zugebrachten Vermögens des verstorbenen Ehegatten.

Die Vorschriften des Artikel 46 §§ 2, 3 finden auch in den Fällen des § 1483 Abs. 2, des § 1484 Abs. 3 und des § 1510 des BGB. Anwendung.

Art. 53. § 1. Besteht für eine Ehe der gesetzliche Güterstand der Errungenschaftsgemeinschaft nach einem der Rechte, welche in dem zum Oberlandesgerichtsbezirke Frankfurt a. M. gehörenden Theile der Rheinprovinz oder in den Provinzen Schleswig-Holstein und Hessen-Nassau gelten, so treten, unbeschadet der Vorschriften des Artikel 54, an die Stelle der bisherigen Gesetze die Vorschriften des BGB. über die Errungenschaftsgemeinschaft.

§ 2. Das errungenschaftliche Vermögen der Ehegatten wird Gesammtgut, auch soweit es nach den bisherigen Gesetzen nicht gemeinschaftliches Vermögen der Ehegatten ist.

§ 3. Ist für den Güterstand bisher ein in der Provinz Schleswig-Holstein geltendes Recht maßgebend, so bestimmt sich die Befugniß des Mannes zur Verfügung über ein zum Gesammtgute gehörendes Grundstück, das er während der Ehe erworben hat, nach den bisherigen Gesetzen.

§ 4. Bestimmt sich der Güterstand bisher nach dem Würzburgischen Rechte, so tritt mit der Geburt eines Kindes allgemeine Gütergemeinschaft nach den Vorschriften des BGB. ein. Die Vorschriften des Artikel 51 § 2 Abs. 2 und des Artikel 52 § 2 finden Anwendung.

Das Gleiche gilt für eine Ehe, deren Güterstand sich bisher nach dem Nordstrander Landrechte bestimmt. In diesem Falle findet auch die Vorschrift des Artikel 52 § 3 Anwendung.

§ 5. Die Vorschriften des Mainzer Landrechts, nach welchen bei der Auseinandersetzung der Mann zu zwei Dritteln, die Frau zu einem Drittel an dem Ueberschusse des Gesammtguts Theil nimmt, bleiben in Kraft.

Das Gleiche gilt, soweit im Geltungsbereiche der Nassau-Katzenelnbogenschen Landesordnung eine Theilung nach diesem Maßstabe gewohnheitsrechtlich hergebracht ist.

§ 6. Die Vorschriften des Artikel 46 §§ 2, 3 finden Anwendung.

Art. 54. § 1. Besteht für eine Ehe der gesetzliche Güterstand der Errungenschaftsgemeinschaft nach Althessischem oder dem in den vormals Kurhessischen Gebietstheilen des Oberlandesgerichtsbezirkes Cassel geltenden Solmser oder Mainzer Rechte, so treten an die Stelle der bisherigen Gesetze die Vorschriften des BGB. über das gesetzliche Güterrecht.

§ 2. Das Vermögen, welches die Ehefrau vor dem Inkrafttreten des BGB. während der Ehe erworben hat, wird eingebrachtes Gut.

§ 3. Endigt die Verwaltung und Nutznießung des Mannes auf andere Weise als durch Vertrag, so kann jeder Ehegatte von dem anderen nach Maßgabe der bisherigen Gesetze Ausgleichung des Ehegewinns verlangen, wie wenn die im § 1 bestimmte Aenderung des Güterstandes nicht eingetreten wäre. Der Anspruch ist nicht übertragbar. Er verjährt in einem Jahre; die Vorschrift des § 204 Satz 1 des BGB. findet keine Anwendung.

§ 4. Bestimmt sich der Güterstand bisher nach dem Solmser oder dem Mainzer Rechte, so finden die Vorschriften des Artikel 46 §§ 2, 3 Anwendung.

Art. 55. § 1. Besteht für eine Ehe der gesetzliche Güterstand der Gemeinschaft des beweglichen Vermögens und der Errungenschaft nach einem der Rechte, welche in den zum Oberlandesgerichtsbezirke Frankfurt a. M. gehörenden Theilen der Rheinprovinz oder in der Provinz Schleswig-Holstein gelten, so treten an die Stelle der bisherigen Gesetze die Vorschriften des BGB. über die Fahrnißgemeinschaft.

Tritt für eine Ehe, für welche die Vorschriften des Jütischen Low maßgebend sind, der bezeichnete Güterstand erst zu einer späteren Zeit ein, so gilt die Vorschrift des Abs. 1 von dieser Zeit an.

§ 2. Bei dem Güterstande der Kur-Cölnischen Rechtsordnung oder des Kur-Trierschen Landrechts bleiben statt des § 1551 Abs. 2, bei dem Güterstande des Jütischen Low bleiben statt der §§ 1551, 1554 des BGB. die bisherigen Gesetze für den Umfang des eingebrachten Gutes maßgebend.

§ 3. Die Vorschriften des Artikel 46 §§ 2, 3 und des Artikel 53 § 3 finden Anwendung.

Art. 56. Für Ehen, deren Güterstand sich nach dem Rheinischen BGB. bestimmt, gelten folgende Vorschriften:

§ 1. Bei der gesetzlichen Gütergemeinschaft treten an die Stelle der bisherigen Gesetze die Vorschriften des BGB. über die Fahrnißgemeinschaft.

§ 2. Bei der Errungenschaftsgemeinschaft treten an die Stelle der bisherigen Gesetze die Vorschriften des BGB. über die Errungenschaftsgemeinschaft.

§ 3. Bei der allgemeinen Gütergemeinschaft treten an die Stelle der bisherigen Gesetze die Vorschriften des BGB. über die allgemeine Gütergemeinschaft. Fortgesetzte Gütergemeinschaft tritt nur ein, wenn sie durch Ehevertrag vereinbart ist.

§ 4. In den Fällen der §§ 1 bis 3 bestimmt sich die Befugniß des Mannes zur Verfügung über ein zum Gesammtgute gehörendes Grundstück nach den bisherigen Gesetzen.

Die Frau kann bis zu dem Ablauf eines Jahres nach dem Inkrafttreten des BGB. auch auf Grund von Thatsachen, welche nur nach den bisherigen Gesetzen die Gütertrennungsklage rechtfertigen, auf Aufhebung der Gütergemeinschaft klagen, wenn die Thasachen vor dem Inkrafttreten des BGB. eingetreten sind.

§ 5. Ist bei einem der in den §§ 1 bis 3 bezeichneten Güterstände nach

Artikel 1514 des Rheinischen BGB. vereinbart, daß die Frau im Falle des Verzichts auf die Gütergemeinschaft ihr eingebrachtes Vermögen schuldenfrei zurücknehmen kann, so bleiben für die Ausübung des Verzichts die bisherigen Gesetze maßgebend.

§ 6. Ist für eine Ehe Ausschließung der Gütergemeinschaft nach Maßgabe der Artikel 1530 bis 1535 des Rheinischen BGB. vereinbart, so treten an die Stelle der bisherigen Gesetze die Vorschriften des BGB. über das gesetzliche Güterrecht. Die Vorschrift des § 4 findet entsprechende Anwendung.

§ 7. Ist in den Fällen der §§ 1 bis 3, 6 der Frau vor dem Inkrafttreten des BGB. eine Erbschaft oder ein Vermächtniß angefallen, so sind für die Befugniß der Frau zur Annahme oder Ausschlagung die bisherigen Vorschriften maßgebend.

§ 8. Bei dem Güterstande der Gütertrennung treten an die Stelle der bisherigen Gesetze die für die Gütertrennung geltenden Vorschriften der §§ 1427 bis 1430 des BGB.

§ 9. Die gesetzliche Hypothek der Frau besteht von dem Eintritte der in den §§ 1 bis 3, 6, 8 bestimmten Aenderung des Güterstandes an nur noch zur Sicherung der vorher entstandenen Ansprüche; ist sie nicht vor dem Ablauf eines Jahres nach dem Eintritte der Aenderung durch Einschreibung im Hypothekenregister oder durch Eintragung im Grundbuche wirksam geworden, so erlischt sie.

§ 10. Ist für eine Ehe Dotalrecht vereinbart, so fällt die Beschränkung der Frau in der Geschäftsthäigkeit weg. Dies gilt jedoch nicht in Ansehung des Heirathsguts.

Im Uebrigen bleiben die bisherigen Gesetze maßgebend.

Art. 57. Besteht für eine Ehe der gesetzliche Güterstand nach dem Allgemeinen Landrechte Theil II Titel 1 Abschnitt 5, dem gemeinen Dotalrechte, dem gemeinen Sachsenrechte, der Schaumburgischen Polizeiordnung von 1615, dem Fuldischen, dem Würzburgischen Rechte, dem Landrechte der oberen Grafschaft Katzenelnbogen oder dem Französischen Civilgesetzbuche, so finden die für diese Güterstände maßgebenden Vorschriften der Artikel 45, 49, 50, 52, 53, 56 auch Anwendung, wenn die Ehegatten den ersten ehelichen Wohnsitz nicht in Preußen gehabt haben.

Dem Französischen Civilgesetzbuche wird das Badische Landrecht gleich geachtet.

Art. 58. Auf eine Ehe, für die einer der in den Artikeln 45 bis 57 bezeichneten Güterstände kraft Ehevertrags gilt, finden die Vorschriften dieser Artikel ohne Rücksicht auf den ersten ehelichen Wohnsitz der Ehegatten Anwendung.

Besteht für eine Ehe kraft Ehevertrags der Güterstand des gemeinen Dotalrechts, so treten an die Stelle der bisherigen Gesetze die für die Gütertrennung geltenden Vorschriften der §§ 1427 bis 1430 des BGB.

Art. 59. Für die nach den Artikeln 45 bis 58 eintretende Aenderung des Güterstandes gelten folgende Vorschriften:

§ 1. Das zur Zeit der Aenderung des Güterstandes vorhandene Vermögen der Ehegatten wird, unbeschadet der Vorschriften des Artikel 49 § 2, des Artikel 53 § 2 und des Artikel 54 § 2, eingebrachtes Gut, Vorbehaltsgut oder Gesammtgut, soweit es nach den bisherigen Gesetzen zu einer dem eingebrachten Gute, dem Vorbehaltsgut oder dem Gesammtgut entsprechenden Vermögensmasse gehört.

Bei der allgemeinen Gütergemeinschaft findet auf Gegenstände, die nur der Nutzung nach zum gemeinschaftlichen Vermögen gehören, die Vorschrift des § 1439 Satz 2 des BGB. Anwendung.

§ 2. Wird in Folge der Aenderung des Güterstandes das Grundbuch unrichtig, so werden für die Berichtigung des Grundbuchs Gerichtsgebühren und Stempel nicht erhoben.

§ 3. In Ansehung der vor der Aenderung des Güterstandes entstandenen Verbindlichkeiten der Ehegatten bestimmen sich die Haftung des eingebrachten Gutes, des Vorbehaltsguts und des Gesammtguts sowie die persönliche Haftung der Ehegatten nach den bisherigen Gesetzen. Dies gilt auch für das Verhältniß der Ehegatten unter einander.

Soweit sich bei der allgemeinen Gütergemeinschaft die Frau nach den bisherigen Gesetzen durch die Ausschlagung ihres Antheils von der persönlichen Haftung befreien kann, erlischt die Haftung mit der Beendigung der Gemeinschaft.

§ 4. Die Geltendmachung der Ersatzansprüche, welche den Ehegatten auf Grund des Güterstandes gegen einander zustehen, bestimmt sich nach den Vorschriften des BGB.

§ 5. Vereinbarungen, welche die Ehegatten in Abänderung oder Ergänzung einzelner Vorschriften des gesetzlichen Güterrechts getroffen haben, werden von der Aenderung des Güterstandes nicht berührt.

Das Gleiche gilt von einer seitens eines Dritten getroffenen Anordnung der im Abs. 1 bezeichneten Art.

§ 6. Auf einen zur Zeit der Aenderung des Güterstandes anhängigen Rechtsstreit und auf die Wirkung der Entscheidung ist die Aenderung des Güterstandes ohne Einfluß.

Das Gleiche gilt von der Vermögensauseinandersetzung der Ehegatten, wenn die Ehe auf Grund einer vor der Aenderung des Güterstandes erhobenen Klage geschieden wird.

§ 7. Auf die dem überlebenden Ehegatten nach den bisherigen Gesetzen zustehenden Rechte, die durch dieses Gesetz aufrecht erhalten werden, finden die Vorschriften des § 1933 und der §§ 2335 bis 2337 des BGB. entsprechende Anwendung.

§ 8. Soweit nach diesem Gesetze für den Güterstand die Vorschriften des BGB. maßgebend sind, finden auch die für den Güterstand geltenden Vorschriften der Civilprozeßordnung und der Konkursordnung Anwendung.

§ 9. Die Wirksamkeit des nach diesem Gesetz eintretenden Güterstandes gegenüber Dritten bestimmt sich nach den für die Wirksamkeit des bisherigen Güterstandes geltenden Vorschriften. Die Bestimmungen des Allgemeinen Landrechts Theil II Titel 1 §§ 352, 353, 425 treten jedoch außer Kraft.

Eine spätere Aenderung des Güterstandes ist Dritten gegenüber nur nach Maßgabe des § 1435 Abs. 1 des BGB. wirksam. Das Gleiche gilt von einem nach dem Inkrafttreten des BGB. erhobenen Einspruche des Mannes gegen den selbständigen Betrieb eines Erwerbsgeschäfts durch die Frau und von einem nach der bezeichneten Zeit erklärten Widerrufe der Einwilligung des Mannes zu dem Betriebe.

Art. 60. Für einen Ehevertrag, durch den an die Stelle des nach diesem Gesetz eintretenden Güterstandes eine andere nach den Vorschriften des BGB. zulässige Regelung des Güterstandes gesetzt oder der bezeichnete Güterstand in einzelnen Beziehungen geändert wird, für die Eintragung des Ehevertrags in das Güterrechtsregister und für den Antrag auf die Eintragung werden Gerichtsgebühren und Stempel nicht erhoben, wenn der Vertrag vor dem Ablauf eines Jahres nach der Aenderung des Güterstandes geschlossen wird.

Das Gleiche gilt für die Aufnahme von Vermögensverzeichnissen und Auseinandersetzungsurkunden, wenn sie wegen der Aenderung des bisherigen Güterstandes von den Ehegatten vor dem im Abs. 1 bezeichneten Zeitpunkte beantragt wird.

Art. 61. § 1. Bestimmt sich der Güterstand einer Ehe nach dem BGB. für das Königreich Sachsen, so treten an die Stelle der bisherigen Vorschriften:

1. wenn die Ehegatten nach dem gesetzlichen Güterrechte leben, die Vorschriften des BGB. über das gesetzliche Güterrecht;
2. wenn der Frau die freie Verfügung über ihr Vermögen durch Ehevertrag vorbehalten ist, die für die Gütertrennung geltenden Vorschriften der §§ 1427 bis 1430 des BGB.
3. wenn zwischen den Ehegatten allgemeine Gütergemeinschaft vereinbart ist, die Vorschriften des BGB. über die allgemeine Gütergemeinschaft; fortgesetzte Gütergemeinschaft tritt nnr ein, wenn sie durch Ehevertrag vereinbart wird.

§ 2. Für Ehen, deren Güterstand sich außer den Fällen des § 1 kraft Gesetzes oder Ehevertrages nach einem in einem anderen Bundesstaate geltenden Güterrechte bestimmt, kann, wenn nach den Gesetzen des anderen Bundesstaats an die Stelle des bisherigen Güterrechts ein im BGB. geregelter Güterstand tritt, dieser Güterstand, unbeschadet der Vorschriften der Artikel 57, 58, von dem Inkrafttreten des BGB. oder einem späteren Zeitpunkt an durch Königliche Verordnung eingeführt werden.

§ 3. Auf die nach Maßgabe der §§ 1, 2 eintretende Aenderung des Güterstandes finden die Vorschriften der Artikel 59, 60 entsprechende Anwendung.

Art. 62. Ein Güterstand, für den die bisherigen Gesetze in Kraft bleiben, kann durch Ehevertrag nur nach Maßgabe der Vorschriften des BGB. aufgehoben oder geändert werden.

Auf einen solchen Ehevertrag findet die Vorschrift des Artikel 60 Abs. 1 Anwendung, wenn er vor dem Ablauf eines Jahres nach dem Inkrafttreten des BGB. geschlossen wird.

Art. 63. Wird der Wohnsitz des Mannes nach dem Inkrafttreten des BGB. verlegt, so finden die Vorschriften des § 1435 des BGB. entsprechende Anwendung; ein von dem gesetzlichen Güterrechte des BGB. abweichender Güterstand steht einem vertragsmäßigen gleich.

Art. 64. Für die nach diesem Gesetz erforderlichen Eintragungen in das Güterrechtsregister gelten die Vorschriften der §§ 1558 bis 1563 des BGB.

Art. 65. Begründen Ehegatten nach dem Inkrafttreten des BGB. in Preußen einen Wohnsitz, so gelten die Vorschriften der Artikel 45 bis 60, 62 bis 64 von der Zeit der Begründung des Wohnsitzes an; diese Zeit tritt an die Stelle der Zeit des Inkrafttretens des BGB.

Ist jedoch der Güterstand der Ehe schon durch die Gesetze eines anderen Bundesstaats geändert worden, so finden nur die Vorschriften der Artikel 63, 64 Anwendung.

Art. 66. Bei einer fortgesetzten Gütergemeinschaft, für welche die bisherigen Gesetze maßgebend bleiben, finden auf die Ertheilung eines Zeugnisses über die Fortsetzung der Gütergemeinschaft die Vorschriften des § 1507 des BGB. Anwendung.

Art. 67. § 1. Ist eine Ehe, für welche allgemeine Gütergemeinschaft nach Fuldischem Rechte bestanden hat, vor dem Inkrafttreten des BGB. durch den Tod eines der Ehegatten aufgelöst, so tritt im Falle der Wiederverheirathung des überlebenden Ehegatten Einkindschaft nicht ein. Der Ehegatte ist zur Abschichtung seiner Abkömmlinge aus früheren Ehen verpflichtet.

Den Abkömmlingen gebührt die Hälfte des Werthes des Gesammtguts zur Zeit der Wiederverheirathung; die Forderung wird zur Hälfte sofort, bei minderjährigen Abkömmlingen mit dem Eintritte der Großjährigkeit, zur Hälfte mit dem Tode des überlebenden Ehegatten fällig. Die Abkömmlinge können für ihre Forderung die Bestellung einer Sicherungshypothek verlangen. Auf das Verhältniß der Abkömmlinge unter einander finden die Vorschriften des § 1503 des BGB. entsprechende Anwendung.

Eine Vereinbarung, durch welche die Abschichtung abweichend von den Vorschriften des Abs. 2 geregelt wird, bedarf, wenn ein Abkömmling unter elterlicher Gewalt oder Vormundschaft steht, der Genehmigung des Vormundschaftsgerichts.

§ 2. Ist eine Ehe mit dem Güterstande der allgemeinen Gütergemeinschaft nach Verdener Rechte vor dem Inkrafttreten des BGB. durch den Tod der Frau aufgelöst, so ist der Mann im Falle der Wiederverheirathung zur Abschichtung seiner Abkömmlinge aus früheren Ehen nach Maßgabe der Vorschriften des bisherigen Rechtes verpflichtet.

§ 3. In den Fällen der §§ 1, 2 finden die Vorschriften des § 1314 Abs. 2 und des § 1493 Abs. 2 des BGB. entsprechende Anwendung.

Erklärungen über den Familiennamen.

Art. 68. § 1. Für die Entgegennahme und die öffentliche Beglaubigung der im § 1577 Abs. 2, 3 des BGB. bezeichneten Erklärungen über den Namen einer geschiedenen Frau ist, wenn die geschiedene Ehe vor einem Preußischen Standesbeamten geschlossen war, dieser zuständig. Anderenfalls ist für die Entgegennahme das Amtsgericht zuständig, in dessen Bezirke der Erklärende seinen Wohnsitz oder seinen gewöhnlichen Aufenthalt hat; das Gericht soll die Erklärung dem Standesbeamten, vor welchem die Ehe geschlossen war, mittheilen.

Die Erklärung ist am Rande der über die Eheschließung bewirkten Eintragung zu vermerken.

§ 2. Für die Entgegennahme und die öffentliche Beglaubigung der Erklärung, durch welche der Ehemann der Mutter eines unehelichen Kindes diesem seinen Namen ertheilt, sowie der Einwilligungserklärungen des Kindes und der Mutter ist, wenn die Geburt des Kindes im Geburtsregister eines Preußischen Standesbeamten eingetragen ist oder wenn die Erklärung bei der Eheschließung vor einem Preußischen Standesbeamten erfolgt, der Standesbeamte zuständig. Anderenfalls ist für die Entgegennahme das Amtsgericht zuständig, in dessen Bezirke der Ehemann seinen Wohnsitz oder seinen gewöhnlichen Aufenthalt hat.

Erfolgt die Erklärung über die Ertheilung des Namens nicht gegenüber dem Standesbeamten, in dessen Geburtsregister der Geburtsfall eingetragen ist, so soll die zuständige Behörde sie dem Standesbeamten mittheilen.

Die Erklärung ist am Rande der über den Geburtsfall bewirkten Eintragung zu vermerken.

§ 3. Die Befugniß des Standesbeamten erstreckt sich nicht auf die Beglaubigung eines Handzeichens.

Elterliche Gewalt.

Art. 69. § 1. Soweit in privatrechtlichen Vorschriften, die neben dem BGB. in Kraft bleiben, auf die väterliche Gewalt oder den väterlichen Nießbrauch Bezug genommen ist, tritt an die Stelle der väterlichen Gewalt die elterliche Gewalt, an die Stelle des väterlichen Nießbrauchs die elterliche Nutznießung.

Ist in privatrechtlichen Angelegenheiten eines Minderjährigen die Zustimmung des Vaters oder des Vormundes oder die Vertretung durch den Vater oder den Vormund vorgeschrieben, so steht die Zustimmung oder die Vertretung der Mutter zu, wenn sie kraft elterlicher Gewalt die Vertretung des Minderjährigen hat.

§ 2. Der Mutter steht die Nutznießung an dem Fideikommißvermögen des Kindes kraft der elterlichen Gewalt nur insoweit zu, als ihr nach dem bisherigen Rechte der Nießbrauch zustehen würde. Die im § 1693 des BGB. vorgesehene Uebertragung der Vermögensverwaltung auf einen der Mutter bestellten Beistand kann auch ohne Antrag der Mutter erfolgen; sie hat zu erfolgen, wenn sie vom Vater nach Maßgabe des § 1777 des BGB. angeordnet worden ist.

§ 3. Hat die Mutter eines Minderjährigen dessen Vermögen bis zum Inkrafttreten des BGB. als Vormünderin, von dieser Zeit an kraft elterlicher Gewalt zu verwalten, so findet die Legung einer Schlußrechnung nach § 67 der Vormundschaftsordnung vom 5. Juli 1875 nicht statt. Die Mutter hat erst nach dem Aufhören ihrer Vermögensverwaltung auch für die Zeit der vormundschaftlichen Verwaltung dem Kinde Rechenschaft abzulegen.

§ 4. Soweit in öffentlichrechtlichen Vorschriften der bestehenden Landesgesetze auf die väterliche Gewalt Bezug genommen ist, tritt an die Stelle der väterlichen Gewalt die elterliche Gewalt des Vaters.

Steht die elterliche Gewalt nach dem BGB. der Mutter zu oder wird sie von ihr ausgeübt, so liegt der Mutter auch die Vertretung des Minderjährigen in öffentlichrechtlichen Angelegenheiten insoweit ob, als sie nach dem bisherigen Rechte dem Vater, Vormund oder Pfleger oblag. Ist in einer Angelegenheit die Mitwirkung weiblicher Personen ausgeschlossen, so kann sich die Mutter nach den für die Vertretung solcher Personen geltenden Vorschriften vertreten lassen.

Anerkennung der Vaterschaft.

Art. 70. Für die Aufnahme der im § 1718 und im § 1720 Abs. 2 des BGB. vorgesehenen öffentlichen Urkunden über die Anerkennung der Vaterschaft ist der Standesbeamte, welcher die Geburt des Kindes oder die Eheschließung seiner Eltern beurkundet hat, auch dann zuständig, wenn die Anerkennung der Vaterschaft nicht bei der Anzeige der Geburt oder bei der Eheschließung erfolgt.

Beantragt bei einer vor dem Gericht oder einem Notar erfolgenden Anerkennung der Erklärende die Beischreibung eines Vermerkes im Geburtsregister, so hat das Gericht oder der Notar die Erklärung und den Antrag dem zuständigen Standesbeamten mitzutheilen.

Art. 71. § 1. Sind für die persönlichen Verhältnisse eines unehelichen Kindes die Vorschriften des Rheinischen Rechtes maßgebend, so erlangt das Kind die rechtliche Stellung eines ehelichen Kindes, wenn der Vater die Mutter geheirathet und das Kind vor dem Inkrafttreten des BGB. in einer öffentlichen Urkunde anerkannt hat. Dies gilt für ein Kind, das zur Zeit der Anerkennung volljährig ist, nur dann, wenn das Kind vor dem Inkrafttreten des BGB. in einer öffentlichen Urkunde seine Zustimmung zu der Anerkennung erklärt.

§ 2. Eine nach § 1 erfolgte Anerkennung gilt als von der Zeit der Eheschließung an wirksam. Erworbene Rechte Dritter bleiben unberührt.

Beamte und Geistliche als Vormünder.

Art. 72. Wer ein Staatsamt oder ein besoldetes Amt in der Kommunal= oder Kirchenverwaltung bekleidet, bedarf zur Uebernahme einer Vormundschaft oder zur Fortführung einer vor dem Eintritt in das Amt übernommenen Vormundschaft der Erlaubniß der zunächst vorgesetzten Behörde. Das Gleiche gilt für die Uebernahme oder die Fortführung des Amtes eines Gegenvormundes, Pflegers oder Beistandes.

Die Erlaubniß kann zurückgenommen werden.

Notare bedürfen der Erlaubniß nicht.

Anlegung von Mündelgeld.

Art. 73. § 1. Eine Hypothek, eine Grundschuld oder eine Rentenschuld an einem in Preußen belegenen Grundstück ist für die Anlegung von Mündelgeld als sicher anzusehen, wenn sie innerhalb des Fünfzehnfachen oder, sofern ihr kein anderes der Eintragung bedürfendes Recht im Range vorgeht oder gleichsteht, innerhalb des Zwanzigfachen des staatlich ermittelten Grundsteuerreinertrags oder bei einem ländlichen Grundstück innerhalb der ersten zwei Drittel, bei einem städtischen Grundstück innerhalb der ersten Hälfte des Werthes zu stehen kommt.

Der Werth ist bei ländlichen Grundstücken durch Taxe einer Preußischen öffentlichen Kreditanstalt, die durch Vereinigung von Grundbesitzern gebildet ist und durch staatliche Verleihung Rechtsfähigkeit erlangt hat, oder durch Taxe einer Preußischen provinzial= (kommunal=) ständischen öffentlichen Grundkreditanstalt oder durch gerichtliche Taxe, bei städtischen Grundstücken in gleicher Weise oder durch Taxe einer öffentlichen Feuerversicherungsanstalt festzustellen.

§ 2. Statt des Zwanzigfachen des Grundsteuerreinertrags ist bei Grundstücken, die von einer Kreditanstalt der im § 1 Abs. 2 bezeichneten Art satzungsgemäß ohne besondere Ermittelungen bis zu einem größeren Vielfachen beliehen werden können, das größere Vielfache, sofern es jedoch den dreißigfachen Betrag übersteigt, dieser Betrag maßgebend.

Für einzelne Bezirke kann durch Königliche Verordnung statt des Zwanzigfachen des Grundsteuerreinertrags ein das Vierzigfache nicht übersteigendes größeres Vielfaches bestimmt werden.

Art. 74. Zur Anlegung von Mündelgeld sind außer den im § 1807 des BGB. bezeichneten Forderungen und Werthpapieren geeignet:

1. die Rentenbriefe der zur Vermittelung der Ablösung von Renten in Preußen bestehenden Rentenbanken;
2. die Schuldverschreibungen, welche von einer Deutschen kommunalen Körperschaft oder von der Kreditanstalt einer solchen Körperschaft oder mit Genehmigung der staatlichen Aufsichtsbehörde von einer Kirchengemeinde oder einem kirchlichen Verband ausgestellt und etweder von Seiten der Inhaber kündbar sind oder einer regelmäßigen Tilgung unterliegen;
3. die mit staatlicher Genehmigung ausgegebenen Pfandbriefe und gleichartigen Schuldverschreibungen einer Kreditanstalt der im Artikel 73 § 1 Abs. 2 bezeichneten Art;
4. die auf den Inhaber lautenden Schuldverschreibungen, welche von einer Preußischen Hypotheken=Aktien=Bank auf Grund von Darlehen an Preußische Körperschaften des öffentlichen Rechtes oder von Darlehen, für welche eine solche Körperschaft die Gewährleistung übernommen hat, ausgegeben sind.

Art. 75. § 1. Eine in Preußen bestehende öffentliche Sparkasse kann durch den Regierungspräsidenten im Einvernehmen mit dem Landgerichtspräsidenten zur Anlegung von Mündelgeld für geeignet erklärt werden. Die Erklärung kann zurückgenommen werden.

Die Erklärung und die Rücknahme sind durch das Amtsblatt bekannt zu machen.

§ 2. Ist vor dem Inkrafttreten des BGB. ein Sparkassenbuch außer Kurs gesetzt, so ist zur Erhebung des Geldes die Genehmigung des Gegenvormundes oder des Vormundschaftsgerichts erforderlich.

Art. 76. Im Falle des § 1808 des BGB. kann die Anlegung von Mündelgeld bei der Preußischen Central-Genossenschafts-Kasse oder einer sonstigen Preußischen öffentlichen Bankanstalt (Landesbank, landschaftlichen, ritterschaftlichen Darlehnskasse u. s. w.) und, wenn die von einer Preußischen Privatbank ausgestellten Werthpapiere durch den Bundesrath zur Anlegung von Mündelgeld für geeignet erklärt sind oder eine Preußische Privatbank nach Maßgabe des Artikel 85 für die Hinterlegung von Werthpapieren als Hinterlegungsstelle bestimmt ist, bei einer solchen Privatbank erfolgen.

Die Anlegung bei den ordentlichen Hinterlegungsstellen (Hinterlegungsordnung vom 14. März 1879, Gesetz-Samml. S. 249) findet nicht statt.

Gemeindewaisenrath.

Art. 77. § 1. Für jede Gemeinde oder für örtlich abzugrenzende Gemeindetheile sind ein oder mehrere Gemeindeglieder als Gemeindewaisenrath zu bestellen. Für benachbarte Gemeindebezirke können dieselben Personen bestellt werden.

Das Amt eines Waisenraths ist ein unentgeltliches Gemeindeamt.

Durch Beschluß der Gemeindebehörde können die dem Gemeindewaisenrath obliegenden Verrichtungen besonderen Abtheilungen oder schon bestehenden Organen der Gemeindeverwaltung übertragen werden.

Auf selbständige Gutsbezirke finden diese Vorschriften mit der Maßgabe entsprechende Anwendung, daß der Waisenrath von dem Gutsvorsteher ernannt wird.

Die bisherigen Waisenräthe bleiben im Amte.

§ 2. Zur Unterstützung des Gemeindewaisenraths können Frauen, die hierzu bereit sind, als Waisenpflegerinnen widerruflich bestellt werden. Die Zuständigkeit für die Bestellung bestimmt sich nach den für die Bestellung der Waisenräthe maßgebenden Vorschriften.

Die Waisenpflegerinnen haben unter der Leitung des Gemeindewaisenraths bei der Beaufsichtigung der im Kindesalter stehenden Mündel und bei der Ueberwachung weiblicher Mündel mitzuwirken.

Bevormundung durch einen Anstaltsvorstand oder durch Beamte der Armenverwaltung.

Art. 78. § 1. Der Vorstand einer unter der Verwaltung des Staates oder einer Gemeindebehörde stehenden Erziehungs- oder Verpflegungsanstalt hat für die in der Anstalt untergebrachten Minderjährigen die Rechte und Pflichten eines Vormundes.

Die Rechte und Pflichten des Anstaltsvorstandes bestehen nur, solange das Vormundschaftsgericht nicht einen anderen Vormund bestellt hat. Der Vorstand behält die Rechte und Pflichten des Vormundes auch nach der Beendigung der Erziehung oder Verpflegung bis zur Volljährigkeit des Mündels.

§ 2. Die Aufnahme des Minderjährigen in die Anstalt ist von dem Vorstande dem Vormundschaftsgericht und dem Gemeindewaisenrathe des Bezirkes, in dem die Anstalt liegt, anzuzeigen.

Mit der Aufnahme in die Anstalt endigt das Amt des bisherigen Vormundes.

§ 3. Neben dem Vorstande ist ein Gegenvormund nicht zu bestellen.

Dem Vorstande stehen die nach § 1852 Abs. des BGB. zulässigen Befreiungen zu.

§ 4. Auf Grund ortsstatutarischer Bestimmung können Beamten der Gemeindearmenverwaltung alle oder einzelne Rechte und Pflichten eines Vormundes für diejenigen Minderjährigen übertragen werden, welche im Wege der öffentlichen

Armenpflege unterstützt und unter Aufsicht der Beamten entweder in einer von diesen ausgewählten Familie oder Anstalt oder, sofern es sich um uneheliche Minderjährige handelt, in der mütterlichen Familie erzogen oder verpflegt werden.

Wird von dieser Befugniß Gebrauch gemacht, so finden die Vorschriften des § 1 Abs. 2, des § 2 Abs. 1 und, wenn dem Beamten alle Rechte und Pflichten eines Vormundes übertragen werden, auch die Vorschriften des § 2 Abs. 2 und des § 3 entsprechende Anwendung.

Fürsorge des Nachlaßgerichts.

Art. 79. Die Vorschriften, nach welchen das Nachlaßgericht auch unter anderen als den im § 1960 Abs. 1 des BGB. bezeichneten Voraussetzungen die Anfertigung eines Nachlaßverzeichnisses sowie bis zu dessen Vollendung die erforderlichen Sicherheitsmaßregeln, insbesondere die Anlegung von Siegeln, von Amtswegen anordnen kann oder soll, treten außer Kraft.

Hinterlegung.

Art. 84 (ist unten bei der Hinterlegungsordnung berücksichtigt).

Art. 85. Für die Hinterlegung von Werthpapieren in den Fällen der §§ 1082, 1392, 1667, 1814, 1818, 2116 des BGB. können durch Anordnung der zuständigen Minister auch die Seehandlung, die Preußische Central-Genossenschafts-Kasse oder eine sonstige Preußische öffentliche Bankanstalt (Landesbank, landschaftliche, ritterschaftliche Darlehnskasse u. s. w.) sowie die von Kreditanstalten der im Artikel 17 § 2 Abs. 2 bezeichneten Art eingerichteten Verwahrungs- oder Verwaltungsstellen und im Falle des Bedürfnisses geeignete Preußische Privatbanken als Hinterlegungsstellen bestimmt werden.

Schlußbestimmungen.

Art. 87. Soweit in Gesetzen auf Vorschriften verwiesen ist, welche durch dieses Gesetz außer Kraft gesetzt werden, treten an deren Stelle die entsprechenden neuen Vorschriften.

Art. 88. Die in den Artikeln 57, 58 des Einführungsgesetzes zum BGB. gemachten Vorbehalte gelten auch gegenüber den Vorschriften dieses Gesetzes.

Art. 89. Die nachstehenden Vorschriften werden, soweit sie nicht schon in Folge Reichsgesetzes außer Kraft treten, unbeschadet der Uebergangsvorschriften, aufgehoben:

1. folgende Vorschriften des Allgemeinen Landrechts, soweit sie sich nicht auf öffentliches Recht beziehen:
   a) die Einleitung mit Ausnahme der §§ 74, 75;
   b) der erste Theil mit Ausnahme
      des § 24 des 1. Titels,
      der §§ 29 bis 69, 71 bis 82, 96 bis 117, 125 bis 131, 133, 137 bis 140, 142 bis 144, 146 bis 148, 152, 153, 155, 156, 162 bis 167, 169 bis 174, 185, 186 des 8. Titels,
      der §§ 94 bis 96, 111 bis 120, 126, 128, 129, 139, 140, 152, 153, 155 bis 157, 170 bis 208, 210 bis 219, 223 bis 258, 261 bis 274, 348, 655 bis 659 des 9. Titels sowie der sonstigen Vorschriften des neunten Abschnitts dieses Titels, soweit sie auf Grund der im Einführungsgesetze zum BGB. gemachten Vorbehalte in Kraft bleiben,
      der §§ 4 bis 11, 651, 652, 676, 677, 996 bis 1019, 1021 bis 1023 des 11. Titels,
      der §§ 176, 475, 476 des 12. Titels,
      der §§ 41 bis 45 des 13. Titels,
      der §§ 362 bis 371 des 17. Titels,
      der §§ 1 bis 679 des 18. Titels,
      der §§ 458 bis 465 des 20. Titels,
      der §§ 45, 46 des 21. Titels und
      der §§ 55 bis 242 des 22. Titels;

c) aus dem zweiten Theile:
der 1. Titel mit Ausnahme der §§ 34, 35, des Anhangs=§ 65, der §§ 193, 738 bis 740 und des neunten Abschnitts, soweit dieser auf Grund einer nach den Artikeln 57, 58 des Einführungsgesetzes zum BGB. in Kraft bleibenden Vorschrift der Hausverfassung gilt;
der 2. Titel mit Ausnahme der §§ 17, 18, 59, 77, 78, 81 bis 84, 150, 603, 641, 642, 683 bis 685;
der 3. Titel;
die §§ 1 bis 22, 27 bis 47, 227 bis 250 des 4. Titels, soweit sie nicht für Familienfideikommisse gelten;
der 5. Titel;
der 6. Titel, soweit er sich auf die Verfassung rechtsfähiger Vereine bezieht, für Vereine, die nach dem Inkrafttreten des BGB. Rechtsfähigkeit erlangen;
die §§ 80 bis 85 des 7. Titels;
die §§ 444 bis 455 des 8. Titels;
die §§ 1199 bis 1209 des 11. Titels;
die §§ 1 bis 4, 7 bis 18, 21, 23 bis 29 des 16. Titels;
die §§ 48 bis 52, 54, 56 bis 60 des 17. Titels;
der 18. Titel mit Ausnahme der §§ 344, 810, 996 bis 1002;
die §§ 45 bis 48 des 19. Titels;
die §§ 1271, 1272 des 20. Titels;

2. das Rheinische BGB. mit Ausnahme der Artikel 538, 556 bis 563, 640 bis 643, 645, des Artikel 648, soweit er sich auf das Weiderecht innerhalb der Gemeinde bezieht, des Artikel 671, des Artikel 672 Abs. 1 und der Artikel 674 bis 681, 714 und des Artikel 1384, soweit er auf die Haftung des Staates, der Gemeinden und anderer Kommunalverbände für den von ihren Beamten in Ausübung der diesen anvertrauten öffentlichen Gewalt zugefügten Schaden Anwendung findet;
3. die Vorschriften des gemeinen Rechtes über die Wiedereinsetzung in den vorigen Stand und über die Privatpfändung;
4. die Vorschrift des revidirten Statuts der Stadt Lübeck Buch 2 Titel 2 Artikel 10;
5. die Vorschriften der bisherigen Gesetze über das Schuldverhältniß aus einem mit der Ueberlassung eines Grundstücks verbundenen Leibgedingsvertrag und die Fuldische Verordnung vom Auszug oder der Leibzucht rc. v. 16. Februar 1773.
6. das Rheinische Gesetz über die Führung der Namen und Vornamen v. 23. August 1794 (6. Fructidor II);
7. die Verordnung wider die Veräußerung unbeweglicher Güter in die todte Hand v. 17. Mai 1799 (Chron. Samml. der Verordnungen rc. für die Herzogthümer Schleswig und Holstein S. 27);
8. das Ausschreiben, die Auf= und Annahme von Testamenten auf den Inseln der Provinz Ostfriesland betreffend, v. 24. November 1817 (Samml. der Hannov. Landesverordn. rc. des Jahres 1817 II S. 521);
9. das Gesetz wegen Einführung kürzerer Verjährungsfristen v. 31. März 1838 (GS. S. 249);
10. das Gesetz über Familienschlüsse bei Familien=Fideikommissen, Familienstiftungen und Lehnen v. 15. Februar 1840 (GS. S. 20), soweit es sich auf Familienstiftungen bezieht;
11. das Gesetz, betreffend die Familien=Fideikommisse, fideikommissarischen Substitutionen und Familienstiftungen im Herzogthum Schlesien und in der Grafschaft Glatz, v. 15. Februar 1840 (GS. 1840 S. 25), soweit es sich auf Familienstiftungen bezieht;
12. die Verordnung wegen Einführung kürzerer Verjährungsfristen für die Landestheile, in welchen noch gemeines Recht gilt, v. 6. Juli 1845 (GS. S. 483);
13. das Gesetz über die Erwerbung von Grundeigenthum für Korporationen und andere juristische Personen des Auslandes v. 4. Mai 1846 (GS. S. 235);

14. das Nassauische Gesetz, betreffend die Abkürzung der Verjährungsfristen für gewisse Arten von Forderungen, v. 5. April 1849 (Nass. Verord.-Blatt S. 75);
15. der § 92 des Gesetzes, betreffend die Ablösung der Reallasten und die Regulirung der gutsherrlichen und bäuerlichen Verhältnisse, v. 2. März 1850 (GS. S. 77);
16. das Hannoversche Gesetz, die Verjährung persönlicher Klagen und die Einführung kurzer Verjährungsfristen für dieselben betreffend, v. 22. September 1850 (Hannov. GS. Abth. I S. 187);
17. das Großherzoglich Hessische Gesetz, betreffend die Verjährung der persönlichen Klagen in den Provinzen Starkenburg und Oberhessen, v. 19. März 1853 (Großherzogl. Hess. Reg.-Blatt S. 117);
18. das Kurhessische Gesetz wegen Einführung kürzerer Verjährungsfristen bei Klagen aus Schuldverhältnissen v. 14. Juli 1853 (Kurhess. GS. S. 99);
19. das Landgräflich Hessische Gesetz, die Verjährung der persönlichen Klagen betreffend, v. 15. August 1854 (Reg.-Blatt f. d. ehemal. Landgrafschaft Hessen-Homburg S. 748);
20. das Gesetz, betreffend die Abschätzung der Landgüter zum Behufe der Pflichttheilsberechnung in der Provinz Westfalen, v. 4. Juni 1856 (GS. S. 550);
21. das Bayerische Gesetz, betreffend die Verjährungsfristen, v. 26. März 1859 (Bayer. Gesetzbl. S. 26);
22. der § 19 des Gesetzes, betreffend die Ablösung der Reallasten in den Hohenzollernschen Landen, v. 28. Mai 1860 (GS. S. 221);
23. der § 3 des Frankfurter Gesetzes, die Erwerbung von Grundeigenthum und Insätzen durch Nichtverbürgerte betreffend, v. 29. September 1863 (Frankf. Gesetz- und Statutensammlung Bd. XVI S. 55);
24. das Gesetz, betreffend die den gemeinnützigen Aktiengesellschaften bewilligte Sportel- und Stempelfreiheit, v. 2. März 1867 (GS. S. 385);
25. das Gesetz wegen Einführung kürzerer Verjährungsfristen für die Provinz Schleswig-Holstein v. 9. Februar 1869 (GS. S. 341);
26. das Gesetz, betreffend die Genehmigung zu Schenkungen und letztwilligen Zuwendungen, sowie zur Uebertragung von unbeweglichen Gegenständen an Korporationen und andere juristische Personen, v. 23. Februar 1870 (GS. S. 118);
27. der § 14 des Gesetzes, betreffend die Ablösung der Reallasten im Gebiete des Regierungsbezirks Wiesbaden und in den zum Regierungsbezirk Cassel gehörigen vormals Großherzoglich Hessischen Gebietstheilen, v. 15. Februar 1872 (GS. S. 165);
28. das Gesetz über den Eigenthumserwerb und die dingliche Belastung der Grundstücke, Bergwerke und selbständigen Gerechtigkeiten v. 5. Mai 1872 (GS. S. 433);
29. der § 55 des Gesetzes, betreffend die Ablösung der Reallasten in der Provinz Schleswig-Holstein, v. 3. Januar 1873 (GS. S. 3);
30. die Vormundschaftsordnung v. 5. Juli 1875 (GS. S. 431);
31. der § 26 des Gesetzes, betreffend die Ablösung der Reallasten im Gebiete des Regierungsbezirks Cassel ausschließlich der zu demselben gehörigen vormals Großherzoglich Hessischen Gebietstheile, v. 23. Juli 1876 (GS. S. 357).

Art. 90. Dieses Gesetz tritt gleichzeitig mit dem BGB. in Kraft.

Die Vorschriften des Artikel 33 § 2 Abs. 2, § 3 Nr. 1, der Artikel 34, 71, 73, 74 und des Artikel 86 § 2 treten mit der Verkündigung in Kraft.

Urkundlich ꝛc.

b) Gesetz, betreffend die Unterbringung verwahrloster Kinder. Vom 13. März 1878 (GS. S. 132)

in der durch das Gesetz v. 27. März 1881 (GS. S. 275) und das Gesetz v. 23. Juni 1884 (GS. S. 306) festgesetzten Fassung.

§ 1. Wer nach Vollendung des sechsten und vor Vollendung des zwölften Lebensjahres eine strafbare Handlung begeht, kann von Obrigkeitswegen in eine geeignete Familie oder in eine Erziehungs- oder Besserungs-Anstalt untergebracht werden, wenn die Unterbringung mit Rücksicht auf die Beschaffenheit der strafbaren Handlung, auf die Persönlichkeit der Eltern oder sonstigen Erzieher des Kindes und auf dessen übrige Lebensverhältnisse zur Verhütung weiterer sittlicher Verwahrlosung erforderlich ist.

§ 2. Die Unterbringung zur Zwangserziehung erfolgt, nachdem das Vormundschaftsgericht durch Beschluß den Eintritt der Voraussetzungen des § 1 unter Bezeichnung der für erwiesen erachteten Thatsachen festgestellt und die Unterbringung für erforderlich erklärt hat.

§ 3. Das Vormundschaftsgericht beschließt von Amtswegen oder auf Antrag. Die Staatsanwaltschaft ist verpflichtet, dem Vormundschaftsgerichte von den im § 1 bezeichneten strafbaren Handlungen, welche zu ihrer Kenntniß gekommen sind, Mittheilung zu machen.

Das Vormundschaftsgericht soll vor der Beschlußfassung die Eltern oder, sofern diese nicht leben, die Großeltern, den Vormund, den Pfleger, den Gemeindevorstand hören, falls deren Anhörung ohne erhebliche Schwierigkeiten erfolgen kann, sowie in allen Fällen die Ortspolizeibehörde oder einen anderen, durch den Minister des Innern zu bestimmenden Vertreter der Staatsregierung.

Das Vormundschaftsgericht kann Zeugen eidlich vernehmen.

Der Beschluß der Vormundschaftsgerichts ist in einer Schlußverhandlung zu verkünden. Von dem zur Schlußverhandlung anberaumten Termine sind außer den im zweiten Absatze dieses Paragraphen genannten Personen und Behörden der Schulvorstand und der Waisenrath zu benachrichtigen. Dieselben sind berechtigt, über den Gegenstand der Verhandlung ihre Erklärung in diesem Termine oder vorher schriftlich abzugeben.

§ 4. Gegen den Beschluß des Vormundschaftsgerichts steht den im § 3 Absatz 2 und 4 genannten Personen und Behörden das Recht des Beschwerde zu, den Eltern, beziehungsweise Großeltern jedoch nur dann, wenn der Beschluß auf Unterbringung lautet.

Die Beschwerde hat aufschiebende Wirkung, wenn sie innerhalb einer Woche, von Verkündung des Beschlusses an gerechnet, bei dem Vormundschaftsgerichte eingereicht wird.

§ 5. Hat die im § 3 angeordnete Anhörung der Eltern bzw. Großeltern, des Vormundes oder Pflegers nicht stattfinden können, so sind dieselben jederzeit berechtigt, die Wiederaufnahme des Verfahrens zu verlangen.

§ 6. Das Vormundschaftsgericht übersendet seinen auf Unterbringung gerichteten Beschluß dem verpflichteten Kommunalverbande (§ 7) durch Vermittelung des Landraths (Amtshauptmanns, Oberamtmanns), in Stadtkreisen und in solchen Städten, welche weder in Kommunal- noch in Polizeiangelegenheiten der Aufsicht des Landraths unterworfen sind, durch Vermittelung des Gemeindevorstandes.

§ 7. Die Provinzialverbände, bzw. die kommunalständischen Verbände Wiesbaden und Kassel, der Lauenburgische Landeskommunalverband, der Landeskommunalverband der Hohenzollernschen Lande, sowie die Stadtkreise Berlin und Frankfurt a. M. haben die Verpflichtung, auf Grund des Beschlusses des Vormundschaftsgerichts die Unterbringung in einer diesem Gesetze entsprechenden Weise nach näherer Bestimmung der zu erlassenden Verwaltungsreglements (§ 13) herbeizuführen. Die Verbände haben Anordnungen über die Beaufsichtigung zu treffen und, soweit nöthig, für ein angemessenes Unterkommen nach Beendigung der Zwangserziehung zu sorgen.

Verpflichtet zur Unterbringung ist derjenige Kommunalverband, in dessen Gebiete das beschließende Vormundschaftsgericht seinen Sitz hat. Hat das beschließende Gericht seinen Sitz außerhalb seines Gerichtsbezirks, so liegt die Verpflichtung demjenigen Kommunalverbande ob, in dessen Gebiete der Gerichtsbezirk belegen ist; gehört der Gerichtsbezirk zum Gebiete verschiedener Kommunalverbände, so liegt die Verpflichtung demjenigen Kommunalverbande ob, innerhalb dessen der Ort liegt, als dessen Vormundschaftsgericht das Gericht Beschluß gefaßt hat.

§ 8. Die Unterbringung darf nicht in Anstalten erfolgen, welche zur Detention der im § 362 des Stafgesetzbuchs bezeichneten Personen oder zur Unterbringung von Kranken, Idioten, Landarmen und Gebrechlichen bestimmt sind.

§ 9. In Betreff der nach diesem Gesetze untergebrachten nicht bevormundeten Kinder üben die Waisenräthe eine gleiche Aufsicht, wie ihnen solche die Vormundschaftsordnung vom 5. Juli 1875, insbesondere in den §§ 53 und 54 in Betreff der Mündel übertragen hat.

Die Kommunalverbände haben von der Unterbringung und von jedem Wechsel des Aufenhalts eines Zöglings dem Waisenrathe des Aufenthaltsortes Kenntniß zu geben.

Ingleichen ist dem Vormundschaftsgerichte von der Unterbringung und Entlassung eines Zöglings Mittheilung zu machen.

§ 10. Das Recht der Zwangserziehung hört, abgesehen von der Aufhebung des Unterbringungsbeschlusses im Falle des § 5, auf:

1. mit dem vollendeten achtzehnten Lebensjahre des Zöglings,
2. mit dem Beschlusse der Entlassung aus der Zwangserziehung.

Die Entlassung aus der Zwangserziehung ist von dem verpflichteten Kommunalverbande zu beschließen, sobald die Erreichung des Zweckes der Zwangserziehung anderweit sichergestellt oder dieser Zweck erreicht ist. Ist dies zweifelhaft, so kann von dem Verbande eine widerrufliche Entlassung verfügt werden, welche das Recht zur Zwangserziehung nicht berührt.

Wird von den Eltern bzw. Großeltern, dem Vormund oder Pfleger die Entlassung aus der Zwangserziehung beantragt, weil der Zweck dieser Erziehung anderweit sicher gestellt sei, so entscheidet über den Antrag beim Widerspruch des Kommunalverbandes auf Anrufen des Antragstellers das Vormundschaftsgericht. Gegen den abweisenden Beschluß des Gerichts steht dem Antragsteller, gegen den auf Entlassung lautenden dem Verbande des Rechts der Beschwerde zu. Die Beschwerde muß innerhalb einer Woche bei dem Vormundschaftsgericht eingereicht werden und hat aufschiebende Wirkung.

Ein abgewiesener Antrag darf nicht vor Ablauf von sechs Monaten erneuert werden.

In außergewöhnlichen Fällen kann das Recht der Zwangserziehung auf den Antrag des verpflichteten Kommunalverbandes durch Beschluß des Vormundschaftsgerichts bis längstens zur Großjährigkeit ausgedehnt werden, wenn eine solche Ausdehnung zur Erreichung des Zweckes der Zwangserziehung erforderlich erscheint.

§ 11. Die gerichtlichen Verhandlungen sind gebühren- und stempelfrei. Die baaren Auslagen fallen der Staatskasse zur Last.

Beschwerden werden in dem für Vormundschaftssachen bestehenden Instanzenzuge erledigt.

§ 12. Die in § 7 genannten Kommunalverbände haben für die Einrichtung öffentlicher Erziehungs- und Besserungsanstalten zu sorgen, wenn und insoweit es an Gelegenheit fehlt, durch Abkommen mit geeigneten Familien, Vereinen und Privatanstalten oder bestehenden öffentlichen Anstalten die Unterbringung der verwahrlosten Kinder zu bewirken.

Die Kosten, welche durch Einlieferung in die Familie oder Anstalt und die dabei nöthige reglementsmäßige erste Ausstattung des Zöglings und durch die Rückreise der Entlassenen erwachsen, fallen dem Ortsarmenverbande, in welchem der Zögling seinen Unterstützungswohnsitz hat, alle übrigen Kosten des Unterhalts und der Erziehung, sowie der Fürsorge bei der Beendigung der Zwangserziehung den vorerwähnten Verbänden zur Last, soweit sie nicht aus dem eigenen Vermögen des Zöglings getragen oder von den aus privatrechtlichen Titeln zur Alimentation Verpflichteten eingezogen werden können.

Die Verbände sind befugt, zur Bestreitung der Kosten die ihnen zufolge der Gesetze vom 8. Juli 1875 (GS. S. 497), vom 7. März 1868 (GS. S. 223), der Allerhöchsten Kabinetsordre vom 16. September 1867 (GS. S. 1528) und des Gesetzes vom 11. März 1872 (GS. S. 257) aus der Staatskasse gewährten Renten und Fonds zu verwenden. Sie erhalten dazu aus der Staatskasse einen Zuschuß in der Höhe der Hälfte der ihnen nach dem zweiten Satze dieses Paragraphen obliegenden Ausgaben, dessen Betrag entweder im Einverständniß mit den einzelnen Verbänden periodisch als Pauschsumme, oder soweit ein Einverständniß nicht erreicht ist, jährlich auf Liquidation der im Vorjahre aufgewendeten Kosten vom Minister des Innern festgestellt wird.

Zum Zwecke der Beitreibung der Kosten aus dem eigenen Vermögen des Zöglings oder von den aus privatrechtlichen Titeln zur Alimentation Verpflichteten werden nach Anhörung des Kommunalverbandes durch den Minister des Innern Pauschsätze für die Unterbringung in Anstalten festgestellt.

§ 13. Die näheren Bestimmungen über die Verwaltung des den Kommunalverbänden durch dieses Gesetz übertragenen Verwaltungszweiges, sowie der zu errichtenden Erziehungs- und Besserungsanstalten erfolgen durch besondere von den Vertretungen der betreffenden Verbände zu erlassende Reglements.

Diese Reglements bedürfen der Genehmigung des Ministers des Innern und des Ministers des geistlichen, Unterrichts- und Medizinal-Angelegenheiten in Betreff derjenigen Bestimmungen, welche sich auf die Aufnahme, die Behandlung, den Unterricht und die Entlassung der Zöglinge beziehen.

In Betreff der Privatanstalten behält es bei den bestehenden Vorschriften sein Bewenden.

§ 14. Die zuständigen staatlichen Aufsichtsbehörden der im § 7 bezeichneten Kommunalverbände und in höherer Instanz der Minister des Innern haben die Oberaufsicht über die zur Unterbringung von Zöglingen getroffenen Veranstaltungen zu führen; sie sind befugt, zu diesem Behufe Revisionen vorzunehmen.

§ 15. Wenn einer der im § 7 gedachten Verbände die ihm nach diesem Gesetz obliegenden, von der Behörde innerhalb der Grenzen ihrer Zuständigkeit festgestellten Leistungen zu erfüllen verweigert oder unterläßt, so entscheidet das Ober-Verwaltungsgericht auf den Antrag des Oberpräsidenten, in den Hohenzollernschen Landes des Regierungspräsidenten.

§ 16. Die gesetzlichen Bestimmungen, wonach die zwangsweise Unterbringung von Kindern in eine geeignete Familie oder in eine Erziehungs- oder Besserungsanstalt auch ohne die Voraussetzung einer verübten strafbaren Handlung zugelassen ist, werden durch dieses Gesetz nicht berührt.

§ 17. Die gesetzlichen Bestimmungen über religiöse Erziehung der Kinder gelten unverändert auch für die in diesem Gesetze geordnete Zwangserziehung.

§ 18. Dieses Gesetz tritt mit dem 1. Oktober 1878 in Kraft.

§ 19. Der Minister des Innern ist mit der Ausführung dieses Gesetzes beauftragt.

c) Hinterlegungsordnung v. 14. März 1879 (GS. S. 249)

in der durch das Gesetz v. 14. Juli 1895 (GS. S. 301), das Stempelsteuergesetz v. 31. Juli 1895 (GS. S. 413) § 35 und das AG. z. BGB. v. 20. Sept. 1899 (GS. S. 177) Art. 84 festgesetzten Fassung.

1. Abschnitt. Hinterlegung von Geld, Werthpapieren und Kostbarkeiten.

1. Titel. Allgemeine Bestimmungen.

§ 1. Für die Hinterlegung:
1. von Geld,
2. von Werthpapieren auf Inhaber,
3. von Werthpapieren auf Namen, auf welche die Zahlung dem Inhaber geleistet werden kann,
4. von Kostbarkeiten

werden als Hinterlegungsstellen die Bezirksregierungen, in der Provinz Hannover die Finanzdirektion in Hannover und die Landdrosteien in Lüneburg und Osnabrück bestimmt.

Als Kassen der Hinterlegungsstellen dienen die Regierungshauptkassen, in den Hohenzollernschen Landen die Landeskasse in Sigmaringen, in der Provinz Hannover die Bezirkshauptkassen.

§ 2. Außerdem wird in Berlin eine Behörde als Hinterlegungsstelle für die Hinterlegung der im § 1 bezeichneten Gegenstände durch gemeinschaftliche Anordnung des Finanzministers und des Justizministers bestimmt.

§ 3. Die Bezirke der Hinterlegungsstellen sind nach Gerichtsbezirken abzugrenzen.

Die Bestimmung der Bezirke erfolgt durch gemeinschaftliche Anordnung des Finanzministers und des Justizministers. Sie ist durch dauernden Aushang an der Gerichtstafel der Amtsgerichte dieses Bezirks und durch Einrückung in die innerhalb desselben erscheinenden Amtsblätter bekannt zu machen.

§ 4. Die nach den §§ 1, 2 bestimmten Hinterlegungsstellen sind dem Finanzminister untergeordnet.

§ 5. Die Annahme zur Hinterlegung, die Auszahlung hinterlegter Gelder und die Herausgabe von Werthpapieren und Kostbarkeiten erfolgt auf Weisung der Hinterlegungsstelle.

Die Weisung tritt in den Landestheilen, in welchen nach den bisherigen Vorschriften die Depositare durch Verfügung der Gerichte (Depositalmandat) zur Annahme und zur Auszahlung oder Herausgabe angewiesen werden, an Stelle dieser Verfügung.

§ 6. Die nach den bestehenden Vorschriften begründete Zuständigkeit der Gerichte und anderer Behörden, zwischen den Betheiligten über die Berechtigung oder die Verpflichtung zur Hinterlegung oder über den Anspruch auf Auszahlung oder Herausgabe zu entscheiden, sowie den Betheiligten gegenüber eine Hinterlegung oder die Auszahlung oder Herausgabe anzuordnen, wird durch die Bestimmungen des § 5 nicht berührt.

2. Titel. Hinterlegung von Geld.

§ 7. Das hinterlegte Geld geht in das Eigenthum des Staats über.

§ 8. Die Staatskasse haftet dem zum Empfang des Geldes Berechtigten für das Kapital zu dem hinterlegten Betrage und für die Zinsen.

§ 9. Die Bestimmung des Prozentsatzes, zu welchem das hinterlegte Geld verzinst wird, erfolgt durch Königliche Verordnung. In gleicher Weise kann der bestimmte Prozentsatz für die Folgezeit erhöht oder herabgesetzt werden.

§ 10. Beträge unter dreißig Mark werden nicht verzinst, höhere Beträge nur insoweit, als sie mit zehn theilbar sind.

Der Lauf der Zinsen beginnt für alle innerhalb eines Monats bewirkten Hinterlegungen mit dem ersten Tage des nächstfolgenden Monats, und hört in Ansehung des auszuzahlenden Betrages mit dem Ablauf des Monats auf, welcher der Benachrichtigung an den Berechtigten, daß die Kasse zur Auszahlung angewiesen sei, vorhergeht.

Eine Verzinsung der Zinsen findet nicht statt.

§ 11. Geld kann nur in Zahlungsmitteln hinterlegt werden, welche bei den Staatskassen in Zahlung anzunehmen sind.

Anderes als kassenmäßiges Geld ist jedoch anzunehmen, wenn der Schuldner, welcher durch die Hinterlegung von einer Verbindlichkeit sich befreien will, seiner Angabe nach die Verbindlichkeit durch Zahlung solchen Geldes erfüllen darf.

In diesem Fall ist das nicht kassenmäßige Geld in kassenmäßiges umzusetzen und die Staatskasse nur für den bei der Umsetzung als Reinerlös erlangten Betrag verhaftet.

§ 12. Die Einzahlung zur Hinterlegung kann unmittelbar bei der Kasse oder mittels portofreier Einsendung durch die Post geschehen.

Im Fall der Einsendung durch die Post gilt die Einzahlung erst mit dem Eingang bei der Kasse als bewirkt.

§ 13. Für die Einzahlungen unmittelbar bei der Kasse kann die Hinterlegungsstelle bestimmte Tage und Stunden festsetzen. Auf die Bekanntmachung der Festsetzung findet die Vorschrift des § 3 Abs. 2 entsprechende Anwendung.

In dringenden Fällen ist die Einzahlung während der gewöhnlichen Geschäftsstunden jederzeit zuzulassen.

§ 14. Die Einzahlung oder Einsendung des Geldes kann ohne vorgängiges Gesuch erfolgen. Erfolgt sie ohne vorgängiges Gesuch, so ist eine schriftliche Erklärung in zwei Exemplaren bei der Einzahlung vorzulegen oder bei der Einsendung gleichzeitig einzusenden.

Die Erklärung muß enthalten:

1. Namen, Stand oder Gewerbe und Wohnort des Hinterlegers und, falls die Hinterlegung in dessen Vertretung von einer anderen Person bewirkt wird, Namen, Stand oder Gewerbe und Wohnort dieser Person;
2. den Betrag des hinterlegten Geldes und, wenn anderes als kassenmäßiges Geld hinterlegt wird, die Angabe der Geldsorten;
3. die bestimmte Angabe der Veranlassung zur Hinterlegung und, sofern die Rechtsangelegenheit, in welcher die Hinterlegung erfolgt, bei einer Behörde anhängig ist, insbesondere auch die Bezeichnung der Sache und der Behörde.

In der Erklärung ist, soweit es thunlich, die Person, an welche der hinterlegte Betrag ausgezahlt werden soll, nach Namen, Stand oder Gewerbe und Wohnort zu bezeichnen.

§ 15. Ein vorgängiges Gesuch um die Annahme ist bei der Hinterlegungsstelle schriftlich einzureichen. Demselben ist die nach § 14 erforderliche Erklärung in zwei Exemplaren beizufügen.

Der Gesuchsteller ist binnen drei Tagen nach Eingang des Gesuchs zu benachrichtigen, daß die Kasse zur Annahme des Betrages angewiesen sei, oder von dem der Annahme entgegenstehenden Hinderniß in Kenntniß zu setzen.

Die Benachrichtigung ist bei der Einzahlung vorzulegen oder bei Einsendung des Geldes in Urschrift oder Abschrift gleichzeitig einzusenden.

§ 16. Die Kasse behält das eine Exemplar der Erklärung (§§ 14, 15) zurück und bescheinigt auf dem anderen die erfolgte Hinterlegung.

Die Bescheinigung ist, falls kassenmäßiges Geld unmittelbar bei der Kasse eingezahlt wird, sofort zu ertheilen, dagegen in den Fällen:

1. der Einsendung des Geldes durch die Post,
2. der Einzahlung nicht kassenmäßigen Geldes

dem Hinterleger oder dem, welcher in dessen Vertretung die Hinterlegung bewirkt hat, spätestens binnen drei Tagen zuzusenden.

Im Fall des Abs. 2, Nr. 2 ist, sofern die Einzahlung unmittelbar bei der Kasse geschieht, ein einstweiliger Empfangsschein sofort zu ertheilen.

§ 17. Die Gerichtsvollzieher sind zuständig, die Aufgabe des Geldes zur Post zu beurkunden.

Die Urkunde soll enthalten:

1. die Angabe, zu welcher Zeit, unter welcher Adresse und bei welcher Postanstalt die Sendung aufgegeben ist;
2. die Bezeichnung der Art des Verschlusses und der Verpackung des Geldes;
3. die Bezeichnung der Summe und der Gattungen desselben;
4. eine Abschrift der in Gemäßheit der §§ 14, 15 der Hinterlegungsstelle eingesandten Erklärung;
5. die Unterschrift des Gerichtsvollziehers

Erfolgt die Aufgabe des Geldes durch Einzahlung bei der Post zur Auszahlung an die Hinterlegungskasse, so genügt an Stelle der unter Nr. 2, 3 vorgeschriebenen Bezeichnungen die Bezeichnung der Summe.

§ 18. Bei der Hinterlegung, welche der Schuldner eines Geldbetrags zum Zwecke der Befreiung von seiner Verbindlichkeit bewirkt, ist in der nach § 14 erforderlichen Erklärung der Gläubiger, für welchen die Hinterlegung erfolgt, zu bezeichnen oder anzugeben, infolge welcher Umstände der Schuldner seine Verbindlichkeit nicht oder nicht mit Sicherheit erfüllen kann.

Macht der Schuldner das Recht des Gläubigers zum Empfange des hinterlegten Geldes von der Bewirkung einer Gegenleistung abhängig, so ist dies unter Bezeichnung der Gegenleistung in der Erklärung anzugeben.

Die Hinterlegungsstelle hat den Schuldner unter Bezugnahme auf die Vorschrift des § 382 des BGB. zu dem Nachweis aufzufordern, daß und wann der Gläubiger die im § 374 Abs. 2 des BGB. vorgeschriebene Anzeige von der Hinterlegung empfangen hat. Wird der Nachweis nicht vor dem Ablaufe von drei Monaten nach der Aufforderung geführt, so ist die Hinterlegungsstelle ermächtigt, im Namen und auf Kosten des Schuldners dem Gläubiger die Anzeige zu machen: die Aufforderung muß einen Hinweis auf diese Rechtsfolge enthalten.

§ 19. In den Fällen des § 1171 und des § 1269 des BGB. ist der nach § 14 erforderlichen Erklärung der Nachweis beizufügen, daß das Aufgebotsverfahren eingeleitet ist.

§ 20. Ist der Hinterleger durch Entscheidung oder Anordnung der zuständigen Behörde zur Hinterlegung für berechtigt oder verpflichtet erklärt, so darf die Annahme nicht auf Grund der Unzulässigkeit einer Hinterlegung abgelehnt werden.

Die Entscheidung oder Anordnung ist der nach § 14 erforderlichen Erklärung in Ausfertigung oder in Abschrift beizufügen Die Kasse behält das beigefügte Schriftstück zurück.

§ 21. Ersucht die für die Rechtsangelegenheit zuständige Behörde um Annahme eines in der Angelegenheit zu hinterlegenden Betrages, so findet die Vorschrift des § 20 Abs 1 Anwendung.

§ 22. Das Gesuch um Auszahlung ist bei der Hinterlegungsstelle schriftlich einzureichen. Demselben ist der Nachweis der Berechtigung zur Empfangnahme beizufügen.

§ 23. Der Berechtigte ist binnen zehn Tagen nach Eingang des Gesuchs zu benachrichtigen, daß die Kasse zur Zahlung des Betrages an ihn angewiesen sei, oder von dem der Auszahlung entgegenstehenden Hinderniß in Kenntniß zu setzen.

§ 24. Die Auszahlung von Beträgen, welche im Wege des Arrestes gepfändet oder nach den bisherigen Vorschriften mit Arrest belegt sind, findet nicht statt, so lange der Arrest zwischen den betheiligten Parteien nicht beseitigt ist.

Die vorstehende Bestimmung findet entsprechende Anwendung auf einstweilige Verfügungen, sowie auf die im Bezirk des Appellationsgerichtshofes in Köln durch einen Gerichtsvollzieher zugestellten Einsprüche.

§ 25. Innerhalb des Gebiets des Deutschen Reichs geschieht, wenn der Berechtigte in dem Gesuche um Auszahlung es beantragt und soweit die Posteinrichtungen es gestatten, die Uebersendung des Betrages durch die Post. Kann die Uebersendung mittels einer Postanweisung geschehen, so ist sie auf diesem Wege zu bewirken.

Uebersteigt der zu übersendende Betrag die Summe von dreitausend Mark, so darf die Uebersendung durch die Post nur geschehen, wenn die Unterschrift des Berechtigten durch eine zur öffentlichen Beglaubigung von Unterschriften zuständige

Behörde oder Urkundsperson beglaubigt ist. Der Aufnahme eines Protokolls über die Beglaubigung und der Zuziehung von Zeugen bedarf es nicht.

Die Kosten und die Gefahr der Uebersendung trägt der Berechtigte. Der Betrag des Portos ist von dem zu übersendenden Betrage zu kürzen.

In die im § 23 vorgeschriebene Benachrichtigung ist eine Mittheilung über die Absendung des Geldes aufzunehmen.

Der Postschein dient der Kasse als Rechnungsbeleg.

§ 26. Hat der Empfangsberechtigte im Auslande seinen Wohnort oder Aufenthaltsort, so kann auf seinen Antrag die Uebersendung des Betrages an ihn durch die Post geschehen, sofern das den Antrag enthaltende Gesuch mindestens der Unterschrift nach beglaubigt ist. Ob im Fall der Beglaubigung oder der Aufnahme des Gesuchs durch eine Behörde oder Urkundsperson des Auslandes die Legalisation zu erfordern ist, hat die Hinterlegungsstelle zu ermessen.

Wird dem Verlangen entsprochen, so finden die Vorschriften der drei letzten Absätze des § 25 und die Vorschrift des § 25, Abs. 1 über die Uebersendung mittels Postanweisung entsprechende Anweisung.

§ 27. Findet die Uebersendung durch die Post nicht statt, so erfolgt die Auszahlung, sofern nicht besondere Umstände die Auszahlung unmittelbar bei der Kasse begründen, bei einer dem Wohnort des Empfängers nahe gelegenen oder einer sonstigen in dem Gesuch zu bezeichneten Hinterlegungskasse oder Spezialkasse.

In der im § 23 vorgeschriebenen Benachrichtigung ist die Kasse, bei welcher die Auszahlung erfolgen soll, zu bezeichnen.

§ 28. Die Hinterlegungsstelle ist zur Berücksichtigung einer durch Heirath des Berechtigten, durch Abtretung der Forderung oder durch sonstige Umstände eingetretenen Aenderung in der Empfangsberechtigung nur verpflichtet, sofern ihr die Aenderung von einem Betheiligten schriftlich angezeigt ist.

§ 29. Wenn die Hinterlegungsstelle von einem der Auszahlung entgegenstehenden Hinderniß erst nach Abgang des Auftrages zur Auszahlung an eine andere Hinterlegungskasse oder an eine Spezialkasse in Kenntniß gesetzt wird, so kann die Staatskasse nicht aus dem Grunde in Anspruch genommen werden, weil bei der in Gemäßheit des Auftrages bewirkten Auszahlung das Hinderniß nicht berücksichtigt worden ist.

Der Auftrag ist jedoch für den Fall, daß derselbe noch nicht ausgeführt sein sollte, zurückzunehmen.

§ 30. Das Gesuch um Auszahlung darf, unbeschadet der Vorschrift des § 24, nicht zurückgewiesen werden:

1. wenn durch rechtskräftige Entscheidung die Berechtigung zur Empfangnahme festgestellt oder die Auszahlung von der zuständigen Behörde angeordnet ist;
2. wenn der Antrag auf eine der zuständigen Behörde auf die Hinterlegungsstelle ausgestellte Anweisung sich gründet;
3. wenn die Auszahlung durch Erklärung sämmtlicher Betheiligten bewilligt ist.

Geht in den Fällen des Absatz 1, Nr. 1, 2 die Anordnung oder die Anweisung von einem Gericht oder einer Auseinandersetzungsbehörde aus, so ist die Zuständigkeit von der Hinterlegungsstelle nicht zu prüfen.

§ 31. Ersucht die für die Rechtsangelegenheit zuständige Behörde um Auszahlung des hinterlegten Geldes an sie selbst oder an eine in dem Ersuchen bezeichnete Person, so darf das Ersuchen nicht abgelehnt werden. Die Vorschrift des § 30. Abs. 2 findet entsprechende Anwendung.

Wenn gegen die Auszahlung ein Hinderniß sich ergibt, so ist dasselbe unter Aussetzung der Auszahlung der ersuchenden Behörde mitzutheilen. Dem weiteren Ersuchen, die Auszahlung ungeachtet des Hindernisses zu bewirken, hat die Hinterlegungsstelle zu genügen.

§ 32. Ist hinterlegtes Geld nach Maßgabe der vorstehenden Bestimmungen ausgezahlt, so kann die Staatskasse auf Grund eines besseren Rechts zum Empfang nicht in Anspruch genommen werden.

§ 33. Wird die Verwaltung eines Vermögens oder eines Vermögensstücks unter Aufsicht eines Gerichts oder einer sonstigen öffentlichen Behörde geführt, so kann die Hinterlegungsstelle die Auszahlung hinterlegten Geldes an den Verwalter

(Vormund, Pfleger, Kurator, Konkursverwalter) von der Beibringung einer Bescheinigung der Aufsichtsbehörde über die Legitimation des Verwalters zur Empfangnahme abhängig machen. Die Bescheinigung ist nach dem Ermessen der Aufsichtsbehörde für die Dauer des Amts des Verwalters ein- für allemal oder für den einzelnen Fall zu ertheilen.

Die Beibringung der Bescheinigung ist nicht zu verlangen:

1. wenn die Aufsichtsbehörde die Empfangnahme durch den Verwalter genehmigt;
2. bei Auszahlung an einen Vormund (Pfleger),
   a) wenn die hinterlegte Masse nicht mehr als dreihundert Mark beträgt oder der Gegenvormund die Empfangnahme genehmigt,
   b) wenn aus der vorgelegten Bestallung sich ergibt, daß der Vormund zur Einziehung der Kapitalien der Genehmigung eines Gegenvormundes nicht bedarf,
   c) wenn die Ausfertigung eines die Empfangnahme durch den Vormund genehmigenden Beschlusses des Familienraths vorgelegt wird;
3. bei Auszahlung an den Verwalter eines nach dem Inkrafttreten der Deutschen Konkursordnung eröffneten Konkursverfahrens, wenn das Konkursgericht bescheinigt, daß ein Gläubigerausschuß nicht bestellt ist.

Ist die im ersten Absatz bezeichnete Bescheinigung beigebracht oder nach den Vorschriften des zweiten Absatzes nicht zu verlangen, so kann die Staatskasse auf Grund eines Mangels der Legitimation des Verwalters zum Empfang des ihm ausgezahlten Geldes nicht in Anspruch genommen werden.

§ 34. Im Geltungsbereich des Rheinischen Rechts muß bei Zahlungen an kollozirte Gläubiger die Quittung und die Einwilligung in die Löschung der Eintragung notariell ertheilt werden.

§ 35.*) Die Gebühr des Gerichtsvollziehers für die Beurkundung der Aufgabe des Geldes zur Post (§ 17) beträgt achtzig Pfennig. Die Urkunde unterliegt, wenn der Betrag des Geldes die Summe von hundertundfünfzig Mark erreicht, einer Stempelabgabe von fünfzig Pfennig. Bei einem geringeren Betrage ist dieselbe stempelfrei.

Die Beglaubigung der Unterschriften der Gesuche um Auszahlung im Falle des § 25, Abs. 2 ist stempelfrei. Geschieht die Beglaubigung gerichtlich oder notariell, so ist für dieselbe eine Gebühr von drei Mark zu entrichten.

3. Titel. Hinterlegung von Werthpapieren und Kostbarkeiten.

§ 36. Werthpapiere und Kostbarkeiten werden unverändert verwahrt.

Münzen und Werthzeichen können als Kostbarkeiten hinterlegt werden.

§ 37 (gemäß Art. 84 VI des AG. z. BGB. gestrichen).

§ 38. Die Hinterlegungskasse ist nicht verpflichtet:

1. die Auslosung oder Kündigung der Werthpapiere zu überwachen;
2. für die Einziehung neuer Zins- oder Dividendenscheine oder der Beträge fälliger Zins- oder Dividendenscheine von Amts wegen zu sorgen.

§ 39. Auf das Verfahren finden die Vorschriften der §§ 12—18, 20—33, 35 entsprechende Anwendung, soweit nicht Abweichungen aus den Bestimmungen dieses Titels sich ergeben.

§ 40. Die nach § 14 erforderliche Erklärung muß an Stelle der in Nr. 2 vorgeschriebenen Angaben enthalten:

1. bei Hinterlegung von Werthpapieren:
   a) die Bezeichnung der Werthpapiere nach Gattung, Nummern und Nennbetrag, sowie nach den etwaigen sonstigen Unterscheidungsmerkmalen;
   b) falls mit den Werthpapieren die zu denselben gehörigen Talons oder Zins- oder Dividendenscheine hinterlegt werden, die hierauf bezüglichen Angaben;
   c) falls Talons oder Zins- oder Dividendenscheine zu Werthpapieren hinterlegt werden, welche bei der Kasse sich bereits in Verwahrung befinden, eine Bezugnahme auf die in Betreff der Werthpapiere selbst vorgelegte Erklärung;

---

*) § 35 ist, soweit er sich auf die Stempelsteuer bezieht, aufgehoben durch § 35 des Stempelsteuergesetzes v. 31. Juli 1895 (GS. S. 413).

2. bei Hinterlegung von Kostbarkeiten die Bezeichnung derselben nach Gattung und Stoff, sowie nach den etwaigen sonstigen Unterscheidungsmerkmalen und besonderen Eigenschaften.

§ 41. Wenn Werthpapiere an einem Hinterlegungstage unmittelbar der Kasse übergeben werden, so ist ein einstweiliger Empfangsschein sofort zu ertheilen und die im § 16 vorgeschriebene Bescheinigung dem Hinterleger oder dem, welcher in dessen Vertretung die Hinterlegung bewirkt hat, binnen drei Tagen nach der Uebergabe zuzusenden.

§ 42. Kostbarkeiten kann die Hinterlegungsstelle durch einen Sachverständigen abschätzen oder behufs der Feststellung ihrer Beschaffenheit und ihres Zustandes besichtigen lassen.

Der Bescheinigung über die erfolgte Hinterlegung ist eine Abschrift des Gutachtens beizufügen und, daß dies geschehen, in der Bescheinigung zu vermerken.

Die durch die Abschätzung oder Besichtigung veranlaßten Kosten hat der Hinterleger zu tragen.

Die Einziehung der Kosten geschieht in dem für die Beitreibung der öffentlichen Abgaben vorgeschriebenen Verfahren. Vor Erstattung derselben kann die Herausgabe der hinterlegten Sache nicht beansprucht werden.

§ 43. Die Vorschriften des § 25 Abs. 2 finden auf die Uebersendung von Werthpapieren und Kostbarkeiten an den Berechtigten Anwendung, wenn der Werth des zu übersendenden Gegenstandes den Betrag von dreitausend Mark übersteigt.

Der Werth von Kostbarkeiten, deren Abschätzung stattgefunden hat, bestimmt sich nach dem Ergebniß der Abschätzung. Im übrigen tritt die Schätzung der Hinterlegungskasse ein. Bei Werthpapieren, welche einen Börsenpreis haben, ist der Kurswerth der Schätzung zu Grunde zu legen.

§ 44. Die zum Zweck der Herausgabe an den Berechtigten erfolgende Uebersendung von Werthpapieren und Kostbarkeiten an die Kasse einer anderen Hinterlegungsstelle oder an eine Spezialkasse geschieht auf Kosten und Gefahr des Berechtigten durch die Post.

§ 45. Zur Deckung der Kosten einer Uebersendung durch die Post kann ein Vorschuß verlangt und von der Leistung desselben die Uebersendung abhängig gemacht werden. Auf die Kosten finden die Vorschriften im letzten Absatz des § 42 Anwendung.

§ 46. Die Vorschriften des § 33 Abs. 1, 2 finden auf die Herausgabe von Kostbarkeiten an einen Vormund (Pfleger) keine Anwendung. Die Genehmigung des Vormundschaftsgerichts oder des Gegenvormundes ist nicht erforderlich.

§ 47. Für die Hinterlegung von Werthpapieren oder Kostbarkeiten des Mündels durch den Vormund (Pfleger) gelten die besonderen Vorschriften der §§ 47 a bis 51.

§ 47 a. Zur Hinterlegung von Inhaberpapieren, mit Ausnahme von Zins-, Renten- und Gewinnantheilscheinen sowie von Ordrepapieren, die mit Blanko-Indossament versehen sind, bedarf es keiner Mitwirkung des Vormundschaftsgerichts, sofern sich nicht aus der vorgelegten Bestallung ergiebt, daß der Vormund zur Hinterlegung nicht verpflichtet ist. Es genügt die Beobachtung der §§ 14, 15 und 40.

Mit einem Inhaberpapiere kann der Erneuerungsschein hinterlegt werden.

§ 48. Die Hinterlegung von Werthpapieren, die nicht nach § 47 a hinterlegt werden können, sowie von Kostbarkeiten geschieht auf Grund einer dem Vormunde (Pfleger) von dem Vormundschaftsgerichte zu ertheilenden Anweisung.

§ 49. Die Anweisung muß außer den in dem § 40 Nr. 1, 2 vorgeschriebenen Angaben enthalten:

1. den Namen, Stand oder Gewerbe und Wohnort des Vormundes;
2. den Namen, Wohnort und, soweit es thunlich, das Alter und den Stand oder das Gewerbe des Mündels oder die Bezeichnung der Angelegenheit, in welcher die Hinterlegung erfolgen soll;
3. die Angabe des Grundes, aus welchem die Vormundschaft eingeleitet worden ist:
4. die Bezeichnung der Hinterlegungsstelle, bei welcher die Hinterlegung erfolgen soll.

§ 50. Bei der Uebergabe zur Hinterlegung ist die Anweisung nebst einer Abschrift derselben vorzulegen oder mit den zu hinterlegenden Gegenständen einzusenden. Die Kasse behält die Abschrift zurück und bescheinigt auf der Anweisung die erfolgte Hinterlegung.

§ 51. Zur Herausgabe an den Vormund bedarf es der Genehmigung des Vormundschaftsgerichts.

§ 52. Auf die Hinterlegung von Werthpapieren oder Kostbarkeiten eines unter elterlicher Gewalt stehenden Kindes durch den Vater oder die Mutter finden die Vorschriften der §§ 48 bis 51 entsprechende Anwendung.

4. Titel. Einstellung der Verzinsung und Aufgebot.

§ 53. Die Verzinsung hinterlegten Geldes ist mit dem Ablauf von zehn Jahren, vom Beginn der Verzinsung an gerechnet, einzustellen.

§ 54. Wenn ein Betheiligter vor Ablauf der Frist unter dem Nachweis der Fortdauer der Veranlassung zur Hinterlegung die Fortsetzung der Verzinsung beantragt, so beginnt die Einstellung der Verzinsung erst mit dem Ablauf von zehn Jahren, vom Ende des Monats an gerechnet, in welchem das den Antrag enthaltende Gesuch bei der Hinterlegungsstelle angebracht ist.

§ 55. Wird nach Einstellung der Verzinsung ein den Vorschriften des § 54 entsprechendes Gesuch bei der Hinterlegungsstelle angebracht, so tritt die Verzinsung mit dem ersten Tage des nächstfolgenden Monats wieder ein.

§ 56. Im Fall der Zurückweisung eines Gesuchs um Auszahlung des Geldes finden in Ansehung der Fortsetzung der Verzinsung die §§ 54, 55 entsprechende Anwendung, wenn anzunehmen ist, daß zur Zeit der Anbringung des Gesuchs die Veranlassung zur Hinterlegung noch fortdauerte.

§ 57. Spätestens zwei Wochen vor Beginn jedes Kalendervierteljahres ist ein Verzeichniß der Massen, bei welchen im Laufe des Vierteljahres die Einstellung der Verzinsung bevorsteht, durch Anheftung an die Gerichtstafel der Amtsgerichte im Bezirk der Hinterlegungsstelle und durch einmalige Einrückung in den Anzeiger der innerhalb dieses Bezirks erscheinenden Amtsblätter öffentlich bekannt zu machen.

In das Verzeichniß sind die im § 14 Abs. 2 Nr. 1, 2, Abs. 3, § 19 Abs. 3 bezeichneten Angaben, sowie der wesentliche Inhalt der im § 14 Abs. 2 Nr. 3 bezeichneten Angabe aufzunehmen. Die Angabe des Vertreters des Hinterlegers (§ 14 Abs. 2 Nr. 1) ist nicht erforderlich.

Die anzuheftenden Verzeichnisse sind vor Ablauf von drei Monaten seit der Anheftung von dem Orte derselben nicht zu entfernen.

§ 58. Hat binnen zwanzig Jahren nach der Einstellung oder nach der letzten Einstellung der Verzinsung die Auszahlung des Geldes nicht stattgefunden, so können die Betheiligten im gerichtlichen Aufgebotsverfahren zur Anmeldung ihrer Ansprüche aufgefordert werden.

§ 58a. In den Fällen des § 382, des § 1171 Abs. 3 und des § 1269 Satz 3 des BGB. kann der Erlaß des Aufgebots nicht vor dem Ablaufe von einunddreißig Jahren beantragt werden.

Die einunddreißigjährige Frist beginnt:

1. im Falle des § 382 mit dem Ende des Monats, in welchem der Gläubiger die Anzeige des Schuldners von der Hinterlegung empfangen hat;
2. in den Fällen des § 1171 Abs. 3 und des § 1269 Satz 3 mit der Erlassung des Urtheils, durch welches der Gläubiger mit seinem Rechte ausgeschlossen ist; das Gericht hat das Ausschlußurtheil der Hinterlegungsstelle mitzutheilen.

§ 58b. Ist die Hinterlegung auf Grund des § 117 Abs. 2 oder der §§ 120, 121, 124, 126 des Gesetzes über die Zwangsversteigerung und die Zwangsverwaltung vom 24. März 1897 (Reichs-Gesetzbl. S. 97) erfolgt, so ist der Aufgebotsantrag nicht vor dem Ablaufe von einunddreißig Jahren zulässig.

Die einunddreißigjährige Frist beginnt:

1. in den Fällen der §§ 120, 121 mit dem Eintritte der Bedingung, unter welcher die Hinterlegung erfolgt ist; die Hinterlegungsstelle hat den Eintritt der Bedingung, soweit thunlich, zu ermitteln; ist der Eintritt der Bedingung nicht ermittelt, so beginnt die Frist mit der Einstellung oder der letzten Einstellung der Verzinsung;
2. in den übrigen Fällen mit dem Ende des Monats, in welchem die Hinterlegung erfolgt ist.

§ 59. Für das Verfahren ist das Amtsgericht zuständig, in dessen Bezirk die Hinterlegungsstelle ihren Sitz hat.

§ 60. Zu dem Antrage auf Erlaß des Aufgebots ist die Hinterlegungsstelle berechtigt.

§ 61. Zur Begründung des Antrages sind beizubringen:

1. die Urschrift oder eine Abschrift der bei der Hinterlegung vorgelegten Erklärung;
2. ein Zeugniß der Behörde über den Tag, an welchem die Hinterlegung des Geldes bewirkt, sowie über den Tag, mit welchem die Verzinsung des Geldes eingestellt oder zuletzt eingestellt worden ist;
3. die bei der Hinterlegungsstelle angebrachten Gesuche um Fortsetzung der Verzinsung oder um Auszahlung des Geldes oder ein Zeugniß der Behörde, daß solche Gesuche nicht angebracht sind;
4. im Falle des § 58a Abs. 2 Nr. 1 ein Zeugniß der Behörde über den Tag, an welchem der Gläubiger die Anzeige von der Hinterlegung empfangen hat,

   in den Fällen des § 58a Abs. 2 Nr. 2 das der Hinterlegungsstelle mitgetheilte Ausschlußurtheil,

   in den Fällen des § 58b Abs. 2 Nr. 1 ein Zeugniß der Behörde über den Tag, an welchem die Bedingung eingetreten ist, oder darüber, daß der Eintritt der Bedingung nicht hat ermittelt werden können.

§ 62. Als Rechtsnachtheil ist anzudrohen, daß die Ausschließung der Betheiligten mit ihren Ansprüchen gegen die Staatskasse erfolgen werde.

§ 63. Die Vorschriften der §§ 58 bis 62 finden auf Geld, dessen Betrag die Summe von dreißig Mark nicht erreicht, sowie auf Werthpapiere und Kostbarkeiten entsprechende Anwendung, soweit nicht aus den nachfolgenden Bestimmungen sich Abweichungen ergeben.

§ 64. Der Erlaß des Aufgebots kann, unbeschadet der Vorschriften §§ 58a, 58b, nach dem Ablaufe von dreißig Jahren seit dem Ende des Monats beantragt werden, in welchem die Hinterlegung erfolgt ist.

§ 65. Wenn ein Betheiligter vor Ablauf der Frist unter dem Nachweis der Fortdauer der Veranlassung zur Hinterlegung die Fortsetzung der Verwahrung beantragt, so ist der Antrag auf Erlaß des Aufgebots erst zulässig mit Ablauf von zwanzig Jahren, vom Ende des Monats an gerechnet, in welchem das den Antrag auf Fortsetzung der Verwahrung enthaltende Gesuch bei der Hinterlegungsstelle angebracht ist. Vor Ablauf der im § 64 bestimmten Frist ist der Antrag auf Erlaß des Aufgebots nicht zulässig.

§ 66. Im Fall der Anbringung eines Gesuchs um Herausgabe von Zins- oder Dividendenscheinen oder von Talons hinterlegter Werthpapiere, sowie im Fall der Zurückweisung eines Gesuchs um Auszahlung hinterlegten Geldes (§ 63) oder um Herausgabe hinterlegter Werthpapiere oder Kostbarkeiten finden die Vorschriften des § 65 entsprechende Anwendung, wenn anzunehmen ist, daß zur Zeit der Anbringung des Gesuchs die Veranlassung zur Hinterlegung noch fortdauerte.

§ 67. Die Vorschriften der §§ 64 bis 66 finden keine Anwendung, wenn die Hinterlegung erfolgt ist:

1. nach Inhalt der bei derselben vorgelegten Erklärung oder Anweisung auf Grund des § 1667 Abs. 2 Satz 4, des § 1814 oder des § 1818 des BGB.;
2. auf Ersuchen der Aufsichtsbehörde in einer Familienfideikommiß-, Lehens- oder Stiftungssache.

Der Erlaß des Aufgebots kann in diesen Fällen beantragt werden nach dem Ablaufe von zwanzig Jahren seit dem Ende des Monats, in welchem die elterliche Gewalt, die Vormundschaft oder die Pflegschaft, oder die Eigenschaft des Gegenstandes als Vermögensstück des Familien-Fideikommisses, des Lehens oder der Stiftung aufgehört hat.

§ 68. Bei Werthpapieren und Kostbarkeiten ist als Rechtsnachtheil anzudrohen, daß die Ausschließung der Betheiligten mit ihren Ansprüchen gegen die Staatskasse und mit ihren Rechten an den Gegenständen erfolgen werde.

§ 69. Mit der Verkündigung des Ausschlußurtheils erlangt die Staatskasse die Befugniß zur freien Verfügung über die Gegenstände.

2. Abschnitt. Vorläufige Verwahrung bei den Amtsgerichten.

§ 70. Die im § 1 bezeichneten Gegenstände können bei den Amtsgerichten in vorläufige Verwahrung genommen werden.

§ 71. Die Annahme zur vorläufigen Verwahrung und die Herausgabe aus derselben erfolgt auf Anordnung des Amtsgerichts.

§ 72. Die vorläufige Verwahrung bei den Amtsgerichten gilt in dem Verhältnisse zwischen den Betheiligten als Hinterlegung.

§ 73. Die vorläufige Verwahrung ist nur in dringenden Fällen zulässig.

§ 74. Eine Dringlichkeit ist stets als vorhanden anzusehen:

1. wenn das Gericht den Gegenstand von Amts wegen in seinen Gewahrsam zu nehmen hat;
2. wenn eine Hinterlegung in Gemäßheit des § 1667 Abs. 2 Satz 4, des § 1814 oder des § 1818 des BGB. erfolgt, und der Vater, die Mutter oder der Vormund die vorläufige Verwahrung verlangt;
3. wenn von der Hinterlegung abhängt:
   a) die Vollstreckbarkeit einer Entscheidung;
   b) der Beginn, die Fortsetzung, die einstweilige Einstellung, die Einstellung, die Beschränkung oder die Abwendung einer Zwangsvollstreckung;
   c) die Aufhebung einer erfolgten Vollstreckungsmaßregel;
   d) die Anordnung, Vollziehung, Bestätigung, Abänderung oder Aufhebung eines Arrestes, einer einstweiligen Verfügung oder einer sonstigen Sicherheitsmaßregel;
   e) die Freilassung des Angeschuldigten;
   f) der Aufschub der Strafvollstreckung.

§ 75. Im Falle des § 74 Nr. 1 ist, wenn die Absendung des Gegenstandes an die Hinterlegungsstelle nicht sofort bewirkt wird, die vorläufige Verwahrung von Amts wegen anzuordnen.

In den übrigen Fällen kommen, unbeschadet der Befugniß des Hinterlegers, die Hinterlegung bei der Hinterlegungsstelle zu bewirken, die Vorschriften der §§ 76 bis 78 zur Anwendung.

§ 76. Die Verwahrung erfolgt:

1. in Civilprozeßsachen bei dem Amtsgericht, welches als Vollstreckungsgericht zuständig ist, oder in Ermangelung eines Vollstreckungsgerichts bei dem Amtsgericht, welches die Entscheidung erlassen hat oder in dessen Bezirk das Gericht, von welchem die Entscheidung erlassen ist, seinen Sitz hat;
2. in Strafprozeßsachen bei dem Amtsgericht, welches die Entscheidung erlassen hat oder in dessen Bezirk die Behörde, von welcher die Entscheidung erlassen ist, ihren Sitz hat;
3. in anderen als den unter Nr. 1, 2 bezeichneten Angelegenheiten bei dem Amtsgericht, welches für die Angelegenheiten zuständig ist oder in dessen Bezirk das für die Angelegenheit zuständige Gericht seinen Sitz hat.

In den Fällen der Nr. 1, 2 kann in dem die Entscheidung enthaltenden Urtheil oder Beschluß oder durch eine nachträgliche Anordnung ein anderes als das unter Nr. 1, 2 bezeichnete Amtsgericht für die Annahme zur vorläufigen Verwahrung bestimmt werden.

§ 77. Das Gesuch um die Annahme ist schriftlich in zwei Exemplaren einzureichen oder zum Protokoll des Gerichtsschreibers anzubringen. Dasselbe muß eine den Vorschriften des § 14 Abs. 2, 3 oder des § 40 entsprechende Erklärung enthalten. Wird die Annahme auf Grund einer Entscheidung oder Anordnung der für die Rechtsangelegenheit zuständigen Behörde beantragt, so ist eine Ausfertigung oder Abschrift der Entscheidung oder Anordnung beizufügen.

Wird die Verwahrung von dem Schuldner zum Zwecke der Befreiung von seiner Verbindlichkeit nachgesucht, so finden die Vorschriften des § 18 Abs. 1, 2 entsprechende Anwendung.

§ 78. Ueber die Annahme ist auf dem einen Exemplar des Gesuchs oder auf einer Abschrift des Protokolls sofort eine Bescheinigung zu ertheilen.

Die Bescheinigung ist von dem Amtsrichter und dem Gerichtsschreiber zu unterschreiben und mit dem Gerichtssiegel zu versehen.

§ 79. Die vorläufig zu verwahrenden Gegenstände werden unter gemeinschaftlichem Verschluß des Amtsrichters und des Gerichtsschreibers aufbewahrt. Die Annahme und die Herausgabe ist von dem Amtsrichter und dem Gerichtsschreiber gemeinschaftlich zu bewirken. Bei der Buchführung sind die Vermerke über die Annahme und die Herausgabe von dem Amtsrichter und dem Gerichtsschreiber zu unterschreiben.

§ 80. Bei den Amtsgerichten, welche der Justizminister bezeichnet, können die durch die Vorschriften der §§ 78 und 79 dem Amtsrichter und dem Gerichtsschreiber übertragenen Geschäfte zwei Gerichtsschreibern übertragen werden.

§ 81. Geld wird ohne Vermischung mit anderem Gelde aufbewahrt.

§ 82. Das Amtsgericht kann die Hinterlegung der Gegenstände bei der Hinterlegungsstelle jederzeit bewirken.

Es hat dieselbe zu bewirken, wenn nach seinem Ermessen anzunehmen ist, daß die Herausgabe nicht binnen sechs Monaten erfolgen werde.

§ 83. Der Sendung an die Hinterlegungsstelle ist beizufügen:

1. im Falle des § 74 Nr. 1 eine in Gemäßheit der Vorschriften des § 14 Abs. 2, 3 oder des § 40 aufzustellende Erklärung sowie, falls es sachgemäß erscheint, eine Abschrift der Entscheidung oder Anordnung, auf Grund deren die Hinterlegung erfolgt;
2. in den übrigen Fällen das zurückbehaltene Exemplar des Gesuchs oder das Protokoll unter Beifügung der Ausfertigung oder Abschrift der Entscheidung oder Anordnung.

Die Uebersendung erfolgt auf Kosten und Gefahr der Betheiligten. Eine Kürzung des Portos von dem zu übersendenden Betrage findet nicht statt.

§ 84. Der in der Erklärung als Hinterleger oder als Vertreter des Hinterlegers bezeichneten Person ist eine Bescheinigung über die erfolgte Hinterlegung zu ertheilen. Eine Abschrift der Bescheinigung ist dem Amtsgericht mitzutheilen.

§ 85. Geschieht die Herausgabe aus der vorläufigen Verwahrung an den Empfangsberechtigten durch das Amtsgericht, so erfolgt sie unmittelbar bei demselben oder unter entsprechender Anwendung der §§ 25, 26, 43, 45 mittels Uebersendung durch die Post.

§ 86. (Ist durch Art. 84 Nr. XIX des Ausführungsgesetzes zum BGB. aufgehoben.)

3. Abschnitt. Hinterlegung anderer als der im ersten Abschnitt bezeichneten Sachen.

§ 87. Für die Hinterlegung anderer als der im § 1 bezeichneten Werthpapiere sowie sonstiger Urkunden sind die Amtsgerichte als Hinterlegungsstellen zuständig.

§ 87a. Die Vorschriften der §§ 12, 14 bis 18, 20 bis 33, 35, 40, 43 bis 52, 63 bis 69 finden mit folgenden Maßgaben entsprechende Anwendung:

1. Das Gesuch um Annahme oder um Herausgabe der Urkunden kann zum Protokoll des Gerichtsschreibers angebracht werden.
2. Bei Urkunden, die nicht Werthpapiere sind, findet ein Aufgebotsverfahren zum Zwecke der Ausschließung der Betheiligten nicht statt. Das Recht auf Rückgabe erlischt mit dem Zeitpunkt, in welchem bei Werthpapieren der Aufgebotsantrag zulässig werden würde; die Urkunden sind zu vernichten.

§ 88. Das Amtsgericht kann die Gerichtsschreiberei mit der Verwahrung der Urkunden beauftragen.

§ 89. Andere Sachen als Geld, Werthpapiere, sonstige Urkunden und Kostbarkeiten sind zur Hinterlegung nicht geeignet.

4. Abschnitt. Schlußbestimmungen.

§§ **90, 91.** (Sind aufgehoben durch Art. 84 Nr. XXI des AG. z. BGB.)

§ **92.** Die Hauptdepositenkasse in Kassel, die Depositenkasse in Köln und die bei den Gerichten bestehenden Depositorien werden aufgehoben.

Die Hinterlegung gerichtlicher Depositen bei der kommunalständischen Sparkasse zu Wiesbaden und bei dem städtischen Rechneiamt in Frankfurt am Main findet nicht mehr statt

§ **93.** Die Hinterlegungsstellen (§§ 1, 2) treten für die Hinterlegung (Deposition, Niederlegung, Verwahrung) der im § 1 bezeichneten Gegenstände, sofern dieselbe nach gesetzlicher Vorschrift bei Gericht oder bei einer sonstigen zur Annahme von Depositen bestimmten oder ermächtigten Behörde, Anstalt oder Kasse zu geschehen hat, an Stelle der Gerichte, sowie jener Behörden, Anstalten oder Kassen.

Durch die vorstehende Bestimmung bleiben unberührt:

1. die Vorschriften, durch welche für die Hinterlegung in Abweichung von den allgemeinen Vorschriften eine besondere Hinterlegungsstelle zugelassen ist;
2. die Vorschriften des zweiten Abschnitts dieses Gesetzes.

§ **94.** Die Absonderung des unter dem Namen Hinterlegungsfonds bestehenden Fonds, sowie der Fonds der Hauptdepositenkasse in Kassel und der Depositenkasse in Köln von dem übrigen Staatsvermögen wird aufgehoben.

Eine Trennung der Verwaltung dieser Fonds von der Verwaltung des übrigen Staatsvermögens findet nicht mehr statt.

§ **95.** Das in den gerichtlichen Depositorien der Bezirke der Appellationsgerichte in Kassel, Celle und Kiel, sowie das in Verwahrung der Gerichtsbehörden im Bezirk des Appellationsgerichts in Frankfurt a. M. und in vorläufiger Verwahrung (Asservation) der Gerichtsbehörden im Geltungsbereich der Verordnung vom 2. Januar 1849 befindliche Geld ist an die Hinterlegungsstellen abzugeben.

Ist nach Ermessen des Gerichts anzunehmen, daß die Herausgabe binnen sechs Wochen erfolgen werde, so kann das Geld zur vorläufigen Verwahrung an das Amtsgericht abgegeben werden.

Im Falle der Abgabe an die Hinterlegungsstelle geht das Geld, soweit nicht die hinterlegten Münzen oder Werthzeichen als Kostbarkeiten aufzubewahren sind, in das Eigenthum des Staats über.

§ **96.** Die bei den im § 94 bezeichneten Fonds vorhandenen Bestände, sowie die im § 95 Abs. 3 erwähnten Gelder sind zur Bestreitung solcher Ausgaben zu verwenden, zu deren Deckung durch besondere Gesetze die Aufnahme von Anleihen bewilligt ist, soweit letztere noch nicht begeben sind. Der Finanzminister wird ermächtigt, zu diesem Zwecke die nicht in baarem Gelde vorhandenen Bestände der bezeichneten Fonds nach Bedarf flüssig zu machen.

In Höhe der hiernach verfügbar gewordenen Beträge wird die durch jene besonderen Gesetze dem Finanzminister ertheilte Ermächtigung zur Ausgabe von Schuldverschreibungen außer Kraft gesetzt. Die Verwendung der Beträge zu dem im Absatz 1 bestimmten Zwecke unterliegt der Kontrolle der Staatsschuldenverwaltung.

Ueber die erfolgte Verwendung ist dem Landtage alljährlich Rechenschaft zu geben. Die Einnahmen, sowie die Ausgaben an hinterlegten Geldern, sowie die Einnahmen und Ausgaben an Zinsen sind im Etat ersichtlich zu machen.

§ **97.** Die bei der Hauptdepositenkasse in Kassel, bei den gerichtlichen Depositorien und bei den Gerichtsbehörden im Bezirk des Appellationsgerichts in Frankfurt a. M. in Verwahrung, sowie bei den Gerichtsbehörden im Geltungsbereich der Verordnung vom 2. Januar 1849 in vorläufiger Verwahrung (Asservation) befindlichen Werthpapiere (§ 1 Nr. 2, 3) und Kostbarkeiten sind an die Hinterlegungsstellen abzugeben.

Dasselbe gilt von den bei den Hauptkassen der Regierungen der Rheinprovinz und der Regierung in Wiesbaden in Gemäßheit des Gesetzes vom 19. Juli 1875 hinterlegten Werthpapieren und Kostbarkeiten, soweit diese Kassen nicht zur Kasse einer Hinterlegungsstelle bestimmt werden.

Auf die im Absatz 1 bezeichneten Werthpapiere und Kostbarkeiten, soweit sie nicht bei der Hauptdepositenkasse in Kassel sich in Verwahrung befinden, findet die Vorschrift des § 95 Abs. 2 entsprechende Anwendung.

§ 98. **Die bei der kommunalständischen Sparkasse in Wiesbaden und bei dem städtischen Rechneiamt in Frankfurt a. M. hinterlegten Gelder, Werthpapiere (§ 1 Nr. 2, 3) und Kostbarkeiten können auf Antrag der Betheiligten an die Hinterlegungsstellen abgegeben werden.**

Die Gefahr der Uebersendung an die Hinterlegungsstelle tragen die Betheiligten.

Auf die Hinterlegungen kommen die Vorschriften dieses Gesetzes mit dem Zeitpunkte zur Anwendung, zu welchem die Gegenstände bei der Hinterlegungsstelle eingehen. Bis zum Eingang ist, soweit die Herausgabe nach den bisherigen Vorschriften nur auf gerichtliche Verfügung erfolgt, für die Verfügung das Amtsgericht zuständig, auf welches die Angelegenheit übergegangen ist, oder in Ermangelung eines solchen Amtsgerichts das Amtsgericht des Orts, an welchem das bisher mit derselben befaßt gewesene Gericht seinen Sitz hatte.

§ 1.*) Die bei der kommunalständischen Sparkasse in Wiesbaden und bei dem städtischen Rechneiamt in Frankfurt am Main hinterlegten Gelder und Werthpapiere (§ 1 Nr. 2, 3 der Hinterlegungsordnung) sind an die Hinterlegungsstelle in Wiesbaden abzugeben.

§ 2. Ist die Hinterlegung auf gerichtliche Verfügung erfolgt, so hat das nach § 98 Absatz 3 der Hinterlegungsordnung zuständige Amtsgericht eine, soweit möglich, den Vorschriften des § 14 Absatz 2, 3, des § 40 oder des § 49 der Hinterlegungsordnung entsprechende Erklärung aufzustellen und der bisherigen Hinterlegungsstelle zu übersenden. Ein der Auszahlung oder Herausgabe nach § 24 der Hinterlegungsordnung entgegenstehendes Hinderniß ist in der Erklärung anzugeben. Ist ein solches Hinderniß nicht angegeben, aber bei der bisherigen Hinterlegungsstelle bekannt, oder ist der letzteren eine Aenderung in der Empfangsberechtigung angezeigt, so hat sie, ebenso wie im Falle einer sonstigen Unvollständigkeit der gerichtlichen Erklärung, dieselbe, soweit möglich, entsprechend zu ergänzen.

Kann in Gemäßheit des Absatzes 1 die Erklärung nicht aufgestellt werden, so ist sie von der bisherigen Hinterlegungsstelle, soweit möglich, in entsprechender Weise aufzustellen.

Ist die Erklärung von der bisherigen Hinterlegungsstelle aufgestellt oder ergänzt worden, so hat diese eine Abschrift der aufgestellten oder ergänzten Erklärung dem nach § 6 Abs. 5 zuständigen Gericht zu ertheilen.

§ 3. Die Erklärungen sind nebst einem Zeugniß über den Tag, an welchem die Hinterlegung bewirkt, sowie über den Tag, mit welchem die Verzinsung etwa eingestellt worden ist, und, soweit möglich, nebst einer Abschrift der gerichtlichen Verfügung, durch welche die Annahme zur Hinterlegung angeordnet worden ist, von der bisherigen Hinterlegungsstelle gleichzeitig mit der Absendung der Gegenstände der neuen Hinterlegungsstelle zu übersenden. Eine Abschrift der Erklärung ist den Betheiligten, soweit sie bekannt sind, zu ertheilen.

§ 4. Die Leggebühr, welche nach den bisherigen Vorschriften an das städtische Rechneiamt in Frankfurt a. M zu entrichten ist, wird bei Abgabe der Masse an die neue Hinterlegungsstelle fällig. Die Gebühr ist bei der Abgabe von Geld von dem zu übersendenden Betrage in Abzug zu bringen, bei der Abgabe von Werthpapieren aus dem Erlöse etwa fälliger Zins- oder Dividendenscheine zu entnehmen.

Kann auf diese Weise die Leggebühr nicht erlangt werden, so geschieht die Einziehung in dem für die Beitreibung der öffentlichen Abgaben vorgesehenen Verfahren. Vor Bezahlung der Leggebühr darf die Herausgabe der hinterlegten Werthpapiere nicht erfolgen.

§ 5. Mit dem Zeitpunkte, zu welchem die Gegenstände bei der Hinterlegungsstelle eingehen, kommen die Vorschriften der Hinterlegungsordnung, soweit nicht aus den nachstehenden Bestimmungen sich Abweichungen ergeben, auf die Hinterlegungen zur Anwendung.

§ 6. Die Auszahlung oder Herausgabe der Massen erfolgt nur auf gerichtliche Verfügung.

Zu dem Antrage auf Erlaß der Verfügung bedarf es nicht der Vorlegung

---

*) Die §§ 1–9 sind durch das Gesetz v. 14. Juli 1895 (GS. S. 301), betr. die Ergänzung der Hinterlegungsordnung v. 14. März 1879, hinzugetreten.

des Hinterlegungsscheins (Schuldscheins, Legscheins) oder eines rechtskräftigen Urtheils, durch welches der Schein für kraftlos erklärt worden ist.

Die Hinterlegungsstelle hat der Verfügung des zuständigen Gerichts zu genügen, wenn sich gegen die Auszahlung oder Herausgabe kein Hinderniß ergiebt.

Ergiebt sich ein solches Hinderniß, so ist dasselbe unter Aussetzung der Auszahlung oder Herausgabe dem Gerichte mitzutheilen. Der weiteren Verfügung, die Auszahlung oder Herausgabe ungeachtet des Hindernisses zu bewirken, hat die Hinterlegungsstelle zu genügen.

Für die Verfügung ist das im § 98 Absatz 3 der Hinterlegungsordnung bezeichnete Amtsgericht, in Ermangelung eines solchen aber das Amtsgericht in Wiesbaden zuständig.

§ 7. Ist die Auszahlung oder Herausgabe nach Maßgabe des § 6 bewirkt, so kann die Staatskasse auf Grund eines besseren Rechts zum Empfang nicht in Anspruch genommen werden.

§ 8. Die im § 53 der Hinterlegungsordnung bestimmte Frist, sowie bei Hinterlegung von Werthpapieren die im § 64 der Hinterlegungsordnung bestimmte Frist beginnen mit dem Tage des Inkrafttretens dieses Gesetzes.

Zu dem Antrage auf Fortsetzung der Verzinsung oder der Verwahrung bedarf es nicht der Vorlegung des Hinterlegungsscheins (Schuldscheins, Legscheins) oder eines rechtskräftigen Urtheils, durch welches der Schein für kraftlos erklärt worden ist.

An die Stelle des in den §§ 56, 66 der Hinterlegungsordnung bezeichneten Gesuchs tritt der Antrag auf Erlaß einer entsprechenden gerichtlichen Verfügung.

An die Stelle der im § 61 Nr. 1 der Hinterlegungsordnung bezeichneten Erklärung tritt die Urschrift oder eine Abschrift der der Hinterlegungsstelle bei Abgabe der Masse an dieselbe eingesandten Erklärung.

Ist auf Grund der bisherigen Vorschriften die Verzinsung hinterlegten Geldes vor dem Inkrafttreten dieses Gesetzes eingestellt oder hat vor diesem Zeitpunkte, trotzdem der Betrag des hinterlegten Geldes die Summe von dreißig Mark erreichte, eine Verzinsung nach den bisherigen Vorschriften nicht stattgefunden, so tritt die Verzinsung nur nach Maßgabe der Bestimmungen der §§ 55, 56 der Hinterlegungsordnung ein. Die im § 58 der Hinterlegungsordnung bestimmte Frist beginnt mit dem Tage, an welchem die Einstellung der Verzinsung stattgefunden hat, und, sofern eine Verzinsung nicht erfolgt ist, mit dem Tage des Inkrafttretens dieses Gesetzes.

Für das Aufgebot von Geld, dessen Betrag die Summe von dreißig Mark nicht erreicht, beginnt die im § 64 der Hinterlegungsordnung bestimmte Frist mit dem Tage, an welchem die Hinterlegung bewirkt ist, jedoch ist der Antrag auf Erlaß des Aufgebots vor Ablauf eines Jahres, vom Tage des Inkrafttretens dieses Gesetzes an gerechnet, nicht zulässig.

§ 9. Mit der Ausführung dieses Gesetzes werden der Finanzminister und der Justizminister beauftragt.

§ **99**. Das Gericht hat für jede an die Hinterlegungsstelle abzugebende Masse eine den Vorschriften des § 14 Abs. 2, 3, des § 40 oder des § 49 entsprechende Erklärung aufzustellen. Ein der Auszahlung oder Herausgabe nach § 24 entgegenstehendes Hinderniß ist in der Erklärung anzugeben.

Dient das Depositorium eines Gerichts zugleich als Depositorium eines anderen Gerichts, so ist für die Massen, deren Annahme zur Hinterlegung auf Verfügung des anderen Gerichts stattgefunden hat, von diesem die Erklärung aufzustellen und nebst einer Abschrift dem das Depositorium verwaltenden Gericht zu übersenden.

Betrifft die Erklärung Kostbarkeiten, deren Abschätzung stattgefunden hat, so ist das Gutachten über die Abschätzung in die Erklärung aufzunehmen oder derselben in Urschrift oder in Abschrift beizufügen.

§ **100**. Die Erklärungen sind nebst einer Abschrift der Formel der Entscheidung oder Anordnung, durch welche der Hinterleger zur Hinterlegung für berechtigt oder verpflichtet erklärt ist, gleichzeitig mit der Absendung der Gegenstände der Hinterlegungsstelle zu übersenden. Eine Abschrift der Erklärung ist den Betheiligten zu ertheilen.

§ **101**. Ist nach Abgabe der Masse an die Hinterlegungsstelle die Auszahlung oder Herausgabe an den Empfänger nach Maßgabe des Inhalts der Erklärung bewirkt, so kann bei einer Verschiedenheit zwischen dem Inhalt der Erklärung und dem Inhalt der Gerichtsakten die Staatskasse von einem besser zum Empfang Berechtigten nicht aus dem Grunde in Anspruch genommen werden, weil die Weisung zur Auszahlung oder Herausgabe nicht nach Maßgabe des Inhalts der Gerichtsakten ertheilt ist.

§ **102.** Hat im Geltungsbereich des Allgemeinen Landrechts oder des gemeinen Rechts ein Schuldner vor dem Inkrafttreten dieses Gesetzes Geld, Werthpapiere (§ 1 Nr. 2, 3) oder Kostbarkeiten hinterlegt, um von seiner Verbindlichkeit sich zu befreien, so bestimmt sich die Berechtigung des Schuldners zur Zurücknahme nach den bisherigen Vorschriften.

Zur Auszahlung oder Herausgabe an den Schuldner bedarf es einer gerichtlichen Entscheidung oder Anordnung.

Für die Anordnung ist, wenn die Angelegenheit zu der streitigen Gerichtsbarkeit nicht gehört, das Amtsgericht zuständig, auf welches die Angelegenheit übergegangen ist, oder, in Ermangelung eines solchen Amtsgerichts, das Amtsgericht des Ortes, an welchem das bisher mit derselben befaßt gewesene Gericht seinen Sitz hatte.

§ **103.** Im Bezirk des Appellationsgerichts in Kassel, im Bezirk des Appellationsgerichts in Celle mit Ausschluß der Gebietstheile, in welchen die Preußische Depositalordnung vom 15. September 1783 gilt, und in dem Bezirk des Kreisgerichts in Ratzeburg ist, wenn die Hinterlegung vor dem Inkrafttreten dieses Gesetzes erfolgt ist, dem Antrage auf Auszahlung oder Herausgabe der Hinterlegungsschein (Depositenschein) oder ein rechtskräftiges Urtheil, durch welches der Schein für kraftlos erklärt worden ist, oder eine gerichtliche Entscheidung oder Anordnung, nach welcher die Auszahlung oder Herausgabe von der Zurücklieferung und Kraftloserklärung des Scheins nicht abhängig zu machen ist, beizufügen. Auf die Anordnung findet die Vorschrift des § 102 Abs. 3 entsprechende Anwendung.

§ **104.** Die in Verwahrung der aufgehobenen Gerichte befindlichen letztwilligen Verfügungen sind an die Amtsgerichte abzugeben.

Sind in dem Bezirk des mit der Verwahrung bisher befaßt gewesenen Gerichts mehrere Amtsgerichte errichtet, so kann der Testator unter den mehreren Amtsgerichten das Amtsgericht bezeichnen, an welches die letztwillige Verfügung abgegeben werden soll. Die Bezeichnung muß vor dem Inkrafttreten dieses Gesetzes in einem schriftlichen oder zu gerichtlichem Protokoll erklärten Gesuch erfolgen.

In Ermangelung eines solchen Gesuchs geschieht die Abgabe an das Amtsgericht des Ortes, an welchem das mit der Verwahrung bisher befaßt gewesene Gericht seinen Sitz hatte.

§ **105.** Die in Verwahrung der bisherigen Gerichte befindlichen Werthpapiere auf Namen, auf welche die Zahlung nicht jedem Inhaber geleistet werden kann, sind an die Amtsgerichte abzugeben.

§ **106.** Auf die Massen, welche von den bisherigen Hinterlegungsstellen an die auf Grund dieses Gesetzes errichteten Hinterlegungsstellen abgegeben werden, finden die Vorschriften über die Einstellung der Verzinsung und das Aufgebot mit der Maßgabe Anwendung:

1. daß die in den §§ 53, 64 bestimmten Fristen mit dem Tage des Inkrafttretens dieses Gesetzes beginnen;
2. daß an Stelle der im § 61 Nr. 1 bezeichneten Erklärung die Urschrift oder eine Abschrift der der Hinterlegungsstelle bei Abgabe der Masse an dieselbe eingesandten Erklärung tritt.

§ **107.** Im Bezirk des Appellationsgerichts in Kassel kommen die nachstehenden Bestimmungen zur Anwendung:

Ist auf Grund der bisherigen Vorschriften die Verzinsung hinterlegten Geldes vor dem Inkrafttreten dieses Gesetzes eingestellt, so tritt die Verzinsung nur nach Maßgabe der Bestimmungen der §§ 55, 56 wieder ein. Die im § 58 bestimmte Frist beginnt mit dem Tage, an welchem die Einstellung der Verzinsung stattgefunden hat.

Die Verzinsung der von der Civilwittwen- und Waisenanstalt, der Civilwittwen- und Waisengesellschaft und der Militärwittwenkasse an die Hauptdepositenkasse in Kassel zurückgezahlten Depositengelder wird mit dem Inkrafttreten dieses Gesetzes eingestellt. In Ansehung dieser Gelder beginnt die im § 58 bestimmte Frist mit dem Tage, an welchem die Ablieferung zur zinsfreien Benutzung an eine jener Wittwenkassen stattgefunden hat.

Für das Aufgebot von Geld, welches nach den bisherigen Vorschriften nicht verzinst wird, weil dessen Betrag die Summe von dreißig Mark nicht erreicht, beginnt die im § 64 bestimmte Frist mit dem Tage, an welchem die Hinterlegung bewirkt ist.

In den Fällen der Abs. 3, 4 ist der Antrag auf Erlaß des Aufgebots vor Ablauf eines Jahres, vom Tage des Inkrafttretens dieses Gesetzes an gerechnet, nicht zulässig.

§ **108**. Die im § 391 des Anhanges zur Allgemeinen Gerichtsordnung vorgeschriebene öffentliche Bekanntmachung und die Ablieferung von Depositalmassen an die Justizoffizianten-Wittwenkasse finden nicht mehr statt. Die Vorschriften des § 108 der Grundbuchordnung treten außer Kraft.

§ **109**. Die nach den Vorschriften des § 99 den bisherigen Gerichten zugewiesenen Geschäfte sind vor dem Inkrafttreten dieses Gesetzes zu erledigen.

Durch Anordnung des Finanzministers und des Justizministers kann bestimmt werden, inwieweit die Vorschriften des § 95 Abs. 1, 2 und der §§ 97, 100 vor dem Inkrafttreten dieses Gesetzes zur Ausführung zu bringen sind. In Ansehung der Ausführung des § 104 Abs. 1 und des § 105 ist der Justizminister zum Erlaß einer solchen Anordnung ermächtigt.

§ **110**. Dieses Gesetz tritt, unbeschadet der Vorschriften des § 104 Abs. 2 und des § 109 gleichzeitig mit dem Deutschen Gerichtsverfassungsgesetz in Kraft.

Mit der Ausführung desselben werden der Finanzminister und der Justizminister beauftragt.

---

2. Bayern.

a) Ausführungsgesetz zum BGB. Vom 9. Juni 1899.

Anlegung von Mündelgeld in Hypothekenforderungen.

Art. **92**. Für die Anlegung von Mündelgeld ist eine Hypothek, eine Grundschuld oder eine Rentenschuld als sicher nur zu erachten, wenn sie innerhalb der ersten Hälfte des Werthes des Grundstücks zu stehen kommt.

Gemeindewaisenrath.

Art. **93**. Für jede Gemeinde wird ein Gemeindewaisenrath bestellt.

In Städten mit mehr als 100,000 Einwohnern können mehrere Gemeindewaisenräthe, jeder für einen abgegrenzten Theil des Stadtbezirkes, gebildet werden.

Art. **94**. Der Gemeindewaisenrath besteht in Gemeinden mit städtischer Verfassung, sowie in Gemeinden mit mehr als 5000 Einwohnern, aus dem Bürgermeister, wo deren mehrere vorhanden sind, aus dem ersten, als Vorsitzenden und aus einer Anzahl gewählter Waisenräthe. Der Bürgermeister kann sich durch ein Mitglied des Magistrats oder der Gemeindeverwaltung vertreten lassen.

In den übrigen Gemeinden werden ein oder mehrere Gemeinderäthe aufgestellt. Bei der Aufstellung mehrerer Waisenräthe ist jedem ein örtlich abgegrenzter Bezirk zuzuweisen.

Art. **95**. Die Zahl der Waisenräthe wird in Gemeinden mit städtischer Verfassung vom Magistrat unter Zustimmung der Gemeindebevollmächtigten, in anderen Gemeinden von der Gemeindeverwaltung festgesetzt. Das Gleiche gilt von der Bildung mehrerer Gemeindewaisenräthe nach Art. 93 Abs. 2. Die Gemeindeverwaltung bestimmt in den Fällen des Art. 94 Abs. 2 auch die Bezirke der einzelnen Waisenräthe.

Art. 96. Die Waisenräthe werden in Gemeinden mit städtischer Verfassung von den in einen Wahlkörper vereinigten Magistratsmitgliedern und Gemeindebevollmächtigten, in den übrigen Gemeinden von der Gemeindeverwaltung gewählt.

Zur Wahl der Waisenräthe ist nach der Vollendung der ordentlichen Gemeindewahl und nach der Bildung des Armenpflegschaftsraths zu schreiten.

Wählbar ist, wer zum Mitgliede des Armenpflegschaftsraths gewählt werden kann.

Als gewählt ist zu erachten, wer bei der Wahl die meisten Stimmen erhalten hat. Die Wahl gilt für die Zeit bis zur nächsten nach Abs. 2 stattfindenden Wahl.

Abgänge in dem Personalstande der Waisenräthe sind sofort durch Neuwahl zu ersetzen.

Die Gewählten werden durch den Bürgermeister auf Handgelübde verpflichtet.

Art. 97. Das Amt des Waisenraths ist ein unentgeltliches Gemeindeamt.

Art. 98. Der Gemeindewaisenrath ist befugt, Frauen, welche hierzu bereit sind, als Waisenpflegerinnen in widerruflicher Weise aufzustellen.

In den im Art. 94 bezeichneten Gemeinden erfolgt die Aufstellung auf den Vorschlag des Waisenraths durch den Bürgermeister.

Die Waisenpflegerinnen haben unter Leitung des Gemeindewaisenraths bei der Beaufsichtigung der im Kindesalter stehenden Mündel und bei der Ueberwachung weiblicher Mündel mitzuwirken.

Art. 99. Die Geschäftsführung des Gemeindewaisenraths, insbesondere der Verkehr mit dem Vormundschaftsgerichte, wird durch die Staatsministerien der Justiz und des Innern geregelt.

Es kann insbesondere angeordnet werden, daß die Waisenräthe eines Bezirkes zeitweise unter der Leitung des Vormundschaftsgerichts zusammentreten, um von dem Zustande der Aufsicht über die Erziehung und körperliche Pflege der Mündel in dem Bezirke Kenntniß zu erlangen sowie allgemeinen Fragen ihrer Amtsführung zu besprechen und Mängel abzustellen.

Anstaltsvormund.

Art. 100. Für eine unter staatlicher Verwaltung oder Aufsicht stehende Erziehungs- oder Verpflegungsanstalt kann durch Anordnung der zuständigen Staatsministerien bestimmt werden, daß der Vorstand der Anstalt die Rechte und Pflichten eines Vormundes für die zur Erziehung oder zur Verpflegung in die Anstalt aufgenommenen Minderjährigen hat.

Der Vorstand behält die Rechte und Pflichten des Vormundes auch nach der Beendigung der Erziehung oder der Verpflegung bis zur Volljährigkeit des Mündels.

Dem Vorstande stehen die nach § 1852 Abs. 2 des BGB. zulässigen Befreiungen zu. Ein Gegenvormund ist nicht zu bestellen.

Der Vorstand hat die Aufnahme des Minderjährigen in die Anstalt dem Vormundschaftsgericht anzuzeigen.

Die Befugniß des Vormundschaftsgerichts, einen anderen Vormund zu bestellen, bleibt unberührt. Auf Antrag des Vorstandes ist ein anderer Vormund zu bestellen.

---

b) Gesetz, betreffend die Uebergangsvorschriften zum BGB. Vom 9. Juni 1899.

Art. 32. Zur Anlegung von Mündelgeld sind auch nach dem Inkrafttreten des BGB. die Schuldverschreibungen bayerischer Gemeinden und diejenigen von Kreditanstalten ausgegebenen Werthpapiere, insbesondere Pfandbriefe geeignet, in welchen bisher nach den vom Staatsministerium der Justiz getroffenen Bestimmungen Mündelgeld angelegt werden durfte.

Die Zulassung zur Anlegung von Mündelgeld kann vom Staatsministerium der Justiz jederzeit widerrufen werden.

---

c) Vorschriften für die Pfalz.

Abwesenheit.

Art. **107**. In Abwesenheitssachen, für welche die bisherigen Vorschriften maßgebend sind, gehen die Verrichtungen des Landgerichts mit dem Inkrafttreten des BGB. auf das Vormundschaftsgericht über. Eine Mitwirkung des Staatsanwalts findet nicht statt.

Für ein zur Zeit des Inkrafttretens des BGB. anhängiges Verfahren der im Art. 161 Abs. 1 des Einführungsgesetzes zum BGB. bezeichneten Art verbleibt es bei den bisherigen Vorschriften.

Art. **108**. Auf die Sicherheitsleistung, die dem vorläufig in den Besitz des Vermögens des Abwesenden Eingewiesenen obliegt, finden von dem Inkrafttreten des BGB. an die für die Sicherheitsleistung des Vormundes geltenden Vorschriften entsprechende Anwendung.

Art. **109**. Zu der im Art. 126 des Pfälzischen Civilgesetzbuchs vorgeschriebenen Inventarerrichtung bedarf es von dem Inkrafttreten des BGB. an der Zuziehung des Staatsanwalts oder des Amtsrichters nicht. Das Inventar ist dem Vormundschaftsgericht einzureichen.

Ist das eingereichte Inventar unvollständig, so kann das Vormundschaftsgericht die Ergänzung anordnen.

Art. **110**. Soweit nach den bisherigen Vorschriften der vorläufig in den Besitz des Vermögens eines Abwesenden Eingewiesene zur Verfügung über Vermögensstücke des Abwesenden der gerichtlichen Zustimmung bedarf, tritt von dem Inkrafttreten des BGB. an, an deren Stelle die Genehmigung des Vormundschaftsgerichts.

Die besonderen Vorschriften über das Verfahren bei Veräußerungen treten außer Kraft.

Art. **111**. Ist nach den bisherigen Vorschriften die vorläufige Einweisung in den Besitz des Vermögens eines Abwesenden erfolgt, so kann die endgültige Einweisung nach dem Inkrafttreten des BGB. beantragt werden, wenn seit der vorläufigen Einweisung zehn Jahre verstrichen sind.

Die endgültige Einweisung darf nicht vor dem Schlusse des Jahres erfolgen, in welchem der Abwesende das einunddreißigste Lebensjahr vollendet haben würde. Sind seit der Geburt des Abwesenden siebzig Jahre verstrichen, so genügt der Ablauf von fünf Jahren; sind hundert Jahre verstrichen, so kann die endgültige Einweisung sofort beantragt werden.

Art. **112**. Die endgültige Einweisung in den Besitz des Vermögens eines Abwesenden gilt für die Eintragungen in das Grundbuch und in sonstige öffentliche Bücher als Nachweis des Ueberganges des Vermögens auf den Eingewiesenen.

---

3. Sachsen.

a) Verordnung zur Ausführung des BGB. Vom 6. Juli 1899.

Zu § 1807 des BGB.

§ 36. Zur Anlegung von Mündelgeld sind im Sinne des § 1807 Abs. 1 Nr. 5 des BGB. geeignet die öffentlichen Sparkassen, deren Regulativ von dem Ministerium des Innern genehmigt worden ist. Das Gleiche gilt von der Sparbank der landständischen Bank des Königlich Sächsischen Markgrafthums Oberlausitz.

Wird das Regulativ einer öffentlichen Sparkasse von dem Ministerium des Innern künftig genehmigt, so ist damit zugleich die Sparkasse zur Anlegung von Mündelgeld für geeignet erklärt.

Das Ministerium des Innern kann die Anerkennung der Mündelsicherheit jederzeit zurücknehmen.

Zu §§ 37, 39 des Gesetzes v. 18. Juni 1898.

§ 37. Tritt ein Minderjähriger nach § 37 des Gesetzes v. 18. Juni 1898 (GVBl. S. 197) unter gesetzliche Vormundschaft, so ist dies von dem gesetzlichen Vormund oder Pfleger dem Vormundschaftsgericht unverzüglich anzuzeigen. Das Vormundschaftsgericht hat dem bisherigen Vormund oder Pfleger das Erlöschen des Amtes mitzutheilen.

Endigt eine gesetzliche Vormundschaft oder Pflegschaft, ohne daß der Grund der vormundschaftlichen oder pflegschaftlichen Fürsorge wegfällt, so hat der gesetzliche Vormund oder Pfleger dem Vormundschaftsgerichte dies so zeitig anzuzeigen, daß vor der Beendigung mit der Bestellung eines Vormundes oder Pflegers verfahren werden kann.

Soweit mit dem 1. Januar 1900 der Vorstand einer Anstalt oder ein Beamter gesetzlicher Vormund oder Pfleger wird oder dessen Amt als Vormund sich erledigt, hat er die Vormundschaftsscheine dem Vormundschaftsgerichte zurückzugeben.

Zu § 41 des Gesetzes v. 18. Juni 1898.

§ 38. Für jede Gemeinde sind ein oder mehrere Gemeindewaisenräthe zu bestellen. Für benachbarte Gemeinden können dieselben Personen zu Gemeindewaisenräthen bestellt werden.

§ 39. Die Bestimmung der Zahl der Gemeindewaisenräthe sowie deren Wahl erfolgt in Städten mit revidirter Städteordnung auf Vorschlag des Stadtraths durch die Stadtverordneten, in anderen Städten auf Vorschlag des Bürgermeisters durch den Stadtgemeinderath und wo ein solcher nicht besteht, durch die Gemeindeversammlung. Die Wahl vollzieht sich in der für die sonstigen Wahlen einer solchen Körperschaft vorgeschriebenen Weise.

In Bezug auf die Wählbarkeit, die Annahme und die Ablehnung, die Entziehung und die Niederlegung des Amtes gilt das Gleiche wie für das Amt eines Stadtverordneten oder, soweit Landgemeinden in Frage sind, für das Amt einer Gemeindeausschußperson.

Die Amtszeit des Gemeindewaisenraths beträgt drei Jahre.

§ 40. Das Amt des Gemeindewaisenraths ist ein unentgeltlich zu verwaltendes Gemeindeamt.

Der Gemeinderath kann Vergütung der nothwendigen baaren Auslagen aus der Gemeindekasse beanspruchen.

§ 41. In selbständigen Gutsbezirken bestimmt, soweit nicht ein Anschluß an eine benachbarte Gemeinde stattfindet, der Gutsherr den Gemeindewaisenrath.

Der Gemeindewaisenrath muß im Gutsbezirk oder in dessen unmittelbarer

Nähe seinen Aufenthalt haben und die Fähigkeit zur Bekleidung des Amtes einer Gemeindeausschußperson in einer Landgemeinde, von der Gemeindezugehörigkeit abgesehen, besitzen.

Die Vorschrift des § 40 findet entsprechende Anwendung.

§ 42. Für jeden Gemeindewaisenrath ist ein Ersatzmann zu bestellen. Auf den Ersatzmann finden die Vorschriften der §§ 39 bis 41 entsprechende Anwendung.

Der Ersatzmann tritt bei Behinderung sowie bei vorzeitigem Ausscheiden des Gemeindewaisenraths an dessen Stelle. Scheidet der Ersatzmann vorzeitig aus, so ist unverzüglich eine Neuwahl vorzunehmen.

§ 43. Von der vollzogenen Wahl der Gemeindewaisenräthe und ihrer Ersatzmänner ist dem Vormundschaftsgerichte Mittheilung zu machen. Die Mittheilung liegt in Städten mit revidirter Städteordnung dem Stadtrath, in anderen Städten dem Bürgermeister, in Landgemeinden dem Gemeindevorstand, in selbständigen Gutsbezirken dem Gutsherrn ob.

Das Vormundschaftsgericht bestellt die Gemeindewaisenräthe und die Ersatzmänner durch Verpflichtung zu treuer und gewissenhafter Führung des Amtes. Die Verpflichtung soll mittels Handschlags an Eidesstatt erfolgen.

§ 44. In Städten mit revidirter Städteordnung kann durch Ortsstatut der Gemeindewaisenrath nach Art eines gemischten ständischen Ausschusses zusammengesetzt werden. Auf den Ausschuß finden die §§ 122, 123, 127 der revidirten Städteordnung Anwendung. Der Ausschuß hat im Verkehre nach außen die Rechte einer Behörde.

Für Städte mit mehr als 100000 Einwohner können mehrere derartige Ausschüsse, jeder für einen örtlich abgegrenzten Theil des Stadtbezirks gebildet werden.

Der Stadtrath hat die Zusammensetzung des Gemeindewaisenraths sowie jede Aenderung in der Zusammensetzung dem Vormundschaftsgerichte mitzutheilen.

§ 45. Dem Gemeindewaisenrathe können ehrbare Frauen als Waisenpflegerinnen in widerruflicher Weise beigegeben werden. Die Annahme erfolgt auf Vorschlag des Gemeindewaisenraths durch die in § 43 Abs. 1 Satz 2 bezeichneten Behörden und Beamten.

Die Waisenpflegerinnen haben den Gemeindewaisenrath in der Ueberwachung der Erziehung und körperlichen Pflege von Mündeln unter sechs Jahren sowie von älteren weiblichen Mündeln zu unterstützen.

Ein Anspruch auf Ersatz von Auslagen steht den Waisenpflegerinnen nicht zu.

§ 46. Das Vormundschaftsgericht hat über die Thätigkeit der Gemeindewaisenräthe die Aufsicht zu führen.

Das Vormundschaftsgericht kann die Gemeindewaisenräthe zur Befolgung seiner Anordnungen durch Ordnungsstrafen anhalten. Die einzelne Strafe darf den Betrag von hundert Mark nicht übersteigen.

Gegen Verfügungen des Vormundschaftsgerichts steht den Gemeindewaisenräthen die Beschwerde an das Justizministerium zu.

§ 47. Dem Justizministerium bleibt vorbehalten, die über die Einrichtung und die Geschäftsführung der Gemeindewaisenräthe weiter erforderlichen Bestimmungen zu treffen.

Zu § 50 des Gesetzes v. 18. Juni 1898.

§ 48. Vor der Entschließung darüber, ob die auf Antrag des Schulvorstandes oder der Bezirksschulinspektion angeordnete Zwangserziehung eines Kindes aufzuheben sei, hat sich das Vormundschaftsgericht, wenn das Kind noch im schulpflichtigen Alter steht, mit dem Schulvorstande beziehentlich der Bezirksschulinspektion ins Vernehmen zu setzen.

b) Ausführungsgesetz zum BGB. Vom 18. Juni 1898.

Zu Art. 136 des Einf.-Gesetzes. Gesetzl. Vormundschaft.

§ 37. Die Gemeinde kann mit Genehmigung des Justizministeriums den Vorstand einer unter staatlicher Aufsicht stehenden Erziehungs- oder Verpflegungsanstalt oder einen Beamten bestimmen, dem die Rechte und Pflichten eines Vormundes oder Pflegers über alle oder über gewisse Minderjährige zustehen, die in der Anstalt oder unter der Aufsicht des Vorstandes oder des Beamten in einer von ihm ausgewählten Familie oder Anstalt oder, soweit sie uneheliche sind, in der mütterlichen Familie erzogen oder verpflegt werden.

Die Vorschrift findet keine Anwendung auf Minderjährige, für deren Bevormundung ein anderes als ein sächsisches Gericht zuständig ist.

§ 38. Tritt eine Vormundschaft oder Pflegschaft nach § 37 ein, so endigt das Amt des bisherigen Vormundes oder Pflegers von selbst. Ein Gegenvormund wird nicht bestellt. Dem Vorstand oder Beamten stehen die nach § 1852 des BGB. zulässigen Befreiungen zu.

Der Vorstand oder Beamte behält, soweit nicht etwas anderes bestimmt ist, die Rechte und Pflichten des Vormundes oder Pflegers auch nach Beendigung der Erziehung oder Verpflegung.

Dem zuständigen Vormundschaftsgerichte bleibt unbenommen, für einen Minderjährigen einen anderen Vormund oder Pfleger zu bestellen; es hat einen solchen zu bestellen, wenn der Vorstand oder der Beamte es beantragt.

§ 39. Soweit der Vorstand einer unter staatlicher Aufsicht stehenden Erziehungs- oder Verpflegungsanstalt oder ein Beamter zur Zeit des Inkrafttretens dieses Gesetzes für Minderjährige der in § 37 bezeichneten Art als Vormund bestellt ist, gilt er von dieser Zeit an als gesetzlicher Vormund oder Pfleger im Sinne der §§ 37, 38. Die für den Umfang und die Dauer der Bevormundung getroffenen Bestimmungen bleiben unberührt.

Zu §§ 1784, 1888 des BGB. Beamte und Geistliche als Vormünder u. s. w.

§ 40. Beamte und Geistliche bedürfen zur Uebernahme einer Vormundschaft sowie zur Fortführung einer vor dem Eintritt in das Amt übernommenen Vormundschaft der Genehmigung der Dienstbehörde. Das Gleiche gilt für die Uebernahme oder Fortführung des Amtes als Gegenvormund, Pfleger, Beistand. Die Genehmigung kann jederzeit zurückgenommen werden.

Auf Beamte, die im Ehrenamte stehen oder ausschließlich auf den Bezug von Gebühren angewiesen sind, finden diese Vorschriften keine Anwendung.

Zur Fortführung einer zur Zeit des Inkrafttretens dieses Gesetzes bestehenden Vormundschaft oder Pflegschaft ist die Genehmigung nicht erforderlich.

Die für die unentgeltliche Führung des Amtes als Vormund, Gegenvormund, Pfleger oder Beistand geltenden Vorschriften bleiben unberührt.

Zu §§ 1849 ff. des BGB. Gemeindewaisenrath.

§ 41. Die Einrichtung des Gemeindewaisenraths wird durch Verordnung bestimmt.

Zu Art. 134 des Einf.-Gesetzes. Religiöse Erziehung der Kinder.

§ 49. Von der Beobachtung der auf die religiöse Erziehung der Kinder sich beziehenden Vorschriften des Gesetzes, die Ehen unter Personen evangelischen und katholischen Glaubensbekenntnisses und die religiöse Erziehung der von Eltern solcher verschiedener Konfessionen erzeugten Kinder betreffend, vom 1. November 1836 (GVBl. S. 299 ff.) kann das Ministerium des Kultus- und öffentlichen Unterrichts in dringenden Fällen ausnahmsweise eine Befreiung eintreten lassen. Das Ministerium hat zuvor die Erziehungsberechtigten, sowie nach Befinden nahe Verwandte des Kindes und, falls das Kind unter Vormundschaft oder Pflegschaft steht, das Vormundschaftsgericht zu hören.

Zu Art. 135 des Einf.-Gesetzes. Zwangserziehung.

§ **50.** An die Stelle der Vorschrift im § 5 Absatz 5 des Gesetzes, das Volksschulwesen betreffend, v. 26. April 1873 (GVBl. S. 352) treten folgende Vorschriften:

Ist ein Kind sittlich verwahrlost oder Verwahrlosung ausgesetzt und bleiben die der Schule zu Gebote stehenden Zuchtmittel ohne Erfolg, so hat der Schulvorstand oder die Bezirksschulinspektion nach Gehör des Schulvorstandes die Anordnung der Zwangserziehung bei dem Vormundschaftsgerichte zu beantragen. Wird die Zwangserziehung angeordnet, so ist, wenn sie auf öffentliche Kosten erfolgt, von der Obrigkeit, anderenfalls von dem Vormundschaftsgerichte zu bestimmen, ob das Kind in einer Familie nach Befinden mit Privatunterrichtsertheilung oder in einer Erziehungs- oder Besserungsanstalt untergebracht werden solle.

---

4. Württemberg.

Ausführungsgesetz zum BGB.

Vom 28. Juli 1899.

Vormundschaftsgericht. Vormundschaftsgeschäfte.

Art. **41.** Für jede Gemeinde wird ein Vormundschaftsgericht bestellt (Ordentliches Vormundschaftsgericht). Das Vormundschaftsgericht ist eine staatliche Behörde.

Art. **42.** Das Vormundschaftsgericht besteht aus dem Bezirksnotar und vier Waisenrichtern. Sämmtliche Mitglieder des Vormundschaftsgerichts haben gleiches Stimmrecht.

Art. **43.** Der Bezirksnotar führt den Vorsitz in dem Vormundschaftsgericht und leitet die Geschäfte.

Die nur auf den Geschäftsgang und die Vorbereitung der Entscheidungen des Vormundschaftsgerichts bezüglichen Anordnungen kann der Vorsitzende allein treffen.

Sind in einer Gemeinde mehrere Bezirksnotare angestellt, so kommen hinsichtlich der Dienstaufsicht, der gegenseitigen Vertretung und der Geschäftsvertheilung die Bestimmungen des Art. 4 zur Anwendung.

Art. **44.** Der Ortsvorsteher ist für seine Person Waisenrichter, sofern er nicht bei Beginn der Wahlperiode darauf verzichtet; im Uebrigen werden die Waisenrichter von dem Gemeinderath auf die Dauer von drei Jahren gewählt.

Von dem Gemeinderath ist eine entsprechende Zahl von Stellvertretern der Waisenrichter zu wählen.

Im Bedürfnißfall kann von dem Gemeinderath eine durch das Amtsgericht zu bestimmende mehrfache Zahl von Waisenrichtern gewählt werden, welche nach einem von dem Vorsitzenden des Vormundschaftsgerichts im Voraus festzusetzenden, von dem Amtsgericht zu genehmigenden Geschäftsvertheilungsplan an den Geschäften des Vormundschaftsgerichts theilzunehmen haben.

Art. **45.** Die Wahl der Waisenrichter und ihrer Stellvertreter unterliegt der Bestätigung durch das Amtsgericht.

Die Bestätigung darf nur aus wichtigen Gründen versagt werden. Gegen die Versagung steht dem Gemeinderath und den Gewählten das Recht einer einmaligen

Beschwerde an die Civilkammer des Landgerichts zu. Die Beschwerde ist bei Verlust des Rechtsmittels binnen einer Woche nach Eröffnung des Beschlusses bei dem Amtsgericht oder dem Landgericht durch Einreichung einer Beschwerdeschrift oder durch Erklärung zu Protokoll zu erheben.

Art. 46. Hinsichtlich der Wählbarkeit der Waisenrichter, der Verpflichtung zur Annahme und Versehung des Amts und des Ausscheidens aus demselben finden die Vorschriften der Art. 12, 14 bis 19 des Gemeindeangehörigkeitsgesetzes vom 16. Juni 1885, RBl. S. 257, mit der Maßgabe Anwendung, daß die in den Art. 17, 18 und 19 dieses Gesetzes dem Oberamt und der Kreisregierung zugewiesenen Entscheidungen dem Amtsgericht und der Civilkammer des Landgerichts zukommen.

Art. 47. Die Waisenrichter sind vor ihrem Amtsantritt auf die Erfüllung der Obliegenheiten des ihnen übertragenen Amts eidlich zu verpflichten. In den zu leistenden Eid ist insbesondere auch die Verpflichtung zur Wahrung des Amtsgeheimnisses aufzunehmen.

Art. 48. Auf die Verletzung der den Waisenrichtern obliegenden Verpflichtung zur Wahrung des Amtsgeheimnisses finden die Bestimmungen des Gesetzes v. 28. Juni 1876, betreffend die Rechtsverhältnisse der Staatsbeamten, fünfter Abschnitt Art. 69 ff., über Ordnungsstrafen sinngemäße Anwendung.

Art. 49. Den Waisenrichtern werden aus der Staatskasse Entschädigungen für Zeitversäumniß und etwaigen Reiseaufwand bewilligt. Das Nähere wird durch Königliche Verordnung bestimmt.

Art. 50. Die Geschäfte des Vormundschaftsgerichts sind regelmäßig auf dem Rathhause der Gemeinde vorzunehmen. Die Gemeinden sind verpflichtet, die für diese Geschäfte und für die Aufbewahrung der Akten erforderlichen Kanzleiräume nebst Heizung und Beleuchtung sowie Bedienung zur Verfügung zu stellen. Den Gemeinden wird aus der Staatskasse eine Entschädigung gewährt. Die näheren Bestimmungen hinsichtlich dieser Entschädigung erfolgen im Wege der Verordnung.

Art. 51. Die ordentlichen Vormundschaftsgerichte stehen unter der Dienstaufsicht der Amtsgerichte, der Landgerichte und des Oberlandesgerichts.

An oberster Stelle übt das Justizministerium die Dienstaufsicht aus.

Art. 52. Nachstehende Geschäfte des Vormundschaftsgerichts sind dem Amtsgericht vorbehalten:

1. die Volljährigkeitserklärung eines Minderjährigen (§ 3 des BGB).;
2. die Ersetzung der Einwilligung des Vormundes zur Eheschließung eines volljährigen Kindes (§§ 1304, 1308 des BGB.), sowie die Ersetzung der Genehmigung der Ehe im Falle des § 1337 des BGB.;
3. die Genehmigung zur Anfechtung der Ehe oder zur Erhebung der Scheidungsklage Seitens des gesetzlichen Vertreters eines geschäftsunfähigen Ehegatten (§ 1336 Abs. 2 des BGB., § 612 Abs. 2 der CPO.);
4. die dem Vormundschaftsgericht nach den §§ 1357 Abs. 2, 1358 des BGB. in Ehesachen zustehenden Verrichtungen;
5. die Genehmigung der Anfechtung der Ehelichkeit oder zur Anfechtung der Anerkennung der Ehelichkeit eines Kindes Seitens des gesetzlichen Vertreters eines geschäftsunfähigen Ehemanns (§§ 1595, 1599 des BGB., § 641 Abs. 2 der CPO.);
6. die nach §§ 1635, 1636, 1637 des BGB. dem Vormundschaftsgericht zustehenden Anordnungen hinsichtlich eines Kindes nach Scheidung der Ehe oder nach Auflösung der Ehe gemäß § 1348 Abs. 2 des BGB.;
7. die Entziehung der Vermögensverwaltung und der Nutznießung oder der Vermögensverwaltung allein in den Fällen der §§ 1666 Abs. 2, 1670, 1740, 1760 Abs. 2 und 1761 des BGB.
8. die Aufhebung von Beschränkungen in der Sorge für die Person oder für das Vermögen des Kindes und die Aufhebung der Entziehung der Nutznießung an dem Vermögen des Kindes nach Maßgabe des Art. 204 des EG. z. BGB.;
9. die Ersetzung der Einwilligung der Mutter in die Ehelichkeitserklärung ihres unehelichen Kindes (§ 1727 des BGB.) und die nach den §§ 1728, 1729, 1731 des BGB. dem Vormundschaftsgericht zustehende Genehmigung;
10. die für die Annahme an Kindesstatt, für die Anfechtung oder Aufhebung der-

selben nach den §§ 1750, 1751, 1752, 1755, 1770 des BGB. dem Vormundschaftsgericht zustehende Genehmigung;
11. die Verhängung von Ordnungsstrafen gegen den Vormund im Sinne des § 1788 und, soweit sie im Einzelfall den Betrag von dreißig Mark übersteigen, im Sinne des § 1837 Abs. 2 des BGB.;
12. die Entziehung der Sorge für die religiöse Erziehung des Mündels (§ 1801 des BGB.);
13. die Außerkraftsetzung von Befreiungen oder Anordnungen in den Fällen der §§ 1639 Abs. 2, 1797 Abs. 3, 1803 Abs. 2 und 3, 1857, 1903 Abs. 1 Satz 3, 1904 Satz 1, 1917 Abs. 2 und 3 des BGB.);
14. die Einsetzung oder Aufhebung eines Familienraths und die Mitwirkung bei demselben;
15. die Anordnung oder Aufhebung einer vorläufigen Vormundschaft (§§ 1906, 1908 des BGB.);
16. die Entlassung des Vormunds in den Fällen des § 1886 erster Fall und des § 1887 Abs. 1 des BGB.;
17. die Anordnung einer Vormundschaft oder Pflegschaft über einen Ausländer, der nicht im Inland entmündigt ist (Abs. 1 erster Fall des Art. 23 des Einführungsgesetzes zum BGB.).

Art. 53. Gemäß § 195 des Reichsgesetzes über die Angelegenheiten der freiwilligen Gerichtsbarkeit wird bestimmt, daß die Abänderung einer Entscheidung des ordentlichen Vormundschaftsgerichts bei dem Amtsgericht nachzusuchen ist, in dessen Bezirk das Vormundschaftsgericht seinen Sitz hat.

Unbeschadet dieser Vorschrift kommt die Zuständigkeit des dem ordentlichen Vormundschaftsgericht im Instanzenzug vorgeordneten Gerichts (§ 47 Abs. 2 des Reichsgesetzes über die Angeleg. der freiw. Gerichtsb.) dem Landgerichte zu.

Art. 54. Verfügungen, welche das Amtsgericht in Vormundschaftssachen trifft, ohne hierzu nach Art. 52 befugt zu sein, sind nicht aus dem Grunde unwirksam, weil das ordentliche Vormundschaftsgericht zuständig gewesen wäre.

Art. 55. Bezüglich der Mitglieder der standesherrlichen und ritterschaftlichen Familien hat in Vormundschaftssachen, sofern nach den Vorschriften des Reichsgesetzes über die Angeleg. der freiw. Gerichtsb. die Zuständigkeit eines württembergischen Vormundschaftsgerichts begründet erscheint, die diesem Vormundschaftsgericht obliegenden Verrichtungen ausschließlich dasjenige Amtsgericht zu übernehmen, welches die Geschäfte des Grundbuchamts für das betreffende standesherrliche oder ritterschaftliche Gut führt. (Art. 14 Abs. 2.)

Gemeindewaisenrath.

Art. 56. Die dem Gemeindewaisenrath obliegenden Verrichtungen werden von dem Gemeinderath wahrgenommen.

In größeren Gemeinden kann an Stelle des Gemeinderaths eine Abtheilung desselben von mindestens fünf Mitgliedern treten, auf welche die Bestimmungen des Art. 39 Abs. 2 entsprechende Anwendung finden.

Der Gemeinderath kann zu seiner Unterstützung bei der Beaufsichtigung der im Kindesalter stehenden Mündel ehrbare Frauen, welche hiezu bereit sind, als Waisenpflegerinnen in widerruflicher Weise aufstellen.

In Ansehung der Dienstaufsicht über den Gemeindewaisenrath gelten die in Art. 51 für das ordentliche Vormundschaftsgericht gegebenen Vorschriften.

Die Kosten, welche die Mitwirkung des Gemeindewaisenraths in Angelegenheiten der freiwilligen Gerichtsbarkeit verursacht, trägt die Gemeinde.

Besondere Vorschriften für das Verfahren vor dem ordentlichen Vormundschaftsgerichte.

Art. 57. Für das Verfahren vor dem ordentlichen Vormundschaftsgericht gelten die besonderen Vorschriften der Art. 58 bis 66.

Art. 58. Gemeinschaftliches oberes Gericht im Sinne der §§ 5, 46 des Reichsgesetzes über die Angeleg. der freiw. Gerichtsb. ist, wenn die betheiligten ordentlichen Vormundschaftsgerichte in dem Bezirke desselben Amtsgerichts ihren Sitz haben, dieses Amtsgericht.

Art. 59. In Betreff der Ausschließung und Ablehnuug eines Richters, so- wie in Betreff seiner Enthaltung von der Ausübung des Amtes wegen Befangen- heit finden die Vorschriften des § 6 des Reichsgesetzes über die Angeleg. der freiw. Gerichtsb. auf sämmtliche Mitglieder des ordentlichen Vormundschaftsgerichts ent- sprechende Anwendung.

Art. 60. Die Verpflichtung der Vormünder, Pfleger und Beistände ist von dem Vorsitzenden des Vormundschaftsgerichts oder auf sein Ersuchen von einem Ortsvorsteher vorzunehmen.

Art. 61. Diejenigen Verrichtungen, welche bei der Besorgung der Geschäfte des Vormundschaftsgerichts durch die Amtsgerichte dem Gerichtsschreiber obliegen, hat der Vorsitzende des ordentlichen Vormundschaftsgerichts wahrzunehmen.

Art. 62. Die schriftlichen Erklärungen, welche für das Vormundschaftsgericht eingehen, solange der Vorsitzende sich nicht am Sitze des Vormundschaftsgerichts befindet, sind von dem Rathsschreiber anzunehmen und demnächst dem Vorsitzenden des Vormundschaftsgerichts zu übermitteln.

Der Rathsschreiber ist bei Abwesenheit des Vorsitzenden des Vormundschafts- gerichts auch verpflichtet, in Angelegenheiten, welche zur Zuständigkeit eines ordent- lichen Vormundschaftsgerichts gehören, Anträge und Erklärungen zu Protokoll zu nehmen.

In Betreff der Bezüge des Rathsschreibers finden die Bestimmungen des Art. 10 entsprechende Anwendung.

Art. 63. Die Vorschriften der §§ 194 bis 200 des Gerichtsverfassungsgesetzes über die Berathung und Abstimmung finden entsprechende Anwendung.

Art. 64. Soweit eine Verfügung Anwesenden nicht zu Protokoll bekannt gemacht wird (§ 16 Abs. 3 des Reichsgesetzes über die Angeleg. der freiw. Gerichtsb.), erfolgt am Sitz der Behörde die Bekanntmachung mittels Behändigung einer schriftlichen Aus- fertigung gegen einfache Empfangsbescheinigung, welche im Weigerungsfall durch die amtliche Beurkundung der Uebergabe Seitens des mit der Behändigung beauf- tragten Bediensteten ersetzt wird. Im Uebrigen finden auf die Behändigung die Bestimmungen der §§ 171, 172, 173, 180 Abs. 1, 181—184, 186—188, 189 Abs. 1 der CPO. entsprechende Anwendung. Die Niederlegung im Falle des § 182 erfolgt bei dem Ortsvorsteher oder der Ortspolizeibehörde.

Art. 65. Ist eine Bekanntmachung am Sitze der Behörde nicht ausführbar, so erfolgt die Bekanntmachung entweder mittels Ersuchens an die Ortsbehörde des Wohnorts oder des Aufenthaltsorts um Bekanntmachung gemäß den Vorschriften in Art. 64 oder durch die Post mit Einschreibesendung. Die Postsendung hat dann, wenn mit der Bekanntmachung der Lauf einer Frist beginnt, gegen Rückschein zu erfolgen.

Eine im Ausland zu bewirkende Bekanntmachung erfolgt, soweit das Justiz- ministerium nicht eine einfachere Art der Zustellung anordnet, gemäß den Bestim- mungen in den §§ 199, 202 der CPO. Ebenso finden die Vorschriften der §§ 200, 201 vergl. mit § 202 der CPO. entsprechende Anwendung.

Art. 66. Ist eine Bekanntmachung gemäß den vorstehenden Vorschriften nicht ausführbar, so hat die öffentliche Zustellung in den Fällen, in welchen das Gesetz eine solche nicht ausschließt, unter entsprechender Anwendung der Bestimmungen in den §§ 204 Abs. 2 und 3, 205, 206 der CPO. mit der Maßgabe stattzufinden, daß an Stelle des Prozeßgerichts der Vorsitzende des Vormundschaftsgerichts tritt, daß die Anheftung der Schriftstücke an die Tafel der Ortsbehörde stattfindet, und daß bei der Bekanntmachung mittels öffentlicher Blätter eine Einrückung in den Deutschen Reichsanzeiger nicht erforderlich ist.

[Uebernahme einer Vormundschaft durch Beamte und Religionsdiener.

Art. 67. Ist die Vormundschaft mit einer Vermögensverwaltung versehen, so bedürfen Beamte des Staates, der Gemeinden und anderer Kommunalverbände, Lehrer an öffentlichen Unterrichtsanstalten und Geistliche sowohl zur Uebernahme der Vormundschaft als zur Fortführung einer vor dem Eintritt in das Dienstver- hältniß übernommenen Vormundschaft der Erlaubniß der vorgesetzten Behörde.

Die ertheilte Erlaubniß ist jederzeit widerruflich.

Anlegung von Mündelgeld.

Art. 68. Eine Hypothek, eine Grundschuld oder eine Rentenschuld an einem in Württemberg gelegenen Grundstück ist nur dann als sicher im Sinne des § 1807 Abs. 1 Nr. 1 des BGB. anzusehen, wenn sie innerhalb der ersten Hälfte des Werths des Grundstücks zu stehen kommt.

Vorgehende Rechte sind in doppeltem Betrage in Abzug zu bringen.

Die Ermittelung des Werths des Grundstücks hat durch amtliche Schätzung des Gemeinderaths oder einer Abtheilung desselben zu geschehen. (Art. 39.)

Art. 69. Die zuständige Behörde im Sinne des § 1807 Abs. 1 Nr. 5 des BGB. ist das Justizministerium. Dasselbe hat vor der von ihm zu treffenden Entscheidung das Oberlandesgericht zu hören.

Art. 70. Außer den in § 1807 des BGB. bezeichneten Forderungen und Werthpapieren sind Schuldverschreibungen, welche von einer württembergischen kommunalen Körperschaft ausgestellt und entweder Seitens der Inhaber kündbar sind oder einer regelmäßigen Tilgung unterliegen, zur Anlegung von Mündelgeld geeignet.

Schuldverschreibungen oder Pfandbriefe württembergischer Kreditanstalten können von dem Zeitpunkt der Verkündung dieses Gesetzes an bis zum Inkrafttreten des BGB. durch das Justizministerium nach Anhörung des Oberlandsgerichts als zur Anlegung von Mündelgeld geeignet erklärt werden. Die Zurücknahme der Zulassung bleibt dem Justizministerium nach Anhörung des Oberlandesgerichts vorbehalten.

---

5. Baden.

a) Ausführungsgesetz zum BGB.
Vom 17. Juni 1899.

Art. 33. In wie weit Hypotheken, Grundschulden und Rentenschulden, welche auf in Baden gelegenen Grundstücken lasten, als sicher im Sinne des § 1807 Abs. 1 Ziffer 1 des BGB. angesehen werden können, wird durch landesherrliche Verordnung bestimmt.

Für die Bestimmung der zur Anlegung von Mündelgeldern gemäß § 1807 Abs. 1 Ziffer 5 des BGB. geeigneten öffentlichen Sparkassen ist das Justizministerium zuständig.

Die Bestimmung darüber, daß eine inländische Bank zur Anlegung von Mündelgeld nach § 1808 des BGB. geeignet ist, erfolgt durch landesherrliche Verordnung.

Verordnungen des Justizministeriums, nach welchen gewisse Werthpapiere zur Anlegung von Mündelgeldern für geeignet erklärt sind, bleiben in Kraft. Das Justizministerium kann solche Verordnungen jederzeit ganz oder theilweise aufheben.

Art. 34. In das Beamtengesetz vom 24. Juli 1888 wird als neue Vorschrift eingestellt:

§ 12 a. Zur Uebernahme einer Vormundschaft, mit welcher eine Belohnung verbunden ist, bedarf ein Beamter der vorgängigen jeder Zeit widerruflichen Genehmigung der vorgesetzten Dienstbehörde.

Die Fortführung jeder Vormundschaft kann einem Beamten durch die vorgesetzte Dienstbehörde untersagt werden.

---

b) Rechtspolizeigesetz.
Vom 17. Juni 1899.

III. Gemeindewaisenrath.

§ 5. 1. Die Gemeindewaisenräthe sind Gemeindebeamte.

2. Sie werden von dem Gemeinderathe ernannt.

3. Wer nach §§ 1780, 1781 des BGB. nicht zum Vormunde bestellt werden kann oder soll, ist vom Amte des Gemeinderaths ausgeschlossen.

§ 6. 1. Die Dienstzeit der Gemeindewaisenräthe beträgt sechs Jahre.

2. Sie beginnt und endigt für alle Gemeindewaisenräthe des Großherzogthums zu gleicher Zeit.

3. Bei vorzeitigem Ausscheiden eines Gemeindewaisenraths findet eine neue Ernennung für dessen restliche Amtsdauer statt.

§ 7. 1. Zur Uebernahme des Amtes sind alle diejenigen Personen verpflichtet, welche auch verpflichtet sind, eine Wahl in den Gemeinderath anzunehmen.

2. Zur Ablehnung sowie zur Amtsniederlegung vor Ablauf der Dienstzeit berechtigen dieselben Gründe wie zur Ablehnung der Wahl in den Gemeinderath. Ueber deren Vorhandensein entscheidet der Gemeinderath.

3. Ablehnung sowie Rücktritt ohne genügende Entschuldigungsgründe zieht die Erlegung eines vom Gemeinderath festzusetzenden Betrags von zwanzig bis fünfzig Mark in die Gemeindekasse nach sich.

§ 8. Der Gemeinderath bestimmt, ob für die Gemeinde eine oder mehrere Personen als Gemeindewaisenräthe zu bestellen und wie die Geschäfte unter Letzteren zu vertheilen sind.

§ 9. Für jede Gemeinde ist mindestens ein Stellvertreter zu bestellen. Auf den Stellvertreter finden die Bestimmungen der §§ 5—8 entsprechende Anwendung.

§ 10. In Städteordnungsgemeinden können die Geschäfte des Gemeindewaisenraths durch Ortsstatut oder durch Gemeindebeschluß mit Staatsgenehmigung einer der daselbst nach § 19b der Städteordnung bestehenden Kommissionen überwiesen, oder es kann dafür eine besondere Kommission nach § 19a der Städteordnung gebildet werden.

§ 11. Von der Art der Bildung des Gemeindewaisenraths (§§ 5 bis 10) und von den Personen seiner Mitglieder, desgleichen von Veränderungen in der Einrichtung und vom Wechsel der Personen hat der Gemeinderath dem Amtsgerichte Kenntniß zu geben.

§ 12. 1. Die Dienstaufsicht über die Gemeindewaisenräthe wird von dem Gemeinderathe sowie von dem Amtsgerichte ausgeübt.

2. Das Amtsgericht ist befugt, Warnungen, Rügen und Geldstrafen, welche für den einzelnen Fall den Betrag von vierzig Mark nicht übersteigen dürfen, zu verhängen.

3. Auf die Amtsenthebung und Dienstentlassung finden die §§ 23 bis 26 und 28 der Gemeinde- und Städte-Ordnung Anwendung.

4. Das Amtsgericht übt auch die Aufsicht über die hinsichtlich des Gemeindewaisenraths dem Gemeinderathe obliegenden Verrichtungen.

§ 13. 1. Bewohnte abgesonderte Gemarkungen werden von dem Amtsgerichte im Benehmen mit dem Bezirksamte in Bezug auf die Bestellung und auf die Verrichtungen des Gemeindewaisenrathes einer Nachbargemeinde zugewiesen.

2. Wenn ein Verwaltungsrath für die abgesonderte Gemarkung vorhanden ist, so kann auch statt solcher Zuweisung angeordnet werden, daß der Gemeindewaisenrath für die abgesonderte Gemarkung besonders zu bestellen ist; in diesem Falle finden die §§ 5—12 mit der Maßgabe Anwendung, daß die danach dem Gemeinderathe zukommende Verrichtungen dem Verwaltungsrathe obliegen.

§ 14. Die durch die Amtsverwaltung des Gemeindewaisenraths entstehenden Kosten werden von der Gemeinde, in den Fällen des § 13 Satz 2 von den zur Bestreitung des Gemarkungsaufwandes gesetzlich Verpflichteten getragen.

§ 15. Soweit in fortgeltenden Landesgesetzen dem Waisenrichter eine Mitwirkung bei der Fürsorge für die Person der Mündel übertragen ist, tritt an dessen Stelle der Gemeindewaisenrath.

---

6. Hessen.

Ausführungsgesetz zum BGB.
Vom 17. Juli 1899.

Religiöse Erziehung der Kinder.

Art. **108**. Der Vater eines ehelichen Kindes hat, solange ihm das Erziehungsrecht (§ 1631 des BGB.) zusteht, das Recht zu bestimmen, in welchem religiösen Bekenntnisse das Kind erzogen werden soll.

Art. **109**. Stirbt der Vater oder verliert er das Erziehungsrecht, so ist das Kind in dem Bekenntnisse zu erziehen, welches der Vater vor dem Verluste des Erziehungsrechts durch eine von ihm in Person gegenüber dem Vormundschaftsgericht abgegebene Erklärung oder, wenn das Erziehungsrecht durch den Tod des Vaters erlischt, durch Verfügung von Todeswegen bestimmt hat.

Fehlt es an einer solchen Bestimmung, so ist das Kind in dem Bekenntnisse zu erziehen, welchem der Vater zur Zeit des Erlöschens seines Erziehungsrechts angehört hat; hat jedoch der Vater mit der Absicht, dadurch über das Bekenntniß des Kindes zu entscheiden, das Kind in einem anderen Bekenntniß erzogen, oder hat er, sofern das Kind noch nicht in einem bestimmten Bekenntniß erzogen war, sämmtliche übrigen Kinder derselben Ehe in einem anderen Bekenntniß erzogen, so ist das Kind in dem anderen Bekenntnisse zu erziehen.

Einer Erziehungshandlung im Sinne des Abs. 2 Halbsatz 2 steht es gleich, wenn der Vater das Kind in eine Religionsgemeinschaft förmlich hat aufnehmen lassen.

Art. **110**. Ergiebt sich aus den Vorschriften des Artikel 109 nicht, in welchem Bekenntnisse das Kind zu erziehen ist, so entscheidet derjenige über das Bekenntniß des Kindes, welchem das Erziehungsrecht zusteht. Steht hiernach der Mutter die Entscheidung zu, so finden die Vorschriften der Artikel 108, 109 mit der Maßgabe entsprechende Anwendung, daß an die Stelle des Vaters die Mutter tritt.

Steht das Erziehungsrecht neben der Mutter einem für das Kind bestellten Vormund oder Pfleger zu, so geht bei einer Meinungsverschiedenheit über das Bekenntniß, in welchem das Kind erzogen werden soll, die Meinung der Mutter vor.

Steht nach Abs. 1 die Entscheidung einem Vormunde zu, so bedarf dieselbe der Genehmigung des Vormundschaftsgerichts.

Art. **111**. Zur Aenderung eines aus dem Artikel 109 sich ergebenden Bekenntnisses ist ein Vormund, auf welchen das Erziehungsrecht übergegangen ist, nicht berechtigt.

Ist das Erziehungsrecht auf die Mutter übergegangen, so ist diese zu einer Aenderung des Bekenntnisses des Kindes nur berechtigt, wenn sie auf ihren Antrag von dem Vormundschaftsgerichte hierzu ermächtigt wird. Die Ermächtigung kann, insbesondere dann, wenn das Kind an dem Religionsunterricht eines bestimmten Bekenntnisses noch nicht theilgenommen hat, aus wichtigen Gründen ertheilt werden.

Das Vormundschaftsgericht soll vor der Entscheidung Verwandte oder Verschwägerte des Kindes sowie das Kind selbst, sofern es das zwölfte Lebensjahr vollendet hat, hören, wenn es ohne erhebliche Verzögerung und ohne unverhältnißmäßige Kosten geschehen kann. Bei der Auswahl der zu hörenden Verwandten soll das Vormundschaftsgericht die väterlichen Verwandten des Kindes in aufsteigender Linie sowie die großjährigen Geschwister des Kindes und des Vaters des Kindes besonders berücksichtigen. Steht das Erziehungsrecht neben der Mutter einem für das Kind bestellten Vormund oder Pfleger zu, so soll auch dieser gehört werden. Der § 1847 Abs. 2 des BGB. findet entsprechende Anwendung.

Die Entscheidung ist der Mutter sowie den Personen, die nach Abs. 3 gehört worden sind, bekannt zu machen.

Gegen die Entscheidung des Vormundschaftsgerichts steht der Mutter des Kindes sowie den in Abs. 3 Satz 2 bezeichneten Verwandten des Kindes, sofern sie gehört worden sind, die sofortige Beschwerde zu. Die §§ 20 bis 31 des Gesetzes über die Angelegenh. der freiw. Gerichtsb. finden entsprechende Anwendung.

Art. **112**. Hat das Kind das vierzehnte Lebensjahr vollendet, so ist es berechtigt, sein Bekenntniß selbst zu bestimmen.

Art. **113**. Auf die religiöse Erziehung eines unehelichen Kindes finden die Vorschriften der Artikel 108, 109, 110, des Artikels 111 Abs. 1 des Artikels 112 mit der Maßgabe entsprechende Anwendung, daß an die Stelle des Vaters die uneheliche Mutter tritt.

Art. **114**. Solange bei einem Mündel, insbesondere bei einem Findelkinde, die Verhältnisse, nach welchen sich die religiöse Erziehung des Mündels bestimmt, nicht ermittelt sind, hat der Vormund über die religiöse Erziehung zu entscheiden. Die Entscheidung bedarf der Genehmigung des Vormundschaftsgerichts.

Art. **115**. Ein Vertrag, durch welchen die Freiheit des Erziehungsberechtigten, die religiöse Erziehung des Kindes zu bestimmen, beschränkt wird, insbesondere ein Vertrag, durch welchen sich der Erziehungsberechtigte verpflichtet, das Kind in einem bestimmten Bekenntnisse zu erziehen oder nicht zu erziehen, ist nichtig.

Art. **116**. Haben Eltern, die in gemischter Ehe leben, vor dem Inkrafttreten dieses Gesetzes das Bekenntniß, in welchem ihre Kinder erzogen werden sollen, nach Maßgabe des Artikel 1 der Verordnung, die religiöse Erziehung der Kinder aus gemischten Ehen betreffend, vom 27. Februar 1826 vertragsmäßig bestimmt, so wird dieses Bekenntniß als ein von dem Vater nach den Vorschriften dieses Gesetzes gültig bestimmtes angesehen.

Aufnahme von Vermögensverzeichnissen und Inventaren.

Art. **117**. Zuständig ist:

1. für die Aufnahme des Vermögensverzeichnisses in den Fällen der §§ 1640, 1667, 1692, 1760, 1802 des BGB. das Vormundschaftsgericht;
2. für die Aufnahme des Nachlaßverzeichnisses in dem Falle des § 1960 des BGB., des Inventars in den Fällen der §§ 2002, 2003 des BGB. sowie für die Aufnahme der in den §§ 2121, 2215, 2314 des BGB. bezeichneten Verzeichnisse das Nachlaßgericht;
3. für die Aufnahme des in den §§ 1035, 1372, 1528 des BGB. bezeichneten Verzeichnisses das Amtsgericht, in dessen Bezirke sich die zu verzeichnenden Vermögensgegenstände sämmtlich oder zum größeren Theile befinden.

Das Gericht kann die Aufnahme des Inventars oder des Verzeichnisses einem Gerichtsschreiber oder einem anderen mit den Dienstverrichtungen eines Gerichtsschreibers betrauten Beamten oder einem Ortsgericht übertragen.

Die Zuständigkeit der Notare zur Aufnahme der in dem Abs. 1 bezeichneten Verzeichnisse und Inventare wird durch diese Vorschriften nicht berührt.

Beamte und Geistliche als Vormünder.

Art. **123**. Beamte des Staates oder eines Kommunalverbandes und Geistliche bedürfen zur Uebernahme einer Vormundschaft sowie zur Fortführung einer vor dem Eintritt in das Amt übernommenen Vormundschaft der Genehmigung der durch das Staatsministerium zu bezeichnenden Dienstbehörde. Das Gleiche gilt für die Uebernahme odes Fortführung des Amtes als Gegenvormund, Pfleger oder Beistand. Die Genehmigung kann jederzeit zurückgenommen werden.

Auf Beamte, die im Ehrenamte stehen oder ausschließlich auf den Bezug von Gebühren angewiesen sind, finden diese Vorschriften keine Anwendung.

Zur Fortführung einer zur Zeit des Inkrafttretens dieses Gesetzes bestehenden Vormundschaft oder Pflegschaft ist die Genehmigung nicht erforderlich, jedoch kann die Fortführung von der im Abs. 1 bezeichneten vorgesetzten Dienstbehörde jederzeit untersagt werden.

Anlegung von Mündelgeld.

Art. 124. Eine Hypothek, eine Grundschuld oder eine Rentenschuld, mit welcher ein im Großherzogthume belegenes Grundstück belastet ist, kann nur dann als sicher angesehen werden, wenn sie die Hälfte des Werthes des Grundstücks nicht übersteigt.

Maßgebend ist der Verkaufswerth des Grundstücks. Die Grundsätze, nach welchen der Verkaufswerth eines Grundstücks festzustellen ist, können durch das Ministerium der Justiz bestimmt werden.

Art. 125. Eine öffentliche Sparkasse, die im Großherzogthum ihren Sitz hat, ist zur Anlegung von Mündelgeld geeignet, wenn sie staatlich genehmigt ist und eine Gemeinde oder ein anderer Kommunalverband für die Erfüllung ihrer Verbindlichkeiten haftet.

Art. 126. Die Bestimmung, durch welche eine deutsche Bank zur Anlegung von Mündelgeld für geeignet erklärt wird, steht dem Staatsministerium zu.

---

7. Mecklenburg-Schwerin.

Ausführungsverordnung. Vom 9. April 1899.

Vormundschaft.

1. Titel. Anordnung und Führung der Vormundschaft.

§ 225. Oeffentliche Beamte, mit Einschluß der Geistlichen und sonstigen Kirchendiener sowie der Lehrer an öffentlichen Unterrichtsanstalten, bedürfen zur Uebernahme einer Vormundschaft der Erlaubniß ihrer Dienstbehörde, wenn für die Führung der Vormundschaft eine Vergütung bezogen wird; die Erlaubniß kann jederzeit zurückgezogen werden. Die Dienstbehörde kann die Uebernahme oder die Fortführung der Vormundschaft auch verbieten, wenn nach ihrer Ansicht durch die Führung der Vormundschaft der Dienst beeinträchtigt wird.

Insoweit der Dienstvertrag ein Anderes bestimmt, behält es dabei das Bewenden.

§ 226. Für die Aufnahme des im § 1802 des BGB. erforderten Verzeichnisses des Mündelvermögens sind außer den Notaren die Amtsgerichte, die Behörden, denen die Verrichtungen des Vormundschaftsgerichts obliegen, die Ortsobrigkeiten, die Ortsvorsteher, die Gerichtsschreiber und die zur Protokollführung befugten Beamten des Vormundschaftsgerichts sowie die Gerichtsvollzieher zuständig. Auf die örtliche Zuständigkeit findet die Vorschrift des § 37 Abs. 1 Satz 2 Anwendung.

§ 227. Zur Anlegung von Mündelgeld sind außer den im § 1807 des BGB. bezeichneten Forderungen und Werthpapieren geeignet:

1. Pfandbriefe des Mecklenburgischen ritterschaftlichen Kreditvereins;
2. sichere Schuldverschreibungen, welche von Mecklenburgischen Städten ausgestellt und entweder Seitens der Inhaber kündbar sind oder einer regelmäßigen allmähligen Tilgung unterliegen;
3. Pfandbriefe einer Mecklenburg-Schweriner Hypothekenbank, welche von dem Großherzoglichen Justizministerium zur Anlegung von Mündelgeld für geeignet erklärt sind.

§ 228. Eine Hypothek, Grundschuld oder Rentenschuld, welche an einem im Großherzogthum belegenen Grundstück besteht, ist zur Anlegung von Mündelgeld geeignet, wenn sie innerhalb der gesetzlichen Beleihungsgrenze des Grundstücks zu stehen kommt. Für den Betrag einer Rentenschuld ist die Ablösungssumme maßgebend.

§ 229. Die gesetzliche Beleihungsgrenze beträgt:

1. bei ritterschaftlichen Landgütern, wenn auf die katastrirte Hufe von 600 bonitirten Scheffeln höchstens entfallen:
   a) 200 ha (= 92257 □ Ruthen),
      zweiundsiebenzigtausend Mark für die Hufe oder 120 Mark für den Scheffel;
   b) 220 ha (= 101481 □ Ruthen),
      sechzigtausend Mark für die Hufe oder 100 Mark für den Scheffel;
   c) 240 ha (= 110707 □ Ruthen),
      fünfundvierzigtausend Mark für die Hufe oder 75 Mark für den Scheffel;
   d) über 240 ha (= 110707 □ Ruthen),
      dreißigtausend Mark für die Hufe oder 50 Mark für den Scheffel;
2. bei Hausgrundstücken in den Städten die Hälfte des Versicherungswerths, wenn aber der Verkaufswerth niedriger ist, die Hälfte des Verkaufswerths;
3. bei Erbpachtgrundstücken zwei Fünftel, bei allen übrigen Grundstücken, insbesondere bei Eigenthumsparzellen, städtischen Aeckern, Wiesen, Gärten u. s. w. die Hälfte des Verkaufswerths.

In Ansehung der vor dem 1. Januar 1900 erfolgten Anlage von Mündelgeld bleiben die bisherigen Grundsätze maßgebend.

§ 230. Das Großherzogliche Justizministerium kann die Grundsätze bestimmen, nach denen der Verkaufswerth und der Versicherungswerth des Grundstückes festzustellen sind.

§ 231. Als verbriefte Forderungen gegen das Großherzogthum (BGB. § 1807 Abs. 1 Nr. 2) sind auch die Forderungen aus Schuldverschreibungen, welche von der Schuldentilgungskommission oder dem Landkasten ausgestellt worden sind, anzusehen.

§ 232. Ob und inwieweit eine inländische öffentliche Sparkasse zur Anlegung von Mündelgeld geeignet ist, bestimmt das Großherzogliche Justizministerium nach Benehmen mit dem Großherzoglichen Ministerium des Innern. Das Gleiche gilt von der Bestimmung einer zur Anlegung von Mündelgeld in den Fällen des § 1808 des BGB. geeigneten inländischen Bank.

Die Anlegung bei den Hinterlegungsstellen findet nicht statt.

2. Titel. Gemeindewaisenrath.

§ 233. Für den Bezirk jeder Gemeinde, sowie jeder nicht im Gemeindeverbande stehenden Ortschaft ist ein Gemeindewaisenrath zu bilden.

Für den Bezirk jedes Amtsgerichts, in welchem ritterschaftliche Landgüter belegen sind, ist ein besonderer Gemeindewaisenrath zu bilden, der in Ansehung der Eigenthümer und Eigenthümerinnen ritterschaftlicher Landgüter, ihrer Ehegatten und ehelichen Kinder zuständig ist.

§ 234. Der Gemeindewaisenrath besteht aus einem oder mehreren Mitgliedern und den erforderlichen Vertretern.

Für benachbarte Bezirke können dieselben Personen zu Mitgliedern oder Vertretern von Mitgliedern des Gemeindewaisenraths bestellt werden.

§ 235. Die Bildung des Gemeindewaisenraths, die Festsetzung der Zahl seiner Mitglieder, sowie deren Bestellung und Entlassung erfolgt durch die Ortsobrigkeit, in Ansehung des in § 233 Abs. 2 bezeichneten Gemeindewaisenraths durch eine aus dem dienstaufsichtführenden Amtsrichter und zwei Mitgliedern der Ritterschaft, welche von dem engeren Ausschuß der Ritterschaft ernannt werden, gebildeten Kommission.

§ 236. Von der Bildung des Gemeindewaisenraths sowie von der Bestellung und Entlassung seiner Mitglieder ist durch die anstellende Behörde (§ 235) dem zuständigen Vormundschaftsgericht Mittheilung zu machen.

§ 237. Für die Städte und deren Gebiet können die Magistrate das Amt des Gemeindewaisenraths besonderen Behörden der städtischen Verwaltung übertragen oder mit bestehenden Behörden der städtischen Verwaltung verbinden sowie für örtlich abzugrenzende Theile des Stadtbezirks besondere Gemeindewaisenräthe bestellen.

§ 238. Die Mitglieder des Gemeindewaisenraths sollen vor Antritt ihres Amtes von der anstellenden Behörde oder auf deren Ersuchen von der Ortsobrigkeit oder dem Amtsgericht ihres Wohnortes mittelst Handschlages an Eidesstatt zu treuer und gewissenhafter Führung des Amtes verpflichtet werden.

Diese Vorschrift findet im Falle des § 237 keine Anwendung.

§ 239. Das Amt eines Mitgliedes des Gemeindewaisenraths ist ein Ehrenamt. Das Vormundschaftsgericht kann einem Mitgliede des Gemeindewaisenraths den Ersatz seiner Aufwendungen bewilligen, soweit sie zur zweckentsprechenden Führung seines Amtes nothwendig waren. Der Ersatz ist aus der Kasse des Vormundschaftsgerichts zu leisten.

§ 240. Zu Mitgliedern des Gemeindewaisenraths sollen nur volljährige männliche Personen bestellt werden, welche geschäftsfähig sind und sich im Besitze der bürgerlichen Ehrenrechte befinden.

§ 241. Zu Mitgliedern sollen nicht bestellt werden:

1. die im § 34 unter Nr. 1, 5, 9 des Gerichtsverfassungsgesetzes, im § 7 der Verordnung vom 15. Dezember 1885, betreffend die Abänderung der vier ersten Abschnitte der Verordnung vom 17. Mai 1879 zur Ausführung des Gerichtsverfassungsgesetzes, sowie in den Verordnungen vom 16. Februar 1891 und vom 3. April 1894 bezeichneten Personen;
2. wer das fünfundsechzigste Lebensjahr vollendet hat;
3. wer für sich oder seine Familie Armenunterstützung aus öffentlichen Mitteln empfängt oder in den drei letzten Jahren empfangen hat;
4. wer in Konkurs gerathen ist, während der Dauer des Konkurses;
5. wer nach § 1910 des BGB. zur Besorgung seiner Vermögensangelegenheiten einen Pfleger erhalten hat.

§ 242. Das Amt eines Mitgliedes des Gemeindewaisenraths endigt mit seiner Entmündigung.

§ 243. Ein Mitglied ist seines Amts zu entlassen:

1. wenn es sich grober Pflichtverletzungen schuldig gemacht hat;
2. wenn es der bürgerlichen Ehrenrechte für verlustig erklärt ist;
3. wenn in seiner Person einer der in § 241 Nr. 3 bis 5 bezeichneten Gründe vorliegt.

§ 244. Ein Mitglied ist auf Antrag seines Amtes zu entlassen:

1. wenn in seiner Person einer der in § 241 Nr. 1, 2 bezeichneten Gründe vorliegt;
2. wenn es seinen Wohnsitz an einem Ort außerhalb des Bezirkes des Gemeindewaisenraths verlegt;
3. wenn von ihm erhebliche Gründe für die Entlassung geltend gemacht werden;
4. nach zehnjähriger ununterbrochener Amtsführung.

§ 245. Gegen die auf Grund der §§ 243, 244 von der anstellenden Behörde erlassene Verfügung findet das Rechtsmittel der Beschwerde statt.

Ueber die Beschwerde entscheidet das Landgericht, in dessen Bezirk die Behörde ihren Sitz hat.

Die Vorschriften der §§ 20, 21, 23, 25, 30 des Gesetzes über die Angelegenh. der freiw. Gerichtsb. finden entsprechende Anwendung.

§ 246. Das Großherzogliche Justizministerium sowie das Vormundschaftsgericht können den Gemeindewaisenräthen Weisungen für die Wahrnahme ihrer Verrichtungen ertheilen.

§ 247. Die Mitglieder der mit dem Inkrafttreten des BGB. in Thätigkeit tretenden Gemeindewaisenräthe sind bereits vor diesem Zeitpunkte nach Maßgabe der Vorschriften der §§ 233 bis 238, 230, 241 zu bestellen.

§ 248. Zur Unterstützung des Gemeindewaisenraths können Frauen, die hierzu bereit sind, als Waisenpflegerinnen widerruflich bestellt werden. Die Zuständigkeit für die Bestellung bestimmt sich nach den für die Bestellung der Waisenräthe maßgebenden Vorschriften.

Die Waisenpflegerinnen haben unter der Leitung des Gemeindewaisenraths bei der Beaufsichtigung der im Kindesalter stehenden Mündel und bei der Ueberwachung weiblicher Mündel mitzuwirken.

3. Titel. Familienrath.

§ 249. Der Vorsitzende einer die Verrichtungen des Vormundschaftsgerichts ausübenden nicht gerichtlichen Behörde führt auch den Vorsitz in dem Familienrath.

4. Titel. Pflegschaft.

§ 250. Auf die Pflegschaft finden auch die landesgesetzlichen für die Vormundschaft geltenden Vorschriften entsprechende Anwendung, soweit sich nicht aus dem Gesetze ein Anderes ergiebt.

§ 251. Liegen die Voraussetzungen für die zwangsweise Versetzung in den Ruhestand in Ansehung eines öffentlichen Beamten vor, so kann der Beamte auch ohne seine Einwilligung für diese Angelegenheit einen Pfleger erhalten, wenn er die Angelegenheit in Folge geistiger oder körperlicher Gebrechen nicht zu besorgen vermag und nicht unter Vormundschaft steht. Die Vorschriften des § 1915, des § 1918 Abs. 3 und des § 1919 des BGB. finden Anwendung.

Die Vorschriften des Abs. 1 finden auf geistliche und sonstige Kirchendiener sowie auf Lehrer an öffentlichen Unterrichtsanstalten entsprechende Anwendung.

---

8. Sachsen-Weimar.

Ausführungsgesetz zum BGB.

Vom 5. April 1899.

Anlegung von Mündelgeld.

§ 211. Eine Hypothek, Grundschuld oder Rentenschuld an einem im Großherzogthum belegenen Grundstück gilt als sicher, wenn durch sie, mit Hinzurechnung der etwa vorgehenden Hypotheken, Grund- und Rentenschulden, ein Feld- oder Wiesengrundstück nicht über drei Fünftheile, ein Grundstück anderer Art nicht über die Hälfte des Schätzungswerthes belastet wird.

Brandgut ist dabei nur mit dem Betrag in Anschlag zu bringen, mit welchem es in der Gebäude-Brandversicherungsanstalt des Großherzogthums versichert ist, insoweit dieser Betrag den Schätzungswerth nicht übersteigt.

Für die Höhe einer Rentenschuld ist die Ablösungssumme maßgebend.

Der Schätzungswerth wird durch die zur Würderung verpflichteten Schätzer (Ortstaxatoren) ermittelt.

Die Grundsätze, nach denen die Werthsermittelung zu erfolgen hat, sowie das dabei einzuhaltende Verfahren bestimmen sich nach den darüber erlassenen, bezw. im Verordnungswege noch zu erlassenden Vorschriften.

§ 212. Zur Anlegung von Mündelgeld sind außer den in dem § 1807 des BGB. bezeichneten Forderungen und Werthpapieren geeignet:

1. die Werthpapiere, welche von einer deutschen kommunalen Körperschaft oder von der Kreditanstalt einer solchen Körperschaft den gesetzlichen Vorschriften entsprechend ausgestellt und entweder seitens der Gläubiger kündbar sind oder einer regelmäßigen Tilgung unterliegen,
2. die Pfandbriefe der im Königreich Preußen und im Königreich Sachsen mit staatlicher Genehmigung bestehenden Landschaften und landschaftlichen Kreditvereine, sofern sie an einer der Börsen zu Berlin, Frankfurt a. M. oder Leipzig gehandelt werden,
3. die Pfandbriefe deutscher Hypothekenbanken, sofern und soweit die Anlegung von Mündelgeld in solchen Pfandbriefen und Zustimmung des Landtages durch landesherrliche Verordnung für zulässig erklärt wird.

Die Erklärung kann zurückgenommen werden.

§ 213. Oeffentliche Sparkassen, welche im Großherzogthum ihren Sitz haben, können durch das Staatsministerium zur Anlegung von Mündelgeld für geeignet erklärt werden. Die Erklärung kann zurückgenommen werden.

§ 214. Durch landesherrliche Verordnung wird bestimmt, bei welchen Banken — neben der Reichsbank — Mündelgeld im Fall des § 1808 des BGB. angelegt werden kann. Die Bestimmung ist widerruflich.

Bei den Hinterlegungsstellen findet die Anlegung von Mündelgeld nicht statt.

§ 215. Die Landesgesetze vom 16. Juni 1881 und 28. Februar 1894, die Anlegung vormundschaftlicher und zu öffentlichen Depositen gehöriger Gelder betreffend, sind aufgehoben.

Gemeindewaisenrath.

§ 216. Für jede Gemeinde oder für örtlich abzugrenzende Theile einer Gemeinde sind ein oder mehrere männliche Einwohner durch die Gemeindevertretung (Gemeinderath und, wo ein solcher nicht besteht, Gemeindeversammlung) als Gemeindewaisenrath zu wählen. Der Ortsgeistliche und dessen Stellvertreter gelten als Einwohner, auch wenn sie ihren Wohnsitz nicht in der Gemeinde haben.

Benachbarte Gemeinden können durch übereinstimmende Beschlüsse der betheiligten Gemeindevertretungen mit Genehmigung des Staatsministeriums oder — nach Gehör des Bezirksausschusses — durch Anordnung des Staatsministeriums zu einem Gemeindewaisenrathsbezirk vereinigt werden.

Die Wiederaufhebung der Vereinigung kann auf gleichem Wege erfolgen.

§ 217. Das Amt des Gemeindewaisenraths ist ein unbesoldetes Gemeindeamt.

Die Mitglieder des Gemeindewaisenraths können Vergütung der nothwendigen baaren Auslagen aus der Gemeindekasse beanspruchen.

§ 218. Die Gemeindevertretung bestimmt, ob eine oder mehrere Personen als Gemeindewaisenrath zu bestellen sind.

Im Falle der Vereinigung mehrerer Gemeinden zu einem Gemeindewaisenrathsbezirke haben die betheiligten Gemeindevertretungen über die in Abs. 1 gedachte Bestimmung und über die Wahl des Gemeindewaisenraths sowie über die Vergütung der Auslagen Vereinbarung zu treffen. Kommt eine solche nicht zu Stande, so werden die erforderlichen Bestimmungen von dem Bezirksausschuß und, sofern die Gemeinden verschiedenen Verwaltungsbezirken angehören, vom Staatsministerium erlassen.

§ 219. Personen, welche nach den Vorschriften der §§ 1780 und 1781 des BGB. nicht zum Vormund bestellt werden können oder sollen, sind vom Amte des Gemeindewaisenraths ausgeschlossen. Das Gleiche gilt von Personen, welche die zur Bekleidung eines Gemeindeamtes erforderliche Achtung nicht genießen.

Die Namen der Gewählten sind in ortsüblicher Weise bekannt zu machen.

Werden Einwendungen gegen die Wahl erhoben, oder bestehen Bedenken, ob die Voraussetzungen der Wahl gegeben sind, so entscheidet über die Gültigkeit der Wahl der Bezirksausschuß.

§ 220. Auf die Ausschlagung des Amtes des Gemeindewaisenraths finden die Vorschriften der Gemeindeordnung über die Ausschlagung des Amtes eines Gemeinderathsmitgliedes entsprechende Anwendung. Im Falle ungerechtfertigter Weigerung, das Amt anzunehmen oder fortzuverwalten, kann das Vormundschaftsgericht den Gewählten durch die in § 1788 des BGB. bestimmten Ordnungsstrafen zur Uebernahme oder Fortverwaltung des Amtes anhalten.

§ 221. Die Dienstzeit der Mitglieder des Gemeindewaisenraths beträgt sechs Jahre. Bei vorzeitigem Ausscheiden findet eine Neuwahl für den Rest der Amtsdauer statt.

§ 222. Für jeden Gemeindewaisenrathsbezirk ist mindestens ein Stellvertreter zu bestellen. Auf die Stellvertreter finden die Bestimmungen der §§ 216 bis 221 entsprechende Anwendung.

§ 223. Durch Ortsstatut kann die Zusammensetzung des Gemeindewaisenraths geregelt, oder das Amt einem Organ der Gemeindeverwaltung übertragen werden.

Im letzteren Falle findet die Vorschrift des § 217 Abs. 1 keine Anwendung.

§ 224. Der Gemeindewaisenrath ist befugt, ehrbare Frauen, welche dazu bereit sind, widerruflich zu Waisenpflegerinnen zu bestellen. Verheirathete Frauen sollen nur mit Zustimmung ihres Mannes bestellt werden.

Die Waisenpflegerinnen haben unter Leitung des Gemeindewaisenraths bei der Beaufsichtigung der im Kindesalter stehenden Mündel und bei der Ueberwachung der dem Kindesalter entwachsenen weiblichen Mündel mitzuwirken.

Ein Anspruch auf Vergütung oder auf Ersatz erwachsener Auslagen steht den Waisenpflegerinnen nicht zu.

§ 225. Dem Vormundschaftsgericht ist über die Zusammensetzung des Gemeindewaisenraths und die etwaige Uebertragung des Amts an ein Organ der Gemeindeverwaltung durch den Gemeindevorstand Anzeige zu erstatten.

§ 226. Die Mitglieder des Gemeindewaisenraths sowie der nach § 222 gewählte Stellvertreter sind von dem Vormundschaftsgerichte unter entsprechender Anwendung der Vorschriften des § 1789 des BGB. zu bestellen und zu verpflichten.

Das Vormundschaftsgericht hat über die gesammte Thätigkeit des Gemeindewaisenraths die Aufsicht zu führen und gegen Pflichtwidrigkeiten durch geeignete Gebote und Verbote einzuschreiten.

Das Vormundschaftsgericht kann die Mitglieder des Gemeindewaisenraths zur Befolgung seiner Anordnungen durch Ordnungsstrafen anhalten. Die einzelne Strafe darf den Betrag von dreißig Mark nicht übersteigen.

§ 227. Tritt in der Person eines Mitgliedes des Gemeindewaisenraths einer der in den §§ 1780 und 1781 des BGB. bestimmten Gründe der Unfähigkeit oder Untauglichkeit zur Uebernahme der Vormundschaft ein, oder giebt das Mitglied den Wohnsitz in dem Gemeindebezirk auf, so erlischt das Amt des Gemeindewaisenraths in Ansehung dieses Mitgliedes.

Das Vormundschaftsgericht kann ein Mitglied des Gemeindewaisenraths entlassen, wenn dieses zur Verwaltung des Amtes ungeeignet erscheint oder sich grober Pflichtverletzungen schuldig macht.

§ 228. Ist das Amt des Gemeindewaisenraths einem Organ der Gemeindeverwaltung übertragen, so finden die Vorschriften des § 226 Abs. 3 und des § 227 Abs. 2 keine Anwendung. Das Vormundschaftsgericht hat vielmehr, soweit dies erforderlich erscheint, die Hilfe der dem Organ der Gemeindverwaltung vorgesetzten Behörde anzurufen.

§ 229. Dem Staatsministerium bleibt vorbehalten, die über die Einrichtung und die Geschäftsführung des Gemeindewaisenraths weiter erforderlichen Bestimmungen im Verordnungswege zu treffen.

---

9. Mecklenburg=Strelitz.

Ausführungsverordnung zum BGB.

Vom 9. April 1899.

Vormundschaft.

1. Titel. Anordnung und Führung der Vormundschaft.

§ 223. Oeffentliche Beamte, mit Einschluß der Geistlichen und sonstigen Kirchendiener sowie der Lehrer an öffentlichen Unterrichtsanstalten, bedürfen zur Uebernahme einer Vormundschaft der Erlaubniß ihrer Dienstbehörde, wenn für die Führung der Vormundschaft eine Vergütung bezogen wird; die Erlaubniß kann jederzeit zurückgezogen werden. Die Dienstbehörde kann die Uebernahme oder die Fortführung der Vormundschaft auch verbieten, wenn nach ihrer Ansicht durch die Führung der Vormundschaft der Dienst beeinträchtigt wird.

Insoweit der Dienstvertrag ein Anderes bestimmt, behält es dabei das Bewenden.

§ 224. Für die Aufnahme des in § 1802 des BGB. erforderten Verzeichnisses des Mündelvermögens sind außer den Notaren die Amtsgerichte, die Behörden, denen die Verrichtungen des Vormundschaftsgerichts obliegen, die Ortsobrigkeiten, die Ortsvorsteher, die Gerichtsschreiber und die zur Protokollführung befugten Beamten des Vormundschaftsgerichts sowie die Gerichtsvollzieher zuständig. Auf die örtliche Zuständigkeit findet die Vorschrift des § 36 Abs. 1 Satz 2 Anwendung.

§ 225. Zur Anlegung von Mündelgeld sind außer den in § 1807 des BGB. bezeichneten Forderungen und Werthpapieren geeignet:

1. Pfandbriefe des Mecklenburgischen ritterschaftlichen Kreditvereins;
2. sichere Schuldverschreibungen, welche von Mecklenburgischen Städten ausgestellt und entweder seitens der Inhaber kündbar sind oder einer regelmäßigen allmählichen Tilgung unterliegen;
3. Pfandbriefe einer Mecklenburg=Strelitzer Hypothekenbank, welche von Unserer Landesregierung zur Anlegung von Mündelgeld für geeignet erklärt sind.

§ 226. Eine Hypothek, Grundschuld oder Rentenschuld, welche an einem im Großherzogthum belegenen Grundstück besteht, ist zur Anlegung von Mündelgeld geeignet, wenn sie innerhalb der gesetzlichen Beleihungsgrenze des Grundstücks zu stehen kommt. Für den Betrag einer Rentenschuld ist die Ablösungssumme maßgebend.

§ 227. Die gesetzliche Beleihungsgrenze beträgt:

1. bei ritterschaftlichen Landgütern, wenn auf die katastrirte Hufe von 600 bonitirten Scheffeln höchstens entfallen;
   a) 200 ha (= 92 257 □ Ruthen),
      zweiundsiebenzigtausend Mark für die Hufe oder 120 Mark für den Scheffel;
   b) 220 ha (= 101 438 □ Ruthen),
      sechszigtausend Mark für die Hufe oder 100 Mark für den Scheffel;
   c) 240 ha (= 110 707 □ Ruthen),
      fünfundvierzigtausend Mark für die Hufe oder 75 Mark für den Scheffel;
   d) über 240 ha (= 110 707 □ Ruthen),
      dreißigtausend Mark für die Hufe oder 50 Mark für den Scheffel;
2. bei Hausgrundstücken in den Städten die Hälfte des Versicherungswerthes, wenn aber der Verkaufswerth niedriger ist, die Hälfte des Verkaufswerths;
3. bei Erbpachtgrundstücken zwei Fünftel, bei allen übrigen Grundstücken, insbesondere bei Eigenthumsparzellen, städtischen Aeckern, Wiesen, Gärten u. s. w. die Hälfte des Verkaufswerths.

In Ansehung der vor dem 1. Januar 1900 erfolgten Anlage von Mündelgeld bleiben die bisherigen Grundsätze maßgebend.

§ 228. Unsere Landesregierung kann die Grundsätze bestimmen, nach denen der Verkaufswerth und der Versicherungswerth des Grundstücks festzustellen sind.

§ 229. Als verbriefte Forderungen gegen das Großherzogthum (BGB. § 1807 Abs. 1 Nr. 2) sind auch die Forderungen aus Schuldverschreibungen, welche von der Rentei und der geheimen Kommission, der Centralsteuerkasse, dem Landesfonds Unseres Fürstenthums Ratzeburg und der Hauptkasse in Schönberg oder dem Landkasten ausgestellt worden sind, anzusehen.

§ 230. Ob und inwieweit eine inländische öffentliche Sparkasse zur Anlegung von Mündelgeld geeignet ist, bestimmt Unsere Landesregierung. Das Gleiche gilt von der Bestimmung einer zur Anlegung von Mündelgeld in den Fällen des § 1808 des BGB. geeigneten inländischen Bank.

Die Anlegung bei den Hinterlegungsstellen findet nicht statt.

2. Titel. Gemeindewaisenrath.

§ 231. Für den Bezirk jeder Gemeinde sowie jeder nicht im Gemeindeverbande stehenden Ortschaft ist ein Gemeindewaisenrath zu bilden.

Für den Bezirk jedes Amtsgerichts Unseres Herzogthums, in welchem ritterschaftliche Landgüter belegen sind, ist ein besonderer Gemeindewaisenrath zu bilden, der in Ansehung der Eigenthümer und Eigenthümerinnen ritterschaftlicher Landgüter, ihrer Ehegatten und ehelichen Kinder zuständig ist.

§ 232. Der Gemeindewaisenrath besteht aus einem oder mehreren Mitgliedern und den erforderlichen Vertretern.

Für benachbarte Bezirke können dieselben Personen zu Mitgliedern oder Vertretern von Mitgliedern des Gemeindewaisenraths bestellt werden.

§ 233. Die Bildung des Gemeindewaisenraths, die Festsetzung der Zahl seiner Mitglieder sowie deren Bestellung und Entlassung erfolgt:

1. in unserem Herzogthum durch die Ortsobrigkeit, in Ansehung des in § 231 Abs. 1 bezeichneten Gemeindewaisenraths durch eine aus dem dienstaufsichtführenden Amtsrichter und zwei Mitgliedern der Ritterschaft, welche von dem Engeren Ausschuß der Ritterschaft ernannt werden, gebildete Kommission.
2. in Unserem Fürstenthum Ratzeburg durch Unsere Landvogtei zu Schönberg.

§ 234. Von der Bildung des Gemeindewaisenraths sowie von der Bestellung und Entlassung seiner Mitglieder ist durch die anstellende Behörde (§ 233) dem zuständigen Vormundschaftsgerichte Mittheilung zu machen.

§ 235. Für die Städte Unseres Herzogthums und deren Gebiet mit Ausschluß von Schwanbeck, Schwichtenberg und Sandhagen, können die Magistrate das Amt des Gemeindewaisenraths besonderen Behörden der städtischen Verwaltung übertragen oder mit bestehenden Behörden der städtischen Verwaltung verbinden sowie für örtlich abzugrenzende Theile des Stadtbezirks besondere Gemeindewaisenräthe bestellen.

§ 236. Die Mitglieder des Gemeindewaisenraths sollen vor Antritt ihres Amtes von der anstellenden Behörde oder auf deren Ersuchen von der Ortsobrigkeit oder dem Amtsgericht ihres Wohnorts mittels Handschlags an Eidesstatt zu treuer und gewissenhafter Führung des Amtes verpflichtet werden.

Diese Vorschriften finden im Falle des § 235 keine Anwendung.

§ 237. Das Amt eines Mitgliedes des Gemeinderaths ist ein Ehrenamt.

Das Vormundschaftsgericht kann einem Mitgliede des Gemeindewaisenraths den Ersatz seiner Aufwendungen billigen, soweit sie zur zweckentsprechenden Führung seines Amtes nothwendig waren. Der Ersatz ist aus der Kasse des Vormundschaftsgerichts zu leisten.

§ 238. Zu Mitgliedern des Gemeindewaisenraths sollen nur volljährige männliche Personen bestellt werden, welche geschäftsfähig sind und sich im Besitz der bürgerlichen Ehrenrechte befinden.

§ 239. Zu Mitgliedern sollen nicht bestellt werden:

1. die in § 34 unter Nr. 1, 5, 9 des Gerichtsverfassungsgesetzes sowie in § 7 der Verordnung vom 15. Dezember 1885, betreffend die Abänderung der drei ersten Abschnitte der Verordnung vom 17. Mai 1879 zur Ausführung des Gerichtsverfassungsgesetzes, bezeichneten Personen;
2. wer das fünfundsechszigste Lebensjahr vollendet hat;
3. wer für sich oder seine Familie Armenunterstützung aus öffentlichen Mitteln empfängt oder in den drei letzten Jahren empfangen hat;
4. wer in Konkurs gerathen ist, während der Dauer des Konkurses;
5. wer nach § 1910 des BGB. zur Besorgung seiner Vermögensangelegenheiten einen Pfleger erhalten hat.

§ 240. Das Amt eines Mitgliedes des Gemeindewaisenraths endigt mit seiner Entmündigung.

§ 241. Ein Mitglied ist seines Amtes zu entlassen:

1. wenn er sich grober Pflichtverletzungen schuldig gemacht hat;
2. wenn es der Bürgerlichen Ehrenrechte für verlustig erklärt ist;
3. wenn in seiner Person einer der in § 239 Nr. 3 bis 5 bezeichneten Gründe vorliegt.

§ 242. Ein Mitglied ist auf Antrag seines Amtes zu entlassen:

1. wenn in seiner Person einer der in § 239 Nr. 1, 2 bezeichneten Gründe vorliegt;
2. wenn es seinen Wohnsitz an einen Ort außerhalb des Bezirkes des Gemeindewaisenraths verlegt.

3. wenn von ihm erhebliche Gründe für die Entlassung geltend gemacht werden;
4. nach zehnjähriger ununterbrochener Amtsführung.

§ 243. Gegen die auf Grund der §§ 241, 242 von der anstellenden Behörde erlassene Verfügung findet das Rechtsmittel der Beschwerde statt.

Ueber die Beschwerde entscheidet Unser Landgericht.

Die Vorschriften der §§ 20, 21, 23, 25, 30 des Gesetzes über die Angelegenheiten der freiwilligen Gerichtsbarkeit finden entsprechende Anwendung.

§ 244. Unsere Landesregierung sowie das Vormundschaftsgericht können den Gemeindewaisenräthen Weisungen für die Wahrnahme ihrer Verrichtungen ertheilen.

§ 245. Die Mitglieder der mit dem Inkrafttreten des BGB. in Thätigkeit tretenden Gemeindewaisenräthe sind bereits vor diesem Zeitpunkte nach Maßgabe der Vorschriften der §§ 231 bis 235, 238, 239 zu bestellen.

§ 246. Zur Unterstützung des Gemeindewaisenraths können Frauen, die hierzu bereit sind, als Waisenpflegerinnen widerruflich bestellt werden. Die Zuständigkeit für die Bestellung bestimmt sich nach den für die Bestellung der Waisenräthe maßgebenden Vorschriften.

Die Waisenpflegerinnen haben unter der Leitung des Gemeindewaisenraths bei der Beaufsichtigung der im Kindesalter stehenden Mündel und bei der Ueberwachung weiblicher Mündel mitzuwirken.

3. Titel. Familienrath.

§ 247. Der Vorsitzende einer die Verrichtungen des Vormundschaftsgerichts ausübenden nicht gerichtlichen Behörde führt auch den Vorsitz in dem Familienrath.

4. Titel. Pflegschaft.

§ 248. Auf die Pflegschaft finden auch die landesgesetzlichen für die Vormundschaft geltenden Vorschriften entsprechende Anwendung, soweit sich nicht aus dem Gesetz ein Anderes ergiebt.

§ 249. Liegen die Voraussetzungen für die zwangsweise Versetzung in den Ruhestand in Ansehung eines öffentlichen Beamten vor, so kann der Beamte auch ohne seine Einwilligung für diese Angelegenheit einen Pfleger erhalten, wenn er die Angelegenheit in Folge geistiger oder körperlicher Gebrechen nicht zu besorgen vermag und nicht unter Vormundschaft steht. Die Vorschriften des § 1915, des § 1918 Abs. 3 und des § 1919 des BGB. finden Anwendung.

Die Vorschriften des Abs. 1 finden auf Geistliche und sonstige Kirchendiener sowie auf Lehrer an öffentlichen Unterrichtsanstalten entsprechende Anwendung.

---

10. Oldenburg.

Ausführungsgesetz zum BGB.

Vom 15. Mai 1899.

Gemeindewaisenrath.

§ 24. In jeder Gemeinde sind ein oder nach Beschluß der Gemeindevertretung mehrere Gemeindebürger zu Gemeindewaisenräthen auf den Vorschag des Vorstandes von der Gemeindevertretung auf 4 Jahre zu wählen. Der Gemeindevorsteher ist nur mit seiner Zustimmung wählbar.

Zugleich ist für jeden ein Ersatzmann zu wählen.

Werden mehrere gewählt, so ist jedem durch Beschluß der Gemeindevertretung ein bestimmter Bezirk der Gemeinde zuzuweisen.

§ 25. Das Amt des Gemeindewaisenraths ist ein unbesoldetes Gemeindeamt. Die Gemeindewaisenräthe können Mitglieder der Gemeindevertretung sein.

§ 26. Die Gemeindewaisenräthe sind in den Städten I. Klasse durch den Bürgermeister und in den übrigen Gemeinden durch das Amt mittelst Gelöbnisses an Eidesstatt zu verpflichten.

Zwangserziehung.

§ 27. Das Vormundschaftsgericht kann außer den Fällen der §§ 1666, 1838 des BGB. anordnen, daß ein Minderjähriger zum Zwecke der Erziehung in einer geeigneten Familie oder in einer Erziehungsanstalt oder einer Besserungsanstalt untergebracht wird,

1. wenn die Zwangserziehung zur Verhütung des völligen sittlichen Verderbens des Minderjährigen nothwendig ist,
2. wenn der Minderjährige vor Vollendung des zwölften Lebensjahres eine strafbare Handlung begangen hat, und die Zwangserziehung mit Rücksicht auf die Beschaffenheit der strafbaren Handlung, auf die Persönlichkeit der Eltern oder sonstigen Erzieher des Minderjährigen und auf dessen übrigen Lebensverhältnisse zur Verhütung weiterer sittlicher Verwahrlosung erforderlich ist.

§ 28. In dem Beschlusse, durch welchen die Zwangserziehung angeordnet wird, müssen die Voraussetzungen der §§ 1666, 1838 des BGB. oder des § 27 dieses Gesetzes unter Bezeichnung der für erwiesen erachteten Thatsachen festgestellt werden.

Bei Gefahr im Verzuge kann das Vormundschaftsgericht die vorläufige Unterbringung zur Zwangserziehung schon vor dem Erlasse des in Absatz 1 bezeichneten Beschlusses anordnen.

---

11. Braunschweig.

Ausführungsgesetz zum BGB.

Vom 12. Juni 1899.

I. Anordnung der Vormundschaft.

§ 80. In jeder Gemeinde des Herzogthums ist ein Gemeinderath zu bilden.

§ 81. In den Städten erfolgt die Organisation des Waisenraths durch statutarische Bestimmung unbeschadet der Vorschriften in den §§ 82, 85 bis 89, 91 bis 93.

§ 82. In den Städten werden die Waisenräthe, soweit nicht bestimmte städtische Beamte kraft statutarischer Bestimmung auch das Amt eines Waisenraths zu verwalten haben, durch die vereinigte Versammlung des Stadtmagistrats und der Stadtverordneten gewählt.

§ 83. In den Landgemeinden besteht der Waisenrath aus einem oder mehreren Mitgliedern. Im letzteren Falle wird jedem Mitgliede ein besonderer Bezirk zugewiesen. Die Bestimmung der Zahl der Mitglieder, die Wahl derselben und die Abgrenzung der Bezirke erfolgt durch den Gemeinderath.

§ 84. In den Landgemeinden, wo ein Gemeinderath nicht besteht, ist der Gemeindevorsteher der Waisenrath. Derselbe kann für die Dauer seines Amts mit Genehmigung der Herzoglichen Kreisdirektion einen anderen dazu bereiten Gemeindegenossen zum Waisenrathe bestellen.

§ 85. Die Waisenräthe werden auf sechs Jahre gewählt.

§ 86. Vom Amte eines Waisenraths sind ausgeschlossen:

1. diejenigen, welche nicht zum Stadtverordneten bezw. zum Mitgliede des Gemeinderath gewählt werden können,
2. das Beamtenpersonal des Vormundschaftsgerichts.

§ 87. Für die Gründe der Ablehnung, die Erlaubniß zur Annahme, die freiwillige oder gezwungene Niederlegung des Amtes, die Folgen eines Ausschlusses, die Strafen einer ungerechtfertigten Ablehnung oder Niederlegung des Amtes und für die in diesen Beziehungen statthaften Rechtsmittel gelten die für die Stadtverordneten bezw. die Mitglieder des Gemeinderaths erlassenen Vorschriften mit folgenden Abweichungen:

§ 88. In den Städten steht dem zum Waisenrathe Gewählten binnen vierzehn Tagen von der Bekanntmachung an gerechnet eine Vorstellung bei der vereinigten Versammlung des Stadtmagistrats und der Stadtverordneten und gegen deren Zurückweisung Klage beim Verwaltungsgerichtshofe zu.

§ 89. In den Städten hat über die Zulässigkeit der Niederlegnng des Amtes eines Waisenraths und über die Ausschließung von diesem Amte die vereinigte Versammlung des Stadtmagistrats und der Stadtverordneten zu entscheiden. Gegen ihren Beschluß ist Klage beim Verwaltungsgerichtshofe zulässig.

§ 90. Bei zeitweiliger Behinderung eines Waisenraths haben in den Landgemeinden, wo mehrere Waisenräthe vorhanden sind, diese sich gegenseitig zu vertreten. Im Uebrigen ist der Gemeindevorsteher der Vertreter. In den Landgemeinden ohne Gemeinderath wird der an Stelle des Gemeindevorstehers bestellte Waisenrath von diesem vertreten.

§ 91. Das Amt eines Waisenraths ist ein Ehrenamt. Den Waisenräthen werden jedoch die nothwendigen baaren Auslagen vergütet. Dieselben werden von der Gemeindekasse bezw. von denjenigen getragen, die zur Tragung der Gemeindelasten verpflichtet sind.

In Streitfällen erfolgt ihre Festsetzung durch das Vormundschaftsgericht, gegen dessen Entscheidung den Betheiligten binnen vierzehn Tagen eine Beschwerde beim Landgerichte zusteht.

Es kann bestimmt werden, daß an Stelle der baaren Auslagen eine in regelmäßigen Zeitabschnitten zu zahlende Pauschalsumme tritt. Zu dieser Bestimmung ist in den Landgemeinden die Genehmigung Herzoglicher Kreisdirektion erforderlich.

§ 92. In den städtischen Statuten kann bestimmt werden, daß die Waisenräthe Frauen in widerruflicher Weise zu Waisenpflegerinnen annehmen können. Ein Zwang zur Uebernahme dieser Stellung besteht nicht. Die Waisenpflegerinnen haben den Waisenrath in der Ueberwachung der Erziehung und der körperlichen Pflege von Mündeln oder Pflegebefohlenen, die noch nicht schulpflichtig sind, sowie von älteren weiblichen Mündeln oder Pflegebefohlenen zu unterstützen.

§ 93. Die Mitglieder der mit dem Inkrafttreten des BGB. in Thätigkeit tretenden Waisenräthe sind bereits vor diesem Zeitpunkte nach Maßgabe der Vorschriften der §§ 80 bis 87 dieses Gesetzes zu bestellen.

§ 94. Dem Vorstande einer unter der Verwaltung des Staates oder einer Gemeinde stehenden Erziehungs- oder Verpflegungsanstalt können durch Herzogliches Staatsministerium die Rechte und Pflichten eines Vormundes für Minderjährige, die in der Anstalt erzogen oder verpflegt werden, übertragen werden.

In diesem Falle gelten die Vorschriften der §§ 95 bis 98.

§ 95. Mit der Aufnahme des Minderjährigen in die Anstalt endigt das Amt des bisherigen Vormundes.

Der Vorstand der Anstalt hat die Aufnahme dem Vormundschaftsgerichte anzuzeigen, und dieses sie dem Waisenrathe des Bezirks, in dem die Anstalt liegt, mitzutheilen.

§ 96. Ein Gegenvormund ist nicht zu bestellen, das Amt eines bestellten Gegenvormundes endigt.

Dem Vorstande stehen die nach § 1852 Abs. 2 des BGB. zulässigen Befreiungen zu.

§ 97. Der Vorstand behält die Rechte und Pflichten des Vormundes auch nach Beendigung der Erziehung oder der Verpflegung bis zur Volljährigkeit des Mündels.

§ 98. Die Befugniß des Vormundschaftsgerichts, einen anderen Vormund zu bestellen, bleibt unberührt. Auf Antrag des Vorstandes ist ein anderer Vormund zu bestellen.

§ 99. Wer ein Staatsamt oder ein besoldetes Amt in der Kommunal- oder Kirchenverwaltung bekleidet, bedarf zur Uebernahme einer Vormundschaft, zu der er nicht gesetzlich berufen ist (§ 1776 des BGB.), der Erlaubniß der vorgesetzten Behörde.

Diese Erlaubniß ist zur Fortführung einer vor dem Eintritt in das Amt bereits übernommenen Vormundschaft nicht erforderlich.

§ 100. Die Vorschriften des § 99 finden auf das Amt eines Gegenvormundes, Pflegers oder Beistandes Anwendung.

II. Führung der Vormundschaft.

§ 101. Mündelgeld soll außer nach § 1807 des BGB. nur

1. soweit dies nicht schon nach den dortigen Vorschriften gestattet ist, in Landes-, Leihhauslandes- oder Kammerschuldverschreibungen, sowie bei den Leihhaussparkassen,
2. in Schuldverschreibungen, die ein Kreis-Kommunalverband oder eine Stadt des Herzogthums ausgegeben hat,
3. in Schuldverschreibungen des ritterschaftlichen Kreditvereins

verzinslich angelegt werden.

§ 102. Herzogliches Staatsministerium kann unter Zustimmung des Ausschusses der Landesversammlung eine öffentliche Sparkasse, die im Herzogthum ihren Sitz hat, und für den Fall des § 1808 des BGB. eine Bank, die im Herzogthum ihren Sitz hat, zur Anlegung von Mündelgeld für geeignet erklären.

---

12. Hamburg.

a) Gesetz, betr. die Vormundschaftsbehörde.

Vom 14. Juli 1899.

I. Zusammensetzung.

§ 1. Die Vormundschaftsbehörde untersteht der Senatskommission für die Justizverwaltung.

Sie besteht aus einem ersten und einem zweiten Vorsitzenden, die die Fähigkeit zum Richteramte besitzen müssen, und zwölf nicht rechtsgelehrten Mitgliedern. Die Zahl der nicht rechtsgelehrten Mitglieder kann durch Beschluß des Senats vermehrt werden.

Die rechtsgelehrten und nichtrechtsgelehrten Mitglieder haben gleiches Stimmrecht. Im Plenum führt der erste Vorsitzende und im Falle seiner Verhinderung der zweite Vorsitzende den Vorsitz. Das Plenum ist beschlußfähig, wenn mehr als die Hälfte seiner Mitglieder anwesend sind. Bei Stimmengleichheit entscheidet die Stimme des Vorsitzenden.

II. Rechtsgelehrte Mitglieder (Vorsitzende).

§ 2. Die Vorsitzenden werden vom Senate benannt und beeidigt.

Auf dieselben finden die Vorschriften des Disziplinar- und Pensionsgesetzes für die nicht richterlichen Beamten vom 7. Januar 1884 und die Gehaltsordnung für die juristischen Beamten vom 8. Juli 1898 Anwendung.

Die Vorsitzenden werden als erster Vorsitzender und zweiter Vorsitzender der Vormundschaftsbehörde bezeichnet. Der erste Vorsitzende bezieht ein Gehalt von

12000 Mk. Der zweite Vorsitzende steht hinsichtlich des Gehalts den in der Anlage zur Gehaltsordnung für die juristischen Beamten vom 8. Juli 1898 unter A. aufgeführten Beamten gleich. Sie können vom Senate jederzeit in ein anderes Amt mit gleichem Range und Gehalt versetzt werden.

§ 3. Die Vorsitzenden vertreten sich gegenseitig. In Fällen vorübergehender Behinderung eines Vorsitzenden kann die Senatskommission für die Justizverwaltung einen anderweiten Vertreter, der die Fähigkeit zum Richteramte besitzen muß, bestellen.

III. Nicht rechtsgelehrte Mitglieder (Beisitzer).

§ 4. Die nicht rechtsgelehrten Mitglieder (Beisitzer) müssen die Wählbarkeit zur Bürgerschaft besitzen.

Sie werden von der Bürgerschaft aus einem von der Behörde der Wahlfreiheit unbeschadet vorzulegenden Wahlaufsatze von je drei Personen gewählt und vor dem Senate eidlich verpflichtet. Ihre Amtsdauer wird dahin festgesetzt, daß jeder außer dem Jahre, in welchem er in die Behörde gewählt ist, sechs Jahre im Amte bleibt.

In Betreff der Pflicht zur Uebernahme und Fortführung des Amtes finden die für die Mitglieder der Verwaltungs-Deputation bestehenden Vorschriften (Art. 83 und 84 der Verfassung, § 6 des Verwaltungsgesetzes vom 2. November 1896) entsprechende Anwendung.

IV. Beamte.

§ 5. Der Vormundschaftsbehörde werden vier Sekretaire sowie die erforderliche Anzahl von Buchhaltern und Kanzleibeamten beigegeben. Die Sekretäre beziehen ein Gehalt von 5000 Mk. mit 5 Alterszulagen von je 500 Mk. nach Ablauf von je 4 Dienstjahren.

Die Sekretäre werden vom Senat erwählt und vor demselben beeidigt, die Buchhalter und die Kanzleibeamten werden von der Vormundschaftsbehörde gewählt und vor dem ersten Vorsitzenden beeidigt.

Die allgemeine Dienstaufsicht über die in Abs. 1 benannten Beamten steht dem ersten Vorsitzenden zu. Derselbe übt die durch das Disziplinar- und Pensionsgesetz für die nicht richterlichen Beamten vom 7. Januar 1884 dem Vorsitzenden der Vormundschaftsbehörde übertragenen Verrichtungen aus.

V. Entscheidungen der Vormundschaftsbehörde.

§ 6. Die Vormundschaftsbehörde erläßt, soweit dieses Gesetz nicht anders bestimmt, sachliche Entscheidungen in Abtheilungen, die aus einem Vorsitzenden und zwei nicht rechtsgelehrten Mitgliedern gebildet werden.

Die Bildung der Abtheilungen, die Vertheilung der Geschäfte unter dieselben und die Ordnung der Vertretung der Beisitzer unter einander erfolgt durch die Vormundschaftsbehörde vor Beginn des Geschäftsjahres auf die Dauer desselben.

Verfügung einer Abtheilung oder eines Vorsitzenden sind nicht aus dem Grunde unwirksam, weil nach der Geschäftsvertheilung eine andere Abtheilung oder ein anderer Vorsitzender zuständig sein würde, oder weil als Vertreter eines Beisitzers ein anderer als der nach der Geschäftsvertheilung berufene Beisitzer mitgewirkt hat.

§ 7. Ohne Zuziehung von Beisitzern kann ein Vorsitzender, soweit nicht über erhobene Widersprüche zu entscheiden ist,

1. Vormundschaften und Pflegschaften anordnen, Vormünder, Pfleger und Gegenvormünder bestellen, soweit es sich nicht um eine vorläufige Vormundschaft über einen Großjährigen handelt oder nicht zum Vormunde oder Pfleger Berufene ihre Zustimmung übergangen werden sollen, abgesehen jedoch von den Bestimmungen in §§ 1778 Abs. 3, 1900 Abs. 2 und 3 des BGB.;
2. Beistände bestellen, sofern die Bestellung vom Vater rechtsverbindlich angeordnet oder von der Mutter beantragt ist;
3. Vormünder, Gegenvormünder, Pfleger und Beistände auf ihren Antrag oder mit ihrer Einwilligung entlassen;

4. falls ein Gegenvormund nicht vorhanden ist, auch nicht mehrere Vormünder die Vormundschaft gemeinschaftlich führen, die Genehmigung zur Anlegung von Mündelgeldern gemäß §§ 1806 bis 1808 des BGB., zur Verfügung über Forderungen oder andere Rechte, kraft deren der Mündel eine Leistung verlangen kann, oder über Werthpapiere des Mündels, sowie zur Eingehung der Verpflichtung zu einer solchen Verfügung ertheilen;
5. die Genehmigung zur Zurücknahme der nach § 1814 oder § 1818 des BGB. hinterlegten Werthpapiere und Kostbarkeiten, zur Verfügung über die nach § 1815 des BGB. auf den Namen des Mündels umgeschriebenen Inhaberpapiere oder über die nach § 1815 oder § 1816 des BGB. verklausulirten Buchforderungen des Mündels gegen das Reich oder einen Bundesstaat, zur Erhebung der nach § 1809 des BGB. angelegten Gelder, sowie zu den in §§ 1819, 1820 des BGB. gedachten Verfügungen und Verpflichtungen ertheilen;
6. die vom Vormunde, Pfleger oder Beistand während der Dauer des Amtes und nach Beendigung desselben einzureichenden Rechnungen prüfen und die Abnahme der Schlußrechnung vermitteln;
7. alle das Verfahren betreffenden und die Entscheidung nur vorbereitenden Verfügungen treffen.

§ 8. Eine Verfügung, die ein Vorsitzender ohne Zuziehung von Beisitzern getroffen hat, ist nicht deshalb unwirksam, weil nach §§ 6, 7 die Zuziehung von Beisitzern hätte erfolgen sollen.

Ausgenommen sind:

1. die Volljährigkeitserklärung Minderjähriger;
2. Verfügungen, durch welche die Einwilligung zur Eingehung einer Ehe in den Fällen des § 1304 Abs. 2 und des § 1308 des BGB. ersetzt wird;
3. Verfügungen, durch welche die Sorge für die Person oder das Vermögen des Kindes, oder die Vertretung desselben, oder die Nutznießung an dem Vermögen des Kindes dem Inhaber der elterlichen Gewalt ohne seine ausdrückliche Einwilligung entzogen wird;
4. Verfügungen, durch welche die Unterbringung eines Kindes in einer fremden Familie, einer Erziehungsanstalt oder Besserungsanstalt angeordnet wird;
5. Verfügungen, durch welche ein Vormund, Gegenvormund, Pfleger oder Beistand ohne seine Einwilligung entlassen, oder dem Vormunde, Pfleger oder Beistand ohne seine Einwilligung die Vertretung des Mündels oder die Sorge für die religiöse Erziehung desselben entzogen wird;
6. Verfügungen, durch welche von den Eltern angeordnete oder gesetzliche Befreiungen eines Vormundes oder Pflegers außer Kraft gesetzt werden;
7. Verfügungen, durch welche gemäß §§ 1629, 1797, 1798 des BGB. Meinungsverschiedenheiten zwischen mehreren gesetzlichen Vertretern desselben Vertretenen entschieden werden;
8. Verfügungen, durch welche die Einsetzung oder Aufhebung eines Familienraths angeordnet wird, sowie die Auswahl der zur Beschlußfähigkeit des Familienraths erforderlichen Mitglieder durch das Vormundschaftsgericht;
9. Verfügungen, welche die persönlichen Rechtsbeziehungen der Ehegatten zu einander oder das eheliche Güterrecht betreffen, sowie Verfügungen, durch welche im Falle einer fortgesetzten Gütergemeinschaft die Zustimmung antheilsberechtigter Abkömmlinge zu den Rechtsgeschäften des überlebenden Ehegatten ersetzt wird.

§ 9. In Fällen, in denen es sich um grundsätzlich wichtige Fragen handelt, kann die Abtheilung, in den Fällen des § 7 auch der Vorsitzende, die Sache an das Plenum verweisen. Von dieser Befugniß soll insbesondere dann Gebrauch gemacht werden, wenn eine Abtheilung oder ein Vorsitzender von einer früheren Entscheidung einer Abtheilung oder eines Vorsitzenden abweichen will. Die sachliche Entscheidung erfolgt alsdann durch das Plenum.

VI. Sonstige Vorschriften über das Verfahren.

§ 10. Die Verpflichtung der Vormünder, Gegenvormünder, Pfleger und Beistände erfolgt durch den Vorsitzenden. Der Vorsitzende kann die Verpflichtung einem Sekretär übertragen, der die Fähigkeit zum Richteramte besitzt.

Die Sekretäre führen das Protokoll in den Sitzungen des Plenums und der Abtheilungen. Sie nehmen in den Sitzungen, zu welchen sie zugezogen werden, an der Berathung Theil und haben in den ihnen zugewiesenen Sachen die Berichterstattung zu übernehmen; sie haben jedoch nur berathende Stimme, auch wenn sie selbst Berichterstatter sind.

Die zur Feststellung der Thatsachen erforderlichen Ermittelungen, die Erhebung der von der Vormundschaftsbehörde beschlossenen Beweise und die Abhaltung von Vergleichsverhandlungen kann einem Mitgliede der Behörde oder einem Sekretär übertragen werden. Die Beeidigung von Zeugen und Sachverständigen kann jedoch nur dem Vorsitzenden oder einem zum Richteramte befähigten Sekretär übertragen werden.

§ 11. Für die Aufnahme der im § 1718 und im § 1720 Abs. 2 des BGB. vorgesehenen öffentlichen Urkunden über die Anerkennung der Vaterschaft ist auch die Vormundschaftsbehörde zuständig.

Die Vormundschaftsbehörde ist befugt, Unterschriften öffentlich zu beglaubigen. Sie soll jedoch von dieser Befugniß nicht Gebrauch machen, wenn es sich nicht um Erklärungen handelt, welche mit den vor ihr verhandelten Vormundschaftssachen im Zusammenhange stehen.

Die Beglaubigung erfolgt durch einen Vorsitzenden oder einen Sekretär. Die Bestimmungen des § 183 des Reichsgesetzes über die Angel. der freiw. Gerichtsb. finden entsprechende Anwendung.

§ 12. Aus Urkunden, welche von der Vormundschaftsbehörde über Ansprüche der in § 794 Nr. 5 der CPO. gedachten Art aufgenommen sind, findet die Zwangsvollstreckung statt, sofern sich der Schuldner in der Urkunde der sofortigen Zwangsvollstreckung unterworfen hat.

Die Vollstreckungsklausel wird von einem Sekretär ertheilt.

Die Entscheidung über Einwendungen, welche die Zulässigkeit der Vollstreckungsklausel betreffen, sowie die Entscheidung über Ertheilung einer weiteren vollstreckbaren Ausfertigung erfolgt durch den Vorsitzenden. Ueber die sofortige Beschwerde gegen Entscheidungen der Vorsitzenden in Zwangsvollstreckungssachen (§ 793 der CPO.) entscheidet die Civilkammer des Landgerichts.

Im Uebrigen finden auf die Zwangsvollstreckung aus solchen Urkunden die Bestimmungen der §§ 724 bis 793, 797 bis 800 der CPO. und hinsichtlich der Gebühren die Bestimmungen des Gerichtskostengesetzes entsprechende Anwendung.

§ 13. Die Vorschriften des Gerichtsverfassungsgesetzes über die Sitzungspolizei, sowie die Vorschriften der §§ 6, 11, 16 Abs. 2 und des § 31 des Reichsgesetzes über die Angel. der freiw. Gerichtsb. finden entsprechende Anwendung. An Stelle des Gerichtsschreibers des Vormundschaftsgerichts tritt im Falle des Reichsgesetzes über die Angel. der freiw. Gerichtsb. ein Sekretär, in den Fällen der §§ 11 und 21 Abs. 2 des Reichsgesetzes über die Angel. der freiw. Gerichtsb., sowie hinsichtlich der bei den Zustellungen wahrzunehmenden Verrichtungen ein Sekretär oder ein von dem ersten Vorsitzenden bestellter Kanzleibeamter, an Stelle des Gerichtsdieners tritt ein Bote oder Kanzleibeamter der Vormundschaftsbehörde.

Die Vorschriften des Gerichtsverfassungsgesetzes über die Berathung und Abstimmung finden insoweit Anwendung, als sich nicht aus § 10 Abs. 2 Abweichendes ergiebt. Die Reihenfolge bei der Abstimmung regelt sich wie bei den Kammern für Handelssachen.

§ 14. Die Beitreibung der von der Vormundschaftsbehörde festgesetzten Geldstrafen erfolgt nach Maßgabe des § 17 des Gesetzes, betreffend das Verhältniß der Verwaltung zur Rechtspflege, vom 23. April 1879, in Verbindung mit § 3 des Gesetzes, betreffend das Gerichtsvollzieherwesen, vom 28. Juni 1882.

VII. Familienrath.

§ 15. Wird von der Vormundschaftsbehörde ein Familienrath eingesetzt, so hat der Vorsitzende der nach der Geschäftsvertheilung zuständigen Abtheilung den Vorsitz in demselben zu führen.

VIII. Schluß- und Uebergangsbestimmungen.

§ 16. Mit dem Inkrafttreten des Bürgerlichen Gesetzbuchs wird die bisherige Vormundschaftsbehörde aufgelöst.

Die nicht rechtsgelehrten Mitglieder der bisherigen Vormundschaftsbehörde treten für den Rest ihrer Amtsdauer in die neu zu bildende Vormundschaftsbehörde über, falls sie nicht erklären, daß sie zum 1. Januar 1900 ihr Amt niederlegen wollen.

Die Beamten der bisherigen Vormundschaftsbehörde treten in gleicher Stellung in die neue Vormundschaftsbehörde über.

Für das mit dem Inkrafttreten des BGB. beginnende erste Geschäftsjahr findet die Bildung der Abtheilungen und die Vertheilung der Geschäfte unter dieselben durch die bisherige Vormundschaftsbehörde statt.

§ 17. Mit dem Inkrafttreten des BGB. gehen die bei der bisherigen Vormundschaftsbehörde anhängigen Vormundschaftssachen, einschließlich der Verrichtungen bezüglich der nach dem Gesetze, betreffend die Zwangsvollstreckung aus den Urkunden der Vormundschaftsbehörden, vom 13. Februar 1880 aufgenommenen Urkunden, auf die neue Vormundschaftsbehörde über.

Anhängige Gesuche um Ergänzung von Ehekonsensen, Bestätigung von Adoptionen und Volljährigkeitserklärung sind, soweit für die Entscheidung über diese Anträge nach den Bestimmungen des Gesetzes über die Angel. der freiw. Gerichtsb. nicht das Vormundschaftsgericht für den der neuen Vormundschaftsbehörde zugewiesenen Bezirk zuständig ist, an das nach jenem Gesetz zuständige Amtsgericht abzugeben.

§ 18. Die Bestimmungen über Wahl und Beeidigung der Vorsitzenden und Beisitzer der Vormundschaftsbehörde treten an einem vom Senate zu bestimmenden Tage, die übrigen Bestimmungen dieses Gesetzes mit dem Inkrafttreten des BGB. in Kraft.

---

b) Ausführungsgesetz zum BGB.

Vom 14. Juli 1899.

Familienrecht.

Vormundschaft.

§ 69. Die Vormundschaftsordnung vom 14. Dezember 1883 nebst den dieselbe abändernden Bestimmungen tritt außer Kraft.

§ 70. Für die dem Vormundschaftsgericht obliegenden Verrichtungen ist in der Stadt und in den Landherrenschaften der Geestlande und der Marschlande die Vormundschaftsbehörde zuständig.

Die Organisation der Vormundschaftsbehörde und der Uebergang der bei der bisherigen Vormundschaftsbehörde in Hamburg anhängigen Vormundschaftssachen wird durch besonderes Gesetz bestimmt.

§ 71. Die beim Inkrafttreten des BGB. bei dem Amtsverwalter zu Ritzebüttel anhängigen Vormundschaftssachen gehen, einschließlich der Verrichtungen bezüglich der nach dem Gesetz, betreffend die Zwangsvollstreckung aus den Urkunden der Vormundschaftsbehörden, vom 13. Februar 1880 aufgenommenen Urkunden auf das Amtsgericht zu Ritzebüttel über.

§ 72. Die Beschwerde gegen Verfügungen, welche von den bisherigen Vormundschaftsbehörden auf Grund der Vormundschaftsordnung vom 14. Dezember 1883 oder auf Grund des § 3 des Gesetzes, betreffend die nichtstreitige Gerichtsbarkeit, vom 25. Juli 1879 (Gesetzsamml. 1883 S 130) erlassen sind, richtet sich nach den Bestimmungen des Reichsgesetzes über die Angelegenheiten der freiwilligen Gerichtsbarkeit.

In dem Falle der sofortigen Beschwerde wird die vor dem Inkrafttreten dieses Gesetzes liegende Zeit auf die zweiwöchige Frist nicht eingerechnet.

Die bei dem Oberlandesgericht anhängigen Beschwerden bleiben nach dem bisherigen Verfahren von dem Oberlandesgericht zu erledigen.

§ 73. Für die Erklärung, daß eine im hamburgischen Staatsgebiete ansässige Sparkasse zur Anlegung von Mündelgeld geeignet sei, ist der Senat zuständig.

§ 74. Hypotheken, Grundschulden oder Rentenschulden an Grundstücken, die im hamburgischen Staatsgebiete belegen sind, gelten als sicher im Sinne des § 1807 des BGB., wenn sie

1. bei Grundstücken, deren Grundsteuerwerth nicht höher als 300 000 Mk. ist, innerhalb der ersten Hälfte dieses Werthes, bei Grundstücken, deren Grundsteuerwerth über 300 000 Mk, aber nicht über 450 000 Mk. beträgt, innerhalb der ersten 150 000 Mk., bei Grundstücken, deren Grundsteuerwerth höher ist als 450 000 Mk., innerhalb des ersten Drittels dieses Werthes zu stehen kommen,
2. außerdem — soweit es sich nicht um Grundstücke handelt, deren Hauptwerth in Ländereien besteht — durch Versicherung gegen Feuersgefahr gedeckt sind.

§ 75. An Stelle des § 3 Absatz 1 des Gesetzes, betreffend die öffentliche Waisenpflege im hamburgischen Staate, vom 8. Juli 1892 treten folgende Vorschriften:

Hinsichtlich der zu bevormundenden Minderjährigen, welche auf Grund dieses Gesetzes im Waisenhause oder unter Aufsicht des Waisenhaus-Kollegiums in einer von ihm gewählten Familie oder Anstalt erzogen oder verpflegt werden, hat das Waisenhaus-Kollegium die Rechte und Pflichten eines Vormundes. Hinsichtlich der in gleicher Weise untergebrachten Minderjährigen, welche nicht zu bevormunden sind, hat das Waisenhaus-Kollegium die Rechte und Pflichten eines zur Sorge für die Person bestellten Pflegers, sofern das Vormundschaftsgericht eine Pflegschaft zur Sorge für die Person des Kindes angeordnet hat. Die Befugniß des Vormundschaftsgerichts, einen anderen Vormund oder Pfleger zu bestellen, bleibt unberührt.

Mit Eintritt der Vormundschaft oder Pflegschaft des Waisenhaus-Kollegiums endigt das Amt des bisherigen Vormundes oder Pflegers.

Dem gesetzlichen Vormunde oder Pfleger stehen die nach § 1852 des BGB. zulässigen Befreiungen zu; neben ihm wird ein Gegenvormund nicht bestellt.

Die Vormundschaft oder Pflegschaft des Waisenhaus-Kollegiums dauert auch nach Beendigung der Erziehung oder Verpflegung bis zur Volljährigkeit des Mündels fort, es sei denn, daß die zuständige Armenbehörde den nachträglichen Fortfall der gesetzlichen Voraussetzung öffentlicher Fürsorge feststellt und der Mündel nicht zu den nach § 4 Absatz 3 Satz 2 dieses Gesetzes ausgewählten Kindern gehört.

§ 76. In den Fällen des § 1640 Absatz 2, des § 1667 Absatz 2 Satz 3, des § 1692 Absatz 2 und des § 1802 Absatz 3 des BGB. sind für die Aufnahme der vom Vormundschaftsgericht angeordneten Verzeichnisse außer den Notaren das Gerichtsvollzieheramt und die Gerichtsvollzieher in Ritzebüttel und Bergedorf zuständig.

Gemeindewaisenrath.

§ 77. Für das Stadtgebiet werden die Geschäfte des Gemeindewaisenraths dem Waisenhauskollegium übertragen.

Für das übrige Staatsgebiet liegt die Organisation der Gemeindewaisenräthe den Gemeindebehörden ob. In Ermangelung anderweiter Beschlußfassung fungirt der Gemeindevorstand als Gemeindewaisenrath.

13. Elsaß-Lothringen.

Ausführungsgesetz.
Vom 17. April 1899.

Religiöse Erziehung der Kinder.

§ 119. Für das Recht, zu bestimmen, in welchem religiösen Bekenntniß ein Kind zu erziehen ist, sind, soweit sich nicht aus den §§ 120 bis 122 ein Anderes ergiebt, die Vorschriften des BGB. über das Recht und die Pflicht, für die Person des Kindes zu sorgen, maßgebend.

§ 120. Steht dem Vater oder der Mutter das Recht und die Pflicht, für die Person des Kindes zu sorgen, neben einem dem Kinde bestellten Vormund oder Pfleger zu, so geht bei einer Meinungsverschiedenheit über die Bestimmung des religiösen Bekenntnisses, in welchem das Kind zu erziehen ist, die Meinung des Vaters oder der Mutter vor.

§ 121. Solange der Vater lebt, kann die Mutter das religiöse Bekenntniß eines gemeinschaftlichen Kindes ohne Einwilligung des Vaters, auch wenn er nicht die Sorge für die Person des Kindes hat, nicht ändern, es sei denn,
1. daß ihr die elterliche Gewalt zusteht, oder
2. daß im Falle der Scheidung der Ehe oder der Aufhebung der ehelichen Gemeinschaft der Vater allein für schuldig erklärt ist, oder
3. daß der Vater wegen Geisteskrankheit entmündigt und nach Feststellung des Vormundschaftsgerichts die Aussicht auf Wiederherstellung ausgeschlossen ist.

§ 122. Das religiöse Bekenntniß des Kindes kann weder von dem Vormunde noch von dem Pfleger geändert werden.

Zwangserziehung.

§ 123. Das Vormundschaftsgericht kann außer den Fällen der §§ 1666, 1838 des BGB. anordnen, daß ein Minderjähriger zum Zwecke der Erziehung in einer geeigneten Familie oder in einer Erziehungsanstalt oder in einer Besserungsanstalt untergebracht wird,
1. wenn die Zwangserziehung zur Verhütung des völligen sittlichen Verderbens des Minderjährigen nothwendig und der Vater, oder sofern die elterliche Gewalt oder die Sorge für die Person des Kindes nur von der Mutter des Kindes ausgeübt wird, die Mutter mit der Unterbringung einverstanden ist;
2. wenn der Minderjährige vor Vollendung des zwölften Lebensjahrs eine strafbare Handlung begangen hat und die Zwangserziehung zur Verhütung weiterer sittlicher Verwahrlosung erforderlich ist.

Die Unterbringung soll nach Vollendung des sechszehnten Lebensjahrs eines Minderjährigen nur in besonderen Fällen angeordnet werden.

§ 124. In dem Beschlusse, durch welchen die Unterbringung angeordnet wird, müssen die Voraussetzungen der §§ 1666, 1838 des BGB. oder des § 123 dieses Gesetzes unter Bezeichnung der für erwiesen erachteten Thatsachen festgestellt werden.

Ist außer dem Falle des § 123 Ziffer 2 sofortiges Einschreiten dringend geboten, so kann das Vormundschaftsgericht vor endgültiger Beschlußfassung die fürsorgliche Unterbringung anordnen.

§ 125. Der Vollzug der gerichtlichen Anordnung, insbesondere die Entscheidung darüber, ob der Minderjährige in einer Familie oder in einer Erziehungs- oder Besserungsanstalt unterzubringen sei, erfolgt die von dem Ministerium bezeichnete Verwaltungsbehörde.

§ 126. Das Vormundschaftsgericht kann die von ihm getroffene Anordnung aufheben.

Auch ohne solche Anordnung ist die Verwaltungsbehörde berechtigt, die Entlassung aus der Zwangserziehung zu bewirken, wenn der Zweck derselben anderweit sichergestellt oder wenn dieser Zweck erreicht ist. Ist dies zweifelhaft, so kann eine widerrufliche Entlassung verfügt werden.

§ **127.** Die Kosten der Unterbringung sind aus der Landeskasse zu bestreiten. Diese kann Ersatz von dem Zöglinge, sowie von denjenigen verlangen, welche nach den Vorschriften des BGB. unterhaltspflichtig waren. Die Einziehung erfolgt, vorbehaltlich des Rechtswegs über die Verpflichtung zur Zahlung, nach den Vorschriften über die Beitreibung öffentlicher Gefälle.

Gemeindewaisenrath.

§ **128.** Für jede Gemeinde sind ein oder mehrere Gemeindemitglieder als Gemeindewaisenräthe zu bestellen.

Die Bestellung erfolgt auf bestimmte Zeit.

§ **129.** Das Amt eines Gemeindewaisenraths ist ein Ehrenamt.

Für die mit ihrer Mühewaltung verbundenen Auslagen wird den Gemeindewaisenräthen Vergütung aus der Staatskasse gewährt.

§ **130.** Die Vorschriften der §§ 1780 und 1781 des BGB., nach welchen bestimmte Personen zum Vormunde nicht bestellt werden können oder bestellt werden sollen, finden auf die Bestellung zum Gemeindewaisenrath entsprechende Anwendung.

§ **131.** Die Gemeindewaisenräthe werden von dem Gemeinderathe vorgeschlagen und vom Amtsgerichte bestätigt.

Das Amtsgericht ist befugt, den Gemeindewaisenräthen Weisungen zu ertheilen und dieselben, wenn sie die ihnen obliegenden Verpflichtungen nicht erfüllen, zu entlassen.

§ **132.** Die Uebernahme des Amtes eines Gemeindewaisenraths kann nur aus besonderen Gründen abgelehnt werden. Insbesondere ist zur Ablehnung berechtigt, wer das sechzigste Lebensjahr vollendet hat, wer durch Krankheit oder durch längere Abwesenheit verhindert ist, das Amt ordnungsmäßig zu versehen, oder wer das Amt eines Gemeindewaisenraths innerhalb der letzten Amtsperiode ausgeübt hat.

Diese Vorschrift findet auf die Niederlegung des Amtes entsprechende Anwendung.

§ **133.** Ueber die Berechtigung zur Ablehnung oder zur Niederlegung des Amtes entscheidet das Amtsgericht.

Das Amtsgericht kann den zum Gemeindewaisenrathe Bestellten nach Maßgabe des § 1788 des BGB. zur Uebernahme des Amtes anhalten.

§ **134.** Die näheren Bestimmungen über die Bestellung der Gemeindewaisenräthe werden von dem Ministerium erlassen.

§ **135.** Die Gemeinderäthe sind mit Ermächtigung des Ministeriums befugt, das Amt eines Gemeindewaisenraths als ständiges Gemeindeamt zu errichten. In diesem Falle finden die Vorschriften der §§ 128 Abs. 2, 129, 131 bis 134 keine Anwendung.

Das Amtsgericht ist zur Ertheilung von Weisungen an den als ständigen Gemeindebeamten angestellten Gemeindewaisenrath, aber nicht zu dessen Entlassung befugt. Die Entlassung kann auf Antrag des Amtsgerichts durch das Ministerium verfügt werden, unbeschadet der Vorschriften des § 27 der Gemeindeordnung vom 6. Juni 1895 (Gesetzbl. S. 58).

Vormundschaft über Bezirkspflegekinder.

§ **136.** Minderjährige, welche auf Grund des Dekrets vom 19. Januar 1811, betreffend die Findelkinder oder die verlassenen Kinder und die armen Waisen, in ein Pflegehaus aufgenommen oder unter Aufsicht des Verwaltungsraths des Pflegehauses in einer Familie oder Anstalt erzogen oder verpflegt werden, stehen, unbeschadet der Befugniß des Vormundschaftsgerichts, einen anderen Vormund zu bestellen, bis zu ihrer Volljährigkeit unter der Vormundschaft des Verwaltungsraths des Pflegehauses.

Der Verwaltungsrath hat eines seiner Mitglieder als Vertreter des Mündels zu bezeichnen.

§ **137.** Hat der Mündel nach Beendigung der Erziehung oder Verpflegung seinen Aufenthalt an einem von dem Sitze des Pflegehauses entfernten Orte, so kann der Verwaltungsrath mit Genehmigung des Vormundschaftsgerichts die Vormundschaft dem Verwaltungsrathe desjenigen Pflegehauses übertragen, welches dem Aufenthaltsorte des Mündels zunächst liegt. Der Verwaltungsrath dieses Pflegehauses ist zur Uebernahme der Vormundschaft verpflichtet.

§ **138**. Dem Verwaltungsrathe stehen die nach § 1852 Abs. 2 des BGB. zulässigen Befreiungen zu. Ein Gegenvormund ist nicht zu bestellen.

§ **139**. Zur Deckung der Kosten des Unterhalts eines der im § 136 bezeichneten Minderjährigen sind die Erträgnisse seines Vermögens zu verwenden. Insoweit die gemachten Aufwendungen hierdurch nicht gedeckt sind, kann Ersatz von denjenigen verlangt werden, welche nach den Vorschriften des BGB. unterhaltspflichtig waren.

Dem Pflegehause steht gegenüber dem Pfleglinge, falls dieser während bestehender Vormundschaft stirbt, ein Anspruch auf Ersatz der Aufwendungen zu.

§ **140**. Von jeder Verfügung des Bezirkspräsidenten, durch welche ein Minderjähriger der Fürsorge eines Pflegehauses unterstellt wird, ist dem Vormundschaftsgericht unverzüglich Mittheilung zu machen.

Anlegung von Mündelgeld.

§ **141**. Zur Anlegung von Mündelgeld sind außer den im § 1807 des BGB. bezeichneten Forderungen und Werthpapieren geeignet:

1. Schuldverschreibungen, welche von deutschen kommunalen Körperschaften (Provinzen, Bezirken, Kreisen, Gemeinden u. s. w.) oder deren Kreditanstalten ausgestellt und entweder seitens der Inhaber kündbar sind oder einer regelmäßigen Amortisation unterliegen, sowie Kommunalobligationen und Pfandbriefe der Aktiengesellschaft für Boden- und Kommunalkredit in Elsaß-Lothringen,
2. die öffentlichen Sparkassen in Elsaß-Lothringen.

§ **142**. Eine Hypothek, eine Grundschuld oder eine Rentenschuld an einem in Elsaß-Lothringen gelegenen Grundstück ist nur dann als sicher anzusehen, wenn sie die Hälfte des Werthes des Grundstücks nicht übersteigt. Für die Höhe einer Rentenschuld ist die Ablösungssumme maßgebend.

Sachregister.

(Die Zahlen bezeichnen die Seiten.)

A.

D.

E.

H.

Q.

R.

S.

W.

die privatrechtlichen Verhältnisse der Binnenschiffahrt, vom 15. Juni 1895. — 19. Gesetz, betr. die privatrechtlichen Verhältnisse der Flößerei, vom 15. Juni 1895. — 20. Allgem. Deutsche Wechselordnung. — 21. Gesetz, betr. die Einführung der Allgem. Deutschen Wechselordnung, der Nürnberger Wechsel-Novellen ꝛc. als Bundesgesetze, vom 5. Juni 1869. — 22. Gesetz, betr. die Erwerbs- und Wirthschaftsgenossenschaften, vom 1. Mai 1889. — 23. Gesetz, betr. die Gesellschaften mit beschränkter Haftung, vom 20. April 1892. — 24. Börsengesetz vom 22. Juni 1896. — 25. Gesetz, betr. die Pflichten der Kaufleute bei Aufbewahrung fremder Werthpapiere, vom 5. Juli 1896. — 26. Patentgesetz vom 7. April 1891. — 27. Gesetz, betr. den Schutz von Gebrauchsmustern, vom 1. Juni 1891. — 28. Gesetz zum Schutz der Waarenbezeichnungen vom 12. Mai 1894. — 29. Gesetz zur Bekämpfung des unlauteren Wettbewerbes vom 27. Mai 1896.

III. Theil. **Gerichtsverfassung und Civilprozeß.** 30. Gerichtsverfassungsgesetz vom 27. Januar 1877. — 31. Einführungsgesetz dazu vom 27. Januar 1877. — 32. Civilprozeßordnung vom 30. Januar 1877. (Mit dem Gesetz, betr. die Beschlagnahme des Arbeits- oder Dienstlohnes, vom 21. Juni 1869.) — 33a. Einführungsgesetz dazu vom 30. Januar 1877. — 33b. Einführungsgesetz zu dem Gesetze, betr. Aenderungen der Civilprozeßordnung, v. 17. Mai 1898. — 33c. Abkommen zur Regelung von Fragen des internationalen Privatrechts vom 14. November 1896. — 34. Gesetz, betr. die Gewerbegerichte, vom 29. Juli 1890. — 35. Gesetz über die Zwangsversteigerung und die Zwangsverwaltung vom 24. März 1897. — 36. Einführungsgesetz dazu vom 24. März 1897. — 37. Konkursordnung vom 10. Februar 1877. — 38a. Einführungsgesetz dazu vom 10. Februar 1877 — 38b. Einführungsgesetz zu dem Gesetze, betr. Aenderungen der Konkursordnung, vom 17. Mai 1898 — 39. Gesetz, betr. die Anfechtung von Rechtshandlungen eines Schuldners außerhalb des Konkursverfahrens, vom 21. Juli 1879. — 40. Rechtsanwaltsordnung vom 1. Juli 1878. — 41. Gesetz über die Konsulargerichtsbarkeit vom 10. Juli 1879. — 42. Gerichtskostengesetz vom 18. Juni 1878. — 43. Gebührenordnung für Gerichtsvollzieher vom 24. Juni 1878. — 44. Gebührenordnung für Zeugen und Sachverständige vom 30. Juni 1878. — 45. Gebührenordnung für Rechtsanwälte vom 7. Juli 1879.

Nachtrag. 46. Verordnung, betr. die Hauptmängel und Gewährfristen beim Viehhandel, vom 27. März 1899. — 47. Bestimmungen über das Vereinsregister und das Güterrechtsregister vom 12. März 1898. — 48. Bekanntmachung, betr. die Führung des Genossenschaftsregisters und die Anmeldungen zu diesem Register, vom 1. Juli 1899. — 49. Gesetz, betr. das Flaggenrecht der Kauffahrteischiffe, vom 22. Juni 1899. — 50a. Gesetz, betr. Abänderung und Ergänzung des Gesetzes über die Rechtsverhältnisse der deutschen Schutzgebiete, vom 2. Juli 1899. — 50b. Verordnung, betr. die Vereinigung von Wohnplätzen in den Schutzgebieten zu kommunalen Verbänden, vom 3. Juli 1899. — 51. Hypothekenbankgesetz vom 13. Juli 1899.

52. Sachregister.

Sämmtliche Gesetze sind in der vom 1. Januar 1900 an geltenden Fassung zum Abdruck gelangt.

„Das Inhaltsverzeichniß mit über fünfzig Nummern von Gesetzen, welche jeden Moment zur Hand sein müssen, zeigt die praktische Nützlichkeit der Sammlung. Die Zusammenstellung des ganzen Rechtsstoffes in der neuen Fassung bietet eine erhebliche Erleichterung seiner Anwendung und ist daher verdienstvoll. Der klare Druck und die gute Ausstattung qualifiziren die Sammlung zu einer Textausgabe welche alle Empfehlung verdient." Badische Rechtspraxis.

„Erfreulicher Weise ist das Werk noch rechtzeitig fertiggestellt worden. Es enthält das gesammte reichsgesetzliche Material, betreffend bürgerliches Recht, Handelsrecht, Gerichtsverfassung und Civilprozeß, im Ganzen 55 Gesetze und Verordnungen, in einem Bande vereinigt und versehen mit erläuternden Anmerkungen, die für den ersten Gebrauch völlig ausreichen. Besonders werthvoll ist auch das Sachregister, das ganze Reichs-Civilrecht im dargelegten Sinne umfassend. Wir stehen nicht an, das überaus wohlfeile Buch als ganz unentbehrlich für den Praktiker zu bezeichnen." Leipziger Zeitung.

Grundriß
des
Prozeß- u. Zwangsvollstreckungs-Verfahrens
nach der Deutschen Civilprozeßordnung
mit Beispielen
von
Willenbücher,
Oberlandesgerichtsrath.

Zweite, umgearbeitete Auflage.

1900. Gr. Oktav. 432 Seiten. Gut kartonnirt M. 8.

Die nothwendig gewordene neue Auflage ist nach der Civilprozeßordnung in ihrer neuen Fassung, in der sie am 1. Januar 1900 in Kraft getreten ist, ausgearbeitet. Das Ziel der Arbeit ist das der ersten Auflage geblieben. Das Werk soll ein kurzgefaßtes, die korrekte Handhabung des praktischen Dienstes ins Auge fassendes Lehrbuch des Prozeßverfahrens darstellen und insbesondere den in die Praxis tretenden jungen Juristen als Rathgeber zur Seite stehen.

Urtheil über die 1. Auflage.

„Der Herr Verfasser gehört bereits durch frühere Werke über „das Kostenfestsetzungsverfahren und die Deutsche Gebührenordnung für Rechtsanwälte", sowie die Kommentare zur „Grundbuchordnung" und „Reichskonkursordnung" zu den im besten Sinne bekannten Schriftstellern; seine nunmehr vorliegende neueste Arbeit reiht sich würdig den vorgenannten an. Dieselbe bezweckt nach dem Vorwort: „eine Veranschaulichung des Verfahrens, wie sich dasselbe in der Praxis gestaltet, ein Hilfsmittel für die sichere Handhabung dieses Verfahrens" zu bieten; und sie darf in erster Reihe den jüngeren Rechtsbeflissenen warm empfohlen werden, denen sie im Vorbereitungsdienste als ein zuverlässiger Rathgeber treu zur Seite stehen wird. Aber auch am Sitzungs- und Arbeitstische des Richters und Anwaltes dürfte durch das treffliche Buch einem vielfach empfundenen Mangel Abhilfe werden, da dasselbe durch Klarlegung des oft verwickelten Verfahrens dessen Verständniß vermittelt und dadurch zugleich zur Beschäftigung mit demselben anregt. Entsprechend dem Plane und der Darstellungsart seines „Kostenfestsetzungsverfahrens" hat der Herr Verfasser auch hier zuerst die Grundlehre im Zusammenhange vorgetragen und daran in derselben Ordnung eine Reihe von Beispielen geknüpft, welche, die Anwendung der gegebenen Sätze enthaltend, eine deutliche Anschauung des Verfahrens ermöglichen und als nützliche Anleitung allen betheiligten Personen zu dienen vermögen.

Die Beispiele sind nicht etwa den bekannten Formularbüchern entlehnt, sondern eigens für das vorliegende Werk unter sorgfältiger Beachtung des Gesetzes und der einschlagenden Ausführungsverordnungen in mustergültiger Art entworfen und eine reichhaltige, sehr werthvolle Beigabe des Buches.

Das Werk bezeugt die große Belesenheit und reiche Erfahrung des Verfassers. Neben der Gesetzgebung im weitesten Sinne werden die Entscheidungen der Gerichte sowohl, wie die neuesten Forschungen der Rechtswissenschaft mit weiser Beschränkung, aber trotzdem erschöpfend, klar und wohl ausnahmlos zutreffend gewürdigt."

Kammerger.-R. **Strützki** (Jur. Litteraturblatt).

Lippert & Co. (G. Pätz'sche Buchdr.), Naumburg a. S.

Allgemeine

Deutsche Wechsel-Ordnung

mit

Kommentar in Anmerkungen

und der

Wechselprozeß nach den Reichs-Justizgesetzen.

Herausgegeben

von

Dr. H. Rehbein,

Reichsgerichtsrath.

Sechste, verbesserte Auflage.

1900. gr. Oktav. In dauerhafter Cartonnage M. 4.

Die vorliegende Auflage hat mit Rücksicht auf das Bürgerl. Gesetzbuch, das neue Handelsgesetzbuch und die revidirte Civilprozeßordnung eine **vollständige** Umarbeitung erfahren und entspricht nun dem Rechtsstande von 1900.

Beurtheilung der ersten Auflage.

„Die Bearbeitung verdient uneingeschränkte Anerkennung. Der Kommentar gewährt ein getreues Bild des Standes der Praxis; der umfangreiche Stoff ist darin in so trefflicher Weise in Abschnitte vertheilt und innerhalb der Abschnitte nach bestimmten Gesichtspunkten zergliedert, daß eine Uebersicht desselben ohne Schwierigkeit zu gewinnen ist. Die Uebersichtlichkeit wird noch dadurch gefördert, daß den längeren, sich über mehrere Seiten erstreckenden Erläuterungen alphabetisch geordnete Inhaltsregister vorangestellt sind. Die Darstellung ist durchweg einfach, klar und leicht verständlich; die aus den Entscheidungen der Gerichtshöfe (des Reichsgerichts, R.O.H.G.s und des preuß. Ober-Tribunals) extrahirten Grundsätze sind mit gleicher Präzision wie die eigenen Bemerkungen des Verfassers redigirt, und überall ist mit Zuverlässigkeit erkennbar, inwieweit die Erläuterungen sich auf Judikate stützen und inwieweit darin eigene Ansichten des Verfassers niedergelegt sind.

Nach unserer Ueberzeugung hat der Verfasser die Aufgabe, die er sich gestellt, sowohl den Kreisen der praktischen Juristen als der Geschäftstreibenden zu dienen, in so glücklicher Weise gelöst, daß seinem Buch der Beifall Aller, die es benutzen, nicht fehlen kann."

Wirkl. Geh. Ob. Justizr. Dr. **Küntzel** (in Gruchot's Beiträgen zur Erläuterung des Deutschen Rechts).

Kolibri 360 GmbH
Ferdinand-Jühlke-Straße 7
99095 Erfurt, Deutschland
produktsicherheit@kolibri360.de